中国现代流通体系规划与建设政策文献汇编（第五辑）

北京市哲学社会科学“十一五”规划项目（10AfJG400）

北京物资学院　北京现代物流研究基地　资助出版

粮食流通体系规划与建设

孙前进　主编

中国物资出版社

图书在版编目（CIP）数据

粮食流通体系规划与建设/孙前进主编．—北京：中国物资出版社，2012.11

（中国现代流通体系规划与建设政策文献汇编）

ISBN 978-7-5047-4305-3

Ⅰ.①粮… Ⅱ.①孙… Ⅲ.①粮食流通—流通体系—文献—汇编—中国 Ⅳ.①F724.721

中国版本图书馆 CIP 数据核字（2012）第 119598 号

策划编辑	司昌静	**责任印制**	何崇杭 王 洁
责任编辑	司昌静	**责任校对**	孙会香 饶莉莉

出版发行	中国物资出版社		
社　　址	北京市丰台区南四环西路 188 号 5 区 20 楼	**邮政编码**	100070
电　　话	010-52227568（发行部）		010-52227588 转 307（总编室）
	010-68589540（读者服务部）		010-52227588 转 305（质检部）
网　　址	http://www.clph.cn		
经　　销	新华书店		
印　　刷	北京京都六环印刷厂		
书　　号	ISBN 978-7-5047-4305-3/F·1847		
开　　本	710mm×1000mm 1/16	**版　　次**	2012 年 11 月第 1 版
印　　张	40.75	**印　　次**	2012 年 11 月第 1 次印刷
字　　数	844 千字	**定　　价**	80.00 元

对中国流通理论与实践的宝贵贡献。中国流通体系的形成与发展是在社会经济体制转型中实现的。其特点在于，与社会主义市场经济相适应的市场流通体系，不是自然形成的，而是在政府的引导与支持下规范而有序形成的。其中既有市场自发发育，又有政府规划与推进。因此，认识和研究中国的流通问题，必须追踪改革前后政府相关规制的沿革与演进。不必说，搜集、查阅分散而又浩繁的文件资料是一件苦差事。《中国现代流通体系规划与建设政策文献汇编》的成书和面世，无疑为学者、企业家和政府官员提供了诸多便利。这套书共 20 辑，1500 多万字，可谓卷帙庞然，工程巨大，颇具使用价值。编者爬罗剔抉之艰辛不难体会。具有重大的社会效益，而又难以计入个人的研究成果，这种奉献精神值得所有从中受益者赞赏与尊重。当前，流通理论与实践从业者往往受制于一些基础性资料的匮乏，本套书的出版弥补了一项空白。我们剀切希望编者们循此前进，扩大战果，争取做出更大的成绩。

中国市场学会理事长
国家粮食储备局原局长　　高铁生

历史的轨迹。改革开放三十多年来，中国的流通产业发生了翻天覆地的变化，流通体制改革逐步深化，流通产业加速发展，流通业对国民经济的巨大贡献日益显现，对扩大消费、引导生产、促进和谐以及充分利用国内外两种资源、两个市场，发挥着不可替代的先导性作用。在社会主义市场经济条件下，流通业的发展离不开政府的宏观调控与市场配置资源，即看得见的手与看不见的手有机结合。而《中国现代流通体系规划与建设政策文献汇编》正是这三十多年来中国特色流通业发展轨迹的真实记录。全套书共 20 辑，1500 多万字，是一部极好的文献巨著，将成为经济工作者、历史工作者、教育工作者的好帮手。

中国物流与采购联合会首席顾问
中国物流与采购联合会原常务副会长　　丁俊发

现代流通是发展的最高阶段，是国际化、信息化、社会化和混沌化大流通阶段。在经济全球趋势加速发展的情况下，资源配置已经从一个工厂、一个地区、一个国家扩展到整个世界，国际分工以追求资源配置的优化为前提，利用现代信息技术、网络技术和现代物流技术，实现流通的网络化、系统化、智能化、信息化和虚拟化，从而极大地降低流通成本，提高流通的效率和效益。在这个阶段，实物经济与虚拟经济共同构成现代经济的两个轮子。而流通理论的研究有助于推动现代流通的发展，《中国现代流通体系规划与建设政策文献汇编》的编撰出版，为我国经济体制改革、现代流通体系的确立做了一项极有意义的学术工程。

国务院研究室司长
中国国际经济交流中心总经济师　　陈文玲

非常欣喜看到《中国现代流通体系规划与建设政策文献汇编》付梓成书。在经济全球化和信息技术革命的背景下，我国流通领域也在悄然发生着革命性的变化。从连锁经营、物流配送、电子商务到供应链管理、服务外包、物联网应用，无论是组织形式、经营业态的创新，还是自动化和信息技术的广泛采用，都突出体现了现代流通的特征，这就是与国际接轨，与制造业现代化、消费现代化同步；在某些方面，如供应链管理，甚至引领和带动制造业和消费领域的现代化。构建现代流通体系是一项巨大的系统工程，需要市场的良好发育，企业的不断创新，政府政策和规划的引导，行业协会、中介组织、学校、科研机构的鼎力合作。实现流通现代化有多重路径，如何找出一条符合世界发展趋势，效率比较高，经济、社会和生态综合成本比较低的路径，是我们面临的课题。相信此丛书的出版在探索上述路径方面，会给读者带来有益的帮助。

商务部流通业发展司副司长　王选庆

《中国现代流通体系规划与建设政策文献汇编》是用现代流通理论将全国人大常委会、中共中央、国务院及所属行政部门自改革开放以来所颁发与公布的同流通领域相关的近3000件行政法规分门别类，编撰成书。丛书共20辑，总字数约1500万字。该丛书的出版，是一项繁杂浩大的学术工程，是中国现代流通体系建设的一部忠实记录，也是一部对中国流通现代化改革发展进行学术创新与探索具有重要文献参考价值的作品。长期的理论研究、教学与编辑工作，使我深知其工作量之巨大、资料收集之艰辛以及编辑者所付出的心血。本丛书资料丰富、珍贵，时间越久越能显示出其学术和文献参考价值。

《中国流通经济》杂志总编辑　北京物资学院教授　陈建中

我在1990—2011年的21年间，几乎每年数次来北京大学、复旦大学、南开大学等教学研究单位讲课与学术交流，亲眼目睹了中国改革开放、经济体制转轨变型所带来的飞速发展和巨大变化。《中国现代流通体系规划与建设政策文献汇编》可以说是中国经济体制改革、现代流通体系建设的忠实记录，是中国政府致力于经济体制转轨变型的历史见证，也是研究中国经济体制改革的必要资料和重要文献。我从东京大学法学部毕业后一直在政府部门工作，深知在市场经济体制的国家，政府部门的调控引导作用与经济政策的重要。祝贺丛书的出版发行。

日本　政策研究大学院大学教授、副校长　总务省原总务审议官　堀江正弘

总　序

中国现代经济体制改革始于1978年的十一届三中全会，但真正意义上的改革则起于邓小平的南巡讲话。此后，在中国大地上展开了一幅波澜壮阔、史无前例的经济体制改革长轴画卷。这是中国近现代史上一次伟大的、影响久远的社会变革与改革，令世界瞩目。

在实行计划经济的时代，我们重生产轻流通，或者说那时我们根本没有真正意义上的商品流通。改革开放以来，特别是在21世纪的前十年，我国流通业发生了巨大变化，国有商业企业改革、加入WTO、认可外资流通企业进入中国市场、连锁经营方式普及、电子商务发展、物流配送兴起、超市林立等，足以证明我国流通领域发生了或正在发生着巨大的变化。

商务部等七部门联合发布的《深化流通体制改革试点方案的通知》（商改发〔2004〕654号）中明确指出：流通是国民经济运行的重要环节，消费通过流通决定生产，现代化的流通带动现代化的生产。随着我国社会主义市场经济体制的不断完善，流通业在引导生产、拉动消费、稳定物价、吸纳就业等方面的作用日益突出，已成为促进国民经济发展的先导性产业。

温家宝总理在2011年政府工作报告中讲到：必须坚持政府调控与市场机制有机统一。健全的市场机制，有效的宏观调控，都是社会主义市场经济体制不可或缺的重要组成部分。市场作用多一些还是政府作用多一些，必须相机抉择。

高铁生认为：与社会主义市场经济相适应的市场流通体系，不是自然形成的，而是在政府的引导与支持下规范而有序形成的。丁俊发写到：流通业的发展离不开政府的宏观调控与市场配置资源，即看得见的手与看不见的手有机结合。

为了更好地研究我国政府宏观调控综合政策，推进现代流通体系建设，北京市哲学社会科学规划办公室设专项课题，我们组织力量编撰了这套《中国现代流通体系规划与建设政策文献汇编》。本丛书由20辑构成，每辑75万字左右，总字数1500多万。内容除经济体制改革与市场体系之外还包括国内流通、国际（地区）流通、交通运输与物流三大部分。

国内流通部分由农村改革与农业现代化、农产品流通体系、农业生产资料流通体系、农村商业流通体系、粮食流通体系、生产资料流通体系、商贸流通体系、零售业改革与发展、电子商务体系、商务服务业体系等十个方面，九部书构成。因篇幅所限，农业生产资料与农村商业流通体系合在一本书里。

国际（地区）流通由国际流通体系、外资引进与管理体系、两岸四地流通体系、海关监管与保税物流体系四个部分构成。

交通运输与物流由综合交通体系、综合运输管理体系、远洋运输与国际物流体系及物流业发展与物流体系四个部分构成。

流通领域食品安全体系、循环经济与回收物流体系因为贯穿国内、国际两个市场的整个流通过程，所以这两部分单独列出。

关于流通一词，国内学者认为对应的英文是 Distribution 或 Circulation，而在日本无论是学界、业界以至官方均使用 Distribution 一词。编者认为两词之间是有明显区别的，原因是由于美、日两国经济体制差异致使对两词所赋予的内涵及概念不同。这里流通的概念与内涵使用 Distribution 一词。按照现代流通理论，流通有广义与狭义之分，狭义的流通定义为商贸流通中的批发与零售业；广义的流通定义为处于生产者（企业）与消费者之间的所有领域，包括金融、保险、运输、物流、仓储、餐饮、住宿、广告、信息产业及其关联产业，即位于生产与消费之间的所有经济活动，与一般所使用的服务业、第三产业概念相近或重叠。按照现代流通理论，流通业包括商流、物流、资金流与信息流，但流通的核心活动是商流与物流。商流解决了商品所有权转移，物流处理了商品的移动，而资金流与信息流则起着完善与辅助功能。

关于现代流通，20 世纪 50 年代以来，世界范围内的经济格局与国际流通秩序进行了多次重组与排列，世界各国走向了恢复经济、繁荣市场的道路，零售业在这段时间得到了长足的发展。

1989 年前后，随着苏联的解体和柏林墙的推倒，以美、苏为首的两大阵营冷战结束，和平与发展已经成为世界发展的主流。西方发达国家为过剩资本和先进技术寻求国际市场，而实行计划经济体制的国家也开始了改革开放、引进外资的政策，由此商品及社会生产的全要素的国际流通真正开始。我国的流通业也经历了由计划经济向社会主义市场经济体制的巨大转变。

今天，在国内零售市场上，百货店、综合超市、便利店、自动售货机、药杂店、专门店、网上购物等各种商业零售业态一路发展而来，形成了各种业态共存、大中小零售企业互补、中外零售企业激烈竞争的局面。

综合观察国内外流通业发展变革，编者认为现代流通主要具有下述十大特征：即具有完善良好的流通环境、大型流通企业占主导地位、大量的中小商业企业存在、流通业对 GDP 的贡献度日益增大、连锁经营与特许经营的普及、信息系统的普及与应用、具有完善的现代物流体系、电子商务的流通模式创新、无国界的全球流通与多种业态共存互补等。

作为探讨与尝试，编者提出了由 4 个二级体系，25 个三级体系构成的“中国现代流通体系”的框架结构（如下图所示）。

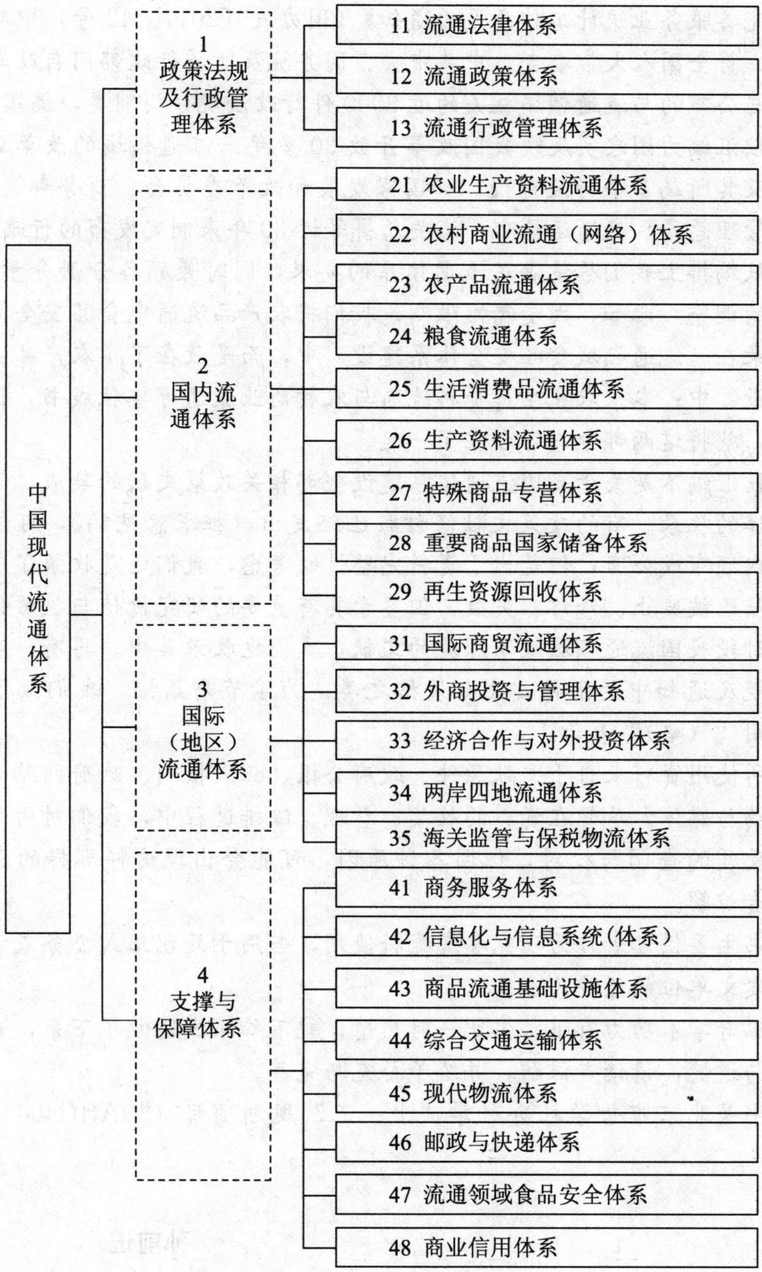

“中国现代流通体系”构成示意图

《中国现代流通体系规划与建设政策文献汇编》以该框架结构为基础，结合现代流通理论，参考《国家统计局关于印发〈三次产业划分规定〉的通知》（国统字〔2003〕14 号）中对于第三产业的分类以及《国务院办公厅转发统计局关于加强和完善服务业统计工作意见的通知》（国办发〔2011〕42号）中对于服务业的分类，将全国人大常委会、中共中央、国务院及所属行政部门自改革开放以来所颁发与公布的与流通领域相关的近3000件行政法规分门别类，编撰成书。

本文献汇编力图忠实反映我国改革开放30多年来流通领域的改革历程，涉及国务院及其所属多个行政部门，如国家发展和改革委员会、商务部、农业部、工商行政管理总局、交通运输部、海关总署等近30年来制定发布的行政法规。

在文献编排上我们尽量满足流通体系的要求，同时兼顾各分册分量的均衡，做了些许的调整。比如，因受篇幅限制，我们将农产品流通中食品安全问题的内容没有收录在《流通领域食品安全体系建设》中，而是放在了《农产品流通体系规划与建设》中；本来农业生产资料流通与农村商业流通可单独成书，但考虑到篇幅所限，就将这两部分内容合在了一起。

本文献汇编不是关于我国流通体系建设全部相关政策文献的集成，而是有重点、有选择的收录。有的政策文献修订版已经发出《征求意见稿》，可能修订版会在近期内颁布或公布，但是出于资料完整性的考虑，我们还是收录了旧版。有少量文件虽已被废止、修订、失效，但鉴于其有重要的研究价值与收藏价值，并能反映某时段我国流通领域改革原貌的文献，我们也收录其中。再有，对于一部分行政法规及通知中的附件，比如表格之类，为了节省篇幅，我们做了删略处理，一般用“（略）”表示。

丛书所使用资料来自于文献原件、政府公报、正式报刊、政府网站等公开的正式发行物与媒体。尽管在资料的收集、整理、编排过程中，我们对所用资料进行了认真反复的查阅与校对，但因各种原因，可能会出现这样那样的疏漏与差错，请读者谅解。

本丛书主要供读者作为研究参考资料使用，若用于处理正式公务或资料引用时，请以发文单位的原件为准。

由于编者学术功力有限，仅凭一时热情，就不知深浅地做了下来，自知存在许多不足与遗憾，请读者谅解，并给予补充与完善。

本丛书是北京市哲学社会科学“十一五”规划项目（10AfJG400）的最终成果。

孙前进

2011年9月于北京通州大运河畔

前　言

《粮食流通体系规划与建设》是《中国现代流通体系规划与建设政策文献汇编》系列丛书的第五辑。本书的主要构成内容是总序中所列出的“中国现代流通体系”中的“粮食流通体系”（三级编号24）的政策法规文献汇编。

粮食是指谷物及其成品粮、豆类和薯类；粮食流通是指粮食从生产领域向消费领域转移的全过程，包括收购、储存、运输、加工、批发、零售、进出口等活动。粮食是关系国计民生的特殊商品，国家坚持立足国内实现粮食基本自给的方针，实行宏观调控下市场调节粮食生产、流通、消费活动的管理体制，保持全国粮食供求总量基本平衡和价格基本稳定。

自古至今，粮食问题一直是影响我国历朝历代政权稳定、社会经济发展的大事，也是最难的大事。新中国成立后，1955年，粮食统购统销，全国范围开始使用粮票，到1993年，实行了38年的粮票正式退出历史舞台。

1996年10月，国务院新闻办公室发布了《中国的粮食问题》白皮书。其中分析道：

中华人民共和国成立后，政府废除了封建土地所有制，带领人民自力更生，奋发图强，大力发展粮食生产，用占世界7%左右的耕地，养活了占世界22%的人口。中国发展粮食生产所取得的巨大成就，不仅使人民的温饱问题基本解决，生活水平逐步提高，而且为在全球范围内消除饥饿与贫困作出了重大贡献。

新中国之所以成功地解决了人民的吃饭问题，主要经验是：始终坚持以农业为基础，把农业放在发展国民经济的首位，把发展粮食生产作为农村经济工作的重点，千方百计争取粮食总量稳定增长；改革农村生产关系，实行以家庭联产承包为主的责任制和统分结合的双层经营体制，扩大粮食的市场调节范围，合理调整粮食价格，调动农民发展粮食生产的积极性；不断改善农业生产基础条件，加快农业科技进步，提高农业装备水平，增加农业投入，保护生态环境；在决不放松粮食生产的前提下，综合开发利用国土资源，积极发展多种经营，增加农民收入。立足国内资源，实现粮食基本自给，是中国解决粮食供需问题的基本方针。中国将努力促进国内粮食增产，在正常情况下，粮食自给率不低于95%，净进口量不超过国内消费量的5%。中国政府通过增加国内粮食生产，保持粮食供需平衡的决心是坚定的，有信心领导全国人民实现这一目标。同时，中国政府也清醒地认识到实现这个目标的艰巨性：第一，中国农业资源人均占有量在世界上属于低水平，耕地和水资源不足是农业发展的最大制约因素。在这样的资源条件下，要创造出远高于世界平均水平的农业生产力，必须花大力气。第二，中国农业基础设施薄弱，生产手段落后，抗灾能力差，需要坚持不懈地改善生产条件，提高抗灾能力。第三，中国农户生产规模小，经营分散，在向社会主义市场经济体制转变的过程中，容易造成粮食生产的波动，需要进一步加强对粮食生产的调控。第四，中国正处在工业化迅速发展的阶段，在资源分配上还存在不利于粮食生产的倾向，需要继续对农业特别是粮食生产采取有效的支持措施。总之，中国政府将正视困难，在经济布局和工作指导上，继续严格执行保护耕地和生态环境的基本国策，实施科教兴农和可持续发展两大战略，推动农业经济体制和农业增长方式的根本性转变，以促进粮食综合生产能力的稳步提高。

2004 年 5 月 26 日，《粮食流通管理条例》以中华人民共和国国务院令第 407 号公布。明确提出：国家鼓励多种所有制市场主体从事粮食经营活动，促进公平竞争。依法从事的粮食经营活动受国家法律保护。严禁以非法手段阻碍粮食自由流通。国有粮食购销企业应当转变经营机制，提高市场竞争能力，在粮食流通中发挥主渠道作用，带头执行国家粮食政策。粮食价格主要由市场供求形成。国家加强粮食流通管理，增强对粮食市场的调控能力。粮食经营活动应当遵循自愿、公平、诚实信用的原则，不得损害粮食生产者、消费者的合法权益，不得损害国家利益和社会公共利益。

2005 年 12 月 29 日，中华人民共和国主席令第 46 号公布：《全国人民代表大会常务委员会关于废止〈中华人民共和国农业税条例〉的决定》已由中华人民共和国第十届全国人民代表大会常务委员会第十九次会议于 2005 年 12 月 29 日通过。从此，中国农民种地纳粮成为历史。

2011 年 12 月 28 日，国家发展和改革委员会同国家粮食局发布了《粮食行业“十二五”发展规划纲要》。明确提出：“十二五”时期粮食行业的主要任务是深化一项改革，即继续深化粮食流通体制改革；健全六大体系，即健全粮食宏观调控体系、粮食仓储物流体系、粮油加工体系、粮食市场体系、粮食科技创新体系、粮食监管和标准质量检验监测体系；重点建设六大工程，即粮食仓储设施工程、粮库仓房维修改造工程、粮食现代物流工程、农户科学储粮专项工程、粮油加工业升级工程、粮食质量安全监测体系工程等。

从粮食统购统销、定时供应、解决温饱，到今天的农业税废止、深化粮食流通体制改革、粮食价格主要由市场供求形成机制调节等，这是中国社会发展、历史变迁的一个折射。

由国家发展和改革委员会、国家粮食局会同有关部门在调查研究的基础上，起草的《中华人民共和国粮食法（征求意见稿）》正在征求社会各界意见，估计不久将会正式出台，请读者关注。

编　者

2012 年 9 月

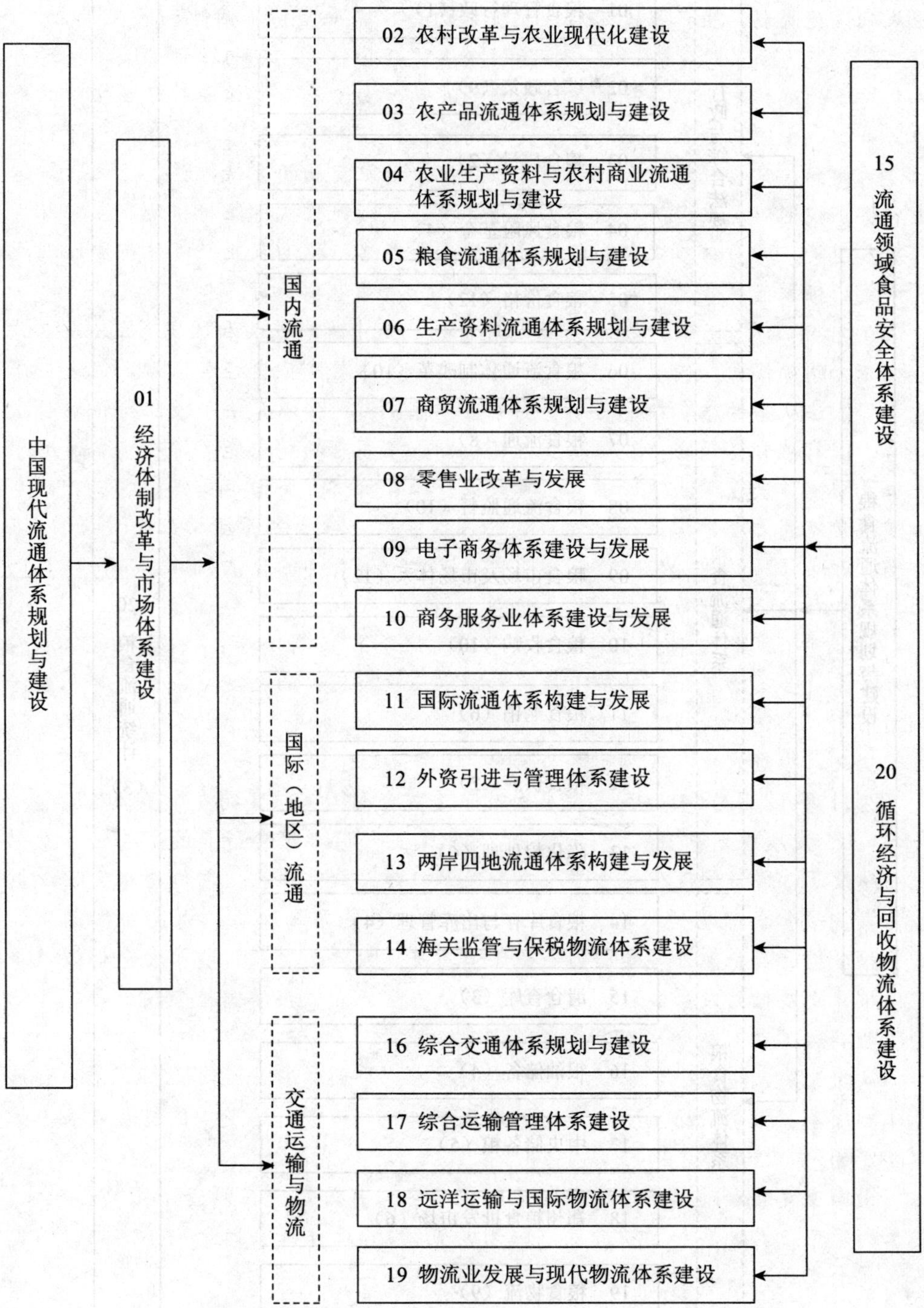

《中国现代流通体系规划与建设政策文献汇编》逻辑结构图

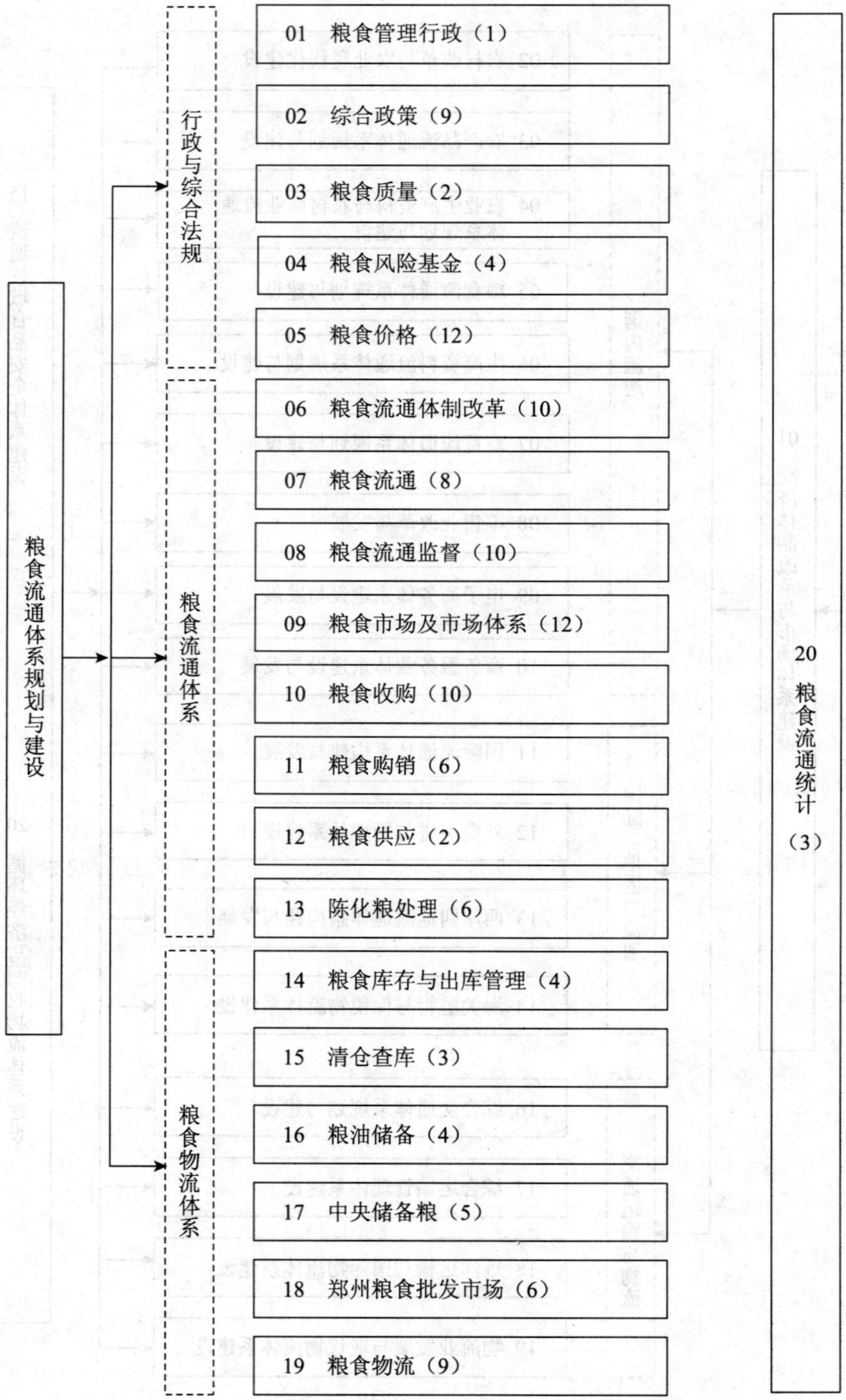

《粮食流通体系规划与建设》内容结构图

目　录

四　粮食风险基金

五　粮食价格

六　粮食流通体制改革

七　粮食流通

八 粮食流通监督

九　粮食市场及市场体系

十　粮食收购

十一 粮食购销

十二 粮食供应

十三　陈化粮处理

十四　粮食库存与出库管理

十五　清仓查库

十六　粮油储备

十七　中央储备粮

十八　郑州粮食批发市场

十九　粮食物流

二十　粮食流通统计

一　粮食管理行政

001

国务院办公厅关于印发国家粮食局主要职责内设机构和人员编制规定的通知

国办发〔2009〕27号

各省、自治区、直辖市人民政府，国务院各部委、各直属机构：

《国家粮食局主要职责内设机构和人员编制规定》已经国务院批准，现予印发。

国务院办公厅

二〇〇九年三月四日

国家粮食局主要职责内设机构和人员编制规定

国务院办公厅

2009年3月4日

根据《国务院关于部委管理的国家局设置的通知》（国发〔2008〕12号），设立国家粮食局（副部级），为国家发展和改革委员会管理的国家局。

一、职责调整

（一）取消已由国务院公布取消的行政审批事项。

（二）加强对粮食（含食用油，下同）战略性问题的研究，进一步深化粮食流通体制改革，完善粮食储备体系，健全粮食监测预警体系和应急机制，加强对粮食购销和中央储备粮管理的指导协调，提高国家粮食供应的保障能力。

二、主要职责

（一）研究提出全国粮食宏观调控、总量平衡以及粮食流通的中长期规划、进出口总量计划和收储、动用中央储备粮的建议，拟订粮食流通体制改革方案并组织实施，推动国有粮食企业改革，研究提出现代粮食流通产业发展战略的建议。

（二）承担粮食监测预警和应急责任，负责全国粮食流通宏观调控的具体工作，研究提出粮食最低收购价原则的建议，指导协调最低收购价粮食等政策性粮食购销和粮食产销合作。

（三）起草全国粮食流通和中央储备粮管理的法律法规草案和有关政策并监督执行，制定粮食流通、粮食库存监督检查制度并组织实施，负责对粮食收购、储存环节的粮食质量安全和原粮卫生进行监督管理。

（四）负责粮食流通的行业管理，制定行业发展规划、政策，拟订有关国家标准，指导粮食收购市场准入标准的制定并组织实施，指导粮食流通的科技进步、技术改造和新技术推广，拟订国家粮食质量标准，制定粮食储存、运输的技术规范并监督执行，开展粮食流通的对外合作与交流。

（五）承担中央储备粮行政管理责任，会同有关部门研究提出中央储备粮的规模、总体布局和收购、销售、进出口总量计划，会同有关部门审批中央储备粮轮换计划并监督实施，监督检查中央储备粮的数量、质量和储存安全，制定中央储备粮管理的技术规范并监督执行，指导中国储备粮管理总公司的业务。

（六）拟订全国粮食市场体系建设与发展规划并组织实施，编制粮食流通、仓储、加工设施建设规划，管理有关粮食流通设施国家投资项目。

（七）承办国务院及国家发展和改革委员会交办的其他事项。

三、内设机构

根据上述职责，国家粮食局设6个内设机构（副司局级）：

（一）办公室（人事司、外事司）。

负责文电、会务、机要、档案等机关日常运转工作；承担宣传、信息、督查、安全保密、信访、政务公开等工作；承担机关和直属单位的人事管理、机构编制工作；指导粮食行业人才队伍建设和教育培训工作；承担机关和直属单位的外事工作。

（二）调控司。

研究提出粮食宏观调控、总量平衡以及粮食流通的中长期规划、进出口总量计划和收储、动用中央储备粮的建议；研究提出中央储备粮的规模、总体布局和收购、销售、进出口总量计划，提出中央储备粮乾换计划的审核意见并督促实施；承担粮食监测预警和应急有关工作；指导协调最低收购价粮食等政策性粮食购销和粮食产销合作。

（三）政策法规司。

研究提出全国粮食流通体制改革方案并组织实施；研究提出现代粮食流通产业发展战略的建议；研究提出粮食最低收购价原则的建议；拟订粮食市场体系建

设与发展规划、粮食收购市场准入指导标准并组织实施；拟订粮食质量标准、检测制度及有关技术规范等；组织起草全国粮食流通和中央储备粮管理的法律法规草案和有关政策，承担相关行政复议、行政应诉等工作。

（四）监督检查司。

拟订粮食流通监督检查的制度、办法并组织实施；监督检查中央储备粮计划、数量、质量和技术规范的执行情况；组织指导政策性粮食购销活动的监督检查；承担全国粮食库存检查工作。

（五）财务司。

承担部门预算及有关财务管理工作；承担机关和直属单位政府采购、国有资产管理和内部审计工作；推动国有粮食企业改革和发展，调查了解国有粮食购销企业的经营管理状况并进行指导。

（六）流通与科技发展司。

拟订粮食流通的建设、科技发展规划及有关年度计划；承办粮食流通设施国家投资项目的有关工作；承担中央储备粮代储资格认定工作；承担粮食仓储管理和安全储存工作，指导粮食行业安全生产工作；承担粮食行业科技管理、科技创新体系建设和新技术推广工作。

机关党委　负责机关和在京直属单位的党群工作，办事机构设在办公室。

离退休干部办公室　负责机关离退休干部工作，指导直属单位的离退休干部工作。

四、人员编制

国家粮食局机关行政编制为123名（含援派机动编制1名，离退休干部工作人员编制36名）。其中：局长1名、副局长4名，正副司长职数22名（含总工程师1名、机关党委专职副书记1名），离退休干部办公室司局级领导职数3名。

五、其他事项

（一）国家粮食局与国家发展和改革委员会的有关职责关系。国家粮食局提出全国粮食宏观调控、总量平衡和重要粮食品种的结构调整以及粮食流通的中长期规划、粮食流通体制改革方案和现代粮食流通产业发展战略的建议，由国家发展和改革委员会审核后报国务院；国家粮食局拟订全国粮食的进出口总量计划和收储、动用中央储备粮的建议，由国家发展和改革委员会会同有关部门审核后报国务院。

（二）国家粮食局与中国储备粮管理总公司的有关职责关系。

1. 国家粮食局负责中央储备粮的行政管理。依法对中央储备粮的数量、质量和储存安全实施监督检查，中国储备粮管理总公司具体负责中央储备粮的经营管理，并对中央储备粮的数量、质量和储存安全负责。

2. 中国储备粮管理总公司在国家计划中实行单列，其基本建设计划由国家发展和改革委员会、国家粮食局下达后，由该公司组织实施。

3. 原国家粮食储备局承担的离退休人员管理的具体事务，委托中国储备粮管理总公司承担。

（三）所属事业单位的设置、职责和编制事项另行规定。

六、附则

本规定由中央机构编制委员会办公室负责解释，其调整由中央机构编制委员会办公室按规定程序办理。

二 综合政策

002

关于印发《粮食行业“十二五”发展规划纲要》的通知

国粮展〔2011〕224号

各省、自治区、直辖市及新疆生产建设兵团、黑龙江省农垦总局发展改革委、粮食局，中国储备粮管理总公司、中粮集团有限公司、中国华粮物流集团公司、中国中纺集团公司：

根据《国家粮食安全中长期规划纲要（2008—2020年）》、《全国新增1000亿斤粮食生产能力规划（2009—2020年）》、《中华人民共和国国民经济和社会发展第十二个五年规划纲要》有关粮食流通工作的总体部署和要求，为充分发挥规划引领作用，国家发展改革委、国家粮食局制定了《粮食行业“十二五”发展规划纲要》。现印发给你们，请结合各地实际，认真组织实施。

“十二五”时期是全面建设小康社会的关键时期，是加快现代粮食流通产业发展的重要战略机遇期，也是全面加强国家粮食安全工作、构建完善的国家粮食安全保障体系的攻坚时期。制定并实施粮食行业“十二五”发展规划纲要，坚持以科学发展为主题，以加快转变经济发展方式为主线，推进产业结构调整，深化改革，创新体制机制，强化科技支撑，加强监督检查，加快发展现代粮食流通产业，提高粮食宏观调控能力，是深入贯彻落实科学发展观，推动粮食流通事业又好又快发展的重要举措，对保持粮食供求基本平衡和价格基本稳定、促进农民增产增收、保障国家粮食安全具有重要意义。

省级发展改革部门、粮食行政管理部门要加强规划实施的沟通协调和支持配合，切实落实责任，细化目标任务，确保规划目标任务的顺利完成。各地要将本地区粮食行业发展规划，以及实施过程中遇到的新情况、新问题及时报送国家发展改革委和国家粮食局。

国家发展和改革委员会
国家粮食局
二〇一一年十二月二十八日

粮食行业“十二五”发展规划纲要

国家发展和改革委员会　国家粮食局

2011 年 12 月 28 日

第一章　指导思想、基本原则和主要目标

第一节　面临的形势

“十一五”时期，在党中央、国务院的坚强领导下，我们努力克服全球金融危机的冲击和影响，有效应对国际粮食市场价格剧烈波动的复杂局面，通过不断深化粮食流通体制改革，粮食行业实现了持续稳定发展，基本建立了适应社会主义市场经济发展要求和符合我国国情的粮食流通体制，为保障国家粮食安全和国民经济平稳较快发展做出了重要贡献。

五年来，粮食宏观调控能力进一步增强，粮食市场监测、应急体系不断完善，保供稳价措施有效实施，国内粮食市场基本稳定；粮食仓储设施和物流体系建设加快发展，粮油仓储管理规范化持续推进，粮油加工业不断壮大；以市场化为取向的粮食流通体制改革不断深化，统一开放、竞争有序的粮食市场体系基本形成；粮食科技创新能力明显提高，整体水平迈上新台阶；国有粮食购销企业继续发挥主渠道作用，结构和布局进一步优化，经营管理水平和竞争力显著提高；粮食法规标准体系、监督检查体系和检验监测体系逐步健全和完善，依法管粮有力推进。面向未来，我们已经站在一个新的历史起点上。

专栏 1　“十一五”取得的主要成就

指　标	单　位	2005 年	2010 年	年均增长（%）
粮食仓储企业有效仓容	亿吨	2.6	3.5	6.1
粮食仓储企业食用植物油油罐容量	万吨	719	1410	14.4
粮油加工企业有效仓容	亿吨		1.3	
粮油加工企业食用植物油油罐容量	万吨		1500	
国内跨省散粮运输比例	%	20	25	
粮食烘干能力	万吨/小时	5	7	7.4
散粮中转设施接收能力	万吨/小时	31	59	13.7

续 表

指 标	单 位	2005 年	2010 年	年均增长（%）
实施农户科学储粮专项户数	万户		200	
规模以上粮油加工业总产值	万亿元	0.9	3.0	15.5
具有粮食收购资格经营者数量	万个	4.1	8.7	16.2
粮食批发市场数量	个	569	411	[—158]
粮食批发市场成交量	亿吨	0.8	1.4	11.8
国有粮食企业职工总数	万人	113.5	60.3	—11.9
国有粮食企业资产规模	亿元	7939.9	8070.6	0.33
粮食行业科研项目总投入＊	亿元	6.8	7.3	[0.5]
粮食行业科研项目总投入＊	亿元	1.3	1.7	[0.4]
县级以上监督检查机构数量	个	455	2090	[1637]
国家粮食质量监测机构数量	个		200	
地方粮食检验机构数量	个	535	737	[202]
制（修）订标准数量＊	项	331	476	[145]

注：带＊指标为累计数，[] 为五年累计数。

“十二五”时期是全面建设小康社会的关键时期，是加快现代粮食流通产业发展的重要战略机遇期，也是全面加强国家粮食安全工作、构建完善的国家粮食安全保障体系的攻坚时期。

新形势下我们面临着难得的发展机遇。一是居民生活水平不断提高，消费结构升级加快，人们更加注重安全、优质、营养、健康的粮油食品，从而为粮食流通产业发展创造了巨大的需求空间。二是国家强农惠农政策不断加强，农民种粮积极性进一步提高，粮食稳定发展的长效机制逐步完善，为保障国家粮食安全奠定了坚实基础。三是国家调整经济结构和转变经济发展方式的力度进一步加大，为粮食流通产业结构调整、优化升级提供了重要契机。四是现代科学技术日新月异，战略性新兴产业加快培育，推动传统粮食仓储、物流和加工的技术升级，为粮食流通产业发展提供了有力支撑。五是国家交通运输网络的快速发展和现代物流体系的建立，为降低粮食流通成本、提高粮食流通效率创造了有利条件。六是经济体制改革深入推进，粮食流通体制机制不断完善，为发展现代粮食流通产业提供了制度保障。

同时保障国家粮食安全也面临着严峻挑战。一是保障粮食供求平衡的难度加大。受资源环境约束、种粮成本增加、粮食生产比较效益较低以及人口增长、工业化、城镇化等影响，粮食供求将长期处于偏紧状态。二是粮食供求的区域布局和品种结构矛盾加剧。粮食主销区产消缺口逐年扩大，玉米消费增长较快，大豆及食用植物油对国际市场依赖性不断增加，对粮食供求平衡形成较大压力。三是国际粮食市场波动对国内粮食市场影响日益加剧。受气候变化、生物质能源快速发展和投机行为等因素影响，全球粮食供求偏紧和高价位波动趋势更加明显。四是粮食流通基础设施还有很多薄弱环节。仓储、物流体系不完善、分布不平衡，仓房维修改造资金不足，科技创新能力不强，流通基础设施和科技发展缺乏持续、稳定投入。五是粮食流通监管有待加强。监管制度不健全，监管体系不完善，监管手段和能力不足。六是粮食流通管理体制机制还不适应保障国家粮食安全的新要求。部分地区粮食行政管理机构、队伍、职能有待完善，地方各级政府的粮食安全分级责任制需要加强，粮食省长负责制也有待全面落实。

第二节　指导思想和基本原则

“十二五”时期粮食行业发展的指导思想是：高举中国特色社会主义伟大旗帜，以邓小平理论和“三个代表”重要思想为指导，深入贯彻落实科学发展观，适应国内外粮食流通形势新变化，不断满足城乡居民对粮食需求的新期待，以科学发展为主题，以加快转变经济发展方式为主线，推进产业结构调整，深化改革，创新体制机制，强化科技支撑，加强监督检查，加快发展现代粮食流通产业，提高粮食宏观调控能力，保持粮食供求基本平衡和价格基本稳定，保障国家粮食安全。

“十二五”时期，粮食行业发展要坚持以下原则：

——加强宏观调控。继续推进以市场化为取向的粮食流通体制改革，充分发挥市场配置资源的基础性作用，健全粮食市场调控机制。灵活运用多种手段，增强粮食宏观调控的科学性、预见性、针对性、有效性。

——促进协调发展。统筹兼顾，合理布局，突出重点，加快推进粮食产业结构、产品结构、区域结构调整。实现粮食收购、储存、调运、加工、销售各环节的有效衔接，促进粮食主产区、主销区和产销平衡区的协调发展。

——提高创新能力。应用信息、生物、新材料等高新技术的成果，改造传统粮食产业，推广低碳技术，发展绿色储粮和粮油加工，减少粮食损失，完善创新体系，支撑粮食行业发展方式的转变和推动粮食产业结构升级，走可持续发展之路。

——坚持以人为本。以提高人民生活质量和保证食品安全为出发点和落脚点，强化粮食质量安全监管，完善粮食标准与检验监测体系，保障城乡居民粮食质量安全。

第三节 主要目标

根据上述指导思想和基本原则，“十二五”时期粮食行业发展的总体目标是：供给稳定、储备充足、调控有力、运转高效的粮食安全保障体系进一步完善；粮食宏观调控能力、仓储物流能力和科技支撑能力明显提高；推进法制建设，全面实现依法管粮；基本形成布局合理、结构优化、竞争有序、监管有力、质量安全的现代粮食流通格局。

根据以上总体目标的要求，粮食行业发展实现以下具体目标：

——粮食安全基础进一步夯实。中央专项储备不低于既定规模数量，地方粮食储备规模保持在核定规模以上。适当提高稻谷库存比例，小麦和稻谷库存保持在合理水平。粮食应急保障体系更加完善，形成布局合理、运转高效的应急网络。

——粮食流通基础设施明显改善。粮食仓储设施满足粮食增产、保障供给的要求，基层粮库设施条件明显改善，使粮食主产区基本消除长期露天储粮，并建立维修改造长效机制。主要跨省流出通道能力显著增强，推进东北地区散粮火车“入关”，散粮流通比例明显提高。主产区农户储粮条件得到改善，全国种粮农户实现科学储粮的比例5%左右，项目实施地区的农户储粮损失率降低到2%以下。

——粮食市场体系进一步健全。粮食收购服务体系更加规范高效，满足居民日常粮食消费需求的零售供应网络更加健全，全国统一的粮食竞价交易系统更加完善。

——粮油加工业健康发展。产品结构明显改善，区域布局更加合理，自主创新能力明显增强。规模以上粮油加工企业总产值年均增长12%以上。粮油加工关键设备自主化率提高到60%以上。

——国有粮食企业改革进一步深化。企业产权制度更加明晰，经营机制更加灵活，组织结构更加合理，管理水平不断提升，经济效益稳步增长。

——粮食质量标准体系和检验监测体系更加健全。粮食质量标准体系更加完善，粮食质量安全检验监测能力明显增强。制定粮油新标准120项，修订粮油标准300项。

——粮食流通法规体系进一步完善。推进《粮食法》尽快出台，完成《粮食流通管理条例》和《中央储备粮管理条例》的修订。研究制定相关配套制度办法，粮食法制体系建设更加健全。

围绕上述目标，“十二五”时期粮食行业的主要任务是：深化一项改革，健全六大体系，重点建设六大工程。深化一项改革，即继续深化粮食流通体制改革；健全六大体系，即健全粮食宏观调控体系，粮食仓储物流体系，粮油加工体系，粮食市场体系，粮食科技创新体系，粮食监管和标准质量检验监测体系；重点建设六大工程，即粮食仓储设施工程、粮库仓房维修改造工程、粮食现代物流工程、农户科学储粮专项工程、粮油加工业升级工程、粮食质量安全监测体系工程等。

第二章　健全粮食宏观调控体系

进一步完善粮食宏观调控机制，促进粮食生产稳定发展和粮食供求基本平衡，保证粮食市场供应，保持粮食价格基本稳定。

第一节　完善粮食购销体制

构建政府调控和市场调节相结合的购销模式。逐步提高粮食最低收购价格水平，进一步完善最低收购价政策的具体操作办法，保证最低收购价政策的贯彻落实。研究完善主要粮食品种的临时收储政策，保护种粮农民利益。积极探索建立符合市场化要求、适合我国国情的新型粮食价格支持体系。

做好政策性粮食销售工作，根据宏观调控需要和市场价格趋势，适时安排政策性粮食竞价销售，把握好销售节奏和力度，保持粮食价格在合理水平上基本稳定。

完善粮食产销合作长效机制，进一步理顺粮食主产区和主销区的利益关系。逐步建立多形式、深层次、长期稳定的粮食产销合作关系，实现优势互补，促进粮食区域平衡。建立有利于产销合作发展的支持体系，重点保证长三角、珠三角、京津唐、成渝等地区的粮食供应。

第二节　健全储备调节体系

细化中央专项储备和调节储备的功能，建立健全中央储备粮存储、吞吐轮换和进出口有效结合的机制。完善地方粮食储备管理制度，探索销区地方储备粮轮换与产区粮食收购紧密衔接的模式。形成调控有力、运作规范、高效灵活的储备粮管理局面。

充实储备库存，增强宏观调控物质基础。中央专项储备和地方粮食储备达到合理规模，中央调节储备数量根据市场情况和调控需要灵活掌握。

完善储备布局和品种结构，调整优化中央储备粮地区布局，重点向主销区、西部缺粮地区和贫困地区倾斜，增强对大中城市粮食供应的保障能力，地方储备要和中央储备相互衔接补充。中央专项储备和地方储备按照优先保证口粮安全，兼顾其他用粮的原则，优化品种结构，总量上适当提高稻谷库存比例。修改完善中央储备粮轮换管理办法，及时下达中央储备粮轮换、收购、销售计划。积极支持地方加强调控能力建设。

第三节　加强监测预警系统

做好全社会粮食供需平衡调查工作，建立健全统计调查体系，准确反映国内粮食供需状况。完善粮食市场信息监测体系，实现对粮食市场的动态监测和分析。合理确定预警指标，扩大监测预警范围，力争全国粮食市场信息直报点增加到500个左右，提高粮食宏观调控预警能力。发展面向全社会的粮食市场信息服务体系，以多种方式提供市场信息服务，促进粮食流通和市场稳定，引导粮食生产和消费。

第四节　提升粮食应急能力

建立健全中央和地方各级应急体系，加强演练培训。按照有粮可用、有粮可调的要求，充分做好应急物质保障准备。促进粮油购销、调运、储存、加工、供应等各环节的相互衔接，形成布局合理的粮食应急网络。各地要按规定建立和充实成品粮油应急储备，确保随时投放市场，保证应急需要。全国省级粮食应急指定加工企业从1700个增加到2000个，供应企业从4000个增加到5000个。全国大中城市成品粮油应急储备规模应满足15天以上的社会消费需要。

第三章　完善粮食仓储设施

加快粮食流通基础设施建设，完善仓储设施布局，加大仓房维修改造力度，加快烘干设施建设。继续实施农户科学储粮专项，推广科学储粮技术，改善农户储粮条件，减少粮食产后损失。

第一节　加强仓储设施建设

优化粮食仓储设施布局，推广应用粮库信息管理系统，实现仓房设施标准化、技术装备现代化。新建粮食储备仓容2000万吨，增加仓储能力。针对收纳、中转、储备等不同粮食仓储需求合理选用仓型，推广先进实用的新技术、新材料和新装备。36个大中城市建设一批成品粮低温储备设施，长三角、珠三角、京津唐、成渝等地区要优先满足成品粮储备应急保障需要。

第二节　推进仓房维修改造

全国维修改造仓容1亿吨以上。重点对仓房防潮防雨、保温隔热进行维修改造，配置必要的粮情检测、机械通风、环流熏蒸等储粮设施和装卸输送设备，配置检化验仪器，推广低温储粮、气调储粮等绿色储粮新技术。

第三节　完善烘干设施

新建和改造一批粮食烘干设施，淘汰技术落后的烘干能力，使全国烘干能力保持在1.1亿吨以上，其中东北地区9100万吨以上，南方地区2000万吨以上。在东北地区改进烘干工艺和控制技术，节能减排，降低烘干成本，减少环境污染，保证烘后品质。在南方地区推广经济适用的烘干设备。在农垦系统水稻产区推广低温烘干技术。

第四节　实施农户科学储粮专项

继续实施农户科学储粮专项，为800万农户配置标准化储粮装具，项目地区的农户储粮损失率降低到2%以下。在粮食主产区开展种粮大户新型储粮设施建设试点，重点建设一批示范性小型钢板筒仓。

专栏2　农户科学储粮专项	
农户科学储粮装具	配置标准化储粮装具800万套，其中主产区465万套，其他地区335万套。
种粮大户储粮设施	在主产区建设一批示范性小型钢板筒仓（单仓储粮100吨以上）及相应配套设施。

第四章　推进粮食现代物流发展

全面实施《粮食现代物流发展规划（2006—2015年）》，加快“北粮南运”主要物流通道建设，加强产销衔接和粮食物流资源整合，重点推进铁路散粮火车在东北区域及全国其它区域的运营，以及铁路与公路、水路的多式联运，实现跨省粮食主要物流通道的散储、散运、散装、散卸，优化和完善粮食物流供应链。

第一节　打通“北粮南运”主通道

重点建设东北地区一批大型粮食装车点，以及与其相衔接的华北、华东、中南、西南等地区一批大型粮食卸车点，并加强与公路集并的衔接，配套建设粮食中转仓储设施。完善东北地区粮食铁水联运物流系统，配套建设东南沿海港口和长江、珠江流域主要物流节点的粮食中转和接卸设施。开展东北地区糙米“入关”集装化（集装箱或集装袋）运输试点和成品粮储运技术示范。

第二节　完善黄淮海等主要通道

建设一批物流节点项目和中转仓储设施，完善黄淮海通道、长江流域通道和京津通道、华东通道、华南通道的中转和接卸发放设施，发展黄淮海地区的散粮汽车运输以及长江、珠江、大运河、淮河等流域的散粮船舶运输。提升西部地区粮食中转、发放设施能力。

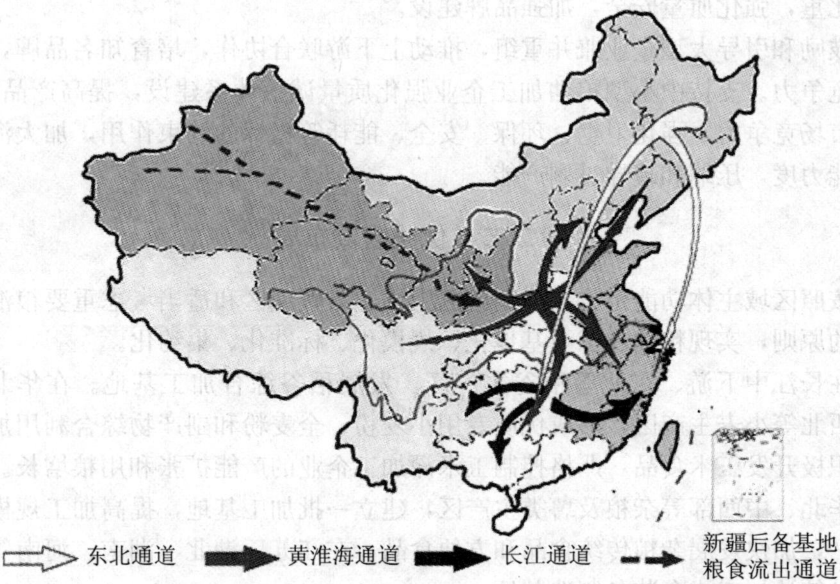

图 1 全国主要粮食物流通道示意图

第三节 建立粮食现代物流服务体系

加快建立社会化、专业化、信息化的粮食现代物流服务体系，积极发展第三方物流，优先整合和利用现有粮食物流资源。完善粮食供应链管理，建立全国粮食物流配送、交易和管理信息平台，实现粮食物流信息资源共享。支持粮食物流园区有序发展，加强糙米流通、散粮汽车和集装箱运输技术的开发研究，制订和完善相关建设和技术标准规范。

第五章 发展现代粮油加工体系

坚持走中国特色新型工业化道路，发展结构优化、布局合理、安全营养、绿色环保的现代粮油加工体系。保持粮油加工业总产值年均增长 12%以上，进一步优化产品结构，引导粮油加工业集聚发展，形成一批具有较强竞争力的加工基地或产业集群。加大淘汰落后产能和节能减排力度，明显提高副产物综合利用率。

第一节　调整产业结构

有效利用粮油资源，提升加工技术水平和产品科技含量。按照安全、优质、营养、健康等要求，加大系列化、多元化粮油产品开发力度，提高优、新、特产品的比重，强化质量安全，加强品牌建设。

鼓励和引导大型企业兼并重组，推动上下游联合协作，培育知名品牌，提高核心竞争力。支持中小型粮油加工企业强化质量诚信体系建设，提高产品质量，增强市场竞争力。强化卫生、环保、安全、能耗等指标的约束作用，加大淘汰落后产能力度，压缩和疏导过剩产能。

第二节　优化区域布局

按照区域主体功能定位，遵循产区为主、兼顾销区和适当考虑重要粮油物流节点的原则，实现粮油加工业基地化、规模化、标准化、集约化。

在长江中下游、东北等稻谷主产区，发展稻谷综合加工基地。在华北、华东、西北等小麦主产区，形成优质专用小麦粉、全麦粉和副产物综合利用加工基地。积极开发玉米食品，严格控制玉米深加工企业的产能扩张和用粮增长。在东北、华北、中西部等杂粮及薯类主产区，建立一批加工基地，提高加工规模和技术水平，加快发展杂粮传统食品和方便食品。在江苏、湖北、湖南、河南等地形成一批粮油加工成套装备制造基地。

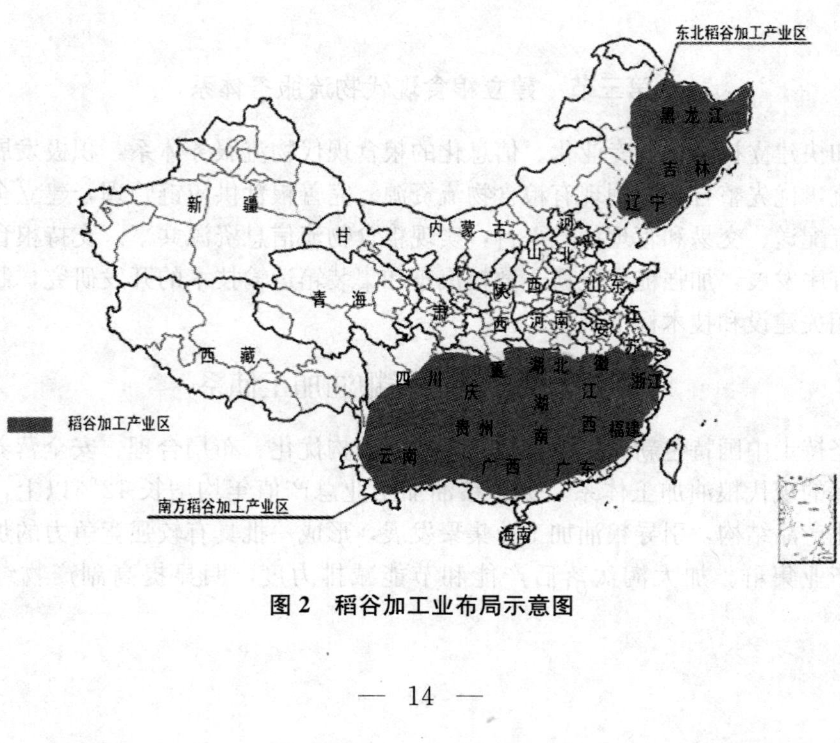

图 2　稻谷加工业布局示意图

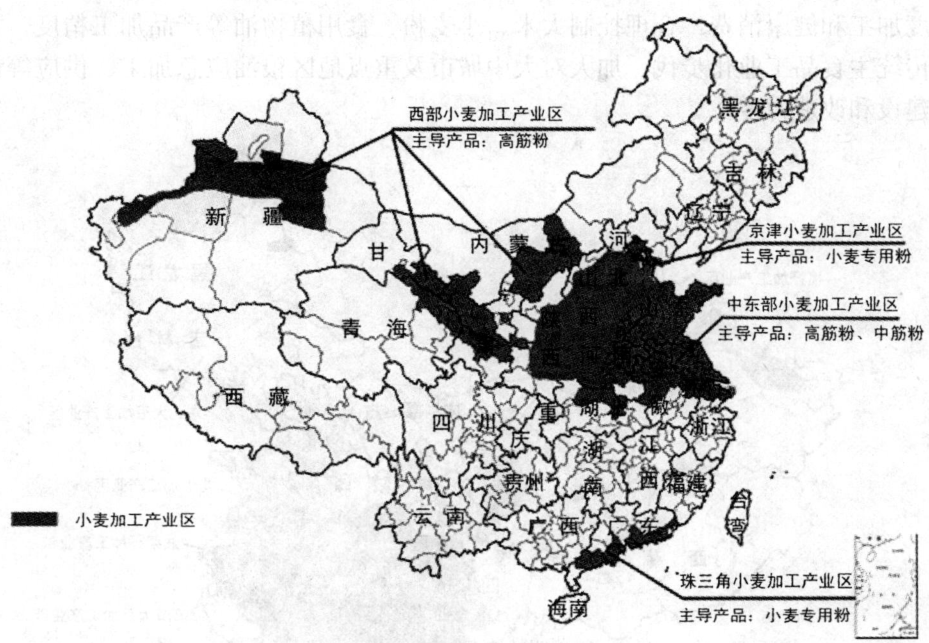

图3　小麦加工业布局示意图

充分发挥东北非转基因大豆优势，提升当地大豆油加工产业带建设水平，引导整合资源，提高生产效率；在长江中下游和西部油菜籽主产区，黄淮海花生主产区，黄河、长江流域和西部棉籽主产区，西部葵花籽主产区，结合淘汰落后产能，发展一批菜籽油、花生油、棉籽油、葵花籽油大型加工企业，鼓励建设一线多能、多油料品种加工项目；依托稻谷、玉米主产区大型粮油加工企业、加工园区和产业集聚区，大力发展米糠油、玉米油等特色油脂加工；在长江中游及淮河以南地区，大力发展油茶籽油等木本植物油加工，增强食用植物油供给能力。严格控制大豆压榨及浸出项目，合理控制沿长江地区菜籽油加工产能规模，推进企业兼并重组，促进资源向优势企业集聚。

第三节　加快升级改造

加快利用新技术、新材料、新工艺、新装备改造粮油加工企业，提升粮油加工业整体技术水平，实施粮油加工园区建设、技术改造、食品安全检测能力建设、主食品工业化示范、应急加工供应等工程。

依托现有资源，整合、新建或改扩建一批科技含量高、综合利用全、带动能力强的粮油加工园区。加大粮油加工企业技术改造力度，加快产品升级换代和关键设备自主化，提高节能降耗水平。加强企业食品安全检测能力建设，健全并严格落实食品安全责任制度，建立质量可追溯体系。完善加工标准体系，大力倡导适度加工和健康消费，合理控制大米、小麦粉、食用植物油等产品加工精度。加快传统主食品工业化步伐。加大对大中城市及重点地区粮油应急加工、供应等设施建设和改造力度。

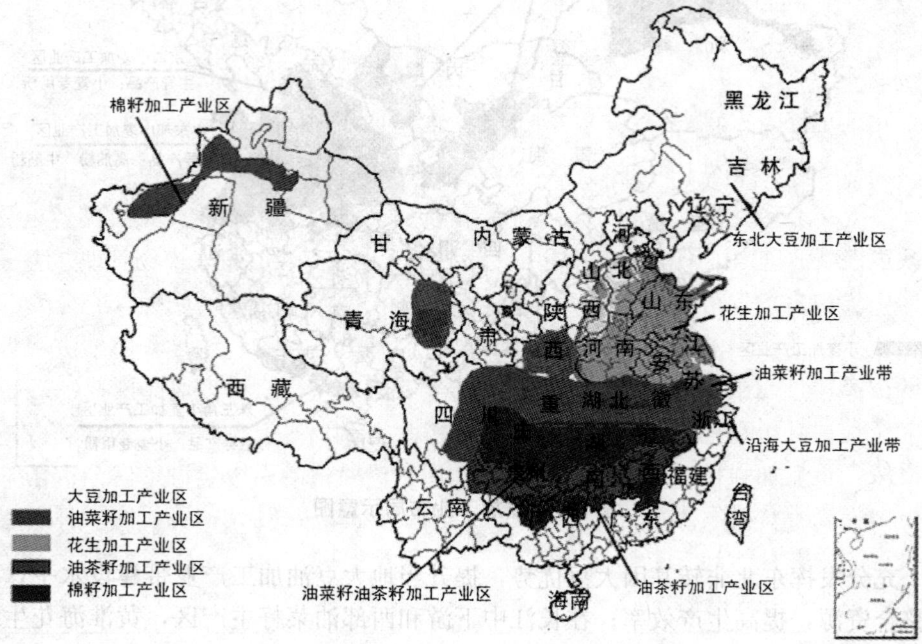

图4　食用植物油加工业布局示意图

第六章　健全粮食市场体系

加快粮食市场体系建设，形成以粮食收购市场和零售市场为基础、批发市场为骨干、粮食期货交易稳步发展，统一开放、竞争有序的现代粮食市场体系。

第一节　规范收购市场

充分发挥国有粮食企业在粮食收购中的主渠道作用，鼓励各类具有资质的市场主体从事粮食收购活动，搞活粮食流通，构建规范高效的粮食收购服务体系。严格执行收购市场准入制度，规范各类主体的粮食收购行为，维护良好的粮食收购市场秩序。

第二节　完善零售市场

大力发展超市、便民连锁店为主要形式的城乡粮油供应网点，发挥集贸市场在粮食供应中的作用，建立满足居民日常粮食消费需求的零售供应网络。大中城市要确定一批用得上、实力强、效率高的粮食应急供应网点，确保粮食应急供应。鼓励和支持粮食连锁经营、电子商务等现代流通方式向农村延伸，创新经营理念，提高零售网络的服务水平和效率。规范粮食零售市场管理，健全粮食零售经营者诚信档案制度。以深入开展“放心粮油”进农村、进社区活动为重点，进一步扩大“放心粮油”覆盖范围。

第三节　健全批发市场

根据粮食宏观调控的需要，继续选择部分大型区域性粮食批发市场，组建国家粮食交易中心。以国家粮食交易中心为依托，加快健全全国统一粮食竞价交易系统，扩大交易系统的市场联网范围，完善统一交易规则。积极推进中央储备粮及其他政策性粮油进入国家粮食交易中心交易。抓紧制定《粮食批发市场管理办法》。

引导粮食批发市场积极组织开展跨区域的大宗粮食品种的交易，充分发挥其在粮食产销衔接中的作用。加快大中城市成品粮批发市场建设，着力推进特大城市的成品粮批发市场建设。在全国重点指导和扶持一批大中型成品粮批发市场。

全面提升粮食批发市场功能，提高服务水平，加快粮食批发市场基础设施改造升级，重点加强批发市场的信息系统和质量检验检测系统建设。健全市场管理制度，提高粮食批发市场管理水平和从业人员素质。鼓励具备资质的多种所有制粮食市场主体从事粮食市场经营活动。

专栏3　国家粮食交易中心

2004年国务院决定全面放开粮食收购市场后，为保护农民利益和种粮积极性，健全粮食市场体系，提高粮食流通效率，根据粮食省长负责制的要求，由省级人民政府申请，国家粮食局已陆续批准了23个省区市在粮食批发市场的基础上组建国家粮食交易中心，并联网形成全国统一的政策性粮食竞价交易平台，承担国家政策性粮食竞价交易任务。“十一五”期间，全国统一的竞价交易平台共交易了各类政策性粮食2.4亿吨、食用植物油70.2万吨。通过国家粮食交易中心公开交易国家政策性粮食，充分发挥了市场竞争机制，节约了粮食流通成本，提高了粮食宏观调控效率，对保证粮食市场供应、稳定粮食市场价格起到了重要作用。“十二五”时期，国家粮食局将根据省级人民政府申请，继续做好国家粮食交易中心的组建工作，更好地发挥政策性粮食竞价交易平台在宏观调控中的作用。

第四节　稳步发展粮食期货交易

逐步增加粮食期货交易品种，引导粮食企业和农民专业合作组织利用期货市场规避风险。增强现货市场与期货市场的联动性，加强对粮食期货交易的监督管理，规范粮食期货交易行为。

第七章　完善粮食标准与质量检验监测体系

完善粮油标准体系，加大标准化工作实施力度。建成以国家和地方粮食检验监测机构为骨干，以粮食企业为基础，覆盖各省（自治区、直辖市）、各地级市、粮食主产县、粮食购销企业、大型粮食加工企业的粮食检验监测体系。配备仪器设备，改善基础设施，提升粮食质量安全检验监测整体水平和粮食企业质量管理水平，促进粮食企业承担粮食质量安全主体责任，消除监测盲区，保障粮食质量安全。

第一节　健全粮油标准体系

加强粮油标准体系建设，进一步健全粮食收购标准、粮油产品标准、粮食储藏标准和粮油加工标准等。研究制定小麦、稻谷、玉米、大豆等产品质量、检验方法和技术规范新标准 120 项，对现有 300 项粮油标准进行复审修订。

专栏 4　粮油标准制修（订）主要内容	
粮食收购标准	粮食收购检验规程和仪器设备标准、粮食收购快速检测方法标准、粮食收购品质在线检测方法标准、粮食质量调查和安全监测预警技术规范以及粮食收购环节真菌毒素、农药残留等污染物的快速检验方法等。
粮油产品标准	产品及制成品标准、有害物质和非法添加物检测方法标准等。
粮油储藏标准	储油设施设备标准和使用规范、安全储粮技术规范、储粮药剂管理和使用技术规范、磷化氢熏蒸技术规程、储粮品质判定标准、粮油储藏技术规范及质量过程控制标准等。
粮油加工标准	粮油加工过程良好操作规范、粮油加工机械标准、粮油加工质量安全控制标准等。

第二节　提高检验能力

加强粮食检验监测体系建设，以粮食质量安全检验为重点，增强综合检验能力、仲裁检验能力、快速应对粮食质量安全突发事件的检验能力。通过国家和地方的共同努力，配置相应的粮食检验仪器设备、改善基础设施，着力提升国家粮食质量监测机构的粮食卫生指标检验水平和先进快速检验技术的研究应用水平、地方粮食检验监测机构的常规指标和主要卫生指标的检验水平、粮食企业的检验技术水平。

专栏 5 粮食质量安全检验监测能力建设	
国家粮食质量监测机构能力建设	粮食的农药残留、重金属、真菌毒素等主要有毒有害成分，以及粮食的特征成分、营养及活性物质、添加剂和转基因等成分的定性与定量分析；粮食质量安全快速检测技术的研究和应用。
地方粮食检验监测机构能力建设	粮食常规质量指标、储存品质指标、营养品质指标，以及粮食的农药残留、重金属、真菌毒素等主要有毒有害成分的定性或定量分析；粮食质量安全快速检验技术的研究和应用。
粮食购销企业和大型粮油加工企业检验能力建设	粮食购销企业具备粮油常规质量和储存品质指标等检验能力。大型粮油加工企业具备粮油及其产品相关指标的检验能力。

第三节　强化质量安全监测

建立国家和地方粮食质量安全例行监测制度，定期开展粮食质量安全监测、收获粮食质量调查和品质测报、粮食出入库检验及政策性粮食质量安全抽查检验。加强粮食质量安全追溯体系建设，建立污染区域粮食收购、储存、销售质量安全管理机制和追溯制度。建立粮食质量安全监测预警网络，确保收购环节粮食质量安全。

专栏 6　粮食质量安全监测主要内容	
收获环节质量调查	对当年收获粮食的质量状况进行抽样调查和检验。
收获环节卫生监测	对当年收获粮食农药残留、重金属、真菌毒素等主要有毒有害成分污染情况进行监测。
储存环节质量安全监测	对库存粮食的质量状况和储粮药剂残留、重金属、真菌毒素等主要有毒有害成分污染情况进行例行监测。
粮食品质测报	对当年收获的小麦、稻谷、玉米、大豆等主要粮食的品质状况进行检验评价。

第八章　加快国有粮食企业改革和发展

以建立现代企业制度为方向，以发挥主渠道作用为重点，进一步推进国有粮食企业战略性重组，健全国有资本有进有退、合理流动机制，加快转变发展方式，切实提高企业市场竞争力和影响力。

第一节　推进现代企业制度建设

进一步理顺和规范政府调控与企业经营的关系，完善粮食政策性业务由政府委托企业代理的市场化运作机制。加强粮食企业国有资产监管，理顺粮食基础设施的产权关系。完善企业法人治理结构，提高企业经营管理水平。充分利用资本市场，推进大型粮食企业兼并重组。

第二节　优化企业布局和结构

逐步培育以大型国有粮食企业为骨干、基层国有粮食企业为基础，优势互补的粮食市场主体，不断提高市场竞争力。积极培育50个左右国有或国有控股的地方大型粮食企业，增强区域粮食市场调控能力。

完善粮食购销网络和产业链条，以粮食主产县（市、区）为单位，以县级粮库为基础，每县保留、组建和培育1～2个国有或国有控股的粮食企业，以及必要的收购网点，作为国家掌握粮源、搞活购销的重要基础。加快国有粮食企业发展方式转变，形成以粮食产业化企业为龙头、农民专业合作组织为纽带、粮食生产基地为依托的粮食产业化经营服务体系。重点扶持150个以上粮食产业化龙头企业。

第九章　增强粮食科技创新能力

加大储藏、物流、加工、检测等关键技术和装备的研发力度，增强粮食科技创新能力。以高新技术为着力点，以节能环保技术为切入点，改造和提升传统产业，提高现代化水平。粮食行业国家科研经费投入明显增加。

第一节　提高研发能力

发展基于物联网技术的现代粮食流通体系，在重点区域开展粮食物流信息采集、追溯技术、公共物流信息平台的应用示范，实现粮食物流的信息资源共享。加大信息化手段在粮食宏观调控中的应用，利用专用传感器等技术，逐步实现对粮食库存信息的智能化监控。在粮食收购品质检测、储粮环境控制、库存品质监管、有害物质防控等方面，加大信息、生物等高新技术研发。开展生态环境温湿度与粮食品质关系研究，实现对粮食霉菌、害虫等的实时监测。

第二节　改造传统产业

加快节能减排技术应用，研发储藏、干燥等方面的绿色、节能、降耗新技术。推动生物技术应用，研究绿色储粮技术体系。利用现代生物技术，开发替代化学物的高效菌株、酶制剂。研制粮油食品卫生安全快速检测技术和仪器。

推动先进制造技术应用，开发装备智能控制和在线监测技术。开展绿色储粮、仓储信息化技术和装备的集成示范。开发全自动散粮成套接卸输送装备。采用新材料、新工艺，提高粮食加工装备设计和制造水平。

第三节　加强应用基础研究

开展粮食流通环节的生物技术与粮食质量安全基础性、公益性研究。加强生态储粮等关键技术和粮食品质特性及化学机理、物理特性与生态环境关系的规律研究，建立粮食品质特性基础数据库。制订粮食信息安全等新技术标准。

第四节　建设创新体系

强化国家、省、企业三级创新能力。发挥科研院所、大学、企业优势和技术特长，坚持产学研相结合，构建以企业为主体、市场为导向的技术创新体系。完善应用开发和成果转化及产业化的技术推广体系。充分利用现有资源，建设完善国家粮食科技创新平台，加强基础研究，积极培育新兴产业。加强粮食科技人才队伍建设，完善机制，引进高层次人才，培养复合型人才。发挥地方粮食科研院所在区域粮食产业发展中的支撑作用。

专栏 7　粮食科技创新重点项目

粮食物流信息技术研发	基于物联网的粮食流通信息化关键技术与设备研究；粮食流通信息技术集成研究与示范；区域粮食应急平台技术研究与应用示范。
粮食检测监管信息技术及装备研发	粮食专用传感器的开发与应用示范；基于生物传感原理的检测新技术与新仪器产品研究开发；粮油质量信息在线实时快速检测技术研究；清仓查库新技术装备研究开发与集成示范；多功能粮情测控系统开发与应用示范；储备粮粮情检测新技术研究与应用示范。
粮食产业节能减排技术研发及应用示范	节能保质、节能烘干、绿色高效热源、智能低碳干燥技术与装备研发；地下绿色节能储粮仓型及成套技术与装备开发；湿热区域低温储粮技术装备的研究开发；粮食高效进出仓成套设备研发；应急成品粮库新仓型及关键技术研究。
粮油加工装备技术研发	低能耗、智能化的主食加工成套装备、关键技术集成、功能营养主食强化产品开发及产业化示范；绿色、高效、低耗的通用加工技术和装备研究开发；粮食加工关键技术和装备研发；食用植物油清洁生产、品质安全及高效利用技术与装备开发。
粮食质量安全技术及设备研发	粮食近红外检测关键技术及装备研究开发；粮油质量快速检测技术研究装备开发；油料油品收储质量安全关键技术研究开发与示范；储粮质量安全检验与动态监测关键技术研究与示范；储粮生物防霉、脱毒与快速检测技术开发示范；粮油内毒素及抗营养因子检测和控制新技术研发。
粮食科学基础研究	重要储粮害虫种群分布、储粮害虫危害及生态调控机理研究；现代粮仓粮堆传热传质特性及变化规律研究；储粮害虫抗药性机制的分子生物学研究；仓房结构与粮食散体力学关系研究；粮食功能性成分的营养及安全评价体系研究；储粮生态体系作用变化规律与生态数据库研究。

第十章 加强监督检查

建立机构健全、权责明确、行为规范、监督有效、覆盖全面的粮食流通监督检查行政执法体系，巩固监督检查各项制度，使定期检查、专项检查、重点抽查和专案调查等方式得到有效落实，实现政策性粮食检查、粮油库存检查、社会粮食流通检查的常态化、制度化。

第一节 推进体系建设

强化监督检查工作体系，切实做到地方各级粮食行政管理部门监督检查机构、职能、人员、经费“四落实”，全面落实监督检查人员持证上岗制度。加强监督检查队伍建设，重点加强省级以下粮食监督检查行政执法队伍建设，提升执法队伍专业水平，提高依法行政的能力和水平。

健全粮食监督检查法规制度，完善监督检查行政执法程序和工作纪律，建立和完善层级监督制度，加强对地方粮食行政管理部门监督检查工作的指导，落实粮食流通监督检查行政执法责任制。进一步完善政策性粮油监管体系，加强政策性粮油的监督检查力量，对中央储备等政策性粮油的数量、质量和储存安全实施监管。推进粮食流通企业信用体系建设，规范企业经营行为。

建立粮食流通监督检查信息管理系统，包括检查对象基本情况、各级粮食监督检查机构与队伍情况，以及执法信息等内容，统一开发软件，建立信息平台，实现资源共享。配备必要的调查取证器材、车辆和设备等，保证执法需要。

第二节 加强库存检查

完善粮油库存检查办法，优化库存检查组织方式，强化检查工作制衡与约束机制。将例行检查、专项检查、不定期检查等方式进行有效结合，加强对不同性质企业和粮油库存的分类监管，增强监管工作的时效性和针对性。

第三节 强化市场监管

加强对粮食最低收购价、国家临时收储等政策执行情况的监督检查，强化对收购、竞价销售、出库、移库的监督检查。做好退耕还林、水库移民、应急供应、救灾等政策性粮食供应的监督检查，确保政策性粮食供应及时到位。

加强对粮食经营者从事粮食收购、储存、运输、销售等经营活动的监督检查，加强对收购资格、最低最高库存规定、粮食流通统计制度执行情况的监督检查。

实施粮食流通监督检查工作量化考核制度，加强对行政执法工作的层级监督，切实做到公正执法、文明执法。开展监督检查行政执法示范单位创建活动，规范和提升监督检查行政执法的行为和水平。

第十一章　保障措施

第一节　完善政策支持

改善和健全粮食调控机制，引导市场粮价保持在合理水平。完善粮食奖补政策，积极探索与粮食储备订单收购挂钩的补贴办法。健全完善粮食主产区的利益补偿机制，支持主产区发展粮食生产。

加强与铁路、交通等部门的协作，创新粮食物流机制，整合现有粮食物流资源，推进仓储、码头设施社会化和运输服务市场化。建立支持农户科学储粮的长效机制，争取将农户储粮装具及简易仪器设备等纳入农机具补贴范围。

积极发挥农业政策性银行对粮食收购的保障作用，完善粮食收购资金信贷管理办法，支持国有粮食企业开展粮食购销业务，掌握粮源。积极利用企业上市、发行债券和商业银行贷款等多种形式，拓宽企业融资渠道。

落实和完善国有粮食购销企业、粮油加工企业和产业化龙头企业的有关税收政策。研究出台相关政策措施，支持重点粮食产业化龙头企业发展。

争取政策支持，对国有粮食企业产业（物流）园区建设用地优先安排；国有粮食企业产权制度改革中依法取得的资产转让收入和按规定处理企业使用的划拨土地收入，优先留给企业用于缴纳社会保险费和安置职工；加强对国有粮食企业资产管理，对依法出售自有公房、建筑物的收入，优先用于国有粮食企业改革和发展。

第二节　加大投入力度

中央和地方各级政府要加大对符合条件的重要粮食仓储、物流、应急保障等流通基础设施、市场体系建设、加工业升级改造、科技创新、技术引进、质量安全检验监测体系建设等的投入，积极引导多渠道社会资金投向粮食流通领域，并建立稳定的长效机制，明显提升现代粮食流通产业科学发展能力。对粮食净流出省（自治区）和新疆、西藏以及青海、四川、云南、甘肃四省藏区等中央明确给予政策支持地区的粮食流通基础设施建设给予适当倾斜。

第三节　深化改革创新

深化国有粮食购销企业的改革，加快产权制度改革步伐，建立现代企业制度，发挥国有粮食企业主渠道作用。制定和完善促进国有粮食购销企业改革和发展的政策措施，采取多种形式，做好企业经营性挂账的消化处理工作。多渠道筹措资金，解决国有粮食企业富余职工分流安置的资金缺口。理顺国债、世行贷款和地方政府等投资粮食流通基础设施的产权关系。

完善地方各级粮食行政管理体系，落实粮食行政管理部门依法管理全社会粮食流通的职责，重点做好粮食行业管理和指导市场准入、行政执法和监督检查、监测预警和应急供应、流通统计、新技术推广等工作。实行政企分开，切实转变粮食行政管理部门职能，落实基层粮食行政管理部门人员编制和工作经费。

第四节　严格市场准入

进一步完善粮食收购市场准入和退出制度，规范市场秩序。落实《产业结构调整指导目录》，强化安全、出品率、能耗、质量、环保、土地等指标的约束作用，制定和完善粮油加工行业准入条件和落后产能界定标准，鼓励发展低消耗、低污染的先进产能。按照《外商投资产业指导目录》，完善粮食收购、储存、物流、加工等领域的外商投资管理和并购安全审查机制，保障国家粮食安全。

第五节　强化科技支撑

强化粮食科技对现代粮食购销、仓储、物流、加工产业跨越发展的支撑作用，推进建立稳定的粮食行业科技创新资金支持机制，加强粮食科技国际合作交流，加快科技成果的转化和推广普及。实施知识产权质押等鼓励创新的金融政策，加强知识产权的创造、运用、保护和管理，完善科技成果评价奖励制度，加强科研诚信建设。

大力加强粮食行业行政管理人才、企业经营管理人才、专业技术人才、高技能人才队伍建设，创新人才培养开发机制，加大力度引进高层次人才。大力推进粮食从业人员职业教育，加强粮食行业职业技能培训和鉴定工作，培养造就一支数量充足、结构优化、素质优良、富有竞争优势的行业人才队伍。

第六节　引导爱粮节粮

按照建设资源节约型社会的要求，强化从收获、收购、储存、运输、加工和消费全过程的节粮措施，减少粮食浪费和损耗，提高粮食综合利用率，抑制不合理的粮食需求，保障国家粮食安全。广泛开展爱粮节粮等主题宣传活动，加强粮油食品营养健康知识的宣传、普及，增强公众爱粮节粮和健康消费意识，大力倡导适度加工和科学用粮，引导合理膳食，促进健康消费。

第七节　强化粮食安全责任

建立健全中央和地方保障粮食安全分级责任制，在国家宏观调控下，全面落实粮食省长负责制。强化地方保障区域粮食市场供应和稳定价格的责任，落实地方粮食储备规模，完善应急预案，健全应急机制，加强粮食应急加工、供应体系和网络建设，提高应急保障能力。加强粮食市场监管和监督检查，保证粮食质量安全，维护正常的粮食流通秩序。

第八节　加强规划实施组织领导

加强规划实施的组织领导和统筹协调，强化部门分工协作机制，发挥规划对粮食行业发展的指导性作用。国家发展改革委负责规划实施的综合协调，国家粮食局具体负责规划的组织实施，精心部署，认真贯彻落实中央各项政策，扎实推进各项规划工作，并根据需要编制一批专项规划，细化落实本规划提出的主要任务。

各省级粮食行政管理部门要在省级人民政府统一领导下，主动加强与省级发展改革等部门的沟通协调，提高认识，密切配合，切实落实责任，根据本规划总体要求和本地实际，编制本地区的粮食行业发展规划，明确发展目标，细化落实具体任务，制定促进本地区粮食行业发展政策措施，形成强有力的协作机制，抓好本规划贯彻落实，确保本规划目标任务的顺利完成。

003

全国新增1000亿斤粮食生产能力规划（2009—2020年）

（2009年4月8日，国务院总理温家宝主持召开国务院常务会议，讨论并原则通过《全国新增1000亿斤粮食生产能力规划（2009—2020年）》）

引　言

粮食是关系国计民生的重要商品，是关系经济发展、社会稳定和国家自立的基础，保障国家粮食安全始终是治国安邦的头等大事。随着人口增加，我国粮食消费呈刚性增长，同时，城镇化、工业化进程加快，水土资源、气候等制约因素使粮食持续增产的难度加大；生物燃料发展，全球粮食消费增加，国际市场粮源偏紧，粮价波动变化加剧，利用国际市场调剂余缺的空间越来越小。为此，必须坚持立足国内实现粮食基本自给的方针，着力提高粮食综合生产能力，确保国家粮食安全。

依据《国家粮食安全中长期规划纲要（2008—2020年）》（以下简称《纲要》），2020年全国粮食消费量将达到5725亿公斤，按照保持国内粮食自给率95%测算，国内粮食产量应达到约5450亿公斤，比现有粮食生产能力①增加近450亿公斤。考虑到影响粮食生产和有效供给的不确定性因素较多，本着提高粮食综合生产能力、确保供给、留有余地的原则，未来12年间，需要再新增500亿公斤生产能力，提高国家粮食安全的保障程度。

本规划所述粮食生产能力，是指由资源状况和经济、技术条件所决定的，各种生产要素综合投入所形成的，可以相对稳定实现一定产量的粮食产出能力。

本规划期限为2009—2020年。品种为稻谷、小麦、玉米三大作物，兼顾大豆，按照粮食生产核心区、非主产区产粮大县、后备区和其他地区对全国进行统筹规划。

一、我国粮食生产现状

新中国成立以来，党和政府高度重视粮食生产，采取一系列政策措施，不断

①现有粮食生产能力约为5000亿公斤水平（2005—2007年3年粮食平均产量约4950亿公斤，2007年5016亿公斤，2008年达到5285亿公斤）。

深化农村改革，加强农业基础设施建设，加快新品种和新技术推广，调动农民生产积极性，着力提高粮食生产能力。粮食产量从1949年的1132亿公斤增加到2007年的5016亿公斤，实现了由长期短缺向供求基本平衡的历史性跨越，成功地解决了十几亿人口的吃饭问题，为我国经济社会发展奠定了坚实的物质基础，也为世界粮食安全做出了重大贡献。

（一）新中国成立以来粮食生产回顾。

回顾历史，我国粮食生产经历了新中国成立后28年（1949—1977年）低起点快速发展和改革开放30年高起点波动发展两个阶段。

1. 从新中国成立到1977年。这一时期，粮食播种面积从16.5亿亩扩大到1977年的18.1亿亩，总产量先后跃上1500亿公斤、2000亿公斤、2500亿公斤3个台阶，粮食单产从69公斤提高到157公斤，增长1.28倍。物质装备和科技水平逐步提高，有效灌溉面积由1952年的2.99亿亩扩大到1977年的6.75亿亩，增长了1.26倍；杂交水稻等新品种培育取得重大突破；现代化生产要素投入增加，化肥施用量（折纯）由7.8万吨增加到648万吨，增加了82倍。但由于这一时期我国人口增长较快，粮食人均占有量仅从209公斤提高到298公斤，仍然处于较低水平，温饱问题仍未得到根本解决。

2. 改革开放以来。我国粮食总产量在3000亿公斤起点基础上，先后跨上3500亿公斤、4000亿公斤、4500亿公斤和5000亿公斤4个新台阶，特别是2004年以来连续5年增产，目前粮食生产能力基本稳定在5000亿公斤水平，实现了粮食供求基本平衡，满足了日益增加的消费需求，为经济社会发展和深化改革奠定了物质基础。取得这一巨大成就，一是得益于家庭联产承包责任制的实行，极大地调动了农民生产积极性，解放和发展了农村生产力；二是得益于粮食流通体制改革的不断深化，以市场为导向，取消粮食统购统销制度，全面放开粮食购销市场，实行重点粮食品种最低收购价政策，构建市场与调控相结合的国家粮食宏观调控体系；三是得益于农田水利基础设施建设和粮食新品种、先进适用技术的推广，农业抗灾能力不断增强，杂交水稻和杂交玉米品种大面积应用，单产大幅度提高；四是得益于中央财政对粮食生产的扶持政策，先后实施了商品粮基地县、大型商品粮基地、农业综合开发、优粮工程、种子工程、植保工程等项目建设，取消了农业税，建立了对种粮农民的"四项补贴"（种粮直补、良种补贴、农机具购置补贴、农资综合补贴）制度，粮食生产能力得到提高，种粮农民得到实惠。截至2007年，全国有效灌溉面积8.5亿亩，比1978年增长25.7%；化肥施用量（折纯）5108万吨，比1978年增长4.8倍；农村用电量5509.9亿千瓦时，比1978年增长21倍；良种覆盖率达到95%；耕种收综合机械化水平达到42.5%，比1978年增加1.16倍。

（二）粮食生产格局变化。

1. 粮食生产重心北移。随着东南沿海工业化、城镇化加快推进，粮食播种面积不断减少，北方地区[①]粮食生产占全国比重逐年上升。2007年，北方地区粮食播种面积占全国的55%，产量占全国的52.5%，分别比1980年增加5个百分点和11.9个百分点；稻谷产量占全国比重达到17.7%，比1980年增加近11个百分点，其中，黑龙江省稻谷产量占全国7.6%，比1980年提高近7个百分点。粮食流通格局由“南粮北调”变为“北粮南运”。

2. 粮食产能向主产区和产粮大县集中。2007年，13个粮食主产省（区）[②]粮食产量占全国比重为75%，比1980年增加6个百分点。位居全国前100名的产粮大县粮食产量之和占全国粮食总产量的21%。根据粮食跨省流通数据，2007年13个粮食主产省（区）外销原粮占全国外销原粮总量的88%，比2005年增长近8%。黑龙江、吉林、河南、江苏、安徽、江西、内蒙古、河北、山东等9个主产省区净调出原粮占全国净调出原粮总量的96%，其中黑龙江省净调出原粮位居首位。

3. 粮食生产集约化水平提高，储运设施明显改善。随着劳动力价格上升，资本替代劳力趋势明显，化肥、农膜、除草剂使用量增加，农业机械化水平不断提高。2007年耕种收综合机械化水平达到42.5%，比1998年提高5个百分点，其中小麦基本实现全程机械化，有效提高了劳动生产率。同时，粮食仓储运输能力逐步增强，全国粮食有效仓容和日烘干能力得到提高，六大粮食物流通道贯穿南北，为实现大范围粮食调运提供了保障。

4. 粮食品种结构不断优化。稻谷、小麦、玉米3大粮食品种结构逐渐适应消费市场变化，玉米占粮食总产量的比重由1978年的18%提高到2007年的30%，增加了12个百分点，保证了饲料及加工用粮的需要；小麦的比重由18%提高到22%，增加了4个百分点，优质、专用品种比重逐步提高；稻谷的比重虽然由45%减至37%，降低了8个百分点，但早籼稻减少，粳稻增加，适应了口粮需求变化。

（三）主要经验与启示。

1. 稳定粮食面积是基础。粮食播种面积是决定粮食产量的关键因素，粮食播种面积从1998年粮食播种面积17.1亿亩，降至2003年14.9亿亩的历史最低水平，再恢复到2007年的15.8亿亩，粮食产量相应经历了5123亿公斤、4307亿公斤和5016亿公斤的波动过程。实践证明，促进粮食生产稳定发展，必须首

①北方地区包括北京、天津、河北、山西、内蒙古、辽宁、吉林、黑龙江、山东、河南、西藏、陕西、甘肃、青海、宁夏、新疆等16个省（市、区）；南方地区包括上海、江苏、浙江、安徽、福建、江西、湖北、湖南、广东、广西、海南、四川、重庆、贵州、云南等15个省（市、区）。

②主产区包括：黑龙江、辽宁、吉林、内蒙古、河北、江苏、安徽、江西、山东、河南、湖北、湖南、四川等13个省（区）；平衡区包括：山西、广西、重庆、贵州、云南、西藏、陕西、甘肃、青海、宁夏、新疆等11个省（区、市）；主销区包括：北京、天津、上海、浙江、福建、广东、海南等7个省（市）。

先保持播种面积稳定。

2. 调动农民种粮积极性是根本。从实行家庭联产承包责任制、改革粮食统购统销体制、几次大幅度提高粮食收购价，到对种粮农民实行“四补贴”、出台粮食最低收购价政策等，各项政策均以调动农民种粮积极性为出发点，不断加大扶持力度，农民真正得到了实惠，稳定了粮食播种面积，提高了粮食产量。

3. 依靠科技进步是关键。改革开放以来，粮食单产从每亩168.5公斤提高到2007年的316.5公斤，总产由3000多亿公斤增至5000多亿公斤，农业科技进步发挥了巨大的作用。高产、优质、多抗新品种培育和更换速度大大加快，每次品种更换都促进了粮食单产的提高。杂交水稻、紧凑型玉米等品种大面积推广，小麦精量半精量播种、地膜覆盖栽培、病虫害综合防治等实用技术广泛应用，提升了粮食生产科技水平。

4. 强化基础设施是保障。国家坚持把粮食生产作为农业工作重点，加强农田水利等基础设施建设，改善粮食生产条件。2007年全国有效灌溉面积扩大到8.5亿亩，除涝面积扩大到3.2亿亩，抗灾减灾能力明显增强。国家支持农用工业加快技术改造，改进工艺，增加产出，保证化肥等农资供应，提高农业装备水平，有力地支持和保障了粮食生产。

二、我国粮食供需面临的形势

未来12年，随着人口不断增加和生活水平提高，我国粮食需求将继续呈刚性增长，产需缺口不断扩大，粮食品种和区域结构性矛盾加剧，供求平衡难度加大，国际市场粮源紧张，市场运行不确定因素增多，弥补国内粮食缺口的空间有限，我国必须立足国内实现粮食基本自给。虽然我国粮食生产面临的资源、环境等不利因素增多，但是通过加大投入，改善农业基础条件，挖掘粮食单产潜力，增加粮食产量是可以实现的。

（一）粮食需求刚性增长。

《纲要》预测，2010年和2020年全国粮食需求量将分别达到5250亿公斤和5725亿公斤。从用途看，口粮消费略有减少，饲料和工业用粮增加，种子用粮基本稳定。

（二）粮食产需缺口扩大。

虽然当前我国粮食总量能保证基本自给，但全国粮食人均占有量仅为380公斤，与《纲要》提出的2010年不低于389公斤、2020年不低于395公斤的目标相比仍有差距。随着人民生活水平的不断提高，畜产品的增加和食品工业快速发展，粮食产需缺口还将扩大。

按照《纲要》提出的国内粮食自给率95%，其中谷物自给率100%的目标测算，2010年，现有粮食产能基本满足需求。但2020年，粮食产能存在缺口，品种间产能差距加大。

（三）利用国际市场调剂的空间有限。

从全球范围看，利用国际市场弥补国内粮食产需缺口不仅成本高、风险大，而且空间小。

一是国际市场粮源有限。我国既是粮食生产大国，又是粮食消费大国，国际市场的谷物贸易量仅为我国粮食消费量的一半左右，可供我国进口的粮食资源十分有限。

二是国际粮食市场波动加剧。由于前两年生物质燃料发展拉动了粮食需求，世界谷物库存下降到 25 年来最低水平，加上国际游资炒作农产品期货，世界粮食价格上涨 40%。近期，受国际金融危机影响，原油价格大幅下滑，生物质燃料需求减少，粮食价格下降。但从中长期看，国际金融、能源市场对粮食市场的牵动作用逐渐加大，引发粮食市场波动的因素日益复杂，利用国际市场弥补国内产需缺口仍具有较大的不确定性。

（四）粮食增产制约因素增多。

目前及今后一个阶段，我国粮食生产面临的制约因素与改革开放前有很大不同，突出表现在工业化、城镇化步伐加快，农业劳动力大量转移，从事粮食生产的劳动力素质下降，气候不确定性增加，生态环境恶化等，对粮食生产十分不利。

一是水土资源约束加大。我国水资源总量约 28000 亿立方米，居世界第 6 位，常年人均水资源量约 2200 立方米，为世界人均占有量的 1/4；水资源时空分布不均，年内降水主要集中在 6～9 月，春耕和秋冬种期间用水矛盾突出；水土资源匹配不佳，淮河以北地区耕地面积约占全国的 2/3，水资源量不足全国的 1/5。人均耕地少是我国基本国情，从长远看，人增地减的矛盾仍十分突出。全国耕地面积从 1996 年的 19.5 亿亩降至 2007 年 18.26 亿亩，年均减少 1100 万亩，目前人均耕地面积 1.38 亩，仅为世界平均水平的 40%。随着工业化和城镇化进程加快，耕地仍将继续减少。

二是种粮比较效益长期偏低。随着农资价格上涨、人工费用增加，今后粮食生产成本呈逐步上升的趋势，而粮食价格涨幅低于成本增幅，种粮比较效益长期偏低，不利于保护和调动农民种粮积极性，一些地区已出现粮食生产口粮化、兼业化势头，影响未来粮食增产潜力发挥。

三是农业劳动力素质下降。农村青壮年劳动力大多外出务工，留守的劳动力接受新知识、新技术的能力相对偏弱，劳动技能提高难度大，影响粮食新品种和配套栽培技术推广应用，制约粮食科技水平的提升。

四是气候不确定性增加。我国是水旱灾害频繁的国家，受季风气候影响，降水年际年内变化大，加上近年来温室效应，气候变暖，导致极端性天气增加。据中国气象局预测，我国未来气候条件不容乐观，与2000年相比，2020年我国年平均气温将升高0.5～0.7℃，降水的不确定性较大，水资源的供需矛盾更加尖锐。同时，极端性天气引发气候事件增多，粮食生产将面临大旱、大涝、大冷、大暖的气候影响，旱涝灾害发生的概率增加，由此带来的农业病虫害影响将加大。

五是生态环境约束大。当前，北方部分地区地下水严重超采、农田掠夺性经营以及化肥、农膜等长期大量使用，导致耕地质量下降，土壤沙化退化，水土流失严重，面源污染加重，水环境恶化，城市周边、部分交通主干道以及江河沿岸耕地的重金属与有机污染物严重超标，严重影响着粮食质量和效益。

此外，我国农业基础设施依然薄弱，中低产田比重高，抗灾能力弱。现有耕地中，中低产田约占2/3，粮食单产不稳定，年际间波动大；农田有效灌溉面积所占比例不足47%，灌排设施老化失修、工程不配套、水资源利用率不高，抗御自然灾害的能力差，未从根本上摆脱靠天吃饭的局面。

（五）未来粮食增产仍有潜力。

尽管当前粮食生产面临着一些不利因素，但从长远看，未来我国粮食增产仍有潜力。我国现有粮食单产水平与发达国家有不小差距，稻谷、小麦、玉米平均单产约425公斤、300公斤和350公斤，分别是单产排在前10位国家平均水平的71%、60%和67%。国内同一种植区内的同一作物，省际间单产差距也较大，有的相差50公斤以上。从我国历年粮食单产情况看，1949—1978年粮食单产年均增长3.2%，1979—2007年单产年均增长1.9%，未来12年，在面积不变的情况下，新增粮食500亿公斤，粮食单产年均仅需增长0.9%。因此，通过加大投入，改善农业生产条件，增强科技支撑能力，实现粮食增产目标是可能的。

一是粮食生产政策环境不断优化。党中央、国务院坚持把确保国家粮食安全放在经济工作的重中之重，把发展粮食生产放在现代农业建设的首位，地方各级政府认真落实中央的各项强农惠农政策，不断加大对粮食生产的支持和保护力度。2004年以来，国家取消了农业税，实行了“四补贴”以及产粮大县奖励政策，建立了粮食最低收购价、托市收储以及支持粮食生产的补贴制度等。随着我国综合国力的增强，国家将继续扩大对粮食生产的补贴规模，提高粮食最低收购价格水平，进一步保护和调动农民的种粮积极性。

二是农业生产条件逐步改善。根据中国工程院对典型地区调查数据，有灌溉条件地区的小麦单产是旱地单产的1.67～1.89倍，有灌溉条件的玉米单产是旱地单产的1.47～1.53倍，而且产量相对稳定。通过配套完善灌排条件，改良土壤结构，提高土壤肥力，可增强粮食生产抗灾能力，增加单产水平15～20%。

三是农业科技推广应用步伐加快。我国农业科技到位率仍然较低，常规作物自留种比例较高，高产品种没有得到普遍应用，主栽品种多乱杂，高产栽培技术推广不到位，现有品种潜力尚未得到充分挖掘。根据全国粮食高产创建活动经验，通过使用优良品种、组装配套集成农艺和农机技术，每亩可提高产量50～75公斤。

四是粮食产前产后保障水平提高。目前我国耕种收综合机械化水平仍然偏低，粮食烘干、仓储、运输能力不匹配。通过提高农机质量，增加机型，推进社会化服务，提高粮食生产效率；通过进一步加强粮食烘干、仓储、运输等设施建设，提升粮食收储和调运能力，夯实粮食产前产后保障基础。

三、指导思想、基本原则和主要目标

（一）指导思想。

全面贯彻党的十七大和十七届三中全会精神，以邓小平理论和“三个代表”重要思想为指导，深入贯彻落实科学发展观，坚持走中国特色农业现代化道路，坚持立足国内实现粮食基本自给的方针，强化政策支持，加大投入力度，改善基础条件，提高装备水平，推进科技进步，转变发展方式，建立粮食持续稳定发展的长效机制，保护和调动农民种粮积极性、科技人员创新积极性、地方政府抓粮积极性，提高土地产出率、资源利用率、劳动生产率，不断增强粮食综合生产能力、抗风险能力、国际竞争力和可持续发展能力，保障国家粮食安全。

（二）基本原则。

1. 立足国内，基本自给。突出粮食生产能力建设；加快构建供给稳定、储备充足、调控有力、运转高效的粮食安全保障体系，确保国内粮食自给率保持在95%以上。坚持把发展粮食生产放在现代农业建设的首位，科学有序推进农业结构调整，协调好粮经争地矛盾，确保粮食播种面积的稳定。

2. 依靠科技，主攻单产。坚持走内涵式发展道路，强化农业科技支撑，加快推广良种良法和先进适用的节水灌溉技术，配套改善农田基础设施及装备条件，充分挖掘增产潜力，着力提高单位面积产量，确保粮食综合生产能力的稳步提升。

3. 优化布局，突出重点。综合考虑区域自然资源条件、经济社会发展水平和粮食生产基础，进一步优化粮食生产布局。着力打造粮食生产核心区，围绕大型灌区，依托产粮大县所在市（地），打破行政区域界限，划定重点建设片区，集中投入，整体推进，形成集中连片、高产稳产的国家商品粮生产基地。

4. 统筹规划，分步实施。围绕粮食增产目标，统筹规划粮食主产区、主销区和产销平衡区的粮食生产能力建设，因地制宜采取综合措施，统一规划重点片区建设内容，同步实施各类建设项目，确保项目衔接和配套。根据投资可能，按照轻重缓急，合理安排建设内容和建设进度，有计划、分步骤地推进各方面建设，加快改善粮食生产条件。

5. 创新机制，持续发展。深化农村改革，综合运用财税、价格、金融、法律等多种手段，支持粮食主产区发展经济，建立主产区利益补偿制度，形成粮食稳定增长、农民持续增收的长效机制。创新管理机制，加强项目整合，强化分工协作。加快建立农田水利建设新机制。注重水资源和生态环境保护，完善农业用水模式和价格机制，加大农业面源污染防治力度，提高粮食生产可持续发展能力。

6. 多元筹资，加大投入。进一步调整财政支出、固定资产投资和信贷投放结构，不断加大各级财政支持粮食综合生产能力建设的力度，现有涉农投资也要向粮食产能建设项目倾斜。完善粮食补贴、价格支持和奖励政策，保护和调动农民种粮以及地方政府抓粮积极性，积极引导社会资本参与粮食生产能力建设，促进投资主体多元化。

（三）规划目标。

1. 总体目标。

——粮食综合生产能力稳步提高。到 2020 年全国粮食生产能力达到 5500 亿公斤以上，比现有产能增加 500 亿公斤。

——粮食播种面积保持稳定。到 2020 年，全国耕地保有量不低于 18 亿亩，确保基本农田面积 15.6 亿亩，粮食播种面积稳定在 15.8 亿亩以上。

——粮食生产条件明显改善。到 2020 年，全国耕地有效灌溉面积达到 9 亿亩以上，有效灌溉率达到 51%，比 2007 年提高 4 个百分点；灌溉水利用系数①达到 0.55 左右。耕地质量逐步提高，规划区改造中低产田 3 亿亩，耕种收综合机械化水平提高 65%，粮食生产灾害损失率由 10%下降到 8%～9%，下降 1～2 个百分点。

——粮食生产科技水平显著提高。到 2020 年，粮食单产水平达到每亩 350 公斤，比 2007 年提高 33.5 公斤；粮食良种覆盖率保持在 95%以上，实现良种全面更新 1～2 次，种子商品化供种水平达到 85%以上，科技贡献率由 48%提高到 55%，增加 7 个百分点。

2. 分阶段目标。

到 2010 年，全国粮食生产能力稳定在 5000 亿公斤以上，与现有能力持平略增。到 2015 年，全国粮食生产能力达到 5300 亿公斤以上，比现有能力增加 300 亿公斤。到 2020 年全国粮食生产能力实现 5500 亿公斤以上，比现有能力增加 500 亿公斤。

四、主要技术路线

针对目前我国粮食生产存在的主要制约因素，未来 12 年挖掘粮食增产潜力

①灌溉水利用系数：指灌入田间可被作物利用的水量与灌溉系统取用的灌溉总水量的比值。

的技术路线主要是，改造现有灌排设施，有条件的地方扩大灌溉面积，改善生产条件；推广优良品种和高产栽培技术，实现良种良法配套；改革耕作制度，开发利用有限资源；推广使用先进适用农业机械及配套技术，加快粮食生产机械化进程；防控重大病虫害，最大限度减少灾害损失。

（一）改善灌溉条件，改造中低产田。配套和改造现有灌排设施，完善农田水利基础设施，有条件的地方适当扩大灌溉面积，加强地力培肥等工程建设，大幅度改造中低产田，建设旱涝保收的高产稳产粮田，进一步提高耕地的产出能力。

（二）选育推广优良品种。将现代生物技术与常规技术相结合，进一步加大品种选育力度，挖掘种质资源潜力，培育高产、高抗、广适的优良品种。重点培育耐密植、抗倒伏、抗病虫、适应机械化作业的玉米新品种，满足不同稻区生产条件且丰产性好、米质优、多抗的水稻新品种，多抗、高产的小麦专用品种，高油、高产、多抗的大豆新品种，加快转基因大豆新品种的研发。同时，加大优良品种推广力度，提高良种商品化程度和规模化种植水平。

（三）改进耕作方式。通过改革耕作制度和改进种植方式，充分利用光热水土资源，提高土地产出率。黄淮海部分适宜地区改套种玉米为直播；北方地区发展保护性耕作，均衡土壤肥力；大力开发南方冬闲田，长江中下游地区通过科学选配粮油品种，增加双季稻种植，提高复种指数。

（四）推广重大技术措施。加强技术指导，引导农民进行全过程规范化、标准化种植，提高技术到位率。玉米重点推广增密技术、全膜双垄沟播、催芽坐水种等技术；水稻重点推广大棚育秧、集中育秧、使用壮秧剂和抛秧、机插秧、水稻精确定量播种等栽培技术；小麦重点推广精量半精量播种、“双晚”等技术；大豆重点推广窄行密植、行间覆膜、种子包衣等技术。同时，配套使用测土配方施肥、水肥耦合等技术。推广膜下滴灌、覆膜垄作、集雨节灌、渠道防渗、低压管道输水等农业节水技术，提高水资源利用率。据农业部测算，推广玉米增密技术单产可每亩提高50公斤左右，现有3亿亩面积可推广增密技术；推广水稻大棚集中育秧技术单产可每亩提高10～25公斤；推广“双晚”技术，小麦、玉米单产可每亩分别提高5公斤以上。

（五）提高农业机械化水平。充分发挥农业机械节本增效和劳动力替代作用，加快推进主要作物、关键环节的生产机械化。北方旱区加快推广深松整地、免耕播种、化肥深施等机械化技术，加强农机农艺结合；南方水田区推广高效整地、稻草旋埋、机电排灌等技术，大力提高粮食生产机械化水平。据农业部测算，土壤深耕深松，可改善耕层结构，保墒增温，亩增产10%左右。

（六）加大病虫害防控。强化病虫害预测预报和统防统治，科学合理用药，降低农药用量，减少病虫害损失。我国粮食病虫害常年发生面积，玉米约8亿亩次，水稻约17亿亩次，小麦约10亿亩次，粮食生产病虫害损失率约5%。如果损失率降低1个百分点，即可减少粮食损失25亿公斤左右。

五、区域布局及分区增产任务

根据农业区划特点、生产技术条件和增产技术潜力等因素，将全国粮食生产区划分为核心区、非主产区产粮大县、后备区和其他地区四类地区。按照发挥比较优势、突出重点品种、注重调出能力、兼顾区域平衡的原则，确定分区、分品种增产任务。

（一）区域功能定位。

1. 着力打造粮食生产核心区，提高商品粮调出能力。综合考虑粮食播种面积、产量、商品量、集中连片和水资源等因素，从13个粮食主产省（区）选出680个县（市、区、场）作为粮食生产核心区，通过加强农田水利等基础设施建设，改进农业耕作方式，全面提升耕地质量，提高科技创新能力，加快优良品种选育及推广应用，完善粮食仓储运输设施，巩固并提升在国家商品粮源中的核心地位。

2. 加强非主产区产粮大县建设，提高区域自给能力。从晋、浙、闽、粤、桂、渝、贵、云、陕、甘、宁等11个非粮食主产省（区、市）选出120个粮食生产大县（市、区）。重点加强农田水利、标准农田等基础设施建设，加强地力培肥和水土保持，增强防灾减灾能力；健全科技支撑与服务体系，提高粮食生产科技到位率，加快高产栽培技术推广应用，推进农业机械化应用，充分挖掘粮食单产潜力，增强区域粮食供给能力。

3. 适度开发粮食生产后备资源，加强国家粮食战略储备。对吉林省西部等地区部分宜农荒地，在保护生态环境前提下，优先安排骨干水利工程建设，根据国内粮食供求状况，适时、适度进行后备土地资源开发。

4. 辐射带动全国粮食生产，提高粮食生产水平。其他地区通过政策引导和技术辐射，稳定粮食播种面积，改善粮食生产条件，加快优良品种和先进适用技术推广，提高粮食生产水平。

（二）各区基本情况。

1. 核心区。

核心区共计680个县（市、区、场），分布在东北、黄淮海和长江流域。

——东北区。该区是我国最大的玉米、优质粳稻和大豆产区，包括黑龙江、吉林、辽宁、内蒙古四省区的209个县（市、区、场），占核心区县数的31%。耕地面积约3.4亿亩，占全国的18.5%；粮食播种面积约2.6亿亩，总产量约870亿公斤，分别占全国的16.4%和17.6%。

——黄淮海区。该区是我国小麦、玉米和稻谷优势产区，包括河北、山东、河南、安徽、江苏五省的300个县（市、区），占核心区县数的44%。耕地面积约3.2亿亩，占全国的17.7%。粮食播种面积约3.7亿亩，总产量约1432.5亿公斤，分别占全国的23.2%和28.9%。

——长江流域。该区是我国稻谷集中产区，包括江西、湖北、湖南、四川四省的171个县（市、区），占核心区县数的25%。耕地面积约1.2亿亩，占全国的6.6%。粮食播种面积约1.8亿亩，总产量约714.5亿公斤，占全国的11.7%和14.4%。

2. 非主产区产粮大县。

11个非主产省（区、市）中的120个产粮县（市、区）分布在华东及华南地区、西南地区、山西及西北地区。

——华东及华南地区。包括浙江、福建、广东、广西四省（区）的42个县（市、区），占非主产区产粮大县总数的35%。

——西南地区。包括重庆、贵州、云南三省（市）的38个县（市、区），占非主产区产粮大县总数的32%。

——山西及西北地区。包括山西、陕西、甘肃、宁夏四省（区）的40县（市、区），占非主产区产粮大县总数的33%。

3. 后备区。

——吉林西部等适宜地区。

4. 其他地区。

其他地区为上述地区以外的产粮县（市、区）。耕地面积近10亿亩，粮食播种面积约6.9亿亩，粮食产量1659.5亿公斤，分别占全国的53%、43.6%和33.5%。

（三）分区增产任务。

1. 产能分配原则。

依据各区生产特点、播种面积及增产潜力，重点向粮食主产区倾斜，向主产区中的核心区倾斜，同时，兼顾非主产区产粮大县，带动全国粮食生产水平提高。

2. 分区增产任务及途径。

根据产能分配原则，全国共新增粮食生产能力500亿公斤。其中，核心区新增粮食产能371亿公斤，占新增产能的74.2%；非主产区产粮大县新增产能22.5亿公斤，占新增产能的4.5%；后备区新增产能22.5亿公斤，占新增产能的4.5%；其他地区新增产能84亿公斤，占新增产能的16.8%。

（1）核心区。

——东北区。承担新增粮食产能任务150.5亿公斤，占全国新增产能的30.1%。该区粮食生产的主要制约因素：一是东涝西旱，蓄引提工程明显不足，农田灌排设施建设严重滞后。局部地区开垦面积较大，水稻产区地下水灌溉比例高，湿地退化萎缩。二是大部分地区耕作方式粗放，玉米种植密度不足，水稻育秧方式落后。三是土壤板结，犁底层浅，耕地质量下降。

主要增产途径：一是适度新建水源工程，增加灌溉供水，扩大灌溉面积，加快防洪排涝体系建设，加大现有灌区续建配套及节水改造力度，完善灌溉设施，提高灌溉保证率和排涝标准。二是大面积推广耐密型玉米和水稻大棚育秧，合理密植。三是推广大型农业机械，促进粮食生产全程机械化，实施土壤深松深翻、秸秆还田，增强保水保墒能力等。

——黄淮海区。承担新增粮食产能建设任务164.5亿公斤，占全国新增产能的32.9%。该区粮食生产的主要制约因素，一是地表水开发潜力小，地下水超采严重，供水明显不足，农田水利设施老化失修，灌溉面积萎缩现象较为普遍，旱涝灾害在年度内频繁出现。二是作物套种面积大，品种熟期不配套，影响秋粮单产水平。

主要增产途径：一是大力发展节水型农业，加强灌区续建配套和节水改造，提高灌溉水利用率和效益。加快淮北平原、里下河地区等涝区的排涝建设，提高农田防洪除涝标准。二是推广耐密和适合套种、机收的品种，增加秋粮种植密度；在条件适宜地区，推广耐旱品种及玉米晚收、小麦晚播种植模式。

——长江流域。承担新增粮食产能任务56亿公斤，占全国新增产能的11.2%。该区粮食生产的主要制约因素：一是部分地区排涝设施不足，排涝标准偏低，渍害病虫害较重，四川盆地、湘南地区工程性缺水严重。二是水稻育秧环节薄弱，种植密度偏低，双改单趋势明显。三是农业机械化水平低。

主要增产途径：一是加大低洼涝区和环湖地区排涝体系建设，进行灌区续建配套，提高灌溉保证率。二是推广工厂化育秧及抛秧技术，扩大机插秧、机收等农机作业面积，提升秧苗质量，提高适用农业技术到位率。三是扩大双季稻种植面积，增加复种指数。

(2) 非主产区120个产粮大县。

——华东及华南地区。承担新增粮食产能任务6亿公斤，占全国新增产能的1.2%。该区粮食生产的主要制约因素是：耕地减少较快，粮食播种面积减少。主要增产途径：保护耕地，加大土地整理和复垦，稳定粮食播种面积，加强农田水利基础设施建设。

——西南地区。承担新增粮食产能任务5亿公斤，占全国新增产能的1%。该区粮食生产的主要制约因素是：坡耕地多、抗旱灌排水源不足，水土流失严重；坪坝地区的水利工程年久失修。主要增产途径：改善坪坝地区农田水利工程，加强塘坝、窖（池）等小型蓄水、提水工程建设，增加灌溉面积，保证粮食生产用水需要。加强坡耕地改造，建设标准粮田。重点加强水稻病虫害防控。

——山西及西北地区。承担新增粮食产能任务 11.5 亿公斤，占全国新增产能的 2.3%。该区粮食生产的主要制约因素是水资源短缺。主要增产途径：发展旱作节水农业，加强雨水集蓄利用和淤地坝等建设。加快耐旱粮食品种培育和推广，普及地膜覆盖、注水播种抗旱保苗等农业节水技术。

(3) 后备区。

到 2020 年，该区承担新增 22.5 亿公斤粮食生产能力建设任务，占全国新增产能的 4.5%。后备区产能根据全国粮食供求状况适时、适度开发，在有条件地方先行试点示范，总结经验，并按照生态优先、以水定地、水土匹配、以需定产的原则确定土地开发规模和进度。开发的主要措施是进行荒山、荒滩土地整理，开发灌溉水源，扩大灌区面积，逐步培肥地力，建设高产稳产农田。

(4) 其他地区。

到 2020 年，该区承担 84 亿公斤粮食生产能力建设任务，占全国新增产能的 16.8%。除少数县生产条件相对较好外，该区大部分地区处于高原、丘陵、山区、草原和荒漠边缘地带，水土资源不匹配，耕地质量不高。主要增产措施是充分利用自然降水，适度开发水资源，推广优良品种和高产栽培技术。

六、主要建设任务和工程

实现新增 500 亿公斤粮食生产能力的目标，关键是将粮食生产核心区和非主产区产粮大县，建设成为田间设施齐备、服务体系健全、仓储条件配套、区域化、规模化、集中连片的国家级商品粮生产基地，切实改善农业基础条件，充分挖掘粮食增产潜力，努力增加商品粮调出量。为此，要根据东北区、黄淮海区和长江流域等不同区域特点、制约因素和增产途径，统筹实施水利骨干工程、基本农田、粮食科研创新能力、良种繁育和农技推广体系、农业机械化体系、防灾减灾体系、农业生态环境保护体系、仓储物流和粮食加工能力等八大工程建设。

(一) 水利骨干工程建设。

1. 大中型灌区及配套工程建设。大力发展节水型农业，加快实施大型及部分重点中型灌区骨干工程续建配套与节水改造，发挥灌区改造的整体效益，新增和改善有效灌溉面积，提升灌区管理水平和信息化水平，提高灌溉保证率和水资源的利用率。力争到 2020 年，改造灌区面积 1.8 亿亩，灌溉水利用系数达到 0.55 以上，基本完成大型灌区和部分重点中型灌区续建配套和节水改造任务。其中，东北区要加大灌区骨干工程和田间配套工程建设力度，改进灌溉方式，扩大地表水灌溉面积。黄淮海区要加强大中型灌区的渠道防渗建设，优化井渠结合灌溉模式，减少地下水超采，高效利用雨洪资源，加快推广节水灌溉技术，提高水资源利用率。长江流域要围绕大中型灌区续建配套工程，增加灌溉面积，稳定与增加双季稻播种面积。

2. 适度新建水源工程。在水土资源条件匹配地区，适度兴建蓄引提工程，增加灌溉供水，发展农田有效灌溉面积。加快松嫩平原尼尔基等引嫩扩建灌溉工程、吉林哈达山水利枢纽等工程建设，完善水资源配置网络体系，建设旱涝保收标准农田。在长江流域适当新建一批水库灌区，尽快发挥灌溉效益。在西南等地区加快以灌溉水源为主的中型水库建设，解决工程型缺水问题。

3. 大中型排灌泵站更新改造。在实施中部四省大型排灌泵站更新改造工程的基础上，做好淮北、沿黄及长江中下游沿江以及滨湖等地区的大中型排灌泵站更新改造，加强排涝区的配套工程建设，使易涝耕地除涝标准普遍达到3～5年一遇，切实减轻洪涝灾害对粮食生产的影响。实施东北、黄河沿岸地区灌溉泵站的更新改造，降低能耗和提水成本。

4. 抗旱应急水源工程建设。在灌溉条件较差、灌溉水源不足的地区，加强小型抗旱工程建设，配备小型抗旱应急机具，扩大抗旱坐水种面积，提高粮食生产抗旱保收能力。

专栏1　水利建设重点工程
大中型灌区续建配套与节水改造　完成大型灌区、部分重点中型灌区续建配套与节水改造骨干工程，增加有效灌溉面积4100万亩，改善灌溉面积1.43亿亩，新增节水灌溉面积1.35亿亩。
新建灌区　到2020年，建设尼尔基等新建灌区和云、贵、川、渝、湘等省（市）中型水库配套灌区，新增灌溉面积1650万亩，改善灌溉面积1430万亩。
大中型排灌泵站更新改造工程　更新改造大中型排灌泵站，改善灌区供水排涝能力。
抗旱应急水源建设　在灌溉条件较差、灌溉水源不足的地区建设抗旱应急水源。

（二）基本农田建设。

1. 田间工程建设。按照成片区开发、整体推进的原则，加强以小型农田水利设施为基础的田间工程建设，配套实施土地平整、机耕道、农田林网工程，以及土壤改良，增施有机肥、测土配方施肥等技术措施，逐步把粮食生产核心区和非主产区产粮大县的中产田建成旱涝保收的高产田、把低产田改造成产量稳定的中产田，形成一批北方地区80万亩以上、南方地区50万亩以上的区域化、规模化、集中连片的商品粮生产基地。到2020年，完成改造中低产田3亿亩，力争使粮食生产核心区和非主产区产粮大县的中低产田面积减少一半以上。

2. 土地整理和复垦开发。继续实施土地整理和复垦项目，确保耕地占补平衡。重点抓好辽河流域、豫西丘陵等地区土地整理工程，补充有效耕地面积。做好重大基础设施所占耕地的耕层剥离用于新增耕地改良的监管工作。加大废弃地、撂荒地、闲置地的复垦利用，提高复垦耕地质量。到2020年，在800个产粮大县和后备区完成整理和复垦耕地2000万亩。

3. 耕地质量监测能力建设。加强耕地质量监测区域站建设，形成布局合理、功能完备的耕地质量监测网络，提高耕地质量监测能力。

专栏2　基本农田建设重点工程及财政专项
田间工程建设　通过小型农田水利工程、土地平整、农田林网等建设，配套良种、植保、农技推广等服务体系，改造中低产田3亿亩，其中农业综合开发资金承担1.5亿亩，中央基本建设投资承担1.5亿亩。 **土地整理和复垦开发**　800个产粮大县和后备区整理和复垦开发土地2000万亩，保证耕地占补平衡。 **测土配方施肥财政专项**　实现测土配方施肥补贴覆盖全部农业县，对农民还田秸秆、种植绿肥、施用有机肥予以补贴。 **耕地质量监测能力建设**　建设耕地质量监测区域站，形成布局合理、功能完备的耕地质量监测网络。

（三）粮食科研创新能力建设。

1. 科技创新平台建设。加快水稻、小麦、玉米工程实验室和土肥资源高效利用、作物高效用水工程实验室建设，改善科研试验条件，配置、更新仪器设备，提升科研手段和水平。加强基础性研究，大力推进农业科技原始创新、集成创新和引进消化吸收再创新，突破分子技术应用、亲本创制等育种技术瓶颈，加快培育高产、优质、广适、抗逆、抗病的优良品种，研究开发适合不同地区的先进栽培、新型肥料、节水等技术和设备，建立粮食科技储备和科技支撑能力。充分发挥农业、水利科研单位和大专院校、高新技术园区的作用，整合资源，优化布局，增加投入，搭建开放式研发平台，建立健全科研协作关系，明确阶段性研发目标，开展联合攻关，提高科研整体水平。实施转基因生物新品种培育重大专项，加快研究转基因高产粮食新品种，提高粮食单产水平。

专栏3　粮食科研创新能力建设重点工程
粮食工程实验室　建设水稻丰产、抗病、抗逆、抗旱品种培育和栽培技术研究实验室、技术集成示范基地，挖掘水稻优异基因，引选、培育水稻优良品种。建设小麦亲本创新、高产、多抗、高效育种和栽培技术研发平台、技术集成示范基地，加快小麦新品种、抗旱节水、保护性栽培技术研究。建设玉米种质创新、品种选育、高效栽培技术研发平台、技术集成示范基地，突破种质资源基因挖掘、品种改良和育种技术瓶颈，构建玉米高效育种技术体系。建设土肥水资源高效利用方面的国家工程实验室，加快共性关键技术开发。

续 表

国家级重点种业基地建设 建设海南南繁科研制种基地，统一规划，整合资源，搭建科研制种平台，改善田间设施、制种设备条件，提高制种手段和能力；建设甘肃河西走廊杂交玉米、四川杂交水稻制种基地，改善农田水利、病虫害防控条件，配套良种储藏、烘干、质量检验检测等仪器设备，提高良种繁育和供应能力。

2. 国家级重点种业基地建设。加强海南南繁科研制种基地建设，科学分设制种田，完善科研实验、种子检测等公共服务设施，加速育种材料繁殖、纯化和筛选。加强甘肃河西走廊杂交玉米、四川杂交水稻制种基地建设，完善制种田排灌设施，加强地力培肥，引导企业配套完善精选加工、烘干储藏等设施设备，全面提高杂交玉米和杂交水稻规模化、标准化制种能力和稳定供种水平。

（四）良种繁育和技术推广体系建设。

1. 良种繁育推广。根据不同区域的生态特点，统一建设规模化、标准化、专业化良种繁育基地，改善种子田生产条件，配套种子检测、烘干、加工和仓储等设施设备，全面提升良种生产和供应保障能力。加快建设水稻育秧大棚和工厂化育秧设施，提高水稻育秧水平，提高单产和品质。加强种子质量检测体系建设，提高种子质量检测、品种鉴定能力。继续完善农作物品种区域试验，改善试验条件，提升装备水平，保证试验结果科学准确。到2020年，良种覆盖率稳定在95%以上，力争商品化供种水平由目前的80%提高到85%。

2. 高产栽培技术集成推广。继续实施粮食丰产科技工程，深入开展粮食高产创建活动和农业科技入户工程，建设粮食万亩高产示范片，普及推广优良品种，集成、示范和推广先进实用的高产栽培技术。加强技术培训和指导，实现科技人员直接到户、技术要领直接到人、良种良法直接到田。进一步完善科技成果转化推广机制，扩大辐射带动范围。

专栏4 技术推广重点工程及财政专项
良种繁育工程 在粮食生产核心区和非主产区产粮大县建设区域化、规模化良种繁育基地，提高种子生产供应能力，在北方地区建设育秧塑料大棚，南方地区水稻育秧大棚。
良种补贴财政专项 中央财政在现有基础上，适当增加补贴资金，完善补贴办法，不断提高农作物良种覆盖率。
高产创建和科技入户财政专项 中央财政在现有基础上，适当增加补贴资金，继续支持高产创建和农业科技入户工作。
基层农技推广经费补助财政专项 在加快推进基层农技推广服务体系改革的基础上，增加中央财政补助经费，支持基层公益性农技推广机构开展技术推广服务。

3. 基层农技服务体系建设。完善区域性、县级和乡镇农业技术推广体系，改善工作条件，增加工作经费，稳定基层农技推广队伍。鼓励科技人员到基层工作，加强科研与推广的紧密衔接，提高农技公共服务能力。

（五）农业机械化体系建设。

1. 推进农业机械化。加快推进粮食作物生产全程机械化，重点解决稻谷、玉米生产关键环节机械化问题，提高农机具配套比。力争到2020年，水稻栽植和收获机械化水平分别达到60％和85％，玉米机播、机收水平分别达到75％和50％。扶持农机合作组织或农机大户。加快深松整地、免耕播种、玉米机械收获、玉米秸秆还田机械、化肥深施等机具推广，大力发展保护性耕作，开展保护性耕作示范。加快排灌机械、抗旱机具、节水灌溉设备等推广，努力提高有效灌溉率和灌溉水利用系数。

2. 农机具购置补贴。增加对农民购置先进适用农机具的补贴规模，扩大补贴种类，提高补贴标准，完善补贴办法，提升农机装备水平，加快粮食生产机械化进程。

专栏5　农业机械化重点工程及财政专项
农机械化推进工程　扶持农机合作组织，建设农业机械化示范县；在东北、黄淮海、西北及山西地区的部分重点县（市、区、场）建设保护性耕作工程示范区1000万亩。 **农机具购置补贴财政专项**　中央财政在现有基础上，继续增加补贴资金，加大对粮食生产核心区农民、农场职工、直接从事农业生产的农民专业合作组织购置动力机械、耕作机械、种植机械、植保机械、收获机械、粮食干燥机械、排灌机械等粮食生产农机具的补贴力度。

（六）防灾减灾体系建设。

1. 防洪抗旱能力建设。统筹考虑防洪、抗旱及生态环境要求，进一步完善防洪工程体系建设和管理，提高江河防洪能力。加强旱情监测网络、干旱预警和抗旱水源调度系统建设。

2. 重大病虫害防控。继续实施植物保护工程，加强农业有害生物预警与控制站建设，完善应急防控物资储备，构建“运转高效、反应迅速、功能齐全、防控有力”的监测和防控体系。加强实时调度，推进联防联控、统防统治，提高突发性、暴发性、流行性和迁飞性有害生物应急防控和扑灭能力。力争到2020年，将粮食因病虫危害造成的损失率降低1～2个百分点。

3. 农业气象防灾减灾。以粮食生产核心区和非主产区产粮大县为重点，完善农业气象监测站网，提升农业气象灾害监测能力。加强农业灾害性天气预报预警与评估、农作物病虫害气象条件预报等工作，开展农业气象跟踪和技术咨询服务，提高农业气象灾害防御能力。加强人工增雨和防雹能力建设，完善人工增雨防雹作业体系，提高人工影响天气作业及保障能力。

专栏6　防灾减灾重点工程及财政专项
防洪除涝与抗旱工程　长江中下游重要支流及湖泊治理，包括汉江下游、洞庭湖、鄱阳湖以及部分中小河流治理。淮河重点平原洼地治理，东北地区防洪治涝工程，治理易涝1853万亩。建设抗旱应急水源工程。 **农业气象防灾减灾工程**　以粮食生产核心区和非主产区产粮大县为重点，完善农业气象监测和信息发布、传输、农用天气预报、农业气象预警决策防御、以及增雨防雹等人工影响天气系统。 **植保工程**　在粮食生产核心区和非主产区产粮大县范围内，建设和完善市县级农业有害生物预警控制区域站，全面提升农作物有害生物监测预警水平和防控能力。 **农作物病虫害防控财政专项**　中央财政在现有基础上，适当加大投入力度，完善补贴办法，加强对蝗虫、小麦条锈病、水稻病虫等重大病虫害的防治工作，推进统防统治。

（七）农业生态环境保护体系建设。

1. 水资源保护和水土保持建设。强化水资源保护与管理，按照粮食生产必须与水资源承载能力相适应的原则，坚持走节水增产的路子，统筹水资源配置，严格实行灌溉用水的总量控制和定额管理，合理确定农业灌溉用水量。加强农业需水管理，大力发展节水型农业，控制农业用水增长，不断提高农业用水效率和效益。加强农业灌溉用水计量设施建设，因地制宜采用超额用水累进加价等经济杠杆，促进农业节水。黄淮海区要优化井渠结合的灌溉模式，减少地下水超采，防止地下水超采引起生态环境问题；西北内陆河地区要发展旱作节水农业，在强化节水措施的同时，控制高耗水作物种植和适当压减灌溉面积；东北区要合理利用和保护好水资源，对新增灌溉耕地进行保护性利用，避免出现新的生态问题。河流上游修建水利工程要按照规划和水量分配要求，统筹兼顾上下游生产、生活、生态用水要求，要特别注意保护下游生态环境。加强水污染监测和防治，逐步控制和减少污染物入河入湖量，改善水质和水环境。加强东北黑土区、黄土高原及西南石漠化地区水土流失治理。

2. 加强农业面源污染监测和治理。建立健全农业面源污染监测预警体系，强化监测手段，在粮食生产核心区建设县级农业面源污染监测点，全面开展农业面源污染监测预警，及时掌握农业面源污染现状和变化趋势，为农业面源防治提供决策依据。按照源头控制、过程阻截和末端治理的要求，加快实施化肥农药减施替代工程，推广精准化施肥施药等环境友好型农业生产技术，防治农业面源污染。针对农业面源污染区域性特点，以长江流域为重点，兼顾东北和黄淮海水稻产区，实施农田生态拦截工程，在江河、湖泊入口处建设人工湿地，降低稻田退水的氮磷污染。

3. 秸秆综合利用。重点推广机械化还田、秸秆覆盖、快速腐熟还田和生物反应堆技术。

专栏 7　农业生态环境保护重点工程
农田面源污染治理工程　在粮食生产核心区建设农田生态拦截工程，在河湖入口处建设人工湿地示范工程。 **秸秆综合利用工程**　在粮食生产核心区的 680 个县（市、区、场）实施秸秆综合利用工程，重点建设秸秆青贮氨化池，秸秆生物气化、热解气化、固化成型等设施。 **农业面源污染监测体系**　依据区域气候、土壤、种植制度等的特点，在粮食生产核心区建设 160 个县级农业面源污染监测站，建立健全农业面源污染监测体系。

（八）仓储物流和粮食加工能力建设。

1. 增加粮食仓储能力。继续以东北区为重点，兼顾黄淮海区、长江流域和西部地区，建设中央储备粮直属库和地方储备粮库。鼓励农户科学储粮，支持专业合作社和农户建设粮食仓储设施、购置新型储粮装具。加强烘干、除杂设施的建设和改造，提高粮食烘干等处理能力。

2. 粮食物流体系建设。结合铁路建设，加快改造跨省区粮食物流通道，形成便捷、高效、节约的现代化粮食物流体系。重点改造和建设东北粮食以及黄淮海小麦、长江中下游水稻流出，以及华东、华南、京津地区粮食流入等六大跨省粮食物流通道。支持沿海港口、内河码头、铁路站点等大型粮食物流节点的建设，完善散粮发放、接卸、运输及配套设施。加强粮食主产区收纳库点和中转库容建设，配备必要的散粮运输工具，实现跨省粮食流通的“四散化”（散装、散卸、散存、散运）。

3. 发展粮食加工。大力发展粮油食品加工业，促进粮食加工业向规模化方向发展，在保障粮食安全的前提下，适度发展粮食深加工。优化饲料产业结构，缓解饲料用粮压力。

4. 减少粮食产后损失。改进粮食收获、储藏、运输、加工方式，推广先进适用的粮食收获机械、储存设施、运输工具、加工设备，提高机械设备质量和作业精度，降低粮食产后损耗。

专栏 8 粮食仓储物流建设重点工程
仓储烘干设施建设 在粮食主产区及非主产区的 800 个县（市、区、场），新建和维修改造仓房，并重点在东北区加强粮食烘干能力建设，确保粮食增产后能够及时、安全收储。加快农户储粮设施建设。 **粮食物流工程** 在六大跨省粮食物流通道中的主要物流节点建设中转仓容 100 亿公斤，增加散粮接收发放设施和散粮运输工具，建设粮食物流信息平台和检验检测系统。

七、经济社会效益与环境影响评价

规划的实施具有良好的经济和社会效益，但同时也对环境产生一定的负面影响。

（一）经济、社会效益分析。

1. 经济效益。

规划实施后，粮食生产能力较 2005—2007 年 3 年平均水平稳定增加 500 亿公斤，抗风险能力显著增加，年际间波动幅度减弱。按现行市场平均收购价格计算，达产年可实现新增粮食产值 852 亿元。其中，800 个县人均增收 147 元，其他地区人均增加 11 元。800 个县亩均增收 110 元，其他地区亩均增收 20 元。

2. 社会效益。

规划实施后，全国粮食总产量将稳定达到 5500 亿公斤的阶段性水平，粮食自给率达到 95%以上，我国粮食受国际市场供求影响基本在可控范围之内，宏观调控能力进一步增强，将为保证国家粮食安全、国民经济平稳发展和社会稳定奠定良好的基础。

通过实施水利工程、中低产田改造、基本农田建设、良种、土肥、植保体系、农机化推进等工程项目，在一定程度上可以带动部分农村富余劳动力参与工程建设，增加部分打工收入，同时也可以带动农业科研、农用机械制造、肥料、农膜、农药等相关行业的发展。

规划的实施使重点地区粮田基础设施普遍得到改善，抗灾能力明显增强，基本改变靠天吃饭的局面；现代农艺技术和农业机械的推广，将极大地改善农业生产条件，降低劳动强度，有利于促进土地流转，改变农民对土地的依赖，进一步从事二、三产业。

（二）环境影响评价。

1. 土地资源开发对生态环境的影响。

规划拟改造和新开发部分土地，如开发方式不合理，可能会对区域生态环境造成不利影响带来土壤次生盐渍化等问题。为此，要合理规划土地开发利用模式、开发时序和合理规模，开发之前进行充分论证、深入分析当地水土资源条件和生态环境特征，并制定详细的生态风险防范方案。

2. 水资源利用对生态环境的影响。

水资源开发利用将对生态环境产生影响：在缺水地区新增水源、新增灌区可能影响生态用水量，部分灌区和排涝退水将对河流水质产生影响；水利工程建设及土地资源开发，可能对湿地造成负面影响。为此，要进行水资源论证，合理控制水资源开发程度，协调好生活、生产和生态用水，保证河流基本生态用水，维护河流健康；对区域水量进行水资源综合平衡分析，确定合理的灌溉用水量和灌溉定额，避免对区域生态环境产生不利影响；严重缺水地区，要降低增产任务；加强对现有湿地的保护，禁止开垦占用和随意改变自然湿地用途。

3. 农业投入品增加对环境的影响。

（1）施用化肥对环境的影响分析。

氮、磷化肥的超量施用以及肥料利用率不高会导致农业面源污染。长期单一施用化肥，特别是生理酸性肥料，会使土壤出现酸化、板结；氮磷肥料可通过淋溶、径流、田间退水等途径进入地下或地表水体，造成水体富营养化。为此，要实施测土配方施肥，因需定施，以有效降低化肥使用量，提高化肥使用效率；加大测土的密度，根据不同作物，不同时期营养需求，科学制定施肥配方，配合农艺措施，合理深施，逐步引导农民改变传统施肥习惯。

（2）喷洒农药对环境的影响分析。

杀虫剂和除草剂如过量施用将会抑制甚至灭生土壤微生物，影响土壤中酶的活性、营养物质的转化，改变农业生态系统营养循环效率，使土地持续生产力下降；植物或土壤粘附的农药，经淋溶、渗漏、径流和退水等进入地表水体或渗入地下含水层，严重危害地表水和地下水的水质。为此，要通过现代生物技术，培育高抗品种或转基因品种，提高作物抗病虫害的能力，减少农药施用次数和数量；通过预测预警、统防统制、精准施药，降低农药、除草剂的使用数量；发展生物农药或除草剂，鼓励利用赤眼蜂等天敌进行生物防治，降低使用农药和除草剂对生态环境的影响。

（3）使用农膜对环境的影响分析。

残留农膜会破坏耕作层的土壤结构，降低土壤通气性和透水性，并使微生物和土壤动物活力受到抑制，导致土壤肥力下降；同时也阻碍了农作物种子发芽、出苗和根系生长，造成作物减产。为此，要加大残膜回收的力度，尽量减少对环境的负面影响。

4. 粮食作物秸秆对环境的影响分析。

秸秆如直接焚烧将会向大气排放有机碳，作物收获期集中焚烧将严重影响大气环境质量，甚至影响航空安全。此外，废弃秸秆进入水体后会加大面源污染强度。

为此，要逐步增加秸秆还田面积，并提高秸秆综合利用水平，通过过腹还田、发展秸秆板材、开发秸秆生物质能等措施，降低废弃秸秆对环境的影响。

八、构建粮食生产稳定发展的长效机制

在当前全球金融危机对我国农业的影响逐步显现和我国人增地减的矛盾日益突出的情况下，要打牢粮食生产基础、实现规划提出的增产任务，面临很多困难。为此，要更加重视推进农业科技进步和创新，增强科技支撑能力；更加重视农业基础设施建设，改善粮食生产条件；更加重视落实粮食省长负责制，明确各级政府粮食安全责任；更加重视完善粮食生产扶持政策，调动农民种粮积极性；更加重视加强粮食市场调控，促进产销衔接；更加重视构建长效机制，促进粮食生产稳定发展。

（一）落实粮食省长负责制，明确中央和地方粮食安全责任。

地方各级政府要按照党中央、国务院的统一部署，进一步提高思想认识，切实把发展粮食生产放在现代农业建设的首位，长抓不懈，毫不放松，在稳定现有产能的基础上，努力挖掘增产潜力，实现规划确定的新增产能任务。明确中央和地方在粮食安全上的责任，中央政府负责粮食总量平衡，统一管理粮食进出口，建立和完善中央粮食储备，调控全国粮食市场和价格，负责全国耕地和水资源保护，并通过钱粮挂钩的办法支持各地发展粮食生产；省级政府要全面落实粮食省长负责制，明确和落实粮食发展目标，强化扶持政策，抓好粮食生产，落实储备任务；粮食主产区要为全国提供稳定的商品粮源，非主产区要高度重视本地区的粮食生产，坚决防止和纠正放松粮食生产、忽视粮食生产能力建设的倾向，切实承担起本地区耕地和水资源保护、粮食产销和市场调控的责任，加大地方财政的投入力度，加强农业基础设施建设，巩固和提高粮食生产能力，确保本地区耕地面积和粮食播种面积不减少，粮食自给水平不下降。

加快探索建立粮食主产区与主销区的利益联结机制。扶持粮食生产各项政策措施要向主产区倾斜，加大对产粮大县粮食生产建设项目扶持力度，建立粮食主销区尤其是发达地区对粮食主产区的补偿制度。完善粮食风险基金政策，逐步取消主产区配套。要引导主销区参与主产区粮食生产基地、仓储设施等建设，建立稳固的产销协作机制。

建立有效的粮食安全监督检查和绩效考核机制。要逐级分解落实耕地和基本农田保护、稳定粮食播种面积和充实地方储备等任务，并作为重要内容纳入对地方各级政府尤其是领导班子绩效考核体系。

（二）坚持家庭承包经营制度，稳步推进土地规模经营。

稳定和完善农村基本经营制度。坚持以家庭承包经营为基础、统分结合的双层经营体制。家庭经营要向采用先进科技和生产手段的方向转变，增加技术、资

本等生产投入，着力提高集约化水平。有条件的地方要发展专业大户、家庭农场、农民专业合作社等规模经营主体，推进规模种植、规模作业、规模经营，提高粮食生产规模效益，走现代粮食产业化之路。

加强土地承包经营权流转管理和服务。完善土地承包经营权权能，依法保障农民对承包土地的占有、使用、收益等权利。健全农村土地承包经营权流转市场，按照依法自愿有偿的原则，允许农民以转包、出租、互换、转让、股份合作等形式流转土地承包经营权，发展多种形式的适度规模经营。完善流转签证、公证、登记制度，免除相关费用，促进耕地向种粮大户和种粮能手集中。

培育农民新型合作组织。加快发展种粮农民专业合作社，着力发展农户联合与合作，培育和扶持粮食生产社会化服务组织，强化农资配送、机械化服务、专业植保等粮食生产环节的技术服务功能，形成多元化、多层次、多形式经营服务体系。加大对种粮大户、农机大户、种粮农民专业合作社和专业化服务组织的奖励和扶持力度，加快推进规模种植、规模作业和规模经营，降低生产劳动强度和生产成本，提高粮食生产规模效益。通过专业化服务推动粮食生产标准化、优质化，促进粮食生产专业化分工与产业化经营，着力解决农村青壮年劳动力转移后粮食生产、销售等环节出现的新问题，避免出现土地撂荒或粗放经营。

（三）严格耕地资源保护，稳定粮食播种面积。

坚持最严格的耕地保护制度。认真落实省级政府耕地保护目标责任制，坚决守住 18 亿亩耕地红线。切实加强基本农田保护，划定一批基础条件好、生产水平高的粮食生产区域并予以永久固定，特别是要优先划定国家投资建设的高产稳产粮田，明确粮田保护责任人，严禁随意征占或改变用途，确保基本农田面积不减少、用途不改变、质量有提高。严禁占用耕地挖渔塘、种树等行为。粮食生产核心区和非主产区产粮大县要将基本农田落实到地块、落实到农户，并记入土地承包经营权证。加强土地利用规划管理，实行最严格的节约用地制度，从严控制城乡建设用地总规模。农村宅基地和村庄整理所节约的土地，首先要复垦为耕地。抓紧完善征地补偿安置制度，积极调整土地出让收入支出结构，要逐步提高土地出让收益用于农业土地开发和农村基础设施建设的比重。严格执行耕地占补平衡、先补后占制度，不得跨省（区、市）进行占补平衡，不得占优补劣，南方地区要严禁占水田补旱地。

切实加强后备耕地资源的保护。发展粮食生产要与生态环境相适应，要吸取以往以粮为纲、一哄而上、开荒种地、破坏生态的教训，不得随意将林地、草原、湿地开垦为粮田。特别是吉林西部等生态脆弱地区，未经批准，严禁再开垦荒地、草原或占用湿地，破坏生态环境。

完善耕地保护监督和惩罚机制。健全国家土地督察制度，将耕地保护，特别是基本农田保护作为地方政府考核中一票否决的指标，坚决遏制土地违规违法行为。全面公开耕地的数量、征占、补偿、占补等信息，严格执行征地听证和公告制度，强化社会监督。

稳定粮食播种面积。统筹粮食和经济作物发展，确保粮食播种面积稳定，到2020年全国粮食播种面积稳定在15.8亿亩以上，其中谷物播种面积稳定在12.6亿亩以上。继续优化粮食品种结构，根据市场需要和自然资源条件，大力发展优质专用小麦、优质稻谷、优质专用玉米、高油高蛋白大豆等优质粮食品种，提高粮食生产效益。加快优良品种和先进适用技术推广，科学施用农药和化肥，努力推进区域化和标准化种植，不断提高粮食品质。

（四）加快农业科技创新，提高技术装备水平。

加强农业基础性应用技术研究。整合科研院所力量，搭建基础性、工程性研究平台，突破相关制约技术，为企业和社会的商业化开发与应用提供方便。加快构建农科教相结合、产学研一体化的农业科研体系，大力推进农业科技创新。积极推进政府主导的多元化、多渠道农业科研投入机制，大幅度增加粮食科研经费，支持与粮食生产相关的基础性、前沿性科学研究，促进高新技术成果在农业领域的示范和应用。

提高粮食生产技术到位率。建立健全农技推广体系，完善以省、地、县农技推广机构为主体，科研单位、大专院校、企业和农业社会化服务组织广泛参与的新型推广机制。积极推进基层农技推广机构改革，因事设岗，尽快定岗定编。积极吸引大中专毕业生投身农技推广事业，改善农技推广人员知识结构。开展粮食高产创建和科技入户活动，集成和展示、推广先进实用技术。引导和鼓励涉农企业、农民专业合作经济组织开展粮食技术创新和推广活动，积极为农民提供科技服务。完善农民科技培训体系，调动农民学科学、用科学的积极性，提高农民科学种田水平。

加快发展化肥、农药和农机装备制造等农用工业，为粮食生产发展提供物质保障。针对我国氮、磷肥产大于需、钾肥严重不足的状况，优化氮肥企业结构，建设大型氮肥生产基地；积极开发钾肥资源，扩大生产规模，加快发展复合肥、缓释肥、生物肥料等肥料生产。严格农药生产行业准入，加快生物农药和施药器械研发，加强产品质量管理，鼓励发展高效、低毒、低残留农药，大力推广生物防治技术。加强农机研发能力建设，加快先进技术引进、消化、吸收，提高农机科技成果转化能力，加快研发制造复式作业和节约环保型农机具，改善农机产品试验鉴定手段，保障农机产品质量安全。

（五）加大基础设施投入力度，完善建管机制。

增加粮食生产投入。按照存量调整、增量倾斜的原则，调整国民收入分配格局，重点向农业倾斜，向粮食生产倾斜。优化财政支出、固定资产投资、信贷投放结构，各级财政要较大幅度地增加对农业投入，大幅度提高政府土地出让收益、耕地占有税新增收入用于农业的比例，耕地占用税税率提高后新增收入全部用于农业，拓宽粮食生产投资渠道，落实规划资金。

整合粮食产能建设资金。固定资产投资、农业综合开发资金、土地开发整理资金等现有投资项目，要按照规划要求，调整资金投向，向粮食核心区和非主产区的产粮大县倾斜，形成投资合力，加大支持力度，强化投资监管，提高资金使用效益。

完善投入机制。建立健全以公共财政为主体的多元化投入机制，落实相关财税优惠政策，吸引社会资金投向粮食生产。政府投资重点用于农田水利、病虫害防治、土肥监测等公益性基础设施建设。创新投资机制，采取以奖代补等形式，鼓励和支持广泛开展小型农田水利设施、旱作节水工程等建设。

加强农业基础设施管护。创新农村小型基础设施产权管理机制，明晰相关基础设施产权，尽量将产权落实到农民，并允许通过承包租赁等形式实现经营权的流转，提高农民对粮食生产基础设施的管护积极性，确保农业投资效益的持久发挥。对于运营及管护费用高、受益面广的大中型公益性粮食生产基础设施，同级财政要给予必要支持。

（六）扩大财政补贴规模，完善奖补政策。

加大对粮食生产的支持和保护。加大补贴力度，完善补贴方式，扩大范围，提高标准，充分调动农民的种粮积极性。完善种粮直补政策，逐年增加农民种粮补贴；在现有粮食作物良种补贴范围的基础上，适当增加补贴资金，逐步扩大补贴范围，不断提高粮食作物良种覆盖率；加大适用农机具购置补贴力度，适时调整补贴机型；完善与农业生产资料价格上涨挂钩的农资综合补贴动态调整机制。逐步扩大粮食生产技术性补贴规模。

加大中央财政对产粮大县的奖励力度。建立健全产粮大县利益补偿制度，完善奖励资金与粮食产量、调出量直接挂钩的联动办法，促进地方粮食生产与财力同步增长。根据产粮大县对国家粮食安全的贡献，增加一般性转移支付和产粮大县奖励等资金，并进一步向粮食核心区倾斜，实现粮食增产、农民增收、财力增强相协调，改变产粮大县、财政穷县的局面，调动地方政府重农抓粮的积极性。

加大金融对粮食生产的支持。加强财政资金与信贷资金投入的衔接配套，充分发挥财政资金的导向和拉动作用，扩大粮食生产信贷资金规模。健全农村金融体系，拓宽融资渠道，引导更多的信贷资金投向粮食生产。加大政策性金融对粮食生产基础设施建设的中长期信贷支持，增加商业性、合作性金融对粮食生产的贷款规模。大力发展小额信贷，鼓励发展适合粮食生产的微型金融服务，对种粮大户、农机大户和种粮农民专业合作社贷款给予财政贴息，提高对粮食生产的金融支持水平。对金融机构发放的粮食和农业信贷，按规定享受相关税收优惠政策。

构建粮食信贷风险规避机制。建立政府扶持、多方参与、市场运作的农村信贷担保机制。不断创新粮食信贷担保方式，扩大农村有效担保物范围，积极发展联保贷款，探索动产质押、生产订单质押等抵押形式，着力解决种粮农户贷款抵押难的问题。加快发展政策性农业保险，完善粮食保险体制，稳步扩大保险规模和试点范围，研究建立粮食再保险和巨灾风险分散机制。

（七）深化粮食流通体制改革，完善粮食流通体系。

继续深化粮食流通体制改革。积极推进现代粮食流通产业发展，努力提高粮食市场主体的竞争能力。继续深化国有粮食企业改革，推进国有粮食企业兼并重组，重点扶持一批国有粮食收购、仓储、加工骨干企业，提高市场营销能力，在粮食收购中继续发挥主渠道作用。鼓励和引导粮食购销、加工等龙头企业发展粮食订单生产，推进粮食产业化发展。积极支持农民专业合作社和农民经纪人为农民提供粮食产销服务，提高农民生产和销售粮食的组织化程度。

健全粮食市场体系。重点建设和发展大宗粮食品种的区域性、专业性批发市场和大中城市成品粮油批发市场，发展粮食统一配送和电子商务，积极发展城镇粮油供应网络和农村粮食集贸市场。稳步发展粮食期货交易，引导粮食企业和农民专业合作组织利用期货市场规避风险。建立全国粮食物流公共信息平台，促进粮食网上交易。

（八）加强粮食市场宏观调控，保障国家粮食安全。

健全粮食统计监测制度。继续加强粮食生产统计调查工作，改革粮食产量调查办法，完善统计调查手段，减少人为干扰，为粮食调控决策提供科学依据。加强对粮食生产、消费、进出口、储运、质量等监测，加快建立预警监测体系和市场信息会商机制。推进粮食信息化工作，建立健全粮食生产、流通、消费、进出口、储运数据库，及时准确地收集、掌握动态情况，提高数据的准确性和时效性。

健全粮食最低收购价政策。根据粮食生产成本及市场供求情况，逐步提高粮食最低收购价，保持粮食价格稳定在合理水平，保障粮食生产收益，调动农民务农种粮积极性。探索建立以目标价格为核心的反周期补贴制度，充分发挥市场机制的作用。

加强粮食进出口、储备和加工调控。加强粮食进出口调控，合理利用国际市场，进行品种调剂。完善粮食储备调控体系，优化储备布局和品种结构，健全储备粮吞吐轮换机制。进一步完善粮食市场准入制度，制定国内粮油收购、销售、储存、运输、加工等领域的产业政策，尽快完善相应管理办法。加强对全国大中城市及其他重点地区粮食加工、供应和储运等应急设施的建设和维护，对列入应急网络的粮食加工和销售企业，地方政府要给予必要的扶持。

积极倡导科学节约用粮。加强宣传教育，引导科学饮食、健康消费，在全社会形成爱惜粮食、反对浪费的良好风尚，珍惜每一粒粮食。

（九）引导粮食生产和消费，促进粮食品种结构平衡。

积极推进种植结构调整，缓解粮食品种供需矛盾。西北地区适当压缩小麦面积，东北地区稳定水稻面积，西南地区扩大间套种面积，增加玉米种植面积。加强粮食价格调控，利用价格杠杆调整粮食品种结构，根据粮食分品种供需情况，合理确定粮食品种间比价关系，合理释放小麦、水稻产能。

引导社会公众调整膳食结构，弘扬有中国特色的小麦主食文化，大力宣传我国传统面食制品营养知识，增加小麦及面制食品消费。针对我国多数小麦品种适合于加工蒸煮面制品的特点，改变以往把振兴小麦产业定位在发展面包和西式糕点的单一做法，加快推进以蒸煮面制品为代表的主食工业化、现代化、产业化。按照“安全、优质、营养、方便”的要求，大力发展小麦、稻谷食品加工业，增强加工转化能力。重视传统主食品工业科技创新，加强小麦、面粉及面制食品的基础研究和成果产业化、成套设备和品质检测关键仪器的自主化开发，健全小麦粉及面制食品质量标准体系，开发系列品牌商品，全面改造和提升面制品加工业。

进一步开发小麦多种用途，在保证口粮消费需求的前提下，积极鼓励发展以小麦为原料的饲料加工。调控粮食加工转化，适度控制以玉米为原料的深加工业规模。

九、规划的组织实施

有关部门和地方各级人民政府要统一思想，提高认识，高度重视粮食安全工作，加强指导协调，抓好组织实施，强化监督检查，确保新增粮食生产能力目标的实现。

（一）加强指导协调。有关部门要按照职责分工，密切合作，加强指导和协调，加大支持力度。发展改革委负责综合协调，会同有关部门审批各省（区、市）实施规划，落实规划内中央基本建设投资及年度资金安排，会同有关部门和地方组织规划实施；财政部负责落实支持粮食生产的各项资金；农业部负责指导粮食生产、技术服务以及相关项目建设，保持粮食播种面积稳定；水利部负责指导水利工程建设，合理调配水资源，保障粮食生产用水需要；国土资源部负责耕地保护和管理，完成土地整理复垦任务；科技部负责粮食生产科技投入，加快科技进步和创新；人民银行、银监会负责粮食生产金融支持政策的制定和落实；环境保护部负责协调农业生态环境监测和保护工作。有关部门要按照本规划要求，将现有资金向粮食核心区和非主产区产粮大县倾斜。发展改革委要牵头建立部门会商机制，做好部门间项目安排的衔接工作。

（二）认真组织实施。承担规划建设任务的省（区、市）要切实加强组织领导，把责任落实到有关部门，也可成立由政府主管领导负责，发展改革、财政、水利、农业、国土、科技等有关部门参加的规划实施领导小组，协调规划组织实施的具体工作。要根据本规划确定的任务，制定本地区的实施规划，建立目标责任制，将增产任务分解落实到县，明确县级政府的主体责任和相关政策措施。粮食生产核心区和非主产区产粮大县要编制实施方案，将具体增产目标和任务落实到乡镇。其他省（区、市）也要继续强化粮食安全责任，抓好粮食生产，确保区域内粮田面积不减少、粮食自给水平不下降。对点多、面广、单项补助资金少的项目，要按照权责一致的原则，充分发挥地方政府的积极性，在明确任务、标准和安排要求的基础上，由地方政府负责落实具体项目并承担相应建设责任。对农田水利等农民直接受益的项目，地方政府要积极引导农民投工投劳参与建设。

（三）加强监督检查。要将规划任务完成情况和建设效果，作为安排相关投资和政策支持，以及评价地方政府部门政绩的重要依据。发展改革委要会同有关部门适时对有关省（区、市）尤其是承担重点建设任务的省（区、市）进行督促检查，有关部门也要按照职责分工加强跟踪检查，督促地方政府做好规划实施工作。每年年底，有关部门和各有关省（区、市）要对规划实施情况进行总结，并将总结报告报送发展改革委，由发展改革委统一汇总后上报国务院。开展规划实施的阶段性评估和环境影响跟踪评价，发展改革委要会同有关部门每隔 4 年对各省（区、市）规划实施情况作一次评估，根据评估结果及时调整完善规划。地方各级政府部门也要按照规划的要求，切实负起责任，加强对本行政区域内各项建设任务的组织实施与监督管理，确保规划任务的顺利完成。

004

关于印发《粮食科技“十二五”发展规划》的通知

国粮展〔2012〕4号

各省、自治区、直辖市、计划单列市及新疆生产建设兵团、黑龙江省农垦总局粮食局，中国储备粮管理总公司、中粮集团有限公司、中国华粮物流集团公司、中国中纺集团公司：

根据《国家中长期科学和技术发展规划纲要（2006—2020年）》、《国家粮食安全中长期规划纲要（2008—2020年）》、《全国新增1000亿斤粮食生产能力规划（2009—2020年）》、《农业及粮食科技发展规划（2009—2020年）》、《国家“十二五”科学和技术发展规划》、《中华人民共和国国民经济和社会发展第十二个五年规划纲要》及《粮食行业“十二五”发展规划纲要》（国粮展〔2011〕224号）等有关粮食科技工作的总体部署和要求，我局研究制定了《粮食科技“十二五”发展规划》，现印发给你们，请结合各地实际，认真组织实施。

“十二五”时期是粮食流通产业科技发展的重要战略机遇期，必须准确把握粮食流通产业发展的客观需求，重视科技支撑作用，加快粮食流通科技创新体系建设，解决好制约产业发展的突出技术问题。要以保障国家粮食安全为中心，以促进粮食流通现代化为重点，支撑粮食行业发展方式的转变和推动粮食产业结构升级，走可持续发展道路。

各省级粮食行政管理部门要加强对粮食科技工作的指导和科技规划实施相关工作的沟通协调。国家粮食局科学研究院等行业科研单位、粮食流通与加工国家工程实验室、国家粮食局工程中心及相关大型企业研发机构是本规划的实施主体，要落实主要任务，细化目标，确保规划目标任务的顺利完成。规划实施过程中遇到的新情况、新问题要及时报送国家粮食局。

国家粮食局

二〇一二年一月十一日

粮食科技“十二五”发展规划

国家粮食局

2012年1月11日

根据《国家粮食安全中长期规划纲要（2008—2020年）》、《全国新增1000

亿斤粮食生产能力规划（2009—2020年）》、《粮食现代物流发展规划》、《国家中长期科学和技术发展规划纲要（2006—2020年）》、《农业及粮食科技发展规划（2009—2020年）》和《粮食行业“十二五”发展规划纲要》（国粮展〔2011〕224号）的任务要求，制定本粮食科技“十二五”发展规划。

一、“十一五”粮食科技创新能力明显增强

一是粮食科技投入增加。“十一五”时期，粮食科技总投入61.47亿元，其中中央财政投入7.05亿元，地方财政投入2.21亿元，企业投入23亿元，其他投入29.21亿元。比“十五”时期有明显增长。二是粮食科技创新体系初步形成。储运、深加工、装备等5个国家工程实验室，14个国家粮食局工程中心构成多层面的粮食科技创新平台。地方科研院所承担国家科技任务的水平明显提高，企业创新能力不断增加。三是科技支撑作用显著增强。粮食信息化建设有力推进，粮食行业电子政务体系逐步完善。电子、信息、生物技术以及部分装备技术初步具备工程化能力。节能减排、生物技术研究成果具备了产业化应用条件。大型粮食加工成套设备制造技术提升较快，粮食储藏技术已达到国际先进水平。“十一五”时期，共取得了科技成果457项，其中国家科技进步奖5项。《粮食储备“四合一”新技术研究开发与集成创新》项目获得国家科技进步一等奖。连续举办了5届全国粮食科技活动周科普宣传活动，取得良好的社会效益。

二、面临的形势与需求

从国际形势看，“十二五”时期世界科技始终保持加速发展的态势，科学技术孕育着新的突破，以智能、绿色、可持续为特征的新产业蓄势待发。科学技术快速发展将引发粮食流通产业发生深刻变革，我们必须妥善应对挑战，充分利用全球科技创新的新资源，下大力气解决影响我国未来粮食产业发展的科技问题和关键技术问题，支撑粮食流通产业发展的能力进一步增强。

从国内形势看，党的十七大把提高自主创新能力、建设创新型国家作为国家发展战略的核心，必将推动我国经济结构转型加快。工业化、城镇化、农业现代化的同步推进，必将带动粮食产业技术向绿色、智能、环保方向的发展深化。绿色储粮技术、高效节能增效技术、信息技术将融入到粮食流通产业的各个领域，以科技为先导，实现粮食流通产业现代化，增强粮食产业的竞争力和整体水平，成为产业发展的主流趋势。

“十二五”时期，粮食科技的发展仍然处在可以大有作为的重要战略机遇期，未来五年我们必须科学判断国内外科技发展的新趋势，准确把握粮食流通产业发展的客观需求，解决好制约产业发展突出技术问题，努力实现粮食流通产业跨越式发展。一是保障粮食食品安全的需求，在农户储粮、绿色储运、清洁加工等各

环节提升技术水平；二是满足“低碳经济”的需要，通过技术改造，淘汰落后产能，提高粮食流通效率；三是按照培育产业新的增长点的要求，加强信息技术、生物技术等一批高新技术在粮食储藏、物流、加工、检测等流通环节应用开发，促进交叉学科的技术融合，培育新兴产业。

三、指导思想、目标和原则

指导思想：深入贯彻落实科学发展观，以科学发展为主题，加快转变经济发展方式为主线，坚持“自主创新、重点跨越、支撑发展、引领未来”的指导方针，以保障国家粮食安全为中心，以促进粮食流通现代化为重点，以产业发展的需求为导向，以关键技术创新为突破，支撑粮食行业发展方式的转变和推动粮食产业结构升级，走可持续发展道路。使科技创新成为粮食行业发展的强大动力和产业支撑。

发展目标：到2015年，粮食科技自主创新能力进一步增强，科技创新体系建设进一步完善，粮食产业科技水平显著提高，形成一批具有自主知识产权的创新性成果。

以信息、生物、新材料技术等高新技术成果提升传统产业，以节能低碳技术、先进装备技术改造传统产业，在高新技术产业化应用方面取得一批突破性技术成果，粮食科技支撑流通产业发展的能力明显提高。

加大科研成果产业化推广力度，将一批先进成熟技术在产业化应用上先行先试，实现一批企业技术创新的集成示范。培育若干新兴产业骨干企业的示范工程。

“十二五”期间，力争在储粮虫霉发生为害生态机理、绿色储藏、物理特性、品质特性及机理、规律等基础理论研究方面，形成一批具有独立知识产权的创新性成果。力争在“973”、“863”国家重大基础和应用专项计划中有所突破。争取粮食行业国家科研经费投入达到2亿元。

建立和完善人才培养条件和机制，健全创新平台的体系和运行机制，利用项目、基地、条件，促进各领域学科带头人脱颖而出，培养一支稳定的高水平的人才队伍。

基本原则：

——战略导向。瞄准世界科技前沿、跟踪国际先进水平、紧密联系市场的需求，统筹、完善基础性科研工作，在涉及国家粮食安全的技术环节和重要关键技术上形成具有独立知识产权的核心竞争力。扩大国产化技术的市场份额。

——市场配置。以企业为主体，产学研相结合为主导，强化科技人才、资金的市场化配置，集中社会的科技资源优势，攻克粮食产业发展中的技术难题，建立共享、开放、竞争的科技运行机制，促进社会科技资源向粮食科技集聚，形成社会化粮食科技创新，提升行业科技竞争力。

——统筹兼顾。处理好战略发展与民生科技的关系、产业技术升级与培育新兴产业的关系、粮食产业现代化与传统技术改造的关系、项目研发与创新能力建设的关系，注重当前与长远、国家与地方、基础与转化、科研与市场的结合，全面提升粮食科技高技术产业化水平。

——人才优先。注重在实践中发现人才，在项目中培养人才，不拘一格使用人才。鼓励科研人员自由命题，注重跨学科、交叉学科人才的引进和培养，以人才设置项目，以人才带动科技，以人才促进发展。

四、主要任务

结合粮食行业的发展现状，把握前沿技术与粮食行业发展需求，充分利用社会科技资源与自身优势，突出重点，切实做好粮食科技工作，全面提升粮食科技水平，推动行业科学发展。

（一）优先发展的技术领域

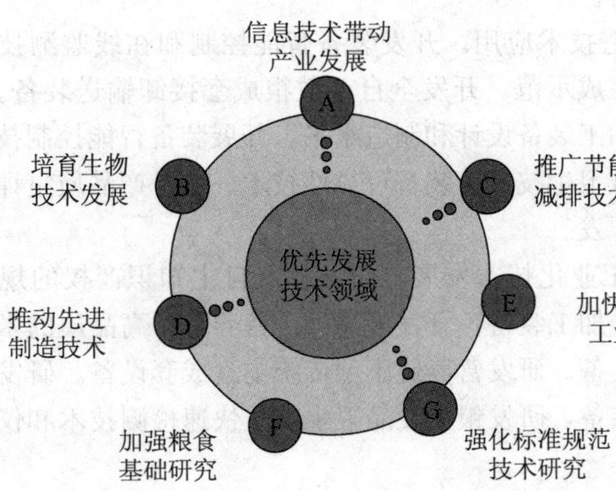

1. 推广信息技术带动产业现代化。发展基于物联网技术的现代粮食流通体系。加大物联网等信息化技术在粮食宏观调控中的应用，在粮食收购品质检测、储粮环境控制、库存品质监管、有害物质防控等方面，加大物联网技术研发。开展对快速收购检测技术、清仓查库技术、粮油数量质量在线监测技术的开发集成与示范。研发感知粮食温度、湿度、品质、数量和粮堆中气体、霉菌、害虫的图像的粮食专用传感器，利用专用传感器等技术，逐步实现对粮食库存信息的智能化监控；加大 RFID、全球定位系统、地理信息系统等技术在粮食流通领域的应用。在重点区域开展粮食物流信息采集、追溯技术、公共物流信息平台的应用示范，实现粮食物流的信息资源共享，构建统筹、协调、高效、有序的现代粮食流通体系。

2. 培育生物技术促进可持续发展。推动生物技术应用，研究绿色储粮技术体系。从有害生物特性基础研究入手，开展绿色储粮、有害物质防控和消减技术的研究。开展生态环境、温度与粮食品质关系研究，实现对粮食霉菌、害虫的实时监测。注重和培育绿色储粮生物技术的产业化应用，以及低温储粮技术的集成示范。开发可替代化学物的高效菌株、酶制剂技术，通过生物技术实现加工副产品的综合利用。

3. 推广节能减排技术改造传统产业。加大节能减排低碳技术研究和推广，研发储藏、干燥等方面的绿色、节能、降耗新技术。开展能源优化利用、传热传质模型、数字化设计及水热控制分析技术研究，大幅提高粮食干燥机热能效率。以企业为主体，大力推广高效的保温技术、能源梯级利用技术、余热回收利用技术、烘干工艺改进、烘干热源改造、烟气、污水处理技术。推广“四散”化运输，以提高效率方式节省运输能耗。开展地源水源热泵、浅层地能、太阳能、自然低温的控温储藏技术研究。通过应用、推广综合利用技术，逐步淘汰污染大、效能低的工艺和设备。

4. 推动先进制造技术应用。开发装备智能控制和在线监测技术。开展绿色储粮技术和装备的集成示范。开发全自动散粮成套接卸输送装备。采用新材料、新工艺，提高粮食加工装备设计和制造水平。开展装备智能控制技术、装备机械安全技术、装备机械卫生技术、装备可靠性技术、装备产品质量评价方法、装备人机工程技术研究开发。

5. 加快主食品工业化技术发展。研发具有自主知识产权的规模化、智能化成套粮食加工和精准加工装备，开发多品种、营养化、高品质的米制品、面制品工业化生产技术和装备。研发营养健康型传统主食成套设备。研发主食品保质保鲜物流、配送技术装备，研发粮油食品卫生安全快速检测技术和仪器。开展相关产品质量标准研究。

6. 加强基础研究完善粮食基础理论体系。开展粮食流通环节的生物技术与粮食质量安全基础性、公益性研究。开展粮食流通重要储粮害虫、种群动态与生态控制等基础研究，加强储粮真菌毒素产生机理、粮食发热霉变机理、品质特性及化学机理、物理特性与生态环境关系的规律研究，建立粮食品质特性基础数据库。开展粮食功能性成分的营养及安全评价体系研究。完善生态储粮技术理论框架，开展储粮生态区域理论研究。

7. 强化标准规范的技术支持。开展服务于产业结构升级的行业装备能耗标准、排放标准、行业节能管理规范和行业节能评价体系研究。开展引导行业高技术发展的粮食信息技术标准（信息的产生、识别、采集、分类编码、存储、处理、传输、交换、显示、打印）和信息安全标准研究。制定安全、合理的国家标准，提高粮食流通监控监管水平。

（二）重点工作

1. 开展优先发展领域的技术攻关，全面提高粮食现代化技术水平。在粮食流通主要领域和重要区域大力推动信息化技术的应用，带动产业技术的升级；以公益院所、大学和国家工程实验室为依托，积极培育粮食相关生物技术的研发与应用，促进粮食产业绿色、健康、可持续发展；推广粮食流通环节节能减排技术，改造和淘汰传统落后的工艺技术，支撑产业的绿色、环保、节能、高效发展。为发展主食品工业化、标准化、规模化提供技术支持，满足社会消费需求。

2. 整合粮食科技资源，强化科技创新能力建设。通过体制机制创新，加强粮食科技社会化科技创新体系建设。发挥科研院所、大学、企业优势和技术特长，形成优势互补，形式灵活的创新团队。强化国家、省、企业三级创新能力，坚持产学研相结合，构建以企业为主体、市场为导向的技术创新体系。完善粮食科技创新体制机制建设。扩大省部（局）合作、部部（局）合作试点范围。对重要示范项目建立省部（局）会商制度。充分利用现有资源建设完善能力强、效率高、运转好、机制优的创新平台。争取增加粮食流通领域国家工程实验室、国家重点实验室、国家工程技术中心数量。逐步构建体系完整的国家粮食工程实验室、重点实验室、工程技术中心。鼓励引入第三方专业服务和开展业务外包。

3. 加强科技成果转化，推动产业化应用。完善应用开发和成果转化及产业化的技术推广体系，进一步加强科技成果中试熟化及应用示范工作；优先推广市场应用前景好、产业发展急需的技术成果；鼓励科研单位与企业合作开展科技攻关，建立促进成果转让的激励体制；积极支持以企业为主体，科研单位参与的有产业化前景的研发项目；积极推进粮食高新技术的产业化示范，对成熟的技术成果扩大试点示范，促进高新技术示范连线、连片、连区的产业化集成应用。

4. 加强粮食基础性工作，培育自主创新能力。充分利用院所开发专项及国家科技计划，有计划、有步骤、扎实稳定地推进粮食基础研究工作，积极培育新兴产业。加强粮食基本分子生物学、化学、物理学研究和粮食生态内在品质基础数据研究。支持产业发展急需的关键技术应用基础研究，不断增强行业自主创新能力。加强人才队伍建设，完善机制，引进高层次人才，培养复合型人才，发挥地方粮食科研院所在区域粮食产业发展中的支撑作用。

5. 营造良好创新环境，推动粮食科学普及工作。加强自主知识产权的创造、运用、保护和管理。发展创新文化，营造科学民主、学术自由、严谨求实、开放包容的创新氛围。加强科研诚信建设，鼓励自主探索、提倡学术争鸣，维护科研道德。以节约粮食、反对浪费、主食营养安全、农户储粮减损等组织开展社会科普工作，激励科研人员、学生、教师、企业参与科普活动，积极开展粮食科技活动周等科普活动。

（三）实施粮食科技工程

1. 基于物联网的粮食宏观调控关键技术与设备创制

结合粮食系统的特点，运用传感器技术、物联网技术、云计算技术和仿真技术，通过粮食智能化收储、储粮生态调控、智能化监控管理等关键技术研究及产业化示范，实现粮仓粮食霉菌、害虫的预测预警和粮库信息的追踪与评估，提高粮库精准管理和智能控制能力，保证粮食产后绿色储藏和安全管理。

2. 节能增效绿色储粮关键技术研究与示范

开展不同储粮生态区域节能储藏技术研究，开展清洁能源和节能技术在储藏领域的应用研发，新型高效节能干燥技术与装备研发，开展粮食储运能效评价体系的研究与示范。利用现代传热传质技术、能源优化利用技术、组合干燥技术、数字化设计分析技术和先进制造、信息化和智能测控方法，解决粮食储藏、干燥的节能减损问题、粮食物流减损及加工节能问题。开展粮食品质与安全生态因子变化临界检测控制技术与装备研发，生物技术在储粮过程的应用研究等。通过粮食高效节能干燥、储藏节能减排、生物技术应用等关键技术的研究，开发系统和装备，形成技术示范体系。

3. 粮食质量安全保障关键技术研究与示范

研究粮食收购、储藏、加工、运输等环节的质量与安全检测、监管与控制技术。开展粮食中主要化学污染物转化降解规律及检测新技术的研发，系统研究粮食中污染物的转化降解规律，并开发粮食中主要内源毒素与抗营养因子检测与控制、粮食制品有害物质的控制、粮食质量安全现场检测技术与设备，进行产业化示范。重点解决粮食生产和储运中可能造成的农药、重金属、有机污染物等有害化学物质的污染问题，构建粮食及其制品的流通质量安全检测与控制技术研发体系。

4. 成品粮应急供应关键技术与设施设备研发

针对成品粮储藏技术和设施现状，开展成品粮储藏品质劣化理论研究及实用技术研究。研究开发成品粮储备库新仓型、仓房保温保湿新材料及自动化信息管理技术，研究节能、绿色储藏新技术和装备，研究害虫生物防治技术，研究开发成品粮快速自动进出仓技术装备及在途跟踪及追溯装备和技术。研究开发成品粮品质保障、新陈度等品质快速鉴别技术和追溯关键技术。研究开发物流仿真系统及应急调度辅助决策系统，解决应急成品粮供应问题。

5. 基于生物技术的粮食储运化学物替代技术开发与示范

开展储粮害虫化学防治生物替代研究，开发微生物源、植物源生物杀虫剂，寻找储粮害虫特异性靶标，实现“第三代杀虫剂”在储粮中的应用；开展储粮有害真菌化学防治生物替代技术，发掘储粮条件下有效的微生物源等防霉、真菌毒素脱毒生物活性物质；开展粮油加工中化学物替代技术，高效温和、与环境兼容生物技术手段替代改造落后的传统工艺技术，并开发可替代化学物的高效菌株、酶制剂等替代、减少粮油加工过程中的化学物；开展粮油加工生物转化技术研究，利用现代微生物技术、发酵工程技术对粮油加工过程中副产物进行资源化综合转化，利用酶制剂及发酵技术，制备糖、糖醇；开展粮油生物检测技术研究，开发快速、高通量的现场及在线检测技术。

6. 粮食精准加工关键技术与装备研发

利用数字设计、先进制造、信息化、智能测控等方法，提升粮食清理、小麦制粉、稻谷加工、低菌面粉生产、连续真空制面、杂粮主食化物理改性和面条智能干燥技术装备的整体水平。提高设备运行效率，降低单位产量能耗，建立粮食精准加工体系，达到粮食加工损失减少20%以上的目标。

7. 主食食品工业化关键生物技术研究及工艺设备开发

研究粮食食品生物技术、主食品工业化新技术、非热杀菌技术、食品组分的生物修饰与改性技术等，围绕米制、面制、薯类及其他杂粮等主食品，重点研发馒头、方便米饭、营养早餐、休闲豆制品等主食规模化、自动化、连续化、智能化、生产技术及设备并开展产业化示范。

五、保障措施

（一）加大研究投入，建立稳定的投入机制。完善以政府投入为引导，企业投入为主体，各类投资者共同参与、利益共享和风险共担的科技投资体系。对长期从事基础性、公益性粮食科研活动建立稳定的资金支持机制。提高公益性科研机构运行经费保障水平，争取建立粮食科技创新基金。全面落实税收减免、企业研发费用加计扣除、高新技术优惠等政策。实施知识产权质押等鼓励创新的金融政策。各级粮食行政主管部门要帮助企业及各级创新平台，加快落实国家已经明确的对科技创新支持政策，并积极争取各级财政、金融、税务进一步加大对粮食科技的政策、投入、补贴支持。推进各级各类的粮食科技创新平台建立稳定长效投入和运行机制，积极争取相关政策和社会投入的支持，形成稳定有效的社会合作和人才培养的机制。

（二）完善粮食科技创新体系，促进政产学研用结合。发挥政府的主导作用，市场对配置资源的基础性作用，企业的创新主体作用，国家级科研院的骨干和引领作用，大学的基础和生力军作用。充分发挥地方粮食科研院所在区域粮食产业发展中的支撑作用，强化地方院所在成果转化和推广应用方面的骨干地位。加快科技成果的转化和推广普及。鼓励企业不断提高产品技术水平、增加技术产品的市场竞争能力和抗风险能力。鼓励国有大型企业不断加大研发投入，通过国家相关政策激发中小企业创新活力。

（三）调动地方院所积极性，建立农村粮食产后技术服务体系。依靠省地

(市)粮食科研院所的地域优势和技术优势，通过科学储粮专项，积极培育地方院所服务“三农”的技术能力。各地应鼓励结合地方农村特点和发展需要，开展适用于农村粮食收购、储藏、运输、加工等技术和设备的研发活动。定期深入农村，针对农户需求开展储粮技术服务和指导，基层粮食企业要根据售粮农民的需求，适时地进行粮食质量、储藏技术的宣传和指导，逐步建立面向农村的技术服务体系。

(四)开展广泛的技术交流，促进国际技术合作。支持各类学术交流和跨领域的学术合作，利用多种学术形式搭建交流平台，广泛吸引国内外科研机构、院校、企业等参与粮食科技创新。鼓励科研单位和科研人员的科技外事合作和交流，鼓励各级粮食科研单位开展国际合作。支持科研人员参加国际科技交流项目和活动，学习和引进国际先进技术，解决我国粮食发展的重要问题。鼓励对外技术输出和工程服务。

(五)实施人才战略，依托国家人才计划以及重大科研项目培养领军人才和创新团队。加强粮食科技人才队伍建设，在公益类院所、大学重点培养基础理论研究、行业应用研究的创新人才，在地方院所和企业培养一批技术成果应用人才。形成衔接有序、梯次配备、优势互补的合理人才结构。在国家千人计划中，积极引进粮食科技人才，引进社会高层次人才，重点打造复合型人才，发挥科技领军人才在科技创新中的重要作用，集中力量占领学术制高点。

(六)加强规划实施的组织领导。重视本规划与行业规划及其他专项规划的协调，发挥规划的指导性作用。注重年度计划与本规划的衔接，建立健全规划实施协调和评估机制。国家粮食局负责规划实施的综合协调，各有关省级粮食局、科研单位和企业(集团)要认真贯彻落实国家各项政策，扎实推进各项规划工作。各行业科研单位、粮食流通与加工国家工程实验室、国家粮食局工程中心及其相关大型企业研发机构等是本规划的实施载体，要细化落实本规划提出的主要任务，确保本规划目标任务的顺利完成。

005

国家粮食局关于“十一五”粮食科技发展的指导意见

国粮展〔2006〕63号

各省、自治区、直辖市、计划单列市粮食局，各级粮食科研院所、院校，中国储备粮管理总公司，中国粮油食品（集团）有限公司，国家粮食局有关直属、联系单位，大型粮油企业：

为增强粮食科技自主创新能力，充分利用粮食科技资源，发挥粮食行政管理部门、科研院所、高等院校和企业的作用，按照全国科学技术大会精神和《国家中长期科学和技术发展规划纲要（2006—2020年）》（以下简称《规划纲要》）各项工作任务，现提出以下指导意见。

一、“十五”粮食科技工作取得显著成效

“十五”以绿色储粮技术、深加工综合利用技术为标志的科技进步，对保障国家粮食安全，促进粮食产业化发展起到了重要的支撑作用。粮食科技项目和经费投入显著增长，粮食科技项目经济社会效益显著提升，行业科技总体水平明显提高。由国家科技项目带动，一批自主开发、适合国情的先进、实用的储粮新技术，随着“十五”国家粮食基础设施建设，得到了全面推广和产业化应用，有效地提升了粮食储运技术现代化水平；粮油加工技术装备的引进消化吸收再创新，使我国粮油加工技术和装备水平迈上了一个新台阶，部分粮食深加工产品进入国际市场并参与竞争；以适应市场发展需求的粮油质量标准检测技术及计算机信息等技术得到广泛应用；以企业为主体，产学研相结合的发展模式，成为粮食技术创新的主流趋势。粮食科技体制改革取得了初步成效。

二、“十一五”粮食科技面临的国内外环境和重大需求

（一）国内外环境

“十一五”期间，科学技术和自主创新能力日益成为国家间竞争的焦点和决定性因素。随着WTO后过渡期的结束，我国粮食产业将置身于更加激烈的国际竞争之中，发达国家以控制核心技术为特征将继续保持优势地位，标准和知识产权构成的技术壁垒日益成为各国间贸易保护的重要手段。同期，随着国内人口、资源、环境压力的不断加大，特别是到2010年，我国人口将达到13.6亿，粮食供需紧平衡的状态将长期存在。因此，要抓住技术进步和经济全球化给我国粮食

产业和技术发展带来的后发优势和跨越式发展的历史机遇，依靠科技进步，充分利用两个市场、两种资源，积极参与国际合作，在激烈的国际市场竞争中，提高我国粮食技术创新能力，加快高新技术产业化进程，以保障国家粮食安全，提高国家粮食宏观调控能力，增强我国粮食科技和产品的国际竞争力。

（二）重大科技需求

1. 保障粮食安全，建立更加完善的粮食产后技术支撑体系。保证粮食的可供应数量是国家粮食安全的物质基础。随着粮食生产成本的不断提高，减少粮食产后流通过程中的损失，保持粮食储存、运输中品质，是提高粮食综合生产能力和粮食资源利用率的有效途径。“十一五”期间，要以满足市场需求和国家粮食宏观调控为目标，实现便捷、高效、安全的粮食流通方式，增强粮食应对突发事件的快速反应能力，满足粮油检测技术市场需求和维护公众食物质量安全，建立更加完善的粮食流通技术支撑体系。

2. 为建设社会主义新农村，亟待改造传统的粮食流通技术。目前，集中分布在粮食产区的农村小型粮油加工企业，其加工质量差，效益低，资源浪费严重，能源消耗高出大型加工业企业约 30%～50%；农村粮食产后收购、处理环节中，还存在着传统落后的晾晒、储存等方式；农户储粮的虫、霉、鼠害严重，在源头上影响粮食质量安全。因此，通过继续推广新型适用的农户储粮、农村干燥处理技术和设备，改造传统落后的粮食流通技术，建立农村粮食产后安全技术服务体系，进一步提高农村粮食流通与加工的技术水平。

3. 为建设资源节约型、环境友好型社会，发展环保、安全、节约、高效的粮食流通技术。长期以来，我国粮食资源利用效率低，高成本、高消耗、高污染的增长方式阻碍了粮食流通产业的高效增长。“十一五”期间，推动以行业的技术进步带动粮食经济运行方式的转变，在粮食储藏、加工、物流等环节，积极采用环保、安全、节约、高效技术，研究开发适合粮食生产经营活动的各种新型技术，逐步淘汰落后的生产工艺、设备和技术，加强粮食综合利用和增值转化，发展循环经济，促进粮食流通产业走新型工业化道路。

4. 以发展高技术带动产业结构优化升级，不断增加粮食加工产品的市场竞争力。“十一五”期间，面对国外资本、产品、成熟技术和过剩生产能力不断涌入的国际竞争压力，粮食科技发展方向也要适时调整，要将信息技术、生物（工程）技术、智能化技术等高技术抓紧引入粮食流通领域，不断带动粮食产业结构调整和产品优化升级，充分提高粮食产品附加值和延长产业链。通过应用高新技术，降低粮食加工、储藏、流通环节的生产成本，不断将高技术产品投入市场参与国际竞争。

三、"十一五"粮食科技发展的指导思想、发展目标和基本原则

（一）指导思想

以科学发展观为统领，以国家粮食安全和市场需求为导向，以支撑粮食流通产业可持续发展为重点，坚持"自主创新、重点跨越、支撑发展、引领未来"的科技发展指导方针，建立符合建设社会主义新农村和构建资源节约型、环境友好型社会要求的，安全、环保、节约和高效的粮食流通技术体系，促进粮食行业循环经济的发展。

（二）发展目标

按照《规划纲要》提出的我国科学技术发展的总体目标要求，为把我国建设成为创新型国家，到2020年，我国粮食科技发展的总体战略目标为：粮食科技自主创新能力显著增强，科技促进粮食流通产业发展和保障国家粮食安全的能力大幅度提高，粮食科技整体实力进入世界前列。

为实现上述总体目标，"十一五"期间，粮食科技要形成较完善的粮食流通技术支撑体系，粮食科技总体水平有较大提高；力争对粮食产后减损、绿色高效储运和深加工技术装备等重大技术瓶颈有所突破，在重点产品、重点工艺、重点技术、重点装备上实现关键技术创新；粮食储藏技术达到同期国际先进水平，粮食物流和加工技术装备得到优化升级，粮食质量标准检测技术不断完善，农村传统的粮食流通技术方式得到改造；建设一支结构合理、持续研发能力强的粮食基础科研队伍，完善粮食科技创新机制，形成以企业为主体、产学研相结合、科技资源共享、技术优势互补的粮食科技创新体系。

（三）基本原则

1. 创新引领的原则——以科技创新引导技术发展方向，不断带动产业进步，促进粮食产业结构调整和产品优化升级，培育产业发展的经济增长点，通过扶持基于自主创新的知识产权和核心技术，鼓励原始创新、集成创新和消化吸收再创新。把创新作为促进粮食产业可持续发展的动力。

2. 统筹协调的原则——坚持"有所为，有所不为"，统筹兼顾，协调发展。强调突出科技创新，同时兼顾技术普及；突出发展高新技术，同时兼顾常规技术的改造；强调关键技术攻关，同时兼顾重大成果的推广应用。全面提高粮食科技的整体现代化水平。

3. 优化机制的原则——以体制创新和完善机制作为粮食科技创新体系建设的基础，积极探索和建立竞争、流动、开放的科技运行机制。优化人才队伍的学科结构和布局结构，逐步建立以市场配置为基础，政府投入引导社会各类资源相互补充的有效机制。

四、“十一五”粮食科技优先发展的领域和重点工作

按照发展目标和基本原则，提出“十一五”粮食科技优先发展的技术领域和重点工作。

（一）优先发展的技术领域

1. 以生态理论为指导的绿色、高效、实用的仓储技术。促进储粮技术方式由传统向绿色生态型转变。以改善储藏环境、降低储藏成本、提高监管手段为主要技术取向。

2. 以成套高技术设备和生物（工程）技术为重点的粮食深加工技术。通过生物技术、精细化工技术、智能化设备制造等高技术在粮油加工业应用，促进高效、节约、增值和清洁生产技术的发展。

3. 以新型散粮装运方式为带动的高效快速的粮食物流技术。发展散粮物流技术、集装化装备、现代物流信息技术和标准化，构建高效、便捷、安全的粮食物流体系。

4. 以应用基础研究和国产仪器为支撑的粮食质量快速检测技术。主要发展快速检测技术和仪器设备，加速粮食质量检测仪器的升级换代，促进检测技术及国产仪器迈上新的台阶。

5. 以预警、监测为重点的粮食流通现代化的信息技术。主要是推进信息技术在粮食宏观调控及储藏、加工、物流、质量标准仪器、品质测报等领域的全面开发应用。

（二）重点工作

按照我国粮食科技工作的实际情况和粮食流通产业发展方向，“十一五”重点攻克一批重大关键共性技术和技术装备，结合国家科技计划的结构框架，从六个层面部署重点工作：

1. 加快信息技术和生物技术在粮食流通领域的全面应用，带动和促进粮食科技向高技术领域的跨越式发展。重点开展“数字粮食流通”、信息采集、预警、预报、控制技术和基于3S技术的管理决策技术的研究开发，推进粮食流通电子商务的发展。在重点地区、重点方面实现粮食预警、监测和动态信息管理。

开展粮食生物工程高新技术研究与产业化，重点对生物技术在以粮食及其副产品（废弃物）为原料的生物质能源和生物材料方面的应用；对粮食在营养食品、造纸、医药、材料、化工、纺织、能源等方面的各类深加工技术和产品关键技术进行攻关及产业化示范，形成具有自主知识产权的粮食深加工、生物质材料、生物质能源新技术和机电一体化成套设备。

2. 实施科技攻关，重点突破一批制约粮食流通发展的重大关键技术。集中行业优势力量，组织跨行业、跨部门的联合攻关。重点研发粮食快速检测仪器、

监测应用技术和相关的传感器技术；以信息化带动高效便捷的粮食物流关键技术和装备，开发粮食散装化和集装化运输技术装备；开展生态环保储粮、生物防治、化学熏蒸药剂替代、低温储粮等关键技术的攻关；对高效利用、清洁生产、提高产品附加值、降低能耗，提高综合利用率和环境保护的酶技术、发酵技术、膜分离技术、超临界萃取、超微粉碎、质构重组及机电一体化等高技术进行攻关和产业化；继续组织开展"粮食丰产科技工程"，针对农村和粮食流通过程的产后减损增效技术开展研究和集成示范，形成一批具有自主知识产权的技术、产品和装备。

3. 注重交叉学科和应用基础研究，培育粮食科技持续创新能力。组织开展粮食物质信息学与储存品质变化机理、谷物油脂化学及生物活性物质功能、转基因粮食食品检测等多方面应用基础研究，粮食行业公益性、基础性重点技术标准研究，把重大科学研究成果与粮食应用科学相结合，培育和发展粮食科技新兴学科、交叉学科，注重粮食科技的前瞻性，鼓励前沿技术领域的研究探索。

4. 支持集成创新和引进消化吸收再创新，推动粮食传统产业的优化升级。通过技术集成创新、引进消化吸收再创新，逐步改造和淘汰粮油食品加工落后的生产技术和工艺。引进国外先进的粮食流通与加工重大关键技术与装备，要联合制造企业、高等院校、科研机构进行消化吸收再创新，限制盲目和重复引进。加强相关技术集成化创新。提高粮食技术产品的优化升级和产业的国际市场竞争力。

5. 推广先进适用的技术和设备，改造传统落后的农村粮食产后流通技术方式。开展粮食流通先进、适用的新技术、新产品、新装备科技成果转化、推广应用和科学普及等工作，以粮食主产区的收纳库为依托，推广适用农户储粮的新型技术设备和农村粮食集中处理的干燥技术，通过储藏、物流、加工、信息及标准化等技术的集成，探索建立农村粮食产后存储、整理、干燥、加工、运输等集约化处理技术服务体系与示范。开展农村粮食产后安全保障关键技术集成与示范。

6. 搭建粮食科技公共基础条件平台，为推动粮食科技创新活动提供支撑。重点组织开展粮食科学仪器、设备、技术标准、科学数据共享、科技信息公共服务平台与实验基地建设。加大粮食流通公益性、基础性技术标准研究，推进国家、行业标准和检测技术体系建设。加强基础研究和科技成果转化能力建设，在不同的粮食技术应用领域、不同的地区建立若干个国家工程技术（研究）中心、企业工程技术中心和国家（部门）重点实验室。

五、粮食行业科技创新体系建设

按照《规划纲要》提出的到2020年把我国建设成科技创新型国家的目标要求，为确保"十一五"粮食科技对产业发展的支撑，完成"十一五"粮食科技发展各项目标任务，需调动各方面积极性和广大科技人员的创造性，形成环境条件优良、机制运行良好、组织措施完善的国家粮食科技创新体系。

（一）粮食科技创新体系

按照粮食行业科技发展的体系框架，结合粮食行业的实际情况和发展要求，“十一五”着力从五个方面建立粮食科技创新体系。

1. 完善粮食科技协调管理体系。全面指导行业科技发展方向，统筹、协调、管理行业科技资源，通过组织实施重大科技项目，推进粮食科学技术进步和技术创新。各级粮食行政主管部门通过管理协调，组织和引导社会科技资源向粮食行业配置，营造上下结合的政策环境。

2. 建设以龙头企业和科技型企业为主体，产学研互动的技术创新体系。粮食龙头企业在粮食经济和产业发展中的重要作用，决定了其在粮食科技创新体系中的主体地位。“十一五”重点突出建立以企业为主体、产学研互动的机制，在企业形成吸引人才、创新技术的研发平台，不断培育企业竞争的后发优势。通过增强企业自身的人才集聚和研发能力，使企业成为创新人才和资金的主要投入者、科技成果转化的主体、新技术的创造者和产业发展先导技术的引领者。

转制科研院所是粮食行业科技创新体系的优良资源，是行业应用技术研发的主体力量。发挥以转制科研院所和大型粮食科技型企业为主体，市场经济为导向，建立粮食行业产学研相结合的创新机制，实现创新主体与经营主体最紧密的结合。促进企业与科研单位和高校之间的知识流动和技术转让。在以高新技术为先导，转变企业经济增长方式的同时，不断提高企业高技术产品的市场竞争能力和抗风险能力。

3. 建设以公益科研机构和大学为主的科研创新体系。发挥社会公益科研机构和大学新科学创造和引领技术持续创新的作用。通过建立稳定的投入和激励机制，形成优良的科研环境，突出以人为本，把社会公益科研机构和大学建成粮食学科带头人才的主要培养基地，不断提高粮食科技的原始创新能力。吸引国内外高层研究人才，为粮食科学发展贡献聪明才智。

4. 建设以地方粮食科研院所为主的区域科研创新体系。进一步突出省级粮食科研院所学科优势和服务特色。各级粮食科研机构、质量检测机构要加强对地区粮食经济和农村粮食产后的技术服务。联合农村技术推广体系，建立国家与区域农村粮食产后技术服务中心。不断推广先进、适用的粮食新技术，改变农村传统落后的粮食流通技术方式。通过成果转化和高技术产业化，为区域经济发展和产业结构调整，粮食主产区产业化，培育新的经济增长点给予技术支撑。通过加强国家与地方，以及地区间、部门（行业）间的科研人员交流和技术项目合作，发展和强化技术优势，不断提高市场竞争力。

5. 建设中介机构有效参与的科技服务体系。“十一五”通过加强中介组织的社会化网络服务体系建设，发挥各级粮食行业协会、粮油学会联系各创新主体的桥梁纽带作用，为粮食科技发展，为企业技术创新不断提供信息指导和市场服务。加强与政府管理部门的沟通，通过网络化服务推广技术成果，使之成为创新体系的重要组成部分。

（二）粮食科技创新体系的建设重点

针对粮食行业发展长期存在的问题，“十一五”为建立“层次清晰、结构合理、运行高效、支撑有力”的粮食科技创新体系，要重点抓好以下工作。

1. 加强粮食科技运行机制的建设。深化粮食科研院所体制改革，研究解决粮食科技创新体系中的结构性和机制性问题，在适应市场经济和科学自身发展规律的前提下，针对科研院所转制后仍存在传统体制的薄弱环节，加快建立既能够发挥市场配置科技资源，又能提高政府协调能力；既能激发创新主体的内在活力，又能实现体系协同发展的管理体制。大型粮食科技型企业，更要注重体制机制建设，形成稳定的技术研发经费投入，在不断创造企业效益的同时，注重发挥粮食科技优良资源在粮食产业和社会经济中的作用。

“十一五”积极引导社会科技资源参与粮食科技创新活动，鼓励跨部门、跨行业、跨领域的科技合作与竞争，鼓励人才流动，形成“竞争、协作、流动、开放”的运行机制，建立合理、有效的技术创新奖励制度，吸引社会优秀科技人才，推动粮食科技进步和创新。

2. 抓好自主创新能力的建设。自主创新的核心技术和知识产权是我国粮食产业突破发达国家及其跨国公司技术垄断，获得国际贸易有利地位和保护国家粮食安全的战略基点。在借鉴国外先进技术同时，广泛学习和引入其他行业的先进技术成果，加强基础研究，发展交叉学科和前沿技术，以发展生物技术及应用作为突破口，在粮食储藏、加工等环节提高自主创新能力；以信息技术和先进制造等技术集成为核心，提高重大技术装备的自主创新能力。

3. 加强基础条件及成果转化平台建设。“十一五”要体现为粮食科技创新成果和产业化等科技活动提供有效的转化平台。紧紧围绕国家粮食安全以及粮食重大产业化工程，如粮食流通通道建设、粮食深加工产业化工程示范、粮食安全储藏等的重大技术问题，在公益科研机构和大学组建国家粮食局重点开放实验室，并争取创建国家级粮食重点实验室；以粮食科研机构为主组建国家级粮食工程技术研究中心；在不同地区以优势技术领域、优势技术产品为重点组建国家粮食局（省级）粮食工程技术研究中心；以重点粮食产品和特色资源型产品为依托，在粮食主产区的大型龙头企业，建立国家级粮食企业工程技术研发中心。加快重大科技成果工程化、集成化和产业化，构建支撑有力、机制灵活、分工明确、运行高效的粮食工程技术转化平台。

六、组织措施

为落实《规划纲要》的各项战略部署，确保粮食科技在“十一五”有较快的发展，各级粮食行政管理部门要充分认识新时期粮食科技对粮食产业化发展和全面建设小康社会的支撑作用，切实加强粮食科技的指导管理工作。为充分激发创新主体的创新活力，调动广大粮食科技工作者的积极性和创造性，把粮食科技创新体系建成政府部门引导，市场配置资源，发挥行业优势、吸引社会力量的协调互动开放式格局，要不断调整工作思路、组织方式和工作方法，形成有力的组织措施和政策保障。

（一）逐步改变粮食科技的管理方式

粮食科技管理部门要改变单纯的以项目支持和单项技术研发的科技管理模式，根据市场发展的需求，通过科学的安排项目和有效的管理方式，强化和引导粮食科技发展方向，将项目安排与基地建设和人才队伍培养结合起来。在科技攻关过程中，既要注意发挥行业优势，也要加强与其他行业及农村科技推广体系的联合。通过对重点技术领域的扶持，形成项目、基地、人才互相协调的科技发展新局面。积极研究探讨有利于引导和推动从跟踪模仿研发向自主创新研发转变的管理方式。

（二）加大对公益类科研院所的科研投入

在国家不断加大对公益基础研究投入的同时，公益类院所要继续完善管理和运行机制，逐步建立现代科研院所制度，探索以院所长基金等方式，建立对基础研究、交叉学科和前沿高技术研究的稳定投入和激励机制。把粮食应用基础研究与人才战略紧密联系起来，为公益类院所的发展创造一流的研发环境。

（三）积极争取对粮食科技的政策支持

各级粮食管理部门、各类粮食科研单位，要按照《国务院关于实施科技发展纲要若干配套政策的通知》（国发〔2006〕6 号）的要求，积极组织和促进《规划纲要》及其配套政策的落实，积极争取各级财政、金融、税务等部门对粮食科研和高技术项目的优惠政策和资金投入，逐步增加省级粮食科研经费预算。各级粮食部门应积极争取粮食产后处理技术、设备享受同等农机的政策性补贴。

（四）为企业创造发展科技的政策环境

各级粮食部门要积极帮助企业在技术创新和高技术产业化发展方面获取政策支持；对企业重大技术和设备引进项目，要组织科研单位、设备企业进行消化吸收和再创新，并争取享受政策性扶持；对于带动主产区粮食生产、产业结构调整作用较大的重大粮食深加工技术、设备的项目，也要积极争取国家政策性扶持。鼓励设立粮食科技型中小企业风险基金，形成有利于科技型企业扩大规模、产品、技术升级的资金扶持机制。

国家粮食局
二〇〇六年四月二十九日

006

国家粮食安全中长期规划纲要（2008—2020年）

国发〔2008〕24号

前　言

粮食安全始终是关系我国国民经济发展、社会稳定和国家自立的全局性重大战略问题。保障我国粮食安全，对实现全面建设小康社会的目标、构建社会主义和谐社会和推进社会主义新农村建设具有十分重要的意义。党中央、国务院始终高度重视粮食安全，把这项工作摆在突出的位置。当前我国粮食安全形势总体是好的，粮食综合生产能力稳步提高，食物供给日益丰富，供需基本平衡。但我国人口众多，对粮食的需求量大，粮食安全的基础比较脆弱。从今后发展趋势看，随着工业化、城镇化的发展以及人口增加和人民生活水平提高，粮食消费需求将呈刚性增长，而耕地减少、水资源短缺、气候变化等对粮食生产的约束日益突出。我国粮食的供需将长期处于紧平衡状态，保障粮食安全面临严峻挑战。

保障我国粮食安全，要以邓小平理论和"三个代表"重要思想为指导，全面落实科学发展观，按照全面建设小康社会、构建社会主义和谐社会和建设社会主义新农村的战略部署和总体要求，坚持立足于基本靠国内保障粮食供给，加大政策和投入支持力度，严格保护耕地，依靠科学技术进步，着力提高粮食综合生产能力、完善粮食流通体系、加强粮食宏观调控，构建适应社会主义市场经济发展要求和符合我国国情的粮食安全保障体系。

为切实保障我国中长期粮食安全，根据党的十七大精神和《国民经济和社会发展第十一个五年规划纲要》，特编制本纲要。纲要在总结近10年我国粮食安全取得的主要成就和分析今后一个时期面临挑战的基础上，提出了2008年至2020年保障我国粮食安全的指导思想、目标和主要任务及相应政策措施，是今后一个时期我国粮食宏观调控工作的重要依据。

本纲要中的粮食，主要指谷物（包括小麦、稻谷、玉米等）、豆类和薯类；食物，指粮食、食用植物油、肉、禽、蛋、奶及水产品。规划期为2008—2020年。

一、我国粮食安全取得的成就

新中国成立以来，党中央、国务院高度重视粮食安全问题，始终把农业放在发展国民经济的首位，千方百计促进粮食生产，较好地解决了人民吃饭问题，取得了举世公认的成就，为世界粮食安全做出了巨大贡献。特别是近年来，在工业化和城镇化进程加快、耕地面积逐年减少、居民消费水平日益提高的情况下，实现了粮食产量的稳定增长，保证了居民食物消费和经济社会发展对粮食的基本需求。近10年来，我国粮食自给率基本保持在95%以上。2007年我国粮食总产量5016亿公斤，人均占有量380公斤，人均消费量388公斤。居民膳食结构不断改善，食物消费日趋多样，口粮消费逐步减少，肉、禽、蛋、奶、水产品及食用植物油等消费逐步增加，营养水平不断提高。据联合国粮农组织测算，2002年我国居民人均每日食物热值、蛋白质和脂肪含量已超过世界平均水平。

（一）粮食综合生产能力保持基本稳定。

20世纪90年代以来，我国农业生产迈上了新台阶，粮食进入供求基本平衡、丰年有余的新阶段，食物供给水平不断提高。1996年粮食播种面积达到16.9亿亩，产量突破5000亿公斤，其中谷物超过4500亿公斤。“九五”期间，粮食产量基本保持在5000亿公斤水平。1998年以后，由于连年丰收，库存逐年增加，市场粮价下跌，加之调整农业生产结构，粮食播种面积逐年减少。2003年粮食播种面积降至14.9亿亩，比1998年减少2.16亿亩；粮食产量由1998年5123亿公斤降至4307亿公斤，减产816亿公斤，主要是稻谷、小麦和玉米等谷物减产。2004年以来，党中央、国务院采取保护耕地、按最低收购价托市收购粮食、减免税收、建立直接补贴制度、加大投入等一系列政策措施，调动了农民种粮积极性，粮食生产实现恢复性增长。2007年，粮食播种面积恢复到15.86亿亩，比2003年增加0.96亿亩；产量达到5016亿公斤，比2003年增产709亿公斤。其中，谷物面积12.9亿亩，增加1.36亿亩；产量4563亿公斤，增产820亿公斤。

农业生产条件逐步改善，粮食综合生产能力稳步提高。1996—2006年，全国新增有效灌溉面积近1亿亩，新增节水灌溉面积近1.5亿亩，全国耕种收综合机械化水平提高4.6个百分点，农业科技进步贡献率提高13个百分点，良种覆盖率达到95%以上。粮食单产水平显著提高，2007年全国粮食平均亩产316.2公斤，其中谷物亩产355公斤，创历史最高水平。粮食品质结构不断优化，优质小麦、水稻种植比重分别达到55%和69%。

在保证粮食生产稳步发展的基础上，其他食物供给日益丰富。与1995年相比，2007年肉类产品人均占有量52公斤，增加8.5公斤，其中牛羊肉所占比重提高3个百分点；禽蛋人均占有量19公斤，增加5.2公斤；牛奶人均占有量26.7公斤，增加近22公斤；水产品人均占有量36公斤，增加16公斤左右。

（二）粮食流通体制改革取得重大突破。

1998年以来，根据建立社会主义市场经济体制的要求，国家积极稳妥地推进以市场化为取向的粮食流通体制改革。以市场供求为基础的粮食价格形成机制逐步建立，粮食收购市场和收购价格全面放开，市场机制配置粮食资源的基础性作用得到充分发挥。统一开放、竞争有序的粮食市场体系初步形成，现货交易进一步活跃，期货交易稳步发展。国有粮食企业全面推向市场，“老人、老粮、老账”历史包袱基本解决，在粮食收购中继续发挥主渠道作用。粮食市场主体趋向多元化，规模化、组织化程度有所提高，市场竞争能力增强。

（三）粮食安全政策支持体系初步建立。

公布实施土地管理法、农村土地承包法和基本农田保护条例，建立了最严格的耕地保护制度。取消农业四税（农业税、除烟叶外农业特产税、牧业税和屠宰税），实行粮食直补、良种补贴、农机具购置补贴和农资综合直补等政策，初步建立了发展粮食生产专项补贴机制和对农民收入补贴机制。对稻谷、小麦实施最低收购价政策，完善了对种粮农民的保护机制，市场粮价基本稳定。调整国民收入分配结构，加大对农业投入倾斜力度，初步建立了稳定的农业和粮食生产投入增长机制。调整中央财政对粮食风险基金的补助比例，实施对产粮大县奖励政策，加大对粮食主产区的转移支付力度。

（四）粮食宏观调控体系逐步完善。

完善粮食省长负责制，进一步强化省级人民政府在粮食生产和流通方面的责任。完善中央和地方粮食储备体制，确立粮食经营企业最低库存制度，增强了国家对粮食市场的调控能力。加强粮食进出口品种调剂，促进了粮食供需总量平衡。粮食产销区合作关系得到发展。国家粮食应急保障机制初步建立。公布施行粮食流通管理条例和中央储备粮管理条例，依法管粮取得重要进展。粮食仓储和物流设施条件有所改善，从1998年至2003年，利用国债资金建设国家储备粮新增库容527亿公斤，粮食物流“四散化”（散装、散卸、散存、散运）变革开始起步。

二、我国粮食安全面临的挑战

近年来，我国粮食生产发展和供需形势呈现出较好局面，为改革发展稳定全局奠定了重要基础。但是必须清醒地看到，农业仍然是国民经济的薄弱环节，随着工业化和城镇化的推进，我国粮食安全面临的形势出现了一些新情况和新问题：粮食生产逐步恢复，但继续稳定增产的难度加大；粮食供求将长期处于紧平衡状态；农产品进出口贸易出现逆差，大豆和棉花进口量逐年扩大；主要农副产品价格大幅上涨，成为经济发展中的突出问题。从中长期发展趋势看，受人口、耕地、水资源、气候、能源、国际市场等因素变化影响，上述趋势难以逆转，我国粮食和食物安全将面临严峻挑战。

（一）消费需求呈刚性增长。

粮食需求总量继续增长。据预测，到2010年我国居民人均粮食消费量为389公斤，粮食需求总量达到5250亿公斤；到2020年人均粮食消费量为395公斤，需求总量5725亿公斤。

粮食消费结构升级。口粮消费减少，据预测，到2010年我国居民口粮消费总量2585亿公斤，占粮食消费需求总量的49%。到2020年口粮消费总量2475亿公斤，占粮食消费需求总量的43%。饲料用粮需求增加，据预测，到2010年饲料用粮需求总量为1870亿公斤，占粮食消费需求总量的36%；到2020年将达到2355亿公斤，占粮食消费需求总量41%。工业用粮需求趋于平缓。

食用植物油消费继续增加。据预测，2010年我国居民人均食用植物油消费17.8公斤，消费需求总量2410万吨；2020年人均消费量20公斤，消费需求总量将达到2900万吨。

（二）耕地数量逐年减少。

受农业结构调整、生态退耕、自然灾害损毁和非农建设占用等影响，耕地资源逐年减少。据调查，2007年全国耕地面积为18.26亿亩，比1996年减少1.25亿亩，年均减少1100万亩。目前，全国人均耕地面积1.38亩，约为世界平均水平的40%。受干旱、陡坡、瘠薄、洪涝、盐碱等多种因素影响，质量相对较差的中低产田约占2/3。土地沙化、土壤退化、“三废”污染等问题严重。随着工业化和城镇化进程的加快，耕地仍将继续减少，宜耕后备土地资源日趋匮乏，今后扩大粮食播种面积的空间极为有限。

（三）水资源短缺矛盾凸现。

目前，我国人均占有水资源量约为2200立方米，不到世界平均水平的28%，每年农业生产缺水200多亿立方米，且水资源分布极不均衡，水土资源很不匹配。我国北方地区水资源短缺矛盾更加突出。东北和黄淮海地区粮食产量占全国的53%，商品粮占全国的66%，但黑龙江三江平原和华北平原很多地区超采地下水灌溉，三江平原近10年来地下水位平均下降2～3米，部分区域下降3～5米，华北平原已形成9万多平方公里的世界最大地下水开采漏斗区（包括浅层地下水和深层承压水）。此外，近年来我国自然灾害严重，不利气象因素较多，北方地区降水持续偏少，干旱化趋势严重。今后受全球气候变暖影响，我国旱涝灾害特别是干旱缺水状况呈加重趋势，可能会给农业生产带来诸多不利影响，将对我国中长期粮食安全构成极大威胁。

（四）供需区域性矛盾突出。

粮食生产重心北移。2007年13个粮食主产区产量占全国总产量的75%。其中河北、内蒙古、辽宁、吉林、黑龙江、山东、河南7个北方产区，粮食产量占全国的比重由1991年的36.2%提高到2007年的43.5%。南方粮食生产总量下降。江苏、安徽、江西、湖北、湖南、四川6个南方产区，粮食产量占全国比重由1991年的36%下降到2007年的31.6%。主销区粮食产需缺口逐年扩大。北京、天津、上海、浙江、福建、广东和海南7个主销区，粮食产量占全国的比重已由1991年的12.2%下降到2007年的6.3%；产需缺口由2003年485亿公斤扩大到2007年550亿公斤左右。此外，西部部分地区生态环境较差、土地贫瘠，粮食生产水平较低，存在供需缺口。

（五）品种结构性矛盾加剧。

小麦供需总量基本平衡，但品种优质率有待进一步提高。大米在居民口粮消费中约占60%，且比重还在逐步提高，但南方地区水田不断减少，水稻种植面积大幅下降，恢复和稳定生产的难度很大，稻谷供需总量将长期偏紧。玉米供需关系趋紧。大豆生产徘徊不前，进口依存度逐年提高。北方种植大豆、南方种植油菜籽比较效益低，生产缩减。粮食品种间（如东北大豆、玉米、水稻）争地及粮食作物与油料、棉花、烤烟等经济作物之间的争地矛盾将长期存在。

（六）种粮比较效益偏低。

近年来，由于化肥、农药、农用柴油等农业生产资料价格上涨和人工成本上升，农民种粮成本大幅增加，农业比较效益下降。随着我国工业化、城镇化快速发展，农村外出务工人员增多，特别是粮食主产区一半以上的青壮年劳动力外出打工，农业劳动力呈现结构性紧缺，一些地区粮食生产出现“副业化”的趋势。与进城务工和种植经济作物相比，种粮效益明显偏低，保护农民种粮积极性、保持粮食生产稳定发展的难度加大。

（七）全球粮食供求偏紧。

全球粮食产量增长难以满足消费需求增长的需要。据测算，近10年来全球谷物消费需求增加2200亿公斤，年均增长1.1%；产量增加1000亿公斤，年均增长0.5%。目前，世界谷物库存消费比已接近30年来最低水平。2006年以来，国际市场粮价大幅上涨，小麦、玉米、大米、大豆和豆油价格相继创历史新高。今后受全球人口增长、耕地和水资源约束以及气候异常等因素影响，全球粮食供求将长期趋紧。特别是在能源紧缺、油价高位运行的背景下，全球利用粮食转化生物能源的趋势加快，能源与食品争粮矛盾日益突出，将进一步加剧全球粮食供求紧张，我国利用国际市场弥补国内个别粮油品种供给不足的难度增大。

三、保障粮食安全的指导思想和主要目标

（一）指导思想。

以邓小平理论和“三个代表”重要思想为指导，全面落实科学发展观，按照全面建设小康社会、构建社会主义和谐社会和建设社会主义新农村的重大战略部署和总体要求，坚持立足于基本靠国内保障粮食供给，加大政策和投入支持力度，严格保护耕地，依靠科学技术进步，着力提高粮食综合生产能力，增加食物供给；完善粮食流通体系，加强粮食宏观调控，保持粮食供求总量基本平衡和主要品种结构平衡，构建适应社会主义市场经济发展要求和符合我国国情的粮食安全保障体系。

保障国家粮食安全，必须坚持以下原则：

——强化生产能力建设。严格保护耕地特别是基本农田，加强农田基础设施建设，提高粮食生产科技创新能力，强化科技支撑，着力提高粮食单产水平，优化粮食品种结构。合理利用非耕地资源，增加食物供给来源。

——完善粮食市场机制。加强粮食市场体系建设，促进粮食市场竞争，充分发挥市场在资源配置方面的基础性作用。

——加强粮食宏观调控。完善粮食补贴和价格支持政策，保护和调动地方政府重农抓粮积极性和农民种粮积极性。健全粮食储备制度，加强粮食进出口调剂，健全粮食宏观调控机制。

——落实粮食安全责任。坚持粮食省长负责制，增强销区保障粮食安全的责任。

——倡导科学节约用粮。改进粮食收获、储藏、运输、加工方式，降低粮食产后损耗，提高粮食综合利用效率。倡导科学饮食，减少粮食浪费。

（二）主要目标。

为保证到2010年人均粮食消费量不低于389公斤、到2020年不低于395公斤，要努力实现以下目标：

专栏一：2010年、2020年保障国家粮食安全主要指标

类别	指标	2007年	2010年	2020年	属性
生产水平	耕地面积（亿亩）	18.26	≥18.0	≥18.0	约束性
	其中：用于种粮的耕地面积	11.2	＞11.0	＞11.0	预期性
	粮食播种面积（亿亩）	15.86	15.8	15.8	约束性
	其中：谷物	12.88	12.7	12.6	预期性
	粮食单产水平（公斤/亩）	316.2	325	350	预期性
	粮食综合生产能力（亿公斤）	5016	≥5000	＞5400	约束性
	其中：谷物	4563	≥4500	＞4750	约束性
	油料播种面积（亿亩）	1.7	1.8	1.8	预期性
	牧草地保有量（亿亩）	39.3	39.2	39.2	预期性
	肉类总产量（万吨）	6800	7140	7800	预期性
	禽蛋产量（万吨）	2526	2590	2800	预期性
	牛奶总产量（万吨）	3509	4410	6700	预期性
供需水平	国内粮食生产与消费比例（%）	98	≥95	≥95	预期性
	其中：谷物	106	100	100	预期性
物流水平	粮食物流“四散化”比重（%）	20	30	55	预期性
	粮食流通环节损耗率（%）	8	6	3	预期性

注：2007年有关产量数据以统计局最终公布数据为准。

——稳定粮食播种面积。到2020年，耕地保有量不低于18亿亩，基本农田数量不减少、质量有提高。全国谷物播种面积稳定在12.6亿亩以上，其中稻谷稳定在4.5亿亩左右。在保证粮食生产的基础上，力争油菜籽、花生等油料作物播种面积恢复到1.8亿亩左右。

——保障粮食等重要食物基本自给。粮食自给率稳定在95%以上，到2010年粮食综合生产能力稳定在5000亿公斤以上，到2020年达到5400亿公斤以上。其中，稻谷、小麦保持自给，玉米保持基本自给，畜禽产品、水产品等重要品种基本自给。

——保持合理粮食储备水平。中央和地方粮食储备保持在合理规模水平。粮食库存品种结构趋向合理，小麦和稻谷比重不低于70%。

——建立健全"四散化"粮食物流体系。加快发展以散装、散卸、散存和散运为特征的"四散化"粮食现代物流体系，降低流通成本，提高粮食流通效率。到2010年全国粮食物流"四散化"比例达到30%，到2020年提高到55%。

四、保障粮食安全的主要任务

(一）提高粮食生产能力。

加强耕地和水资源保护。采取最严格的耕地保护措施，确保全国耕地保有量不低于18亿亩，基本农田保有量不低于15.6亿亩，其中水田面积保持在4.75亿亩左右。严格控制非农建设占用耕地，加强对非建设性占用耕地的管理，切实遏制耕地过快减少的势头。不断优化耕地利用结构，合理调整土地利用布局，加大土地整理复垦，提高土地集约利用水平。继续实施沃土工程、测土配方施肥工程。改进耕作方式，发展保护性耕作。合理开发、高效利用、优化配置、全面节约、有效保护和科学管理水资源，加大水资源工程建设力度，提高农业供水保证率，严格控制地下水开采。加强水资源管理，加快灌区水管体制改革，对农业用水实行总量控制和定额管理，提高水资源利用效率和效益。严格控制面源污染，引导农户科学使用化肥、农药和农膜，大力推广使用有机肥料、生物肥料、生物农药、可降解农膜，减少对耕地和水资源的污染，切实扭转耕地质量和水环境恶化趋势，保护和改善粮食产地环境。

切实加强农业基础设施建设。下大力气加强农业基础设施特别是农田水利设施建设，稳步提高耕地基础地力和产出能力。加快实施全国灌区续建配套与节水改造及其末级渠系节水改造，完善灌排体系建设；适量开发建设后备灌区，扩大水源丰富和土地条件较好地区的灌溉面积；积极发展节水灌溉和旱作节水农业，农业灌溉用水有效利用系数由2005年的0.45提升到2010年的0.50，2020年达到0.55以上。实施重点涝区治理，加快完成中部粮食主产区大型排涝泵站更新改造，提高粮食主产区排涝抗灾能力。狠抓小型农田水利建设，抓紧编制和完善县级农田水利建设规划，整体推进农田水利工程建设和管理。加强东北黑土区水土流失综合治理和水利设施建设，稳步提高东北地区水稻综合生产能力。强化耕地质量建设，稳步提高耕地基础地力和持续产出能力。大力推进农业综合开发和基本农田整治，加快改造中低产田，建设高产稳产、旱涝保收、节水高效的规范化农田。力争到2010年中低产田所占比重降至60%左右，到2020年中低产田所占比重降到50%左右。

着力提高粮食单产水平。强化科技支撑，大力推进农业关键技术研究，力争粮食单产有大的突破，到2010年全国粮食单产水平提高到每亩325公斤左右，到2020年提高到350公斤左右。大力促进科技创新，强化农业生物技术和信息技术的应用，加强科研攻关，实施新品种选育、粮食丰产等科技工程，启动转基因生物新品种培育重大专项，提高生物育种的研发能力和扩繁能力，力争在粮食高产优质品种选育、高效栽培模式、农业资源高效利用等方面取得新突破，加快培育形成一批具有自主知识产权的高产、优质、抗性强的粮油品种。实施农业科技入户工程，集成推广超级杂交稻等高产、优质粮食新品种和高效栽培技术、栽培模式，提倡精耕细作。主要粮食作物良种普及率稳定在95%以上。科技对农业增长的贡献率年均提高1个百分点。

加强主产区粮食综合生产能力建设。按照资源禀赋、生产条件和增产潜力等因素，科学谋划粮食生产布局，明确分区功能和发展目标。集中力量建设一批基础条件好、生产水平高和粮食调出量大的核心产区；在保护生态前提下，着手开发一批有资源优势和增产潜力的后备产区。核心产区、后备产区等粮食增产潜力较大的地区要抓紧研究增加本地区粮食生产的规划和措施。加快推进优势粮食品种产业带建设，优先抓好小麦、稻谷等品种生产，在稳定南方地区稻谷生产的同时，促进东北地区发展粳稻生产。继续扩大优质稻谷、优质专用小麦、优质专用玉米、高油高蛋白大豆和优质薯类杂粮的种植面积。在粮食主产省和西部重要产粮区，继续实施优质粮食产业工程、大型商品粮生产基地项目和农业综合开发项目等。积极推行主要粮食作物全程机械化作业，促进粮食生产专业化和标准化发展。抓好非主产区重点产粮区综合生产能力建设，扩大西部退耕地区基本口粮田建设，稳定粮食自给水平。在稳定发展粮油生产的基础上，合理调整农用地结构和布局，促进农业产业结构和区域布局的优化。

专栏二：粮食生产能力建设重点工程
大型商品粮生产基地→在粮食主产省及非主产省的重要粮食产区，以地市为单位，集中连片建设高产稳产大型商品粮生产基地，重点加强小型农田水利、良种繁育等粮食生产基础设施建设，提高粮食综合生产能力。 优质粮食产业工程→在粮食主产县（场），建设标准粮田，提高粮食综合生产能力。 粮食丰产科技工程→在粮食主产区，建立核心试验区、示范区、辐射区；研制优化丰产技术新模式，力争在小麦、水稻、玉米三大粮食作物超高产优质品种筛选利用、粮食主产区大面积持续均衡增产、粮食无公害生产、粮食防灾减灾和产后减损等领域取得重大突破。 生物育种专项→围绕提高农产品品质、效益，促进农业产业结构调整，选育并大面积推广应用优质、高产、高效、多抗的农业新品种；培育若干具有核心竞争力的大型种业企业（集团），使我国动植物新品种的推广与应用取得重大突破，显著提高农产品产量和效益。 种子工程→加强农作物种质资源保存、品种改良、良种繁育及种子质量监测等基础设施建设，使良种覆盖率稳定在95%左右。 农业科技入户工程→以优势农产品和优势产区为重点，以推广主导品种、主推技术和实施主体培训为关键措施，实现培育100万个科技示范户，辐射带动2000万农户，发展1万个新型农业技术服务组织。 大型灌区续建配套和节水改造工程→开展灌区续建配套与节水工程，提高灌溉水利用效率和灌区生产能力，力争到2020年基本完成全国大型灌区续建配套与节水改造任务。 大型排涝泵站改造工程→实施中部粮食主产区大型排涝泵站更新改造，进一步增强排涝能力，促进农业综合生产能力的提高。 旱作农业示范→建设农田抗旱节水设施，推广旱作节水农业技术，提高降水利用率、土壤肥力和抗旱能力，提高旱区农业生产水平。 植保工程→加强农业有害生物预警与监控体系、优势农产品有害生物非疫区、技术支撑等建设，提高我国抵御农业有害生物灾害的能力。

健全农业服务体系。加强粮食等农作物种质资源保护、品种改良、良种繁育、质量检测等基础设施建设。推进农业技术推广体系改革和建设，整合资源，建立高效、务实、精干的基层涉农服务机构，强化农技推广服务功能。大力推进粮食产业化发展，提高粮食生产组织化程度。加强病虫害防治设施建设，建立健全重要粮食品种有害生物预警与监控体系，提高植物保护水平。健全农业气象灾害预警监测服务体系，提高农业气象灾害预测和监测水平。完善粮食质量安全标准，健全粮食质量安全体系。加强农村粮食产后服务，健全农业信息服务体系。

（二）利用非粮食物资源。

大力发展节粮型畜牧业。调整种养结构，逐步扩大优质高效饲料作物种植，大力发展节粮型草食畜禽。加强北方天然草原保护和改良，充分利用农区坡地和零星草地，建设高产、稳产人工饲草地，提高草地产出能力。加快南方草地资源的开发，积极发展山地和丘陵多年生人工草地、一年生高产饲草，扩大南方养殖业的饲草来源。力争在2020年之前全国牧草地保有面积稳定在39.2亿亩以上。加快农区和半农区节粮型畜牧业发展，积极推行秸秆养畜。转变畜禽饲养方式，促进畜牧业规模化、集约化发展，提高饲料转化效率。

积极发展水产养殖业和远洋渔业。充分利用内陆淡水资源，积极推广生态、健康水产养殖。发展稻田和庭院水产养殖，合理开发低洼盐碱地水产养殖，扩大淡水养殖面积。合理利用海洋资源，加强近海渔业资源保护，扩大、提高远洋捕捞规模和水平。加强水产资源和水域生态环境保护，促进水产养殖业可持续发展。

促进油料作物生产。在优先保证口粮作物生产的基础上，努力扩大大豆、油菜籽等主要油料作物生产，稳定食用植物油的自给率。继续建设东北地区高油大豆、长江流域“双低”（低芥酸、低硫苷）油菜生产基地。鼓励和引导南方地区利用冬闲田发展油菜生产。加强油料作物主产区农田水利基础设施建设，加快油料作物优良品种选育，大力推广高产高油新品种，着力提高大豆、油菜籽和花生等油料作物单产和品质。到2010年油料单产比2006年提高6%左右，油料含油率平均提高2个百分点。积极开发特种油料，大力发展芝麻、胡麻、油葵等作物生产，充分利用棉籽榨油。

大力发展木本粮油产业。合理利用山区资源，大力发展木本粮油产业，建设一批名、特、优、新木本粮油生产基地。积极培育和引进优良品种，加快提高油茶、油橄榄、核桃、板栗等木本粮油品种的品质和单产水平。积极引导和推进木本粮油产业化，促进木本粮油产品的精深加工，增加木本粮油供给。

专栏三：非粮食物发展重点工程
长江流域“双低”油菜生产基地→在长江流域油菜主产区以地市为单位，依托育种科研院所，集中连片建立“双低”油菜生产基地，改良品种，改善品质，提高产量。 糖料基地建设→重点支持广西、云南、广东、海南等甘蔗优势产区建设甘蔗生产基地，改善田间灌溉条件，加快甘蔗新品种繁育和推广。 生猪和奶牛标准化规模养殖小区（场）建设→改造生猪和奶牛规模养殖小区（场）粪污处理以及水、电、路、防疫等配套设施，提高生猪和奶牛标准化规模饲养水平。 畜禽水产良种工程→建设畜禽水产原、良种场，改善种质资源保护及品种性能测定设施，提高畜禽水产良种繁育水平。

（三）加强粮油国际合作。

完善粮食进出口贸易体系。积极利用国际市场调节国内供需。在保障国内粮食基本自给的前提下，合理利用国际市场进行进出口调剂。继续发挥国有贸易企业在粮食进出口中的作用。加强政府间合作，与部分重要产粮国建立长期、稳定的农业（粮油）合作关系。实施农业“走出去”战略，鼓励国内企业“走出去”，建立稳定可靠的进口粮源保障体系，提高保障国内粮食安全的能力。

（四）完善粮食流通体系。

继续深化粮食流通体制改革。积极推进现代粮食流通产业发展，努力提高粮食市场主体的竞争能力。继续深化国有粮食企业改革，推进国有粮食企业兼并重组，重点扶持一批国有粮食收购、仓储、加工骨干企业，提高市场营销能力，在粮食收购中继续发挥主渠道作用。鼓励和引导粮食购销、加工等龙头企业发展粮食订单生产，推进粮食产业化发展。发展农民专业合作组织和农村经纪人，为农民提供粮食产销服务。引导各类中介组织开展对农民的市场营销、信息服务和技术培训，增强农民的市场意识。充分发挥粮食协会等中介组织行业自律和维护市场秩序作用。

健全粮食市场体系。重点建设和发展大宗粮食品种的区域性、专业性批发市场和大中城市成品粮油批发市场。发展粮食统一配送和电子商务。积极发展城镇粮油供应网络和农村粮食集贸市场。稳步发展粮食期货交易，引导粮食企业和农民专业合作组织利用期货市场规避风险。建立全国粮食物流公共信息平台，促进粮食网上交易。

加强粮食物流体系建设。编制实施粮食现代物流发展规划，推进粮食物流“四散化”变革。加快改造跨地区粮食物流通道，重点改造和建设东北地区粮食流出、黄淮海地区小麦流出、长江中下游地区稻谷流出以及玉米流入、华东地区和华南沿海地区粮食流入、京津地区粮食流入等六大跨地区粮食物流通道。在交通枢纽和粮食主要集散地，建成一批全国性重要粮食物流节点和粮食物流基地。重点加强散粮运输中转、接收、发放设施及检验检测等相关配套设施的建设。积极培育大型跨区域粮食物流企业。大力发展铁海联运，完善粮食集疏运网络。提高粮食物流技术装备水平和信息化程度。

（五）完善粮食储备体系。

完善粮食储备调控体系。进一步完善中央战略专项储备与调节周转储备相结合、中央储备与地方储备相结合、政府储备与企业商业最低库存相结合的粮油储备调控体系，增强国家宏观调控能力，保障国家粮食安全。（1）中央战略专项储备主要用于保证全国性的粮食明显供不应求、重大自然灾害和突发性事件的需要。（2）中央调节周转储备主要用于执行中央政府为保护农民利益而实行的保护性收购预案，调节年度间丰歉。（3）地方储备主要用于解决区域性供求失衡、突发性事件的需要及居民口粮应急需求。各省（区、市）储备数量按“产区保持3个月销量、销区保持6个月销量”的要求，由国家粮食行政主管部门核定，并做好与中央储备的衔接。（4）所有从事粮食收购、加工、销售的企业必须承担粮油最低库存义务，具体标准由省级人民政府制定。积极鼓励粮食购销企业面向农民和用粮企业开展代购、代销、代储业务，提倡农户科学储粮。

优化储备布局和品种结构。逐步调整优化中央储备粮油地区布局，重点向主销区、西部缺粮地区和贫困地区倾斜；充分利用重要物流节点、粮食集散地，增强对大中城市粮食供应的保障能力。按照“优先保证口粮安全，同时兼顾其他用粮”的原则，优化中央储备粮和地方储备粮品种结构，保证小麦和稻谷的库存比例不低于70%，适当提高稻谷和大豆库存比例；逐步充实中央和地方食用植物油储备；重点大中城市要适当增加成品粮油储备，做好粮油市场的应急供应保障。

健全储备粮管理机制。加强中央储备粮垂直管理体系建设。健全中央储备粮吞吐轮换机制。建立销区地方储备粮轮换与产区粮食收购紧密衔接的工作机制。完善储备粮监管制度，确保数量真实、质量良好和储存安全。加强储备粮仓储基础设施建设，改善储粮条件，提高粮食储藏技术应用水平，确保储粮安全。

（六）完善粮食加工体系。

大力发展粮油食品加工业。引导粮油食品加工业向规模化和集约化方向发展。按照“安全、优质、营养、方便”的要求，推进传统主食食品工业化生产，提高优、新、特产品的比重。推进粮油食品加工副产品的综合利用，提高资源利用率和增值效益。强化粮油食品加工企业的质量意识和品牌建设，促进粮油食品加工业的健康、稳定发展。

积极发展饲料加工业。我国玉米生产首先是满足养殖业发展对饲料的需要。优化饲料产业结构，改进饲料配方技术，加快发展浓缩饲料、精料补充料和预混合饲料，提高浓缩饲料和预混合饲料的比重，建立安全优质高效的饲料生产体系。大力开发和利用秸秆资源，缓解饲料对粮食需求的压力。积极开发新型饲料资源和饲料品种，充分利用西部资源优势，建立饲料饲草等原料生产基地。

专栏四：粮食流通、加工领域重点工程
粮食现代物流体系建设→建设和改造六大粮食跨地区物流通道，包括东北地区粮食流出、黄淮海地区小麦流出通道，长江中下游地区稻谷流出及玉米流入、华东沿海地区粮食流入、华南粮食流入、京津地区粮食流入通道等。重点加强上述六大通道上主要粮食物流节点的散粮中转库、接收发放设施及大型粮食批发市场散粮物流设施建设，完善散粮运输工具和粮食物流信息系统及检验检测设施等。 储备粮油仓储设施建设和改造→重点建设和改造部分储备油库（油罐）、重点大中城市成品粮油储备库，完善现有储备粮库仓储设施。 农户科学储粮示范推广→在主要粮食主产区和西部地区，扶持一批农户建设标准化小型粮仓或配置标准化储粮器具，改善农户粮食收获后的储藏和处理条件，推广科学储粮技术，降低粮食产后损耗率。 新型饲料开发利用→为保证国家食物安全，提升养殖业规模化、集约化水平，推动养殖业快速发展，重点发展新型饲料，推动青贮玉米、秸秆等开发利用，提高配合饲料和专用饲料比例。 食品装备自主化示范→从食品包装和机械行业实际出发，以市场需求为导向，重点选择国内食品加工和包装机械行业中具有一定基础、市场前景广阔、技术含量高、产业关联度强、能够填补国内空白的行业给予扶持，创建知名品牌，逐步扩大其国内外市场份额。 粮油加工技术改造和产业升级→鼓励现有粮食加工企业在生产能力、产品品种、资源利用及管理技术等方面进行整合，支持一批国内大中型粮油加工企业进行技术改造，推广和促进采用先进适用技术装备，实现粮油资源的合理利用，降低损耗，提高生产效益。 粮油市场调控预警信息服务系统→整合现有粮油市场信息资源，建立涵盖粮油生产、消费、加工、销售、进出口、库存、市场供求及价格的监测预警体系，及时掌握粮油供求形势、流通和市场动态，科学分析粮油供求形势和变化趋势，做好预调控和点调节，正确引导粮油市场预期。

适度发展粮食深加工业。在保障粮食安全的前提下，发展粮食深加工业。生物质燃料生产要坚持走非粮道路，把握“不与粮争地，不与人争粮”的基本原则，严格控制以粮食为原料的深加工业发展。制定和完善粮食加工行业发展指导意见，加强对粮食深加工业的宏观调控和科学规划，未经国务院投资主管部门核准一律不得新建和扩建玉米深加工项目。

五、保障粮食安全的主要政策和措施

（一）强化粮食安全责任。

保障粮食安全始终是治国安邦的头等大事。地方各级人民政府和各有关部门要统一思想，提高认识，高度重视粮食安全工作。要建立健全中央和地方粮食安全分级责任制，全面落实粮食省长负责制。省级人民政府全面负责本地区耕地和水资源保护、粮食生产、流通、储备和市场调控工作。主产区要进一步提高粮食生产能力，为全国提供主要商品粮源；主销区要稳定现有粮食自给率；产销平衡区要继续确保本地区粮食产需基本平衡，有条件的地方应逐步恢复和提高粮食生产能力。要将保护耕地和基本农田、稳定粮食播种面积、充实地方储备和落实粮食风险基金地方配套资金等任务落实到各省（区、市），并纳入省级人民政府绩效考核体系，建立有效的粮食安全监督检查和绩效考核机制。国务院有关部门负责全国耕地和水资源保护、粮食总量平衡，统一管理粮食进出口，支持主产区发展粮食生产，建立和完善中央粮食储备，调控全国粮食市场和价格。要不断完善政策，进一步调动各地区、各部门和广大农民发展粮食生产的积极性。

粮食经营者和用粮企业要按照法律、法规要求，严格落实粮食经营者保持必要库存的规定，履行向当地粮食行政管理部门报送粮食购销存等基本数据的义务。所有粮食经营者必须承担粮食应急任务，在发生紧急情况时服从国家统一安排和调度。

（二）严格保护生产资源。

坚持家庭承包经营责任制长期稳定不变，加快农业经营体制机制创新。依法推进农村土地承包经营权流转，在有条件的地方培育发展多种形式适度规模经营的市场环境，促进土地规模化、集约化经营，提高土地产出效率。

落实省级人民政府耕地保护目标责任制度，严格执行耕地保护分解任务，把基本农田落实到地块和农户，确保基本农田面积不减少、用途不改变、质量有提高。加强土地利用总体规划、城市总体规划、村庄和集镇规划实施的管理。加强土地利用年度计划管理，严格控制非农建设用地规模，推进土地集约、节约利用。严格执行征地听证和公告制度，强化社会监督。严格执行耕地占补平衡制度，加强对补充耕地质量等级的评定和审核，禁止跨省区异地占补。完善征地补偿和安置制度，健全土地收益分配机制。研究建立耕地撂荒惩罚制度。健全国家土地督察制度，严格土地执法，坚决遏制土地违规违法行为。

加强草原等非耕地资源的保护与建设。建立基本草原保护制度，划定基本草原，任何单位和个人不得擅自征用、占用基本草原或改变其用途。建立划区轮牧、休牧和禁牧制度，逐步实现草畜平衡。加强对草原生态的保护与建设，加快实施天然草原退牧还草工程，防止草原退化和沙化。积极研究推进南方草地资源保护和开发利用。加强对水域、森林资源的保护。

（三）加强农业科技支撑。

建立以政府为主导的多元化、多渠道农业科研投入体系，增加对农业（粮食）科研的投入。国家重大科技专项、科技支撑计划、863 计划、973 计划等要向农业领域倾斜。继续安排农业科技成果转化资金，加快农业技术成果的集成创新、中试熟化和推广普及。

建立健全农业科技创新体系，加快推进农业科技进步。加强国家农业科研基地、区域性科研中心的创新能力建设，推动现代农业产业技术体系建设，提升农业区域创新能力。逐步构建以国家农技推广机构为主体、科研单位和大专院校广泛参与的农业科技成果推广体系。深化农业科研院所改革，建立科技创新激励机制，鼓励农业科研单位、大专院校参与农业科技研发和推广，充分发挥其在农业科研和推广中的作用。

引导和鼓励涉农企业、农民专业合作经济组织开展农业技术创新和推广活动，积极为农民提供科技服务。深入实施科技入户工程，加大重大技术推广支持力度，继续探索农业科技成果进村入户的有效机制和办法。大力发展农村职业教育，完善农民科技培训体系，调动农民学科学、用科技的积极性，提高农民科学种粮技能。加强农业科技国际合作交流，增强自主创新能力。

（四）加大支持投入力度。

增加粮食生产的投入。强化农业基础，推动国民收入分配和国家财政支出重点向“三农”倾斜，大幅度增加对农业和农村的投入，努力增加农民收入。各级人民政府要按照存量适度调整、增量重点倾斜的原则，不断加大财政支农力度。优化政府支农投资结构，重点向提高粮食综合生产能力倾斜，切实加大对农田水利等基础设施建设投入。增加国家对基本农田整理、土地复垦、农业气象灾害监测预警设施建设、农作物病虫害防治的投入。各类支持农业和粮油生产的投入，突出向粮食主产区、产粮大县、油料生产大县和基本农田保护重点地区倾斜。积极扶持种粮大户和专业户发展粮食生产。

加大金融对农村、农业的支持力度。逐步健全农村金融服务体系，完善农业政策性贷款制度，加大对粮油生产者和规模化养殖户的信贷支持力度，创新担保方式，扩大抵押品范围，保证农业再生产需要。

完善粮食补贴和奖励政策。完善粮食直补、农资综合直补、良种补贴和农机具购置补贴政策，今后随着经济发展，在现有基础上中央财政要逐年较大幅度增加对农民种粮的补贴规模。完善粮食最低收购价政策，逐步理顺粮食价格，使粮食价格保持在合理水平，使种粮农民能够获得较多收益。借鉴国际经验，探索研究目标价格补贴制度，建立符合市场化要求、适合中国国情的新型粮食价格支持体系，促进粮食生产长期稳定发展。继续实施中央对粮食（油料）主产县的奖励政策。加大对东北大豆、长江流域油菜籽和山区木本粮油生产的扶持力度。完善农业政策性保险政策，加快建立大宗粮食作物风险规避、损失补偿机制和灾后农田恢复能力建设的应急补助机制。

完善粮食风险基金政策。根据粮食产销格局变化，进一步完善粮食风险基金政策，加大对粮食主产区的扶持力度。

加强对粮食产销衔接的支持。建立健全粮食主销区对主产区利益补偿机制，支持主产区发展粮食生产。铁路和交通部门要加强对跨区域粮食运输的组织、指导和协调，优先安排履行产销合作协议的粮食运输。粮食主销区要支持销区的粮食企业到产区建立粮食生产基地，参与产区粮食生产、收购并定向运往销区。鼓励产区粮食企业到销区建立粮食销售网络，保证销区粮食供应。主产区粮食企业在销区建立物流配送中心和仓储设施的，主销区地方人民政府要给予必要支持。

加大对散粮物流设施建设的投入。引导多渠道社会资金建设散粮物流设施，积极推进粮食物流“四散化”变革。对服务于粮食宏观调控的重要物流通道和物流节点上的散装、散卸、散存、散运及信息检测等设施的建设，各级人民政府要予以支持。

（五）健全粮食宏观调控。

健全粮食统计制度。完善粮食统计调查手段。加强对粮食生产、消费、进出口、市场、库存、质量等监测，加快建立粮食预警监测体系和市场信息会商机制。成立粮食市场调控部际协调小组，建立健全高效灵活的粮食调控机制。

健全和完善粮食应急体系。认真落实《国家粮食应急预案》的各项要求，形成布局合理、运转高效协调的粮食应急网络。增加投入，加强对全国大中城市及其他重点地区粮食加工、供应和储运等应急设施的建设和维护，确保应急工作需求。对列入应急网络的指定加工和销售企业，地方人民政府要给予必要的扶持，增强粮油应急保障能力。完善对特殊群体的粮食供应保障制度，保证贫困人口和低收入阶层等对粮食的基本需要。建立健全与物价变动相适应的城乡低保动态调整机制，确保城乡低收入群体生活水平不因物价上涨而降低。

完善粮食流通产业政策。进一步完善粮食市场准入制度，加快研究制定国内粮油收购、销售、储存、运输、加工等领域产业政策，完善管理办法。

加强粮食行政管理体系建设。落实和健全粮食行政执法、监督检查和统计调查职责，保障粮食宏观调控和行业管理需要。

（六）引导科学节约用粮。

按照建设资源节约型社会的要求，加强宣传教育，提高全民粮食安全意识，形成全社会爱惜粮食、反对浪费的良好风尚。改进粮食收购、储运方式，加快推广农户科学储粮技术，减少粮食产后损耗。积极倡导科学用粮，控制粮油不合理的加工转化，提高粮食综合利用效率和饲料转化水平。引导科学饮食、健康消费，抑制粮油不合理消费，促进形成科学合理的膳食结构，提高居民生活和营养水平。建立食堂、饭店等餐饮场所“绿色餐饮、节约粮食”的文明规范，积极提倡分餐制。抓紧研究制定鼓励节约用粮、减少浪费的相关政策措施。

（七）推进粮食法制建设。

认真贯彻执行农业法、土地管理法、草原法、粮食流通管理条例和中央储备粮管理条例等法律法规，加大执法力度。加强粮食市场监管，保证粮食质量和卫生安全，维护正常的粮食流通秩序。制定公布粮食安全法，制（修）订中央和地方储备粮管理、规范粮食经营和交易行为等方面的配套法规。

（八）制定落实专项规划。

抓紧组织编制粮食生产、流通、储备、加工等方面的专项规划，推进本纲要实施，形成以本纲要为统领，各专项规划统一衔接的规划体系。各地区和各有关部门按照本纲要和各专项规划的要求，抓好组织实施。

专栏五：拟编制的重点专项规划
一、全国新增500亿公斤粮食生产能力规划（2009—2020年），由发展改革委牵头会同农业部、水利部、交通运输部、环境保护部等部门组织编制。 二、耕地保护和土地整理复垦开发规划，由国土资源部牵头会同有关部门组织编制。 三、水资源保护和开发利用规划，由水利部牵头会同有关部门组织编制。 四、农业及粮食科技发展规划，由科技部牵头会同有关部门组织编制。 五、节粮型畜牧业发展规划，由农业部牵头会同有关部门组织编制。 六、油料及食用植物油发展规划，由发展改革委牵头会同农业部、粮食局、商务部、工业和信息化部、林业局等部门组织编制。 七、粮食现代物流发展规划，由发展改革委牵头会同粮食局等有关部门组织编制。 八、粮食储备体系建设规划，由发展改革委牵头会同粮食局、财政部、中储粮总公司等有关部门（单位）组织编制。 九、粮食加工业发展规划，由工业和信息化部牵头会同粮食局、农业部等有关部门组织编制。 十、促进居民科学健康消费粮油的政策措施，由粮食局牵头会同有关部门组织制定。

国家发展和改革委员会

二〇〇八年十一月十三日

007

关于印发《粮食监督检查工作规程（试行）》、《粮食监督检查行政处罚程序（试行）》和《粮食监督检查证件管理规定》的通知

国粮检〔2005〕31号

各省、自治区、直辖市及新疆生产建设兵团粮食局：

为规范粮食行政管理部门及其监督检查人员的粮食流通监督检查行政执法行为，切实做好《粮食流通监督检查暂行办法》（以下简称《办法》）的贯彻实施工作，我局在征求国务院有关部门和各地意见的基础上，制定了《粮食监督检查工作规程（试行）》、《粮食监督检查行政处罚程序（试行）》和《粮食监督检查证件管理规定》等三个配套文件，现印发给你们，请认真执行。

《办法》的三个配套文件的发布实施，有利于贯彻落实《粮食流通管理条例》和《中央储备粮管理条例》，有利于从制度上规范粮食监督检查行政执法活动。各级粮食行政管理部门要从提高党的执政能力和执政水平的高度，深刻认识做好粮食购销市场放开后粮食市场监管工作的重要意义，深入学习有关法律、法规和相关配套文件，严格依法行政，防止滥用职权、执法违法现象的发生。要切实抓好对粮食监督检查行政执法人员的培训工作，不断提高粮食监督检查行政执法人员的执法能力和水平。同时，要加大对两个条例，以及《办法》和《办法》的配套文件的宣传力度，使粮食经营者都能够知法守法。各省级粮食行政管理部门对开展粮食流通监督检查行政执法工作过程中遇到的新情况新问题，请及时向我局报告。

附件：

1.《粮食监督检查工作规程（试行）》

2.《粮食监督检查行政处罚程序（试行）》

3.《粮食监督检查证件管理规定》

4.粮食监督检查和处罚文书参考表式（略）

国家粮食局

二〇〇五年三月十四日

附件1:

粮食监督检查工作规程（试行）

第一章 总 则

第一条 为规范粮食行政管理监督检查行为，依照《粮食流通管理条例》和《粮食流通监督检查暂行办法》等有关法律、法规、规章以及其他规范性文件的规定，制定本规程。

第二条 本规程所指监督检查，是指县级以上粮食行政管理部门依照有关法律、法规、规章以及其他规范性文件，对在中华人民共和国境内从事粮食收购、储存、运输活动和政策性用粮的购销活动，以及执行国家粮食统计制度情况进行的监督检查。

第三条 粮食行政管理部门必须严格依照有关法律、法规、规章赋予的职责开展监督检查工作，遵守法定程序，坚持公正、公开的原则。

第四条 粮食行政管理监督检查实行分级负责制。国家粮食行政管理部门负责全国范围内粮食行政管理监督检查的指导和监督，组织实施全国性的监督检查任务，处理重大监督检查专案事项；省级粮食行政管理部门负责本辖区内粮食行政管理监督检查的指导和监督，组织实施涉及全辖区的监督检查任务，处理本辖区内重要监督检查专案事项；地、县级粮食行政管理部门负责本辖区内的监督检查任务。

第五条 上级粮食行政管理部门发现下级粮食行政管理部门的监督检查行为不妥的，可以建议下级粮食行政管理部门所从属的地方人民政府责令其改正。

第六条 粮食行政管理部门对监督检查事项的管辖权限依照《粮食监督检查处罚程序》中的有关规定确定。

第二章 监督检查的实施

第七条 粮食行政管理部门对下列情况应当及时进行监督检查：

（一）按有关规定要求开展对辖区内粮食流通情况以定期监督检查、专项监督检查、抽查和专案等方式监督检查的；

（二）公民、法人及其它组织举报的；

（三）上级粮食行政管理部门交办的，下级粮食行政管理部门报请的，其它上级机关交办的，有关部门移送的；

（四）其它方式途径披露并属于本部门管辖的。

第八条 粮食行政管理部门受理违反《粮食流通管理条例》的举报事项，须指定专人负责。对公民、法人或者其他组织举报的事项符合下列条件的，应当在十日内作出受理决定，并及时组织进行调查：

（一）有明确违法、违规行为人和危害后果的；

（二）有具体事实依据的；

（三）属于粮食行政管理部门监督检查范围并属本部门管辖的。

粮食行政管理部门应当为举报人保密。

第九条 有下列情形之一的，粮食行政管理部门不予受理，并酌情予以回复，举报人不明确的除外：

（一）举报内容不属于粮食行政管理部门职责管辖范围的；

（二）没有明确的被举报人或者被举报人无法查找的；

（三）就同一事项已经向有关机关举报、申请复查、行政复议、仲裁或者提起诉讼，有关机关没有作出不予受理决定或者不予受理裁定的；粮食行政管理部门对同一粮食违法、违规行为已经作出处理决定的；

（四）不属于粮食违法、违规行为举报受理范围的其他情形。

第十条 粮食行政管理部门在开展监督检查工作中，不得非法干预粮食经营者的正常经营活动。

第十一条 对上级粮食行政管理部门已经监督检查过的事项，除处理未完成的督办事项外，下级粮食行政管理部门在三个月内不得就同一事项再行进行监督检查。

第三章　调查取证

第十二条 粮食行政管理部门进行定期例行监督检查，应当事先拟订监督检查计划。监督检查计划应当包括监督检查的对象、内容和工作方案等内容，并报本级粮食行政管理部门负责人审批。

第十三条 粮食行政管理部门在进行监督检查时，监督检查人员不得少于两人，并应当向当事人或者有关人员出示粮食监督检查证件。监督检查人员应告知当事人或者有关人员监督检查的依据和事项，以及拒绝、阻挠、干涉监督检查应负的法律责任。

涉及国家秘密、商业秘密和个人隐私的，监督检查人员应当保守秘密。

第十四条 监督检查人员进行调查，应当制作《调查笔录》。调查笔录经核对无误后，监督检查人员和被检查对象在笔录上签字或盖章。被检查对象拒绝签名的，监督检查人员应当将其拒绝签字或盖章的行为和理由记录备查；被检查对象不在场的，由见证人签字或盖章。

第十五条 监督检查必须全面、客观、公正地调查，收集有关证据。调查的证据应是原件、原物。调取原件、原物确有困难，但可以调取复制品、照片的，可由提交证据的单位或个人在复制品、照片等物件上签章，并注明“与原件

（物）相同”字样或文字说明。

第十六条 凡能证明监督检查事项真实情况的书证、物证、视听材料、证人证言、当事人陈述、鉴定结论、勘验笔录、现场检查记录等作为监督检查的证据，以上证据经查证属实，为粮食行政管理部门作出监督检查处理意见的根据。

第十七条 监督检查人员有下列情形之一的，应当自行回避：

（一）是监督检查事项当事人近亲属的；

（二）与监督检查事项当事人有直接利害关系的；

（三）与监督检查事项当事人有其它利害关系，可能影响公正处理的。

当事人有权申请监督检查人员回避；是否回避由受理的粮食行政管理部门负责人决定。

对监督检查人员的回避决定作出之前，监督检查人员不停止对事项的监督检查。

第十八条 粮食行政管理部门在监督检查中，需要采集鉴定检验样品的，应由专职人员按规范的方法取样并填写抽验单，所抽验的样品应标明编号封存，及时送有资质的质检机构进行鉴定。

第四章 监督检查的处理

第十九条 监督检查终结后，粮食行政管理部门应根据监督检查的事实、性质、情节，制作监督检查报告书。监督检查报告书应当载明以下内容：

（一）被监督检查对象名称、检查日期；

（二）监督检查的原因、项目；

（三）发现的主要问题；

（四）处理意见。

第二十条 粮食行政管理部门发现粮食经营者有违反粮食流通法律、法规、规章和其他规范性文件的情形的，应依法提出处理意见、建议或处罚决定。

第二十一条 监督检查报告作出后，应在十五日内将检查结果、处理意见或建议通知当事人。

第二十二条 对当事人违法、违规事实已查清，依照粮食流通有关法律、法规、规章的规定应给予行政处罚的，粮食行政管理部门应提出行政处罚意见，报本级粮食行政管理部门负责人审批，当场作出行政处罚的除外。

第二十三条 粮食行政管理部门应根据情节轻重及具体情况作出行政处罚决定。对于重大、复杂的处罚案件，应当由作出行政处罚决定的粮食行政管理部门负责人集体讨论决定。

行政处罚的依据和种类以及方式、程序等依照《中华人民共和国行政处罚法》、《粮食流通管理条例》和《粮食流通监督检查暂行办法》的有关规定执行。

第二十四条 粮食行政管理部门在监督检查时，对有可能危害粮食生产者、经营者和消费者合法权益，以及危害社会公共利益的行为，应当责令当事人当场改正或限期改正，需书面责令当事人改正的，应填写《责令改正通知书》。

第二十五条 粮食行政管理部门应追踪督办监督检查处理意见、建议、处罚决定的执行情况。

第二十六条 监督检查后，应当将监督检查报告及相关资料及时整理装订，归档备查。

第五章 监督检查工作行为规范

第二十七条 监督检查人员进行监督检查时，不得接受被检查对象的任何馈赠、报酬，不得在被检查对象处报销任何费用，不得参加被检查对象提供的宴请、娱乐、旅游等活动，不得通过监督检查工作为本人、亲友或者他人谋取利益。

第二十八条 有下列行为之一的，由粮食行政管理部门责令直接负责的主管人员和其他直接责任人员改正：

（一）监督检查人员进行监督检查时没有出示监督检查证件的；

（二）没有正当理由擅自对被检查对象进行检查的；

（三）下级粮食行政管理部门违反第十一条规定在上级粮食行政管理部门检查后规定的期限内对同一事项再次进行监督检查的；

（四）监督检查人员违规向被检查对象收取费用的；

（五）有其他违法、违规行为的。

第二十九条 粮食行政管理部门的监督检查人员有下列行为之一的，依法给予警告直至开除的行政处分，构成犯罪的，依法追究刑事责任：

（一）接受被检查对象的馈赠、报酬的；

（二）在被检查对象报销费用的；

（三）参加被检查对象提供的宴请、娱乐、旅游等活动的；

（四）通过监督检查工作为本人、亲友或者他人谋取利益的；

（五）有其他违法、违规行为的。

第三十条 粮食行政管理部门的监督检查人员违反《粮食流通管理条例》和《粮食流通监督检查暂行办法》规定，非法干预粮食经营者正常经营活动的，依法给予行政处分，构成犯罪的，依法追究刑事责任。

第六章 附 则

第三十一条 本规程中第八条、第二十一条中的期限以工作日计算，不含法定节假日。

第三十二条　依照法律、法规或者规章的规定，接受各级粮食行政管理部门委托行使粮食监督检查行政职能的组织，对粮食经营者进行监督检查，适用本规程。

第三十三条　粮食行政管理监督检查文书由各地参照本规程附表规定的格式自行印制。

第三十四条　本规程由国家粮食局负责解释。

第三十五条　本规程自发布之日起施行。

附件2：

粮食监督检查行政处罚程序（试行）

第一章　总　　则

第一条　为规范和保障粮食行政管理部门依法行使行政处罚职能，依照《中华人民共和国行政处罚法》、《粮食流通管理条例》、《中央储备粮管理条例》和《粮食流通监督检查暂行办法》等有关法律、法规、规章以及其他规范性文件的规定，制定本程序。

第二条　各级粮食行政管理部门对违反粮食流通法律、法规、规章的粮食经营者进行行政处罚，适用本程序。

第三条　本程序所指行政处罚，是指粮食行政管理部门依照粮食流通法律、法规、规章的有关规定，对应受处罚的粮食经营者作出的行政处罚。

第四条　粮食行政管理部门实施行政处罚应当遵循以下原则：

（一）公正、公开的原则；

（二）有法定依据的原则；

（三）处罚与教育相结合的原则；

（四）程序合法的原则。

第五条　粮食经营者对粮食行政管理部门所给予的行政处罚，享有陈述权、申辩权；对行政处罚不服的，有权申请行政复议或者提起行政诉讼。粮食经营者因粮食行政管理部门违法给予行政处罚受到损害的，有权依法提出赔偿要求。

第六条　粮食行政管理部门实施行政处罚时，应当责令当事人当场改正或者限期改正违法、违规行为。

第二章　管辖和适用

第七条　行政处罚由主要违法、违规行为发生地的粮食行政管理部门管辖。法律、行政法规另有规定的除外。

第八条 县级以上粮食行政管理部门按照法定权限的规定管辖本辖区内的粮食流通监督检查事项。

国家粮食行政管理部门负责对全国范围内发生的重大、复杂的监督检查事项进行督查。

第九条 两个以上同级粮食行政管理部门都有管辖权的监督检查事项，由最先受理的粮食行政管理部门管辖，因管辖权发生争议，协商不成的，报请共同上一级粮食行政管理部门指定管辖。

第十条 粮食行政管理部门发现监督检查事项不属于自己管辖时，应当及时移送有管辖权的粮食行政管理部门或者其他有关行政机关管辖。受移送地的粮食行政管理部门对管辖权有异议的，应当报请共同上级粮食行政管理部门指定管辖，否则不得擅自移送。

办案机关发现违法行为涉嫌刑事犯罪的，应当将案件及时移送司法机关处理。

第十一条 粮食行政管理部门实施粮食监督检查行政处罚，应当具备下列条件：

（一）有明确违法、违规行为主体的；

（二）有具体违反粮食流通法律、法规、规章事实和证据的；

（三）法律、法规、规章规定应当给予行政处罚的；

（四）属于本部门管辖范围的。

第十二条 粮食经营违法、违规行为在二年内未被发现的，不再给予行政处罚。法律另有规定的除外。

前款规定的期限，从粮食经营违法、违规行为发生之日起计算；粮食经营违法、违规行为有连续或者继续状态的，从行为终了之日起计算。

第三章 行政处罚的决定

第十三条 粮食经营者违反粮食流通法律、法规、规章依法应当给予行政处罚的，粮食行政管理部门必须依照《粮食行政管理监督检查工作规程》的有关规定查明事实；违法、违规事实不清的，不得给予行政处罚。

第十四条 除本程序第十六条规定情形外，粮食行政管理部门在作出行政处罚决定前，应当填写《行政处罚事先告知书》，告知当事人作出行政处罚决定的事实、理由及依据，并告知当事人享有陈述权、申辩权。

第十五条 当事人依法行使陈述权、申辩权的，粮食行政管理部门必须充分听取当事人的意见，对当事人提出的事实、理由和证据，应当进行复核；当事人提出的事实、理由或者证据成立的，粮食行政管理部门应当采纳。粮食行政管理部门不得因当事人申辩而加重处罚。

第一节　简易程序

第十六条　粮食经营违法、违规事实确凿并有法定依据，对个体工商户处以五十元以下、对法人或者其他经济组织处以一千元以下罚款或者警告的行政处罚的，粮食行政管理部门及其执法人员可以当场作出行政处罚决定。当事人依照本程序第三十三条、第三十四条的规定履行行政处罚决定。

第十七条　执法人员当场作出行政处罚决定的，应当向当事人出示粮食监督检查证件，填写《行政处罚决定书》，并当场交付当事人。

执法人员当场作出的行政处罚决定，必须报所属粮食行政管理部门备案。

第十八条　当事人对当场作出的行政处罚决定不服的，可以依法申请行政复议或者提起行政诉讼。

第二节　一般程序

第十九条　除本程序第十六条规定的可以当场作出的行政处罚外，粮食行政管理部门对依法应当给予行政处罚的行为，必须全面、客观、公正地调查，收集有关证据。

第二十条　粮食行政管理部门在调查时，执法人员不得少于两人，并应当向当事人或者有关人员出示粮食监督检查证件。粮食行政管理部门收集证据时，可采取询问、抽样检查、拍摄等方式收集证据；询问应当同时制作笔录，笔录应由执法人员和当事人或者有关人员签名或盖章，当事人或者有关人员拒绝签名或盖章的，应由执法人员记明。

当事人或者有关人员应当如实回答询问，并协助调查，不得拒绝、阻挠、干涉。

第二十一条　在证据可能灭失或者以后难以取得的情况下，经作出行政处罚决定的粮食行政管理部门负责人批准，可以将证据先行登记保存，并应当在七日内及时作出处理决定，在此期间，当事人或者有关人员不得销毁或者转移证据。对于不宜保存，日后易灭失的证据，可以采取照相、录像办法保存证据，执法人员应当在调查笔录中说明取证情况。

调查取证可参照《粮食行政管理监督检查工作规程》的有关规定进行。

第二十二条　调查终结，粮食行政管理部门应当对调查结果进行审查，并依据不同情况，分别作出如下决定：

（一）确有应受行政处罚的违法、违规行为的，根据情节轻重及具体情况，作出行政处罚决定；

（二）违法、违规行为轻微，依法可以不予行政处罚的，不予行政处罚；

（三）违法、违规事实不能成立的，不得给予行政处罚；

（四）违法行为涉嫌刑事犯罪的，移送司法机关。

对情节复杂或重大的违法、违规行为、给予数额较大的罚款和取消粮食经营资格的行政处罚，应由作出行政处罚决定的粮食行政管理部门负责人集体讨论决定。

第二十三条 粮食行政管理部门依照本程序第二十二条规定给予行政处罚，应当制作《行政处罚决定书》。《行政处罚决定书》应当载明下列事项：

（一）当事人的姓名或者名称、地址；

（二）违反粮食流通法律、法规、规章和其他规范性文件的事实和证据；

（三）行政处罚的种类和依据；

（四）行政处罚的履行方式和期限；

（五）不服行政处罚决定，申请行政复议或者提起行政诉讼的途径和期限；

（六）作出行政处罚决定的粮食行政管理部门名称和作出决定的日期。

行政处罚决定书必须盖有作出行政处罚决定的行政机关的印章。

第二十四条 粮食行政管理部门及其执法人员在作出行政处罚决定之前，不依照规定向当事人告知给予行政处罚的事实、理由和依据，或者拒绝听取当事人的陈述、申辩，行政处罚不能成立；当事人放弃陈述或者申辩权利的除外。

第二十五条 行政处罚决定书应当在宣告后当场交付当事人；当事人不在场的，粮食行政管理部门应当在七日内依照民事诉讼法的有关规定，将行政处罚决定书送达当事人。

第二十六条 粮食经营者对粮食行政管理部门及其执法人员作出的行政处罚有权提出申诉和检举；粮食行政管理部门应当认真审查，发现确有错误的，应当主动改正。

第三节 听证程序

第二十七条 粮食行政管理部门作出较大数额罚款和取消粮食经营资格决定之前，应当告知当事人有要求举行听证的权利；当事人要求听证的，粮食行政管理部门应组织听证，当事人不承担听证的费用。

前款中的“较大数额”，由省、自治区、直辖市结合本地实际情况确定。

第二十八条 当事人要求听证的，应当在粮食行政管理部门告知后三日内向作出处罚决定的粮食行政管理部门提出。逾期不提出的，视为放弃听证权利。粮食行政管理部门应当在听证的七日前通知当事人举行听证的时间、地点。

第二十九条 听证应公开举行，但涉及国家秘密、商业秘密或者个人隐私的除外。

第三十条 举行听证时，调查人员提出当事人违法、违规的事实、证据和行政处罚建议，当事人有权申辩和质证。当事人可以亲自参加听证，也可以委托一至二人代理，委托代理人参加听证的，应当出具书面委托书。

第三十一条　听证应当制作笔录，笔录应当交当事人审核无误后签字或盖章。

第三十二条　听证结束后，粮食行政管理部门依照本程序第二十二条的规定，作出决定。

第四章　行政处罚的执行

第三十三条　粮食行政管理部门行政处罚决定依法作出后，当事人应当在行政处罚决定的期限内予以履行。

第三十四条　当事人对行政处罚决定不服，申请行政复议或者提起行政诉讼的，行政处罚不停止执行。但行政复议或者行政诉讼期间裁定停止执行的除外。

第三十五条　作出罚款决定的粮食行政管理部门应当与收缴罚款的机构分离。

除依照《行政处罚法》第四十七条、第四十八条的规定，当场收缴的罚款外，作出行政处罚决定的粮食行政管理部门及其执法人员不得自行收缴罚款。

粮食行政管理部门及其执法人员当场收缴罚款的，必须向当事人出具财政部门统一制发的罚款收据；不出具财政部门统一制发的罚款收据的，当事人有权拒绝缴纳罚款。

第三十六条　粮食行政管理部门及其执法人员罚没收入上缴国库按财政部有关规定办理。

第三十七条　当事人在规定期间内不申请行政复议或者不提起行政诉讼又不履行行政处罚决定的，作出行政处罚决定的粮食行政管理部门可以采取下列措施：

（一）到期不缴纳罚款的，每日按罚款数额的百分之三加处罚款；

（二）申请人民法院强制执行。

第三十八条　当事人确有经济困难，需要延期或者分期缴纳罚款的，经当事人申请和作出处罚决定的粮食行政管理部门审查批准，可以暂缓或者分期缴纳。

第三十九条　行政处罚决定履行或者执行后，粮食行政管理部门应制作《行政处罚结案报告》，并将有关案件材料进行整理装订，归档保存。

第五章　附　　则

第四十条　本程序第二十一条、第二十五条、第二十八条中的期限以工作日计算，不含法定节假日。

第四十一条　依照法律、法规或者规章的规定接受粮食行政管理部门委托行使粮食监督检查行政职能的组织，对违反粮食流通法律、法规、规章的粮食经营者实施行政处罚，适用本程序。

第四十二条 粮食行政管理部门及其执法人员违反本程序实施行政处罚的，依照《中华人民共和国行政处罚法》以及《国家公务员暂行条例》等有关规定，追究法律责任。

第四十三条 粮食行政处罚文书可由各地参照《粮食监督检查工作规程（试行）》附表规定的格式自行印制。

第四十四条 本程序由国家粮食局负责解释。

第四十五条 本程序自发布之日起施行。

附件3：

粮食监督检查证件管理规定

第一条 为了加强粮食行政管理部门的粮食流通监督检查工作，强化统一执法，规范粮食行政管理部门监督检查人员主体资格，促进依法行政，根据《中华人民共和国行政处罚法》、《粮食流通管理条例》、《粮食流通监督检查暂行办法》等有关法律、法规、规章以及其他规范性文件的规定，制定本规定。

第二条 本规定所称的粮食监督检查证（以下简称监督检查证），是指粮食行政管理监督检查人员依照本规定取得的表明粮食行政管理监督检查资格的身份证明。各级粮食行政管理部门从事粮食流通监督检查工作的人员履行监督检查职责时，必须持有监督检查证。

第三条 监督检查证由国家粮食行政管理部门统一监制，规格、式样和内文全国统一，加盖国家粮食行政管理部门或省、自治区、直辖市及新疆生产建设兵团粮食行政管理部门（以下简称省级粮食行政管理部门）证件专用章，并按照国家粮食行政管理部门规定的编码办法编写证号。监督检查证的规格、式样和内文不得擅自变动或者涂改，凡擅自变动或者涂改的证件一律作废，不得使用。

监督检查证实行全国统一编号。证件编号由9位数字组成，包括“机构代码”和“人员代码”。“机构代码”由7位数字组成，具体编码方法按《粮食行政、事业机构及社会团体分类与代码》（LS/T 1700—2004）执行，不足7位的以“0”补齐；“人员代码”由2位数字组成，是各级粮食行政管理部门确定的持证人在本部门内部的顺序编码。

第四条 监督检查证限于持证人在本行政区域内依照法定职权使用，不得转借他人，不得超越法定职权使用。在其他行政区域持证从事监督检查活动，需由持有本证的当地粮食行政管理监督检查人员协同。

第五条 申领监督检查证应当具备的条件是，从事粮食流通监督检查工作，经过粮食行政管理法规知识培训并考试合格，原则上要求具备国家公务员身份。

暂属事业编制的地方粮食局，可以依照法律、法规或者规章的规定，接受上一级具有行政执法主体资格的粮食行政管理部门委托行使行政执法职能，并按程序申领监督检查证。

粮食行政管理法规知识培训、考试的内容为行政执法基础理论、行政执法相关制度，以及与粮食行政管理、粮食流通监督检查有关的法律、法规、规章、技术规范及其他规范性文件。

第六条　监督检查证的管理实行国家粮食行政管理部门主管、省级粮食行政管理部门分级管理的原则。省级粮食行政管理部门负责当地各地市、县级粮食行政管理部门粮食流通监督检查人员的培训、考试、发证和管理工作；国家粮食行政管理部门负责本机关和省级粮食行政管理部门粮食流通监督检查人员的培训、考试、发证和管理工作。监督检查证核发和管理的有关具体工作由本部门的监督检查工作机构负责。

各地市、县级粮食行政管理部门粮食流通监督检查人员申领监督检查证，由其所在机关填写《粮食监督检查证申领表》（附表一），签署意见并盖章后，报省级粮食行政管理部门审批。县级粮食行政管理部门申领监督检查证，经由地市级粮食行政管理部门统一向省级粮食行政管理部门办理。省级粮食行政管理部门对符合规定条件的，核发监督检查证，并按照“机构代码”和“人员代码”顺序逐一填写《粮食监督检查证核发备案表》（附表二）报国家粮食行政管理部门案。

省级粮食行政管理部门粮食流通监督检查人员申领监督检查证，由其所在机关填写《粮食监督检查证申领表》，签署意见并盖章后，报国家粮食行政管理部门审批。

省级（含）以下可以申领监督检查证的范围：一是粮食行政管理部门的主要负责人和分管监督检查工作的负责人；二是具有执法主体地位的监督检查处（科、股）的组成人员；三是与监督检查工作关系密切的处（室、科）负责人或指定的专人。

新调入和新上岗人员申领监督检查证，按上述要求办理。

第七条　粮食流通监督检查人员应当妥善保管监督检查证，丢失或者损毁的，应当立即向发证机关报告，办理作废手续。经向所在机关申请，按规定的程序补发新证。

第八条　监督检查人员有以下情形之一的，所在部门应当将其监督检查证收回，交发证机关注销：

（一）调离粮食行政管理部门或者调离监督检查工作岗位的；

（二）辞职、辞退的；

（三）长期休假超过三个月，以及退（离）休的；

（四）其他不能实际履行执法职责的情形。

第九条 监督检查人员有以下情形之一的，由其所在部门暂扣监督检查证：

（一）被行政拘留的；

（二）受到开除以外行政处分的；

（三）越权监督检查或者拒绝、拖延履行监督检查职责，造成不良后果的；

（四）利用监督检查证谋取私利、违法乱纪的；

（五）其他应予暂扣监督检查证的情形。

暂扣监督检查证的期限由持证人所在部门根据不同情况决定，最短 3 个月，最长 1 年。在暂扣监督检查证期间，原持证人不得从事监督检查活动。

第十条 监督检查人员有以下情形之一的，由所在部门缴销其监督检查证，交发证机关注销：

（一）被开除的；

（二）被劳动教养的；

（三）被刑事拘留或判刑的；

（四）被暂扣监督检查证 2 次以上的；

（五）其它严重违法违规需要缴销监督检查证的。

被缴销监督检查证的人员不得再从事粮食流通监督检查工作。

地方粮食行政管理部门应当将监督检查证的暂扣和缴销情况及时向省级粮食行政管理部门备案。省级粮食行政管理部门应当就监督检查证的核发和管理事项每季度向国家粮食行政管理部门备案。

第十一条 任何单位或者个人不得伪造、涂改、买卖、出租、出借粮食监督检查证件。伪造、涂改、买卖、出租、出借粮食监督检查证件的，依法移交有关部门予以治安处罚或者追究刑事责任。

第十二条 粮食行政管理监督检查人员在法定职权范围内执行公务时，应当出示监督检查证件。不出示监督检查证件或者超越法定职权范围的，公民、法人或者其他组织有权予以拒绝。

第十三条 发证机关应当建立监督检查证件档案，如实记录粮食行政管理监督检查人员的岗位培训情况和监督检查证件的颁发、审验、补发、换领、注销等情况。

第十四条 粮食行政管理监督检查人员对暂扣、缴销监督检查证件有异议的，可以向暂扣、缴销机关提出书面申诉。暂扣、缴销机关接到申诉后，应当进行复查，发现确有错误的，应当及时纠正。

第十五条 发证机关有下列情形之一的，由上级主管部门责令改正，并对直接负责的主管人员和其他直接责任人员予以行政处分：

（一）不按规定的条件、范围和程序颁发监督检查证的；

（二）不按规定对监督检查证件进行审验或者建立档案的。

第十六条　本规定由国家粮食局负责解释。

第十七条　本规定自发布之日起施行。

附表：

一、《粮食监督检查证申领表》（略）

二、《粮食监督检查证核发备案表》（略）

008

国务院办公厅关于进一步加强节约粮食反对浪费工作的通知

国办发〔2010〕7号

各省、自治区、直辖市人民政府，国务院各部委、各直属机构：

为贯彻落实科学发展观，进一步增强全民爱惜粮食、节约粮食意识，切实做好节约粮食、反对浪费工作，保障国家粮食安全，经国务院同意，现就有关问题通知如下：

一、充分认识节约粮食、反对浪费工作的重要意义

近几年我国粮食综合生产能力稳步提高，连年获得丰收，食物供给日益丰富，基本可以满足人民群众生产生活需要。但是随着工业化、城镇化加快推进以及人口增加和人民生活水平提高，粮食消费需求呈刚性增长，而耕地减少、水资源短缺、气候变化等对粮食生产的约束日益突出，粮食供需将长期处于紧平衡状态。同时，粮食和食品在生产、储存、加工、运输、消费等环节损失浪费现象严重，尤其是讲排场、比阔气等不良消费方式造成的食品浪费令人触目惊心。为此，必须一手抓粮食生产，稳定和提高粮食产量；一手抓粮食节约，提高粮食综合利用率，抑制不合理的需求。要做到温饱不忘饥寒，丰年不忘灾年，增产不忘节约，消费不能浪费。加强粮食节约、反对浪费，有利于保障粮食供应，有利于在全社会形成勤俭节约的良好风尚，是一项长期的任务。各地区、各部门和各单位要从战略高度重视节约粮食、反对浪费工作，采取切实有力措施，努力抓出成效。

二、节约粮食、反对浪费的主要措施

（一）加强粮食生产和养殖业节约。重点抓好农作物播种、田间管理、收获及畜禽饲养等环节的节约。大力推广种子精选包衣和精确定量栽培技术，加大病虫草鼠害防治力度，加强高性能复式农业机械的研发，推广适时机械收获和产地烘干等先进实用技术，减少生产损失。抓紧制定节粮型畜牧养殖业发展规划，大力发展节粮型草食牲畜，积极开发利用秸秆等非粮食物资源。改进畜禽饲养方式，促进畜牧业规模化、集约化发展，提高饲料转化率。

（二）做好粮食储存和保管工作。修订和完善储粮损耗率标准，加强储粮基

础设施建设，改善储粮条件，提高粮食储存质量。推广温控气控储存、低温低氧低剂量“绿色”储存、机械通风储存等先进储粮技术，减缓粮食品质下降速度，避免库存粮食发生霉变。加强和改进管理，减少粮食入库、出库、倒库、清库等环节的遗洒损失。针对农户储粮分散、面广、装具落后等特点，进一步普及科学储粮知识，提高农户防治病虫鼠害技能，加大实施农村粮食产后减损安全保障工程力度，扩大农户储粮减损试点规模，大力推广先进适用的新装具、新技术，改善农户储粮条件，降低储粮损耗。鼓励粮食购销企业积极面向农户开展粮食代储代销、代加工业务。

（三）提高粮食加工和转化利用率。积极推广新技术、新工艺、新装备，加快淘汰高耗粮、高耗能、高污染的落后生产能力，提高成品粮油出品率和副产品利用率。重点抓好酿酒、发酵、食品添加剂、焙烤等领域的粮食综合利用工作。结合我国粮食供应水平和品种特点，优化工业用粮生产结构，研究推广非粮作物替代粮食作物，控制粮食不合理加工转化。

（四）狠抓粮食运输节约。结合编制实施粮食现代物流发展规划，大力发展新型粮食运输装备，严格执行粮食装卸作业标准，推广粮食“四散”（散装、散运、散卸、散储）技术，加强散粮运输中转、接收、发放设施及检验检测等配套设施建设。大力发展铁海联运，完善粮食集疏运网络，减少运输环节，缩短运输周期，减少粮食运输环节的损失浪费。

（五）大力推进餐饮业节约。要按照营养、健康、适量、节俭的原则，制定完善餐饮服务标准和文明用餐规范，引导消费者科学消费、合理消费、文明消费。有条件的餐饮企业，要积极为顾客提供营养配餐服务。鼓励发展大众化餐饮和餐饮业连锁经营，加快主食加工配送中心建设，积极创建“绿色”饭店。加快餐饮业信息化建设，减少粮食和食品采购、储运、加工环节的浪费。加强餐厨垃圾管理，积极推进餐厨垃圾的资源化利用。

（六）切实抓好食堂节约。机关、学校、企事业单位食堂要转变经营和服务机制，积极推广餐饮服务外包，强化经济核算和成本控制，加强粮食、副食品和原材料的采购、储存及加工管理。要实行精细化管理，改进供餐、用餐方式，多供应小份量食品，方便用餐人员适量选取。要在餐厅摆放提示牌或张贴宣传画，提醒用餐人员注意节约，管理人员要加强巡视，对造成浪费的要进行批评教育。

（七）行政机关带头节约粮食。各级行政机关特别是领导干部，要切实发挥表率作用，带头做好节约粮食、反对浪费工作。严格遵守《党政机关国内公务接待管理规定》，严禁用公款大吃大喝。制定和完善公务接待费管理办法，严格执行公务接待定点用餐制度，不得超标准安排用餐，提倡采取自助餐形式，一般不安排宴请。

三、加大宣传教育力度

（一）加强对青少年和儿童的节粮教育。采取多种形式教育青少年和儿童养成爱惜粮食、节约粮食的好习惯。将我国人口增加、耕地减少、水资源短缺、粮食安全压力大等情况编入中小学教材，有条件的学校要组织学生开展农业生产体验活动，让学生感受劳动的艰辛和粮食生产的艰难，培养艰苦奋斗、勤俭节约的美德，自觉爱惜每一粒粮食。

（二）广泛开展节粮宣传活动。宣传部门要组织新闻媒体广泛宣传节约粮食、反对浪费的重要性、紧迫性，报道节粮典型和经验，曝光浪费现象。要移风易俗，大力破除讲排场、比阔气等陋习。积极倡导崇尚节俭、科学饮食、健康消费的生活理念和饮食文化，减少食品的不合理消费，摒弃不健康的消费习惯，促进形成科学合理的膳食结构。继续开展世界粮食日和爱惜粮食、节约粮食宣传周活动，提高全社会节粮意识。

四、加强组织领导和监督检查

（一）明确任务和责任。发展改革委负责节约粮食、反对浪费工作的组织协调工作。农业部、粮食局、工业和信息化部、交通运输部、铁道部、商务部要按照职责分工，抓好粮食生产、储存、加工、运输和消费环节的节约工作。财政部、国管局、教育部要抓好公务接待活动、行政机关、学校等领域的节约粮食工作。质检总局牵头负责相关标准的制订修订工作。科技、卫生、旅游、工会、共青团、妇联、科协等部门和单位要结合各自的特点，积极做好节约粮食工作。地方各级人民政府要结合实际制定具体实施方案，确保各项节粮措施落到实处。

（二）强化监督检查。国务院有关部门和地方各级人民政府要定期组织节约粮食专项检查，重点加强对公务接待活动、餐饮企业、宾馆饭店、机关、学校的检查，对发现的突出问题，要督促整改，通报批评；对工作中好的经验做法，要及时总结推广。要充分发挥社会监督和舆论监督作用，表扬先进，鞭策落后，营造节约粮食、反对浪费的良好社会氛围。

国务院办公厅

二〇一〇年一月十八日

009

全国粮食生产发展规划（2006—2020年）

农计发〔2006〕31号

粮食始终是经济发展、社会稳定和国家自立的基础。从长期趋势看，我国耕地减少、水资源短缺的问题不可避免，粮食增产的难度越来越大，随着人口的刚性增长和人民生活水平的提高，保持粮食长期供求平衡的任务十分艰巨。为统筹粮食生产发展全局，指导中长期粮食生产发展工作，扎实推进社会主义新农村建设，促进国民经济和社会全面协调可持续发展，按照《国民经济和社会发展第十一个五年规划纲要》中提出的“坚持粮食基本自给，稳定发展粮食生产，确保国家粮食安全”的要求，研究制定本规划。

一、我国粮食需求和发展潜力分析

（一）供需态势

近年来，随着我国粮食生产的快速恢复，粮食供需矛盾有所缓解，但产不足需的态势依然存在。2005年全国粮食总产量为9680亿斤，消费量为9914亿斤，产需自给率大体在97%左右。从分品种看，玉米产需基本平衡，小麦、水稻供求偏紧，大豆存在较大缺口，薯类增长较快。从消费用途看，口粮消费有所下降，饲料用粮、工业用粮明显增加。

根据近几年我国粮食产需状况，未来5～15年农业资源、经济社会发展、国内外市场和农产品贸易等变化趋势，我国粮食供需总体上呈现出如下发展态势：

一是国内粮食供需关系偏紧的态势将长期存在。在党中央惠农强农政策指引下，近年我国粮食生产出现重大转机，但从长远看，粮食生产受资源、气候、技术、市场制约和种粮比较效益影响，产量大幅度增长的难度很大。而随着人口增长，畜牧业和粮食加工业的快速发展，粮食消费量继续增加的趋势不可逆转。这种状况决定了紧平衡将是中长期我国粮食供求的常态。

二是供求结构变化对粮食安全的影响趋于增强。近20年来，品种间、区域性的粮食供求结构失衡，越来越成为粮食供求矛盾的主要特征。从品种看，稻谷往往是影响我国粮食供求平衡的先导性和敏感性品种；从区域看，粮食主销区特别是东南沿海地区，往往是影响我国粮食供求平衡的先导性和敏感性地区。从消费结构看，尽管近些年随着人民膳食结构的变化，口粮消费占粮食消费总量的比重有所下降，但我国口粮消费比重较高的农民群体，人口基数庞大，农村口粮消费在较长时期内仍会占较大比重，对于我国粮食供求平衡的影响依然较大。

三是粮食生产重心正在发生新的变化。自上世纪 80 年代以来，东南沿海省份播种面积大量减少，从粮食盈余或基本自给状态逐渐变为粮食大量调入区；长江中下游地区虽然仍是我国粮食的主产区之一，但其盈余量也在逐年减少；黄淮海地区保持着商品小麦的主体供给地位；东北地区已成为重要的粳稻、玉米等商品粮源供应地；西部地区随着退耕还林还草等工程的实施，粮食生产能力降幅虽然不大，但退耕户的细粮消费量明显上升，小麦、水稻的需求量增加。总体而言，我国粮食流通格局正呈现出“北粮南运”、“中粮西运”的态势，粮食生产地域重心发生了由南向北、由东向中的逐渐转移。

四是国际粮食贸易对国内调剂空间有限。近年来，国际粮食贸易基本趋于稳定，年均贸易量大体保持在 4800 亿斤，约为我国粮食年度总产量的 50%左右。我国粮食进口存在着明显的“大国效应”，我国粮食进口国内需求量的 1%，就相当于国际粮食贸易量的 2%，如果我国大量进口粮食，不仅会拉动国际市场粮价大幅上扬，还将打破现有的世界粮食贸易格局。

从粮食供需总体态势看，解决我国粮食问题必须始终坚持基本立足国内的方针，适度利用国际市场调剂余缺，在确保口粮供给的前提下，注重解决饲料用粮和工业用粮问题，根据粮食生产格局的新变化，采取有力的针对性措施，科学谋划粮食的生产力布局。

（二）中长期粮食需求

按照我国人口增长和消费需求预测，预计到 2010 我国国内粮食总需求将达到 10350 亿斤左右。从消费类型看，口粮消费 4706 亿斤，占国内总消费的比重为 45.5%；饲料粮消费 4037 亿斤，比重为 39%；工业用粮 1400 亿斤，比重为 13.5%。到 2020 年，我国国内粮食总需求预计达到 11300 亿斤左右。

（三）生产能力潜力分析

根据我国农业自然资源、生产条件、技术水平和其他发展条件，未来粮食仍具备一定的生产能力潜力。主要途径有：一是提高良种良法对粮食增产的作用。从历史经验判断，我国主要农作物品种平均每 10 年更新换代一次，每次增产幅度都在 10%以上。随着科技进步和政策扶持力度的持续增强，品种更新周期还将进一步缩短。初步判断，未来 15 年，通过大面积推广超级稻等优良品种及配套节水节肥技术，我国粮食单产有望再提高 10%，可新增生产能力 1000 亿斤左右。二是提高农田基础产出能力。目前我国的中低产田仍占 65%，通过加强田间水利工程和耕地质量建设，提高耕地保水、保土和保肥能力，未来 15 年使 1/3 的中低产田约 4 亿亩耕地的基础地力提高一个等级，按每亩耕地提升一个等级具备增产 200 斤能力测算，可新增粮食生产能力 800 亿斤左右。三是加强植物保护。据测算，我国每年病虫害造成粮食损失高达 500 亿斤左右。通过加大保护措施，如果损失率降低2个百分点，能减少粮食损失200亿斤。四是提高粮食生产机械化水平。目前，除小麦基本实现全程机械化外，水稻、玉米作物的机械化水平依然较低，还有较大的增产减损潜力。初步分析，水稻机播机收面积各提高一个百分点，就能增产和挽回损失3亿斤。按今后水稻播种面积不少于4.2亿亩、单产不低于800斤，到2020年水稻机播机收面积均达到70%的比例测算，还可增产和减损水稻150亿斤。此外，我国为数不多的后备耕地资源开发还具备一定的粮食生产潜力。

综合上述几方面因素判断，未来15年我国已开发的耕地资源粮食生产能力的增长潜力约在2150亿斤左右。但粮食生产能力潜力转化为实际的生产能力，再由实际的生产能力转化为现实粮食产量，仍受以下四方面因素制约。一是耕地面积下降。“十五”期间，全国耕地面积净减少9240万亩，由2000年的19.24亿亩减至2005年的18.31亿亩，目前人均耕地面积1.4亩，仅为世界平均水平的40%左右，预计“十一五”期间我国耕地总面积仍将减少3000万亩。二是基础设施薄弱。粮食生产始终没有摆脱“靠天吃饭”的局面，农田有效灌溉面积仅占总耕地的40%左右，仍有40%的耕地处于不断退化的状态。三是粮食科技进步缓慢。超级稻等增产科技尚未大面积推广，高产栽培配套技术推广力度弱。四是比较效益低。种粮每亩收益一直在几百元左右徘徊，相对于经济作物等其他生产效益一直偏低，粮食播种面积难以稳定，2005年比1998年净减少1.5亿亩。

从我国粮食生产能力的增长潜力和制约因素看，影响未来我国粮食发展的因素既有资源性因素，也有政策性因素，但主要在于政策性因素。从现实情况看，为尽力降低耕地减少对粮食播种面积的影响，国家必须采取最严格的耕地保护制度，确保耕地数量稳定在合理水平，并采取积极的支持政策，加大投入力度，加强基础设施建设，加快科技推广，提高复种指数，确保粮食生产所必需的播种面积，并大力提高单产水平，以确保粮食生产能力和产量的稳定与增长。

——“十一五”期间，在确保粮食播种面积保持在15.5亿亩以上的前提下，加大良种良法推广和病虫害防控力度，使1亿亩耕地提高一个地力等级，分别扩大水稻机播、机收面积15个百分点以上和20个百分点以上，到2010我国粮食产量预计可恢复到10000亿斤左右，比2005年增产320亿斤。

——2011—2020年，确保粮食播种面积保持在15亿亩以上，粮食作物品种全面更新，大部分中低产田得到改造，耕地基础地力普遍提升，水稻机播机收比例均达到70%，病虫危害实现有效防控，到2020年，我国粮食产量预计可达到10700～10800亿斤，比2010年再增产700～800亿斤。

二、我国粮食发展的战略选择

党的十六大以来，中央“三农”工作理论、政策不断完善和创新，出台了一系列更直接、更有力、更有效的政策措施，有效地促进了近年粮食生产的恢复和发展，为我国中长期粮食发展营造了十分有利的政策环境，但我国粮食生产长期受资源短缺约束、基础设施薄弱、物质装备水平偏低、科技贡献率不高等因素制约的问题尚未得到根本解决，必须立足国情，从系统解决现实存在的问题入手，确立我国粮食中长期发展思路和战略。

（一）发展思路

以科学发展观为统领，始终坚持基本立足国内保障粮食供给的方针，围绕保持粮食供求基本平衡的宏观调控目标，采取行政、法律、市场等多种手段，调动中央各部门、地方、农民等各方面积极性，聚集科技、人力、资金等多种资源，以综合生产能力建设为核心，合理布局，主攻单产，稳定面积，优化结构，促进增效，构建长效机制，为保障国家粮食安全，建设社会主义新农村，促进国民经济又快又好发展奠定坚实基础。

——合理布局。以县域为基本单元，根据现实粮食生产水平和潜在生产能力，科学谋划粮食生产布局，合理划分功能区，通过明确各区域的发展定位、目标和措施，指导分区域综合生产能力建设，确保粮食发展总体目标的实现。

——主攻单产。加强农田基础设施和装备条件建设，加速中低产田改造，加大良种良法为主体的科技投入，加快主导品种主推技术的推广应用，确保粮食单产稳步提高。

——稳定面积。实行最严格的耕地保护制度，采取切实可行的措施，调动农民种粮和地方政府抓粮的积极性，将粮食播种面积稳定在合理水平。

——优化结构。优先抓好水稻、小麦两大品种生产，保障粮食安全的底线。积极发展玉米、大豆、薯类及杂粮生产，促进饲料和工业用粮的稳步增长。大力发展畜牧业、水产业等粮食替代产业，改善膳食结构，提高生活质量，缓解粮食生产压力。

——促进增效。正确处理好增粮与增收的关系，坚持优质化、区域化、规模化与产业化的粮食发展道路，积极推广应用节本增效和资源节约型技术，促进粮食转化增值，提高粮食生产的综合效益，建立健全财政补贴和价格保护机制，通过政策增效、规模增效、科技增效的有机结合，确保种粮农民的合理收益。

——构建长效机制。明确中央各相关部门和地方政府在保障国家粮食安全中的职责，形成协调一致的目标支撑体系。加强对粮食生产、销售、储备、贸易的监控、预警和调控，促进各环节的有效衔接。综合运用政策、价格、法律等多种手段，建立确保国家粮食安全的长效机制。

（二）2010 年和 2020 年我国粮食发展目标

立足国内资源，实现粮食基本自给，是我国解决粮食供需问题的基本方针。根据国际上粮食安全的通行标准，以及国内现有资源条件和粮食生产潜力，我国粮食自给率应保持在95%以上。缺口部分可通过进口解决，主要用于品种、丰歉调剂和解决区域平衡问题。按照优先保障口粮需求，基本保障饲料及加工用粮需求的总体要求，确定2010年和2020年的粮食发展目标为：

2010年确保国内粮食总产量达到10000亿斤，届时我国粮食生产的自给率约为96%。达到上述目标，要求“十一五”期间，粮食产量在2005年的基础上年均增加64亿斤左右，粮食单产年均增长0.7%，粮食播种面积须稳定在15.5亿亩以上。

到2020年，粮食在2010年的基础上，再增产700～800亿斤，粮食自给率保持在95%。

（三）发展战略

为突破粮食生产约束瓶颈，挖掘粮食增产潜力，实现粮食生产中长期发展目标，必须着重实施好五大发展战略。

1. 能力提升战略。提升粮食综合生产能力是确保我国粮食安全的基础。通过立法划定基本粮田面积，明确粮田损毁恢复责任，大力改造中低产田，完善农田水利基础设施，逐步增加高产稳产粮田的比重。加强耕地质量建设，弥补耕地数量不足。增加物质投入，提高化肥、农药等投入品的利用效率，推广旱作节水技术，缓解用水矛盾。积极推进规模化、机械化、标准化生产，充分发挥农机装备在抗旱防涝、争抢农时、降低成本、减少损耗等方面的作用，提高劳动生产率和土地产出率。构建功能完备的生物灾害预警与区域防控的支持体系，提高农业灾害预警测报能力，逐步建立农业灾害财政直接救助和农业保险补偿有机结合的灾害救助体系。

2. 科技突破战略。依靠科技突破资源约束瓶颈，是促进粮食发展的关键。重点加快粮食科技创新体系建设，全面推进原始创新、集成创新、引进吸收消化再创新，着力提升农业科技成果的供给能力和技术转移能力。创新激励机制，加强人才培养，促进科技向产业聚集，技术向产品聚焦。大力增加粮食生产科技储备，培育优质超级品种。加快农技推广体系改革和建设，积极推行科技入户，推进高产、高效和标准化栽培技术的普及应用，提高粮食生产的综合效益，稳定增加种粮农户的经济收益。

3. 分区分级战略。实行分区目标管理，建立分级责任制度，是落实粮食发展战略目标的重要保障。依据粮食发展的总体目标，按照不同区域的自然与社会经济条件，科学划分功能区，明确功能定位，落实中央与地方分级管理责任，采取差别扶持政策，协调运用财政补贴和价格调节机制，共同促进粮食生产，确保粮食的潜在生产能力转化为现实生产力。

4. 替代引导战略。发展粮食替代产业，拓展食物来源，是保障粮食安全的重大选择。在稳步提高主要粮食作物生产能力的基础上，研发储备应急技术，着力挖掘非粮食物品种替代潜力，着力发展畜牧业、水产业、园艺产业。合理开发丘陵、山地、滩涂，充分利用海洋、草原、内陆水域等国土资源，扩大食物生产领域。倡导健康消费，广泛开展食物营养与人类健康方面的科普宣传，引导群众科学调整食物消费结构，从多方面缓解粮食供需矛盾。

5. 市场调节战略。科学利用国内外贸易空间，平抑粮食市场波动，是实现我国粮食安全目标的有效手段。合理调整粮食储备制度和能力布局，稳定粮食最低收购价制度，采取更为稳健的国内粮食存储流通措施，调节粮食市场供需。积极发挥期货市场规避价格风险和稳定生产者预期的作用。灵活运用国际贸易规则，适时利用国际市场进行品种调剂和总量调节。实施积极开放、稳健合理的粮食进出口贸易政策。重视资源替代，鼓励有条件的企业参与境外粮食开发，最大限度地补充国内粮食供给。

三、我国粮食发展的战略布局

根据我国粮食生产资源禀赋特点、生产基础条件、粮食增产潜力等因素，科学合理布局粮食生产能力，是实现国家粮食安全的基础保证。按照粮食比较优势、现有资源条件和生产水平、商品粮供给能力，以及在我国粮食安全战略中的功能与作用，以县域为基本单元，将全国粮食生产区域划分为优势主产区、潜力提升区、稳固发展区、战略储备区四个功能区，并确定相应的功能定位、主攻方向和建设目标。

(一) 优势主产区

1. 划分标准：入选县（场）的粮食可交易量 2 亿斤以上，占粮食总产量的比重不少于 50%；粮食播种面积不少于 20 万亩，粮食亩产不低于 700 斤。

2. 区域范围：主要覆盖优势农产品区域布局规划确定的水稻、小麦、玉米、大豆 4 大粮食作物 9 个优势区域，以及优势区域以外的大多数国家级商品粮基地县（场）。

3. 现实条件：粮食生产的区位优势明显，耕地、水、气候等资源环境条件优越，农田基础设施具备一定条件，农民科学种田的技术基础较好，机械化生产水平相对较高，粮食生产基础较强，一直是我国主要的粮食生产基地。现实粮食播种面积 7.8 亿亩，产量占我国总产量的 58%左右，商品量占全国的比重约 78%。

4. 功能定位：保证国家的基本需要。建设优质稳产高效的商品粮、专用粮和饲料粮基地，不断提高粮食综合生产能力，确保粮食持续稳定增长，巩固并提升商品粮源的核心地位。

5. 主攻方向：以发展现代粮食生产，提升产业档次和水平为主攻方向。加大耕地与水资源保护力度，进一步强化生产条件建设，优化品种、品质结构，加速科技创新，着力推进规模化、机械化、产业化、标准化和服务社会化进程。

6. 建设目标：重点抓好以黑龙江三江平原为核心的东北粳稻优势区、长江流域优质水稻、黄淮海优质小麦、东北和黄淮海优质玉米和大豆产业带建设，以此带动全区确保粮食播种面积保持在8亿亩左右。不断提高耕地质量，更新改造农田水利灌溉设施，达到旱涝保收水平；粮食平均单产力争由现有的762斤提高到780斤左右，综合生产能力力争达到6000亿斤以上。

（二）潜力提升区

1. 划分标准：入选县（场）的粮食可交易量占粮食总产量的比重不少于40％；粮食播种面积不少于15万亩，粮食亩产不低于500斤。

2. 区域范围：覆盖部分国家级商品粮基地县（场），以及大多数省级商品粮基地县（场）。

3. 现实条件：粮食生产具有较好的区位优势，自然资源环境条件与经济技术生产基础较好，但存在一些制约因素，粮食单产尚处于中等水平，经过基础设施改造，农田综合治理，近中期内可以较大幅度提高单产的县（场）。现实粮食播种面积近2.5亿亩，产量占全国总产量的16％，商品量约占18％，与优势主产区共同构成我国主要商品粮源基地。

4. 功能定位：以区内调剂为主，补充优势主产区跨区平衡不足的商品量。中低产田比重较大，具备一定挖掘潜力条件，部分县（场）通过充分开发、条件建设，具备提升为优势主产区的可能。

5. 主攻方向：以易于开发、有增产潜力的县（场）为重点，坚持改造中低产田、提高单产的主攻方向，完善耕地基础设施，加大耕地质量建设力度，提高农田建设标准和综合产出能力；围绕提高单产，加快品种改良，提高病虫害防控和农机装备现代化水平。

6. 建设目标：粮食播种面积保持在2.5亿亩左右，强化农田水利灌溉设施建设，大力改造中低产田，完善粮食生产支撑体系的能力建设，力争平均单产由现有的不足680斤提高到700斤左右，综合生产能力力争达到1700亿斤以上。

（三）稳固发展区

1. 划分标准：入选县（场）具备商品粮生产能力，粮食可交易量占粮食总产量的比重少于40％；粮食播种面积少于15万亩，粮食亩产低于500斤。

2. 区域范围：覆盖优势主产区和潜力提升区以外具备粮食生产能力的所有县（场），主要集中在大中城市郊区、东部沿海发达地区、西部生态建设区等。

3. 现实条件：当前粮食生产已经达到一定水平，但因社会经济自然等因素制约，未来扩大规模、开发潜力有限。现实粮食播种面积约5亿亩，产量占全国总产量的26％，商品量约占4％。

4. 功能定位：确保现有粮食生产能力不下降，有条件地区可以适度开发。

5. 主攻方向：严格保护现有耕地资源，保持农田水利设施的有效运转，加强优质粮食品种的推广，稳步提高粮食生产能力及规范化生产水平。

6. 建设目标：实行最严格的耕地保护制度，粮食播种面积保持在5亿亩左右，粮食平均单产保持在现有的543斤水平不降低，综合生产能力稳定在2700亿斤左右。东南沿海经济发达地区着重加强粮食储备及市场条件建设，西部地区注重推广旱作节水技术，逐步改造现有生产条件。

（四）战略储备区

我国粮食生产后备耕地资源主要分布在新疆、内蒙古和黑龙江的部分地区，可用于开发的面积约1亿亩。由于水资源短缺和生态脆弱，目前暂不宜开发，可作为战略储备，在确保生态环境不恶化的前提下，做好应急开发的基础工作。近期优先谋划新疆战略储备区的建设。

1. 区域范围：主要分布在伊犁河流域、额尔齐斯河流域和塔里木河流域，可开发具有水源保障的后备耕地资源3000万亩，潜在粮食生产能力200亿斤以上。

2. 开发条件：区内具备粮食生产的自然资源与经济技术条件，需通过节水工程、增水工程、调水工程等措施，重点开发伊犁河、额尔齐斯河和塔里木河的水源工程，扩大节水灌溉面积，收复弃耕地，开发后备资源。

3. 主攻方向：以保护生态环境为前提，积极筹划重大水利工程以及粮食生产配套设施建设，积极推进抗逆品种培育和旱作节水技术的研发与储备，为适时开发创造条件。同时，坚持抓好区内现有棉田的基础设施建设，增强耕地综合生产能力，做好应急转产的基础工作。

四、我国粮食发展的重点支持领域

（一）粮食基础产出能力建设

加大优质粮食产业工程、大型商品粮基地、农业综合开发、大中型灌区田间灌排配套等重点项目的实施力度。重点强化农田基础设施，在完善配套大型灌区设施的同时，因地制宜地开展农田整治、机耕道路等设施建设，努力扩大灌溉面积和稳产高产农田比重。按照优势主产区、潜力提升区、稳固发展区和战略储备区的不同功能定位与发展方向，以现有工程为基础，拓展新的建设领域，逐步形成分工合理、责任明确的国家粮食安全重大工程体系。“十一五”期间以三江平原优质水稻基地、松嫩平原专用大豆和玉米生产基地、黄淮海平原优质小麦和玉米生产基地、长江中下游平原优质水稻生产基地为重点，建设高标准粮田1亿亩以上。

积极发展旱作节水农业。有灌溉条件的地区，大力推进农田水利设施的完善配套，全面推行节水灌溉技术，新增灌溉面积要达到节水灌溉标准；旱作区针对不同区域水土资源匹配状况，以实施集雨保土保肥的农田基本建设工程、农田微型小水源工程为基础，大力推广旱作节水增粮技术，因地制宜优化用水配置，不断增强粮食生产的抗旱减灾能力。

抓紧实施沃土工程。采取增施有机肥、保护性耕作、秸秆还田等措施大力提高农田土壤生物肥力，协调农田土壤养分结构和养分平衡关系，恢复和培育土壤微生物区系，着力加强耕地质量建设，确保耕地的持续产出能力稳步提高。推广应用保护性耕作技术和水土资源高效利用技术。按照区域标准化生产的技术路线要求，立足当地实际和农业生产需要，以完善工程设施和技术应用手段为依托，增强耕地持续利用和水资源高效转化能力。

（二）粮食生产科技创新和转化能力建设

科学部署国家农业科技创新基地、区域性农业科研中心、农业科学实验站和农业企业研发中心等创新网络，重点加强农业科技创新基础设施、科学家团队、创新制度与文化建设，整合完善粮食作物品种改良、薯类脱毒中心、区域技术创新中心和重点实验室，加强种质资源的保护和开发利用，改扩建一批高水平的种质资源库。“十一五”期间在粮食主产区重点完善和扩建一批小麦、玉米、水稻和大豆四大作物的国家改良中心、分中心，在中西部地区建设若干薯类脱毒繁育基地和杂粮繁育基地。

支持粮食安全重大技术创新，增强粮食生产的科技储备。组织开展生物技术、信息技术、遗传工程等基础性研究和重大科研项目攻关，加强节水材料、设施材料、生物可降解材料等新型材料的研发，以主攻单产为目标，重点培育和推广优质超级品种，着力推进耕地保育与综合利用技术、水资源高效利用与水肥一体化施用技术的研发应用，力争在解决水土资源约束的技术攻关领域取得实质性突破。强化不同区域、不同品种的栽培技术集成，逐步形成主导品种的“高产、高效、安全、标准化”栽培技术规程。

深入实施科技入户工程。充分利用各类培训资源，建立常规技术、专项技能、创业培植和转移就业相结合的新型农民教育培训体系，形成到乡、到村、到农户的农民培训网络，逐步建立“科技人员直接到户、良种良法直接到田、技术要领直接到人”农技推广新机制。到2010年实现培育100万个科技示范户，辐射带动2000万农户，发展1万个新型农业技术服务组织，先进实用技术入户率和到位率达到90%以上。

（三）粮食生产支撑保障能力建设

继续组织实施好种子工程。建设农作物种质资源保护与繁育、国家农作物良种繁育基地、种子区试展示体系和质量检测网络。“十一五”期间，确保新优高产粮食品种供给能力得到显著提高，重点推广超级稻、强筋和弱筋专用小麦、青储专用兼用玉米、高蛋白和高油大豆等新品种，加强马铃薯脱毒繁育能力建设，加快配套栽培技术的研发，扩大技术储备。每年新增加工小麦、大豆和水稻良种生产能力24.5亿公斤。

加大实施植保工程。重点建设重大农业有害生物预警与控制、农药与药械安全监管、技术创新与支撑等项目，着力完善粮食生产的防灾减灾体系，使主要农作物危害损失率由5%以上下降到3%以内；加强农药生产监管，禁止高毒、高残留农药生产，加强对可降解农药、生物农药的研究和利用，大力推广无害化治理技术、低量高效施药技术，提高农民安全用药知识，解决目前盲目用药和乱用农药问题，提高农药利用率，每年多挽回粮食800万吨，减少农药漂移量50%以上，降低土壤流入量20%，减少灾害造成的损失，提高农产品质量安全水平。

增强粮食安全动态监测预警能力。建立地面观测与对地观测相结合的监测网络体系，健全完善粮食生产、市场、供求信息采集系统，提高中长期气候变化对粮食生产影响的分析能力，适时提供粮食生产相关数据信息，着力完善粮食生产的防灾减灾体系。开展农业灾害对粮食生产影响的预测研究，提出突发事件情景下国家粮食安全的总体态势和应对策略。健全我国粮食安全的监测预警系统，为超前安排好国家粮食安全重大工程、确立科技创新方向、制定宏观调控政策预案提供科学依据。

（四）发展粮食生产机械化

加快推进粮食作物全程机械化。以发展大中型农业机械为重点，着力增加水稻栽插收获、玉米收获、秸秆还田、免耕施肥精量播种、土壤深松和烘干等机械装备，提升农机化装备水平，增强粮食生产的技术集成与标准化生产能力。力争到2010年使我国耕种收综合机械化水平由现有的36%提高到45%。

完善发展粮食生产机械化的扶持政策。扩大农机购置补贴规模和实施范围。搞好节水设备补助政策实施试点，对农民购买膜下节灌、行走式节水补灌、微灌和喷灌等节水设备给予一定补助，促进节水农业的可持续发展。

鼓励新型农机研发。加快引进、消化、吸收和推广步伐，促进农业机械科技成果的转化，优化装备结构，提高农机装备和作业水平，增强粮食生产机械装备的自主创新能力。

（五）发展粮食替代产业

合理开发非耕地资源。充分利用草原、荒山荒坡、水域、滩涂等资源，大力发展畜牧业、水产业、果蔬业等粮食替代产业。重点加强草原生态建设和草山草坡资源开发，逐步提高载畜能力，大力提高秸秆综合利用技术开发和推广应用水平。

加速发展节粮型养殖业。建立健全畜产品质量监管体系、动物疫病防控体系、草原保护建设体系、市场风险评估与行业预警体系，加快现代化养殖场和畜禽产品加工厂建设，推行健康养殖，切实增强畜牧业综合生产能力和产业安全水平。积极推广生态、健康水产养殖技术，推动稻田养殖、庭院生态养殖、盐碱地开发等养殖资源综合利用、环境改善型水产养殖业发展，稳步推进深水抗风浪网箱养殖，将海水养殖向外推进，全面实施中国水生生物资源养护行动纲要，加强珍稀濒危水生野生动植物保护。

五、促进我国粮食发展的政策措施

为实现我国中长期粮食生产发展目标，确保完成重点支持领域的各项任务，需要采取更加科学、积极、有力的政策措施。

（一）严格保护和科学利用耕地与水资源

坚决落实最严格的耕地保护制度，强化土地利用规划约束和用途管制，构建非农占地紧约束机制。严格耕地占补平衡制度，充分考虑地力培育成本，合理调整耕地占用补偿标准，明确补充耕地的质量要求和投资标准，遏制滥占耕地的行为。

统筹社会经济发展与生态环境保护的各种竞争性用水需求，确保农业用水规模不减少，完善农业用水的价格形成机制，继续对农业用水实行优惠政策，积极挖掘节水潜力，保证农业用水需要。引导社会力量参与农田水利建设，对农民投工投劳兴修农田水利和购买田间节水设备给予补助。

（二）健全完善粮食生产的相关法律和制度

稳定农村基本经营制度。进一步完善《土地管理法》、《农村土地承包法》和《基本农田保护条例》等法律法规，把基本农田保护区落实到地块。赋予农民长期而有保障的土地使用权，依法保障农民对承包土地的经营权、收益权、转包权。逐步建立完善粮食生产专项补贴和综合补贴有机结合的补贴制度。深入开展粮食安全相关立法的前期研究，进一步明确调整对象、范围等相关内容，为建立粮食发展的长效机制提供必要的法律支撑。

（三）建立和完善国家粮食安全分级责任制

明确分区粮食安全目标、措施和责任，按区域粮食供需平衡需要和商品粮供给责任，确定分区粮食播种面积，建立有效的监督检查和责任机制。鼓励主销区和主产区建立稳定的产需联结丰缺互补关系，在销区土地出让金中提取一定比例，集中建立粮食生产专项基金，在产区建设高标准粮田。制定税收优惠和金融支持政策，鼓励销区到产区投资建设粮食生产流通储运设施和加工企业。

（四）逐步建立健全稳定支持粮食生产的投入机制

整合各项粮食生产投入，拓展新的筹资渠道，推动中央与地方分别设立粮食综合生产能力建设专项资金和粮食生产扶持专项基金。争取减轻粮食主产区财政负担的政策支持，调动县市开展农业基础设施建设的积极性。同时，积极引导金融资本、工商资本和其他社会资本参与粮食工程建设，不断做大做强优势粮食产业带。

（五）加强粮食贸易的宏观调控

健全主要粮食品种的最低收购价制度。将玉米、大豆等主要粮食品种纳入最低收购价范围，以弥补生产成本并有合理收益为原则，制定有利于调动农民积极性的价格标准。制定切实可行的收购预案，重点健全完善以中央和省级储备为主体的操作体系，切实稳定市场和粮价。

加强粮食储备及进出口贸易的宏观调控。合理确定粮食储备水平，确保全社会粮食消费安全需要。建立粮食进出口贸易预警分析制度和合理有序的重点粮食品种进出口制度。水稻确保立足国内实现自给；小麦根据市场需要适度进口调剂；玉米实行南进北出，鼓励适度出口；大豆在积极扶持国内发展生产的基础上科学调配进口总量。

建立健全全社会粮食生产流通统计制度。加强对粮食生产、消费、市场、库存等领域的动态信息监测，不断改进全社会统计调查方法和手段，实行粮食综合信息发布制度，建立和完善粮食安全监测预警机制。

农业部

二〇〇六年十月十二日

010

中国的粮食问题

国务院新闻办公室

1996 年 10 月・北京

中国政府一向十分重视粮食问题。中国有 12 亿多人口，是粮食生产与消费大国。中国的粮食状况如何？中国的粮食生产潜力有多大？中国人民能不能养活自己？中国将如何发展粮食生产？是人们普遍关心的问题。中国政府经过科学论证，现就这些问题作出实事求是的回答。

一、新中国解决了人民的吃饭问题

饥饿始终是半殖民地、半封建的旧中国的一大难题。旧中国的农业发展水平极为低下，有 80%的人口长期处于饥饿半饥饿状态，遇有自然灾害，更是饿殍遍地。1949 年新中国成立时，全国每公顷粮食产量只有 1035 公斤，人均粮食占有量仅为 210 公斤。

中华人民共和国建立后，政府废除了封建土地所有制，带领人民自力更生，奋发图强，大力发展粮食生产，用占世界 7%左右的耕地，养活了占世界 22%的人口。1995 年与 1949 年相比，粮食总产量增长了 3 倍多，年均递增 3.1%。目前，中国粮食总产量位居世界第一，人均 380 公斤左右（含豆类、薯类），达到世界平均水平。人均肉类产量 41 公斤、水产品 21 公斤、禽蛋 14 公斤、水果 35 公斤、蔬菜 198 公斤，均超过世界平均水平。据联合国粮农组织统计，在八十年代世界增产的谷物中，中国占 31%的份额。中国发展粮食生产所取得的巨大成就，不仅使人民的温饱问题基本解决，生活水平逐步提高，而且为在全球范围内消除饥饿与贫困作出了重大贡献。

纵观新中国建立以来粮食生产的发展，大致分为三个阶段：

第一阶段为 1950—1978 年。1949 年，中国粮食总产量只有 1.132 亿吨，1978 年达到 3.048 亿吨，29 年间年均递增 3.5%。这一时期，中国通过改革土地所有制关系，引导农民走互助合作道路，解放了生产力，同时在改善农业基础设施、提高农业物质装备水平、加快农业科技进步等方面取得了显著成效，为粮食生产的持续发展奠定了基础。

第二阶段为 1979—1984 年。1984 年，中国粮食总产量达到 4.073 亿吨，6 年间年均递增 4.9%，是新中国建立以来粮食增长最快的时期。这一时期粮食生产的快速增长，主要得益于中国政府在农村实施的一系列改革措施，特别是通过实行以家庭联产承包为主的责任制和统分结合的双层经营体制，以及较大幅度提高粮食收购价格等重大政策措施，极大地调动了广大农民的生产积极性，使过去在农业基础设施、科技、投入等方面积累的能量得以集中释放，扭转了中国粮食长期严重短缺的局面。

第三阶段为1985年至今。1995年，中国粮食总产量达到4.666亿吨，11年间年均递增1.2%。这一时期，中国政府在继续发展粮食生产的同时，积极主动地进行农业生产结构调整，发展多种经营，食物多样化发展较快。猪牛羊肉、水产品、禽蛋、牛奶和水果产量分别达到4254万吨、2517万吨、1676万吨、562万吨和4211万吨，比1984年分别增长1.8倍、3.1倍、2.9倍、1.6倍和3.3倍。虽然这一时期粮食增长速度减缓，但由于非粮食食物增加，人民的生活质量明显提高。

新中国之所以成功地解决了人民的吃饭问题，主要经验是：始终坚持以农业为基础，把农业放在发展国民经济的首位，把发展粮食生产作为农村经济工作的重点，千方百计争取粮食总量稳定增长；改革农村生产关系，实行以家庭联产承包为主的责任制和统分结合的双层经营体制，扩大粮食的市场调节范围，合理调整粮食价格，调动农民发展粮食生产的积极性；不断改善农业生产基础条件，加快农业科技进步，提高农业装备水平，增加农业投入，保护生态环境；在决不放松粮食生产的前提下，综合开发利用国土资源，积极发展多种经营，增加农民收入。

现在，中国城乡居民的温饱问题已经基本解决，中国政府今后的任务是在进一步增加粮食总量的同时，努力发展食物多样化生产，调整食物结构，继续提高人民的生活质量，向小康和比较富裕的目标迈进。当然，中国政府也清醒地看到，目前中国粮食供需平衡的水平还有待进一步提高，供需偏紧的状况还将长期存在。由于一些地区自然环境恶劣，耕地和水资源短缺，到1995年底，全国还有6500万人没有解决温饱问题（约占总人口的5%）。中国政府正在实施的“扶贫攻坚计划”，就是要力争到本世纪末基本解决这部分人的温饱问题。

二、未来中国的粮食消费需求

未来中国城乡居民食物消费要走与国民经济增长相适应、与农业资源状况相适应的路子，建立科学、适度的消费模式。中国政府将通过引导消费，既挖掘粮食生产潜力，又挖掘非粮食食物生产潜力，避免粮食需求超过供给能力过快增长。

1984年以来，中国人均占有粮食相对稳定，但由于动物性食品增加较多，人民的营养水平明显改善，平均每人每天供给的热量达到2727大卡，蛋白质和脂肪分别达到70克和52克，高于同等人均国民生产总值的国家，基本达到世界平均水平。

按照《九十年代中国食物结构改革与发展纲要》和城乡居民的饮食习惯，今后中国人民的食物构成将是中热量、高蛋白、低脂肪的模式，在保留传统膳食结构的基础上，适当增加动物性食品数量，提高食物质量。由于食物构成的变化，直接食用的口粮将继续减少，饲料粮将逐渐增加。这样，通过坚持不懈地发展粮食生产，到2030年中国人口出现高峰值时，人均占有粮食400公斤左右，其中口粮200多公斤，其余转化为动物性食品，就可以满足人民生活水平提高和营养改善的要求。

中国政府相信，实现上述消费模式是有可能的。这是因为：第一，虽然中国人均占有粮食不可能增加很多，但发展食物多样化生产的前景广阔，随着肉类、禽蛋、水产品、水果、蔬菜等供给量的继续增加，对口粮消费的替代作用将进一步增大。第二，通过推进养殖业科技进步，提高饲料报酬率，提高食草型畜禽和水产品等节粮产品的比重，可以减缓对商品饲料粮的过快需求。第三，中国目前处在一个食物消费低增长时期。从世界上许多国家的经验看，食物消费达到一定水平后将趋于稳定。中国作为低收入国家，达到目前城市的食物消费水平已具有超前性，这是由于家庭投资渠道单一，购买力相对集中在食物消费领域所致。今后随着医疗、住房等社会保障制度的改革，人民增加的收入将较多地用在住和行等方面，食物支出占消费支出的比重将逐步下降，食物消费的增长将会低于收入的增长。

根据上述消费模式的发展趋势以及人口增长规模，未来几十年中国粮食需求量为：2000年人口接近13亿，按人均占有385公斤计算，总需求量达到5亿吨；2010年人口接近14亿，按人均占有390公斤计算，总需求量达到5.5亿吨；2030年人口达到16亿峰值，按人均占有400公斤计算，总需求量达到6.4亿吨左右。

三、中国能够依靠自己的力量实现粮食基本自给

立足国内资源，实现粮食基本自给，是中国解决粮食供需问题的基本方针。中国将努力促进国内粮食增产，在正常情况下，粮食自给率不低于95%，净进口量不超过国内消费量的5%。

现阶段中国已经实现了粮食基本自给，在未来的发展过程中，中国依靠自己的力量实现粮食基本自给，客观上具备诸多有利因素。根据中国农业自然资源、生产条件、技术水平和其他发展条件，粮食增产潜力很大。

——提高现有耕地单位面积产量有潜力。目前，中国同一类型地区粮食单产水平悬殊，高的每公顷7500～15000公斤，低的只有3000～5000公斤。在播种

面积相对稳定的前提下，只要1996—2010年粮食单产年均递增1%，2011—2030年年均递增0.7%，就可以达到预期的粮食总产量目标。这样的速度与过去46年年均递增3.1%相比，是比较低的。即使考虑到土地报酬率递减的因素，也是有条件实现的。目前，中国的粮食单产水平与世界粮食高产国家相比也是比较低的，中国要在短时间内达到粮食高产国家的水平难度较大，但经过努力是完全可以缩小差距的。通过改造中低产田、兴修水利、扩大灌溉面积、推广先进适用技术等工程和生物措施，可使每公顷产量提高1500公斤以上。

——开发后备耕地资源有潜力。中国现有宜农荒地3500万公顷，其中可开垦为耕地的约有1470万公顷。中国政府将在加强对现有耕地保护的同时，加快宜农荒地的开发和工矿废弃地的复垦，未来几十年计划每年开发复垦30万公顷以上，以弥补同期耕地占用，保持耕地面积长期稳定。通过提高复种指数，使粮食作物播种面积稳定在1.1亿公顷左右。

——依靠科技进步有潜力。目前，农业科技在中国农业增产中的贡献率约为35%，世界上农业发达国家在60%以上。中国政府已确定并正在努力实施科教兴农战略，力争逐步缩小中国与世界发达国家在农业科技领域的差距，到2000年使科技进步对农业的贡献率提高到50%，到2030年接近世界发达国家水平。这是中国粮食生产再上新台阶的巨大动力。

——利用非粮食食物资源有潜力。中国水域、草原、山地资源丰富，开发潜力巨大。据统计，全国1747万公顷内陆水域中，可供养殖的水面675万公顷，目前利用率仅为69%；可供养鱼的稻田670万公顷，利用率仅为15%；海水可养殖面积260万公顷，利用率仅为28%。中国将努力提高现有水域的生产能力，保持水产品继续快速增长。中国现有草地面积3.9亿公顷，其中可利用面积3.2亿公顷，居世界第三位，若将其中的大部分建设成人工草场，提高草原畜牧业集约化水平，就能增加大量的畜产品。中国山区面积占国土总面积的70%，具有发展木本食物的良好条件，增加木本食物的前景也十分广阔。

——节约粮食有潜力。据专家测算，中国粮食在种、收、运、储、销和加工、消费等环节的损失率至少为10%，总损失量在4500万吨以上。如果将各环节的损失降至合理范围，每年至少可节约粮食2000万吨。

中国政府通过增加国内粮食生产，保持粮食供需平衡的决心是坚定的，有信心领导全国人民实现这一目标。同时，中国政府也清醒地认识到实现这个目标的艰巨性：第一，中国农业资源人均占有量在世界上属于低水平，耕地和水资源不足是农业发展的最大制约因素。在这样的资源条件下，要创造出远高于世界平均水平的农业生产力，必须花大力气。第二，中国农业基础设施薄弱，生产手段落后，抗灾能力差，需要坚持不懈地改善生产条件，提高抗灾能力。第三，中国农户生产规模小，经营分散，在向社会主义市场经济体制转变的过程中，容易造成粮食生产的波动，需要进一步加强对粮食生产的调控。第四，中国正处在工业化迅速发展的阶段，在资源分配上还存在不利于粮食生产的倾向，需要继续对农业特别是粮食生产采取有效的支持措施。总之，中国政府将正视困难，在经济布局和工作指导上，继续严格执行保护耕地和生态环境的基本国策，实施科教兴农和可持续发展两大战略，推动农业经济体制和农业增长方式的根本性转变，以促进粮食综合生产能力的稳步提高。

中国立足国内解决粮食供需平衡问题，并不排除利用国际资源作为必要补充，但这只起品种、丰歉调剂和区域平衡的作用。这是因为：第一，粮食是安定天下的产业。对一个拥有12亿多人口的大国来说，必须保持较高的粮食自给率，这是保持安定的必要条件，否则，就难以保证国民经济持续、快速、健康发展。第二，粮食安全。中国每年粮食消费量占世界粮食消费总量的五分之一，如果进口过多，不仅国际市场难以承受，也会给低收入国家购粮带来不利影响。第三，农村劳动力就业。目前中国有4亿多农村劳动力，发展粮食生产是解决农村就业、增加农民收入的主要渠道之一。过多进口粮食，必然打击国内粮食生产，影响农民就业。中国立足国内解决粮食问题，只会有利于改善世界粮食安全状况，增强世界粮食贸易中的稳定因素。

从历史上看，中国对国际粮食市场的依赖度不大。从新中国建立至六十年代之前，中国是粮食净出口国。六十年代以后，粮食有进有出，进大于出。七十年代末实行改革开放以来，中国净进口粮食占国内粮食生产的比重呈减少趋势，1978—1984年为3.2%，1985—1990年为1.2%，1991—1995年为0.4%。因此，中国进口少量粮食，绝不会对世界粮食安全构成威胁，国际上所谓的“中国粮食威胁论”是毫无根据的。中国在进口一些粮食的同时，还出口一些具有较高附加值的食品。1985—1995年，中国食品及主要供食用的畜禽等出口额为756亿美元，进口额为340亿美元，是食品净出口国。中国愿意与粮食出口国在平等互利的基础上，建立比较稳定的粮食贸易关系。

四、努力改善生产条件，千方百计提高粮食综合生产能力

为实现粮食增产目标，中国政府将在保护耕地资源，增加农业投入，加强水利建设，提高农业物质装备水平等方面，采取一系列措施，全面提高粮食综合生产能力。

保护耕地始终是增产粮食的基础。多年来，中国制定和完善了《农业法》、《土地管理法》、《水土保持法》等一系列法律法规，抑制了耕地面积锐减势头，使耕地净减少面积由九十年代前的年均30多万公顷，下降到目前的不足20万公顷。随着今后工业化进程的加快，经济建设对耕地的需求压力仍然很大，中国政府将按照节约用地、少占或不占耕地的原则，采取更加有力的措施确保耕地总量

的动态平衡：控制非农业占用耕地，进一步健全耕地保护制度，切实加强基本农田保护；严格执行建设用地审批制度，控制城市发展规模，盘活存量土地，提高土地使用效率；加强乡村建设和乡镇企业发展的规划管理，引导乡镇企业集中连片，发展工业小区，调整村镇居民点用地，改造村镇，退宅还田；实行非农建设占用耕地同开发、复垦挂钩。

新中国建立以来，中国政府领导人民治理江河、拦洪蓄水、改善生产条件，修建水库 8.4 万座，改造易涝地 2000 万公顷，灌溉面积由解放初期的 1600 万公顷增加到目前的 4933 万公顷，供水能力达到 5000 亿立方米，有效地提高了农业抗灾能力。今后，中国政府将继续在这方面作出不懈努力：建设一批大中型水利工程，缓解水资源区域、季节分布不均问题；广泛开展农田水利基本建设，到 2000 年使有效灌溉面积达到 5330 万公顷，2010 年达到 5670 万公顷左右，2030 年达到 6670 万公顷以上，分别占耕地面积的 56％、60％和 70％；加快解决骨干排灌水利工程老化失修问题，使旱涝保收的农田面积由目前的 3300 万公顷增加到 2030 年的 4000 万公顷以上，使其中的 2000 万公顷以上农田单位面积产量达到每公顷 15 吨；大力发展节水灌溉和旱作农业，到 2030 年，使节水灌溉面积由目前的 1300 万公顷提高到 4000 万公顷以上，灌溉水有效利用率由 40％提高到 60％以上，自然降水的有效利用率提高到 30％以上。同时，加快中低产田改造。到 2000 年，中国计划改造中低产田 1400 万公顷，力争到 2030 年使现有 6000 万公顷中低产田全部得到改造。

新中国建立后，农用工业发展很快，对保证粮食生产发展起到了重要作用。化肥生产总量由建国初期的 3.9 万吨（按 100％有效成分计算，下同）增加到目前的 2450 万吨，使用量由 7.9 万吨增加到 3570 万吨，每公顷耕地的使用量 375 公斤；农业机械总动力由 12.1 亿瓦特增加到 3607 亿瓦特，大中型拖拉机由 1300 台增加到 67 万台，农用载重汽车由 4000 多辆增加到 80 万辆，农村用电量由 0.5 亿千瓦小时增加到 1628 亿千瓦小时。但是，从总体看，目前农用工业仍难以满足农业持续发展的要求。今后，中国将大力发展国内化肥生产，提高化肥自给率，到 2000 年做到氮肥基本自给。同时，积极推进农药、农膜、农机、农电、柴油等农用工业的发展。

中国将逐步调整国民收入和社会资金分配结构，在计划安排和资金投放上首先保证农业尤其是粮食生产发展需要，提高固定资产投资、财政预算内资金、银行信贷资金用于农业的比重，以增加农业投入总量。到 2000 年，中央政府基本建设计划安排的预算内农业投资比重由目前的 17％提高到 20％以上，地方政府比照中央的做法相应增加预算内农业基本建设投资；各级财政每年对农业投入的增长幅度要高于财政经常性收入的增长幅度；保持农业贷款增长率高于各项贷款平均增长率，银行新增贷款规模中农业贷款的比重达到 10％以上，提高信用社贷款用于农业的比重；进一步完善农村金融体制，建立包括农村政策性银行、商业性银行和农村合作金融组织在内的农村金融体系，保证农村政策性金融资金重点用于粮食生产。中国政府将继续采取一些旨在提高农业投入产出效益的政策措施，调动农村集体经济组织和农户增加粮食生产投入的积极性。中国将按照“谁投资，谁受益”的原则，对大型工商企业进行农业综合开发给予贷款支持，积极扩大农业利用外资的规模，采取优惠政策，鼓励外商投资农业领域特别是粮食生产。

五、推进科教兴农，转变粮食增长方式

转变粮食增长方式，要从改革、优化产业结构和耕作制度，加强科学管理，提高粮食生产集约化程度和农业资源有效利用率等多方面入手，但最主要的是依靠科技进步，加快科教兴粮步伐，走高产、优质、高效、低耗的路子。新中国建立后，共取得较大的农业科技成果3万多项，其中获得国家或部级奖励的6000多项，有一些成果处于国际领先水平。主要粮食作物品种更新了3～5次，每次增产幅度均达到10%以上，仅杂交水稻一项，近10年就累计推广1.6亿公顷，增产稻谷2.4亿吨；多种综合栽培技术大面积推广应用，对粮食增产发挥了重要作用；在生物工程等高技术领域，两系法杂交稻新组合等一批重大技术已显示出良好的发展前景。但是，与世界发达国家相比，中国农业科技水平还有较大差距。中国政府已确定并正在实施科教兴农战略，将采取各种措施，努力提高粮食增产中的科技含量。

——加快实施“种子工程”。完善优良品种的繁育、引进、加工、销售、推广体系，到2000年，主要粮食作物用种全面更换一次，50%的商品种子采取包衣处理，提高水稻、玉米、小麦三大粮食作物统一供种率和良种覆盖率。发挥中国粮食种质资源丰富、育种基础较好的优势，加强水稻、小麦和玉米等新品种的培育，促进农作物品种的更新换代。

——加快现有科技成果转化和粮食生产重大技术的科研攻关与引进。今后几年，将重点推广优良新品种、水稻旱育稀植及抛秧、地膜覆盖、精量半精量机械化播种、病虫害综合防治、科学用肥、节水灌溉和旱作农业等重大适用技术。继续挖掘精耕细作、增施有机肥、用地养地结合等传统农业技术的增产潜力，形成传统农业与现代农业相结合的技术应用体系。逐步健全县、乡、村三级农业技术推广网络，扶持各类民办专业技术组织的发展，形成国家、集体和各种民办技术组织相互配合、相互补充的农业技术推广服务体系。围绕对中国粮食生产发展有重大影响的科研项目，组织联合攻关，积极引进一批具有显著增产效果的重大粮食生产技术。

——加强对农民的职业技术培训。利用现有500多所农林中专学校、2000

多所县级农业广播电视学校和基层农业技术推广机构，广泛开展农民职业技术培训，提高农民接受和应用农业新技术的能力。实施“绿色证书”工程，到2000年使1000万农民获得“绿色证书”，培养一大批粮食种植能手。

——深化农业科技教育体制改革。优化农业科研结构，建立起学科先进、科研与生产紧密结合的科研新体制。国家和地方政府择优支持一批重点农业科研、教学单位，保持一支精干的研究队伍，从事基础研究、重大实用技术研究和高新技术研究。积极鼓励一部分科研教学人员，深入农村第一线，推广技术，培训农民。加强政府对农业科技和教育事业的统筹规划，推动农业科研、教育、推广相结合，共同为发展粮食生产服务。

——努力提高资源利用率，减少粮食损失。在有条件的地方，逐步实行适度规模经营，提高粮食生产集约化水平。积极推广降低粮食生产成本的技术，减少物资消耗，提高粮食生产效益。加强对粮食播种、收获、储运、加工等各个环节的管理，推广运用节能机械，节约粮食：在生产环节，通过对种子精选、加工和包衣处理，提高种子质量，减少用种量；在收获环节，推广机械化收割；在仓储环节，推广应用先进保粮技术，运用新的包装技术和包装材料；在运输环节，改造传统的运输方式，提高铁路、公路和水运的现代化水平；在加工环节，应用新工艺、新设备，提高粮食加工机械的技术性能。

六、综合开发利用和保护国土资源，实现农业可持续发展

中国历来重视综合开发利用山地、水面、草原等国土资源，增加各类食品产量。今后，中国将继续坚持决不放松粮食生产，积极发展多种经营的方针，充分利用各种资源，更多地增加肉类、禽蛋、奶类、水产品、蔬菜、水果等食品的供给。同时，注意保护农业资源，改善生态环境，实现农业可持续发展。

——逐步建立符合中国资源特点的畜牧业生产结构。改革开放以来，中国食草型、节粮型动物食品生产发展较快，耗粮较多的猪肉占肉类的比重由1978年的90%以上降到目前的70%左右，牛羊禽肉的比重迅速提高。到2000年，牛羊禽肉比重将再提高10个百分点。在农区，主要利用农作物秸秆，养牛养羊；调整饲料结构，大力发展配合饲料和饲料添加剂生产，发展青绿饲料和南方水生饲料。在牧区，加强草地资源的开发、保护和利用，提高载畜能力，大规模进行草地改良和人工种草，发展饲草加工业，提高生产率。到2000年，肉类总产量达到5850万吨，人均45公斤，禽蛋总产量达到1750万吨，大体保持现有人均水平。

——加快开发利用浅海、滩涂和内陆水面。中国政府将继续坚持“以养殖为主，养殖、捕捞、加工并举”的方针，积极扩大内陆淡水养殖面积，进一步开发利用浅海滩涂，发展远洋捕捞。到2000年，水产品总量达到3200万吨，人均25

公斤。

——提高水果、蔬菜和木本食物供给水平。中国政府将采取措施，利用非耕地资源发展水果生产，支持农民利用房前屋后栽果、种菜，发展庭院经济。到2000年水果产量达到6200万吨，人均48公斤。巩固完善大中城市蔬菜生产基地，鼓励农区通过间作套种等多熟制栽培措施，发展蔬菜生产，稳定提高蔬菜均衡供给水平和有效供给能力。中国将加快宜农荒山开发，调整林地结构，逐步增加木本食物生产。

实现粮食生产的持续稳定增长，发展食物多样化生产，必须处理好人口、资源、环境的关系，加强农业资源管理，保护生态环境。八十年代以来，中国积极进行生态农业建设，寻求既能增产粮食等农产品，又能使生态环境得到改善的农业可持续发展模式：综合治理小流域水土流失面积6700多万公顷；建立了不同类型、县乡村不同规模的生态农业试点2000多个；在全国范围内开展了大规模的水土保持，建设平原农田防护林网，治理水土流失；组织实施了“三北”（东北、华北、西北）、长江中上游和沿海防护林等重大生态工程；在广大牧区采取退耕还牧，建设人工草场，防治沙漠化。这些措施对于改善中国的生态环境起到了积极作用。中国将继续加强生态农业建设，开展大规模的水土保持，综合治理小流域水土流失，防治土地荒漠化和草场退化，努力提高森林植被覆盖率。中国将在工业化和城市化进程中继续保护和改善农业自然环境：重点控制工业发展带来的环境污染，推广有利于防治工业污染的适用技术；积极发展农村新能源，努力减缓由于农村能源短缺造成的植被破坏和土质下降；加快水电建设，降低煤炭在能源结构中的比重，减轻酸雨和气候变暖对发展粮食生产的负面影响。

七、深化体制改革，创造粮食生产、流通的良好政策环境

近10多年来，中国的粮食生产和流通体制，以及政府对粮食供求与价格波动的调控方式等，已发生了深刻变化。中国政府将努力巩固和完善已有成果，并按照建立社会主义市场经济体制的要求，深化农业经济体制改革。

——坚持长期稳定并不断完善农村基本经营制度。以家庭联产承包为主的责任制和统分结合的双层经营体制，是改革开放以来中国农村实行的基本经营制度，有效地促进了粮食等农产品生产的发展，保障了生产者的经营自主权和经济利益，受到了广大农民群众的衷心拥护。早在1983年，中国政府就明确宣布：现行的农村基本经营制度将长期坚持不变，农户向集体承包公有土地的经营期可以长达15年。1993年，中国政府又作出规定：在农户原有的土地承包期到期后，可再延长30年，在承包期内，农户对土地的经营使用权可以在不改变使用方向的前提下实行自愿、有偿转让。中国政府将继续鼓励在乡村和小城镇发展二、三产业，加快转移农业富余劳动力，促进具备条件的地方逐步实行耕地的适

度规模经营，进一步提高粮食生产的经济效益，增强发展粮食生产的动力。

——进一步改革与完善粮食流通体制。1985年，中国政府取消了粮食统一收购制度。目前粮食收购主要有四种形式：国家定购、国家议购、粮食加工企业在批发市场上购买和农民在集市上销售。在粮食销售方面，1993年全国城镇相继取消了定量计划供应的销售制度。在前两年市场零售物价涨幅较大的情况下，各地政府都规定城镇居民可以在国有粮店中购买一定数量的低于市场价格的粮食，国有粮店正越来越明显地起着保障城镇低收入者基本生活的作用。根据建立社会主义市场经济体制的要求，中国政府将着重在以下三个方面继续推进粮食流通体制的改革：一是尽快形成以市场定价为主的粮食价格形成机制，进一步发育和健全粮食市场体系，将粮食的地区间计划调拨逐步改为产、销区通过市场流通来实现各地区的供求平衡。对城乡低收入居民的粮食消费，各地将采取定向补贴等政策。二是加快国有粮食部门政策性业务与商业性经营分开的步伐，增强国有粮食流通企业的市场竞争能力。三是加快发展联结农户与市场的中介组织，引导和鼓励农民联合起来参与粮食流通。中国政府将采取一系列政策措施，促进粮食贸工农一体化经营，逐步建立以粮食为基础的高效农业体系，基本途径是，实行种植业和养殖业的复合发展，积极发展以种养业为原料的加工业和运销业，使粮食的生产、转化、加工和流通等环节紧密联结，多层次转化增值，提高粮食生产比较效益和农民收入，保证粮食生产的持续稳定发展。

——引导消费，减少浪费。中国政府将继续开展爱粮节粮宣传教育，并制定相应政策，促进在全社会形成“爱惜粮食光荣、浪费粮食可耻”的良好风尚。倡导文明、适度、节俭的消费方式，反对讲排场、摆阔气和铺张浪费，改革用餐方式，加强对餐饮业的管理。中国目前酒类构成中耗粮较多的烈性白酒比重过大，每年酿酒耗粮2000多万吨。中国政府将采取措施，减少高度白酒的生产，降低白酒在酒类中的比重。

——加强对粮食市场的调控。中国是一个自然灾害较为频繁的国家，年度间的粮食产量波动难以避免，对粮食市场的稳定产生不利影响。为加强对粮食生产者的保护和稳定粮食市场，中国政府在1990年就着手建立了粮食的最低保护价格制度和用于调节粮食市场供求与价格的专项粮食储备制度，1994年又建立了中央和省两级粮食市场风险基金制度。几年的实践证明，这些制度发挥了积极的作用。今后将进一步完善这些制度，保持合理的粮食储备量，充实粮食市场风险基金，增强政府对粮食市场的吞吐调节能力。

适时、适度利用国际粮食市场，通过进出口贸易调节国内的粮食供求关系，也是稳定粮食市场所必需的。近年来，中国国内的市场粮食价格已逐步接近于国际市场粮价。为了保护农民的基本利益，中国政府将按照国际惯例，实行粮食进口关税政策。

早在新中国成立前夕，西方就有人预言中国政府解决不了人民的吃饭问题，历史早已宣告此类预言的彻底破产。未来几十年，中国虽然面临耕地少、人口多、粮食需求压力大的现实，但也存在着巨大的发展潜力，中国有解决粮食问题的经验和办法，农民中蕴藏着巨大的生产积极性，完全有理由相信，中国政府和人民有能力依靠自己的力量解决粮食供给问题。实践将会向世界证明：中国人民不仅能养活自己，而且还将使自己的生活质量一年比一年提高。中国不但不会对世界粮食安全构成威胁，还将为世界粮食发展作出更大的贡献。

三 粮食质量

011

粮食质量监管实施办法（试行）

国粮发〔2004〕266号

第一章　总　　则

第一条　为了保障粮食质量安全，维护粮食生产者、经营者和消费者的合法权益，加强对粮食质量的监督管理，根据国家有关法律、《粮食流通管理条例》、《中央储备粮管理条例》等规定，制定本办法。

第二条　开展粮食收购、销售、储存、运输、加工等经营活动，应当遵守本办法。

第三条　国家鼓励采用并推行科学的质量管理方法、检验方法和先进技术，不断提高粮食质量管理和检测水平。粮食经营企业应当建立健全质量管理制度。

在粮食经营过程中，严禁短斤少两、掺杂使假、以次充好的行为。任何单位和个人均有权检举粮食质量的违法、违规行为。

第四条　各级粮食行政管理部门应积极宣传贯彻国家有关粮食质量、卫生管理的法律、行政法规和质量、卫生标准，依法履行对粮食收购、储存、运输活动和政策性用粮购销活动中粮食质量及原粮卫生的监管职责，定期对粮食质量监督、监测结果进行通报。

工商行政管理、产品质量监督、卫生、价格、认证认可监管、财政等部门依照有关法律、行政法规的规定，在各自的职责范围内负责有关粮食质量管理工作。

第二章　粮食质量安全管理与监督

第五条　从事粮食收购活动的经营者，应当具备粮食质量检验能力。具体条件由省、自治区、直辖市人民政府规定、公布。

省级粮食行政管理部门应当制订粮食收购经营者检验能力的认定程序，必要时，应到现场考查，也可委托有资质的粮食质量检验机构负责鉴定并出具证明。

第六条　粮食收购经营者收购粮食，应当严格执行国家粮食质量、卫生标准和有关规定，按质论价，不得损害农民和其他粮食生产者的利益。

（一）应当按照价格主管部门的规定明码标价，在收购场所的醒目位置公示收购粮食品种、质量标准、计价单位和收购价格等内容。按照国家粮食质量标准对收购的粮食进行检验。

（二）应当及时对收购的粮食进行整理。杂质严重超标、水分超过安全储存和运输技术规范要求的粮食不得销售出库。具体要求由省级粮食行政管理部门根据实际情况确定。

（三）不同收获年度的粮食不得混存；霉变及病虫害超过标准规定的粮食应单独存放，并按有关规定销售或销毁处理；带有检疫对象的粮食应按国家有关规定处理。

（四）鼓励对不同等级和品质的粮食单收、单存。

（五）粮食仓储设施应当符合粮食储存有关标准和技术规范的要求。粮食不得与可能对粮食产生污染的有害物质混存，储存粮食不得使用国家禁止使用的化学药剂或者超量使用化学药剂，粮库周围不得有有毒有害气体、粉末等污染源。

第七条 实行粮食入库质量检验制度。

（一）粮食收购和储存企业应当按照国家粮食质量标准对入库的粮食进行质量检验。中央和地方储备粮承储企业还应对粮食储存品质进行检验。

（二）粮食收购、储存企业和其他粮食经营者，应当建立粮食质量档案，内容包括：仓库（货位）号、粮食品种、收获年度、入库时间、质量等级、水分、杂质等项目和指标，属于储备粮的还应标明粮食储存品质指标。

（三）中央和地方储备粮的入库质量应当符合规定的质量等级要求。储备粮承储企业应当建立和完善质量管理制度，加强储备粮的入库检验和质量把关，严格执行日常监测制度，合理安排轮换，确保粮食储存安全、质量良好。

储备粮经营管理企业应当按照有关规定，委托有资质的粮食质量检验机构对储备粮入库质量和储存质量进行定期检查。

第八条 实行粮食销售出库质量检验制度。

（一）粮食收购和储存企业在粮食销售出库时，应当出具质量检验报告，销售粮食的质量应当与检验结果相一致；检验报告中应当标明粮食品种、等级、代表数量、产地和收获年度等；粮食出库检验报告应当随货同行，报告有效期一般为3个月；检验报告样式由国家粮食行政管理部门统一制定；检验报告复印件经销售方代表签字、加盖公章有效；开展代储业务的储存企业，应当承担粮食入库索证和出库检验义务。

（二）粮食出库检验项目

正常储存年限内的粮食，检验项目主要为国家粮食质量标准规定的各项质量指标；在储存期间使用过化学药剂并在残效期限内的粮食，应增加药剂残留量检验；色泽、气味明显异常的粮食，应增加相关卫生指标检验。

省级粮食行政管理部门，可根据辖区内粮食可能受到有毒有害物质污染、真菌感染的情况，增设相关卫生检验项目。

（三）正常储存年限内的粮食销售出库，可由粮食收购、储存企业自行检验并出具检验报告。

（四）超过正常储存年限的粮食销售出库，应当经过有资质的粮食质量检验机构进行质量鉴定；检验机构在接受委托检验申请后，一般应在15个工作日内完成扦样、检验和出具检验报告。

（五）超过以下储存年限的粮食，视为超过正常储存年限（按照收获年度计算），粮食销售出库时应当委托有资质的粮食质量检验机构进行质量鉴定：长江以南地区稻谷2年、小麦3年、玉米2年、大豆2年；长江以北地区稻谷3年、小麦4年、玉米3年、大豆2年；食用植物油（四级）均为2年。其它粮食品种的正常储存年限由省级粮食行政管理部门确定。

第九条 运输粮食应当严格执行国家粮食运输的技术规范，不得使用被污染的运输工具或者包装材料运输粮食。粮食在运输过程中，要严防污染、雨湿、霉烂变质等质量事故。

第十条 陈化变质、不符合食用卫生标准的粮食，严禁流入口粮市场，必须按国家有关规定处理；不符合饲料卫生标准的粮食，不得用作饲料原料。

凡经指定的检验机构鉴定达到陈化标准的粮食，一律定为陈化粮。对以经营饲料米的名义倒卖、转让陈化粮的，严格执行陈化粮有关管理规定。

第十一条 在粮食交易过程中，采购方必须向供货方索取粮食质量检验报告，并对入库的粮食进行验收检验；验收检验结果与供货方检验结果的误差在国家标准允许范围内的，应当认可供货方的检验报告。

第十二条 从事食用粮食加工的经营者，应当按照食品安全市场准入制度的要求，具有保证粮食质量和卫生必备的加工条件，不得使用发霉变质的原粮、副产品进行加工，不得违反规定使用添加剂，不得使用不符合质量、卫生标准的包装材料，不得有影响粮食质量、卫生的其他行为。

销售粮食应当严格执行粮食质量标准、卫生标准，不得掺杂使假、以次充好。

销售中的成品粮和食用植物油的包装和标识，应当符合国家食品包装、标签标准和有关规定，注明生产日期、保存条件和保质期。

第十三条 采购和供应政策性粮食（包括军供粮、退耕还林用粮和贫困地区、水库移民、灾民口粮等），必须经有资质的粮食质量检验机构检验合格，不符合规定的质量等级要求的，不得采购和供应。

第十四条 建立粮食质量和原粮卫生的抽查、监测制度。

（一）国家和省级粮食行政管理部门，应当按照各自的职责对中央储备粮、地方储备粮和政策性供应粮食质量状况进行定期监督抽查。对发现的问题，要及时督促解决；情节严重的，给予通报批评并责成其主管上级进行处理。

储备粮质量抽查的扦样、检验方法，按照国家有关规定执行。

（二）各级粮食行政管理部门应当定期对收购、储存活动中的粮食质量和原粮卫生进行抽查和监测。省级粮食行政管理部门负责制定辖区内粮食质量和原粮卫生抽查、监测工作的年度计划并组织实施。各省（自治区、直辖市）的年度抽查、监测计划及结果应及时报送省级人民政府和国家粮食行政管理部门。

（三）粮食行政管理部门应积极配合工商行政管理、产品质量监督、卫生等部门，对加工、销售中的成品粮食质量、卫生进行监督检查。

第十五条 建立粮食收获质量调查和品质测报制度。建立以各级粮食检验机构为依托的粮食质量调查和品质测报体系，由省级粮食行政管理部门负责组织，对当年收获的主要粮食品种进行采样和检测；建立国家、省、地（市）、县各级粮食质量信息数据库，定期发布粮食质量信息。

第十六条 各级粮食行政管理部门依法组织开展的粮食质量和卫生监督抽查与监测、粮食质量调查和品质测报所需的费用，应当列入同级财政预算，不得向抽查和调查对象收取。粮食检验收费标准应当按照国家有关规定执行。

第三章 粮食质量争议处理

第十七条 粮食质量检验争议按以下原则处理。

（一）粮食经营者之间的争议。粮食经营者对对方检验结果有异议的，可由双方协商通过会检解决，也可共同委托有资质的粮食质量检验机构复检。如对会检或复检结果仍有异议，双方可向省级（含）以上有资质的粮食质量检验机构申请仲裁检验，或通过法律程序解决。

（二）粮食经营企业与检验机构间的争议。粮食经营企业如对检验机构的检验结果有异议，可向原检验机构申请复检，如对复检结果仍有异议，可向省级（含）以上有资质的粮食质量检验机构申请仲裁检验，也可通过法律程序解决。

（三）需要复检或仲裁检验的，应当使用备份样品检验。

第四章 粮食质量监管机构与职责

第十八条 粮食行政管理部门应当建立健全质量监管机构，认真贯彻执行有关粮食质量、卫生法律、行政法规、政策及各项规章制度，履行粮食质量、卫生监管与服务职责。粮食质量监管机构的主要职责：

（一）贯彻执行《粮食流通管理条例》和有关法律、行政法规及政策，负责辖区内粮食质量标准化工作。

（二）制定粮食质量管理规章制度并监督执行。

（三）规划和指导粮食质量监督检验体系建设。

（四）指定鉴定粮食收购检验能力的机构。

（五）制订粮食质量和卫生监督抽查计划并组织实施。

（六）组织粮食收获质量调查和品质测报工作。

（七）组织培训考核检验人员，推行检验人员持证上岗制度。

（八）组织推广有关新方法、新技术、新成果。

（九）承担上级交办的其他任务。

第十九条 建立和完善粮食质量监督检验体系，实现粮食检验机构的合理布局，改善检验机构的设施条件，提高人员技术水平。

承担粮食质量监督检验的机构应当依照国家有关法律、行政法规的有关规定设立并取得授权。国家粮食行政管理部门负责粮食行业部级质量监督检验机构的设置与监督管理；省级粮食行政管理部门负责辖区内地方粮食质量监督检验机构的设置与监督管理。

承担粮食质量检验鉴定职责的机构，必须具备相应的检验条件和能力，应当在取得国务院认证认可监督管理部门依法组织的资质认定的基础上，由国务院各有关部门按照法律法规赋予的职责从中选用。

第二十条 建立并实行粮食检验比对考核制度。国家和省级粮食行政管理部门要定期对粮食质量检验鉴定机构进行检验技术比对考核，并督促比对考核不达标的检验机构及时进行整改。

粮食质量检验机构要规范检验行为，严格执行检验规程和检验方法，依法对检验数据和检验结果承担法律责任。

第二十一条 粮食质量监督检验人员应取得资格证书，持证上岗。国家粮食行政管理部门负责粮食行业省级（含）以上粮食质量监督检验人员的培训、考核和发证；省级粮食行政管理部门负责地（市）（含）级以下粮食质量监督检验人员的培训、考核和发证。资格证书样本由国家粮食行政管理部门统一制订。

国家粮食行政管理部门在国家产品质量监督部门组织下，承担粮食质量检验人员执业资格实施的有关工作。

第五章 罚 则

第二十二条 粮食收购者有下列行为之一，未执行国家粮食质量标准的，按《粮食流通管理条例》及《粮食流通监督检查暂行办法》（国粮检〔2004〕230号）（以下简称《监督检查办法》）第二十二条、第二十九条的规定予以处罚：

（一）未告知售粮者或者在收购场所公示粮食品种、质量标准，未按国家粮食质量标准进行检验的。

（二）未对收购的粮食进行及时整理，销售出库时，粮食杂质严重超标、水分超过安全储存、运输要求的。

（三）将不同收获年度的粮食混存的、将霉变及病虫害超过标准规定的粮食与正常粮食混存的、将粮食与有毒有害物质混存的。

（四）储存粮食使用国家禁止使用的化学药剂或者超量使用化学药剂的。

（五）粮食仓储设施、运输工具不符合粮食储存、运输有关标准和技术规范要求的。

（六）粮食销售出库检验报告不符合要求、弄虚作假的。

违反本办法第六条第一款，未按照价格主管部门的规定明码标价的，由价格主管部门依照有关法律、行政法规的规定予以处罚。

第二十三条　从事粮食收购、销售、储存、加工的粮食经营者及饲料、工业用粮企业，未建立粮食收购、进货质量档案的，由粮食行政管理部门责令改正，予以警告。

第二十四条　粮食加工、饲料和工业用粮企业采购粮食未索取检验报告或者未自行检验合格的，由粮食行政管理部门责令改正，予以警告；情节严重的，移交产品质量监督部门予以处罚。

第二十五条　违反本办法第十二条规定的，由产品质量监督部门、工商行政管理部门、卫生部门等依照有关法律、行政法规的规定予以处罚。

第二十六条　对超过正常储存年限的陈粮，出库前未按规定经有资质的粮食质量检验机构进行质量鉴定的，按《粮食流通管理条例》及《监督检查办法》第二十七条的规定予以处罚。

第二十七条　供应政策性粮食，未经有资质的粮食质量检验机构检验或者供应的粮食质量不符合要求的，按《粮食流通管理条例》及《监督检查办法》第二十六条的规定予以处罚。

第二十八条　罚没收入应纳入预算管理并根据《罚没财物和追回赃款赃物管理办法》（〔86〕财预228号）、行政事业性收费和罚没收入“收支两条线”管理规定及财政国库管理制度改革的有关要求上缴国库。任何单位和个人不得挤占、截留、挪用。

第六章　附　　则

第二十九条　本办法所称长江以南地区，包括上海、江苏、浙江、安徽、福建、江西、湖北、湖南、广东、广西、海南、重庆、四川、贵州、云南等省份；长江以北地区，包括北京、天津、河北、山西、内蒙、辽宁、吉林、黑龙江、山东、河南、陕西、甘肃、青海、宁夏、新疆等省份；西藏视同长江以北地区。

第三十条　本办法下列用语的含义：

粮食，是指小麦、稻谷、玉米、杂粮及其成品粮。大豆、油料和食用植物油适用于本办法。

原粮，是指除成品粮和食用植物油以外的粮食。

粮食质量安全，是指确保粮食质量符合国家粮食质量标准、卫生标准和有关规定的要求。

第三十一条 本办法由国家粮食行政管理部门会同国家工商行政管理、产品质量监督、卫生、价格、认证认可监管、财政部门解释。

第三十二条 本办法自 2005 年 1 月 1 日起实施。

国家发展和改革委员会
国家粮食局
财政部
卫生部
国家工商行政管理总局
国家质量监督检验检疫总局
国家认证认可监督管理委员会
二〇〇四年十二月三十日

012

关于印发《全国粮食质量安全专项整治行动方案》的通知

国粮检〔2007〕195 号

各省、自治区、直辖市及新疆生产建设兵团粮食局，中国储备粮管理总公司，中粮集团有限公司，中国华粮物流集团公司：

为贯彻落实全国质量工作会议、全国产品质量和食品安全专项整治行动电视电话会议精神，进一步加强粮食质量安全监管工作，按照国务院《全国产品质量和食品安全专项整治行动方案》的统一部署，特制订《全国粮食质量安全专项整治行动方案》，现印发给你们，请遵照执行。

国家粮食局

二〇〇七年九月五日

全国粮食质量安全专项整治行动方案

国家粮食局

2007 年 9 月 5 日

按照国务院《全国产品质量和食品安全专项整治行动方案》的统一部署，结合粮食行业的特点和质量工作实际，国家粮食局决定，从现在起到今年底，在全国范围内全面开展粮食（含食用植物油，下同）质量安全专项整治行动。

一、总体要求

认真贯彻落实全国质量工作会议、全国产品质量和食品安全专项整治行动电视电话会议精神，根据《粮食流通管理条例》、《中央储备粮管理条例》赋予粮食行政管理部门的粮食质量与原粮卫生监管职责，通过对重点环节、重点单位的集中整治，建立健全覆盖粮食收购、储存、运输环节和政策性粮食购销活动全过程的质量安全监管体系，建立粮食质量安全追溯制度和责任追究制度，进一步提高我国粮食质量工作的整体水平。

重点环节，是指粮食购销、储存和政策性粮食供应环节；重点单位，是指中央和地方储备粮承储企业、托市收购企业、军粮等政策性粮食供应企业、粮食批发市场以及纳入社会粮食流通统计范围的各种所有制的粮食经营企业。

二、主要任务和工作目标

（一）粮食收购环节质量安全整治

一是严格粮食收购资格审核制度，确保粮食经营者具备必要的收购条件。对已经取得粮食收购资格的企业，要按规定进行定期审核。二是检查粮食购销企业执行国家粮食质量安全标准和相关政策的情况，检查托市收购企业执行质价政策的情况，严厉查处压级压价、克斤扣两等坑害农民的行为。三是从现在开始，对所有取得粮食收购资格的企业，要以省为单位，结合本地区实际情况，全面实行粮食质量安全承诺制度。加强粮食的入库出库检验，建立健全粮食质量档案，规范粮食经营的出证出票、索证索票制度。

（二）粮食储存环节质量安全整治

按照《国家粮食局关于开展2007年全国粮食库存检查工作的通知》（国粮检〔2007〕153号）、《国家粮食局关于开展中央储备粮质量抽查工作的通知》（国粮检〔2007〕149号）和《国家粮食局关于开展地方储备粮质量抽查工作的通知》（国粮检〔2007〕193号）要求，纳入库存检查范围的企业对所有库存粮食的自查率要达到100%，省级粮食部门组织的复查要达到10%以上。在全国粮食库存检查中，要切实加强库存粮食质量检查，特别是对中央储备粮和地方储备粮的质量检查，对中央储备粮质量抽检率达到储存库点的25%，地方储备粮质量抽检率达到库存总量的15%。要周密部署，合理布点，科学取样，准确检验，严格按国家粮食质量标准的规定做出客观评价。对检查中发现的问题，要分析原因，查清责任，立即整改。要加强对储粮药剂残留和真菌毒素污染的监测。规范储粮药剂使用，建立储粮药剂使用备案制度。加强对高水分粮食的收储和运输管理，及时消除质量安全隐患。

（三）政策性供应粮食质量安全整治

要把军供粮、水库移民粮、退耕还林粮、救灾粮等政策性用粮的质量检查作为本次粮食质量安全专项整治的工作重点，军供粮更是重中之重。对所有政策性供应粮食的原料采购、加工、包装、储存、运输和配送、销售全过程进行全面检查和抽查，逐个环节查找安全隐患和监管漏洞。严格实行政策性粮食的供应准入制度，实行添加剂使用备案制度和原料及产品的强制检验制度，加强质量安全专项抽查，发现问题就地整改。对军供站（点）供应的粮油食品，都要进行全面的质量检查，对存在质量安全隐患的产品一律下柜，严禁出售。到今年底，政策性供应粮食质量合格率达到100%。

（四）粮食出库销售环节质量安全整治

加快建立、完善粮食经营、转化用粮企业经营台账和质量档案制度，各级粮食部门和单位要对企业建立经营台账和质量档案情况进行监督检查，到今年底，纳入粮食统计范围的粮食经营企业建立经营台账和质量档案比例要达到100%。强化粮食销售出库的质量检验，对超过正常储存年限的陈粮，在出库前必须经过省级以上粮食行政管理部门授权的粮食质量检验机构进行质量鉴定，出库检验出证率达到100%。加强粮食批发市场信息系统和质量检验检测系统建设。大中城市成品粮批发市场要100%纳入质量安全监测范围。加强成品粮进货监管，确保城市粮食消费安全可靠。要深入开展“放心粮油”活动，促进粮食企业增强质量意识、安全意识、服务意识，促使企业进一步加强质量管理，做到诚实守信、规范经营，生产、加工和销售质量卫生安全的粮油产品，进一步推动“放心粮油”产品进社区、进农村、进批发市场，让广大消费者购买和食用安全放心的粮油。

三、工作要求和措施

（一）加强领导，落实责任

本次粮食质量安全专项整治行动，由国家粮食局统一领导，各省（区、市）粮食行政管理部门要建立健全相应工作机制，做到一把手亲自抓，分管领导直接抓，专门机构和人员具体抓。要将专项整治的任务和责任逐级落实到市、县粮食局和粮食企业。要尽快落实专项整治的人力、资金和技术装备，确保专项整治行动的顺利开展。各级粮食行政管理部门要组织专门力量，由领导同志带队，深入一线加强督察。对粮食质量安全专项整治工作开展好的地区要进行表扬，对工作开展较差的地区要通报批评。对粮食质量安全问题比较突出、长期得不到解决或因此发生恶性事件的地方，要依纪依法追究主要责任人的责任。对在专项整治中失职渎职的有关责任人要严肃查处。

（二）依法办事，协同配合

各级粮食行政管理部门要严格按照《粮食流通管理条例》、《中央储备粮管理条例》和《国务院关于加强食品等产品安全监督管理的特别规定》等，履行粮食质量监管职责，做到公开、公平、公正，从严查处违法违规行为；要完善行政执法与刑事司法衔接机制，对涉嫌构成犯罪、依法需要追究刑事责任的，按规定移送司法机关。各级粮食行政管理部门要围绕本整治行动方案确定的工作目标和重点，做到令行禁止。

要密切与农业、卫生、质检、工商等有关部门沟通交流，加强信息通报，建立合作机制，形成监管合力；要建立上下联动、部门联动、区域联动的工作机制，在当地政府的统一指挥下，按照粮食质量安全专项整治行动方案要求，群策群力，积极做好整治工作。

（三）完善制度，标本兼治

建立粮食安全整治的长效机制，加快建立和完善能够涵盖粮食流通全过程的质量监管制度，包括粮食质量追溯制度，不合格粮油产品召回制度，粮食质量与原粮卫生监测抽查制度，粮食质量安全报告制度，粮食质量信息发布制度，粮食质量安全突发事件应急处理机制等，以制度的建设和实施，规范和促进粮食质量安全专项整治行动。加快相关信息化建设，抓紧制修订急需的粮食产品及检测技术国家标准，充分发挥行业组织作用。

要高度重视原粮卫生状况调查工作，为粮食卫生监管奠定基础。按照《国家粮食局关于进一步开展全国原粮卫生状况专项调查工作的通知》（国粮发〔2007〕124 号）要求，切实做好组织实施工作。具体做到科学取样，准确检验，及时报告，按规定程序发布和使用调查结果数据。对不符合国家卫生安全标准的粮食，要及时报请当地政府批准就地封存，进行无害化处理或限定用作工业用途。到今年底，全面掌握全国所有省份主要产粮县的原粮卫生情况，对收购环节稻谷、小麦和玉米三大粮食品种的卫生状况作出整体评价，确保从源头上把住原粮卫生安全关，保障广大人民群众的饮食卫生安全。

（四）积极宣传，营造氛围

要加强粮食质量安全专项整治行动的宣传工作，在专项整治行动期间，各地要充分发挥报刊、广播、电视、网络等媒体的作用，大力宣传粮食质量安全专项整治成果，将所做的工作、取得的成效、发现的好典型及时上报国家粮食局和当地政府，对违法违规行为要及时揭露和曝光。进一步完善举报投诉制度，各地粮食行政管理部门要公布举报电话，广泛发动和正确引导公众参与，同时加强对监管对象履行质量义务的宣传，在全国粮食行业形成讲质量、抓质量、保质量的良好氛围。

专项整治期间（9 月～12 月），各省级粮食行政管理部门和有关单位应在每月 25 日之前，将专项整治工作进展情况报告国家粮食局，重大情况随时报告。

四 粮食风险基金

013

国务院关于印发《粮食风险基金实施意见》的通知

国发〔1994〕31号

各省、自治区、直辖市人民政府，国务院各部委、各直属机构：

国务院同意财政部等六部委提出的《粮食风险基金实施意见》，现印发给你们，请结合本地区、本部门的实际情况，认真贯彻执行。

粮食是关系国计民生的特殊商品，政府必须进行宏观调控。粮食专项储备制度和粮食风险基金制度是政府对粮食进行宏观调控的最重要的经济手段。经过近几年的努力，粮食专项储备制度已经初步建立起来了，今后还需要进一步完善。当务之急是尽快把粮食风险基金制度建立起来。粮食风险基金是中央和地方政府用于平抑粮食市场价格，补贴部分吃返销粮农民因粮食销价提高而增加的开支，促进粮食生产稳定增长，维护粮食正常流通秩序，实施经济调控的专项资金。这是我国针对关系国计民生的重要商品而建立的第一个专项宏观调控基金。

建立粮食风险基金制度，是我国经济生活中的一件大事，也是一件新事，是党和政府对加强粮食宏观调控的一项重大政策，也体现了党和政府对农民的关心。各省、自治区、直辖市人民政府要高度重视，加强领导，充分认识建立粮食风险基金制度的必要性和紧迫性，务必抓好《粮食风险基金实施意见》的落实，做到用途明确、范围清楚、资金到位，尽快将省级粮食风险基金真正建立起来；要根据《粮食风险基金实施意见》抓紧制定具体操作办法和实施细则；要做好宣传解释工作，使广大干部、群众特别是县、乡、村干部，真正明白政策，认真贯彻执行，落到实处。国家计委、国家经贸委、财政部、内贸部、农业部、国家粮食储备局等部门要密切配合，加强指导、协调和督促。

各省、自治区、直辖市人民政府和国务院有关部门在贯彻执行《粮食风险基金实施意见》的过程中，要注意总结经验，使粮食风险基金制度在实践中逐步得到完善。

国务院

一九九四年五月九日

粮食风险基金实施意见

国务院

1994 年 5 月 9 日

第一条 为了用经济手段稳定粮食市场，防止粮食价格大幅度波动，保护生产者和消费者利益，促进粮食生产稳定增长和粮食流通体制改革，必须建立粮食风险基金制度。

第二条 粮食风险基金是中央和地方政府用于平抑粮食市场价格，补贴部分吃返销粮农民因粮食销价提高而增加的开支，维护粮食正常流通秩序，实施经济调控的专项资金。

第三条 从 1994 粮食年度起，中央和各省、自治区、直辖市都必须建立足够的粮食风险基金。

地（市）、县是否建立粮食风险基金，由各地根据财力自行确定。

第四条 中央粮食风险基金用于国家储备粮油、国家专项储备粮食的利息、费用支出和在特殊情况下需动用中央储备粮调节粮食市场价格时所需的开支。

地方粮食风险基金用于地方政府为平抑粮食市场价格吞吐粮食发生的利息、费用和价差支出；对贫困地区吃返销粮的农民由于粮价提高而增加的开支的补助。

粮食风险基金规模根据以上用途确定。原来由扶贫经费、社会优抚救济经费等开支的事项仍由原资金渠道解决，不得挤占粮食风险基金。

第五条 中央粮食风险基金的资金来源由中央财政预算安排。

地方粮食风险基金的资金来源由中央补助和地方财政预算安排构成，两项资金的配备比例原则上为 1∶1.5。中央补助的资金来源是粮食购销同价后中央财政节余的粮食加价款和中央财政预算安排新增的补助资金；地方自筹的资金来源为粮食价格放开后地方财政节余的补贴和地方财政预算已安排的地方储备粮食利息、费用补贴及其它预算资金。具体到各地区的资金配备比例，地方筹资渠道，不搞一刀切，以达到需要的资金规模为标准。

第六条 各省、自治区、直辖市人民政府要组织物价、财政、粮食、农业等部门认真测算，按照第四条规定的用途初步确定地方粮食风险基金规模，报国务院审定。国务院根据各地初步确定的规模和两项资金的配备比例，确定地方粮食风险基金的最低规模。各地实际筹措资金总额不得少于最低规模，除中央补助资金外，缺额部分全部由地方自筹。最低规模所需资金必须在 1994 年内全部到位。以后年度随使用随补充，只能增加，不能减少。中央补助资金和地方自筹资金必须按时到位，如地方自筹部分不能及时到位，中央补助部分也相应减少。

第七条　粮食风险基金由同级财政部门会同有关部门设专户管理，粮食风险基金的调度使用权属同级人民政府。中央粮食风险基金以财政部为主，会同国家计委、国家经贸委、内贸部、农业部、国家粮食储备局负责管理。省级粮食风险基金由各省、自治区、直辖市财政厅（局）会同计委（计经委）、物价局（委）、经贸委（经委）、粮食厅（局）、农业厅（局）负责管理。

第八条　粮食风险基金列入同级财政预算，每年安排。财政部门在编制预算时，应将当年安排的粮食风险基金纳入预算；在预算执行中，粮食风险基金的拨付应摆在优先位置；当年结余的粮食风险基金结转到下年滚动使用。具体财务处理办法由财政部制定下达。

第九条　政府采取吞吐粮食的办法实施对粮食市场价格的宏观调控。国有粮食企业必须按国家和地方规定的收购价格积极收购农民的粮食，促进粮食销售，维持正常经营。在此前提下，当粮食市场价格低于国家规定的收购价格时，政府委托国有粮食企业按照国家确定的收购价格敞开收购农民交售的粮食，企业要本着“保本微利”的原则进行经营。经营这部分粮食所需利息、费用，由地方粮食风险基金代垫，粮食销售后，粮食企业必须如数归还代垫的资金。当粮食销售价格过高时，政府委托国有粮食企业抛售粮食，使过高的销售价格回落到合理的水平。一旦抛售价格低于成本价格，价差部分由粮食风险基金支付。抛售地方掌握的粮食，由地方粮食风险基金支付；抛售国家专项储备粮食，由中央粮食风险基金支付。

第十条　落实好对吃返销粮地区农民的补助。这项工作政策性强，各级政府一定要精心组织，真正把补助落实到应补助的农民。

补助对象是：真正从事种粮而又是吃返销粮的农民。对种植价高利大经济作物或从事其他行业收入较高地区的农民，不给补助。

补助标准是：对吃返销粮的农民，补新销价与原销价的差价部分。

具体补贴办法由各省、自治区、直辖市人民政府自定。省级政府应将给农民的补助款及时拨付到应补贴的县，钱给县里，责任也给县里。任何单位和个人不得截留、挪用、克扣补助款。

第十一条　各省、自治区、直辖市要把建立粮食风险基金制度同加快粮食流通体制改革有机地结合起来。粮食流通体制改革的方向是政企分离，企业正常的经营性职能与政策性职能分开。粮食风险基金，不得用于粮食企业正常的经营性活动。

第十二条　各省、自治区、直辖市可根据本《实施意见》制定地方粮食风险基金的具体操作办法和实施细则，并报财政部、国家计委、国家经贸委、内贸部、农业部备案。

第十三条 本《实施意见》自发布之日起执行，由财政部负责解释。凡与本《实施意见》相抵触的一律按此意见执行。

014

国务院办公厅转发财政部　中国农业发展银行关于完善粮食风险基金管理办法的通知

国办发〔1998〕17号

各省、自治区、直辖市人民政府，国务院各部委、各直属机构：

为贯彻落实《国务院关于进一步深化粮食流通体制改革的决定》（国发〔1998〕15号），财政部、中国农业发展银行制定了《关于完善粮食风险基金管理的办法》。经国务院批准，现转发给你们，请认真贯彻执行。

国务院办公厅

一九九八年五月十一日

关于完善粮食风险基金管理的办法

财政部　中国农业发展银行

根据《国务院关于进一步深化粮食流通体制改革的决定》（国发〔1998〕15号）的精神，为加强和改善粮食宏观调控，现就完善粮食风险基金管理提出以下办法。

一、粮食风险基金是政府调控粮食市场的专项资金，由中央财政和省级财政按规定比例共同筹集，各省、自治区、直辖市人民政府按国务院规定统筹使用。

二、粮食风险基金专项用于：第一，支付省级储备粮油的利息、费用补贴；第二，粮食企业执行敞开收购农民余粮的政策，致使经营周转粮库存增加，流转费用提高，而又不能通过顺价出售予以弥补的超正常库存粮食的利息、费用补贴。

三、根据粮食风险基金用途，按照丰年向产区倾斜、歉年向销区倾斜的原则分配中央财政补助资金。财政部据此逐年测算各省、自治区、直辖市补贴资金需求量，并按规定比例分别拟定中央财政补助资金和省级财政自筹资金年度最低到位金额，上报国务院批准后下达各地执行。原粮食风险基金最低规模内地方配备比例高于1∶1.5的，仍按原比例配备资金；没有达到1∶1.5的地区，一律按1∶1.5的比例配备资金。当年最低资金到位金额和上年结转资金按规定用途使用后出现缺口，由中央财政和省级财政按1∶1的比例共同增加粮食风险基金解决。

四、中央财政和省级财政在编制预算时，要将粮食风险基金年度最低资金到位金额纳入预算，在预算执行中优先安排。中央财政补助资金和省级财政自筹的资金按季到位，如省级财政自筹的资金不能到位，中央财政相应减少补助资金。当年结余的粮食风险基金，如数结转到下年滚动使用，但不能抵顶下年应到位资金。

五、省级储备粮油利息和费用补贴资金需求量，根据国务院提出的省级储备粮油数量要求，参照国家专项储备粮油利息、费用补贴标准测算确定。财政部门要按规定及时拨付粮食风险基金，弥补粮食企业承储省级储备粮油的利息、费用开支。

六、实施敞开收购农民余粮政策后，所应支付超正常库存粮食的利息和费用补贴资金需求量，根据各地粮食生产、收购、销售、库存等情况测算确定。财政部门要按政策规定将应补贴资金及时拨付给需要补贴的粮食企业。粮食企业收到补贴款后，要及时归还粮食库存利息、费用开支所占用的银行贷款。具体补贴办法另行制定。

七、粮食风险基金实行财政专户管理。各级财政部门要在同级农业发展银行设立粮食风险基金专户，不得在其他银行开户。地方配备的资金由省级财政统筹拨付到在省级农业发展银行设立的专户，中央财政补助资金直接拨入省级财政设立的专户。地方财政部门会同粮食部门通过粮食风险基金专户，将粮食风险基金补贴资金逐级拨付到粮食企业。

粮食风险基金专户管理办法由财政部会同中国农业发展银行另行制定。

八、粮食风险基金专户的存款资金按单位活期存款利率按季计息，利息收入转增粮食风险基金本金，由省级财政集中管理，但不得抵顶省级财政应到位的配备资金。

九、财政年度结束后，省级财政要编制当年粮食风险基金到位、支用、结存财务决算，于次年3月底以前上报财政部审批。

十、各级财政、粮食、物价部门及农业发展银行要密切配合，及时沟通情况，加强对粮食风险基金拨付和使用情况的监督，确保粮食风险基金及时、足额到位，并按规定的用途使用。任何部门和单位都不得挤占、截留、挪用粮食风险基金，严禁用各种方式套取粮食风险基金补贴，如有违反，要严肃处理，并追究有关领导者的责任。

十一、各省、自治区、直辖市可根据本规定，制定具体实施办法，并报财政部、中国农业发展银行备案。

十二、本办法自发布之日起实行，由财政部负责解释。

015

关于印发《粮食风险基金监督管理暂行办法》的通知

财建〔2001〕691号

各省、自治区、直辖市财政厅（局）、计委、粮食局、农业发展银行分行：

根据《国务院关于进一步深化粮食流通体制改革的意见》（国发〔2001〕28号）的有关规定，为加强粮食风险基金监督管理，确保粮食省长负责制和粮食风险基金包干政策的落实，经国务院批准，现将《粮食风险基金监督管理暂行办法》印发你们，请遵照执行，并请将你省（自治区、直辖市）制定的本地区粮食风险基金监督管理具体办法报财政部、国家发展计划委员会、国家粮食局、中国农业发展银行备案。

财政部　国家发展计划委员会　国家粮食局
中国农业发展银行
二〇〇一年十一月三日

粮食风险基金监督管理暂行办法

财政部　国家发展计划委员会　国家粮食局　中国农业发展银行
2001年11月3日

为了加强粮食风险基金监督管理，确保粮食风险基金包干政策的落实，根据《国务院关于进一步深化粮食流通体制改革的意见》（国发〔2001〕28号）的有关规定，特制定本办法。

一、粮食风险基金包干

（一）从1999年开始，中央财政对各省（自治区、直辖市）实行了粮食风险基金包干。在此基础上，为了给粮食主产区更大的支持，从2001年开始，中央财政适当增加了对粮食主产区的粮食风险基金补助，由地方包干使用。没有增加补助的省（自治区、直辖市），粮食风险基金维持1999年包干基数不变。

（二）粮食风险基金实行包干后，财政部的主要职责是：研究和制定指导性政策；按时拨付中央补助；监管资金的到位和使用；定期向国务院报告粮食风险基金的管理和使用情况等。国家计委、国家审计署、国家粮食局、中国农业发展银行等部门根据各自职能负责监督粮食风险基金的管理和使用。各省（自治区、直辖市）人民政府的主要职责是：在中央政策指导下，制定本地区粮食风险基金的具体补贴范围、补贴标准和补贴方式，以及具体监督管理办法；应确保地方粮食风险基金及时足额筹集到位；按时拨付粮食风险基金；负责本地区粮食风险基金的具体管理，确保专款专用。

（三）粮食风险基金继续实行农业发展银行专户管理。各省（自治区、直辖市）财政厅（局）必须在同级农业发展银行开设粮食风险基金专户，粮食风险基金必须通过专户拨付。

二、粮食风险基金筹措

（一）各省（自治区、直辖市）人民政府按政策应筹集的粮食风险基金，要纳入地方财政预算，足额安排，不得留有缺口。

（二）中央财政对地方粮食风险基金包干补助款，按季均衡拨付，每个季度的补助资金要在本季度的第一个月底之前拨到各省（自治区、直辖市）财政厅（局）在省级农业发展银行开设的粮食风险基金专户。

（三）地方应配套的粮食风险基金，要按季均衡到位，并在每季度第二个月底之前拨付到省级粮食风险基金专户；地（市）、县（市）级财政应负担的粮食风险基金不能及时到位的，由省级财政先行垫付。

（四）当年结余的粮食风险基金，如数结转到下年度使用，不得抵顶下年度应到位的配套资金。地方各级财政不得减少下年度粮食风险基金预算安排。

（五）粮食风险基金专户资金按单位活期存款利率按季计息，利息收入转增粮食风险基金本金，不得抵顶地方财政应到位的配套资金，不得挪作他用。

（六）对地方财政特别困难的部分粮食主产区，在当年安排的地方配套的粮食风险基金高于上年的前提下，对确实无法足额到位的缺口部分，继续实行经批准向商业银行借款的办法。在每年年底前，由省级人民政府向国务院提出申请，经财政部、中国人民银行审核后，报国务院批准借款。省级人民政府获得的借款，由借款银行直接将资金拨入申请省（自治区）财政厅在农业发展银行开设的粮食风险基金专户。

三、粮食风险基金拨付

（一）粮食风险基金对购销企业按季拨付。补贴资金必须在每季度最后一个月的 15 日之前拨付到粮食购销企业。

（二）粮食风险基金对粮食购销企业拨付，由粮食购销企业向粮食主管部门提出申请，粮食主管部门根据省级人民政府制定的补贴政策进行审核，审核后报送同级财政部门，财政部门复核后，开具对粮食购销企业的拨款通知书，农业发展银行依据财政部门的拨款通知书直接将资金拨付到粮食购销企业账户。有条件的地方也可以由粮食购销企业直接向主管财政部门申请，同时报粮食主管部门审核。

（三）主管财政部门在收到粮食主管部门或粮食购销企业报送的粮食风险基金补贴申请后，必须在10个工作日内开具拨款通知书，逾期未开具的，必须说明理由。农业发展银行在收到主管财政部门拨款通知书后，必须在3个工作日内将补贴资金如数划拨到被补贴企业的开户银行，并将回执通知到同级财政部门和粮食部门。如农业发展银行因故不能拨款的，必须及时通知同级财政部门和粮食部门，并解释原因。

（四）主管财政部门在收到粮食主管部门或粮食购销企业报送的申请后，在规定的工作日内没有开具拨款通知书，又无正当理由的，由省级农业发展银行根据粮食主管部门审核后的粮食购销企业的申请，按申请补贴数的80%直接从粮食风险基金专户划拨到应享受补贴企业的开户银行，拨款后通知省级财政部门。

（五）粮食风险基金拨付到企业后，按政策规定应由企业享受的补贴资金，由企业用于经营和发展，任何单位和个人不得以任何借口抽回。

四、粮食风险基金使用

（一）在中央政策指导下，粮食风险基金的具体补贴范围、补贴标准和补贴方式，由省级人民政府确定，并抄报财政部、国家计委、国家粮食局、中国农业发展银行备案。

（二）省级人民政府制定粮食风险基金具体补贴范围、补贴标准和补贴方式，既要与中央政策相一致，又要与本地实际情况相结合。粮食购销企业执行保护价政策应得到合理的补贴，不得缩小补贴范围，压低补贴标准；制定保护价要能补偿粮食生产成本，并使农民得到适当收益，不得压低保护价，损害农民利益。

（三）粮食主产区要继续执行“三项政策、一项改革”。粮食主产区的粮食风险基金的使用，必须确保粮食购销企业按保护价敞开收购农民余粮。具体补贴方式可由省级人民政府根据本地实际情况制定。

（四）粮食主销区的粮食风险基金使用，必须重点确保地方储备粮油所需的利息费用补贴。

（五）粮食购销平衡地区，可视本地区特点，比照粮食主产区或主销区，确定本地区粮食风险基金必须确保的重点。

（六）粮食风险基金在确保重点后，如有节余，可用于陈化粮价差亏损补贴、消化粮食财务挂账等粮食方面的开支，不准挪作他用。

五、粮食风险基金超支弥补

粮食风险基金包干后，中央财政对各省（自治区、直辖市）超支不补，节余留用。省级人民政府对包干负责，凡出现超支，由地方弥补。

六、粮食风险基金的月报、年报制度

（一）各省（自治区、直辖市）财政厅（局）负责编报粮食风险基金月报。每月的月报经同级农业发展银行审核签章后，于次月5日前上报财政部，并抄报中国农业发展银行、国家粮食局。

（二）粮食风险基金年报是本年度的决算报表，由各省（自治区、直辖市）财政厅（局）负责编报。财政部门编制粮食风险基金年报要与同级粮食部门、农业发展银行协商，上报前必须经同级粮食部门、农业发展银行审核签章。年报应在次年第一季度末之前上报财政部，并抄报国家粮食局、中国农业发展银行。财政部收到决算后，商国家粮食局、中国农业发展银行及时审核批复。

七、粮食风险基金监督检查

（一）粮食风险基金纳入财政部驻各省（自治区、直辖市）财政监察专员办事处重点监管范围。各省（自治区、直辖市）财政厅（局）要积极配合财政监察专员办事处做好监督检查工作，粮食风险基金有关制度文件和月报、年报要及时抄送财政监察专员办事处。

（二）财政部每年组织财政监察专员办事处、审计部门或社会中介机构，对粮食风险基金的管理和使用进行检查。

八、罚则

（一）省级人民政府制定的粮食风险基金具体补贴政策与中央的规定不一致的，由财政部会同国家计委、国家粮食局、中国农业发展银行提出意见并帮助纠正。

（二）中央财政按年考核地方自筹粮食风险基金到位情况，对不能按时到位的地区，根据《国务院关于进一步完善粮食生产和流通有关政策措施的通知》（国发〔2000〕12号）规定，中央财政将在下一年度初相应扣拨中央对地方财政税收返还款，直接拨入省级粮食风险基金专户，强制到位。

（三）粮食风险基金使用有违反规定挪作他用的，根据《粮食购销违法行为处罚办法》规定，没收违纪款，上交中央金库，并按规定追究相关单位和个人的责任。

（四）在对粮食风险基金监督检查过程中，如发现任何单位或个人以任何借口，将企业应享受的粮食风险基金补贴抽回或挪用，根据《粮食购销违法行为处罚办法》规定，没收违纪所得，上交中央金库，并按规定追究相关单位和个人的责任。

（五）如因农业发展银行汇拨不及时造成补贴资金不能按时到位的，由中国农业发展银行追究主要责任人的责任。

（六）对不按时报送粮食风险基金月报及年报的地区，财政部将以文件形式通报批评。

九、本办法自2001年12月1日起施行，本办法由财政部负责解释。以前规定与本办法相抵触的，以本办法为准。各省（自治区、直辖市）可参照本办法制定具体监管办法。

016

财政部关于加快拨付粮食风险基金的紧急通知

财经明电〔1999〕1号

各省、自治区、直辖市财政厅（局）：

为继续推动粮食流通体制改革，支持粮食企业按保护价敞开收购农民余粮，1999年粮食风险基金最低到位金额内中央补助款已在一季度全额拨入各地粮食风险基金专户，大部分地区也已按规定将配套资金拨入专户，但不少地区对已存入粮食风险基金专户的资金尚未及时拨付到粮食企业。为此，现紧急通知如下：

一、凡未按政策规定的时间将粮食风险基金最低到位金额内地方自筹资金拨入农发行粮食风险基金专户的，限期在5月20日以前拨付到位，届时不能到位的，中央财政按规定扣款到位。

二、各地须对1998年第四季度和1999年第一季度欠拨粮食企业超储补贴进行一次初步清算。粮食风险基金专户有资金的，务必在5月12日之前将所欠补贴拨付到粮食收储企业。专户资金全部拨付后仍有缺口的，尽快将缺口情况上报财政部经贸司，中央财政将视情况给予适当支持，同时，地方财政要积极筹措资金保证到位。对粮食风险基金专户有资金存款，又不按上述规定时间拨付粮食企业超储补贴和省级储备粮油利息、费用补贴的，省级农业发展银行有权会同省级粮食部门按所欠应补贴的60％将资金直接预拨到所欠企业的开户银行，拨款后及时通知省级财政部门。

三、从1999年第三季度起，各地财政部门必须按季拨付粮食风险基金，即在季度结束后的10日内对粮食企业拨付上季度超储补贴和省级储备粮油利息、费用补贴。如果专户上有存款，省级财政部门又不能按时拨付补贴的，省级农业发展银行有权按上季度实际拨付款的60％直接对收储企业拨付补贴资金，补贴款拨付后须通知省级财政部门。

四、各级财政部门，特别是县级财政部门一定要加强粮食风险基金监督管理，管好粮食风险基金专户、确保专款专用。对挤占、挪用粮食风险基金的，要严肃查处。同时，还应核实粮食企业超储库存，防止虚报收购、谎报库存骗取粮食补贴。

以上规定，请遵照执行。

财政部

一九九九年五月七日

五 粮食价格

017

国务院关于调整粮油统销价格的决定

国发〔1991〕18号

六十年代中期以来，定量供应城镇居民的粮油统销价格一直未作调整，这对稳定市场物价，安定人民生活起了重要作用。一九七九年以后，为促进粮油生产发展，国家多次提高收购价格，粮油购销价格出现倒挂，国家用于粮油的补贴逐年增加，财政负担沉重，影响了流通和粮食企业正常经营，助长了不合理消费。

根据党的十三届七中全会精神，为了进一步深化改革，逐步理顺粮油价格，搞活粮油流通，促进节约用粮，减轻财政负担，决定从一九九一年五月一日起，调整粮油统销价格。

一、适当提高粮油统销价格。三种粮食（面粉、大米、玉米）中等质量标准品全国平均统销价每五百克提高一角；六种食用油（花生油、大槽芝麻油、菜籽油、精炼棉籽油、茶籽油、豆油）实行购销同价，全国平均每五百克提高一元三角五分。其他粮油品种的统销价格也相应调整。

粮油统销价格调整后，销售价格尚未完全理顺，粮食购销价格倒挂部分和粮油经营费用仍由财政给予补贴；城镇居民口粮、口油继续实行凭证、凭票定量供应；居民结存的票证粮油，执行调整后的统销价格。

二、对职工给予适当提价补偿。为了使城镇大多数居民的实际生活水平不因粮油提价受到大的影响，决定按照国家、企业、个人共同负担的原则，给城镇居民适当补偿。这次对职工及其家属的提价补偿纳入职工基本工资。国家机关、事业单位每个职工每月基本工资提高六元，企业单位职工各等级标准工资均提高六元。对离退休人员、解放军和武警干部战士、大中专在校学生、民政优抚救济对象以及其他需要补偿的人员，也给予适当补偿。具体办法由财政部会同有关部门下达。各地区、各部门均不得擅自提高补偿标准。

三、严格控制粮油提价连锁反应。为了尽可能缩小粮油提价的影响，各地区、各部门在粮油价格调整期间要严格控制出台其他提价项目，不得“搭车”涨价。各级人民政府要采取有效措施，稳定生活必需品价格，抓好副食品、日用工业品的生产和供应，确保“菜篮子”价格的基本稳定。各级物价、工商行政管理部门要加强物价监督检查和市场管理，对违反国家价格政策、哄抬物价的要严肃处理。

四、认真做好粮油供应工作，加强粮油票证管理。各级粮食部门要充分发挥主渠道作用，切实做好粮油加工、调运和销售工作，保证市场粮油供应，防止出现脱销，必要时可采取限购措施。要加强粮油票证管理，堵塞漏洞，防止趁调价之机，弄虚作假，套取国家粮油和财政补贴。

五、切实加强领导，周密部署。调整粮油统销价格是深化价格改革的重要步骤，涉及千家万户，关系广大人民群众的切身利益。各省、自治区、直辖市人民政府要切实加强领导，严格按照调价方案，周密计划，精心组织，认真落实。在调价出台以前，要根据国务院办公厅、中共中央宣传部印发的《提高城镇居民定量粮油销售价格宣传提纲》，结合当地情况，广泛深入进行宣传解释，采取内部逐层传达的方式，做到家喻户晓。在调价过程中，要密切注意市场动态，及时解决出现的问题，保证粮油调价工作顺利进行。

国务院

一九九一年四月四日

018

国务院关于提高粮食统销价格的决定

国发〔1992〕15号

去年，国家提高粮油统销价格，对逐步理顺粮油价格，减轻财政负担，促进节约用粮发挥了重要作用，但是粮食价格尚未完全理顺，购销价格依然倒挂，国家用于粮食的财政补贴负担仍然很重。为了进一步加强农业，促进粮食生产稳定发展，国务院已决定，从一九九二年四月一日起提高小麦、稻谷、玉米定购价格，如果粮食统销价格不随之相应调整，购销价格倒挂就会扩大，不但会加重财政负担，而且也给今后理顺粮食价格增加难度。根据党的十三届八中全会关于加快粮食购销体制改革，有计划地解决粮食收购价格偏低和购销价格倒挂问题的精神，国务院决定，自一九九二年四月一日起，提高粮食统销价格。

一、适当提高粮食统销价格。在今年粮食定购价格调整后的基础上，按购销同价的原则，三种粮食（面粉、大米、玉米）中等质量标准品的统销价格，全国平均每五百克提高一角一分。其他粮食品种的统销价格也按购销同价的原则相应提高。粮食统销价格提高后，粮食企业的经营费用仍由财政补贴。居民结存的票证粮食，仍按各地现行供应办法，执行调整后的价格。

二、对职工适当给予粮食提价补偿。提高粮食统销价格后，为了不过多地增加职工的负担，同时，考虑到财政的承受能力，决定继续按照国家、企业、个人三者共同负担的原则，给城镇居民适当补偿。这次对职工及其家属的补偿，采取粮价补贴的形式，随职工的工资发放。国家机关、事业单位、企业单位每个职工每月给予粮价补贴五元。对离退休人员、大中专在校学生、解放军和武警干部战士、民政优抚救济对象以及其他需要补偿的人员，也给予适当补贴。具体办法由财政部商有关部门下达。各地区、各部门均不得擅自提高补贴标准。

三、做好粮食供应工作。各级人民政府要组织粮食部门切实做好粮食的加工、调运和销售工作，充分发挥粮食部门主渠道作用，确保市场供应，防止出现脱销断档现象，必要时可以采取限购措施，并严禁卖大号。粮食统销价格提高后，对城镇居民口粮继续实行凭证、凭票、定量供应政策。对农村平价粮销售也继续实行计划供应。

四、严格控制粮食提价的连锁反应。为了尽可能缩小粮食提价的影响，除国家统一安排的项目外，在粮食调价期间，各地区、各部门不准出台其他提价项目，不准“搭车”涨价。“菜篮子”价格的稳定是粮价改革顺利出台的重要条件，各级人民政府要采取切实有效措施，抓好肉、蛋、菜的生产和供应，确保“菜篮子”价格的基本稳定。同时还要抓好日用工业品的生产和供应，稳定生活必需品价格。

五、继续对粮食企业采取扶持政策。这次粮食统销价格提高后，国家财税部门“七五”期间对粮食企业的各项优惠政策在“八五”期间继续执行，并要采取新的扶持政策，帮助粮食企业转换经营机制，增强企业自我发展能力。同时，各级人民政府和有关部门也要采取切实可行的措施，支持粮食企业发展，计委和银行要在投资规模、贷款指标等方面，帮助粮食企业加快基础设施建设，大力开展多种经营，具体办法由有关部门研究制定。粮食企业要努力消化提价影响，在确保平价粮食供应的前提下，积极开展多种经营，提高产品质量，改善经营管理。

六、加强粮食市场管理。各级人民政府要组织物价、粮食、工商行政管理部门，加强对粮食市场的管理，严禁任何单位和个人进行平价粮食和粮票的倒买倒卖活动，对趁调价之机哄抬粮价等不法行为要严厉打击。粮食部门要严格执行政策，遵守纪律，不准购买或变相购买居民手中的粮票和结余指标，防止弄虚作假，套取国家粮食和财政补贴。粮食是关系国计民生的重要商品，经营粮食批发、零售业务，必须经有关部门审查核准。坚决取缔无证经营。

七、切实加强领导，确保粮食价格改革顺利实施。这次粮食价格调整是继去年五月一日提高粮油统销价格后的又一次重大价格改革，涉及千家万户，关系广大人民群众的切身利益。各省、自治区、直辖市人民政府要切实加强领导，严格按照国务院确定的调价方案，周密计划，精心组织，认真落实。在粮食调价出台之前，要按《国务院办公厅、中共中央宣传部关于印发提高粮食统销价格宣传提纲的通知》要求，结合当地情况，广泛深入地进行宣传解释，做到家喻户晓。在调价过程中，要坚决按国务院统一部署进行，并密切注意市场动向，及时解决出现的问题，保证粮食调价工作顺利进行。

附件：

粮食统销价格调整方案

一、口粮和军供用粮。供应城镇居民的定量口粮和军供用粮实行购销同价。调整后的统销价格，按照现行成品粮定购价格与原粮定购价格同幅度提高的原则确定。全国平均三种粮食（面粉、大米、玉米）中等质量标准品，每五百克提高一角一分。其中，标准粉提高约一角二分；标二籼米提高约一角一分；标二粳米提高约一角六分；中等玉米提高五分八厘。

主产区大豆的统销价格平均每五百克提高八分，其他地区也按购销同价原则调整。豆饼、豆粕价格已实现购销同价，这次不再调整。

食用植物油，价格不作变动。

二、地方管理的粮食品种。除中央管理的统销粮食品种外，地方纳入计划统销的其他粮食品种以及玉米面等，其统销价格，根据购销同价的原则，由各地按照价格管理权限相应调整。毗邻地区要主动搞好价格衔接。

三、其他平价粮食。非农业销售中定量口粮、军供用粮以外的平价粮食，也改按调整后的统销价格供应。农村销售的平价粮食，现按定购价或统销价供应的，改按调整后的定购价供应；现按定购价加费用供应的，可继续按调整后的定购价加费用供应，也可改按调整后的定购价格供应，具体由各地按照价格管理权限，视当地粮食市场情况确定。

对水库移民供应的粮食，由各省、自治区、直辖市人民政府根据当地情况确定价格。

四、地区差价。直辖市、省会和自治区首府所在地的分品种中等质量标准品粮食统销价格的具体安排，由国家物价局、商业部另行下达。其他城镇的粮食统销价格，凡不安排地区差价的，执行省会城市价格；安排地区差价的，原则上在现行统销价格基础上，加省会城市提价额确定，并核定全省城镇平均统销价格。

五、等级（品质）差价。中等质量标准品以外的其他等级（品质）的统销价格，原则上按现行等级（品质）差价率相应调整，并严格执行国家质量标准。为避免地区间精米精面价格相差过于悬殊，各地在安排价格时，差价率大的要适当缩小，差价率小的可以适当扩大。

六、粮食制品及相关产品价格。粮食制品价格以及其他以粮食为原料的产品价格的作价原则，继续按照《国务院关于调整粮油统销价格的决定》（国发〔1991〕18号）执行。为了发挥国营商业企业的主渠道作用，提高竞争能力，粮食制品价格去年已经安排过高的，这次应少提价或不提价。议价粮食制品和以议价粮食为原料的相关产品，在调价期间不准趁机涨价。

七、粮食副产品价格。考虑到各地粮食副产品现行价格管理办法和价格水平差异较大，这次粮食定购价格提高后，对副产品价格，按照统筹兼顾的原则，在既有利于粮食加工企业正常生产，又有利于饲料、酿造等行业稳定发展，也不过多牵动副食品价格的前提下，由各省、自治区、直辖市根据当地具体情况安排。

八、尾数处理办法。为了方便经营、方便核算，各地在安排地区、品质差价以及地方管理的粮食品种价格时，每五百克保留到分，分以下四舍五入。

九、财务处理办法。粮食购销价格调整后，国营粮食企业的平价粮食进价成本，一律改按提高后的国家定购价格核算。具体财务处理办法由财政部、商业部另行下达。

十、执行时间。调整后的粮食统销价格从一九九二年四月一日起执行。按现行供应办法在月底可以提前购买下月粮的地区，提前购买的粮食执行调整后的价格。粮食制品和以粮食为原料的相关产品的调价时间，由各省、自治区、直辖市人民政府确定，但不准在四月一日前出台。

十一、广东、福建、海南三省粮食统销价格安排方案另行下达。

十二、各省、自治区、直辖市的具体调价方案，报国家物价局、商业部备案。

国务院

一九九二年三月六日

019

国务院关于建立粮食收购保护价格制度的通知

国发〔1993〕12号

各省、自治区、直辖市人民政府，国务院各部委、各直属机构：

为了保护农民种粮的积极性，促进粮食生产的稳定增长，国务院决定建立粮食收购保护价格制度。现将有关问题通知如下：

一、制定粮食收购保护价格的原则。粮食收购保护价格的制定要以补偿生产成本并有适当利润，有利于优化品种结构，并考虑国家财政承受能力为原则。随着国家财力的增强，要逐步提高保护价格水平，在条件具备时向支持性价格过渡。

二、执行粮食收购保护价格的范围。为了既保护农民利益，又不过多增加财政负担，保护价的实施范围限于原国家定购和专项储备的粮食。各地根据当地实际情况，可在此基础上适当增加执行保护价的粮食品种和数量，但不得调减。

三、制定粮食收购保护价格的权限和程序。粮食收购保护价格由国务院和省、自治区、直辖市人民政府制定。全国主要粮食品种的收购保护价格的基准价，由国务院制定下达。各省、自治区、直辖市人民政府根据当地情况，按不低于但可高于中央下达的基准价格水平，制定本地区的收购保护价格，向农民公布，并按保护价收购。

四、粮食收购保护价格的品种及标准。对粮食的主要品种实行收购保护价格制度，除早籼稻外，其他粮食品种的保护价格，按不低于国家合同定购价格制定。列入一九九三年粮食年度收购保护价格的品种及标准：每五十公斤北方冬小麦（中等质量标准，下同）三十二元五角，南方冬小麦三十一元，关内玉米二十一元，关外玉米二十元，大豆四十五元，早籼稻二十一元，中籼稻二十六元，晚籼稻二十八元，北方粳稻三十五元，南方粳稻三十一元五角。等级差价率按原规定执行。

五、建立粮食风险基金制度。为了保证落实粮食收购保护价格制度，国务院决定建立中央和省（区、市）两级粮食风险基金制度。在粮食市价低于保护价时，按保护价收购；在粮食市价上涨过多时，按较低价格出售。上述价差由风险基金补偿。风险基金的筹集、使用办法，由财政部会同国家计委、国家物价局等有关部门提出方案，报国务院批准后实施。

六、要切实执行粮食收购保护价格制度。未放开粮食收购价的地方，对原定购粮食要执行国家定价；对专项储备的粮食要执行国家规定的专储价格。已经宣布放开粮食收购价格、取消定购任务的地方，要采取经济合同的办法，按原定购粮食数量与农民签订购粮合同，这部分粮食在市价低于保护价时按保护价格收购。各级人民政府要组织有关部门认真落实粮食收购保护价格制度，严格按规定执行。物价、审计、工商行政管理等有关部门要加强对落实情况的监督检查，保证这项重大措施落在实处。

国务院

一九九三年二月二十日

020

国务院关于调整粮食销售价格的通知

国发〔1996〕17号

各省、自治区、直辖市人民政府，国务院各部委、各直属机构：

为了进一步理顺粮食购销价格关系，促进粮食流通体制深化改革，国务院决定，在今年新粮上市提高粮食定购价格后，适当调整粮食销售价格。现将有关事项通知如下：

一、调整粮食销售价格的指导思想。粮食是人民生活基本必需品，调整粮食销售价格，务必周密安排，精心组织，确保顺利出台。这次调整粮食销售价格的指导思想是：进一步贯彻粮食省长负责制，在确保实现今年物价总水平控制目标和基本不牵动市场粮食价格的前提下，充分考虑消费者的承受能力，兼顾经营者和消费者的利益，按照打紧费用、保本微利的原则，合理安排粮食销售价格。

二、改进对政策性经营粮食销售价格的管理。属于政策性经营的城镇居民基本口粮、水库移民和农村贫困缺粮地区人口口粮等粮食销售价格，实行中央指导下的省（自治区、直辖市，下同）级政府定价。中央负责制定粮食销售价格的基本政策以及作价原则和作价办法，具体价格管理办法和价格水平由省级政府根据中央的政策并结合当地的实际情况确定。政策性经营的粮食销售价格，以定购粮价格为核算基础，具体作价原则和作价办法由国家计委商有关部门另行下达。如根据作价原则和作价办法核定的政策性经营粮食销售价格水平过高，一次性提价幅度过大，可能牵动市场粮价和影响当地物价总水平控制目标实现的，要分步实施，不能一步到位。省级政府调整粮食销售价格方案在出台前要报国家计委、财政部、国家粮食储备局备案。

军粮销售价格这次不作调整。新增加的价差补贴仍由中央和地方各负担一半，具体补贴办法由财政部会同有关部门另行下达。

三、加强对议购议销粮食和集贸市场粮食销售价格的管理。国有粮食部门经营的议购议销粮食，可实行政府指导价或采取控制进销差率、利润率等办法进行管理，具体办法由省级政府根据当地实际情况自行确定。集贸市场交易粮食的销售价格原则上继续放开，随行就市。这次在对政策性经营粮食的销售价格进行调整时，各地可采取及时组织抛售、发布指导价、实行最高限价等措施，防止不法粮商趁机哄抬粮价，以平抑市场价格。

四、加强对粮食销售的管理，保证市场供应。各地要从当地实际情况出发，改进和完善居民基本口粮供应办法，切实保证国家定购粮主要用于当地城镇居民、大中专院校学生、军队和农村需救助人口的基本口粮供应，并采取必要的措施使低收入居民真正享受到定购粮供应。省内定购粮数量不够的，可以从当地和外地产区市场购买或组织进口解决，购销价差由地方政府负担，也可以从粮食风险基金中支付。各级政府要采取有力措施，积极组织货源；国有粮食企业要做到主要粮食品种有价有货，质价相符，特别是调整粮食销售价格出台前后，要掌握足够的粮源，确保居民基本口粮的供应，不能断档脱销。要继续完善粮食储备和粮食风险基金制度，在粮食市场和价格发生异常波动时，及时进行粮食吞吐调节，保持市场粮食价格的基本稳定。

五、严格控制粮食提价的连锁反应。这次居民口粮销售价格提高后，以定购粮为原料的馒头、切面等粮食制品，其销售价格中只能计入新增原料成本及相应增加的税金，严格控制涨价幅度；基本以议价粮为原料的粮食制品、副食品以及餐饮业食品的价格要保持稳定，严禁趁机抬价、搭车涨价；民用燃料等其他居民生活必需品的价格也要保持稳定；饲料生产经营企业，已经按市场价格购进原料粮的，不得趁定购粮调价之机提高饲料价格；任何行业、单位和个人都不得以粮食调价为由擅自提高商品价格和服务收费标准。

六、对低收入居民实行定向补贴。粮食销售价格调整后，要对城镇优抚救济对象、大中专院校学生及其他生活确有困难的城镇低收入居民定向给予适当补贴，以保障这部分人的实际生活水平不因粮价调整而下降。各地在执行过程中要从严掌握，根据本地财力状况和粮价调整幅度，合理确定补贴范围和补贴标准，严禁搭车增发津贴或补贴。具体补贴办法由省级政府自行确定。

七、调整粮食销售价格的出台时间。调整粮食销售价格，全国统一从今年6月1日起执行（5月31日传达到城镇居民），任何地方不得提前出台。部分地区因新粮上市较晚，需要推迟出台时间的，由省级政府自行确定。

八、加强对粮食销售价格调整工作的领导。调整粮食销售价格，直接涉及到广大城镇居民的生活和切身利益，事关经济生活的大局，省级政府要按照粮食省长负责制切实加强领导，物价、粮食、财政、工商、民政等部门要密切配合，各司其职，各负其责，精心设计方案，认真组织实施。要充分发挥国有粮食部门的主渠道作用，认真执行国家的粮食价格政策。在调整粮食销售价格出台前后，对市场上可能出现的异常情况，各地要有充分的思想准备和工作准备，发现问题及时解决。各地要参照国家计委、内贸部《关于调整粮食购销价格的宣传提纲》，结合当地实际情况，做好对群众的宣传解释工作，取得群众的理解和支持，以确保调整粮食销售价格的顺利出台。

国务院

一九九六年五月九日

021

国务院办公厅转发国家计委关于粮价检查情况报告的通知

国办发〔1996〕21号

各省、自治区、直辖市人民政府，国务院各部委、各直属机构：

国家计委《关于粮价检查情况的报告》，已经国务院同意，现转发给你们，请贯彻执行。

长期以来，各地区和有关部门认真贯彻执行党和国家的粮食工作方针、政策，促进了粮食生产，保证了粮食供应，为稳定市场和物价发挥了重要作用。但是，近几年在粮食流通体制改革中，少数地区和单位也出现了一些价格违法问题，有的还比较严重。国家计委、内贸部、监察部组织开展粮价检查工作是非常必要的，对这次粮价检查中发现的违法行为，要尽快处理，抓紧结案。各地区和有关部门要从中认真总结经验，吸取教训，制定切实的改进措施。各地区要进一步贯彻落实"米袋子"省长负责制，完善和规范粮食部门两条线运行的体制，加强对粮食市场的管理，严格执行粮食价格政策，保证粮食供应，安定人民生活。各级物价检查部门要继续加强对人民生活必需品价格的监督检查，确保市场价格基本稳定。

国务院办公厅

一九九六年五月三十一日

关于粮价检查情况的报告

国家发展计划委员会

国务院：

1995年5月至10月，我委会同内贸部、监察部开展了全国粮食行业价格检查，共查出违法案件1.8万余件、违法金额18亿元，实行经济制裁金额4.2亿元，其中退还农民和用户6241.8万元。这次大规模的检查，对规范粮食企业价格行为，整顿市场价格秩序，遏制粮食乱涨价，确保价格调控目标的实现起到了积极作用。现将有关情况报告如下：

一、执行粮食价格政策中存在的主要问题

（一）经营国家定购粮方面的价格违法问题。

1. 压级压价收购、提级提价调出。如河北省衡水地区某县粮食局，1994年

对定购小麦545万公斤收购时执行三等花麦每公斤1.08元标准，而调出时却执行三等白麦每公斤1.102元标准，获非法所得12万元。

2. 加价倒卖或转议价销售。如江苏省徐州市某县粮食局，1994年从该县一粮管所以每公斤0.71元的价格调出定购小麦50万公斤给其下属公司，但该公司未提货又以每公斤1元的价格卖回原粮管所，粮管所再以每公斤1.06元至1.12元的价格销往安徽。

3. 库存互转，虚购虚销，赚取价差。在议购粮价低于定购粮时，有的经营单位将库存议价粮转为定购粮购进，从中获利。如河北省唐山市某县粮食局，1994年将一笔定购粮与库存议价粮来回划转，价格从每公斤0.66元升至1.17元，到实际销售时已涨到每公斤1.32元。

4. 自立项目乱收费。粮食紧缺时，个别产粮区乘机巧立名目乱收费。如有的产区在粮食调拨中收取外调调节基金、管理费，有的收取粮食中转费、下车费、整理费、翻晒费、清理车皮费、保管费等。

（二）经营国家专储粮方面的价格违法问题。

1. 虚报库存，套取补贴。有的粮食经营单位在担负国家专储粮储存任务中，少储多报，有的甚至虚列库存，套取补贴。如湖北省襄樊市粮油供应公司，1994年至1995年因专储粮空库多领补贴85万多元。

2. 将专储粮转议价销售或加价倒卖。在国家下达抛售专储粮的任务后，有的地方在产地就地倒卖，有的运回销地或在中途倒卖，有的则在当地粮食系统之间互相倒卖。如河南省某市粮食局，1994年将国家下达给该市平抑市场的专储小麦225万公斤转作议价，以每公斤1.03元至1.48元不等的价格销售，获取违法金额90.74万元。

3. 抛售专储粮时，层层截留指标和提取差价款。如陕西省商务厅，1994年发文擅自规定对用于抛售的专储大米收取差价款，用于弥补调粮经费。

4. 擅自提高国家规定的专储粮调拨集并费标准。

（三）经营救灾粮、国家专项进口粮等方面的价格违法问题。

1. 倒卖救灾粮。如福建省霞浦县粮食局，1994年将175万公斤救灾粮大部分转议价销售，获差价款47.9万元。

2. 倒卖专项进口粮。有些地方粮食企业在经营中央专项进口粮过程中以串换品种为名，将粮食在接运港口就地倒卖，差价收入挪作他用。如云南省粮食局，1994年在湛江港口就地倒卖进口小麦1万吨，将173万元差价款挂在信息费帐户上，并以“暂借”名义用于兴建度假村。

二、粮食价格违法的主要原因

（一）思想认识方面的原因。

近几年来，在我国粮食购销体制和价格改革中，一些部门、地区和粮食企业的负责同志误以为搞市场经济，粮食经营和粮食价格可以完全放开、撒手不管。在这种错误认识影响下，一些粮食企业对经营粮食这种事关国计民生特殊商品所负责任的认识弱化，法制观念淡薄，受局部利益驱动，无视国家的价格法规、政策。

（二）体制转轨中存在政策漏洞。

长期以来，我国粮食经营中的政策性业务和商业性经营交织在一起，粮食企业与地方财政之间资金相互挤占、相互拖欠的问题十分突出。政策性亏损长期挂帐，造成国有粮食企业资金严重不足，这也是诱发粮食企业价格违法的重要原因之一。同时，在转轨过程中，一些必要的管理制度没有建立起来，相关政策还不配套，政策界限还不明确，客观上为一些粮食企业搞价格违法活动提供了便利。

（三）价格管理与监督职能弱化。

粮食是关系国计民生的特殊重要商品，粮价管理是一项复杂而艰巨的重要工作。在粮食经营机制转轨过程中，自上而下的行业内部价格管理职能普遍有所弱化，少数地方粮食主管部门对下属企业的价格违法行为听之任之，有的甚至还参与、支持价格违法活动。在近几年的机构改革中，不少基层物价部门机构不稳定，管理与监督职能受到一定程度的削弱。在查处价格违法案件时，一些地方政府领导以粮食企业困难为由进行袒护，使查处工作难以进行。

三、加强粮食价格管理的几点建议

（一）坚持“米袋子”省长负责制。

要确保粮食的种植面积和有效供给，鼓励地方尤其是销区建立必要的地方粮食储备，不断健全和完善粮食风险基金制度，保证全国粮价的基本稳定。要全面落实关于扶持粮食系统的各项优惠政策，加强粮食企业的改革步伐，提高其自我发展能力。

（二）完善和规范粮食部门两条线运行机制。

要按照国务院规定，明确划分中央和地方的粮食事权，搞好粮食总量平衡；将粮食部门政策性业务和商业性经营彻底分开，并实行财务分开，单独核算；建立灵活有力的粮食市场调控机制，防止有些企业借机谋取私利。

（三）加强粮食行业管理，强化粮食企业自我约束能力。

粮食主管部门要加强管理，带头执行物价政策，并对所属单位加强遵守价格法规的教育，加强内部价格管理，堵塞漏洞。粮食企业也要总结经验，增强价格管理意识，强化自我约束机制。

（四）加强粮食价格管理。

对于定购粮，各地区要认真执行国家规定的粮食定购价格政策，既不得抬级抬价，也不得压级压价。实行粮食定购价外加价的地区，不得将价外加价计入粮食的收购价格、调拨价格和销售价格。供应城镇居民的基本口粮、水库移民和农村贫困地区人口口粮的销售价格，要严格按照国家关于政策性经营粮食销售价格作价办法进行核定。

对于专储粮，要严格按照国家规定的收购价格收购。动用国家专储粮和地方储备粮救灾或抛售时，要按照国家有关规定核定价格，计入价格的费用要严格按财务制度规定的项目和标准执行，不得高价倒卖。

对于进口粮食，外贸代理部门和港口及运转部门要严格按照国家核定的进口代理手续费和港口转运费标准执行，严禁企业和个人以任何方式倒卖进口粮。

对于国有粮食部门经营的议购议销粮，可实行政府指导价或采取控制进销差率、利润率等办法进行管理。

（五）继续加强价格监督检查。

这次粮价检查查处了一批违法案件，得到了广大群众的拥护，效果是好的。今后要以人民生活必需品价格为重点，继续加强价格监督检查。各级政府要大力支持物价部门的监督检查工作，保护物价检查人员的积极性。

022

国务院办公厅转发国家发展计划委员会关于完善粮食价格形成机制意见的通知

国办发〔1998〕18号

各省、自治区、直辖市人民政府，国务院各部委、各直属机构：

为贯彻落实《国务院关于进一步深化粮食流通体制改革的决定》（国发〔1998〕15号），国家发展计划委员会提出了《关于完善粮食价格形成机制的意见》。经国务院批准，现转发给你们，请认真贯彻执行。

国务院办公厅

一九九八年五月十九日

关于完善粮食价格形成机制的意见

国家发展计划委员会

1998年5月11日

根据《国务院关于进一步深化粮食流通体制改革的决定》（国发〔1998〕15号）的精神，为了适应社会主义市场经济的要求，加快建立政府调控下主要由市场形成价格的粮食价格机制，现提出以下意见。

一、完善粮食价格形成机制的基本原则和主要内容

基本原则：

一是有利于粮食生产的稳定发展，防止市场粮价暴跌，以保护生产者积极性。二是保持城镇居民基本口粮销售价格的相对稳定，防止市场粮价暴涨，以保护消费者利益。三是正确处理生产者、经营者、消费者之间的利益关系，兼顾财政的承受能力。

主要内容：

（一）在正常情况下，粮食价格主要由市场供求决定，粮食企业按市场价格经营粮食。

（二）当粮价过度波动时，政府主要依靠储备粮的吞吐等经济手段，调节粮食市场供求，促使粮食价格合理形成，保持粮食价格相对稳定。具体办法是：由政府确定一定时期主要粮食品种的收购保护价和作为调控目标的销售限价；当市

场粮价下跌至接近或低于保护价时，政府及时收购储备粮，必要时政府支持粮食企业按保护价及时入市收购，促进市场价格回升到合理水平；当市场粮价涨至接近或高出作为调控目标的销售限价时，政府及时入市抛售储备粮，增加有效供给，促进市场价格回落到合理水平。

（三）国务院制定粮食收购保护价和作为调控目标的销售限价的原则；省级政府制定主要粮食品种收购保护价和作为调控目标的销售限价的具体水平，并报国家发展计划委员会备案，由国家发展计划委员会会同有关部门进行监督检查，必要时进行平衡衔接。

二、粮食收购保护价和作为调控目标的销售限价的确定

（一）粮食收购保护价，按照能够补偿粮食生产成本并使农民可以得到略低于正常年景的适当收益，同时兼顾财政承受能力的原则确定。

（二）作为调控目标的粮食销售限价，由省级政府按照兼顾消费者和经营者的利益，保持粮食销售价格特别是居民口粮销售价格相对稳定的原则确定。

（三）中央储备粮的购销价格，由国家发展计划委员会会同财政部、国家粮食储备局等部门按照保持市场粮价稳定的原则确定；地方储备粮的购销价格，由省级政府确定。中央储备粮轮换实行政府指导价。

三、粮食定购价格的确定

定购粮收购价格，由省级政府按以下原则确定：当市场粮价高于收购保护价时，参照市场粮价确定；当市场粮价低于保护价时，定购价按不低于保护价确定。在一个时期内，定购粮收购价格原则上保持稳定。

1998 年定购粮收购价格由各省级政府参照上年水平自行制定。各地要将定购粮价格的制定情况报国家发展计划委员会备案。

四、粮食价格调节体系的运作规则

（一）为及时把握市场动态，正确决策，提高政府调节粮食市场价格的时效性、科学性，各省、自治区、直辖市人民政府要加强领导，组织物价、粮食、财政、计划、农业等部门根据国家要求和有关规定，合理制定粮食收购保护价和作为调控目标的销售限价，确定本地粮食储备规模、粮食风险基金规模及具体使用和管理办法，决定入市调节粮食价格的时机、吞吐数量、操作办法并组织实施，以充分发挥粮食风险基金和储备粮的作用，使粮食价格调节体系的运作高效有序。

（二）各省、自治区、直辖市价格主管部门要建立健全粮食成本调查和市场价格监测体系，加强对粮食市场价格的监测。对收购价格和零售价格，由各地价

格主管部门选择一批有代表性的采价点，定期搜集和整理。收购价格主要监测各主产地的水平。零售价格主要监测各大中城市的水平。各主要批发市场和交易所要定期向当地价格主管部门报送成交价格。

各省级价格主管部门要定期向当地政府和国家发展计划委员会报送当地市场价格监测数据和分析报告，在收购季节、重大节日或市场粮价变动剧烈等特殊时期，要增加报告次数。

（三）储备粮的收储和抛售由政府委托有经营资格的粮食企业或企业集团代理进行。企业代理政府吞吐储备粮所发生的合理费用、利息和适当利润，以代理费用或进销差价的形式予以弥补。具体水平由同级价格主管部门会同财政、粮食储备机构确定。

（四）为防止粮食批发企业在粮食少时囤积居奇或粮食多时过度抛售，造成市场粮价过度波动，必要时，经省级政府批准，可以对粮食批发企业规定丰年最低库存规模和歉年最高库存规模。

本意见由国家发展计划委员会负责解释。

023

国务院办公厅关于部分粮食品种退出保护价收购范围有关问题的通知

国办发〔2000〕7号

各省、各自治区、直辖市人民政府，国务院各部委、各直属机构：

为了有利于促进农业粮食生产结构的调整，引导农民根据市场需求合理安排粮食生产，做好粮食供求平衡工作，推动粮食流通体制改革的顺利进行，经国务院同意，现就部分粮食品种退出保护价收购范围的有关问题通知如下：

一、关于退出保护价收购的粮食品种范围

《国务院关于进一步完善粮食流通体制改革政策措施的通知》（国发〔1999〕11号）已明确规定："黑龙江、吉林、辽宁省以及内蒙古自治区东部、河北省北部、山西省北部的春小麦和南方早籼稻、江南小麦，从2000年新粮上市起退出保护价收购范围"。这是国务院针对粮食生产和流通中出现的新情况做出的重要决策，对于调整优化农业和粮食生产结构，保护农民的长远利益，具有十分重要的意义。这项政策宣布后，各级地方政府加大了农业和粮食生产结构调整的力度，农民开始根据市场需求扩大优质粮食品种和其他农作物的生产，农业生产结构调整初显成效。因此，2000年上述地区要按照国务院已经确定的政策，从新粮上市起将已经明确的这些粮食品种退出保护收购范围。

长江流域及其以南的省、自治区、直辖市，由于玉米产量和商品量都比较少，主要是农民自产自用，同时南方气候条件较好，除种植玉米外，还适宜种植其他多种农作物。将这些地区的玉米退出保护价收购范围，有利于促进农民调整和优化农业和粮食生产结构，发展其他粮食品种或经济作物；有利于东北、华北等玉米主产区充分发挥地区比较优势，优化全国粮食生产布局；有利于保护农民的长远利益，提高收入水平。因此，从2000年新粮上市起，长江流域及其以南地区的玉米退出保护价收购范围，具体办法和步骤由有关省级人民政府根据当地实际情况确定。

二、关于退出保护价收购范围粮食品种的收购政策

（一）拓宽粮食收购渠道。对国务院规定退出保护价收购范围的部分粮食品种，要拓宽收购渠道，允许和积极鼓励经省级或地（市）工商行政管理部门会同

粮食行政管理部门批准的粮食加工、饲料、饲养、酿造、医药等用粮食企业和粮食经营企业直接收购、经营；国有粮食购销企业也可以按照“购得进、销得出”的原则进行收购；鼓励粮食生产者通过批发市场和集贸市场出售，粮食集贸市场要常年开放。工商行政管理部门要根据收购市场主体增加的新情况，提早准备，采取切实可行的办法，加大市场管理的力度，特别是要加强这些地区和与之毗邻的未退出保护价收购范围地区的市场管理工作。要注意保护合法的粮食购销活动，严厉打击无照经营等非法活动。对稻谷产区，要注意防止私商粮贩借口收购早籼稻，直接进入中晚稻收购市场。

（二）收购贷款和财政政策。对国务院规定退出保护价收购范围的部分粮食品种，中国农业发展银行要继续做好对国有粮食购销企业收购资金的供应工作，按照“库贷挂钩、以销定贷、以效定贷”的原则提供贷款，积极支持粮食购销企业的购销活动。部分粮食品种退出保护价收购范围以后，中央对地方的粮食风险基金包干基数不变。地方节余的粮食风险基金只能用于补贴粮食流通环节，不能挪作他用。对于2000年粮食年度以前国有粮食购销企业按保护价收购的这部分粮食，仍纳入超储补贴的范围，同时也要积极采取措施抓紧销售，防止出现潜亏。

（三）具体实施办法。按照粮食工作省长负责制的精神，考虑各地情况差异较大，各有关省、自治区、直辖市人民政府要结合当地实际，按照国务院将部分粮食品种退出保护价收购范围的有关规定，制定具体实施办法。在制定具体实施办法和操作过程中，要充分考虑到保护这些地区尤其是粮食主产县（市）农民的利益。具体实施办法要报国务院备案，同时抄送国家计委、国家粮食局，并尽早向农民公布。

国务院办公厅

二〇〇〇年二月二日

024

国家工商行政管理局关于认真贯彻《国务院办公厅关于部分粮食品种退出保护价收购范围有关问题的通知》，加强粮食收购市场管理的通知

工商市字〔2000〕第44号

各省、自治区、直辖市、计划单列市及副省级城市工商行政管理局：

最近下发的《国务院办公厅关于部分粮食品种退出保护价收购范围有关问题的通知》（国办发〔2000〕7号）等粮改政策，对部分粮食品种退出保护价收购范围等有关问题作出了明确规定，这是中央针对粮食生产和流通中的新情况、新问题做出的重要决策，是对以往粮改政策的进一步调整和完善，对于调整产业、粮食生产结构，增加农民收入，保护农民的长远利益，具有十分重要的意义。各级工商行政管理机关一定要进一步加强学习，吃透精神，掌握政策，不折不扣地贯彻中央粮改政策，把粮改推向深入，并根据粮食收购主体增加等新情况，提早准备，做好粮食收购市场管理工作，切实维护粮食流通秩序。现就有关问题通知如下：

一、拓宽粮食收购渠道，促进粮食正常流通，维护粮食收购秩序

根据国办发〔2000〕7号等文件的要求，对经批准退出保护价收购范围的粮食品种，允许和积极鼓励经省级或地（市）有关部门批准的粮食加工企业、饲料、饲养、酿造、医药等用粮企业和粮食经营企业直接收购、经营；国有粮食购销企业也可以按照“购得进、销得出”的原则进行收购；鼓励粮食生产者通过批发市场和集贸市场出售，粮食集贸市场要常年开放。

各级工商行政管理机关要按照当地政府的要求，结合本地实际情况，采取切实有效的措施，鼓励和支持合法的粮食收购、经营活动，扶持粮食生产者在批发市场和集贸市场中销售粮食。要做好粮食购销资格审验工作，省或地（市）工商行政管理部门要积极会同粮食行政管理部门认真审核可直接收购、经营退出保护价范围粮食品种的用粮企业、粮食经营企业经营资格，不得随意设置限制条件。各地要在一定范围内公布可以直接收购、经营退出保护价收购范围粮食品种的用粮企业、粮食经营企业名单，便于执法机关、新闻舆论和群众掌握情况、进行监督。

各级工商行政管理机关要取缔无照及未经批准擅自开展粮食收购、经营活动

的各种行为。对于在监督检查中发现有争议的粮食品种，在县（市）及其以上农业、质量技术监督或粮食部门进行品种鉴定的基础上，根据其提供的鉴定证明进行管理。

二、加强对毗邻地区粮食收购市场的统筹协调

国务院明确规定，黑龙江、吉林、辽宁省以及内蒙古自治区东部、河北省北部、山西省北部的春小麦和南方早籼稻、江南小麦，从2000年新粮上市起退出保护价收购范围；另外，从2000年新粮上市起，长江流域及其以南地区的玉米退出保护价收购范围，具体办法和步骤由有关省级人民政府根据当地实际情况确定。

各地工商行政管理机关要按照有关政策要求，努力加强对毗邻地区粮食收购市场监管执法力度，特别是要重点加强对已退出保护价收购范围粮食品种所在的地区和与之毗邻的未退出保护价收购范围地区的粮食市场管理，全力搞好协调工作。

毗邻省级工商行政管理局要密切联系，定期联络，互通信息，粮食主产地（如吉林、黑龙江、河南、安徽、江苏、河北、山东、湖南、四川、陕西、湖北等）等省工商行政管理局要及时召集省际毗邻地区有关地市工商行政管理局及有关部门负责人参加的粮食市场管理协作会议，建立健全省际边界毗邻地区粮食市场管理联席会议制度；在省级工商行政管理局的指导督查下，有关地区要建立和实行毗邻地区粮食办案协查制度，交流案情和粮管的好经验、好方法。有关毗邻地区工商行政管理局要定期或不定期组织明查暗访活动、交叉检查等活动，推动粮管工作的开展；有条件的地区，要开展联合执法、联合办案活动，以保证监管执法力度；有关毗邻地区要继续完善举报投诉和举报督办、信息反馈等工作制度，充分发挥人民群众的监督作用，使监督更见成效。

三、支持搞活粮食销售，维护粮食流通秩序

各级工商行政管理机关要认真学习粮改政策，努力把握有关政策的精神实质。要切实抓好粮食销售市场、粮食零售市场的规范管理，大力扶持合法的中介机构、经纪人从事退出保护价收购范围的粮食代购代销等经营活动。注意保护粮食的合法运输，不得以任何借口设卡检查、变相收费、罚款放行，坚决制止“三乱”现象。要注意加强对批发市场、集贸市场中上市粮食商品的日常监管，打击销售假冒伪劣粮食商品、欺行霸市等违法行为，切实维护消费者权益。

四、继续管住管好未退出保护价收购范围粮食品种，维护粮食收购秩序

各级工商行政管理机关要继续以管住管好未退出保护价的粮食品种收购市场为重

点，进一步健全粮食市场管理工作责任制和一把手负责制，并继续实行评选先进"一票否决制"，把粮食市场管理工作纳入目标考核责任制的主要内容来抓。健全完善各项行之有效的管理措施和办法。增强管好粮食收购市场的决心，继续将粮食市场收购管理常抓不懈，努力完善内外协调、发挥整体功能的监管机制。

要进一步发挥人民群众的监督作用，严厉打击私商粮贩和未经批准收购未退出保护价粮食的行为，发现一起，查处一起，决不手软，震慑违法经营者。

各级工商行政管理机关要健全粮食市场巡查制度，充实巡查人员，规范巡查程序，充分发挥基层监管执法人员的工作积极性，主动出击，"防范于未然"，加强请示和报告，及时掌握粮食收购市场管理的动态信息，全面提高监管执法的效能和效率。

国家工商行政管理局

二〇〇〇年三月十三日

025

国家计委关于印发《省际间粮食收购价格衔接办法》的通知

计价格〔2000〕533号

各省、自治区、直辖市人民政府：

为规范省际间粮食收购价格衔接行为，我委制定了《省际间粮食收购价格衔接办法》，经报请国务院同意，现印发你们，请按照执行。

国家发展计划委员会

二〇〇〇年五月九日

省际间粮食收购价格衔接办法

国家发展计划委员会

2000年5月9日

一、为做好毗邻地区省际间粮食收购价格衔接工作，共同维护粮食收购市场秩序，促进粮食有序流通，制定本办法。

二、本办法适用于列入定购或保护价收购范围的主要粮食品种收购价格政策的省际间衔接工作。

三、制定和衔接定购价和保护价，要有利于农民获得合理收益，保护农民生产积极性；有利于优化粮食种植结构，促进粮食总量和结构平衡；有利于国有粮食购销企业实现顺价销售，减轻财政负担；有利于促进粮食合理流通，维护粮食收购市场秩序。

四、粮食收购价格衔接的主要内容是：小麦、稻谷、玉米三大主要粮食品种的定购价和保护价水平、品种差价、等级差价、季节差价、地区差价及相关收购政策等。

五、粮食收购价格衔接是各省（自治区、直辖市）制定粮食收购价格政策的必经步骤，未经衔接各地不得自行出台价格政策。价格衔接分夏粮和秋粮两次进行。各省（自治区、直辖市）要于新粮上市收购二十天前完成与毗邻地区的价格衔接工作。

六、粮食收购价格衔接按品种区域进行。

稻谷收购价格的衔接区域划分为东北区、湖广区、江淮区、西南区。东北区包括辽宁、吉林、黑龙江、内蒙古四省（自治区）；湖广区包括湖北、湖南、广东、广西、江西、福建六省（自治区）；江淮区包括江苏、安徽、浙江、上海四省（直辖市）；西南区包括四川、重庆、贵州、云南四省（直辖市）。

小麦收购价格的衔接区域划分为北方区、西北区。北方区包括北京、天津、河北、山西、内蒙古、山东、河南、江苏、安徽九省（自治区、直辖市）；西北区包括陕西、甘肃、宁夏、青海、新疆五省（自治区）。

玉米收购价格的衔接区域划分为东北区、北方区、西北区。各区域成员同上。

七、粮食收购价格的衔接，采取召开衔接会议的形式。价格衔接会议，由区域内各省（自治区、直辖市）人民政府轮流负责召集并主办。主办省（自治区、直辖市）可在征求各成员单位意见的基础上，根据需要邀请本区域外其他省（自治区、直辖市）参加。

八、粮食收购价格衔接会议由本区域内各省（自治区、直辖市）人民政府领导及价格主管、粮食管理等部门的负责同志参加。

九、为保持各区域之间粮食收购价格水平的大体衔接，各粮食品种的主要生产区域或收购比较早的区域要首先召开会议进行衔接，其他区域按照与其保持合理差价的原则进行衔接。稻谷收购价格由湖广区首先衔接。小麦和玉米收购价格由北方区首先衔接。相邻区域也可以联合召开会议共同衔接。

十、在粮食收购价格衔接会议上，各省（自治区、直辖市）要在充分交流粮食产销及成本价格情况，分析粮食供求形势和价格走势的基础上，按照国家确定的粮食收购价格安排原则，协商确定主要粮食品种的收购价格及相关政策。在衔接会议前，价格主管部门要认真做好价格衔接的基础工作，及时收集资料、沟通情况，当好参谋。

十一、在粮食收购价格衔接会议上，与会各省（自治区、直辖市）不能就粮食收购价格的价格水平、地区差价、品种差价、等级差价、接壤地带价格安排等事项形成一致意见时，由国家计委负责协调。在粮食收购价格水平等重大事项上意见分歧较大时，由国家计委报请国务院协调解决。

十二、粮食收购价格衔接会议确定的价格衔接意见，以会议纪要的形式，由参加会议的各省（自治区、直辖市）人民政府代表签署，报国家计委备案。

十三、区域内各省（自治区、直辖市）在具体制定粮食收购价格政策时，必须遵守衔接会议上协商确定的意见，不得自行变动。被邀请参加会议的区域外相邻省（自治区、直辖市），在具体制定粮价政策时，要把会议衔接意见做为重要参考。

十四、粮食收购价格衔接会议后，各省（自治区、直辖市）应在十天内对外公布粮食收购价格政策。

十五、因出现未曾预料到的特殊情况，某一省（自治区、直辖市）确需改变衔接会议上协商确定的有关事项时，应事先主动与参加衔接会议的其他省（自治区、直辖市）沟通，形成一致意见后方可变动，并报国家计委备案。不能取得一致意见时，按本办法十一条办理。

十六、国家计委负责省际间粮食收购价格衔接的指导工作。每次衔接会议前后，主办省（自治区、直辖市）价格主管部门要向国家计委汇报会议准备及衔接情况。

十七、各省（自治区、直辖市）不得有下列违反粮食收购价格衔接办法的行为：

（一）未经与毗邻省（自治区、直辖市）衔接，自行出台粮食收购价格政策，造成毗邻省（自治区、直辖市）在制定或执行粮食价格政策时被动的；

（二）在粮食开始收购二十天前，主办省（自治区、直辖市）不积极组织召开衔接会议或成员省（自治区、直辖市）拒不参加衔接会议，影响衔接工作顺利进行的；

（三）在具体制定粮食收购价格政策时，未经与其他省（自治区、直辖市）沟通并取得一致意见，自行改变衔接会议上协商确定的有关事项的；

（四）不在规定时间内公布粮食收购价格政策的。

十八、各地对粮食收购价格衔接意见的落实情况，要列入粮食流通体制改革执法检查的重要内容。对违反本办法的行为，视情节轻重予以以下处理：

（一）由国家计委明令纠正。

（二）由国家计委予以通报批评。

（三）由国家计委报请国务院予以通报批评。

（四）由国家计委报请国务院追究有关领导人员的行政责任。

十九、本办法自发布之日起实行，由国家计委负责解释。

026

中华人民共和国国家发展和改革委员会令

第58号

《国家发展改革委关于对部分重要商品及服务实行临时价格干预措施的实施办法》已经国务院批准，现予公布。自2008年1月15日起施行。

主任　马　凯

二〇〇八年一月十五日

国家发展改革委关于对部分重要商品及服务实行临时价格干预措施的实施办法

第一条　根据《价格法》第三十条的规定，经国务院批准，决定对部分重要商品及服务在全国范围内实施临时价格干预措施，对达到一定规模的生产、经营企业实行提价申报；对达到一定规模的批发、零售企业实行调价备案。

第二条　当《价格法》第三十条规定实施价格干预措施的情形消除后，由政府价格主管部门及时报经国务院或者省、自治区、直辖市人民政府批准，宣布解除临时价格干预措施。

第三条　实行价格干预措施应当遵循经济规律，有利于发展生产，保障供应；有利于保障企业正常经营，稳定市场预期，稳定价格总水平。

第四条　实施临时价格干预措施时，可以对下列实行市场调节价的商品及服务实行提价申报和（或）调价备案。

（一）成品粮及粮食制品；

（二）食用植物油；

（三）猪肉和牛羊肉及其制品；

（四）乳品；

（五）鸡蛋；

（六）液化石油气（政府制定出厂价格和零售价格的除外）；

（七）其他重要商品及服务。

各省、自治区、直辖市人民政府可以在前款范围内确定在本行政辖区部分重要商品及服务提价申报和调价备案的具体目录，由省、自治区、直辖市人民政府价格主管部门报国家发展改革委备案。

第五条 实施临时价格干预措施时，下列达到一定规模的经营者应当按有关规定向省级以上人民政府价格主管部门履行提价申报程序：

（一）面粉、大米生产加工企业；

（二）挂面、方便面生产加工企业；

（三）食用植物油生产加工企业；

（四）乳品加工企业；

（五）液化石油气经营企业（政府制定出厂价格和零售价格的除外）；

（六）其他重要商品及服务经营企业。

在全国范围内市场集中度较高、经营规模较大的经营者，应当向国家发展改革委申报，具体申报产品和企业目录由国家发展改革委公布。其他达到一定规模的经营者向省、自治区、直辖市人民政府价格主管部门申报，具体申报产品和企业目录由省、自治区、直辖市人民政府价格主管部门公布。

第六条 列入提价申报目录的经营者提高商品及服务价格，应当在提价前10个工作日按规定将提价申请书面报告送达价格主管部门。

申请书面报告应当包括以下内容：

（一）企业名称及近三年生产经营情况，包括经营的主要产品、产量、销售量、销售收入、利润、纳税情况；

（二）提价的幅度，包括现行价格、拟调价格、提价幅度和提价总额；

（三）提价的理由，包括原材料、人工成本、财务费用等实际成本费用变化情况。

第七条 价格主管部门受理提价申报后，应当在7个工作日内告知经营者；逾期不答复的，视为同意经营者申报内容。

第八条 在实施临时价格干预措施期间，经营者申请提价的商品及服务单位提价额不得高于单位成本增加额。省、自治区、直辖市人民政府可以作出具体规定。

如无正当理由，价格主管部门不得要求经营者亏损经营。

第九条 实施临时价格干预措施期间，下列经营者应当向所在地的市或者县人民政府价格主管部门履行调价备案程序：

（一）零售商。在当地市场销售量较大、市场占有率较高或者具有一定影响的大中型超市和连锁商店。大中型超市内具体商品价格变动情况由超市法人负责向价格主管部门备案。连锁经营的加盟零售商，自行进货、自行制定价格的，由加盟店法人负责向价格主管部门备案；统一配送、统一制定价格的，由制定价格的连锁店经营者统一向价格主管部门备案。

（二）批发商。在当地市场交易量较大或者具有一定影响的批发企业。批发市场内商品价格变动由批发市场法人负责向价格主管部门备案。

需履行调价备案程序的商品及服务见附件。具体企业名单由地级市人民政府提出，报省、自治区、直辖市人民政府价格主管部门审核批准后公布。

省、自治区、直辖市人民政府可以根据实际情况，规定部分经营规模较大的零售商和批发商直接向省、自治区、直辖市人民政府价格主管部门备案。

第十条 在实行临时价格干预措施期间，符合下列情形之一的，列入调价备案名单的经营者应当在调价后24小时内将调价书面报告送达当地市或者县人民政府价格主管部门。

（一）一次调高价格4%以上的；

（二）十日内连续调高价格累计6%以上的；

（三）三十日内连续调高价格累计10%以上的。

备案内容包括企业名称、提价幅度、提价理由和价格主管部门规定的其他事项。

第十一条 价格主管部门受理经营者调价备案后，有异议的，应当在3个工作日内告知，并责令有关经营者恢复原价或者降低调价幅度；逾期未告知的，视同对经营者调价无异议。

第十二条 在实行临时价格干预措施期间，省、自治区、直辖市人民政府可以限定生产企业的利润率和流通企业的商品进销差率。

第十三条 经营者应当遵循公平、合法和诚实信用的原则，依据生产经营成本和市场供求状况合理制定价格。

第十四条 经营者有下列行为之一的，由政府价格主管部门依照《价格法》、《价格违法行为行政处罚规定》处罚：

（一）未按规定履行申报或者备案程序的；

（二）未在规定的时间内申报或者备案的；

（三）经营者申报后提前提价的；

（四）不执行价格主管部门作出的不予提价、降低提价幅度或者标准等决定的；

（五）不按照规定说明理由或者虚构理由、提供虚假资料的；

（六）不执行限定差价率或者利润率的；

（七）违反价格干预措施的其他行为。

第十五条 价格主管部门对列入临时价格干预措施范围的商品及服务，以及可能波及的相关商品及服务，应当加强市场供求和价格变化情况的监测、预警，及时将有关情况上报本级人民政府和上级价格主管部门。

第十六条 本办法自发布之日起执行。

附件：

调价备案商品及服务种类目录

序号	品种	价格类型	执行范围
1	成品粮（面粉、籼米、粳米）、挂面、方便面	批发价、零售价	批发企业：当地市场达到一定经营规模的粮食批发企业 零售企业：达到一定经营规模的超市（商场）
2	食用植物油（大豆油、花生油、菜籽油、调和油）	批发价、零售价	批发企业：当地市场达到一定经营规模的批发企业 零售企业：达到一定经营规模的超市（商场）
3	猪肉、牛羊肉及其制品	批发价、零售价	批发企业：当地市场达到一定经营规模的批发企业 零售企业：达到一定经营规模的超市（商场）
4	鸡蛋	批发价、零售价	批发企业：当地市场达到一定经营规模的批发企业 零售企业：达到一定经营规模的超市（商场）
5	牛奶	批发价、零售价	批发企业：当地市场达到一定经营规模的批发企业 零售企业：达到一定经营规模的超市（商场）
6	液化石油气	批发价、零售价	经营未列入地方定价目录液化石油气的批发、零售企业
7	其他重要商品及服务	由地方根据实际情况自定	

注：省、自治区、直辖市人民政府可以在上述目录范围内规定具体品种，并由省、自治区、直辖市人民政府价格主管部门报国家发展改革委备案。

027

中华人民共和国国家发展和改革委员会令

第 3 号

根据《中华人民共和国价格法》，经国务院批准，决定解除《国家发展改革委关于对部分重要商品及服务实行临时价格干预措施的实施办法》（国家发展改革委 2008 年第 58 号令）中规定的对成品粮及粮食制品、食用植物油、猪肉和牛羊肉及其制品、乳品、鸡蛋等食品类商品及服务的临时价格干预措施，自 2008 年 12 月 1 日起施行。

主任　张　平

二〇〇八年十二月一日

028

关于严格执行粮食最低收购价和临时存储粮油收购政策有关问题的通知

发改电〔2010〕273号

各省、自治区、直辖市发展改革委、财政厅、农业厅、粮食局、物价局、农发行分行，中储粮分公司：

我国粮食生产连续六年丰收，今年夏粮再获好收成，国内供需平衡有余，库存充裕，市场供应和价格基本稳定。但是，近来一些地区出现灾害性天气，导致粮价上涨预期增强，一些企业盲目“跟风”抬级抬价在短时间内大量收购粮食，致使出现农民惜售、企业惜卖、市场供求一时骤紧的局面。这种做法扰乱了粮食市场秩序，给正常经营的企业带来困难，也不利于管理好通胀预期。为保证粮油市场健康平稳运行，现就有关要求通知如下：

一、严格执行质价政策。

各地要按照国家最低收购价执行预案和临时存储政策的有关规定，指导和督促有关企业严格执行粮油收购质价政策，既不能压级压价损害农民利益，也不能抬级抬价扰乱市场秩序。有政策性收购任务地区的省级价格、粮食、农业部门和农发行分行、中储粮分公司要加强对市场价格的监测，定期进行会商，准确判断市场价格水平。当市场价格高于国家规定的最低收购价和临时存储价格时，有关企业要立即停止政策性收购，严禁通过各种方式抬价或变相抬级抬价收购。中储粮有关分公司及有关部门对委托收储企业挂牌收购政策性粮油的要严格审查，及时坚决制止和纠正企业违规收购行为。

为稳定市场预期，当市场价格明显高于最低收购价较多时，中央和地方储备粮可暂缓轮入，并按管理权限报批后适当延长轮换空库期。

二、加强收储业务管理。

中储粮各有关分公司要严格落实政策性粮油管理的有关规定，督促有关企业健全粮油收购的各项手续，及时填写收购码单等原始凭证，如实报送收购数量、等级、价格等情况。要加强对委托收储库点、延伸库点的收购数量、质量、价格的验收和监管，规范企业收储行为。中储粮有关分公司及有关部门要加强政策性粮油收储资格的审查和复查，对收购进度和市场价格要跟踪监测分析，发现异常情况要逐笔进行核查。要加强对政策性库存粮食交易、出入库的管理和跟踪检查，严禁将已销售的库存陈粮转为政策性粮食收购入库，杜绝“转圈粮”的发生。

三、加强收购资金供应管理。

各级农发行要切实做好收购资金供应管理工作，按照政策性收购的有关要求，严格审核发放政策性粮油收购贷款，及时足额保证资金供应。同时，要加大对粮油收购资金使用情况的核查力度，认真核对收购凭证，根据实际入库进度审核支付贷款，对违反收购质价政策的要坚决停贷。对企业开展自营收购的，要在有效落实风险防范措施的前提下，积极给予信贷支持。

四、加大监督检查和处罚力度。

各地粮食、价格主管部门要采取抽查、巡查、交叉检查等方式，进一步加强政策性粮油收购政策执行情况的监督检查，切实落实监督检查责任。要按照《价格法》、《粮食流通管理条例》、国家最低收购价和临时存储收购政策等有关规定，严厉查处压级压价、抬级抬价、虚报进度、“转圈粮”、套取补贴等违法违规行为。违法违规行为一经发现，要责成有关部门和单位立即取消企业的政策性粮油收储资格，三年内不得从事政策性收购，已经收购入库的要退出政策性库存统计，扣回费用利息补贴，同时追究有关单位和企业主要负责人的责任。对从事粮食收购活动的其他经营者也要加大监督检查力度，严格规范其经营行为，维护正常的粮食流通秩序。

各地各有关部门和单位要按照本通知要求，加大工作力度，切实抓好各项措施的落实，并及时协调解决收购中出现的新情况和新问题，确保粮油收购工作顺利进行。有关情况要及时报告国家有关部门。

国家发展和改革委员会
财政部
农业部
国家粮食局
中国农业发展银行
中国储备粮管理总公司
二〇一〇年七月二十二日

六 粮食流通体制改革

029

国务院关于加快粮食流通体制改革的通知

国发〔1993〕9号

各省、自治区、直辖市人民政府，国务院各部委、各直属机构：

近几年来，我国粮食流通体制改革迈出了很大步伐，取得了明显成效，促进了粮食生产持续发展，保证了城乡人民生活和国民经济发展的需要。按照党的十四大提出的建立社会主义市场经济体制的总目标，必须稳定增产粮食，促进高产优质高效农业的发展，加快全国粮食市场体系建设。粮食流通体制改革要把握有利时机，在国家宏观调控下放开价格，放开经营，增强粮食企业活力，减轻国家财政负担，进一步向粮食商品化、经营市场化方向推进。为此，特作如下通知。

一、积极稳步地放开粮食价格和经营

粮食价格改革是粮食流通体制改革的核心。目前我国粮食市场发育程度还比较低，地区之间经济发展水平很不平衡。因此，粮食价格改革既要积极又要稳妥，总的原则是：统一政策，分散决策，分类指导，逐步推进。争取在二三年内全部放开粮食价格。各省、自治区、直辖市人民政府在放开粮食价格和经营之前，应研究制定具体实施方案，并报国务院及其有关部门备案。

粮食价格放开，要兼顾生产者、经营者和消费者的利益，注意保护粮食生产，稳定粮食市场。为此，需要采取以下措施：（一）保留粮食定购数量，价格随行就市。（二）继续实行和改进粮食定购“三挂钩”政策，将化肥、柴油由实物奖售改为平议差价补贴，付给出售定购粮食的农民。（三）为防止“谷贱伤农”或粮价暴涨，保护生产者和消费者利益，各地在必要时应制定粮食收购的最低保护价或销售的最高限价，并相应承担财政责任。具体办法由国家物价局会同有关部门另行制定下达。（四）销售价格放开后，要继续保留城镇定量人口的粮食供应关系，对城镇定量人口是否给予补偿，由地方政府自行确定。切实做好受灾地区、贫困地区和水库移民的粮食供应。（五）要支持粮食主产区发展粮食生产，在政策上予以倾斜和扶持。（六）省间、地区间粮食贸易，要产销见面签定供销合同并严格履行，或通过批发市场交易。大中城市要切实加强粮食储存、调运和

供应工作。

为了支持粮价改革，中央财政对各省、自治区、直辖市的粮食补贴保留三年，逐年减少。每年减少的财政补贴，转作中央粮食风险基金，不准挪作他用。各省、自治区、直辖市减少的财政补贴，也要转作地方粮食风险基金。具体办法由财政部会同有关部门制定下达。

暂缓放开粮价的地方，继续执行现行粮食购销政策和国家规定的中等标准品购销价格，品种等级差价、进销差率改由地方政府或物价部门商粮食主管部门确定。

全面放开食油购销价格和经营。从一九九三年度（系指粮食年度，下同）起，除军供用油外，取消国家食油收购计划和食油定量供应政策，取消食油指令性调拨计划，产销由各省、自治区、直辖市根据当地实际情况自行安排。

二、继续实行粮食包干办法

现行国家对各省、自治区、直辖市粮食购销调拨包干办法到一九九二年度末（一九九三年三月底）结束。为了支持粮价改革，保证粮食计划管理体制向社会主义市场经济体制的顺利过渡，原包干指标原则上不作变动，继续延长执行到一九九五年度，中央财政拨付的粮食加价款、差价款补贴，与粮食包干方案脱钩。各省、自治区、直辖市人民政府要切实加强粮食管理，搞好本地区粮食数量、品种平衡，确保城乡市场粮食供应。今后除中央认定的特大自然灾害外，国务院不再核批粮食指标。

军供粮油和大豆暂按现行办法供应，计划一年一定。各级政府和粮食企业要从全局出发，在品种、质量、数量上保证供应。

要切实加强国家粮油库存的管理，确保帐实相符，安全储存。一些行之有效的保管制度和办法要继续执行。国家专项储备粮、特种储备粮、国务院市场调节粮和国家储备食油，所有权属中央，未经国务院批准，任何地方和部门不准动用。为帮助地方尽快建立粮食储备，国家平价粮食周转库存下放地方管理，其中百分之六十转作地方储备，其余部分，地方可以周转使用。国家平价食油周转库存也要划一部分作地方储备。具体办法由商业部下达。

三、继续加强和完善国家对粮食的宏观调控

粮食是关系国计民生和社会安定的重要商品，在放开粮价、搞活经营的同时，必须进一步加强宏观调控，做到放得开，守得住。

（一）以国家储备为中心，中央和省、自治区、直辖市两级为主的多层次粮食储备体系，是加强宏观调控的重要物质基础。国家粮食储备在坚持适度规模、总量平衡的前提下，要优化品种结构和储存布局。要通过储备粮的吞吐，平衡供

求，稳定市场，并积极探索搞活国内外经营，串换品种，保量增值的途径。

要抓紧建立地方粮油储备，以确保本地区粮油市场的基本稳定。地方粮食储备资金和费用补贴参考国家储备粮的办法，由同级政府确定。积极推行农村集体储粮和农户储粮，防备灾荒。

（二）加快以全国性大型批发市场为中心的三级粮油市场体系的建设。全国性大型粮食批发市场，在重点发展中远期合同交易的基础上，选择有条件的市场，研究探索分散价格风险的机制和办法，建立标准合约，逐步向期货贸易方向发展。区域性批发市场，要逐步办成该区域粮油流转中心和集散地。农村初级粮油市场，要以历史形成的集散地为中心，放手发展，做到产需直接见面，互通有无，批零兼营。要打破地区封锁和贸易壁垒，形成高效、畅通、灵活的全国粮油市场体系。

允许和支持多种经济成分、多流通渠道参与市场粮油经营。国有粮油企业要通过参与市场竞争，努力掌握粮食和食油的主要批发业务。符合条件的企业、单位、个人，经工商行政管理机关核准登记，领取营业执照后，可以从事粮食和食油批发、零售业务。坚决取缔无证经营。

（三）加快粮食收储、加工、销售服务体系建设，提高粮食企业的组织化和技术设施现代化程度，充分发挥国有粮食企业的整体优势和主渠道作用。要大力推进企业组织结构的调整，以现有服务体系为依托，以大型企业为骨干，积极组建粮食企业集团，建立起设施先进、功能完善的粮食流通服务体系。

（四）实行粮食进出口内外贸易结合，统一管理。国家对粮食的进出口实行总量控制。对小麦、大米、玉米、大豆等主要品种的进出口，根据国内余缺和国际市场情况，由国家粮食主管部门提出年度进出口总量计划，商经贸部后由国家计划部门综合平衡，报国务院批准实施。根据《中共中央、国务院关于加快发展第三产业的决定》（中发〔1992〕5号）精神和国务院有关规定，对出口实行计划配额管理的大米、玉米、大豆，可实行内外贸联合经营；其他非计划配额管理的粮油品种，也鼓励内外贸联合经营；可赋予有条件的大中型国有粮油企业一定的进出口权。凡取得进出口经营权的粮油企业，要积极参与国际市场，执行国家有关政策和计划，接受价格指导，并在获得配额和许可证方面享有与外贸企业同等的待遇。

（五）随着粮油价格和经营逐步放开，各级粮食行政管理部门要注意粮食总量和分品种、分地区综合平衡情况，努力使粮食的总供给与总需求大体适应。这是加强宏观指导的重要环节，绝不能放松。要制定年度粮油（包括议价粮油）购销指导性计划，指导粮油企业的经营活动。各级银行要合理安排国有粮食企业经营资金，建立良性的收购资金机制，以利于粮食生产、收购和市场的供应，具体办法由中国人民银行会同商业部等有关部门制定下达。

四、大力促进企业转换经营机制，进一步增强国有粮油企业的活力

转换企业经营机制，是粮食流通体制改革的中心环节。要继续推行和完善各种形式的经营承包责任制。大中型粮油企业要实行集体承包或全员承包，有条件的要积极进行股份制试点。小型企业可以灵活采用转、改、租等多种改革形式。企业内部要积极进行人事、用工、分配制度等方面的改革，克服平均主义、吃“大锅饭”等弊病，调动干部职工的积极性和主动性。承包过程中，要保障国家对企业财产的所有权，实现国有资产的保值和增值。基层粮管所（站）的隶属关系，仍由粮食部门统一管理。其资产属国家所有，禁止任何部门、单位平调和挪用。

在深化改革放开经营的过程中，各级政府和各有关部门要积极支持国有粮油企业转换经营机制，开展多种经营。（一）对放开粮价的地区，原来地方财政对粮油企业的亏损补贴和有关专项补贴，原则上三年内不取消。（二）价格放开后，粮食企业开展多种经营所需资金，各级银行要继续支持，并与收购资金贷款分户管理。要在试点的基础上，积极推行粮油企业“内部结算中心”，做好系统内部的资金结算工作。（三）要多方筹集资金，加快国有粮油工商企业的技术改造和网点建设。除“八五”期间粮油加工企业继续享受国家有关减免税收等优惠政策外，各级政府可因地制宜地制定一些政策予以支持。（四）放开价格和经营的地区，国有粮油商业企业过去享受的减免税办法，在“八五”期间要继续执行。国有粮食企业新开办的多种经营，在开办初期确有困难的，可按税收管理体制的规定申请减税、免税优惠。（五）国家有关部门和各级人民政府对国有粮油企业现行的各项优惠政策不变。国有粮油企业要进一步加强企业管理，完善各项规章制度，堵塞各种漏洞，努力降低费用开支，挖掘潜力，扭亏增盈，提高经济效益。

五、绝不放松粮食工作

长期以来，国有粮食企业的广大干部职工在各级党委和人民政府的领导下，为安排好人民生活、保证国民经济发展做出了重大贡献。粮食是国民经济基础的基础，涉及面广，影响大。目前我国粮食总量并不宽裕，品种矛盾还相当突出。在粮食流通体制转换过程中，各级人民政府要切实加强领导，周密计划，精心组织，认真研究解决出现的问题。粮食服务体系不要打乱，粮食工作不能削弱。粮食行政管理机构要按照“小机构，大服务”的原则，精减人员，转变职能，把工作重点转向研究政策、制定规划、加强行业管理、搞好协调、监督和信息咨询服务。要抓紧粮食法规建设，使粮油经营逐步走上制度化、法制化的轨道。在多渠道、多种经济成分的竞争中，要加强和改进国有粮食企业的工作，继续保持和发挥主渠道作用。粮食行业的干部职工要继续发扬优良传统，积极发挥在调节市

场、搞活流通等方面的主导作用。财政、银行、税务、工商、铁道、交通等有关部门要密切配合，积极给予帮助和支持，确保粮食流通体制改革的顺利进行。

国务院
一九九三年二月十五日

030

国务院关于进一步深化粮食流通体制改革的决定

国发〔1998〕15号

各省、自治区、直辖市人民政府，国务院各部门、各直属机构：

近几年来，党中央、国务院制定了一系列政策措施，加强农业基础地位，推动粮食生产迈上新的台阶，取得了举世瞩目的成就。同时，粮食流通体制改革也取得了一定进展，对促进粮食生产，搞活粮食流通，稳定粮食价格，保证市场供应，发挥了积极作用。但是，现行粮食流通体制仍然没有摆脱“大锅饭”的模式，国有粮食企业管理落后，政企不分，人员膨胀，成本上升；同时又严重挤占挪用粮食收购资金，导致经营亏损和财务挂账剧增，超出国家财政的承受能力，这些都说明，现行粮食流通体制已越来越不适应社会主义市场经济的要求，到了非改不可、不改不行、刻不容缓的时候了。不改革，中央和地方的责权关系不清，中央财政不堪重负；不改革，国有粮食企业就难以扭转亏损，不能担当粮食流通主渠道的重任；不改革，不利于保护农民的生产积极性，必将影响粮食生产的持续稳定增长。按照党的十五大提出的目标和要求，必须利用当前宏观经济环境明显改善、粮食供求情况较好的有利时机，加快粮食流通体制改革的步伐。改革的原则是“四分开一完善”，即实行政企分开、中央与地方责任分开、储备与经营分开、新老财务账目分开，完善粮食价格机制，更好地保护农民的生产积极性和消费者的利益，真正建立起适应社会主义市场经济要求、符合我国国情的粮食流通体制。为此，特作如下决定：

一、转换粮食企业经营机制，实行政企分开

（一）实行政府粮食行政管理职能与粮食企业经营的分离。粮食行政主管部门代表政府应对全社会粮食流通进行管理，要与粮食企业在人、财、物等方面彻底脱钩，不参与粮食经营，不直接干预企业自主的经营活动。所有国有粮食企业（包括乡镇粮库）都要面向市场，实行独立核算，成为自主经营、自负盈亏、自我约束、自我发展的经济实体，不承担粮食行政管理职能。

（二）国有粮食企业是粮食流通的主渠道，要按照国家有关政策，积极开展粮食收购，掌握必要的粮源，在稳定市场供应和市场粮价中发挥主导作用。

（三）国有粮食企业要深化改革，加快建立现代企业制度，转换经营机制，

改善经营管理，降低生产经营费用，增强竞争力。要大力发展连锁、代理、配送等现代流通组织形式和营销方式。

（四）国有粮食企业要实施下岗分流、减员增效和再就业工程。直接从事粮食收储业务的人员要逐步减少到现有人员的一半左右。同时要调整人员结构，提高人员素质，建设精干、高效的粮食职工队伍。粮食企业应根据业务性质和经营规模、设施情况等，实行科学、严格的定岗定员制度。下岗分流人员应纳入当地职工再就业工程体系，各级地方政府要支持和帮助国有粮食企业建立再就业服务中心。对下岗人员可以在一定时间内发放基本生活费，鼓励他们寻找新的就业门路。新办粮食企业和新建粮库所需人员，原则上要从现有职工中调剂解决。各级政府不得硬性要求粮食企业接收新的人员。

（五）粮食收储企业的附营业务必须与粮食收储业务划开，设立单独法人，做到人、财、物分离，成立独立核算、自主经营、自负盈亏的经济实体。分离出来的企业，要划转相应的资产和负债，并有必要的资本金。

二、合理划分中央和地方的粮食责权，全面落实粮食省长负责制

（六）粮食工作实行在国务院宏观调控下，地方政府对粮食生产和流通全面负责的体制。

（七）国务院负责粮食的宏观调控，主要责任是：制定中长期粮食发展规划；搞好全国粮食总量平衡，对粮食进出口实行统一管理；确定全国粮食购销政策和价格政策；负责中央储备粮的管理并承担利息与费用补贴，以及中央直属粮食储备库建设；在发生特大自然灾害或特大丰收，导致全国性的粮价大幅度波动时，及时采取必要的措施，主要通过中央储备粮的抛售或增储等经济手段稳定市场粮价。

国家积极支持粮食主产区发展粮食生产，在专储粮收购、粮食出口指标、储备仓库建设、粮食风险基金安排等方面给予必要的倾斜。

（八）各省、自治区、直辖市人民政府（以下简称省级政府）要对本地区粮食生产和流通全面负责，主要任务是：

加强对粮食生产的领导，发展粮食生产，增加粮食供给，根据市场需求合理调整品种结构。粮食主产区要为国家和粮食主销区提供尽可能多的商品粮，为全国粮食总量平衡作出贡献。粮食主销区也要承担相应的责任和义务。

切实做好粮食收购工作。继续实行粮食定购制度，定购粮由省级政府委托地方粮食企业与农民签订定购合同并组织收购。定购粮数量大体保持稳定，品种可根据市场需求作适当调整，价格按照本决定提出的原则确定。继续实行按保护价敞开收购农民余粮的政策，以保护农民种粮的积极性，并且掌握足够的商品粮源，以稳定市场粮价。

保证城镇居民口粮，水库移民、需要救助的灾区和贫困地区所需粮食，以及军队用粮的供应。

制定和落实消化新老粮食财务挂账的措施。管好用好粮食收购资金，确保应拨付的补贴及时足额到位，坚决杜绝挤占挪用。

建立和完善省级粮食储备制度，根据应付本地区自然灾害及调控市场的需要落实省级粮食储备，并报国务院备案。

搞好本地区粮食仓储等流通设施的规划、建设、维修和改造。

负责调剂本地区粮食余缺，建立省际间长期稳定的粮食购销关系；按照国家统一安排和统一经营的原则，组织和落实粮食进出口。

加快粮食市场体系建设，加强粮食市场和价格管理监督，维护正常流通秩序，稳定市场粮价。

（九）进一步健全和完善粮食风险基金制度。粮食风险基金是政府调控粮食市场的专项资金，要按照国务院确定的安排原则和省级财政自筹与中央财政补助款配备比例，确保落实。中央财政和省级财政必须将粮食风险基金纳入年度预算，及时拨付。

粮食风险基金专项用于：第一，省级储备粮油的利息和费用补贴；第二，粮食企业因按保护价收购粮食，致使经营周转粮库存增加，流转费用提高，而又不能顺价出售时应弥补的亏损补贴。粮食风险基金使用范围如作调整，须报经国务院批准。

粮食风险基金在农业发展银行设立存款专户，并通过专户拨补，滚动使用。

三、完善粮食储备体系，实行储备和经营分开

（十）加快完善中央和地方两级粮食储备体系，建立健全储备粮管理制度，对储备粮与企业经营周转粮实行分开管理。中央储备粮实行垂直管理体制。各地区要根据国家的要求逐步建立省级粮食储备，粮权属省级政府。

（十一）中央储备粮粮权属国务院，未经国务院批准，任何单位和个人都不得动用。国家根据宏观调控的需要和财政承受能力确定中央储备粮的规模和品种，并按照储得进、调得动、用得上的要求和节约储存成本费用的原则调整品种和布局，逐步将目前过于分散的中央储备粮集中到交通便利、便于调控的储备库。

（十二）国家粮食储备局负责中央储备粮管理，并监管按经济区划组建的若干个中央储备粮管理公司（为国家宏观调控服务和管理储备粮的经济实体）。

（十三）中央储备粮财务实行垂直管理，中央财政按照规定的标准拨付利息和费用补贴，并将补贴资金划拨到国家粮食储备局在农业发展银行开设的补贴专户，由国家粮食储备局会同财政部下拨。具体办法由财政部、国家粮食储备局

制定。

任何单位和个人不得截留、挪用中央储备粮贷款和中央财政拨付的利息、费用补贴。

（十四）中央储备粮除利用中央直属粮食储备库外，继续利用地方粮库和社会仓储设施储存。中央直属粮食储备库的人、财、物由国家粮食储备局下设的中央储备粮管理公司管理。根据宏观调控的要求，中央通过资产整体划转方式上收部分原已储备中央专储粮的粮库作为中央直属粮食储备库，有关地方政府要给予积极支持和配合。

地方粮库和社会仓储设施储存中央储备粮，实行资格审核制度。中央储备粮管理公司应与承储单位签订合同，确保储备粮安全。

（十五）中央储备粮主要委托地方粮食企业向粮食生产者直接收购，也可以通过县以上粮食交易市场等其他方式购入。储备粮的轮换和抛售，由国家粮食储备局委托有资格的粮食企业具体实施。中央储备粮的吞吐要降低成本，提高效益。

（十六）建立健全储备粮管理的各项制度，加强审计和监督，定期审核库存、资产、负债和损益。中央直属粮食储备库要逐步实现计算机联网，提高管理的现代化水平。

（十七）中央和地方要加强粮食仓储设施建设，鼓励地方、部门、企业和社会多渠道投资，可采取租赁等方式加以使用。国家要在粮食主产区及主销区、交通枢纽建设一批规模较大的现代化储备库。储备库建设以利用现有设施改造、扩建为主。

四、建立和完善政府调控下市场形成粮食价格的机制

（十八）在正常情况下，粮食价格主要由市场供求决定，粮食企业按市场价格经营粮食。

（十九）为保护生产者的利益，政府制定主要粮食品种的收购保护价。保护价应能够补偿粮食生产成本，并使农民得到适当的收益。国务院确定保护价的原则，省级政府制定保护价的具体水平，报国务院备案。各省级政府在确定保护价时，要主动做好毗邻地区的衔接，必要时，由国家发展计划委员会会同有关部门进行衔接和平衡。

（二十）为保护消费者的利益，保持粮食销售价格相对稳定，政府制定主要粮食品种的销售限价，作为调控目标。销售限价的制定，要兼顾消费者和经营者的利益。国务院确定销售限价的原则，省级政府制定销售限价的具体水平。

（二十一）定购粮收购价格，由省级政府按以下原则确定：当市场粮价高于保护价时，参照市场粮价确定；当市场粮价低于保护价时，按不低于保护价的原

则确定。在一个时期内，定购粮收购价格原则上保持稳定。

1998年粮食定购价格由省级政府参照上年水平自行制定，并搞好毗邻地区的衔接。

（二十二）粮价过度波动时，政府主要依靠储备粮吞吐和粮食进出口等经济手段，通过调节市场供求，促使市场粮价稳定在合理水平。

当市场粮价下跌至接近或低于保护价时，政府及时增加储备粮收购。

当市场粮价涨至销售限价时，政府及时抛售储备粮，以稳定市场粮价。一般性自然灾害和局部地区粮价上涨，由省级政府动用省级储备粮进行调控；出现重大自然灾害或全国性粮价上涨时，国务院动用中央储备粮救灾和平抑粮价。

中央储备粮的购销价格按照保持市场粮价稳定的原则，由国家发展计划委员会会同财政部、国家粮食储备局等部门确定。省级储备粮购销价格由省级政府确定。

五、积极培育粮食市场，促进粮食有序流通

（二十三）加强粮食流通体系建设，积极培育县以上粮食交易市场，健全粮食市场信息网络，完善粮食市场交易规则，搞活粮食流通。

（二十四）要充分发挥国有粮食企业收购粮食的主渠道作用，农村粮食收购主要由国有粮食企业承担，严禁私商和其他企业直接到农村收购粮食。国有农业企业、农垦企业可以收购本企业直属单位所生产的粮食。粮食加工企业和饲料、饲养、医药等用粮单位可以委托产地国有粮食企业收购原料用粮，但只限自用，不得倒卖。其他粮食经营企业和用粮单位须到县以上粮食交易市场购买。

（二十五）加快建立和完善区域性和全国中心粮食交易市场。积极支持和引导粮食经营企业和用粮单位进入粮食市场交易。实行粮食批发准入制度，企业经营粮食批发业务必须有规定数量的自有经营资金和可靠的资信，有必要的经营设施，并承担相应的责任和义务，包括执行丰年最低库存量和歉年最高库存量的规定。各地工商行政管理部门要会同粮食部门加强对粮食交易市场的管理和批发准入资格的审查。对未经批准擅自从事粮食批发的，要严肃查处。

（二十六）进一步放开搞活粮食销售市场，支持和引导多渠道经营，鼓励大中城市的超市、便民连锁店等开展粮食零售业务。粮食集贸市场常年开放。

（二十七）坚持全国粮食市场的统一性，任何地区和部门都不得以任何借口阻碍经县以上粮食市场交易和委托收购粮食的运销。

（二十八）加强省际间粮食购销衔接工作，产销区要逐步建立长期稳定的购销关系，积极搞好省际间粮食余缺的调剂。

（二十九）按照建立社会主义市场经济体制的要求，充分利用国际市场调节国内粮食供求。除在国家批准的边境小额贸易配额范围内，可由边境地区自行贸

易以外，对外粮食贸易一律由国家指定的企业统一经营。

六、妥善解决粮食财务挂账，改进资金管理办法

（三十）对1992年3月31日以前的粮食财务挂账，继续按照《国务院批转财政部等部门关于粮食政策性财务挂账停息报告的通知》（国发〔1994〕62号）的规定执行，地方政府要多渠道筹集消化挂账的资金，凡应由财政拨补的部分要列入年度财政预算，确保完成责任书规定的消化目标。

（三十一）对1992年4月1日至1998年5月31日国有粮食企业新增财务挂账和其他不合理占用贷款，由各地按照审计署、财政部、国家粮食储备局、农业发展银行等部门规定的清理办法，进行认真清理，并将清理结果和消化方案报送审计署、财政部等有关部门。经审核、确认纳入消化方案的亏损挂账从1998年7月1日起由农业发展银行对粮食企业实行停息。粮食企业在1998年6月份应支付的上述贷款利息，纳入消化计划。对纳入消化方案的亏损挂账，其本金和利息按以下原则处理：少数财力较好的主销区，本金和利息由省级政府统一筹措资金，从1998年7月1日开始在3年内负责消化。其他地区的利息由中央财政承担，本金由省级政府统一筹措资金，从1999年1月1日起，根据不同情况，在5至10年内消化。按规定中央财政不予补贴利息的亏损挂账和不合理占用贷款，其本金和利息均由地方在上述期限内消化。1998年6月1日以后，粮食收储企业不允许再发生新的亏损挂账。粮食企业要通过减员增效、改善经营、降低费用、提高效益，尤其要坚持顺价销售的原则，在还本期限内，从经营利润中逐步归还亏损挂账的本金。

（三十二）从事粮食收储的国有粮食企业，收购粮食所需贷款由农业发展银行严格按照“库贷挂钩”的原则和办法供应和管理。粮食调销要坚持“钱货两清、足额还贷”的原则，切实做到收购资金封闭运行。粮食企业违反资金管理原则和办法的，银行要依照有关规定严肃处理。

中央及省级储备粮油所需收购贷款由农业发展银行根据储备计划、实际收购数量变化情况，在财政应拨补储备费用、利息及时足额到位的前提下，按照“库贷挂钩”的原则管理。

粮食收购、调销、储备贷款执行同期同档次商业贷款基准利率，不得上浮。中央及地方储备粮油贷款实行分段计息的办法。

（三十三）粮食收储企业分离出来的附营业务所需贷款，由农业银行、工商银行等商业银行按有关规定办理，已由农业发展银行办理的要尽快划转到农业银行、工商银行等商业银行。

（三十四）加强对粮食收购、调销、储备资金的全过程监管。各级政府、各有关部门和粮食企业都不得以任何名目挤占挪用粮食收购资金，对违反规定的要

坚决查处并停止贷款。已被挤占挪用的，要结合对亏损挂账的清理，落实还款责任，限期归还。今后如再出现挤占挪用粮食收购资金，农业发展银行要立即停止贷款，由此发生给农民“打白条”或者不按政策收购农民粮食的问题，由省级政府承担责任，并限期收回被挤占挪用的资金。凡地方财政欠拨按政策规定应拨付的粮食拨补款或地方政府挤占挪用粮食收购资金，而导致粮食企业不能按期归还银行贷款的，由财政部从中央财政对该省（自治区、直辖市）的税收返还款中扣回，用于归还银行贷款。

七、统一认识，加强领导，保证粮食流通体制改革顺利进行

（三十五）国务院有关部门要形成分工明确、调控及时的决策机制和运作机制。国家发展计划委员会会同有关部门搞好全国粮食宏观调控，提出全国粮食总量平衡和进出口计划，制定粮食价格政策，并加强对粮食价格的监测、监督和检查。国家发展计划委员会会同财政部、国家粮食储备局提出中央储备粮收储和动用计划，报国务院批准后执行。财政部要做好粮食风险基金和中央财政承担的粮油补贴资金的管理和监督。国家粮食储备局要做好中央储备粮的管理工作。其他部门要按照各自职能分工，落实国家各项粮食政策。

（三十六）改革粮食流通体制，对于建立和完善社会主义市场经济体制具有重大意义。各省、自治区、直辖市人民政府要根据本决定精神，结合本地实际情况，尽快制定本地区粮食流通体制改革的实施方案和具体办法。各地区和国务院有关部门要加强领导，周密部署，精心组织，抓好落实，扎实细致地做好工作，妥善处理改革过程中出现的新问题，确保各项改革措施顺利实施，务必达到预期的改革目标。

本决定自发布之日起实行。前发文件和规定，凡与本决定不一致的，一律以本决定为准。

国务院

一九九八年五月十日

031

国务院关于印发当前推进粮食流通体制改革意见的通知

国发〔1998〕35号

各省、自治区、直辖市人民政府，国务院各部委、各直属机构：

《当前推进粮食流通体制改革的意见》已经中共中央政治局常委会议讨论同意。现印发给你们，请认真贯彻执行。

国务院

一九九八年十一月七日

当前推进粮食流通体制改革的意见

国务院

1998年11月7日

近几个月来，各地区、各有关部门认真贯彻执行《国务院关于进一步深化粮食流通体制改革的决定》（国发〔1998〕15号），围绕落实按保护价敞开收购农民余粮、粮食收储企业实行顺价销售、粮食收购资金封闭运行“三项政策”和加快国有粮食企业自身改革，做了大量工作，取得了初步成效。基本上做到了按保护价敞开收购农民的余粮，有效地保护了农民的种粮积极性；一些粮食品种实现了顺价销售，国有粮食收储企业初步扭转了大量亏损的局面；制止了粮食收购资金的挤占挪用，实现了收购资金的封闭运行；加快国有粮食收储企业下岗分流、减人增效的改革步伐。但在改革进程中仍然存在一些突出的矛盾和问题，主要是：不少干部对粮食流通体制改革认识不足，工作不够主动、扎实，贯彻落实政策的具体措施不够得力；有些地方按保护价敞开收购余粮的政策没有完全到位；粮食收购市场还没有完全管住，私商粮贩违法收购粮食屡禁不止，国有粮食收储企业粮食销不出去；企业自主经营、自负盈亏的机制尚未真正建立起来，人员多、费用高、效益差的状况没有得到切实扭转，不少企业仍在发生亏损。这些问题如不尽快解决，粮食流通体制改革就难以取得预期的成效。当前，粮食流通体制改革已进入关键时刻，要把改革进一步推向深入，确保“三项政策、一项改革”的贯彻落实，必须从健全机制、完善配套政策和抓好组织落实三个方面采取有力措施，使国有粮食收储企业真正建立起自主经营、自负盈亏的新机制，形成秩序井然的粮食收购市场，确立地方政府层层负责的粮食工作行政首长责任制。为此，必须切实做好以下工作：

一、确立国有粮食收储企业自主经营、自负盈亏的新机制

加快国有粮食收储企业自身改革，完善经营机制，增强企业活力，是搞好粮食流通体制改革的必要条件。

（一）国有粮食收储企业要在人财等方面与粮食行政管理机制彻底脱钩，实行政企分开，使企业真正成为独立核算、自主经营、自负盈亏的经济实体。要按照社会主义市场经济的要求，充分尊重和保护国有粮食企业的经营自主权，任何单位和个人都不得干预企业的正常经营活动。在这一前提下，国有粮食收储企业原则上以现有乡（镇）粮库（站）为单位，或者因地制宜，在几个乡（镇）或一个县（市）范围内组建粮食收储公司，实行独立核算、自负盈亏。无论采取何种形式，都必须实行政企分开。在企业自愿和经营自主权不受侵犯的前提下，粮食收储企业还可以根据市场需要，组建联合销售公司，以利面向市场，及时掌握市场信息，发挥联合优势。

（二）国有粮食收储企业要严格执行国家粮食购销政策，切实转变经营作风，提高报务质量。当市场粮价低于保护价时，要按保护价敞开收购农民余粮，保护价由各省、自治区、直辖市人民政府根据国务院确定的原则，考虑本地区情况并和邻近地区协调后制定。当市场粮价高于保护价时，要根据购得进、销得出的原则，及时修订保护价。国有粮食收储企业必须进一步改善服务态度，通过增设收购网点、上门收购等多种形式，方便农民售粮，不得压级压价，坚持户交户结，不代扣农业税以外的其他任何税费。国有粮食收储企业可以在县级行政区域范围内跨乡（镇）收购粮食，建立企业优胜劣汰的竞争机制。国有粮食收储企业必须坚持顺价销售，不得发生亏损。如因违反顺价销售原则低价亏本销售，发生新的亏损，农业发展银行可按规定不予贷款。国有粮食收储企业要努力节约流通费用，降低销售成本，提高市场竞争能力。各级地方政府及其粮食行政管理部门，要加强对粮食收储企业的指导和监督，特别是监督保护价敞开收购农民余粮和不得压级压价政策的执行情况，以保护农民的利益。

（三）政府要积极为国有粮食收储企业实行自主经营、自负盈亏、平等竞争创造有利条件。粮食定购价和保护价由政府规定，粮食销售价完全由独立核算的粮食收储企业根据顺价销售的原则，自主制定。省（自治区、直辖市）内地区之间存在粮食定购任务畸轻畸重的，省级政府可通过调整定购粮任务比例，或运用粮食风险基金等办法来解决。财政部门要合理核定国有粮食收储企业的超储库存费用标准，并将费用和实际发生的利息及时足额拨补到位，以利企业正常经营。经审计等有关部门认定的财务挂帐，从1998年7月1日起实行停息。

（四）大力整顿国有粮食收储企业的领导班子，坚决清除腐败分子，撤换不称职的负责干部，逐步建立企业负责人适当交流和轮换的制度，把政治和业务素质好的充实到领导岗位。特别要注意选拔和配备好企业主要负责人和财会人员，并实行定期考核和离任审计制度。

二、建立地方政府层层负责的粮食工作行政首长责任制

改革的实践表明，全面落实粮食省长负责制，必须建立地方政府层层负责的粮食工作行政首长责任制，才能保证政令畅通，使各项政策得以贯彻执行。

（一）各地方政府要逐级落实抓好“三项政策、一项改革”和粮食收购市场管理的责任，把它作为各级政府目标责任制以及考核行政首长政绩的重要内容。要根据政企分开、各司其职的原则严格监管国有粮食收储企业不再发生新的亏损，如再发生亏损，一律由地方政府负责。各级地方政府要积极推进国有粮食企业改革，要把国有粮食企业的下岗分流人员纳入当地职工再就业工程体系，支持国有粮食企业建立再就业服务中心，保证下岗分流人员的基本生活费，帮助他们寻找新的就业门路。

（二）进一步落实粮食风险基金，完善粮食风险基金的使用办法。各级政府要在财政支出中优先安排粮食风险基金，督促财政部门将超储库存和省级储备粮油的利息、费用补贴，及时拨补到位。中央财政安排的粮食风险基金，要根据全国粮食供求和产销情况及时调整使用的重点。在当前粮食产区库存压力较大、财政负担较重的情况下，中央财政拨补的粮食风险基金要集中用于粮食主产区，具体办法由财政部会同有关部门另行制定。

（三）各级地方政府要按照发展社会主义市场经济的要求，加快粮食市场体系的建设，建立粮食产销区长期稳定的购销要求，积极支持国有粮食企业的正常购销活动，引导和规范非国有粮食企业的合法经营。强化地方粮食储备制度，各省级政府要按国务院要求，采取有效措施，认真落实省级储备粮规模。农业发展银行要按有关规定保证国有粮食收储企业的调销贷款，商业银行要积极支持其他粮食经营企业的正常粮食购销活动。

三、切实加强对粮食收购市场的管理

搞好粮食收购市场管理，严禁非国有粮食收储企业直接向农民收购粮食，是实现敞开收购和顺价销售的重要条件。各地区必须加大对粮食收购市场管理的力度，维护粮食流通的正常秩序。

（一）在各级政府的统一领导下，工商行政管理部门要切实承担起管好粮食收购市场的责任，依照《粮食收购条例》（国务院令第244号）等有关法律法规严格执法，严厉查处非法收购、贩运粮食等各种违法行为。粮食、物价、税务、

交通运输等部门，要密切配合、大力支持工商行政管理部门对粮食收购市场的管理。公安机关要充分发挥职能作用，依法严厉打击那些抗拒维护粮食市场秩序的违法犯罪活动。县及县以上有关部门，要设立并公布举报电话，以发挥群众的监督作用。

（二）整顿各类粮食加工企业，特别是私营粮食加工厂，严格检查企业的粮源，粮食加工企业加工的小麦、玉米和稻谷只能从国有粮食收储企业购进，不得直接向农民收购或到集贸市场购买。粮食加工企业可以代农民加工自用粮，但不得以代加工为名变相收购农民的粮食。粮食加工企业必须建立台帐制度，购进原粮和销售成品粮要如实登记作帐。工商行政管理部门要按照《粮食收购条例》的有关规定，严格检查粮食加工企业的粮源，凡不能出具国有粮食收储企业或县以上粮食交易加工业务的，要坚决予以取缔。

（三）粮食经营企业跨县（市）运销小麦、玉米和稻谷，必须持有国有粮食收储企业或县以上粮食交易市场带有承运联（随货同行联）的销货发票；跨县（市）运销成品粮，必须持有粮食加工企业或县以上粮食交易市场带有承运联（随货同行联）的销货发票。凡不能出具带有承运联（随货同行联）销货发票的粮食，运输企业不得承运。对非法贩运的粮食，工商行政管理部门依法没收，并对贩运人和承运人处以罚款。各地区要保护粮食的合法运销，不得以任何借口搞地区封锁、层层设卡、变相收费。

（四）农业部门的种子公司可以收购与其签定合同的种子基地生产的粮食作物种子，可以凭县以上农业主管部门认定的种子购销合同组织跨地区运销。转作商品粮的作物种子，必须售给国有粮食收储企业。

四、粮食收储企业必须实行顺价销售

坚决实行顺价销售，是保证国有粮食收储企业不再发生新的亏损的关键措施。

（一）顺价销售粮食要坚持保本微利原则。国有粮食收储企业要以原粮购进价为基础，加上当期合理费用和最低利润确定销售价格。原粮购进价原则上可按1997和1998两年购进粮食的定购价和保护价加权平均计算。对于当前实行顺价销售比较困难的地区和粮食品种，原粮购进价也可按当年购进的定购价和保护价加权平均计算。当期合理费用应扣除财政部门已拨付的超储利息、费用补贴。国有粮食收储企业以前高价购进的粮食，可随着市场粮价的回升逐步实现顺价销售。国有粮食收储企业有权确定粮食顺价销售的具体价格，任何单位和个人都不得干预，但应接受粮食行政管理部门、物价部门和农业发展银行的监督检查。

（二）国有企业、农垦企业可以收购本企业直属单位生产的粮食，其销售价格应参照当地国有粮食收储企业的顺价销售价格确定。

（三）国有粮食收储企业受用粮单位委托收购粮食，不得用农业发展银行的收购贷款垫付收购款，委托方要及时向受委托的国有粮食收储企业预付收购资金。国有粮食收储企业原则上按定购价和保护价的加权平均价，加上委托代理费和应合理分摊的商品流通费，与委托方协商确定收购结算价。

（四）妥善安排国有粮食收储企业陈化粮的销售。国有粮食收储企业销售陈化粮，必须经粮食行政管理部门批准，并经技术监督部门或受其委托的粮油质量检验机构的鉴定。陈化粮的销售价格由物价部门会同粮食等有关部门，按照以质论价的原则确定。陈化粮应主要用作酿造、饲料等工业用粮。严禁以处理陈化粮为名，降价亏本销售粮食。销售陈化粮发生的价差亏损，属于国家专储粮的，由中央财政承担；属于地方储备粮的，由地方财政负担；属于粮食企业周转粮的，由企业计入商品削价损失。

五、确保粮食收购资金的封闭运行

农业发展银行要继续加强对粮食收购资金的监管，杜绝各种挤占挪用收购资金的现象。

（一）国有粮食收储企业要积极配合农业发展银行做好粮食收购资金的封闭运行，粮食顺价销售后要及时足额归还银行贷款本息，不得挤占挪用。

（二）农业发展银行要进一步提高报务质量，积极支持粮食收储企业敞开收购、顺价销售。农业发展银行要根据粮食收储企业的收购价格和收购数量，保证收购贷款的及时发放，并提前发放必要的收购费用贷款。在当前市场粮价偏低、销售困难的情况下，对顺价销售回笼的货款，在按规定收回其贷款本金及应付的利息后，其余部分应留给企业作为经营资金。

（三）国有粮食收储企业要按规定尽快分离附营业务。中国人民银行要继续协调各有关商业银行，尽快解决已分离的附营业务贷款的划转问题，为加快粮食企业改革、搞好收购资金封闭运行和促进附营业务发展创造有利条件。

六、合理确定秋粮收购价格

为做好粮食收购工作，保护农民的利益，必须及时合理确定1998年秋粮的收购价格。

（一）按照有利于保护农民种粮积极性和国有粮食收储企业实现顺价销售的原则，1998年秋粮收购价格原则上参照上年价格水平制定。在当前市场粮价偏低的情况下，定购粮的收购价格水平要保持基本稳定，保护价应能够补偿粮食生产成本并保证农民获得适当的收益。各省、自治区、直辖市人民政府要根据这一原则制定具体的收购价格，并注意做好与毗邻地区的沟通和衔接。

（二）各地区要认真贯彻优质优价的原则，根据市场供求情况适当拉开粮食优质品种与普通品种之间的差价，以利引导农民调整种植结构，多生产适销对路的优质粮食。

（三）辽宁、吉林、黑龙江和内蒙古东部地区要针对玉米上市初期水分大的特点，适当拉开收购前中后期的季节差价，并提前向农民公布，以鼓励农民做好田间和庭院降水，增加农民收入，减轻粮食收储企业收购过于集中和安全收储的压力。玉米收购的季节价差水平，由有关省、自治区人民政府制定。

七、进一步加强对粮食工作的领导

当前，粮食流通体制改革和粮食购销工作任务都十分繁重，各地区和各有关部门必须切实加强对粮食工作的领导。

（一）各省、自治区、直辖市人民政府要按照强化各级行政首长负责制的要求，继续加强对粮食工作的领导，及时发现和妥善解决粮食流通体制改革过程中出现的新问题，确保改革各项措施的顺利实施。

（二）建立一支精干、廉洁、高效的粮食管理干部队伍。要加强粮食部门领导干部的交流和培训。各地区都要选拔一批政策水平高、业务能力强的同志充实到粮食行政管理部门的领导岗位。省级粮食厅（局）长，有些可由中央安排进行省际间交流；地（市）、县级粮食局长，也要在省（自治区、直辖市）内进行必要的交流。各地区要抓好粮食部门干部的培训工作，提高他们的政治、业务素质。各级政府和有关部门要加强监督检查，对违法违纪的人员必须依照有关法纪严肃处理。

（三）国家发展计划委员会、国家粮食储备局要切实加强对粮食流通的宏观管理和行业指导，保证粮食流通体制改革和粮食购销政策的贯彻落实。

深化粮食流通体制改革是党中央、国务院今年部署实施的一项重大改革，也是今年经济工作的一项重要任务。各级领导干部必须进一步提高认识，按照《中共中央关于农业和农村工作若干重大问题的决定》的要求，把思想统一到党中央、国务院关于粮食流通体制改革的方针政策上来，确保各项政策措施的贯彻落实，把粮食流通体制改革不断推向深入。

032

国务院关于进一步完善粮食流通体制改革政策措施的通知

国发〔1999〕11号

各省、自治区、直辖市人民政府，国务院各部委、各直属机构：

《国务院关于进一步深化粮食流通体制改革的决定》（国发〔1998〕15号）下发以来，各地区、各有关部门按照中央的部署，坚持以“三项政策、一项改革”为重点，积极推进粮食流通体制改革，取得了明显成效。各地普遍加强了对粮食工作的领导，初步建立了地方政府层层负责的粮食工作领导责任制，加强了对粮食购销企业的监督和对粮食收购市场的管理；粮食购销企业基本做到了按保护价敞开收购农民的余粮；粮食顺价销售政策逐步得到贯彻，国有粮食购销企业开始扭转大量亏损的局面；粮食收购资金供应得到较好保证，基本实现了封闭运行；国有粮食购销企业自身改革取得了一定进展，初步实现了政企分开。粮食流通体制改革的不断推进，有效地保护了农民的利益，避免了粮食生产的大起大落，对于保持国民经济持续稳定增长和社会稳定，发挥了十分重要作用，但当前粮食生产和流通出现了一些新情况、新问题，主要是：我国粮食已由长期短缺变成总量大体平衡、丰年有余，粮食生产结构性矛盾日益突出，优质品种相对不足，一些劣质粮食品种销售不畅，库存大量积压，而农民仍在继续大量生产；按保护价收购的范围偏大，影响粮食生产结构的调整和效益的提高；粮食超储补贴办法不尽合理，导致一些国有粮食企业不积极销售、坐拿超储补贴，财政补贴负担过重。为加快粮食生产结构调整，提高粮食质量和生产效益，增加农民收入，要在继续坚定不移地贯彻“三项政策、一项改革”的基础上，完善相关政策，制定新的措施，继续深入粮食流通体制改革。现就有关问题通知如下：

一、适当调整粮食保护价收购范围

黑龙江、吉林、辽宁省以及内蒙古自治区东部、河北省北部、山西省北部的春小麦和南方早籼稻、江南小麦，从2000年新粮上市起退出保护价收购范围。考虑到这些粮食品种现在已经播种或插秧的情况，1999年暂不退出保护价收购范围，但要较大幅度地调低收购保护价格水平。具体办法由各有关省级政府根据本地的实际情况研究确定。

二、完善粮食收购价格政策

（一）各地区要根据粮食市场供求情况，按照有利于促进粮食生产结构调整、有利于农民获得合理收益和有利于国有粮食购销企业实现顺价销售的原则，合理确定 1999 年粮食收购保护价格。

（二）各地区在保持粮食定购制度和定购价格形式的前提下，可以调整定购粮收购价格。在市场粮价较低的情况下，也可以将定购价格调低于保护价格水平。

（三）各地区要根据市场需求和粮食内在品质，进一步拉开粮食品质差价、季节差价和地区差价，切实做到按质论价。具体质量标准，由国家质量技术监督局会同有关部门重新修订。

优质品种粮食的购销价格，在当地物价部门的指导下，由国有粮食购销企业按照购得进、销得出的原则自行确定，实行单收、单储，以促进优质品种粮食的发展。

三、完善粮食超储补贴办法，促进顺价销售

（一）中央对地方粮食风险基金补助，在合理确定补助基数的前提下，从 1999 年起，实行地方政府包干办法。实行包干后各地节余的粮食风险基金只能用于粮食方面的支出，不得挪作他用。包干的具体办法由财政部会同有关部门研究制定。

（二）各地要调整和完善对粮食购销企业的超储费用补贴办法，制定鼓励粮食销售的措施，以促进顺价销售。

（三）对国有粮食购销企业销售的粮食，以及其他国有粮食企业销售的军粮、救灾救济粮、水库移民口粮，免征增值税。对粮食加工企业、粮食经营企业和工业生产企业从国有粮食购销企业购进的粮食，可享受相应优惠政策。具体办法由财政部制定下达。

（四）农业发展银行对粮食购销企业随行就市收购的粮食，要按实际收购价格和必要的收购费用保证贷款供应。对粮食购销企业的展期贷款，要按人民银行的规定执行当期利率。

四、继续加强粮食收购市场管理

（一）工商行政管理部门要继续加强粮食收购市场的管理，严厉查处私商粮贩和未经批准收购粮食的单位违法收购粮食的行为，坚决取缔无照经营。

（二）大型农业产业化龙头企业和大型饮料生产企业，经省级政府主管部门审核批准后，可以在本省（自治区、直辖市）范围内与农民签订自用粮包括优质

粮的产销合同，并按合同收购农民的粮食，但不得违反国家粮食价格政策。这些企业收购的原粮只限于自用，不得倒卖。粮食、工商行政管理部门要严格监管。

（三）加强对粮食加工企业和经批准可以收购粮食的用粮企业台帐制度的监督检查，对违反有关规定的，要依法严肃处理。经批准直接收购粮食的用粮企业，可凭产地粮食部门开具的证明，跨地区运输粮食，工商行政管理部门要依法监管。

五、抓紧处理陈化劣变粮食

按照中央和地方粮食责权划分的原则，做好陈化劣变粮销售处理工作。销售陈化劣变粮发生的价差亏损，属于中央储备粮的，由中央财政负担；属于地方粮的，由地方财政负担；属于国有粮食购销企业周转库存粮的，由粮食风险基金适当补助。具体办法由国家计委、财政部、国家粮食储备局和中国农业发展银行等部门研究制定。

六、加快国有粮食企业改革步伐

（一）国有粮食购销企业包括县级粮食购销公司，必须实行政企分开。粮食购销公司不得承担行政管理职能和向购销企业摊派管理费用，要真正成为独立核算、自主经营、自负盈亏的经济实体。

（二）加大粮食购销企业下岗分流、减员增效的力度，必须完成人员分流计划。

落实好这次出台的政策措施，对于保证粮食流通体制改革的顺利进行，促进粮食种植结构调整，保持农业和农村经济的健康发展，都具有重要意义。各级政府和各有关部门，务必以高度的政治责任感，加强对这项工作的领导，不折不扣地把各项政策措施落到实处。

国务院

一九九九年五月三十日

033

国务院关于进一步完善粮食流通体制改革政策措施的补充通知

国发〔1999〕20号

各省、自治区、直辖市人民政府，国务院各部委、各直属机构：

最近，国务院在石家庄市召开了七省粮食工作座谈会，在深入调查研究的基础上，实事求是地分析了自去年4月全国粮食流通体制改革工作会议以来取得的成绩和存在的问题。由于各级党委、政府和有关部门的高度重视，以“三项政策、一项改革”为重点的粮食流通体制改革取得了明显成效。按保护价敞开收购农民余粮的政策基本得到落实；国有粮食购销企业顺价销售力度加大，经营状况好转，亏损减少；粮食收购资金基本实现封闭运行；粮食收购市场管理进一步加强；粮食购销企业自身改革取得一定进展。在粮食连年丰收、出现阶段性供过于求的情况下，粮食流通体制改革的顺利推进，避免了粮价大起大落，有效地保护了广大农民的利益，对于促进国民经济持续发展和社会稳定，起到了至关重要的作用。同时，也必须看到粮食流通体制改革进展还不平衡，一些新的矛盾和问题需要认真研究解决。主要是，有的地方没有完全做到按保护价敞开收购农民余粮，甚至把优质优价变成压级压价，限收拒收；有的地区国有粮食购销企业低价亏本销售粮食，扰乱了市场秩序，影响了其他地区顺价销售；粮食市场管理存在一些薄弱环节；国有粮食购销企业改革滞后，人员多、费用高、竞争力低的局面还未得到根本扭转。因此，必须按照“三项政策、一项改革”的要求，不断完善相关政策和措施，继续推进粮食流通体制改革。现就有关问题补充通知如下：

一、进一步统一思想认识，坚定不移地贯彻执行“三项政策、一项改革”

按保护价敞开收购农民余粮、国有粮食购销企业实行顺价销售、粮食收购资金实行封闭运行和加快国有粮食购销企业自身改革，是在总结多年来粮食歉收和丰收两种情况下宏观调控实践的经验教训基础上提出的。实践证明，只有按保护价敞开收购农民余粮，进一步管好粮食收购市场，才能保护农民种粮积极性、稳定粮食生产。这也是国有粮食购销企业掌握粮源、实现顺价销售的基础。尤其是在当前粮食总量供过于求、粮食库存增加、农民余粮较多的情况下，如果放松粮食收购市场的管理，势必会使市场粮价大幅度降低，不仅直接损害农民的经济利益，扰乱市场秩序，还会导致粮食购销企业难以顺价销售，加大亏损，对扩大内需、维护农村社会稳定和整个国民经济发展都将产生严重的不利影响。只有认真贯彻执行顺价销售政策，严禁国有粮食购销企业低价亏本销售，才能确保粮食购销企业实现顺价销售，防止产生新的亏损，逐步摆脱经营困境。只有实行粮食收购资金封闭运行，才能保证收购资金及时足额供应，不向农民“打白条”，又防止收购资金被挤占挪用。只有进一步加快国有粮食购销企业自身改革步伐，实行下岗分流、减人增效，建立健全独立核算、自主经营、自负盈亏的新机制，才能有效地解决国有粮食购销企业人员多、费用高、效益低的问题，确保粮食流通体制改革政策措施的贯彻落实。一年多的实践证明，中央制定的以“三项政策、一项改革”为重点的粮食流通体制改革的方针政策是完全正确的，必须坚定不移地贯彻执行，决不能有丝毫动摇。

二、调整农业和粮食生产结构，促进粮食供求总量和结构的平衡

针对当前我国人民消费水平低、粮食转化程度不高和粮食总量阶段性供过于求带来的粮食流通中的诸多矛盾和困难，必须在不断推进粮食流通体制改革的同时，加快农业和粮食生产结构的调整，促进粮食供求总量的平衡和结构的优化。

（一）加大退耕还林、还草、还湖力度，以改善生态环境，缓解粮食供求总量矛盾。同时，通过“以粮代赈”方式，帮助解决贫困地区人口的口粮问题，支持农业和农村基础设施建设。

（二）以市场为导向，调整粮食品种结构，减少普通粮食品种生产，扩大专用和优质粮食生产。有条件的地方可因地制宜，适当改革耕作制度。农业部门要抓紧研究制定促进农业生产结构调整的配套措施，重点在品种科学选优、区域种植结构调整、技术服务推广和降低生产成本等方面加大工作力度。

（三）适应人民生活水平提高的需要，进一步发展粮食深加工和畜禽水产养殖业，大力促进粮食转化。

（四）在充分考虑全国市场需求的前提下，调整粮食区域种植结构，东部沿海地区和大城市郊区要注重发挥地区比较优势，结合农业生产结构调整，发展国内外市场需要的附加值高的经济作物，提高经济效益和农民收入。对这些地区的粮食定购任务，可由省级政府作相应调整。有关部门要加强调整粮食种植结构的信息指导。

（五）在国家统一协调下，采取必要的鼓励措施，积极扩大粮食出口，以缓解国内市场粮食供过于求的压力。

三、认真贯彻执行按保护价敞开收购农民余粮政策，切实保护农民利益

（一）国有粮食购销企业要牢固树立为农民服务的思想，进一步改善服务态度，提高服务质量，方便农民售粮，切实做到常年、常时挂牌敞开收购，对符合

国家质量标准的粮食，不准限收、拒收、停收。当然，也不能降低国家质量标准，收购那些含水、含杂超标准的粮食。

（二）认真执行按质论价和优质优价政策，决不能以“调整结构、优质优价”为借口，压级压价、停收限收。

（三）认真贯彻执行《国务院关于进一步完善粮食流通体制改革政策措施的通知》（国发〔1999〕11号）关于适当调整保护价收购范围的精神。非主产区的小麦、玉米、稻谷三大粮食品种，如需退出保护价收购范围，必须报国务院审批；经国务院批准同意退出保护价收购范围的粮食品种，可由国有粮食购销企业按照“购得进、销得出”的原则组织收购，或者由国有粮食购销企业实行“代购代销”。同时在严格市场管理和经过省级人民政府审批的前提下，允许粮食加工、饲料、饲养、酿造、医药等用粮大中型企业直接收购，但仅限于自用，不得倒卖。实行按保护价收购的粮食品种，应拉开等级差价，但不得将等内粮中的低等级部分退出保护价收购范围。

（四）各级政府要采取有效措施，重点解决基层购销企业仓储设施不足问题，要继续通过扩建和租赁社会仓储设施等办法，扩大仓储能力，确保敞开收购农民余粮。

（五）各级政府要加强对按保护价敞开收购余粮和按质论价、优质优价政策执行情况的监督检查，对违背政策规定的要严肃处理。要加强宣传教育，鼓励农民按照国家规定的质量标准交售粮食，以保证储存粮食质量。

四、采取多种有效措施，促进粮食顺价销售

（一）要坚决执行国务院确定的粮食顺价销售原则，制止低价亏本销售。有关部门要加强对国有粮食购销企业顺价销售的监管，对于低价亏本销售的，要依据《粮食购销违法行为处罚条例》严肃查处。地方政府可以适当调整和完善对粮食购销企业的超储费用补贴办法，制定鼓励粮食销售的措施，但不得将粮食超储补贴用于企业降价销售的价差补贴。

（二）降低国有粮食购销企业经营费用，是实现顺价销售的重要条件。各地要采取切实措施，进一步加大国有粮食购销企业自身改革力度，着力抓好下岗分流、减人增效工作，加强企业内部管理，挖掘潜力，把过高的经营成本降下来。同时要建立销售激励机制，改善服务，加快粮食顺价销售。

（三）国有粮食购销企业要严格按照《国务院办公厅转发国家计委等部门关于进一步做好国有粮食企业扭亏增盈工作意见的通知》（国办发〔1999〕74号）规定的作价办法顺价销售。对于粮食库存过大，销售特别困难的购销企业，可采取轮换库存粮的办法，实行库存粮按新购进粮食的成本顺价销售，新购进粮食等量对冲入库，以鼓励企业扩大销售，推陈储新。但不得借机低价销售库存陈粮，

库存粮销量不得超过等量对冲的新粮。要认真按照国务院确定的原则和有关部门制定的办法妥善处理陈化粮，防止处理时间过于集中，更不得擅自放宽陈化粮的认定标准，变相低价销售。处理陈化粮要稳步进行，不能冲击市场粮价。

（四）各级税务部门要加强粮食经营者包括粮食集贸市场的个体经营者、粮食加工企业的税收征管，并严格执行关于国有粮食企业免征增值税的政策，为粮食购销企业顺价销售创造良好环境。

（五）由于当前国有粮食购销企业顺价销售困难，对于原附营业务占用贷款中仍由国有粮食购销企业承担的部分，实行停息挂帐，以减轻国有粮食购销企业负担。

五、合理安排今年粮食收购保护价水平，拉开品种质量差价、季节差价

（一）保护价水平的确定，既要有利于保护农民收益，也要考虑市场供求，以利促进国有粮食购销企业顺价销售和农业生产结构的调整。在当前粮食总量供过于求的情况下，结合粮食生产成本收益率的实际情况，在保持今年秋粮价格基本稳定的前提下，可在主产省充分协商、协调一致的基础上，适当调整玉米收购价格，同时要注意价格的调整幅度不要过大。

（二）继续落实好优质优价政策。要切实拉开粮食质量差价，对于内在品质好、消费者认可、市场销路好的优质品种，其收购价格由国有粮食购销企业按照“购得进、销得出”的原则自行确定。质量技术监督部门要尽快制定下达粮食优质品种的具体质量标准。

（三）进一步拉开季节差价，特别是辽宁、吉林、黑龙江和内蒙古东部等高水分粮较多的地区，要根据烘干能力，合理安排收购进度，拉开季节差价，鼓励农民自行降低水分，以减轻国有粮食购销企业的收储压力和增加农民收入。

（四）各省级政府要认真做好毗邻地区粮食收购价格的衔接，必须执行共同协商的收购价格，防止因价格水平差距过大，造成国有粮食购销企业不平等竞争。

（五）各级物价部门要加强对粮食购销价格执行情况的监督。监督企业严格执行价格政策，防止压价收购、低价销售等不正当价格竞争行为。对违背有关规定的，要依法查处。

六、加强粮食收购市场管理，维护正常的收购秩序

（一）各级工商部门要继续加强收购市场管理，严厉打击私商粮贩等各种违法收购、加工和运销粮食的行为，重点加强对加工企业台帐的监管，切实管住加工企业粮源。要加强对粮食运销合法凭证的监管，防止一票多用和重复使用。对没有合法凭证的粮食，铁路、交通部门不得承运。近期要集中力量对粮食市场进

行一次清理整顿。

（二）严格按规定审批进农村收购的大型农业产业化龙头企业、饲料生产企业，要防止审批标准掌握过宽、审批不严的现象。经国务院批准的粮食进出口企业，具备条件的，可进农村收购用于出口的粮食。同时，要加强对这些企业粮食收购活动和台帐的监管。

（三）粮食、公安、交通、物价、税务、质量技术监督等部门和乡镇政府，要密切配合和大力支持工商部门加强对粮食市场的监管。对一些地方已经采取的一些好的做法，如联席会议制度、设立协管员等，要在总结经验的基础上，加以推广。各级政府对监管粮食收购市场所必需的经费、装备等要给予必要的支持。

（四）粮食销售市场要进一步放开搞活，积极培育县以上粮食批发市场，粮食零售市场、集贸市场常年开放。

七、财政部门和农业发展银行要进一步采取措施，支持国有粮食购销企业正常的经营活动

（一）粮食超储补贴及时足额到位是落实粮改政策的重要保证。中央对地方已经实行了粮食风险基金包干，地方财政部门要根据国有粮食购销企业敞开收购的实际情况，确保粮食超储补贴及时足额拨补到位，以利于国有粮食购销企业敞开收购和正常经营。粮食风险基金包干后，由地方承担的配套资金原则上应由省级财政安排，不得实行层层递减包干，如确需由市县承担，必须保证落实；市县承担资金不落实的，仍由省级财政统筹解决。粮食风险基金管理办法要按有关部门的规定执行，不准对国有粮食购销企业实行补贴包干。

（二）农业发展银行要继续坚持有利于粮食顺价销售的一些好的做法，积极改善金融服务，支持国有粮食购销企业正常经营。对于露天储存和租借社会仓库等增加的收储费用，要根据实际需要安排必要的费用贷款。对于国有粮食购销企业销售粮食所必需的经营费用，要给予资金支持。增加必需的简易建仓贷款，人民银行要相应增加农业发展银行简易建仓贷款计划，地方财政要对这项贷款实行全额贴息。在资金管理上要根据市场情况，在保证收购资金封闭运行的前提下，要维护国有粮食购销企业的营销自主权，以支持其进一步扩大顺价销售。

国务院

一九九九年十月十一日

034

国务院关于进一步完善粮食生产和流通有关政策措施的通知

国发〔2000〕12号

各省、自治区、直辖市人民政府，国务院各部委、各直属机构：

近几年来，党中央、国务院针对我国粮食连年丰收、出现阶段性供大于求的情况，制定了一系列正确的政策措施，特别是推进以“三项政策、一项改革”为重点的粮食流通体制改革，取得了明显成效。各地区、各有关部门按照中央的部署，加快对农业和粮食生产结构的调整，坚持按保护价敞开收购农民余粮，加大粮食顺价销售力度，加强粮食收购资金和粮食市场管理，推进粮食购销企业自身改革，保护了广大农民利益，稳定了粮食生产能力，对促进农村稳定和国民经济持续快速健康发展发挥了重要作用。但各地工作进展和政策执行情况还不平衡，粮食生产和流通中还存在一些需要重视和解决的问题，主要是：粮食生产结构调整面临不少实际困难；按保护价敞开收购农民余粮的政策没有完全落实，不少地方存在限收拒收、压级压价现象；粮价持续下降，粮食购销企业顺价销售困难较大，库存粮食陈化加重；一些粮食主产区风险基金落实难度大，超储补贴拨补不及时；粮食仓容严重不足，收储矛盾比较突出；收购资金封闭运行管理的措施，在有的地方还没有完全到位；国有粮食购销企业改革滞后，经营管理状况亟待改善。当前必须根据粮食生产和流通中出现的新情况、新问题，在坚持贯彻落实“三项政策、一项改革”的基础上，进一步完善有关政策措施，使粮食生产结构调整不断推进，粮食流通体制改革不断深化。现就进一步完善粮食生产和流通有关政策措施问题通知如下：

一、大力推进农业和粮食生产结构的战略性调整，促进生产和流通的协调发展

（一）粮食生产结构调整是农业生产结构调整的重点。在保护好基本农田和稳定粮食生产能力的前提下，各地区要因地制宜调整农业和粮食生产结构，优化区域布局。沿海经济发达地区和大城市郊区，要适当减少粮食种植面积，积极发展高效农业和出口创汇农业。生态脆弱地区，要有计划、有步骤地退耕还林、还草、还湖、还湿地，改善生态环境，有条件的地方要积极发展林果业、养殖业和高附加值经济作物。

（二）优化粮食品种，提高粮食质量和种粮效益。要加大实施种子工程的力

度，进一步加强优质品种的引进、选育、繁育和推广工作，尽快淘汰和压缩劣质品种，全面优化农作物品种结构。粮食主产区要充分发挥粮食生产优势，大力调整生产结构，要由一般粮食品种向优质、专用品种转变，由单纯注重产量向提高效益转变，同时积极采取措施，由单一粮食生产向发展多种经营转变。

（三）进一步发挥市场对粮食生产的引导和促进作用。各地区和各有关部门要增加投入，重点支持粮食主产区的县级以上粮食批发市场和粮食市场信息网络建设，着力抓好粮食质量标准体系、检验检测体系和社会化信息服务体系的建设，引导农民和企业按照市场需求安排粮食生产和流通。同时，大力发展农业产业化经营，扶持一批有基础、有优势、有特色、有前景，并已同农民形成稳定购销关系的龙头企业，发展订单农业，促进粮食转化。

（四）各地区和各有关部门要加强对农业和粮食生产结构调整的指导，防止在结构调整过程中出现趋同化和忽视粮食生产的倾向。国家继续增加农田水利基础设施建设的投入，保护基本农田，发展节水灌溉农业，加大科技扶持力度，提高粮食单位面积产量和综合生产能力，保护农民种粮积极性。

二、认真落实按保护价敞开收购农民余粮政策，切实保护农民利益

（一）对列入保护价收购范围的粮食，国有粮食购销企业要切实做到常年常时挂牌敞开收购农民的余粮。在当前粮食库存大量增加、市场粮价走低、农民余粮较多的情况下，必须充分认识到按保护价敞开收购农民余粮，是保护农民利益和稳定粮食生产能力的关键措施。只有“敞开”，才能“放开”。如果没有完全做到按保护价敞开收购，就放开粮食收购市场，势必使粮价进一步下跌，直接损害农民利益，挫伤农民种粮积极性，对扩大内需、农村稳定和国民经济发展，产生严重不利影响。因此，当前国有粮食购销企业必须做到按保护价敞开收购农民余粮，认真执行国家粮食质量标准和按质论价、优质优价政策，不准限收、拒收、停收，不准压级压价收购，并要进一步改善服务态度，提高服务质量，方便农民售粮。粮食、物价、工商行政管理和质量技术监督部门要加强监督检查，防止粮食购销企业发生拒收限收和压级压价现象。

（二）继续适当调整粮食保护价收购范围。今年夏粮已进入收购季节，秋粮已经播种，各地区要认真贯彻执行《国务院办公厅关于部分粮食品种退出保护价收购范围有关问题的通知》（国办发〔2000〕7号）中关于保护价收购范围的有关规定。为进一步引导农民根据市场需求调整粮食生产结构，从2001年新粮上市起，继续调整保护价收购范围。晋冀鲁豫等地区的玉米、稻谷，可退出保护价收购范围，具体由各有关省级人民政府根据实际情况研究确定，并报国务院备案。对粮食主产区的重要粮食品种，主要是南方的中、晚稻，东北地区和内蒙古东部的玉米、稻谷，黄淮海和西北地区的小麦，继续列入保护价收购范围，按保

护价敞开收购。

（三）对列入保护价收购范围的粮食，农业发展银行要继续按现行办法，及时发放贷款，确保收购资金供应。对国有粮食购销企业按照“购得进、销得出”的原则，收购退出保护价收购范围的粮食，农业发展银行要按照“以销定贷、以效定贷”的原则提供收购贷款。同时，要切实加强对粮食收购资金的监管，严禁国有粮食购销企业多头开户，防止挤占挪用收购资金。

三、适当增加粮食风险基金规模，保证资金及时拨付到位

为确保按保护价敞开收购农民余粮政策的贯彻落实，顺利实施粮食流通体制改革，今年在包干资金之外再增加粮食风险基金规模80亿元，主要用于粮食主产区，由中央财政和地方财政按照现行筹资比例分别负担。各级地方人民政府必须把应负担的粮食风险基金纳入同级财政预算，通过调整财政支出结构，确保预算安排的粮食风险基金高于上年。部分粮食主产省（区）确因地方财力不足而难以筹措时，经国务院批准可通过向商业银行借款解决，有关商业银行在严格审核的基础上要据实确认，借款利息要纳入地方预算。地方财政借款后，粮食风险基金仍不能及时足额到位的，中央财政将通过扣款强制到位。

为确保粮食超储补贴及时足额拨付到粮食购销企业，从今年起，应由地方筹集的粮食风险基金，必须按季划拨到省级财政在农业发展银行开设的专户，市、县级财政负担的风险基金由省级财政先行垫付，中央财政按季考核。地方财政部门必须在每季度最后一个月的15日之前，将应拨超储补贴通过农业发展银行足额拨付到粮食购销企业。如不能及时拨付，先由省级农业发展银行按上季度拨款数额的80％拨付给粮食购销企业，随后再行清算并拨补到位。具体办法由财政部会同农业发展银行等有关部门研究制定。

四、扩大国家粮库建设规模，增加有效仓容

针对当前粮食主产区粮食仓储设施严重不足、露天存粮较多、安全保粮难度大的实际情况，要进一步加强粮食仓储设施建设。一是在已建成250亿公斤仓容的基础上，今年和明年再分别安排100亿公斤仓容的粮库建设。今年建设的100亿公斤粮库项目，要按确保工程质量和进度的要求，抓紧进行，同时今年内要做好明年100亿公斤粮库建设的前期工作。各有关部门要密切配合，继续按现行办法管好建设资金和工程项目，抓好粮库建设。新建粮库主要安排在粮食主产区。新建粮库主要装储备粮，并坚持新粮入库。二是继续利用社会仓储设施和闲置场地，增加粮食储存能力。三是为解决当前粮食主产区基层收纳库严重不足的问题，农业发展银行要安排简易建仓贷款予以支持，贷款利息由省级财政统一补贴，贴息期限到贷款全部收回为止。具体办法由农业发展银行制定。

五、进一步拓宽粮食购销渠道，搞活粮食流通

（一）对列入保护价收购范围的粮食，由国有粮食购销企业敞开收购，同时允许和鼓励经省级工商行政管理部门审核批准的用粮企业、粮食经营企业，按国家收购政策要求，直接到农村收购粮食，充分发挥它们搞活粮食流通的积极作用。工商行政管理部门审批入市企业时，可征求粮食行政管理部门的意见。对经批准的大型用粮企业，允许跨地区到粮食产区直接收购，或者委托当地国有粮食购销企业收购自用粮。经省级政府认定，确属交通不便的边远地区，允许经地（市）或县级工商行政管理部门审核批准的粮食经营企业到农村收购粮食。

（二）对退出保护价收购范围的粮食，允许经地（市）或县级工商行政管理部门审核批准的用粮企业、粮食经营企业，直接到农村收购。

（三）农村集贸市场要坚持常年开放，鼓励农民通过集贸市场出售自产的粮食，并不受数量限制。允许经县级以上工商行政管理部门批准的粮食经营企业和粮商（包括私营、个体粮食经营者）到农村集贸市场和粮食批发市场购买和销售粮食。

（四）工商行政管理部门要继续采取有效措施，加强对粮食收购市场的管理，严禁无照经营和违规经营，严厉打击扰乱市场、损害农民利益的不法行为，维护市场的正常秩序。

六、积极促进粮食销售、加工转化和出口，加快库存粮食轮换

（一）进一步加大粮食销售力度。国有粮食购销企业要重视市场营销工作，建立粮食销售激励机制，积极采取措施，开拓市场，扩大销售。对库存高价位周转粮食的轮库，采取购销结合的办法，实行等量对冲，推陈储新。转换库存粮食的必要合理费用，列入销售成本。各省级人民政府和中国储备粮管理总公司，必须认真做好周转库存粮和储备粮的轮换。国有粮食购销企业不得低价亏本销售，更不准以处理陈化粮为名，降价销售粮食，对因降价销售粮食造成的资金损失，由地方政府和企业承担。

（二）按照有关部门颁发的陈化粮鉴定标准，妥善处理陈化粮。对处理粮食购销企业商品周转库存的陈化粮所发生的价差亏损，原则上由粮食风险基金负担，具体由省级人民政府确定。“甲字粮”和“五〇六粮”的处理工作，要按照有关文件规定，由中国储备粮管理总公司商财政部、总后勤部抓紧进行。

（三）按照市场需求，在粮食主产区大力发展粮食精深加工，促进粮食转化和增值。对重点粮食深加工项目，国家要给予政策扶持，鼓励企业通过资本市场多方筹措资金，建成一批大型的技术先进的粮食精深加工转化项目。积极支持现有的粮食加工转化企业通过技术改造和资产重组等措施，形成合理的区域布局和

规模结构，努力开发新产品和发展优质名牌产品。

（四）努力扩大粮食出口。继续执行中央对主产区粮食出口的有关优惠政策，允许地方在保证购销企业不出现新的亏损挂帐前提下，支持地方粮食出口。鼓励有条件的地方，采取易货贸易、边境贸易等多种方式，向周边国家和地区出口粮食。为促进大米出口，在南方稻谷主产区选择一至两个具备条件的省级国有粮食企业，赋予大米出口经营权。

七、加快国有粮食购销企业改革步伐，提高企业竞争力

（一）粮食行政管理部门与粮食购销企业之间，必须真正做到政企分开。粮食行政管理部门要认真做好国家粮食政策的贯彻落实，监督、引导国有粮食企业搞好粮食流通，指导粮食企业加快自身改革，但不得向企业摊派费用。粮食行政管理部门的负责人不得兼任粮食购销企业的职务。

（二）加大粮食购销企业自身的改革力度。国有粮食购销企业要严格按照经营业务量合理定员、定岗。要建立能上能下和能进能出的人事、劳动机制，实行竞争上岗，企业主要管理人员可以向社会公开招聘，把政治素质好、业务能力强、懂经营、会管理的人才充实到领导岗位。继续抓好富余人员的下岗分流和减员增效工作，各级地方人民政府要积极支持，把下岗人员纳入当地社会保障和再就业体系。

（三）加强企业内部管理，提高经济效益。切实落实企业法人代表责任制，明确各项考核指标，严格进行年度考核，做到奖惩分明。建立健全以人为本的企业内部管理机制，实行内部承包，责任到人，指标到人。在收入分配上实行绩效挂钩、能高能低，充分调动企业干部职工的积极性，增强企业活力。加强对企业干部职工的业务培训，努力提高业务素质，特别是要提高企业法人代表和财会人员的素质。同时，有关部门要尽快落实《国务院关于进一步完善粮食流通体制改革政策措施的补充通知》（国发〔1999〕20号）中关于“对于原附营业务占用贷款中仍由国有粮食购销企业承担的部分，实行停息挂帐”的政策，减轻国有粮食购销企业的负担。

八、切实加强领导，确保粮食流通体制改革顺利进行

当前我国农业和粮食生产已进入了一个新的发展阶段，各地区和各有关部门必须进一步统一思想，充分认识农业在国民经济中的基础地位，任何时候都不能放松粮食生产。各地区要认真落实粮食省长负责制和地方政府层层负责的粮食工作行政首长责任制，加强对粮食生产和流通工作的领导，确保各项政策落到实处，特别是要做到按保护价敞开收购农民余粮，保护农民利益。各级地方人民政府和各有关部门要加强对粮食收购政策执行情况的监督检查，对拒收限收、压级

压价的，要严厉追究有关负责人的责任。各地区和各有关部门，要按照今年中央农村工作会议的部署和“三项政策、一项改革”的要求，继续抓好农业和粮食生产结构调整，推进粮食流通体制改革，促进粮食生产和流通的协调发展。

国务院

二〇〇〇年六月十日

035

国务院关于进一步深化粮食流通体制改革的意见

国发〔2001〕28号

各省、自治区、直辖市人民政府，国务院各部委、各直属机构：

1998年以来，党中央、国务院确定的以“三项政策、一项改革”为主要内容的粮食流通体制改革，有效地保护了农民利益，调动了农民种粮积极性，促进了粮食生产和流通的发展，推动了农业和粮食生产结构的调整。经过3年多的改革，我国粮食流通体制发生了很大变化，粮食收购渠道逐步拓宽，销售市场完全放开，除收购市场在粮价过低时实行保护价收购外，粮食购销价格基本由市场调节，粮食产区和销区之间购销协作关系逐步发展和稳定，已经成为粮食市场的重要组成部分，中央储备粮垂直管理体系初步建立，国家宏观调控能力有所增强。但粮食流通中也存在一些需要通过深化改革进一步研究解决的问题，主要是一些地方没有完全做到按保护价敞开收购农民余粮，部分粮食品种顺价销售困难；粮食省长负责制没有完全落实，有些产区的粮食风险基金不能及时足额到位，国有粮食购销企业改革滞后；国家储备粮规模、结构和管理方式还不完全适应国家宏观调控的需要。

面对我国社会主义市场经济体制的初步建立，粮食生产和流通形势的变化，以及加入世界贸易组织后将给粮食产销带来的机遇与挑战，必须进一步深化粮食流通体制改革，继续完善有关政策措施。深化改革的总体目标是：在国家宏观调控下，充分发挥市场机制对粮食购销和价格形成的作用，完善粮食价格形成机制，稳定粮食生产能力，建立完善的国家粮食储备体系和粮食市场体系，逐步建立适应社会主义市场经济发展要求和我国国情的粮食流通体制。当前改革的重点是：为促进农业和粮食生产结构调整，充分发挥粮食产区和销区的各自优势，粮食主销区要加快粮食购销市场化改革，放开粮食收购，粮食价格由市场供求形成；完善国家储备粮垂直管理体系，适当扩大中央储备粮规模，增强国家宏观调控能力；中央财政将粮食风险基金补贴完全包干给地方，真正建立起粮食生产和流通的省长负责制；粮食主产区要继续发展粮食生产，在继续实行“三项政策、一项改革”的前提下，赋予省级人民政府自主决策的权力，切实保护农民种粮积极性；加快国有粮食购销企业改革，切实做到自主经营、自负盈亏。

一、加快推进粮食主销区粮食购销市场化改革

当前我国农业和农村经济发展已进入新的阶段，市场取向的粮食流通体制改革在实施中不断调整和完善，为粮食主销区加快实现粮食购销市场化创造了必要条件。特别是东南沿海的浙江、上海、福建、广东、海南、江苏和北京、天津等地区的经济相对比较发达，农业和农村经济结构调整的潜力较大，粮食市场发育较好，粮食购销形势已发生很大变化，完全可以放开粮食收购，粮食价格由市场调节。这有利于粮食主产区和主销区充分发挥各自的区域比较优势，加快调整主销区种植业生产结构，为主产区粮食销售腾出市场空间；有利于建立粮食产区和销区自主衔接的经营机制，促进市场粮价合理回升，支持主产区粮食生产的稳定发展；有利于真正搞活粮食流通，促进农业增效和农民增收。

粮食主销区实现粮食购销市场化，是当前深化粮食流通体制改革的重大举措，必须不失时机地加快推进。为了积极有效地推进粮食购销市场化改革，粮食主销区在粮食生产和流通主要依靠市场调节的同时，也要按照粮食省长负责制的要求，保证粮食供应和粮食市场稳定。

（一）要按照适应市场需求、提高经济效益和增加农民收入的要求，打破地区自我粮食平衡的传统观念，大力调整农业生产结构，推进产业化经营。

（二）切实保护好基本农田，决不允许擅自将耕地改为非农用地，这是一条不可逾越的“红线”。

（三）要按照国家关于“销区保持 6 个月销量”的有关要求充实省级粮食储备，增强省级人民政府对粮食调控的责任和能力。

（四）主销区要采取多种措施与主产区建立稳定的粮食购销关系，以保证销区市场需求的粮源。

（五）国务院各有关部门要积极支持主销区加快推进粮食购销市场化。主销区如发生粮价较大波动或者出现粮食供应不足时，首先动用地方储备粮，必要时，经国务院批准动用中央储备粮平抑粮价，保证粮食供应。

二、完善国家粮食储备体系，增强粮食宏观调控能力

粮食是关系国计民生的重要商品，健全中央储备粮垂直管理体系，增强国家宏观调控能力，对我国经济发展和社会稳定具有重大的意义。

（一）进一步扩大中央储备粮规模。为适应农业和粮食生产结构调整，加快推进主销区粮食购销市场化，促进国有粮食购销企业改革，增强国家宏观调控能力，要适当增加中央粮食储备规模。在今明两年内，通过新建储备库装新粮和在产区直接收购，使中央储备粮规模逐步达到 750 亿公斤，保证国家掌握充足的粮食调控资源。具体实施方案由国家计委会同财政部、国家粮食局、中国农业发展

银行和中国储备粮管理总公司等部门研究制定。

（二）健全中央储备粮垂直管理体系。加强对中央储备粮管理工作的领导，健全中央储备粮垂直管理制度，尽快建立管理科学、调控有力、吞吐灵活、人员精干的中央储备粮管理体系，确保国家宏观调控的需要。(1) 中国储备粮管理总公司的任务是负责中央储备粮（含食油）的管理和轮换，建立健全责权统一、管理规范的中央储备粮轮换机制，防止粮食陈化变质，确保粮食数量真实、质量完好，保证国家急需时调得动、用得上。(2) 中国储备粮管理总公司及其分公司要严格中央储备粮的监管，除经营与储备粮油吞吐轮换直接相关的业务外，不从事一般性商业经营活动。(3) 中国储备粮管理总公司及其分公司、直属库要按照现代企业制度要求，完善企业内部管理和运行机制，提高企业经营管理水平，降低粮食储备费用，减轻国家财政负担。(4) 国务院有关部门要抓紧制定《中央储备粮管理条例》等法规制度，将储备粮管理纳入法制化的轨道。(5) 各有关部门和地方各级人民政府要积极支持中央储备粮垂直管理体系建设。

（三）继续抓紧国家储备粮库建设。为适应扩大中央储备粮规模的要求，今后可根据国家财力平衡和粮食储存的实际状况，继续适当安排国家储备粮库建设，以适应安全储存粮食的需要。今年建设的 100 亿公斤国家粮库，要确保工程质量和建设进度。新建国家储备粮库产权归中央所有，各库所提折旧基金要专户存储，专项用于国家储备粮库的维修改造，不得挪作他用。

三、完善粮食风险基金包干办法，真正实行省长负责制

按照中央和地方对粮食分级管理的要求，必须健全在国家宏观调控下，地方人民政府对粮食生产和流通全面负责的体制，适当增加中央对粮食主产区的粮食风险基金补助，把粮食省长负责制真正落到实处。

（一）适当增加中央对粮食主产区的粮食风险基金补助，由地方包干使用。根据建立省级人民政府对粮食生产和流通全面负责体制的要求，为给粮食主产区更大的支持，从 2001 年开始，中央适当增加对粮食主产区的粮食风险基金补助，由地方包干使用。按 1999 年粮食风险基金包干政策规定，应由地方财政配套的自筹资金，要继续按政策及时足额配套到位。粮食风险基金补助包干基数调整后，由中央财政专项拨给各有关省（自治区、直辖市），与地方配套的粮食风险基金一并在中国农业发展银行专户储存，按照国家规定的用途，统筹使用，超支不补，节余留用。节余的粮食风险基金，要用于陈化粮价差亏损补贴、粮食出口补贴和消化粮食财务挂帐等粮食方面的开支，不准挪作他用。粮食风险基金的具体补贴范围、补贴标准、补贴方式，由省级人民政府自行确定，并抄报财政部、国家计委、国家粮食局、中国农业发展银行备案。国有粮食购销企业按政策应享受的粮食风险基金补贴，在资金拨到企业后，任何单位和个人不得以任何借口抽

回。国务院有关部门要加强对粮食风险基金的监督、检查和审计，确保专款专用，防止挪作他用。粮食风险基金补助包干基数调整和使用监管办法，由财政部会同国家计委、国家粮食局、中国农业发展银行制订后，报国务院审批。

（二）完善和落实粮食省长负责制。粮食风险基金包干基数适当调整后，各省级人民政府要对本地粮食生产和流通全面负责，建立严格的粮食省长（主席、市长）负责制，核心是赋予省级人民政府管理粮食更大的自主权，同时也承担相应的责任。具体要求是：（1）粮食主产区要继续发挥区域比较优势，保护好耕地，增加粮食生产投入，稳定粮食生产能力，做好粮食收购和储存，保证向国家提供必要的商品粮和中央储备粮轮换用粮。（2）各省级人民政府要鼓励和引导国有粮食购销企业和其他有经营粮食资格的企业，积极发展产销区之间长期稳定的粮食购销协作关系，并要信守合同，促进产区粮食顺价销售和销区商品粮源的稳定供应。（3）实行粮食风险基金包干后，各省级人民政府筹集的配套资金要纳入地方财政预算，专款专用，不准挤占挪用。对部分粮食主产区地方配套的粮食风险基金不能及时到位的缺口部分，继续实行经批准向商业银行借款的办法。（4）各省级人民政府要积极推进国有粮食购销企业改革，妥善解决企业历史包袱，建立企业促销机制，实行自主经营、自负盈亏。（5）各省级人民政府要继续加快粮食市场体系建设，维护正常流通秩序，稳定市场粮价。

（三）因地制宜地调整农业和粮食生产结构，努力增加农民收入。各粮食主产区要以市场为导向，进一步优化粮食品种、品质结构，提高粮食单位面积产量，降低粮食生产成本，提高种粮效益和市场竞争力。要紧紧依靠科技进步，加大实施种子工程的力度，加强粮食优质品种的引进、选育、繁育和推广工作，坚决淘汰劣质品种。有条件的地方，可积极推进粮食产业化、规模化经营，扶持一批有基础、有优势、有特色、有前景的龙头企业，发展订单农业，发展养殖业和粮食精深加工，促进粮食转化增值。

四、粮食主产区要坚持按保护价敞开收购农民余粮的政策

粮食主产区要继续实行“三项政策、一项改革”，切实保护广大农民利益。

（一）适当调整保护价收购范围。为促进农业和粮食生产结构调整，发展节水农业，适应市场需求变化，要适当调整保护价收购范围。从全国粮食供求趋势看，今后实行保护价收购的粮食品种，主要是长江中游地区的中、晚稻谷，东北地区的优等稻谷，黄淮海地区的小麦，东北地区和内蒙古东部的玉米。各有关省级人民政府可按照这个要求，自行确定实行保护价收购的品种、范围和办法，并注意做好毗邻省际间的价格衔接，同时报国务院有关部门备案。

（二）粮食主产区要合理确定粮食收购保护价格，并实行优质优价政策。当市场粮价低于粮食生产成本时，为补偿粮食生产成本，并使农民得到适当收益，

省级人民政府可制定收购保护价，国有粮食购销企业和经批准入市的其他企业要按保护价敞开收购农民的余粮；当市场粮价高于保护价时，要随行就市收购农民粮食。为了探索如何把国家财政补贴真正补给农民，可以在实行农村税费改革的地区，选择一两个县（市）进行将补贴直接补给农民的试点，并认真总结试点经验。2000年因灾减产延缓一年执行新颁国家粮食质量标准的地区，从2001年秋粮上市起，执行国家新颁的粮食质量标准，有关地区要认真宣传、贯彻，确保入库粮食质量。

（三）各有关部门要继续支持主产区按保护价敞开收购农民余粮。农业部门要加强对农业和粮食生产结构调整的指导，积极引导农民生产符合市场需要的粮食。中国农业发展银行要继续改善金融服务，对国有粮食购销企业按保护价敞开收购的粮食，要及时足额发放收购资金贷款；对随行就市收购退出保护价范围的粮食，国有粮食购销企业要继续按照“购得进、销得出、不亏损”的原则收购，农业发展银行要按照“以销定贷、以效定贷”的政策提供收购资金贷款。粮食、物价和质量技术监督等部门要加强对粮食收购市场的管理和监督检查，防止粮食购销企业发生拒收、限收和压级压价现象。

（四）促进粮食的顺价销售。调整粮食主产区粮食风险基金补贴包干基数以后，国有粮食购销企业经营费用得到合理补偿，有利于实现顺价销售，扭亏增盈。各有关省级人民政府要促进和引导国有粮食购销企业实行顺价销售。各地要加强粮食安全保管，有计划有步骤地搞好库存粮食的轮换，减少粮食陈化损失。对已经出现的陈化粮，经国务院批准，集中用于生产酒精、饲料等，不得流入粮食市场。处理陈化粮的价差亏损，首先用粮食风险基金弥补，确因陈化粮数量较多难以弥补的，由财政部会同国家粮食局另行提出解决办法。

（五）粮食主产和主销区以外的粮食产销大体平衡的省（区），可按照粮食省长负责制的要求，由省级人民政府根据本地实际情况自行确定粮食购销政策。其中，粮食产量相对较多的地区，可比照实行粮食主产区的政策。

五、积极培育粮食市场体系，加强粮食市场管理

（一）积极培育粮食市场体系，搞活粮食流通。按照市场形成和发展规律，支持培育全国性和区域性的粮食批发市场，引导大宗粮食贸易进场交易，鼓励用粮企业到粮食批发市场协商成交。加强粮食市场信息网络建设，提倡应用电子商务等多种交易形式，降低粮食流通成本。鼓励和支持国有粮食购销企业、龙头企业和农民联合经营，形成生产、加工、销售一体化利益共同体，参与粮食流通。大力支持国有粮食购销企业、粮食加工企业和粮食经销企业，在粮食播种前与农民按照《合同法》的有关规定签订合同，实行订单收购。鼓励符合一定条件的多种所有制经济主体，经县以上粮食行政管理部门审查粮食经营资格，工商行政管

理部门核准登记后，按国家有关规定从事粮食收购。

（二）积极支持国有粮食购销企业开展省际间的粮食调运和销售，充分利用市场机制配置粮食资源。继续鼓励粮食产区和销区建立长期稳定的粮食购销关系。粮食产销区之间可以利用各自优势，开展代购、代销、代储或联合经营。中国农业发展银行要在坚持封闭运行的前提下，按照“钱随粮走”的原则及时提供贷款和跨省（自治区、直辖市）结算服务。销区大型龙头企业和用粮大户，凡具备合法粮食经营资格，可以跨地区直接到粮食产地收购或委托收购农民的余粮。铁路、交通等部门要积极支持粮食运销，保证粮食运输的运力需要。

（三）搞好粮食市场管理，维护正常的粮食流通秩序。在各级人民政府的统一领导下，工商行政管理部门要会同粮食等有关部门，规范交易规则，加强粮食市场监管，严厉查处无照经营、欺行霸市、哄抬物价、掺杂使假等违法违规行为。要积极支持粮食市场的发育和粮食产业化经营的发展，加强“订单农业”合同的监管，防止合同欺诈，保护粮食生产者和经营者的合法权益。粮食主销区跨县（市）的原粮和全国范围内的成品粮运输，不再实行运输凭证制度。毗邻地区要切实加强粮食市场管理的协调合作，维护粮食流通秩序。各级质量技术监督、卫生防疫部门要加强对粮食产品质量的检查监督。

六、加快国有粮食购销企业的改革步伐

适应社会主义市场经济发展和粮食流通体制改革不断深化的要求，必须进一步加大国有粮食购销企业改革的力度，彻底打破吃“大锅饭”的经营机制，促使企业真正走向市场，成为自主经营、自负盈亏、自我约束、自求发展的经济实体。

（一）加快国有粮食购销企业内部改革步伐，坚持实行减员增效，转变经营观念，完善经营管理机制。国有粮食购销企业要高度重视扭亏增盈工作，通过深化企业改革，增强竞争意识，扩大市场销售，降低经营和管理费用，努力提高经济效益，严禁再发生新的亏损挂帐。凡因经营管理不善造成新的亏损挂帐的，有关地方人民政府要追究企业负责人的责任。

（二）地方各级人民政府要大力支持国有粮食购销企业改革，切实做好把粮食职工纳入社会保障体系的工作，所需资金不足的，由当地财政予以适当支持。对解除劳动关系的职工，要按政策规定给予经济补偿。国家粮食局要会同中国农业发展银行等有关部门，研究提出加快国有粮食购销企业改革的意见。

（三）各级粮食行政管理部门必须转变职能，实行政企分开，把主要工作转移到指导、协调、监督和服务上来，不准向粮食企业摊派费用，行政领导不得在企业兼任职务。粮食行政管理部门不得自办经济实体或企业，不得从事粮食经营活动。

七、切实加强领导，保证粮食流通体制改革的顺利进行

当前，粮食流通体制改革和粮食购销工作的任务十分繁重，各地区和各有关部门必须认真学习贯彻江泽民同志在庆祝中国共产党成立80周年大会上的重要讲话精神，按照“三个代表”重要思想的要求，加强对粮食工作的领导。

（一）各省级人民政府要坚决按照党中央、国务院的统一部署和要求，认真履行粮食省长负责制的各项职责，切实加强对粮食工作的领导，稳定市、县粮食行政管理机构和职能，确保粮食流通体制改革各项政策措施落到实处。

（二）为适应粮食流通体制改革的需要，各地区要抓好粮食行政管理部门和购销企业干部职工的学习和培训，努力建立一支精干、廉洁、高效的粮食管理干部和职工队伍。各级人民政府和有关部门要加强对粮食购销政策执行情况的监督检查，对违法违纪人员必须依照有关法纪严肃处理。

（三）国务院各有关部门要切实加强对粮食流通的宏观调控和行业指导，按照主产区、主销区以及其他地区的不同情况，实行分类指导，加强督促、检查和协调，保证粮食流通体制改革和粮食购销政策的贯彻落实。

深化粮食流通体制改革，是各地区、各有关部门的一项重要任务，必须统一思想，提高认识，认真研究新情况，妥善处理好改革过程中出现的新问题，确保各项改革政策措施的顺利实施。

国务院

二〇〇一年七月三十一日

036

国务院关于进一步深化粮食流通体制改革的意见

国发〔2004〕17号

各省、自治区、直辖市人民政府，国务院各部委、各直属机构：

1998年以来，各地区、各部门按照党中央、国务院的部署，积极稳妥地推进以市场为取向的粮食流通体制改革，保护广大农民利益，促进农业生产结构调整和粮食生产与流通。随着国民经济市场化程度的提高，粮食流通体制改革的深入和农村税费改革的全面实行，当前进一步推进粮食购销市场化改革的条件已经基本具备。按照党的十六届三中全会精神，国务院决定，在总结经验、完善政策的基础上，2004年全面放开粮食收购市场，积极稳妥推进粮食流通体制改革。粮食流通体制改革，必须有利于粮食生产、有利于种粮农民增收、有利于粮食市场稳定、有利于国家粮食安全，这是实践“三个代表”重要思想的具体体现，各地区、各部门必须充分认识改革的艰巨性和复杂性，统一思想，高度重视，切实把改革的各项政策措施落实到位，确保改革的顺利实施。

一、改革的总体目标、基本思路和实施步骤

（一）深化粮食流通体制改革的总体目标是：在国家宏观调控下，充分发挥市场机制在配置粮食资源中的基础性作用，实现粮食购销市场化和市场主体多元化；建立对种粮农民直接补贴的机制，保护粮食主产区和种粮农民的利益，加强粮食综合生产能力建设；深化国有粮食购销企业改革，切实转换经营机制，发挥国有粮食购销企业的主渠道作用；加强粮食市场管理，维护粮食正常流通秩序；加强粮食工作省长负责制，建立健全适应社会主义市场经济发展要求和符合我国国情的粮食流通体制，确保国家粮食安全。

（二）深化粮食流通体制改革的基本思路是：放开购销市场，直接补贴粮农，转换企业机制，维护市场秩序，加强宏观调控。

（三）深化粮食流通体制改革的步骤和要求是：全面规划，分步实施，因地制宜，分别决策，加强领导，落实责任。

二、放开粮食收购和价格，健全粮食市场体系

（四）积极稳妥地放开粮食主产区的粮食收购市场和粮食收购价格，继续发

挥国有粮食购销企业主渠道作用，发展和规范多种市场主体从事粮食收购和经营活动。

（五）转换粮食价格形成机制。一般情况下，粮食收购价格由市场供求形成，国家在充分发挥市场机制的基础上实行宏观调控。要充分发挥价格的导向作用，当粮食供求发生重大变化时，为保证市场供应、保护农民利益，必要时可由国务院决定对短缺的重点粮食品种，在粮食主产区实行最低收购价格。

（六）建立统一、开放、竞争、有序的粮食市场体系。继续办好农村集市贸易。加强粮食批发市场建设，提升市场服务功能，引导企业入市交易。稳步发展粮食期货市场，规范粮食期货交易行为。取消粮食运输凭证制度和粮食准运证制度，严禁各种形式的粮食区域性封锁，形成公平竞争、规范有序、全国统一的粮食市场。

三、建立直接补贴机制，保护种粮农民利益

（七）结合农村税费改革，2004年起，全面实行对种粮农民的直接补贴。粮食主产省、自治区实行直接补贴的粮食数量，原则上不低于前三年平均商品量的70％。其他省、自治区、直辖市也要比照粮食主产省、自治区的做法，对粮食主产县（市）的种粮农民实行直接补贴。

（八）尽快建立和完善对种粮农民直接补贴的机制。直接补贴的标准，按照能够补偿粮食生产成本并使种粮农民获得适当收益，有利于调动农民种粮积极性、促进粮食生产的原则确定。直接补贴的对象是主产区种粮农民（包括农垦企业、农场的粮食生产者）。直接补贴办法可以按农业计税面积补贴，可以按计税常产补贴，可以按粮食种植面积补贴，可以同种粮农民出售的商品粮数量挂钩。直接补贴资金要真正补到种粮农户，确实起到促进粮食生产和增加种粮农民收入的作用。由财政部会同发展改革委、粮食局等有关部门制定完善直补办法的指导性意见，各省、自治区、直辖市人民政府根据国家的指导性意见，结合本地实际确定具体办法。

（九）粮食风险基金优先用于对种粮农民的直接补贴。2004年，粮食主产省、自治区从粮食风险基金中安排100亿元（占主产区粮食风险基金规模的40％）对种粮农民补贴，以后年度对种粮农民的直接补贴资金要逐年有所增加，经过三年，将现有粮食风险基金的一半用于对种粮农民直接补贴。部分粮食主产省、自治区粮食风险基金用于直接补贴农民不足的，经省级人民政府申请，由中央财政根据粮食风险基金的缺口情况给予借款；仍有缺口的，报经国务院批准，向中国农业发展银行借款，以确保对种粮农民直接补贴资金的落实。其他地方对种粮农民直接补贴的资金，从现有包干的粮食风险基金中安排，粮食风险基金不足的，由省级人民政府自筹资金解决。

（十）要按照公开、公平、公正的原则，认真做好直接补贴的组织和落实工作，保证种粮农民得到实惠。补贴款的兑付可以采取农业税征收和对农民直接发放“征补两条线”，可以直接抵扣农业税，也可以直接补给农民。不论采取哪种方式，都要把对种粮农民直接补贴的计算依据、补贴标准、补贴金额逐级落实到每个农户，并张榜公布，接受农民监督。各地和有关部门要加强对补贴资金的监管，严禁截留、挪用。

四、转换企业经营机制，加快推进国有粮食购销企业改革

（十一）国有粮食购销企业改革的总体要求是：实行政企分开，推进兼并重组，消化历史包袱，分流富余人员，建立健全法人治理结构，使企业真正成为自主经营、自负盈亏的市场主体，提高市场竞争能力，更好地发挥主渠道作用。

（十二）加快国有粮食购销企业产权制度改革，因地制宜实行企业重组和组织结构创新。以现有仓储设施为依托，改造和重组国有独资或国有控股的粮食购销企业，作为政府实行粮食宏观调控的重要载体。承担中央、地方储备粮经营管理和军粮供应任务的粮食企业，原则上实行国有独资、国有控股为主的产权制度。小型国有粮食购销企业，可以根据当地的实际情况进行改组改造和兼并，或租赁、出售、转制。要充分利用和整合企业现有的粮食仓储、加工、运输设施等资源，发展社会化粮食储运体系、粮油精深加工和粮食产业化经营，推进粮食连锁经营、物流配送等现代流通方式。在全国逐步形成若干个具有竞争力的国有大型粮食企业集团，在粮食经营和宏观调控中发挥重要作用。

（十三）改革国有粮食购销企业内部人事、劳动和分配制度。对企业职工全面实行劳动合同制，企业与职工通过平等协商签订劳动合同，确定劳动关系。在内部岗位管理上，实行聘任制，公开选聘，竞争上岗，经营管理者能上能下，人员能进能出。坚持实行按劳分配原则，建立以岗位为基础，与企业经济效益和个人贡献相联系的激励工资制度；职工工资水平，由企业根据当地社会平均工资和本企业经济效益决定；适当拉开收入差距，允许和鼓励资本、技术等生产要素参与收入分配。改革企业经营者的收入分配办法，根据业绩考核和贡献确定经营者的劳动报酬，建立有效的激励和约束机制。

（十四）地方各级人民政府要将国有粮食企业职工和分流人员统一纳入当地社会保障体系和再就业规划，保护职工合法权益，维护社会稳定。积极扶持国有粮食企业下岗失业人员自谋职业和自主创业。有关部门要积极支持和指导国有粮食企业充分利用各种资源，采取多种方式增加就业岗位，妥善分流安置企业富余人员。国有粮食购销企业分流安置职工、依法解除劳动关系等所需资金，由省级人民政府统筹考虑，采取多渠道解决。黑龙江、吉林省可以与其他省同步改革，也可以先结合社会保障改革试点，切实解决国有粮食购销企业富余人员分流安置

问题，为全面实行粮食购销市场化改革创造条件。

（十五）对现有库存中以往按保护价（含定购价）收购的粮食，实行“新老划断、分步销售”。首先用于充实地方粮食储备和政策性供应粮源，其余部分按国务院有关部门安排，用三年时间分批销售，以防止集中销售冲击市场粮价。对尚未销售的库存粮食，继续给予利息和必须的保管费用。这部分粮食按计划销售发生的价差亏损，原则上由粮食风险基金弥补；对部分粮食主产省确因库存粮食数量较多、价差亏损较大，难以用粮食风险基金弥补的，经国务院有关部门批准后，价差亏损实行挂账，利息从粮食风险基金中列支，本金逐步归还。粮食、财政、农业发展银行等有关部门要加强对粮食销售计划执行情况和价差亏损挂账的监管。

对库存的陈化粮食，经国务院批准后按计划统一组织定向销售，严禁倒卖和流入口粮市场。陈化粮价差亏损仍按现行办法解决。

（十六）对 1992 年 3 月 31 日以前经清理认定的粮食财务挂账，按有关规定继续消化。对 1992 年 4 月 1 日至 1998 年 5 月 31 日期间所发生的、经清理认定的粮食财务挂账，财力较好的省、自治区、直辖市，有条件开始消化本金的，可以与财政部单独签订责任书，消化政策按有关规定执行，即由地方消化本金，中央财政全额负担利息。对财力确有困难的省、自治区、直辖市，过渡期再延长 5 年（2004 年至 2008 年），5 年内新增的粮食财务挂账利息，由中央和地方各负担一半。中央和地方负担的利息仍由中央财政和地方财政预算分别单独安排，不得挤占粮食风险基金。对 1998 年 6 月 1 日到放开收购价格和市场，实行市场化改革之前新发生的亏损，由各省级人民政府组织清理、审计，按照“分清责任、分类处理”的原则解决。经审计的各项政策性亏损，利息从粮食风险基金中列支，本金实行挂账，由各省、自治区、直辖市统筹资金限期消化。企业经营性亏损，由企业自行偿还。

五、改革粮食收购资金供应办法，完善信贷资金管理措施

（十七）农业发展银行要保证国家粮食储备和政府调控粮食的信贷资金需要。对中央储备粮和省级储备粮所需资金，要按计划保证供应。对地方政府为调控当地粮食市场供求所需资金，在落实有关费用利息及价差补贴的前提下，要及时、足额提供贷款。对在农业发展银行开户的国有粮食购销企业，包括改制后落实原有贷款债务、具备贷款条件、继续从事粮食经营的企业，要按企业的风险承受能力确定发放收购资金贷款。同时，对具备粮食收储资格的粮食产业化龙头企业，以及其他粮食企业，农业发展银行可以根据企业风险承受能力提供贷款支持。农业发展银行要加快信贷资金管理方式改革，建立以贷款风险控制为核心的信贷资金管理办法。

（十八）各商业银行也要积极支持粮食生产和经营，对符合贷款条件的各类粮食企业和经营者，应给予贷款支持。

六、加强粮食市场管理，维护粮食正常流通秩序

（十九）继续发挥国有粮食购销企业的主渠道作用，增强政府对粮食市场的调控能力。国有粮食购销企业要积极做好粮食收购和销售工作，带头执行国家粮食政策，尽可能多地掌握粮源，增加市场供应，绝不允许逆向操作。对国有粮食购销企业经营粮食购销业务所需的资金，农业发展银行要积极给予贷款支持。

（二十）严格市场准入制度，既要坚持多渠道经营，又要严格资质标准。凡从事粮食收购的企业，须经县级或县级以上粮食行政管理部门审核入市资格，并在工商行政管理部门注册登记后，方可从事粮食收购和经营活动。省级人民政府要规定粮食收购企业在经营资金、仓储设施、经营规模、检验储存技术等方面应具备的条件，并规定其在遵守法律法规和粮食收购方面应承担的义务。粮食行政管理部门要切实加强对粮食市场的指导和监督，对取得粮食收购资格的企业要进行定期审核。

（二十一）加强对非国有粮食购销企业的服务和监管。地方各级人民政府要依法保障非国有粮食企业的权益，充分发挥其搞活流通、保证市场供应的积极作用，同时也要依法严格规范其经营活动，引导他们合法经营，维护市场正常流通秩序。

（二十二）强化粮食批发、零售市场的管理。从事粮食批发和零售的企业要承担保证市场供应、稳定市场粮价的义务。省级人民政府可以根据粮食供求状况，规定本行政区域内粮食批发商、成品粮加工企业、连锁超市等粮食经营企业在正常情况下的最高库存或最低库存数量。在市场粮价出现不合理上涨时，各地要采取控制批发企业的进销差率和零售企业的批零差率等措施，稳定粮食市场价格。

（二十三）加大对粮食市场的监管和调控力度。所有粮食经营企业，包括收购、批发、零售企业都要建立粮食经营台账制度，定期如实向粮食行政管理部门报告粮食收购、销售和库存数量。所有的粮食经营者都必须服从政府对市场的调控，不得囤积居奇、牟取暴利、哄抬物价、扰乱市场，也不得压级压价。工商行政管理部门要加强对粮食市场的管理，依法取缔违法经营，严格查处掺杂使假、合同欺诈、囤积居奇、哄抬粮价等各种违法、违规行为，维护正常的粮食流通秩序。质检、卫生部门要加强对粮食加工和销售的质量、卫生检验监督，保护粮食消费者的合法权益。

七、加强和改善粮食宏观调控，确保国家粮食安全

（二十四）要严格执行《中华人民共和国土地管理法》和《基本农田保护条

例》，实行最严格的耕地保护制度。不得擅自将耕地改为非农业用地，严禁违法违规占用、毁坏农田。土地管理部门和农业部门要依法加强对农用地和农村承包土地的管理。要稳定基本农田面积，加强基本农田建设和保护，确保基本农田保护区落实到村组、农户和地块。严禁在基本农田种树、挖鱼塘，禁止将基本农田用于非农业种植用途。要加大对粮食主产区的扶持力度，扩大粮食播种面积，保护和提高粮食综合生产能力。实施优质粮食产业工程，优化粮食区域布局。增强粮食生产科技储备，改善粮食生产和流通条件。

（二十五）按照中央和省级政府粮食事权划分，健全和完善中央和省级粮食储备制度和调控机制。当局部地区出现粮食供给短缺或农民“卖粮难”时，主要通过销售或收购地方储备粮等方式进行调节；当较大范围出现粮食供不应求或农民“卖粮难”时，通过销售或收购中央储备粮等方式进行调控。

继续完善中央储备粮垂直管理体系，健全中央储备粮的调控功能，做到严格制度、严格管理、严格责任，按粮食储藏年限和库存粮食品质状况实行定期轮换，确保库存粮食数量真实、质量良好。进一步加强中央储备粮的财务管理、库存管理等监督检查，切实做到账实相符。各省级人民政府必须按照“产区保持3个月销量、销区保持6个月销量”的要求，建立地方粮食储备，没有达到国家规定规模的，要逐步充实和补充。中央和地方储备粮的收购、销售、轮换原则上通过规范的批发市场公开交易。

（二十六）继续实行2001年中央对地方粮食风险基金包干的政策，中央补助的资金不减少，地方应配套的资金由省级财政确保及时足额到位。对不能按规定及时足额到位的，报经国务院批准，向中国农业发展银行借款解决；对不申请借款的，由中央财政继续执行扣款强制到位政策。包干的粮食风险基金由地方按照国家规定的用途统筹安排使用，不得用于国家规定用途之外的其他开支。

（二十七）按照立足国内、进出口适当调剂的原则，灵活运用国际市场调剂国内粮食品种和余缺。

（二十八）建立中长期粮食供求总量平衡机制和市场监测预警机制。要分级制定粮食应急保障预案，确定粮食预警调控指标。要加强对粮食市场供求情况的监测分析，实行粮食生产、消费、库存、价格等信息的定期发布制度。完善粮食质量标准体系，改进检测技术和手段，加强对粮食产品的检验检测，保证粮食产品的质量安全。建立、健全和实施无公害、绿色、有机等优质粮食产品的认证和转基因粮油产品标识制度。

（二十九）加快有关法律、法规建设，逐步实现依法管粮。严格执行《中央储备粮管理条例》，完善有关配套规章，认真贯彻《粮食流通管理条例》，依法规范粮食市场。

八、加强组织领导，确保粮食流通体制改革稳步实施

（三十）切实加强对粮食流通体制改革的领导。各地区、各有关部门要按照党中央、国务院的部署，统一思想认识，加强组织领导。各省级人民政府要在国家宏观调控下，按照粮食省长负责制的要求，对本地区粮食生产、流通和安全全面负责。

（三十一）完善粮食省长负责制。省长（主席、市长）在粮食工作方面的责任：

一是发展粮食生产，提高粮食综合生产能力。粮食主产区要稳定并逐步增加粮食生产，保障国家粮食安全；主销区要保证粮食播种面积，保证必要的粮食自给率；产销平衡地区要继续稳定粮食产需平衡的局面。

二是建立对种粮农民直接补贴机制。确保地方应配套的粮食风险基金足额到位，合理确定对农民直接补贴的标准，做好对种粮农民的直接补贴工作。

三是搞好粮食总量平衡。粮食主销区和主产区要按照互利互惠的原则，在市场机制的基础上形成长期稳定的购销合作机制，主销区要积极支持主产区发展粮食生产，使产区调出的粮食有可靠的市场销路，销区调入的粮食有稳定的粮源保障。产区和销区都要做好本区域内粮食供求总量的平衡，保证市场供应。

四是管好地方粮食储备。保证地方储备的粮食达到国家要求的规模；保证地方储备粮食适销对路，品质优良；保证地方储备的粮食在需要时调得动，用得上。

五是规范粮食市场秩序。禁止地区封锁和地方保护，发挥国有粮食企业的主渠道作用，规范粮食经营者的行为。

六是推进国有粮食购销企业改革。切实转换国有粮食购销企业的机制，健全法人治理结构，妥善解决历史包袱，化解各种矛盾，维护社会安定。各省长（主席、市长）应当切实负起责任，由于工作不力造成本地区粮食供求不平衡，引起市场和社会动荡，要追究领导责任。

（三十二）各地区、各有关部门要认真抓好国有粮食购销企业改革。劳动保障部门要指导企业做好职工分流安置、再就业和社会保障工作。对粮食企业依法出售自有产权公房、建筑物收入，以及处置企业使用的划拨土地的收入，应优先留给企业用于缴纳社会保险费和安置职工。对有困难的国有粮食购销企业的生产经营性用房和土地，应减征或免征三年的房产税和城镇土地使用税。对国有粮食购销企业的历史财务挂账，经审计认定后，政策性挂账全部从企业剥离，由县以上（含县级）粮食行政部门集中管理。对企业已经剥离政策性挂账相应占用的农业发展银行的贷款，已办理资产抵押的，应当及时解除抵押关系，帮助企业恢复生存和发展能力。要妥善落实银行贷款债务，防止国有资产流失。

（三十三）稳定和加强粮食行政管理部门机构和人员，切实履行对全社会粮食流通监管的职责，做好国有粮食购销企业改革的协调、监督、检查和指导工作。继续做好军粮、退耕（牧）还林（草）用粮和贫困地区、水库移民、灾民口粮等的供应工作，确保供应及时，质量合格。

（三十四）国务院有关部门要密切配合，切实落实粮食购销市场化改革的各项配套政策措施。粮食行政管理部门要加强对粮食流通体制改革整体方案的组织实施。财政部门要做好粮食风险基金的足额到位和使用监管。工商、质检、卫生、商务等部门要按职能分工，加强粮食市场的监督管理。

（三十五）各粮食主产省、自治区人民政府要按照本意见，制定周密的粮食流通体制改革方案，报国务院备案。各地区、各有关部门要周密部署，精心组织这项改革，及时总结经验，不断完善相关政策，确保粮食流通体制改革的顺利推进。

（三十六）本意见自发布之日起执行。凡此前发布的有关文件、规定与本意见不符的，均以本意见的规定为准。

国务院

二〇〇四年五月二十三日

037

国务院关于完善粮食流通体制改革政策措施的意见

国发〔2006〕16号

各省、自治区、直辖市人民政府，国务院各部委、各直属机构：

2004年以来，各地区、各部门认真贯彻落实《国务院关于进一步深化粮食流通体制改革的意见》（国发〔2004〕17号）精神，积极稳妥地推进粮食流通体制改革，取得了明显成效。当前，粮食流通体制改革已进入关键时期，为妥善解决改革中出现的新问题，以科学发展观为统领，坚持中央确定的粮食流通体制改革总体目标和基本思路，进一步完善政策措施，健全体制机制，加大改革力度，确保粮食流通体制改革的顺利推进，现提出以下意见：

一、加快推进国有粮食购销企业改革，切实转换企业经营机制

（一）切实使国有粮食购销企业真正成为市场主体。各级粮食行政管理部门要依法加强对全社会粮食市场主体的指导、监督、检查和服务，不得直接干预企业的日常经营活动。国有独资和国有控股粮食购销企业要实行自主经营、自负盈亏。进一步规范政府调控与企业经营之间的关系，政府可根据粮食宏观调控的需要，委托具备资质的粮食购销企业承担相关政策性业务，并按确定的标准给予补贴。继续发挥国有粮食购销企业的主渠道作用，增强政府对粮食市场的调控能力。

（二）加快国有粮食购销企业组织结构创新。在粮食主产区的产粮大县，可以现有国有粮食购销企业为基础，通过改制重组，因地制宜地组建国有独资或国有控股的公司制粮食购销企业。在非粮食主产区和主产区的非产粮大县，也要保留必要的国有独资或国有控股的粮食购销企业。支持国有粮食购销企业进行跨行业、跨地区、跨所有制的资产重组，鼓励各种资本参与企业改组改造，以资产为纽带，逐步培育若干个大型粮食企业集团。对小型国有粮食购销企业，可以通过改组联合、股份合作、资产重组、授权经营等多种形式放开搞活。

（三）规范国有粮食购销企业产权制度改革。各地在推进国有粮食购销企业产权制度改革过程中，要按照国家所有、分级管理、授权经营、分工监督的原则，积极探索国有资产经营和监管的有效形式，明确国有资产出资人职责，实现国有资产的保值增值，防止国有资产流失。改制后的国有独资、国有控股粮食购

销企业要依据《中华人民共和国公司法》建立法人治理结构，按照现代企业制度的要求实行规范运作。农业发展银行要会同有关部门研究制订促进国有粮食购销企业产权制度改革的信贷管理措施。

（四）大力发展粮食产业化经营。积极培育粮食产业化龙头企业，加快以粮食购销、加工企业为龙头的粮食产业化体系建设，鼓励和发展粮食订单生产、订单收购，引导企业与农民建立利益共享、风险共担的合作机制。加大对国有粮食企业、大型粮食加工企业和其他多元化龙头企业的扶持力度，支持企业发展粮食精深加工，延长产业链，增加产品附加值。对以粮油为主要原料的加工企业，特别是骨干龙头企业，各级人民政府要给予重点扶持。

（五）研究建立新型粮食仓储管理机制。加快制（修）订适应新形势的粮食仓储管理办法、粮食储存标准和粮食卫生标准。加强粮食储藏技术的研究和推广，提升粮食仓储企业的核心竞争力，降低粮食的数量、品质损失，保证库存粮食安全。结合粮食企业改革和人员分流安置，鼓励国有粮食购销企业利用现有的仓储设施和技术力量向社会提供粮食仓储和技术服务，国家在政策、资金、税收上给予适当支持。加强对农民储存粮食的技术指导，降低粮食产后损失。

（六）做好粮食收购资金贷款发放和管理工作。农业发展银行要继续发挥政策性银行的职能，积极支持粮食产业发展。对中央和地方储备粮所需信贷资金，要按计划保证供应；对粮食企业受政府委托收购粮食以及启动最低收购价执行预案收购粮食所需的信贷资金，在落实收购粮食的费用、利息和可能出现的价差亏损补贴来源的前提下，应及时足额发放。按照企业风险承受能力，积极支持各类具有收购资质的粮食企业入市收购，加大对粮食产业化龙头企业、精深加工和转化企业、工商联营企业及其他粮食企业、粮食生产基地和粮食市场建设等贷款扶持力度。

二、加快清理和剥离国有粮食企业财务挂账，妥善解决企业历史包袱

（七）认真做好粮食财务挂账的清理、审计和剥离工作。要按照国家有关规定，抓紧将国有粮食购销企业政策性粮食财务挂账剥离到县以上粮食行政管理部门集中管理，为企业发挥主渠道作用和推进产权制度改革创造条件。对经清理、审计的企业经营性亏损挂账，按照债务与资产一并划转和防止逃废银行债务的原则，结合推进国有粮食企业改革，实行有效管理，因地制宜地逐步消化或依法处置，有关部门要尽快制订具体实施办法。审计、财政、发展改革、粮食、农业发展银行等部门和单位要组成联合督查组，加强对各地粮食财务挂账清理、审计和剥离工作的检查、指导。

（八）继续做好国有粮食购销企业分流职工再就业和社会保障工作。按照省级人民政府统筹考虑和多渠道筹集的原则，切实解决好国有粮食购销企业分流安

置职工和离退休人员所需资金。对国有粮食购销企业分流安置职工、依法解除劳动关系等所需资金，地方各级人民政府要按规定给予适当补助；同时，继续在中央批准的限额内从粮食风险基金中专项安排一部分资金，用于企业分流安置职工。粮食企业依法出售自有产权公房、建筑物收入和处置企业使用的划拨土地的收入，优先留给企业用于缴纳社会保险费和安置职工。国有粮食企业要改善经营，加强管理，增加盈利，做好自筹资金工作。

地方各级人民政府要按规定将国有粮食企业分流职工纳入当地再就业规划和社会保障体系，并对符合条件的分流人员核发《再就业优惠证》，落实小额担保贷款、税收减免等再就业扶持政策。做好企业解除劳动合同人员的档案移交和社会保险关系接续等工作，为其再就业创造良好条件。国有粮食企业要充分发挥现有购销网点和产业化经营的优势，开展多种形式的面向农民、方便居民的服务业务，努力增加就业岗位，为分流人员创造更多的再就业机会。

（九）认真做好现有库存中按保护价（含定购价）收购的高价位粮食的分步销售工作。对这部分粮食要继续实行“新老划断、分步销售”。对销售后发生的价差亏损和尚未销售粮食发生的利息以及必要的保管费用，继续按照有关政策规定办理。各省、自治区、直辖市人民政府要制订具体办法，根据市场情况把握节奏，按计划适时销售。要抓紧完成库存陈化粮的定向销售工作，坚决打击倒卖陈化粮的违法行为。

三、积极培育和规范粮食市场，加快建立全国统一开放、竞争有序的粮食市场体系

（十）继续培育、发展和规范多种粮食市场主体。鼓励各类具有资质的市场主体从事粮食收购和经营活动，培育农村粮食经纪人，开展公平竞争，活跃粮食流通。引导多元投资主体投资各类粮食交易市场、粮食物流设施以及高科技粮油加工企业。

（十一）健全粮食收购市场准入制度。继续做好粮食收购企业入市资格审核工作。对已经取得粮食收购资格的企业，粮食行政管理部门要加强指导、服务和监管，定期进行审核。

（十二）加强粮食市场监管执法。工商行政管理部门要加强对粮食市场以及市场开办者和粮食经营者的监管，严厉打击违法收购、囤积居奇、欺行霸市等各种违法经营行为，对粮食市场经营实行分类监管。粮食行政管理部门要加强对粮食质量的监管。质检、卫生部门要加强对粮食加工和销售的质量管理、卫生检验检疫。各有关部门要密切配合，完善信息通报机制，形成管理合力，维护粮食交易秩序，保护粮食生产者、经营者和消费者的合法权益。

（十三）完善粮食市场体系建设。做好粮食市场体系建设布局规划，规范市场交易规则，完善市场服务功能，引导企业入市交易。重点扶持大宗粮食品种的

区域性、专业性和成品粮油批发市场，加快大中城市成品粮油交易市场建设。中央和地方储备粮的购销和轮换，原则上通过规范的粮食批发市场采取竞价交易方式进行，也可以通过国家规定的其他方式进行。大力推广电子商务等先进的交易方式和手段，增加交易的透明度，发挥引导粮食市场购销价格的作用。进一步完善和规范粮食期货交易，为企业和农民提供发现价格、规避风险的服务。

（十四）加强粮食现代物流体系建设。加快实施全国粮食现代物流设施建设规划，以市场为导向，以企业为主体，以现代科技为支撑，通过各级人民政府的适当投资引导，重点建设从粮食主产区到主销区的跨省区粮食物流通道和物流节点，实现跨省区粮食物流主要通道的散装、散卸、散储、散运和整个流通环节的供应链管理，形成快捷高效、节省成本的现代化粮食物流体系。

四、加强粮食产销衔接，逐步建立产销区之间的利益协调机制

（十五）大力发展长期稳定的粮食产销合作关系。按照“政府推动、部门协调、市场调节、企业运作”的原则，积极支持和鼓励产销区双方以经济利益为纽带，以市场为导向，充分发挥各自的比较优势，形成多元化的合作格局，发展长期稳定的产销合作关系。鼓励主销区粮食工贸企业在主产区建设粮食生产和收购基地。鼓励主产区粮食企业在主销区粮食市场经销粮食，建立集收储、加工、销售为一体的粮食经营企业。

（十六）建立有利于产销区协作发展的支持体系。到主产区建设粮食生产、收购基地的企业，可享受农业产业化优惠政策。铁路、交通部门要优先安排履行产销合作协议的粮食运输。农业发展银行要对产销区之间开展购销协作提供贷款和更加便捷的跨省结算服务。

（十七）逐步建立产销区之间的利益协调机制。经济发达的粮食主销区要调整粮食风险基金的支出结构，将中央财政补贴的粮食风险基金专项用于粮食产销衔接的资金需要，支持主产区的粮食生产和流通。对主产区到主销区建立粮食储备、参与主销区粮食供应并具有一定经营规模的企业，主销区可给予适当的费用补贴。对到主产区建立粮食生产基地、参与主产区粮食生产和收购、将粮食运往主销区销售且具有一定经营规模的企业，主销区也可给予适当的费用补贴。

五、进一步加强和改善粮食宏观调控，确保国家粮食安全

（十八）健全粮食宏观调控体系。粮食宏观调控的目标是基本立足国内保障粮食供给，探索建立中长期粮食供求总量和品种结构基本平衡的长效机制。落实最严格的耕地保护制度，加强农业基础设施建设，提高粮食综合生产能力，充分发挥储备粮的调节作用和进出口粮食品种的调剂作用，确保国家粮食安全。有关部门要健全粮食监测预警系统，进一步完善粮食价格监测体系和粮食供求、质

量、价格信息发布制度，健全粮食应急机制。

（十九）完善粮食直接补贴和最低收购价政策。对种粮农民直接补贴和农业生产资料增支综合直补要坚持向产粮大县、产粮大户倾斜的政策。2006 年，13 个粮食主产省、自治区的粮食直接补贴资金，要全部达到本地区粮食风险基金总规模的 50%以上。其他地区要根据本地实际，继续完善对种粮农民的直接补贴政策。国务院有关部门和有关省级人民政府要进一步完善粮食最低收购价政策的执行预案，健全最低收购价启动机制、补贴机制和监督机制。对不实行最低收购价的主要粮食品种，在出现供过于求、价格下跌较多时，政府要及时采取有效措施调节供求，防止出现农民“卖粮难”和“谷贱伤农”。有关部门要在实践中进一步探索保护农民利益和种粮积极性的政策措施。

（二十）进一步完善中央储备粮管理体系。要充分发挥中央储备粮在调节供求平衡、稳定粮食价格、保护农民利益、确保国家粮食安全等方面的重要作用，加快建立符合市场化改革要求的中央储备粮调控机制。国务院有关部门要继续加强对中央储备粮管理工作的指导和监督，完善中央储备粮的轮换和有关财务管理等方面的政策。对承储中央储备粮的代储企业实行资格认证，未取得承储资格的企业不得存储中央储备粮。中国储备粮管理总公司专职从事政策性业务，具体负责中央储备粮（含食油）的业务管理，对中央储备粮的总量、质量和储存安全负总责，除经营与储备粮油吞吐轮换直接相关的业务外，不从事其他商业经营活动。加强中央储备粮垂直管理体系建设，确保中央储备粮数量真实、质量良好，确保在国家需要时调得动、用得上。

（二十一）进一步充实地方粮食储备。要按照“产区保持 3 个月销量、销区保持 6 个月销量”的要求，核定和充实地方储备粮规模。粮食供给比较薄弱的产销平衡区，可比照销区确定地方储备粮规模。有关部门要积极指导和督促地方储备粮充实到位。地方储备粮要严格管理，及时轮换，确保质量合格、数量真实。改善储备粮布局和品种结构，大中城市要适当增加成品粮油储备。

（二十二）保证粮食供给和市场稳定。大中城市的地方人民政府应重点掌握或指定一部分粮食加工和批发、零售企业，服从成品粮油供应宏观调控的需要。稳定军粮供应渠道，继续做好军粮供应的服务工作。对粮食供应比较困难的山区、牧区、水库移民区、少数民族聚居地区和边疆地区，当地人民政府要保证粮食稳定供应。

六、加强粮食流通的监督检查，做好全社会粮食流通统计工作

（二十三）依法加强对全社会粮食流通的监管。各省、自治区、直辖市人民政府要按照《粮食流通管理条例》的规定，结合本地区实际，抓紧制订和出台粮食流通监管的相关配套办法。有关执法部门在各自职责范围内，依法加强对全社

会粮食流通的监督检查，建立完善的粮食流通监督检查体系。

（二十四）切实做好全社会粮食流通统计工作。建立健全全社会粮食流通统计制度，不断改进统计调查方法和手段。统计和粮食行政管理部门要加强对粮食流通统计制度执行情况的监督检查，督促各类粮食经营企业和用粮企业自觉执行粮食流通统计制度，履行向当地粮食行政管理部门报送粮食购销存等基本数据和情况的义务。

七、加强领导，确保粮食流通体制改革顺利推进

（二十五）全面落实粮食省长负责制。省级人民政府要在国家宏观调控下，切实对本地区的粮食生产、流通和安全负起责任，提高粮食综合生产能力，推进国有粮食购销企业改革，维护正常粮食流通秩序，保持市场粮食价格的基本稳定，保证市场粮食的有效供应。地方各级人民政府要负责本地区粮食的总量平衡和地方储备粮的管理，确保粮食风险基金地方配套部分及时到位。

（二十六）加强和充实粮食行政管理机构、人员。各级人民政府要根据管理全社会粮食流通、开展粮食行政执法和粮食流通统计工作的需要，核定并落实各级粮食行政管理部门或主管部门行政执法、监督检查、统计调查的职责、机构和人员，从 2006 年起将其工作经费纳入本级财政预算。

粮食流通体制改革关系到广大粮食生产者、消费者、经营者的利益，关系到国家的粮食安全，关系到社会主义市场经济体制的完善。各地区、各部门要按照全面落实科学发展观和建设社会主义新农村的要求，进一步统一思想，提高认识，加强领导，密切配合，确保各项政策措施的贯彻落实，把粮食流通体制改革不断推向深入。

国务院

二〇〇六年五月十三日

038

关于印发进一步推进国有粮食企业改革和发展的意见的通知

国粮财〔2006〕123 号

各省、自治区、直辖市发展改革委、粮食局、财政厅（局）、劳动和社会保障厅（局）、国家税务局、地方税务局、农业发展银行分行，中国储备粮管理总公司、中谷粮油集团公司：

为贯彻落实《国务院关于完善粮食流通体制改革政策措施的意见》（国发〔2006〕16 号），进一步深化国有粮食企业改革，加快企业发展，国家发展和改革委员会、国家粮食局、财政部、劳动和社会保障部、国家税务总局、中国农业发展银行制定了《关于进一步推进国有粮食企业改革和发展的意见》，现印发给你们，请结合本地的实际情况，认真贯彻执行。深化国有粮食企业改革，是完善粮食流通体制、推进社会主义新农村建设的一项重要内容，各地区、各有关部门要充分认识到进一步推进国有粮食企业改革和发展的重要性、紧迫性。各地要按照粮食省长（主席、市长）负责制要求，切实加强对这项工作的领导，结合自身实际，研究制定本地区进一步推进国有粮食企业改革和发展的实施方案，确保国有粮食企业改革和发展顺利进行。

国家发展和改革委员会　国家粮食局　财政部

劳动和社会保障部　国家税务总局　中国农业发展银行

二〇〇六年八月十八日

关于进一步推进国有粮食企业改革和发展的意见

国家发展和改革委员会　国家粮食局　财政部　劳动和社会保障部

国家税务总局　中国农业发展银行

2006 年 8 月 18 日

深化国有粮食企业改革，是进一步完善粮食流通体制、推进社会主义新农村建设的一项重要内容。“十五”期间，各地区、各部门按照国务院关于深化粮食流通体制改革的总体部署，积极推进国有粮食企业改革，取得了明显成效。但是，目前国有粮食企业的历史包袱仍然较重，企业经营机制不活，自主创新能力不强，已不适应新形势下粮食流通和宏观调控的需要。因此，各地要按照科学发展观的要求，认真贯彻落实《中共中央、国务院关于推进社会主义新农村建设的若干意见》（中发〔2006〕1号）和《国务院关于完善粮食流通体制改革政策措施的意见》（国发〔2006〕16号）精神，继续加快国有粮食企业改革，妥善解决企业历史包袱，促进企业发展，更好地发挥国有粮食企业的主渠道作用，为推进社会主义新农村建设服务。

一、继续妥善解决企业历史包袱，努力做好企业分流职工再就业和社会保障工作

（一）认真做好粮食财务挂账的清理审计和剥离工作，切实减轻企业负担。各地财政、审计、粮食、农发行等部门要在当地政府的统一领导下，按照国家有关规定做好国有粮食购销企业政策性粮食财务挂账的清理审计和剥离工作。1998年6月1日至实行粮食购销市场化改革之前的政策性粮食财务挂账清理审计认定工作进展缓慢的省（区）要加快进度，经审计认定的政策性粮食财务挂账要抓紧剥离到县以上（含县级）粮食行政管理部门集中管理。各级粮食行政管理部门要切实负起管账责任，保证账务清晰；财政部门要及时向农业发展银行结算和拨付政策性挂账利息。对经清理审计的企业经营性亏损挂账，按照债务与资产一并划转和防止逃废银行债务的原则，结合推进国有粮食企业改革，实行有效管理，逐步消化或依法处置。

（二）多渠道筹集资金，切实做好企业分流职工的社会保障工作。各地要按规定将国有粮食企业分流职工纳入当地社会保障体系，做好企业解除劳动合同人员的档案移交和社会保险关系的接续等工作。各地要创造条件，实行企业退休人员社会化管理。国有粮食企业分流安置职工和离退休人员所需资金，按照国务院有关文件要求，由省级人民政府统筹考虑，采取多渠道加以解决。继续在中央批准的限额内从粮食风险基金中专项安排一部分资金，用于企业分流安置职工。粮食企业改革改制中依法出售自有产权公房、建筑物收入和处置企业使用的划拨土地的收入，优先留给企业用于缴纳社会保险费和安置职工。各地可以根据当地实际情况，将企业改制中资产变现资金在县市粮食部门内调剂使用。国有粮食企业要努力搞好经营，加强管理，增加收入，做好企业自筹资金工作；在正常经营期间，企业支付给分流职工的经济补偿金和按国家规定缴纳的社会保险费，按现行税收政策规定在企业所得税前扣除。

（三）把推进改革和创造就业结合起来，促进企业分流职工再就业。各地要按规定将国有粮食企业分流职工纳入当地就业再就业规划，落实小额担保贷款、税费减免等各项再就业扶持政策，搞好职业培训，提高转岗转业能力，为分流职工创造良好的再就业条件。鼓励和支持企业下岗失业人员自主创业、自谋职业。

支持国有粮食企业通过企业资产重组，创办新的经济实体，安置分流人员。充分利用企业现有网点、仓房和产业优势，拓展经营网络，构建新的发展平台，增加就业岗位。地处乡镇的国有粮食企业要引导和支持分流职工，面向农村，方便农民，开办或参加农村粮油中介服务组织，发展农村粮油服务；地处城市的国有粮食企业要面向市民“三餐”，积极开展放心粮油进社区活动，方便居民生活。

二、加快企业产权制度改革和组织结构创新，继续发挥国有粮食企业市场主渠道作用

（一）加快企业产权制度改革和组织结构创新，构建新型国有粮食企业骨干主体。在重点地区以国有独资和国有控股形式直接掌握一批粮食储备库。在粮食主产区的产粮大县，以现有国有粮食购销企业为基础，通过改制重组，因地制宜组建国有独资或国有控股的公司制粮食购销企业。在非粮食主产区和主产区的非产粮大县，以及粮食供应比较困难的山区、牧区、水库移民区和少数民族、边疆等地区，也要保留必要的国有独资或国有控股粮食购销企业。大中城市应以国有控股和国有参股形式重点掌握一部分粮食加工和批发、零售骨干企业，以适应政府宏观调控应急的成品粮油供应需要。稳定军粮供应渠道，承担军粮供应任务的粮食企业，原则上实行国有独资或国有控股的产权制度。对其他国有粮食企业，可以通过改组联合、股份合作、资产重组、国有民营等形式，实现投资主体多元化。

（二）规范企业改制工作，切实维护职工合法权益。国有粮食企业在改制过程中，要严格按照《国务院办公厅转发国资委关于进一步规范国有企业改制工作的实施意见的通知》（国办发〔2005〕60号）要求，制定企业改制方案，并按规定依法审批。企业改制时要充分考虑企业、职工和社会承受能力，做好劳动关系处理、社会保险关系接续和职工债务清偿工作，妥善处理好有关政策的衔接，防止引发新的矛盾。企业改制中涉及企业国有产权转让的，要严格按照国家有关法律法规以及《企业国有产权转让管理暂行办法》（国资委、财政部令2003年第3号）、《国资委、财政部关于印发〈企业国有产权向管理层转让暂行规定〉的通知》（国资发产权〔2005〕78号）及相关配套文件的规定执行。认真做好企业改制中的资产清查和债务核实工作，加强对改制企业的财务审计和资产评估，防止国有资产流失。加强对改制企业落实职工安置方案的监督检查，切实维护职工合法权益。

（三）优化企业资本结构，提高企业经营能力。通过减轻企业财务包袱，降低企业负债水平，提高企业优良资产比率。多渠道引进社会资本参与企业重组和股份制改造，实行企业资本结构多元化。鼓励符合上市条件的国有粮食企业通过资本市场筹集资本金，改善企业资本结构。也可在国家政策范围内，通过其他融资渠道优化企业资本结构，提高企业的经营能力。

（四）加强国有资产管理，探索国有资产经营和监管的有效形式。加强对国有粮食企业国有资产的监督管理，真实反映国有资本运营状况，维护国家所有者权益，确保国有资产安全。各地在推进企业产权制度改革中，对国家投资和利用国债资金建设的粮食仓储设施，不得随意处置或改变其用途。要根据有利于粮食宏观调控的实际需要，积极探索国有资产经营和监管的有效形式，明确国有资产出资人及其职责，实现国有资产的保值增值。

三、完善企业法人治理结构，切实转换企业经营管理机制

（一）正确处理粮食宏观调控下的政企关系，加快国有粮食企业政企分开工作。国有粮食企业要按照政企分开的原则与粮食行政管理部门脱钩，真正成为自主经营、自负盈亏的市场主体。各级粮食行政管理部门要依法加强对全社会粮食市场主体的指导、监督检查和服务，不直接干预企业的正常经营活动。规范政府宏观调控和企业经营之间的关系，当政府实施粮食宏观调控时，可委托指定具备资质的粮食经营企业承担相关政策性业务，政府按确定的标准给予补贴。国有独资和国有控股企业要带头服从政府实施粮食宏观调控的需要，为确保国家粮食安全服务。

（二）完善企业法人治理结构，切实转换企业经营机制。国有粮食企业要按照现代企业制度的要求，健全法人治理结构，依据《中华人民共和国公司法》，明确股东会、董事会、监事会和经理层的职责，实行规范运作。充分发挥董事会的作用，建立集体决策和可追溯个人责任的董事会议制度，提高管理和决策水平。董事会和经理层要减少交叉任职，董事长和总经理原则上不得一人兼任。

（三）改革企业内部用工分配制度，建立有效的激励约束机制。全面实行劳动合同制度，建立和完善岗位能上能下、人员能进能出的用工机制。企业内部管理人员必须通过公开竞聘，择优录用，并实行任期制和定期考核制。建立和完善收入能增能减、有效激励制度，明确岗位职责和技能要求，实行以岗定薪、岗变薪变的工资制度。鼓励资本、技术、管理等生产要素参与收益分配，试行经营者年薪制。建立经营业绩考核制度和责任追究制度，对于经营失误或违法违规等给企业造成重大损失的人员，要依法追究有关责任。

（四）加强粮食企业统计、财务和仓储管理工作，提高企业经营管理水平。要把改革同加强企业管理结合起来，以改革促进管理，以管理进一步巩固企业改革发展成果。认真做好新形势下的企业统计工作，配备统计人员，改进统计方法，改善统计手段，保证统计经费，为粮食宏观调控提供真实可靠的信息。切实加强企业财务管理，规范企业核算，依法筹集资金，有效运营资产，降低成本费用，规范收益分配，加强财务信息管理，控制财务风险，提高企业经济效益。加强企业仓储管理和安全生产工作，加快粮食储藏技术的研究和推广，尽快制

(修) 订适应新形势的粮食仓储管理办法和储粮技术规范，提升粮食仓储企业的核心竞争力，降低粮食损耗，保证库存粮食安全。

(五) 推进企业文化建设，培育高素质的员工队伍。国有粮食企业要带头执行国家粮食购销政策和质量技术标准，自觉遵守行业职业道德，做到诚实守信、合法经营。加强企业职工政治思想教育和职工技能培训，推进粮食行业职业资格准入和持证上岗工作，提高职工的政治素质和业务素质。加强企业领导层建设，提高经营和决策水平。坚持以人为本，增强员工团队意识，培育新型粮食企业职工队伍。

四、着力培育一批有竞争力、带动力强的龙头企业，大力发展粮食产业化经营

(一) 积极培育产业化龙头企业和企业集群示范基地，大力发展粮食产业化经营。要重点培育一批起点高、有竞争力、带动力强、效益好的龙头企业，创立名牌产品。指导有竞争力、带动力强的龙头企业以资本运营为纽带，整合资金、技术、品牌、人才等要素，开展兼并和联合，组建大型粮食产业化企业集团。在粮食主产区，要依托粮食产业发展若干个企业集群，建立企业集群示范基地。企业集群示范基地要以优质粮食产业为重点，以其较强的集散能力和辐射面带动周边粮油产业，推动粮食产业化经营向纵深发展。

(二) 实施“退城进郊”战略，推动城区粮食仓储、加工企业向更适合粮食物流和粮食产业化发展的地区转移。特别是大中型城市粮食企业要抓住城市建设和旧城改造的发展时机，在区域规划上做文章，搞好整体搬迁，引进战略投资伙伴，扩大粮食产业化和现代粮食物流规模，为企业发展壮大和服务新农村建设提供载体与平台。粮食仓储和粮食加工企业的“退城进郊”战略，要拉动粮食精深加工、粮食批发市场和粮食储藏运输产业带建设。要面向市场，集中发挥科技、信息、人才优势与组织协调作用，利用优惠政策，创新激励与合作机制，实行市场化、社会化和国际化运作，提升企业竞争力。

(三) 大力发展产业化龙头企业、合作组织与农户有机结合的组织形式，使农民在粮食产业化经营中得到实惠。把培育粮食合作组织和粮食产业化龙头企业作为完善粮食产业化链条的重要措施，发展“龙头企业＋合作组织＋农户”的组织形式。推动粮食产业化龙头企业、合作组织与农户的有机结合。重点培育一批辐射力强的粮食合作组织，建立健全粮食行业协会，充分发挥粮食行业协会的自律和中介作用，规范行业行为，建立起较为完善的粮食市场营销网络，提高农民进入市场的组织化程度。加强企业与农户、企业与合作组织以及合作组织与农户之间的联合，发展粮食订单，确保合同履约率，推行“二次结算”，增加农民收入。

五、推进企业科技创新建设，增强企业自主创新能力

（一）充分发挥企业在技术创新中的主体地位，增强企业自主创新能力。建立以企业为主体、市场为导向、产学研相结合的技术创新体系。采取有效措施，营造良好环境，使企业真正成为研究开发投入的主体、技术创新活动的主体和创新成果应用的主体。鼓励国有大型粮食企业开展技术创新和技术开发，加大科技投入，全面提升企业的自主创新能力，努力形成一批集研究、开发和应用于一体、具有国内国际竞争力的大型骨干粮食企业。

（二）把企业发展与科技创新结合起来，推进企业科技创新能力建设。国有粮食企业要以市场需求为导向，按照社会主义新农村建设和循环经济发展的要求，着重解决粮食领域和企业发展中的关键技术，包括粮库技术改造、粮油加工产业升级、农村粮食产后减损和产后安全保障、粮食质量快速检测技术、现代粮食物流技术以及粮食流通信息技术等，促进企业产品优化升级，增强企业发展后劲，提高企业竞争能力。

（三）加快科技成果在企业中的转化和应用，提高粮食精深加工和现代粮食储运的科技水平。鼓励企业开发粮食生物工程等高新技术与产业化项目，提高粮食加工转化的质量和效益，以及粮食信息化程度。鼓励多种所有制经济主体增加对粮食精深加工及产业化项目的投入，提高粮食精深加工集约化程度和粮食综合利用水平。鼓励以企业为主体、市场为导向、科技为支撑，发展现代粮食物流，构建快捷、高效、节约的粮食现代物流体系。

六、拓宽企业融资渠道，促进粮食购销和产销衔接

（一）提高企业融资能力，拓宽融资渠道，支持企业开展粮食购销。农业发展银行要继续发挥政策性银行的职能，积极支持粮食产业发展。对中央和地方储备粮所需信贷资金，要按计划保证供应；对粮食企业受政府委托收购粮食以及启动最低收购价执行预案收购粮食所需的信贷资金，在落实收购粮食的费用、利息和可能出现的价差亏损补贴来源的前提下，应及时足额发放。按照企业风险承受能力，积极支持各类具有收购资质的粮食企业入市收购。加大对产业化龙头企业、精深加工和转化企业、工商联营企业及其他粮食企业、粮食生产基地和粮食市场建设等贷款支持力度，不断提高粮食精深加工和转化能力，促进粮食产业发展，搞活粮食流通。国有粮食企业要搞好企业诚信建设，提高信用等级，积极争取并利用好政策性银行的贷款支持，掌握商品粮源，促进粮食购销。同时要通过加快企业产权制度改革，创新企业经营机制，提高经营效益，增强融资能力。积极探索增资扩股、发行企业债券和政策性银行贷款、商业性银行贷款等多种形式的融资方式，拓宽融资渠道，开创粮食收购资金来源多渠道的局面。

（二）鼓励和支持产销区国有粮食企业建立稳定的购销合作关系，促进粮食产销衔接。按照“政府推动、部门协调、市场机制、企业运作”的原则，支持和鼓励产销区粮食企业充分发挥各自的比较优势，建立长期稳定的购销合作关系，促进粮食产销衔接。积极探索省际间粮食产销合作的新方法和新途径，鼓励主销区粮食工贸企业在主产区建设粮食生产和收购基地；鼓励主产区粮食企业在主销区粮食市场经销粮食，建立收储、加工、销售为一体化的粮食经营企业。经济发达的粮食主销区要调整粮食风险基金的支出结构，将中央财政补贴的粮食风险基金专项用于粮食产销衔接的资金需要，支持主产区的粮食生产和流通。对主产区到主销区建立粮食储备、参与主销区粮食供应并具有一定经营规模的企业，主销区可给予适当的费用补贴。对主销区到主产区建立粮食生产基地、参与主产区粮食生产和收购、将粮食运往主销区销售且具有一定经营规模的企业，主销区也可给予适当的费用补贴。到主产区建设粮食生产、收购基地的企业，可享受农业产业化优惠政策。对国有粮食企业跨省区建设粮食仓库、加工厂等设施的，当地政府要在用地指标、土地价格等方面给予支持。农业发展银行要积极支持产销区国有粮食企业之间开展购销协作，提供快捷的跨省结算服务。

七、积极发展农村粮油服务组织，推进放心粮油进农村活动

（一）发展“农村粮油服务社”等农村服务组织和粮食经纪人，探索农村粮油购销服务的有效形式。各地要把农村粮油服务体系建设纳入农村现代物流建设总体规划，鼓励和支持国有粮食企业在发展农村现代流通中发挥积极作用。国有粮食企业要发挥城乡结合、以城带乡的桥梁纽带作用，加大对农村市场的辐射带动，充分利用企业现有土地、房产、人才和经营等优势，大力发展“农村粮油服务社”等农村服务组织和粮食经纪人。加强农村粮油服务组织和粮食经纪人的网络建设，促进企业与粮油服务组织、企业与粮食经纪人、粮食经纪人与农户的联合。积极探索适合社会主义新农村的新型粮食流通组织，提高农民组织化程度，努力为改善农民生产生活条件提供优质服务。指导种粮大户和农村粮油合作组织参与粮食期货套期保值业务，规避市场风险，实现农民增收、企业增效，带动当地农村经济发展。

（二）开展农村粮食连锁经营，推进放心粮油进农村活动。各级粮食行政管理部门要引导和规范国有粮食企业广泛开展放心粮油进农村活动。以“为民、便民、利民”为目标，以服务农民生活为重点，采取连锁经营、批发配送、上门服务等形式，围绕农民群众一日三餐，积极发掘服务项目，主动参与市场竞争，组织实施“厨房工程”，拓展农村商贸餐饮等传统服务业的新模式，不断开拓新的生存和发展空间。有条件的地方，要继续完善和发展面向农民的粮食代购、代销、代储存、代加工和兑换业务，扩大经营范围，规范经营行为，提高服务质

量，努力为活跃农村市场、促进农民增收服务。

八、加强领导和政策支持，促进国有粮食企业更好地为社会主义新农村建设服务

（一）切实加强对国有粮食企业改革的领导。各级粮食行政管理部门要在当地政府的统一领导下，加强对国有粮食企业改革工作的指导，因地制宜、精心组织、周密部署、统筹协调，积极推进国有粮食企业改革。切实转变职能，主动担负指导国有粮食企业改革的职责。各地要结合实际，制定本地区国有粮食企业改革和发展的指导意见，推动企业改革和发展。

（二）各级粮食行政管理部门要积极配合有关部门，完善和落实有关政策，支持国有粮食企业改革和发展。指导国有粮食企业做好粮食仓库维修工作，保护和改善粮食流通基础设施，有利于企业开展粮食购销，方便农民售粮，各地有关部门应给予适当支持。完善粮食企业增值税政策，在粮食企业增值税政策调整以前，国有粮食购销企业继续按现行政策执行。对有困难的国有粮食购销企业的生产经营性用房和土地，按规定程序审核批准后，减征或免征房产税和城镇土地使用税。加大对粮食产业化发展的支持力度，对重点粮食产业化龙头企业要给予有关政策支持。加强对企业自主创新的政策支持，企业自主创新中的有关优惠政策，按照国务院《关于印发实施〈国家中长期科学和技术发展规划纲要（2006—2020）〉若干配套政策的通知》（国发〔2006〕6号）执行。

（三）各级粮食行政管理部门要及时跟踪了解国有粮食企业改革的进展情况，认真总结经验，推广先进典型，规范国有粮食企业改制，督促企业搞好富余人员的分流安置，加强职工的思想政治工作，维护职工的合法权益。妥善处理改革、发展和稳定的关系，及时化解改革中的矛盾，促进国有粮食企业改革和发展，更好地发挥企业在社会主义新农村建设中的积极作用。

七 粮食流通

039

中华人民共和国国务院令

第407号

《粮食流通管理条例》已经2004年5月19日国务院第50次常务会议通过，现予公布，自公布之日起施行。

总理 温家宝

二○○四年五月二十六日

粮食流通管理条例

第一章 总 则

第一条 为了保护粮食生产者的积极性，促进粮食生产，维护经营者、消费者的合法权益，保障国家粮食安全，维护粮食流通秩序，根据有关法律，制定本条例。

第二条 在中华人民共和国境内从事粮食的收购、销售、储存、运输、加工、进出口等经营活动（以下统称粮食经营活动），应当遵守本条例。

前款所称粮食，是指小麦、稻谷、玉米、杂粮及其成品粮。

第三条 国家鼓励多种所有制市场主体从事粮食经营活动，促进公平竞争。依法从事的粮食经营活动受国家法律保护。严禁以非法手段阻碍粮食自由流通。

国有粮食购销企业应当转变经营机制，提高市场竞争能力，在粮食流通中发挥主渠道作用，带头执行国家粮食政策。

第四条 粮食价格主要由市场供求形成。

国家加强粮食流通管理，增强对粮食市场的调控能力。

第五条 粮食经营活动应当遵循自愿、公平、诚实信用的原则，不得损害粮食生产者、消费者的合法权益，不得损害国家利益和社会公共利益。

第六条 国务院发展改革部门及国家粮食行政管理部门负责全国粮食的总量平衡、宏观调控和重要粮食品种的结构调整以及粮食流通的中长期规划；国家粮食行政管理部门负责粮食流通的行政管理、行业指导，监督有关粮食流通的法律、法规、政策及各项规章制度的执行。

国务院工商行政管理、产品质量监督、卫生、价格等部门在各自的职责范围内负责与粮食流通有关的工作。

省、自治区、直辖市人民政府在国家宏观调控下，按照粮食省长负责制的要求，负责本地区粮食的总量平衡和地方储备粮的管理。县级以上地方人民政府粮食行政管理部门负责本地区粮食流通的行政管理、行业指导；县级以上地方人民政府工商行政管理、产品质量监督、卫生、价格等部门在各自的职责范围内负责与粮食流通有关的工作。

第二章　粮食经营

第七条　粮食经营者，是指从事粮食收购、销售、储存、运输、加工、进出口等经营活动的法人、其他经济组织和个体工商户。

第八条　从事粮食收购活动的经营者，应当具备下列条件：

（一）具备经营资金筹措能力；

（二）拥有或者通过租借具有必要的粮食仓储设施；

（三）具备相应的粮食质量检验和保管能力。

前款规定的具体条件，由省、自治区、直辖市人民政府规定、公布。

第九条　取得粮食收购资格，并依照《中华人民共和国公司登记管理条例》等规定办理登记的经营者，方可从事粮食收购活动。

申请从事粮食收购活动，应当向办理工商登记的部门同级的粮食行政管理部门提交书面申请，并提供资金、仓储设施、质量检验和保管能力等证明材料。粮食行政管理部门应当自受理之日起 15 个工作日内完成审核，对符合本条例第八条规定具体条件的申请者作出许可决定并公示。

第十条　取得粮食行政管理部门粮食收购资格许可的，应当依法向工商行政管理部门办理设立登记，在经营范围中注明粮食收购；已在工商行政管理部门登记的，从事粮食收购活动也应当取得粮食行政管理部门的粮食收购资格许可，并依法向工商行政管理部门办理变更经营范围登记，在经营范围中注明粮食收购。

第十一条　依法从事粮食收购活动的粮食经营者（以下简称粮食收购者），应当告知售粮者或者在收购场所公示粮食的品种、质量标准和收购价格。

第十二条　粮食收购者收购粮食，应当执行国家粮食质量标准，按质论价，不得损害农民和其他粮食生产者的利益；应当及时向售粮者支付售粮款，不得拖欠；不得接受任何组织或者个人的委托代扣、代缴任何税、费和其他款项。

第十三条　粮食收购者应当向收购地的县级人民政府粮食行政管理部门定期报告粮食收购数量等有关情况。

跨省收购粮食，应当向收购地和粮食收购者所在地的县级人民政府粮食行政管理部门定期报告粮食收购数量等有关情况。

第十四条 从事粮食销售、储存、运输、加工、进出口等经营活动的粮食经营者应当在工商行政管理部门登记。

第十五条 粮食经营者使用的粮食仓储设施，应当符合粮食储存有关标准和技术规范的要求。粮食不得与可能对粮食产生污染的有害物质混存，储存粮食不得使用国家禁止使用的化学药剂或者超量使用化学药剂。

第十六条 运输粮食应当严格执行国家粮食运输的技术规范，不得使用被污染的运输工具或者包装材料运输粮食。

第十七条 从事食用粮食加工的经营者，应当具有保证粮食质量和卫生必备的加工条件，不得有下列行为：

（一）使用发霉变质的原粮、副产品进行加工；

（二）违反规定使用添加剂；

（三）使用不符合质量、卫生标准的包装材料；

（四）影响粮食质量、卫生的其他行为。

第十八条 销售粮食应当严格执行国家有关粮食质量、卫生标准，不得短斤少两、掺杂使假、以次充好，不得囤积居奇、垄断或者操纵粮食价格、欺行霸市。

第十九条 建立粮食销售出库质量检验制度。粮食储存企业对超过正常储存年限的陈粮，在出库前应当经过有资质的粮食质量检验机构进行质量鉴定，凡已陈化变质、不符合食用卫生标准的粮食，严禁流入口粮市场。陈化粮购买资格由省级人民政府粮食行政管理部门会同工商行政管理部门认定。陈化粮判定标准，由国家粮食行政管理部门会同有关部门制定，陈化粮销售、处理和监管的具体办法，依照国家有关规定执行。

第二十条 从事粮食收购、加工、销售的经营者，必须保持必要的库存量。

必要时，由省、自治区、直辖市人民政府规定最低和最高库存量的具体标准。

第二十一条 国有和国有控股粮食企业应当积极收购粮食，并做好政府委托的粮食收购和政策性用粮的购销工作，服从和服务于国家宏观调控。

第二十二条 对符合贷款条件的粮食收购者，银行应当按照国家有关规定及时提供收购贷款。中国农业发展银行应当保证中央和地方储备粮以及政府调控用粮和其他政策性用粮的信贷资金需要，对国有和国有控股的粮食购销企业、大型粮食产业化龙头企业和其他粮食购销企业，按企业的风险承受能力提供信贷资金支持。

第二十三条 所有从事粮食收购、销售、储存、加工的粮食经营者以及饲料、工业用粮企业，应当建立粮食经营台账，并向所在地的县级人民政府粮食行政管理部门报送粮食购进、销售、储存等基本数据和有关情况。粮食经营者保留粮食经营台账的期限不得少于3年。粮食经营者报送的基本数据和有关情况涉及商业秘密的，粮食行政管理部门负有保密义务。

国家粮食流通统计制度，由国家粮食行政管理部门制定，报国务院统计部门批准。

第二十四条 粮食行业协会以及中介组织应当加强行业自律，在维护粮食市场秩序方面发挥监督和协调作用。

第三章 宏观调控

第二十五条 国家采取储备粮吞吐、委托收购、粮食进出口等多种经济手段和价格干预等必要的行政手段，加强对粮食市场的调控，保持全国粮食供求总量基本平衡和价格基本稳定。

第二十六条 国家实行中央和地方分级粮食储备制度。粮食储备用于调节粮食供求，稳定粮食市场，以及应对重大自然灾害或者其他突发事件等情况。

政策性用粮的采购和销售，原则上通过粮食批发市场公开进行，也可以通过国家规定的其他方式进行。

第二十七条 国务院和地方人民政府建立健全粮食风险基金制度。粮食风险基金主要用于对种粮农民直接补贴、支持粮食储备、稳定粮食市场等。

国务院和地方人民政府财政部门负责粮食风险基金的监督管理，确保专款专用。

第二十八条 当粮食供求关系发生重大变化时，为保障市场供应、保护种粮农民利益，必要时可由国务院决定对短缺的重点粮食品种在粮食主产区实行最低收购价格。

当粮食价格显著上涨或者有可能显著上涨时，国务院和省、自治区、直辖市人民政府可以按照《中华人民共和国价格法》的规定，采取价格干预措施。

第二十九条 国务院发展改革部门及国家粮食行政管理部门会同农业、统计、产品质量监督等部门负责粮食市场供求形势的监测和预警分析，建立粮食供需抽查制度，发布粮食生产、消费、价格、质量等信息。

第三十条 国家鼓励粮食主产区和主销区以多种形式建立稳定的产销关系，鼓励建立产销一体化的粮食经营企业，发展订单农业，在执行最低收购价格时国家给予必要的经济优惠，并在粮食运输方面给予优先安排。

第三十一条 在重大自然灾害、重大疫情或者其他突发事件引起粮食市场供求异常波动时，国家实施粮食应急机制。

第三十二条 国家建立突发事件的粮食应急体系。国务院发展改革部门及国家粮食行政管理部门会同国务院有关部门制定全国的粮食应急预案，报请国务院批准。省、自治区、直辖市人民政府根据本地区的实际情况，制定本行政区域的粮食应急预案。

第三十三条 启动全国的粮食应急预案，由国务院发展改革部门及国家粮食行政管理部门提出建议，报国务院批准后实施。

启动省、自治区、直辖市的粮食应急预案，由省、自治区、直辖市发展改革部门及粮食行政管理部门提出建议，报本级人民政府决定，并向国务院报告。

第三十四条 粮食应急预案启动后，所有粮食经营者必须按国家要求承担应急任务，服从国家的统一安排和调度，保证应急工作的需要。

第四章 监督检查

第三十五条 粮食行政管理部门依照本条例对粮食经营者从事粮食收购、储存、运输活动和政策性用粮的购销活动，以及执行国家粮食流通统计制度的情况进行监督检查。

粮食行政管理部门应当根据国家要求对粮食收购资格进行核查。

粮食行政管理部门在监督检查过程中，可以进入粮食经营者经营场所检查粮食的库存量和收购、储存活动中的粮食质量以及原粮卫生；检查粮食仓储设施、设备是否符合国家技术规范；查阅粮食经营者有关资料、凭证；向有关单位和人员调查了解相关情况。

第三十六条 产品质量监督部门依照有关法律、行政法规的规定，对粮食加工过程中的以假充真、以次充好、掺杂使假等违法行为进行监督检查。

第三十七条 工商行政管理部门依照有关法律、行政法规的规定，对粮食经营活动中的无照经营、超范围经营以及粮食销售活动中的囤积居奇、欺行霸市、强买强卖、掺杂使假、以次充好等扰乱市场秩序和违法违规交易行为进行监督检查。

第三十八条 卫生部门依照有关法律、行政法规的规定，对粮食加工、销售中的卫生以及成品粮储存中的卫生进行监督检查。

第三十九条 价格主管部门依照有关法律、行政法规的规定，对粮食流通活动中的价格违法行为进行监督检查。

第四十条 任何单位和个人有权对违反本条例规定的行为向有关部门检举。有关部门应当为检举人保密，并依法及时处理。

第五章 法律责任

第四十一条 未经粮食行政管理部门许可或者未在工商行政管理部门登记擅自从事粮食收购活动的，由工商行政管理部门没收非法收购的粮食；情节严重的，并处非法收购粮食价值1倍以上5倍以下的罚款；构成犯罪的，依法追究刑事责任。

由粮食行政管理部门查出的，移交工商行政管理部门按照前款规定予以处罚。

第四十二条 以欺骗、贿赂等不正当手段取得粮食收购资格许可的，由粮食行政管理部门取消粮食收购资格，工商行政管理部门吊销营业执照，没收违法所得；构成犯罪的，依法追究刑事责任。

粮食行政管理部门工作人员办理粮食收购资格许可，索取或者收受他人财物或者谋取其他利益，构成犯罪的，依法追究刑事责任；尚不构成犯罪的，依法给予行政处分。

第四十三条 粮食收购者有未按照规定告知、公示粮食收购价格或者收购粮食压级压价，垄断或者操纵价格等价格违法行为的，由价格主管部门依照《中华人民共和国价格法》的有关规定给予行政处罚。

第四十四条 有下列情形之一的，由粮食行政管理部门责令改正，予以警告，可以处20万元以下的罚款；情节严重的，并由粮食行政管理部门暂停或者取消粮食收购资格：

（一）粮食收购者未执行国家粮食质量标准的；

（二）粮食收购者被售粮者举报未及时支付售粮款的；

（三）粮食收购者违反本条例规定代扣、代缴税、费和其他款项的；

（四）从事粮食收购、销售、储存、加工的粮食经营者以及饲料、工业用粮企业未建立粮食经营台账，或者未按照规定报送粮食基本数据和有关情况的；

（五）接受委托的粮食经营者从事政策性用粮的购销活动未执行国家有关政策的。

第四十五条 陈粮出库未按照本条例规定进行质量鉴定的，由粮食行政管理部门责令改正，给予警告；情节严重的，处出库粮食价值1倍以上5倍以下的罚款，工商行政管理部门可以吊销营业执照。

倒卖陈化粮或者不按照规定使用陈化粮的，由工商行政管理部门没收非法倒卖的粮食，并处非法倒卖粮食价值20%以下的罚款，有陈化粮购买资格的，由省级人民政府粮食行政管理部门取消陈化粮购买资格；情节严重的，由工商行政管理部门并处非法倒卖粮食价值1倍以上5倍以下的罚款，吊销营业执照；构成犯罪的，依法追究刑事责任。

第四十六条 从事粮食收购、加工、销售的经营者的粮食库存低于规定的最低库存量的，由粮食行政管理部门责令改正，给予警告；情节严重的，处不足部分粮食价值1倍以上5倍以下的罚款，并可以取消粮食收购资格，工商行政管理部门可以吊销营业执照。

从事粮食收购、加工、销售的经营者的粮食库存超出规定的最高库存量的，由粮食行政管理部门责令改正，给予警告；情节严重的，处超出部分粮食价值1倍以上5倍以下的罚款，并可以取消粮食收购资格，工商行政管理部门可以吊销营业执照。

第四十七条 粮食经营者未按照本条例规定使用粮食仓储设施、运输工具的，由粮食行政管理部门或者卫生部门责令改正，给予警告；被污染的粮食不得非法销售、加工。

第四十八条 违反本条例第十七条、第十八条规定的，由产品质量监督部门、工商行政管理部门、卫生部门等依照有关法律、行政法规的规定予以处罚。

第四十九条 财政部门未按照国家关于粮食风险基金管理的规定及时、足额拨付补贴资金，或者挤占、截留、挪用补贴资金的，由本级人民政府或者上级财政部门责令改正，对有关责任人员依法给予行政处分；构成犯罪的，依法追究有关责任人员的刑事责任。

第五十条 违反本条例规定，阻碍粮食自由流通的，依照《国务院关于禁止在市场经济活动中实行地区封锁的规定》予以处罚。

第五十一条 监督检查人员违反本条例规定，非法干预粮食经营者正常经营活动的，依法给予行政处分；构成犯罪的，依法追究刑事责任。

第六章 附 则

第五十二条 本条例下列用语的含义是：

粮食收购，是指为了销售、加工或者作为饲料、工业原料等直接向种粮农民或者其他粮食生产者批量购买粮食的活动。

粮食加工，是指通过处理将原粮转化成半成品粮、成品粮，或者将半成品粮转化成成品粮的经营活动。

第五十三条 大豆、油料和食用植物油的收购、销售、储存、运输、加工、进出口等经营活动，适用本条例除第八条、第九条、第十条以外的规定。

粮食进出口的管理，依照有关法律、行政法规的规定执行。

中央储备粮的管理，依照《中央储备粮管理条例》的规定执行。

第五十四条 本条例自公布之日起施行。1998年6月6日国务院发布的《粮食收购条例》、1998年8月5日国务院发布的《粮食购销违法行为处罚办法》同时废止。

040

关于印发《粮食流通基础设施“十二五”建设规划》的通知

国粮展〔2012〕3号

各省、自治区、直辖市、计划单列市及新疆生产建设兵团、黑龙江省农垦总局粮食局，中国储备粮管理总公司、中粮集团有限公司、中国华粮物流集团公司、中国中纺集团公司：

按照国家发展改革委与国家粮食局联合印发的《粮食行业“十二五”发展规划纲要》（国粮展〔2011〕224号）要求，为积极推进“十二五”期间粮食流通基础设施建设，我局研究编制了《粮食流通基础设施“十二五”建设规划》，现印发你们，并就相关工作通知如下：

一、各地粮食行政管理部门和有关中央企业要根据本规划要求和各自实际，加强地方（央企）与全国规划之间、各地规划之间的有效衔接和项目对接，统筹谋划，保证行业完整性。注重年度计划与本规划的衔接，建立健全规划实施协调和评价评估机制，我局将组织对实施情况进行年度检查。

二、为做好建设投资和保障措施的落实工作，各地粮食行政管理部门要加强与相关部门间的沟通，制订和完善项目建设管理办法，积极推进“十二五”期间粮食流通基础设施建设工作。

三、要通过规划编制做好粮食流通基础设施建设项目储备，积极抓好项目可研、设计、审批、土地和建设资金落实等前期工作，使项目安排落到实处。

国家粮食局

二〇一二年一月十一日

粮食流通基础设施“十二五”建设规划

国家粮食局

2012年1月11日

本规划根据《国家粮食安全中长期规划纲要（2008—2020年）》、《全国新增1000亿斤粮食生产能力规划（2009—2020年）》、《粮食现代物流发展规划》（发改经贸〔2007〕2136号）、《粮油仓储设施建设方案》（发改经贸〔2009〕2875

号）和《粮食行业“十二五”发展规划纲要》（国粮展〔2011〕224号）等要求，并结合我国粮食流通设施现状编制。本规划包括粮油仓储烘干设施建设、仓房维修改造、粮食现代物流、农户科学储粮专项等四个方面。

一、主要成就和存在问题

“十一五”时期，粮食流通基础设施建设累计投入资金约800亿元，其中中央补助投资约100亿元，粮油仓储、物流设施建设、仓房维修改造和农户储粮各项工作都取得了显著成绩，为国家粮食安全提供了有力的保障。

“十一五”时期，中央和地方政府积极筹措资金，加大了对粮油仓储设施建设和改造力度。全国共投入建设资金约360亿元，其中中央补助投资约80亿元，地方政府和企业投资约280亿元。共建设仓容6400万吨，油罐1000万吨，烘干能力3000万吨，维修改造仓房约1.1亿吨。截至2010年底，全国粮食仓储企业有效仓容达到3.49亿吨、油罐罐容1410万吨、粮食烘干能力1.1亿吨。与2005年相比，分别增长34%、194%和58%，基本能够满足粮油收购储备需要。

“十一五”时期，特别是2007年全国《粮食现代物流发展规划》发布实施后，各地工作取得长足进展。五年间国家共安排中央补助投资约15亿元，带动地方政府和企业投资约390亿元，在主要跨省粮食物流通道上陆续建设了一批以大连北良港、上海外高桥粮食物流中心、舟山国际粮油集散中心等为代表的重大项目，东北各港粮食发运能力和东南沿海接卸能力显著增加，长江通道初步形成，黄淮海流出通道重要节点建设开始启动，陕西、甘肃、新疆等西部地区也初步形成了一批重要物流节点，上述项目建成后使全国新增中转能力1.2亿吨以上，新增散粮中转设施接收能力28万吨/小时，粮食物流效率明显提高。

“十一五”时期，在试点的基础上，2010年正式启动了农户科学储粮专项。总投资约24亿元，其中中央补助投资7.06亿元，地方配套和农户自筹约16.6亿元。为全国25个省（自治区、直辖市）200万农户配置新型小粮仓，可为农民存储粮食约79亿斤，每年减少储粮损失约5.1亿斤，预计可为农民直接增收5亿元。这是建国以来第一次大规模对农户储粮设施建设给予中央财政资金支持。专项实施取得了良好的社会和经济效益，减损增收效果显著，深受广大农民欢迎。

“十一五”时期，国家粮食局组织开展了《植物油库建设标准》、粮食物流园区总平面设计规范》、《粮食仓房维修改造技术规程》等25项粮食工程建设标准制修订工作，其中9项为国家标准、16项为行业标准。散粮汽车、吸粮机等散粮运输装卸设备得到了进一步推广和应用。集粮食仓储、物流、加工、信息和交易等功能为一体的粮食物流园区发展迅速。当前，粮食流通基础设施建设存在的主要问题是：粮油仓储物流设施建设地区间进展不平衡，应急保障能力等薄弱环节有待加强；基层粮库仓储设施陈旧老化严重，急需维修改造提升功能；粮食物流“瓶颈”尚未突破，跨省散粮运输比例不高；新仓型、新技术、新工艺等研发推广力度不够，制约设施建设水平。

二、发展目标和基本原则

（一）发展目标

到2015年，粮食流通基础设施基本满足粮食增产、保障供给的要求。完善粮食仓储体系，达到现代化水平；基层粮库设施条件得到明显改善，基本消除长期露天储粮，并建立维修改造长效机制；主要跨省粮食流出通道设施能力显著增强，初步实现散粮火车“入关”运行，散粮流通比例明显提高；改善农户储粮条件，减少粮食产后损失。

（二）基本原则

统筹规划，合理布局。统筹全国和各地区各类设施建设规模和布局，统筹中央企业与地方企业设施布局，合理引导企业投资方向，加强资源整合，避免盲目扩张和低水平重复建设。

调整结构，提升功能。根据地区发展、产业布局、技术进步等方面的要求，进一步完善现有仓储设施和仓型结构，按照建设现代化粮库和发展粮食现代物流的要求，完善设施，提升功能。

科技支撑，节能减排。按照节能减排和绿色储粮的要求，着力推进新仓型、新材料、新设备、新技术、新工艺在粮食流通基础设施建设中的应用，提高建设质量和技术水平。

协同运作，提高效益。加强与有关部门和地方的衔接和配合，做好项目建设和设施管理，进一步完善投资管理机制，优化项目布局，提高投资效益和建设效果。

三、主要任务和项目布局

（一）加强粮油仓储烘干设施建设

完善中央和地方储备设施，优化全国粮油仓储设施布局，推广应用粮库信息化管理系统，实现仓房设施标准化、技术装备现代化。在粮食主产区、西部地区和后备基地新建仓容2000万吨。针对收纳、中转、储备等不同粮食仓储需求合理选用仓型，推广先进实用的新技术、新材料、新装备。

新建烘干能力800万吨，维修烘干能力2500万吨，淘汰一批技术落后的烘干设施，使全国烘干能力保持在1.1亿吨以上，其中东北地区9100万吨以上，南方地区2000万吨以上。在东北地区改进烘干工艺和控制技术，节能减排，降低烘干成本，减少环境污染，保证烘后品质。在南方地区推广经济适用的烘干设备。在农垦系统水稻产区推广低温烘干技术。

在36个大中城市建设成品粮应急低温储备仓100万吨，长三角、珠三角、京津唐、成渝等地区要优先满足成品粮储备应急保障需要。制定成品粮应急低温储备仓设计要点和实施方案，2012年选择个别条件较成熟的城市先行试点，2013—2015年全面推进36个大中城市的成品粮应急低温储备仓建设。

专栏1　粮油仓储烘干设施建设项目

新建仓储设施	粮食主产区、西部地区和后备基地	建设仓容2000万吨。
粮食烘干设施	东北主产区、南方稻谷和油菜籽产区	新建烘干能力800万吨，其中东北地区500万吨，南方地区300万吨；维修2500万吨。
粮食应急储备仓容	36个大中城市	建设成品粮应急低温储备仓100万吨。

（二）推进粮食仓房维修改造

维修改造仓容1亿吨以上，粮食主产区基本消除长期露天储粮，同时积极争取支持西部地区和主销区仓房维修。重点对仓房防潮防雨、保温隔热进行维修改造，配置必要的粮情检测、机械通风、环流熏蒸等储粮设施和装卸输送设备，配置检化验仪器，推广低温储粮、气调储粮等绿色储粮新技术。

专栏2　仓房维修改造项目布局

地区	仓容（万吨）	地区比例（%）
总计	10000	100.0
一、主产区	7500	75.0
1. 东北地区	1500	15.0
2. 黄淮海地区	3000	30.0
3. 长江中下游地区	3000	30.0
二、其他地区	2500	25.0

（三）推进粮食现代物流发展

1. 打通“北粮南运”主通道。在东北地区建设80个大型粮食装车点，以及与其相衔接的华北、华东、中南、西南等地区建设60个大型粮食卸车点，并加强与公路集并的衔接，建设中转仓容150万吨。完善东北地区粮食铁水联运物流系统，配套建设东南沿海港口和长江、珠江流域主要物流节点的粮食中转和接卸设施。开展东北地区糙米“入关”集装化（集装箱或集装袋）运输试点和大宗成品粮储运技术示范。

2. 完善黄淮海等主要通道。建设原粮物流节点项目50个和中转仓容150万吨，完善黄淮海通道、长江流域通道和京津通道、华东通道、华南通道的中转和接卸发放设施，发展黄淮海地区的散粮汽车运输以及长江、珠江、大运河、淮河等流域的散粮船舶运输。

3. 加强西部通道建设。根据粮食增产能力和流量，主要依托西部地区现有粮库、批发市场和加工企业，沿西部地区主要铁路干线建设物流节点项目50个、中转仓容100万吨及相关设施，提升西部地区粮食中转、发放设施能力。

4. 建立全国粮食物流公共信息平台。组建大型粮食物流企业，发展第三方物流，利用现有政策性粮食交易平台系统和全国粮食动态信息系统以及大型企业现有物流网络系统，建立全国粮食物流配送、交易和管理信息平台，实现粮食物流信息资源共享，统一协调粮食运输工作。

专栏3 粮食现代物流项目

东北地区散粮“入关”主要通道项目	东北地区80个大型粮食装车点；稻谷和玉米流入地区60个大型粮食卸车点。建设中转仓容150万吨，建设散粮火车接收发放设施。
黄淮海等主要通道项目	在黄淮海、长江流域流出通道和京津、华东、华南流入通道建设原粮物流节点项目50个。建设中转仓容150万吨，配置散粮汽车、内河船舶。
西部通道重要物流项目	西安、宝鸡、兰州、武威、银川、吴忠、西宁、乌鲁木齐、伊犁、贵阳、昆明、太原等地区建设粮食物流节点项目50个。建设中转仓容100万吨，建设接收发放设施。
全国粮食物流公共信息平台	国家粮食交易中心、各省级粮食局、中央直属粮食企业以及大型港口、大型粮食贸易和加工企业等建立全国粮食物流配送、交易和管理信息平台。

（四）继续实施农户科学储粮专项

为全国800万农户配置标准化储粮装具，使项目地区农户储粮损失率降低到2%以下。在粮食主产区开展种粮大户新型储粮设施建设试点，重点在湖北、吉林等地农场和种粮大户建设1000套示范性小型钢板仓。逐步建立以国家级专业科研机构为依托，以省级科研机构为支撑，以基层粮库（站）为基础的农户科学储粮技术服务体系，加强对农户储粮装具使用技术指导。

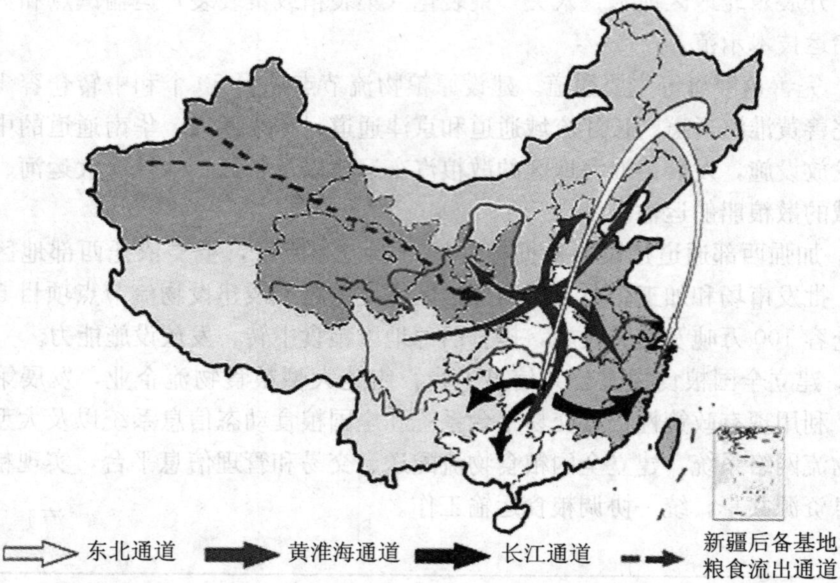

图 1　全国主要粮食物流通道示意图

专栏 4　农户科学储粮专项	
农户科学储粮装具	配置标准化储粮装具 800 万套，其中主产区 465 万套，其他地区 335 万套。
种粮大户储粮设施	在主产区建设一批示范性小型钢板仓（单仓储粮 100 吨以上）及相应配套设施。

专栏 5　农户科学储粮专项布局

地区	规划农户数量（万户）	建设内容
总计	800	
粮食主产区	465	
其中：东北地区	200	钢骨架矩形仓 160 万套、钢网式干燥仓 其中：40 万套
其他地区	265	彩钢板组合仓 245 万套、热浸镀锌板仓 20 万套
产销平衡区	260	彩钢板组合仓 250 万套、木骨架金属网仓 10 万套
粮食主销区	75	彩钢板组合仓 75 万套

（五）加强新技术研发与推广应用

针对收纳、集并、中转、储备等不同功能需求进一步优化平房仓、浅圆仓和立筒仓设计；在适宜的地方选用钢板仓，推广应用新型装卸输送设备，提高机械化程度；改进烘干设施工艺技术，降低烘干成本和环境污染，保证烘后品质；在储备粮库推进低温储粮、气调储粮等安全绿色储粮新技术；进行糙米流通新技术、集装单元化、大宗成品粮储运技术的示范；进行 RFID、物联网技术的应用试点，推进粮食物流信息化管理；加快研究开发适宜种粮大户需求的型钢板仓以及相应的清杂、干燥、检测、运输等技术和设备；继续完善粮食工程建设标准体系，争取制修订《粮食钢板筒仓设计规范》、《粮食钢板筒仓施工与质量验收规范》等 20 项建设标准和设计规范，提高设施建设水平。

四、项目总投资测算

为完成上述建设项目，初步测算总投资 479 亿元（不含土地费用），其中粮油仓储烘干设施建设 173 亿元，仓房维修改造 90 亿元，粮食现代物流建设 118 亿元，农户科学储粮专项 98 亿元。

（一）粮油仓储烘干设施建设

重点在《全国新增 1000 亿斤粮食生产能力规划》确定的 800 个增产大县增加粮食收储仓容、烘干能力，投资 173 亿元。

1. 新建储备仓容 1000 万吨，按照平房仓 60%、浅圆仓 20%、钢结构保温仓等其它仓型 20%的比例测算，投资 74 亿元。

专栏 6 主要仓型投资测算表

项目名称	平房仓	浅圆仓	保温钢板仓
新建项目（万元/万吨）	800	1000	400
扩建项目（万元/万吨）	500～600	700～800	200～300

2. 报废重建储备仓容 1000 万吨，投资 58 亿元。

3. 新增年烘干能力 800 万吨，维修烘干能力 2500 万吨，投资 10.8 亿元。

专栏 7 烘干设施建设投资测算表

建设内容	烘干能力（万吨/年）	单位造价（万元/套）	投资（亿元）
总计	3300		10.8
新建烘干设施	800	360	5.8
维修改造烘干设施	2500	50	5.0

注：新建烘干设施平均按 500 吨/日（烘干能力 5 万吨/年）计算，约 160 套。维修改造烘干设施平均按 200～300 吨/日（烘干能力 2.5 万吨/年）计算，约 1000 套。

4. 按照国家粮食安全应急预案要求，建设成品粮应急低温储备仓 100 万吨，按 3000 万元/万吨计算，投资 30 亿元。

（二）仓房维修改造

维修改造仓容 1 亿吨，按 90 万元/万吨计算，投资 90 亿元。

（三）粮食现代物流项目

粮食现代物流项目投资 118 亿元。

1. "北粮南运"通道建设投资 68 亿元。其中：关外 80 个大型粮食装车点，按 5500 万元/个计算，投资 44 亿元；关内 60 个大型粮食卸车点，按 4000 万元/个计算，投资 24 亿元。

2. 其他 100 个物流节点项目投资 40 亿元。其中：黄淮海等粮食物流主要通道节点项目 50 个，按 4000 万元/个计算，投资 20 亿元；西部地区物流节点项目 50 个，按 4000 万元/个计算，投资 20 亿元。

3. 全国粮食物流公共信息平台建设投资 10 亿元。

（四）农户科学储粮专项

为粮食主产区和主要产粮县 800 万农户建设标准化粮仓（装具），并适当示范推广种粮大户储粮小型钢板仓 1000 个，投资 98 亿元。

专栏 8　项目建设投资汇总表

项目名称	建设规模	投资（亿元）
总　　计		479
一、粮油仓储烘干设施建设		173
1. 新建储备仓容	1000 万吨	74
2. 报废重建储备仓容	1000 万吨	58
3. 烘干设施	新建 800 万吨，维修 2500 万吨	11
4. 成品粮应急低温储备仓	100 万吨	30
二、仓房维修改造	1 亿吨	90
三、粮食现代物流设施建设	80 个大型粮食装车点和 60 个大型粮食卸车点，100 个物流节点等	118
四、农户科学储粮专项	800 万农户、部分种粮大户	98

五、保障措施

（一）加大投资力度

各地要按照粮食工作省长负责制的要求，加大对符合条件的重要粮食仓储、物流、应急保障等流通基础设施建设的投入，并建立稳定的长效机制。积极引导多渠道社会资金投向粮食流通基础设施建设领域，国家将继续给予支持。适当对粮食净流出省（自治区）和新疆、西藏以及青海、四川、甘肃、云南四省藏区等中央明确给予政策支持地区的粮食流通基础设施建设给予倾斜。建立国家和地方各级政府支持仓房维修改造的长效机制，中央对于仓房维修改造予以支持，争取将资金补助扩大到全国各省（自治区、直辖市），各地要制订年度计划，加大地方财政支持力度。

（二）完善支持政策

加强粮食与发展改革、财政、铁路、交通等部门的协作，创新粮食物流机制，按照《国务院办公厅关于促进物流业健康发展政策措施的意见》（国办发〔2011〕38号）精神，整合现有粮食物流资源，推进仓储、码头设施社会化和运输服务市场化。完善粮食运输补贴和税收优惠政策，引导铁、水合理分流，不断提高散粮运输的比例。支持粮食物流园区有序发展，研究推进国家级示范园区建设。按照《"十二五"农户科学储粮专项建设规划》和《农户科学储粮专项管理办法》要求，积极推进农户科学储粮专项建设。逐步建立国家和地方各级政府支持农户科学储粮的长效机制，采取政府补贴、市场化购置的方式，为农户配置科学储粮装具。积极争取有关部门将标准化农户科学储粮装具及简易仪器设备等纳入农机具补贴范围。

（三）引导多渠道投资

除政府投资外，充分调动企业等各方面积极性，对法律法规未禁入的领域，积极引导民营等社会资本以独资、合资、合作、联营、项目融资等方投入建设。同时，加强对各类投资主体建设项目的统筹协调，合理布局并实现资源共享。

（四）严格项目管理

严格执行工程建设项目审批、招投标、监理、合同管理、资金管理和竣工验收的各项规定，进一步理顺管理机制，加强项目建设管理，严格遵守粮食工程建设标准和技术规范，确保工程质量，确保资金使用安全和投资效益。

（五）组织好规划的实施

加强规划实施的组织领导和统筹协调，发挥规划对粮食流通基础设施建设的指导作用。注重年度计划与本规划的衔接，建立健全规划实施协调和评价评估机制。各省级粮食行政管理部门要根据本规划要求和本地实际，编制本地区的设施建设规划，明确发展目标，细化具体任务，制定保障措施，抓好本规划贯彻落实，确保本规划目标任务的顺利完成。

041

关于进一步促进粮食产销合作发展的指导意见

国粮调〔2006〕224号

各省、自治区、直辖市发展改革委、粮食局、财政厅（局）、交通厅（局）、工商局、农业发展银行分行，各铁路局：

近年来，随着粮食购销市场化改革的不断深入，我国粮食产销合作取得了明显进展，产销合作的新格局初步形成，在促进粮食生产稳定发展，保护种粮农民利益，保证粮食市场供应和价格基本稳定等方面发挥了重要作用。但是，当前粮食产销合作还存在一些困难和问题，主要是：一些地区对促进产销合作发展的认识不足，重视不够；产销合作的基础还不牢固，尚未形成长效稳定的合作机制；鼓励产销合作发展的扶持措施还不完善等。为认真贯彻落实《中共中央、国务院关于推进社会主义新农村建设的若干意见》（中发〔2006〕1号）和《国务院关于完善粮食流通体制改革政策措施的意见》（国发〔2006〕16号）的有关要求，加快建立产销区稳定的购销关系，进一步促进粮食产销合作的健康发展，现提出以下指导意见：

一、充分认识促进粮食产销合作发展的重要意义

发展粮食产销合作，是推进社会主义新农村建设，统筹区域经济协调发展，引导粮食合理、有序流通，促进粮食市场和价格基本稳定，确保国家粮食安全的重要途径。我国地域辽阔，人口众多，粮食生产和消费的区域性特征比较明显。近年来，粮食生产逐渐向主产区集中，主销区粮食产需缺口逐渐加大，粮食供求的区域性矛盾更加突出。加强粮食产销合作，有利于调剂产销区粮食余缺，更好地发挥产区资源优势和销区市场优势，促进区域粮食供求平衡；有利于有效配置粮食资源，促进跨区域粮食经济和物流服务业发展，提升粮食产业化发展水平；有利于促进粮食生产稳定发展和种粮农民持续增收，促进农村和农业经济全面发展；有利于保障销区粮食供应，确保国家粮食安全。

二、促进粮食产销合作发展的总体思路和基本原则

（一）总体思路。适应粮食购销市场化以及国家粮食宏观调控的需要，按照“市场主导、政府调控，依托企业、深度合作，创新机制、共同发展”的总体要求，大力支持和鼓励产销区充分发挥各自比较优势，以经济利益为纽带，以市场

为导向，积极探索建立多形式、深层次、长期稳定的粮食产销合作关系。充分发挥国有粮食企业主渠道作用，积极引导多种粮食市场主体开展产销合作，培育和鼓励大型粮食经营企业参与产销合作，逐步形成多元化、规模化的合作格局。使产区生产的粮食有稳定的销路，销区需要的粮源有可靠的保障，实现粮食合理、有序、顺畅流通，促进粮食总量和区域供求平衡。

（二）基本原则。开展粮食产销合作，坚持国家宏观调控下的粮食省长负责制，遵循“政府推动、部门协调，市场调节、企业运作”的原则。进一步强化企业在产销合作中的市场主体地位，政府有关部门重点加强指导、协调和服务工作，不断提高产销合作的能力和水平，促进产销合作关系稳步健康发展。

三、促进粮食产销合作发展的主要任务

（一）大力发展粮食订单。支持粮食销区企业到产区开展订单生产、订单收购，或委托粮食产区企业与农户签订粮食收购订单。鼓励采取“公司＋农户”的形式，或兴办农业生产、销售合作社等经济组织，促进农民与市场的有效连接。引导企业签订具有法律效力的产销合同，明确双方相应的权利与义务关系，使农民根据合同组织生产，实现以需定产、以销定购，逐步建立企业与农户利益共享、风险共担的合作机制。

（二）积极促进跨区域产业化经营。鼓励和支持产区企业在销区设立销售窗口，建立储、加、销一体化的粮食经营企业，充分发挥粮食销区市场优势；鼓励和支持销区企业到产区建立粮食生产基地、设立收购点、开办加工厂，直接参与产区的粮食生产、流通；积极利用粮食产区资源优势和销区市场优势，培育一批跨区域、多元化、联结市场和产地、生产者和消费者的产业化经营企业。

（三）继续巩固和发展长期稳定的购销合作关系。鼓励粮食产区与销区企业积极开展粮食购销贸易、库场租赁并购、联营，以及代收、代储、代销等多种形式的合作，扩大合作规模和范围。主销区可以利用粮食主产区的粮源和仓储资源，建立一定数量的异地粮食储备。积极引导产区和销区企业以资产为纽带，通过合资、合作等方式共同组建跨区域的粮食收储、加工和经营企业，实现资源共享、优势互补，形成产销区长期合作、互利多赢的格局。支持和鼓励粮食产销区联合举办产销合作洽谈会、交易会，为企业开展购销合作提供服务平台。

（四）不断探索创新产销合作形式。粮食产销区要因地制宜，进一步探索新的产销合作形式，不断夯实合作基础，拓宽合作领域，丰富合作内容，提升合作水平，逐步建立起“丰歉保证、利益共享、风险共担、长期稳定”的粮食产销合作关系。

四、进一步完善促进粮食产销合作发展的政策措施

（一）建立粮食产销区利益协调机制。经济发达的粮食主销区要调整粮食风

险基金的支出结构，将中央财政补贴的粮食风险基金专项用于粮食产销衔接的资金需要，支持主产区的粮食生产和流通。对主产区到主销区建立粮食储备、参与主销区粮食供应并具有一定经营规模的企业，主销区可给予适当的费用补贴。对到主产区建立粮食生产基地、参与主产区粮食生产和收购、将粮食运往主销区销售且具有一定经营规模的企业，主销区也可给予适当的费用补贴。各地要根据实际情况，制定具体实施办法，以调动企业参与产销合作的积极性。

（二）努力改善运输环境。铁路、交通部门要积极做好粮食运输规划，创造有利于产销合作的运输条件，营造良好的运输环境，促进产销合作粮食的顺畅流通。各地粮食主管部门要加强销区企业到产区采购粮食的组织和运输协调工作。对经产销区省级粮食行政管理部门共同认定的产销合作重点项目和大型粮食经营企业，铁路、交通部门要优先安排运输。鼓励发展散粮运输和建设散粮物流基地，鼓励粮食企业建设散粮接收、发放设施，更好地满足散粮运输的要求，确保粮食集运顺畅。大力提倡“铁水联运”，改善运输结构，缓解铁路运输压力。

（三）加大信贷资金扶持力度。农业发展银行要发挥现有和新开发的各类信贷产品的作用，加大对开展产销合作企业，特别是大型粮食经营企业的信贷支持力度。对经省级粮食行政管理部门认可、并具备贷款条件的产销合作企业或项目，农业发展银行优先给予贷款支持。同时，要加强跨省粮食购销信贷资金监管，完善资金监管和结算办法，为企业开展产销合作提供更加便捷的结算服务。

（四）完善其它相关扶持政策。对主销区粮食企业或种粮大户到主产区承包土地、建立粮食生产基地发展粮食生产，符合当地农业龙头企业或种粮大户标准的，享受当地有关优惠政策。对主销区在主产区建立异地储备的，主销区要加强对异地储备粮食的监管，并按有关政策规定，确保异地储备粮食的相关费用支出。对粮食经营者跨省区建设粮食仓库、加工厂等设施的，当地政府应在用地指标、土地价格、工商注册等方面给予支持；需要租用粮食仓储设施的，当地粮食企业要积极支持和配合。各级政府要按现行政策规定，积极引导，加强粮食物流设施建设，提高粮食流通效率和效益。

五、建立健全促进粮食产销合作发展的工作机制

（一）加强组织领导。有关部门要按照国家有关政策和要求，切实加强对产销合作工作的组织领导，认真研究落实鼓励产销合作的相关政策，加强粮食物流设施建设，协调解决产销合作中运输、资金等方面的问题。建立部门间沟通协调机制，由国家发展改革委和国家粮食局牵头成立粮食产销合作协调小组，及时研究解决产销合作中出现的新情况和新问题。各部门要按照职责分工，加强协作，密切配合，共同推动产销合作发展。

（二）健全工作机制。各级粮食行政管理部门要进一步加大指导、协调力度，

加强信息服务，积极引导产销区企业开展多形式、多层次、多领域的产销合作。建立产销合作履约协调机制，省间产销合作协议要报国家粮食行政管理部门备案，各级粮食行政管理部门要加大对合作协议履约情况的督促检查。建立省际间粮食产销合作联系制度，及时沟通粮食生产、供求、质量、价格等方面的信息，协商解决合作中出现的问题，为双方粮食企业服务，促进双方合作的健康发展。

（三）加强企业履约的监督指导。工商行政管理部门在开展“守合同重信用”活动中，要结合粮食产销合作企业的特点，细化制定粮食产销合作“守合同重信用”企业的标准，加强对粮食产销合作“守合同重信用”企业的监督指导。各地县级工商行政管理部门可结合本地实际情况，开展“守合同重信用”农户的试点工作，不断提高广大农户的诚信意识和履约意识，提高订单的履约率，以诚信赢收益。

（四）发挥批发市场和中介组织作用。充分发挥粮食批发市场作用，大力发展电子商务，为促进粮食产销合作搞好服务。各级粮食行业协会要充分发挥中介服务作用，促进产销区企业间的交流和合作。加强行业自律，诚信经营，合法经营，努力提高粮食产销合作履约率。

国家发展和改革委员会
国家粮食局
财政部
铁道部
交通部
国家工商行政管理总局
中国农业发展银行
二〇〇六年十二月二十八日

042

商业部关于加强国务院市场调节粮管理的通知

〔90〕商贸粮字第108号

为了管好、用好国务院委托商业部中国粮食贸易公司代购的市场调节粮，稳定市场、稳定粮价，经国务院同意，特作如下通知：

一、凡与中国粮食贸易公司签订“代购国务院市场调节粮协议书”并已由中国粮食贸易公司拨付价款的，协议书中载明的粮食品种和数量，粮权属中央。

二、市场调节粮在议销以前，由产区省粮食局负责组织集运到最后发粮单位的铁路沿线和港口码头条件好的粮食仓库储存，单独统计，专账记载，切实做到品种、数量、质量、储存地点、管理人员五落实，并加强检查监督，确保储粮安全。保管费按“代购国务院市场调节粮协议书”规定负担。

三、市场调节粮由商业部根据国务院确定的原则，主要用于省间议价调剂，安排市场。销售，由商业部确定去向、时间、销售价格，由中国粮食贸易公司具体安排，通知省级发粮方和收粮方执行。非经中央批准，任何部门和单位均不得动用。擅自动用的，要严肃处理，追究主管领导人和当事人的责任。

四、收、发粮省级粮油贸易（议购议销）公司接到中国粮食贸易公司市场调节粮调拨通知后，要及时通知收、发粮单位，并逐级向粮食部门调运主管单位申报，纳入运输计划，发粮省还应向铁路交通部门提送托运计划表，以保证及时发运和接收。商务事故，由收、发粮双方参照商业部发布的粮油调运管理规则协商处理。

五、收粮方省级粮油贸易（议购议销）公司接到中国粮食贸易公司市场调节粮调拨通知后，要按协议规定，及时与中国粮食贸易公司结算粮款。收到粮食后，要及时与发粮方结算运杂费和包装费，并及时向中央财政交回所垫付的利息。

六、对市场调节粮，各级粮食部门要根据1990年粮食统计制度的有关修改意见，准确、及时向商业部上报，不得虚报、瞒报。这部分粮食的销售、调拨和库存变化统计办法，由中国粮食贸易公司另行函告。

商业部

一九九〇年四月二十日

043

商业部粮油调运管理规则

〔89〕商储（粮）字第62号

第一章　总　　则

第一条　为明确粮油商品调拨、运输的工作程序及粮油发运、接收、中转单位的权利、义务和责任，保护发、收、转各方的合法权益，确定粮油运输定额损耗率和事故处理的办法，特制定本规则。

第二条　粮油调运工作应贯彻合理运输、安全运输和外调符合质量标准（含卫生标准，下同）的粮油的原则，提高粮油运输质量和经济效益，保证完成粮油调运任务。

第三条　国家粮食部门经营的需要调拨和运输的粮油，即计划内调拨的粮油（包括出口粮油、平价粮油、议转平粮油、平转议粮油、品种兑换粮油等）和议价粮油、饲料用粮油、工业用粮油，均适用本规则。

部队、机关、团体、学校、企业、事业单位以及个体经营者等非国家粮食部门需要运输的社会粮油，暂不适用本规则。

第二章　调拨计划

第四条　粮油调拨计划是编制粮油运输计划的依据之一。编制粮油调拨计划应坚持全局观点，贯彻先中央后地方、先重点后一般的原则，并根据年度调拨计划分级编制季、月调拨计划。

第五条　调拨计划是指令性计划，计划确定后，必须认真执行，保证完成。不经批准，调拨双方均不得擅自提前或推迟调出、调入，也不得任意变更粮油品名和数量。如确需变更时，应按下列规定办理：

一、变更数量时，应由上一级主管部门根据购、销、存和进口粮食的实际情况，并商得调出或调入方同意后方可变更。

二、变更时间时，同一季度之内的月度计划变更，由调拨双方协商确定，报上一级主管部门备案；变更季度计划则需报上一级主管部门批准。

三、变更品名时，需报上一级主管部门批准。

第三章　运输计划及合理运输

第六条　凡国家粮食部门经营的需要调拨和运输的粮油，均应逐级向粮油调运主管部门申报，纳入运输计划。编制运输计划的依据是调拨计划以及合同（协议）等。根据先指令性计划，后指导性计划；先中央计划，后地方计划；先重点计划，后一般计划的原则，对粮食部门经营的需要调拨和运输的各种粮油要统一安排运输，所需运力，要统筹兼顾。

运输计划应分级编制：省间部分由调出、调入省对口编制，出口部分由调出省和有关部门对口编制，并均于执行月前十天报到商业部备案；省内地区（含同级市，下同）间的由省编制；地区内县（含同级市、下同）间的由地区编制；县内的由县编制。并应按不同运输方式分别编制铁路、水路、公路、联运的运输计划。

第七条 运输计划的编制方法，可以集体汇编，也可以逐级上报计划内容，由上一级编制。编制时，应尽量运用电子计算机配点或图上作业、表上作业等方法。

第八条 粮油运输及编制运输计划，必须贯彻合理运输的原则。应根据合理流向，选择经济的运输路线，使用安全、廉价的运输工具。应掌握可靠的粮（油）源和仓容、加工、包装能力以及车（船）运力、站（港）装卸、中转能力等有关情况，在保证供应的前提下，按照经济区域组织粮油商品流通。应选择最优运输方案，以提高运输计划质量，节省运力，节约运费开支。为此，应做到：

一、结合粮油收购入库，根据交通方便、符合流向、便于群众运送的原则，做好基层库、厂、站、店接收粮油的合理摆布。

二、在行政区划的毗邻地区，凡是符合流向、群众运送入库方便，又能节约劳力、运力和运费开支的，均应打破行政区划，组织跨界入库。跨界入库的粮油，由跨出、跨入双方协商，制定计划并报上级粮食部门批准，顶抵调出、调入指标。

三、为组织粮油干线合理运输，由商业部制定分品名的合理流向。省、自治区、直辖市内的合理流向，由省级粮食部门根据实际，参照全国流向制定，并报商业部备案。凡规定了合理流向的粮油，必须按流向制定运输计划。本《规则》第二条所列粮食部门经营的需要调拨和运输的各种粮油要统筹安排运输，互相衔接，积极开展异地指标划转和平、议价粮油互抵等工作。防止迂回、对流、重复装卸等不合理运输。

四、市镇内粮油运输，应根据调入、转出、销售、加工、储存等计划统筹安排，制定库、厂、站、店之间分品名的合理流向，实行“就车站、就码头、就加工厂、就仓库”直拨直运，减少周转环节。

五、对于开展粮油合理运输，为国家节省运力、节约运费，经济效益和社会效益显著的单位和个人，应给予必要的精神鼓励和物质奖励。奖励办法和标准由省级粮食部门规定。

第九条 在安排月度运输计划时，必须优先使用粮食部门自有专业车（船）队的运力。粮食车（船）队应保证按时完成调运部门安排的运输计划。

第十条 运输计划确定后，各级粮食部门要采取措施保证完成，并定期检查执行情况。因特殊情况确需变更、追加时，如变更品名、数量及运输方式或追加数量的，应报下达计划的主管部门批准；如仅变更收、发站（港）的，可由发运单位与接收单位直接联系办理，并由发运单位按承运部门的有关规定办理手续。

第四章 装具及铺垫物

第十一条 粮油装具（麻袋、面粉袋、钢桶）是粮油商品的包装物，是粮油在运输中的必备物品。铺垫物（麻袋片、聚丙烯编织片）属于粮油包装的一部分。本着“谁的商品谁负责包装”的原则，运输粮食、油料所需麻（面）袋及铺垫物由粮油发运单位负责准备，由省级粮食部门统一组织购置。出口粮食、油料所用麻袋的购置，由省级粮食、外贸部门按双方商定的协议执行。

第十二条 无论购置、制作、使用麻（面）袋，都必须符合国家标准。

一、新、旧麻袋，必须符合国家标准 GB 8115—87《粮食包装至麻袋》中的有关规定。其中省间粮食、油料运输一律使用《国标》中的 1 号袋。

二、面袋布、面粉袋及其制作，必须符合国家标准 GB8665 至 88《粮食包装至面粉袋》中的有关规定。

三、麻袋缝口和面粉袋封口，必须符合国家标准 GB8115 至 87《粮食包装至麻袋》和 GB8665 至 88《粮食包装至面粉袋》中的有关规定。为防止粮食、油料撒漏，还应广泛使用机械缝口。

第十三条 铺垫物的购置、制作，以能够满足运输需要为原则。规格如下：

一、垫火车底的：麻袋片每片面积不小于 7 米×3 米（长×宽）；聚丙烯编织片每片面积不小于 17 米×3 米（长×宽）。

二、围火车帮的：麻袋片每片面积不小于 5.85 米×3.4 米（长×宽）；聚丙烯编织片每片面积不小于 14 米×3 米（长×宽）。

三、汽车、船舶使用铺垫物的规格由发运单位自定。

第十四条 发运计划内调拨的粮食、油料所用麻袋（含口绳）、面袋，属省间的，由发、收双方省级粮食部门本着平等互利的原则协商作价，由基层单位结算；属省内的，由省级粮食部门定价。议价经营粮食、油料所用麻（面）袋的价格，由买卖双方协商确定。铺垫物实行接收单位负责对口回送的办法，使用费、押金、回送期限，属省间的，由发、收双方省级粮食部门协商确定；属省内的，由省级粮食部门确定。

第十五条 随粮食、油料接收的麻（面）袋接收单位可以留作自用，可以与发运单位协商回空，也可以按质论价自行出卖。但应优先在国家粮食部门内部调剂使用。如卖给非粮食部门，不准再买回使用。

第十六条 包装运输的油脂所需的钢桶，按以下规定执行：

一、钢桶必须符合国家标准：GB325 至 84《200 升闭口钢桶》中的有关规定。

二、中国植物油公司分配各地“中粮”标记的钢桶，只准装运食用植物油，严禁装运非食用植物油。非食用植物油用桶，由各地自行购置，但要有“非食油”标记，并在桶身中部二道环筋之间涂满白色油漆。

三、中国植物油公司分配各地“中粮”标记的钢桶，必须用于平价食油的调拨，在年度内包干使用，严禁随油买卖。议价油脂所需钢桶由各地自行购置。

四、省间调拨平价食油所需的钢桶，实行调出、调入双方对口调拨。发运空钢桶所需的绳网，由发桶单位准备，其购置费连同钢桶价款一起向收桶单位结算。收桶单位如需返回绳网，按质作价。

五、粮食部门内部钢桶的调拨作价按商业部规定办理。

六、非标准桶，不准用于省间平价食用植物油的调拨。

第十七条 为严格防止外部门装过有毒、有害物质的装具混入粮食部门装粮油使用，造成粮油污染，粮食部门所用麻（面）袋应由发运单位加盖“中粮”标志；钢桶由指定的工厂统一压印“中粮”、产地、出厂年月等标志。

第十八条 粮油装具和铺垫物是国家的重要财产，各级粮食部门要加强管理。各基层库、厂、站、店都要有专职或兼职的器材员，专人负责。

要建立装具和铺垫物的实物帐卡，制定出入库、验等验质、维修保养、定期盘点等具体管理细则。粮食部门内部各单位之间用麻袋、面袋一律采用互相买卖的方式。

第十九条 为及时掌握装具库存情况，省级粮食部门应按《粮油装具库存季报表》规定的内容，及时汇总，按规定时限分别上报商业部粮食储运局、中国植物油公司。

第五章 发 运

第二十条 发运单位必须严格执行上级下达的、经承运部门批准的运输计划，并按计划确定的品名、数量，均衡地完成。对于调整不合理运输的任务和其它重点任务，应优先发运，确保完成不准无计划发运或整车（船）超计划发运，不准擅自停运。

第二十一条 发运单位应于执行月前，主动与承运部门（包括粮食部门自有车、船队）联系，核对计划，落实运输工具、粮油货源和装卸劳力、机械，准备装具和铺垫物等，切实做好发运前的各项准备工作。应按承运部门的规定，提出分旬的均衡要车（船）计划和日托运计划。运单要逐项填写，字迹清晰，不得错填、漏填。

第二十二条　发运粮油前，应按国家有关的粮油质量标准和检验方法标准进行验质，有国家标准的，执行国家标准；没有国家标准的，执行专业标准；没有专业标准的，执行调出省定标准。装车（船）前，应按一车一船（大船按舱）填开"粮油质量检验证书"（以下简称"质检证书"）和"粮油食品卫生检验结果证明书"（以下简称"卫检证书"），并与其他单证一并随车（船）同行。不准把虫粮、高水分粮、已经霉变等不符合质量标准的粮油装车（船）发运。

第二十三条　发运粮油，不论包装、散装，都应在最后发粮（油）点装车（船）前备好货位，进行点件检斤，不准估计数量。检斤必须使用经计量部门检定的标准衡器，并经常校验。包装粮食、油料不得使用地中衡。

以上所指最后发粮（油）点，是发运单位按月度运输计划确定的，装上粮（油）后不再转换运输工具（联运除外），即可直达接收单位最初收粮（油）点的站（港）。

第二十四条　包装运输粮油，必须执行定量包（桶）标准，定量包（桶）标准按粮油品名确定。一车一船（大船按舱）必须装载同一品名、同一等级的定量包（桶），不同品名、不同等级的粮油不得混装。如因特殊情况必须拼装时，要在包（桶）上作出明显标志，采取相应的隔离措施，并在明细表和运单上注明，同时电告接收单位。食用植物油脂与非食用植物油脂绝对禁止混装。

粮油定量包（桶）标准如下：

粮油定量包（桶）标准　　（单位：kg）

粮油品名	标准麻袋	标准面袋	标准钢桶
大米、小米、高粱米、小麦、豆类	90		
高粱米、大麦、玉米	85		
谷子	80		
稻谷、壳大麦	70		
荞麦	65		
薯干	40		
面粉		25	
花生油、棉油、芝麻油、菜油、豆油、葵花油、亚麻油			180
蓖麻油、桐油、梓油			185
芝麻、油菜籽、花生仁	80		
花生果、葵花子	35		

上表未包括的其他种类粮油，其定量包（桶）标准由省级粮食部门规定。

第二十五条 散装运输粮油应在发运单位能够散装，接收单位能够散卸，并取得接收单位同意的情况下，方可进行。

第二十六条 发运单位必须设立专职或兼职的监装人员。发运粮油时，监装人员应到现场监装。监装人员的职责是：

一、装车（船）前，认真检查车船状况和待运粮油货位准备情况，坚持“五不装”：

（一）车体、船舱不完好，无苫盖物、铺垫物或雨天无防雨设施，可能造成撒漏、湿损的不装。

（二）装过毒品、农药、玻璃纤维或其他有害物质的车（船），不准装运粮油；装过化肥、活牲畜和其他污秽物的车（船），未经扫净、洗刷，或车（船）、篷布、铺垫物有异味，可能造成污染的不装。

（三）车（船）内未经清扫或虽已清扫，但仍不干净的不装。

（四）未经点件检斤备好货位，或没有“质检证书”、“卫检证书”的不装。

（五）装具破漏、缝口不符合规定或桶盖不严的不装。

属于车（船）状态不好或篷布不符合质量的，应及时与站（港）联系调换；发现车（船）内留有残货，应通知站（港）清扫或处理。

二、装车（船）作业时，应坚持“工前三铺垫，工后五清扫”：

（一）作业前，应在车边、船边、装卸机械下边，用铺垫物铺垫好。

（二）作业完毕，应将撒漏在车厢边、码头边、搬运路线上、货场、仓库的地脚粮全部清扫净。

三、装车（船）时应准确点件，并向站（港）货运人员交清，双方签字。整车（船）发运粮油，必须按车（船）标记载重吨位（或计费吨位、安全吨位）装足，由于货位备载不足的，必须补足（轻泡品种除外），严禁超载，确保安全。

四、装车（船）必须铺垫（专用车、船除外）：

（一）包装粮食、油料：铁路棚车、敞车（装运过煤炭、红土、矿沙等易污染包装的除外）要铺垫车底；汽车、船舶以及铁路装运过煤炭、红土、矿沙等易污染包装的敞车要铺垫底部和侧面四周（即五面铺垫）。

（二）散装粮食、油料，车（船）均要五面铺垫。

五、装车（船）的其他事项：

（一）作业过程中，必须轻拿轻放，严禁野蛮装卸。

（二）用输送机械装包装粮食、油料时，高度要适宜，并由专人堆码，不得摔、甩。

（三）用吊杆吊装包装粮食、油料时，应使用网兜，不准吊麻袋“马耳”，不准使用“司令绳”。

（四）包装粮食、油料要包口朝里，堆码整齐，桶装油脂要桶盖朝上，不准横置；作业中遇到破漏包（桶）必须调换或修补后，方可装上车（船）。

（五）装铁路敞车时，包装粮食、油料，要创造条件实行“两靠两不靠”装车法，车顶部要起脊；散装粮食、油料，要使用缝好包口的100至120个定量包压顶起脊；苫盖好篷布，捆绑牢固。

（六）装铁路棚车时，包装粮食、油料要与车门保持一定距离，关严门窗，进行施封。

（七）铁路罐车、水路船驳散运油脂，执行就车（船）打尺计量（负责省间铁路罐车散运油脂计量的人员，必须持有国家有关计量部门颁发的铁路罐车计量员证书）。暂不具备条件的，可泵入经计量部门检测过容积的油罐内计量后再泵入车（船）内。公路油罐汽车散运油脂，应用流量计计量，暂不具备条件的，可用定量罐或地中衡计量。无论采用何种运输方式，都必须严格执行国家有关计量法规定，不准估计数量。

（八）使用各种运输工具散运油脂，入孔、舱盖都必须施封，排（放）管口要闭锁。应严格检验罐车的罐体和船驳的油舱，保证散运油脂符合国家规定的食品卫生标准。

六、发货明细表是粮油运输办理交接、结算手续的重要原始凭证。装车（船）后，应按所装粮油的品名、数量、质量，以一车一船（大船按舱）填开发货明细表一式六联。要逐项填写、字迹清晰、认真审核，做到单、货相符，不准错填、漏填，并加注所运粮油的任务性质。该表的三、四、五联，应和粮油“质检证书”、“卫检证书”、运单一起随货同行，要牢固地附在货物运单上，并在运单的发货人记载事项栏内记明单证名称和页数。

如因特殊情况未能随货同行时，应用快邮补寄，并在发货后24小时内拍发电报通知接收单位准备接收。

七、在专用线（码头）自装车（船）的，应在运单上注明“货主自装”或“自理装船”，并签字、盖章。

八、粮油发运完毕，必须在“调出粮油原始登记簿”上据实登统。

第二十七条　根据国务院关于“开展保险业务要坚持自愿的原则”的规定，无论使用何种运输工具发运粮油，均暂不参加运输保险。

第二十八条　凡经铁路运输粮油，发运单位均不派员押运。

第六章　运输定额损耗

第二十九条　粮油运输合理损耗，是指粮油在从发运单位最后发粮（油）点到接收单位最初收粮（油）点之间的运输过程中，由于零星抛洒、扦样耗费、灰尘等细小杂质的消失等因素所产生的定额损耗以内的减量。

第三十条 粮油运输定额损耗应根据下表规定的粮油运输定额损耗率和计算方法来计算。超过粮油运输定额损耗的减量，应视作粮油运输事故至亏量；接收单位实际收到的粮油数量多于发运单位在发货明细表上填写的数量，其多余部分，应视作粮油运输溢余；粮油运输亏量或溢余，必须以一张发货明细表为一个单位单独计算。

一、粮食、薯干运输定额损耗率（不含面粉、豆饼）：

<table>
<tr><td rowspan="2">运输方式</td><td rowspan="2">品名</td><td colspan="2">50 公里以下（%）</td><td colspan="2">51～1000 公里（%）</td><td colspan="2">1001 公里以上（%）</td></tr>
<tr><td>包装</td><td>散装</td><td>包装</td><td>散装</td><td>包装</td><td>散装</td></tr>
<tr><td rowspan="2">铁路</td><td>粮食</td><td>0.1</td><td>0.1</td><td>0.25</td><td>0.29</td><td>0.3</td><td>0.34</td></tr>
<tr><td>薯干</td><td>0.2</td><td>0.2</td><td>0.5</td><td>0.6</td><td>0.6</td><td>0.7</td></tr>
<tr><td rowspan="2">水路</td><td>粮食</td><td>0.1</td><td>0.1</td><td>0.1</td><td>0.1</td><td>0.1</td><td>0.1</td></tr>
<tr><td>薯干</td><td>0.15</td><td>0.15</td><td>0.3</td><td>0.3</td><td>0.3</td><td>0.3</td></tr>
<tr><td rowspan="4">公路</td><td rowspan="2"></td><td colspan="3">20 公里以下（%）</td><td colspan="3">21 公里以上（%）</td></tr>
<tr><td colspan="2">包装</td><td>散装</td><td colspan="2">包装</td><td>散装</td></tr>
<tr><td>粮食</td><td colspan="2">0.1</td><td>0.1</td><td colspan="2">0.25</td><td>0.29</td></tr>
<tr><td>薯干</td><td colspan="2">0.2</td><td>0.3</td><td colspan="2">0.5</td><td>0.6</td></tr>
</table>

二、油脂运输定额损耗率：

<table>
<tr><td rowspan="2">品名</td><td rowspan="2">运输里程</td><td colspan="2">陆路（%）</td><td colspan="2">水路（%）</td></tr>
<tr><td>包装</td><td>散装</td><td>包装</td><td>散装</td></tr>
<tr><td rowspan="2">食用油</td><td>1000 公里以下</td><td>0.25</td><td>0.20</td><td>0.30</td><td>0.20</td></tr>
<tr><td>1000 公里以上</td><td>0.30</td><td>0.20</td><td>0.30</td><td>0.20</td></tr>
<tr><td rowspan="2">非食用油</td><td>1000 公里以下</td><td>0.25</td><td>0.20</td><td>0.35</td><td>0.20</td></tr>
<tr><td>1000 公里以上</td><td>0.32</td><td>0.20</td><td>0.40</td><td>0.20</td></tr>
</table>

三、油料运输定额损耗率：暂按调出省规定办理。

四、面粉运输定额损耗率：不分铁路、水路和公路运输，不分运程远近，一律为0.1%。

五、豆饼运输定额损耗率：不分铁路、水路和公路运输，不分运程远近，一律为0.3%。

六、在执行上述运输定额损耗率时，还应注意以下各项：

（一）水陆联运，全程按铁路运输定额损耗率计算。

（二）接收单位在卸车（船）后检斤以前，每装卸一次应增加计算一次装卸损耗，其定额损耗率为：粮食（含面粉、豆饼）0.03%；薯干0.06%。

（三）接收单位在卸车（船）后检斤以前，从站（港）到与该站（港）同一城镇的库、厂、站、店间的短途运输（适用于在车站、码头点件，运到仓库检斤和在大型库、厂专用线两侧、专用码头岸边点件，运到库、厂内其他地点检斤），应增加计算一次短途运输损耗，其定额损耗按本条第一款规定的公路20公里以下、水路50公里以下的定额损耗率计算。

七、粮油运输定额损耗的计算公式：

运输定额损耗＝发运量×（运输定额损耗率＋装卸定额损耗率）

八、粮油运输亏量的计算公式（不含短件因素）：

运输亏量＝发运量－实收量－运输定额损耗

九、粮油运输实际损耗未超过定额损耗的（即属于合理损耗），接收单位应按原发运数量与发运单位结算。

第三十一条　粮油发生溢余时，接收单位应按实收数量入帐，并与发运单位据实结算。溢余部分不得与亏量冲抵。

第七章　接　　收

第三十二条　接收单位应根据月度粮油运输计划和车（船）到达预、确报，与承运部门有关站（港）取得联系，及时做好场地、仓库、机械、器材、车辆、劳力等接收准备工作。

第三十三条　接收单位如已接到发运单证，超过了承运部门规定的运到期限而粮油仍未运到时，应向到站（港）提出查询，并按铁道、交通等运输部门的《货规》向到站（港）核收逾期罚款；经查询仍无着落，应按规定向到站（港）提出索赔。由于超过运到期限或中途换装等承运部门的责任，致使粮油霉坏变质或受其他损失时，也应向到站（港）索取货运记录，并按规定时限索赔结案。

第三十四条　粮油运出或运达后，如因接收单位场地、仓库、转运或其他客观原因，不能按运输计划接收而必须变更到站（港）时，应报上一级粮食部门批准，并按承运部门有关规定办理变更手续。变更前的接收单位应作为最初收粮（油）点与发运单位结算一切费用，然后再与变更后的接收单位结算。

以上所指最初收粮（油）点，是发运单位在最后发粮（油）点按月度运输计划确定的，装上粮（油）后不再转换运输工具（联运除外），即可直达接收单位所在的站（港）。

第三十五条　接收单位必须设立专职或兼职的监卸人员。粮油运达后，监卸人员应到现场监卸。监卸人员的职责是：

一、卸车（船）前，应认真检查车（船）的门窗、舱盖施封情况，车（船）苫盖有无异状，粮油有无漏雨、水湿、被盗、异味等情况，与承运部门办好交接。如发现有上述情况之一的，应向承运部门索取货运记录或普通记录。

二、卸车（船）时，应按一车一船（大船按舱）分卸并按承运部门规定的时间卸完，做到不压车（船）、不压站（港）。

三、卸车（船）时，应认真检查粮油装具、铺垫物、缝口、桶盖，查明是否符合国家标准，有无撒漏、破损、污染等情况。

四、卸车（船）时，应与发货明细表、运单上记载的粮油品名、件数、重量等进行核对，查清有无错发、短件亏量等情况。

五、检验人员验收粮油质量时，必须按检验操作规程的有关规定扦样、检验。如质量、等级、食品卫生指标与原发粮油不符时，应重新扦样复验。

两次检验结果不一致时，以与原发粮油检验结果差异小的为准，并保留样品。

六、卸车（船）时，发现粮油污染、水湿、霉坏变质严重撒漏及虫粮，应将好、坏粮油分别存放，严禁好坏混杂。同时，必须采取有效措施进行整理、晾晒、烘干、薰蒸，积极抢救，防止扩大损失。

七、作业时应严格执行本《规则》第二十六条第二款、第五款第（一）、（二）、（三）项的规定。

八、粮油接收完毕，必须在“调入粮油原始登记簿”上据实登统，并签收发货明细表。

第三十六条　接收单位应在月度运输计划确定的站（港）或专用线两侧和专用码头岸边点件检斤，不准估计数量。如上述地点确无检斤条件的，则应按本《规则》第三十条第六款第（二）、（三）项规定办理。检斤衡器按本《规则》第二十三条规定执行。

第三十七条　接收单位对散装运输的粮食、油料，必须全部过秤检斤，做好原始记录，并同过秤码单、经单位领导签署的现场作业记录一并保存备查，不保留原货。对铁路罐车、水路船驳、公路油罐汽车散运的油脂，应按本《规则》第二十六条第五款第（七）项规定的方法计量，不得罐桶计量。对铁路罐车，如计量结果与原发数不一致时，按《商业部自备油罐火车管理办法》办理。

第三十八条　接收单位对包装运输的粮油应采取抽查过秤的方法检斤：

一、以一张发货明细表为一个抽检计算单位。

二、应挑选不破不漏的包（桶）作为抽检样品。

三、一个计算单位内破漏包（桶）超过10%的，即视为非定量包（桶），必须全部检斤，扣除定额损耗后计算亏量。

四、一个计算单位内抽检包（桶）的比例：火车、轮船为5%；帆船、汽车为15%。

五、抽检的样品，每包（桶）平均差异未超过定额损耗的，即应作为推算该计算单位的依据。

六、抽检的样品，每包（桶）平均差异超过500g的，该计算单位即视为非定量包（桶），应按本条第三款办理。

七、抽检的样品，每包（桶）平均差异超过定额损耗而又未超过500g的，应再抽检一次，比例为：火车、轮船10%，帆船、汽车20%。

两次抽检结果不一致时，按两次的平均数计算。该平均数每包（桶）差异未超过定额损耗的按本条第五款办理；超过500g的，按本条第三款办理；超过定额损耗而又未超过500g的，即以此样品作为推算该计算单位的依据，扣除定额损耗后计算亏量。

八、无论抽查检斤或全部检斤，都必须作好原始记录，并同过秤码单、经单位领导签署的现场作业记录一并保存备查。

九、非定量包（桶）经全部检斤后，平均每包粮食、油料差异在5kg以上（含5kg）的，每桶油脂差异在1kg以上（含1kg）的，除按本条八款办理外，还应保留原货备查。

第三十九条　卸车（船）时产生的地脚粮，接收单位应及时整理，好的过秤计数，并入原批；无食用价值的降价处理，残值应并入原货款，不得作为接收单位的收益。

第四十条　对发生票货分离、票货不符、亏量短件、包桶破损、严重撒漏、被盗丢失、水湿霉坏、有害物污染、装载不良等事故造成粮油损失的，以及装具不符合国家标准，粮油质量、等级、食品卫生指标与原发不符和未接到“质检证书”、“卫检证书”等情况，接收单位应会同到站（港）货运人员查明原因，严格分清责任：

一、责任属于承运部门的，应按《货规》规定向到站（港）索取货运记录，及时提出《索赔要求书》，办理索赔，并在规定期限内追赔结案。

二、责任属于发运单位的，应取得到站（港）的普通记录或其他证件，并在卸完车（船）次日起三天内将事故损失情况用电报通知发运单位。发运单位应在接到电报后次日起三天内将处理意见答复接收单位，如派人前往查明处理，则应在接到电报后次日起五天内直赴接收单位。如超过期限发运单位既不答复又不派人处理，则视为无异议，由接收单位据实处理。

三、凡属不在到达站（港）受理索赔范围内的集体、个体所有的车（船）方的责任，由接收单位取得到站（港）开具的并经承运人签署的证明，及时与发运单位协商，向承运人追赔结案。

第四十一条 接收单位对错发的粮油，除应妥善保管并保留全部单证、记录外，还应主动与有关单位联系，查明情况，通知发运单位，协商处理。

对无计划发来的粮油应先卸下妥善保管，并逐级上报，听候处理，不得原车（船）退回或隐瞒不报。

第八章 中 转

第四十二条 粮油中转是按经济区域组织商品流通的重要环节，各级粮食部门应切实做好。需在途中转换运输工具运输的粮油，凡承运部门办理联运的，均应通过联运，粮食部门不再办理中转。任务较大的接收单位可派人驻联运的换装站（港），做好粮油货源与车（船）运力的衔接工作。

承运部门不办理联运的，由粮食部门自行办理中转业务，可以采取以下几种形式：

一、发运单位在中转站（港）设立中转机构办理中转业务。

二、接收单位在中转站（港）设立中转机构办理中转业务。

三、两个以上地区在同一站（港）中转，为避免机构重叠，应由上级粮食部门设立或指定站（港）所在地粮食部门设立一个中转机构办理中转业务，有两种方式：

（一）通过一次调拨两次结算的办法处理，即中转单位根据上级下达的分段运输计划办理中转业务，并按粮油调拨作价和结算办法的规定，分别同发运、接收单位作价、结算。凡省间粮油运输，经批准在第三方行政辖区内中转的，均采用此办法处理。

（二）代办中转，即中转单位只办理中转业务，不负责作价、结算，而由发运、接收单位双方直接办理作价、结算。

第四十三条 粮油中转地在发运单位行政辖区以内的即为发运单位最后发粮（油）点；在接收单位行政辖区以内的，即为接收单位最初收粮（油）点。为贯彻合理运输原则，省间及进、出口粮油运输，需在发运、接收单位行政辖区以外的第三方行政辖区内中转，而中转地粮食部门又不能办理中转业务，要由发运或接收单位自设机构办理中转的：如接收单位设立机构中转，该中转地即为最初收粮（油）点；如发运单位设立机构中转，该中转地不作为最后发粮（油）点，应按商业部省间粮油调拨作价办法的定作价，并与接收单位办理结算。

第四十四条 无论采取何种中转形式，都应通过核定合理的中转费用标准，来保证中转单位的利益，以利中转任务的顺利完成。中转单位的作价、结算办法，由上一级粮食部门根据实际情况制定。凡省间及进、出口粮油运输，需在第三方行政辖区内中转，无论商业部设立或指定机构，还是发运单位设立机构办理中转业务的，中转地选择、中转费用标准，均须经商业部批准。

第四十五条　粮油中转处在运输的中间环节，中转单位同时兼有发运和接收单位的职能。无论采取何种中转形式，中转单位除应按本《规则》第五、七章的规定做好工作外，还应执行下列规定：

一、对暂存待转的粮油，必须妥善保管。无论存放在站（港）、中转单位还是有关部门，都要尽量存放在库房内。必须露天堆存，要垫高垛底、盖好苫布，保证货位不积水、不淋雨。对不安全因素应及时采取防范措施，防止事故发生。

二、接收粮油发生质量、食品卫生指标、数量上的差异时，均不保留原货。质量、食品卫生指标有差异的，保留检验样品备查；数量有差异的，保留有关单证备查（铁路罐车散运油脂有差异的，按本《规则》第三十七条规定办理）。

三、接收粮油发生包（桶）破损和撒漏时，应及时修补、整理，破损严重不堪修补的，应更换装具，不准破收破转、扩大损失。产生的地脚粮因客观原因不能按本《规则》第三十九条处理时，应装包与其他粮油一并转出，在麻袋缝口处作出明显标记，并在运单和发货明细表上注明。

四、接收粮油发生其他运输事故时，应按本《规则》第三十五条第六款办理，不准坏收坏转、扩大损失。经整理符合安全运输要求的，并入原批转出；无食用价值的降价处理，残值应并入原货款，不得作为中转单位的收益。

五、采用一次调拨两次结算办法处理中转业务，在接收粮油时发生或发现各种运输事故而责任属于发运单位的，应按本《规则》第四十条第二款办理。

六、应按一车一船（大船按舱）填开发货明细表。按车（船）分运的代转单位，应使用交接清单，按批核对。交接手续要清楚，防止在中转环节发生批次混乱差错。

七、卸车（船）后或发运完毕，监卸（装）人员必须在“调入、调出粮油原始登记簿”上据实登统，并定期与发运、接收单位核对接转数字。

第四十六条　任何单位和个人都不准截留、挪用或顶换中转的粮油。

如遇上述情况，中转单位有权拒绝执行并有责任向上级粮食部门报告。中转单位本身更不得违反本条规定。

第九章　运输事故处理

第四十七条　各级粮食部门应本着“完成粮油运输任务，确保粮油运输安全”的宗旨，与运输部门、公安部门密切配合、通力合作，共同采取防范措施，防止粮油运输事故发生。在粮油调运部门内部应建立、健全岗位责任制，明确职责范围，加强监督检查，做好粮油安全运输工作。

第四十八条　粮油运输事故的种类：

一、按发生情况分为十三种：

（一）错填单证（二）单货分离（三）被盗（四）短件（五）亏量（六）包

桶破损及撒漏（七）有害物污染（八）水湿（九）霉坏（十）火烧（十一）翻车、沉船（十二）人员死亡（十三）其他

二、按损失程度分为三种：

（一）重大事故：粮食、油料一次损失（指绝对损失，下同）5000kg 以上；油脂一次损失 500kg 以上；人员死亡或整车（船）粮油丢失等。

（二）大事故：粮食、油料一次损失 1500kg 以上未满 5000kg，油脂一次损失 250kg 以上未满 500kg 的。

（三）一般事故：粮油损失不足大事故下限的。

第四十九条 发生运输事故，接收单位发现或接到承运部门通知后，应积极组织抢救，防止扩大损失。应通知发运单位和有关单位，并查明原因，分清责任，及时处理。

对重大事故，接收单位应自发现或接承运部门通知时起二十四小时内，将发生事故的地点、时间及损失概况等电告发运单位和有关单位，同时报省级粮食部门并转报商业部。省级粮食部门接到重大事故报告后，应及时指派人员到现场协助妥善处理。对大事故，接收单位应自发现或接承运部门通知时起四十八小时内，将发生事故的地点、时间及损失概况等电告发运单位和有关单位，同时报省级粮食部门。

第五十条 对人员死亡或其他破坏性事故，接收单位应及时会同公安、承运部门检查处理。

第五十一条 粮油在运输途中发生运输事故，所在地粮食部门应按本《规则》第四十九条、第五十条规定办理。对因事故受损的粮油，经抢救整理后符合安全运输要求的，应继继发运；不能继续发运的，报请上一级粮食部门批准，代接收单位就地处理，并将处理收据、其他单证及向当地承运部门索取的货运记录或普通记录，一并寄交接收单位办理索赔手续。

对重大事故、大事故应按本《规则》第四十九条的规定上报。

第五十二条 承运部门办理联运的粮油在中转换装站（港）发生或发现运输事故，致使粮油受损，在分清责任的前提下，中转换装站（港）所在地粮食部门应协助承运部门及时处理，防止扩大损失。对不能再继续转运的粮油代接收单位就地处理，并将处理结果及时通知发运和接收单位。

对重大事故、大事故应按本《规则》第四十九条的规定上报。

第五十三条 对粮油运输事故，应及时登记分析，并按规定时限填报“粮油运输事故季报表”。

第十章　责任划分及罚则

第五十四条 粮油在运输过程中发生运输事故造成损失时，责任划分及承担

经济损失的原则是：在最后发粮（油）点车（船）开动前发生事故造成损失的，由发运单位负责并承担经济损失。如系承运部门责任，由发运单位按有关规定索赔。车（船）开动后发生事故造成损失的，接收单位应会同承运部门查明原因：属承运部门责任的，由接收单位按有关规定索赔；属发运单位责任的，由发运单位负责并承担经济损失；属其他方面责任的，在取得旁证的情况下，由接收单位向责任方索赔；属其他方面责任但无法找到责任人或无责任方的（含不可抗力），由发运、接收单位分担经济损失；接收单位已与承运部门办清交接手续后发生事故造成损失的，由接收单位负责并承担经济损失。

第五十五条 属发运单位责任并承担经济损失的，包括以下方面：

一、运输计划确定后，由于发运单位的原因变更、追加或落空计划的，应承担由此产生的费用。

二、无计划或整车（船）超计划发运造成接收或中转单位压车（船）、压站（港），甚至造成粮油霉坏等运输事故的，应承担车（船）、站（港）占压费和事故损失。

三、有下列情况之一，应承担直接经济损失：

（一）月度运输计划确定后，擅自停运的。

（二）错填、漏填运单的。

（三）短件的。

（四）亏量的。

（五）未按规定填开“发货明细表”或未随货同行又未及时补寄并拍发电报通知接收单位的。

（六）未按车（船）标记载重量装足的（轻泡品种除外）以及超载造成损失的。

四、未填开“质检证书”、“卫检证书”或未随货同行也未及时补寄并拍发电报通知接收单位的，应承认接收单位检验结果，并承担与原发粮油等级、质量、食品卫生指标的差异所折算的经济损失。

五、未按规定检斤计量的，应承认接收单位检斤计量结果，并承担与原发粮油数量的差异所折算的经济损失。

六、未按规定使用符合国家标准的装具的，应承担由此造成的事故损失。这部分装具由接收单位无偿接收。

七、发运高水分粮食、油料除应承担超过《国标》的扣价部分外，还应承担由此造成的事故损失。

八、有下列情况之一，应向接收单位支付罚款：

（一）发运虫粮除应承担薰蒸费外，并按每吨二元支付罚款。

（二）发运质量已经霉变的粮油除应承担与《国标》或《部标》差异的扣价

部分和由此造成的事故损失外，并按每吨受损粮食、油料一元，油脂五元支付罚款。

（三）原发包（桶）破损、麻（面）袋缝口不符合规定、桶盖无垫圈或未拧紧造成粮油损失的，除应承担由此造成的事故损失外，并按每条破损麻袋一元、每条破损面袋五角、每只破损油桶二十元、每条缝口不符合规定的麻袋二角、每条缝口不符合规定的面袋一角、每只无垫圈或未拧紧桶盖一元支付罚款。

（四）未按规定铺垫或原发铺垫物严重破损造成粮食、油料损失的，除应承担由此造成的事故损失外，并按每吨受损粮食、油料一元支付罚款。

（五）散装粮食、油料未按规定使用定量包压顶起脊造成粮食、油料损失的，除应承担由此造成的事故损失外，并按每车五十元支付罚款。

九、发运非定量包（桶）粮油或在同一车、船（大船按舱）混装不同品名、不同等级、不同定量包（桶）的粮油，未作出明确标志，或已有明确标志但未通知接收单位的，应承担由此造成的事故损失，以及挑选、整理、过秤的费用。

十、未经接收单位同意擅自发运散装粮油的，应承担由此造成事故损失和过秤等直接费用。

十一、有下列情况之一，应承担事故损失：

（一）使用不适合装粮油的车（船），无苫盖物或苫盖物破漏，无防雨设施在雨天作业的。

（二）未按规定堆码整齐，车顶部未起脊，未苫好篷布或未捆绑牢固的。

（三）装棚（罐）车、船驳未按规定在车门、人孔、舱盖施封，未关严门窗，未闭锁排（放）管口的。

（四）在专线（码头）自装车（船），运达后经到站（港）检查，施封完好，车（船）无异状，卸车（船）后发现各种运输事故的。

十二、接到接收单位事故通知来电后，未按期答复或未按期派人前往查明处理的，应承认接收单位据实处理的结果，并承担与原发粮油质量、食品卫生指标、数量、装具、铺垫物的差异所折算的经济损失。

第五十六条 发运单位自行投保运输险的，应承担全部保险费用。

第五十七条 发运单位经铁路运输粮油自行派员押运的，应承担全部押运费用，并承担运输途中发生货损、货差事故的损失。

第五十八条 属接收单位责任并承担经济损失的，包括以下方面：

一、运输计划确定后，由于接收单位的原因变更、追加或落空计划的，应承担由此产生的费用。

二、粮油运出或运达后，由于接收单位的原因不能按运输计划接收而必须变更到站（港）的，应承担变更费用。

三、有下列情况之一，应承担直接经济损失：

（一）月度运输计划确定后擅自要求停运的。

（二）未按规定监卸以致与承运部门未能交接清楚的。

（三）未按规定分卸以致造成批次、等级、质量混淆的。

（四）未按规定及时整理地脚粮的。

（五）接收无计划粮油未按规定办理的。

四、未按到达站（港）承运部门规定期限办理提货手续或卸货，应承担由此造成的事故损失和车（船）、站（港）占压费用。

五、有下列情况之一，应承担事故损失：

（一）发生运输事故，责任虽属承运部门，但未及时索取货运记录提出索赔，或虽已取得货运记录也提出索赔，但未在规定期限内追赔结案的。

（二）发生运输事故，责任虽属发运单位，但未及时索取普通记录或其他证明文件，未按规定期限通知发运单位的。

（三）卸车（船）违章作业造成事故的。

（四）接收错发的粮油未按规定妥善保管而发生事故的。

六、未按规定进行质量检验，或虽已进行检验未按规定保留样品、原始记录的，应承认发运单位检验结果，并承担与实收粮油等级、质量、食品卫生指标的差异所折算的经济损失。

七、未按规定进行点件检斤，或虽已进行点件检斤未按规定保留原始记录、过秤码单、现场作业记录或原货，接收散运油脂未按规定方法计量的，应承认发运单位原发数量，并承担与实收粮油数量的差异所折算的经济损失。

八、发生运输事故，未按规定好、坏粮油分别堆放，未采取有效措施抢救整理以致扩大损失的，应承担扩大部分的经济损失。

九、经发运单位来人复验，其结果与原发情况相符，或接收单位有关单证不实不全，除应按本条第六、七款办理外，还应承担由此造成的经济损失（包括过秤费、搬运费、来人的旅差费、电讯费和罚款等开支），并以该发货明细表记载的数量，按每吨粮食、油料一元，油脂五元向发运单位支付罚款。故意弄虚作假，编造假记录、假证明，制造假样品被查出的，应加倍向发运单位支付罚款。

第五十九条　接收单位应承担运输定额损耗和装卸定额损耗。

第六十条　接收单位应承担散装粮油全部检斤和包装粮油抽查检斤的费用。

第六十一条　属中转单位责任并承担经济损失的，除本《规则》第五十五、五十八条所列外，还包括：

一、有下列情况之一，应承担直接经济损失：

（一）未按规定妥善保管待转暂存的粮油而发生事故的。

（二）未按规定填表、交接、核对或未据实登统而发生批次混乱差错的。

二、有下列情况之一，应承担扩大损失部分：

（一）未按规定及时修补破损包（桶）、整理撒漏粮油而破收破转扩大损失的。

（二）未按规定整理抢救受损粮油而坏收坏转扩大损失的。

三、截留、挪用或顶换中转粮油的，应承担由此造成的直接经济损失，并按每吨粮食、油料二元，油脂十元向接收单位支付罚款。

第六十二条 运输途中发生被盗丢失粮油的事故，接收（中转）单位应按规定先与发运单位按发货明细表所记载数量结算。被盗部分，应由接收（中转）单位力争通过责任方追回，确实不能追回原物的，由接收（中转）单位按起运地国家调拨价加运杂费、包装费向责任方索赔结案。经努力确实索赔不到或无法找到责任人、无责任方的，由接收（中转）单位与发运单位协商解决。

第十一章　运输统计

第六十三条 为使上级了解粮油运输计划完成情况，给上级预测、决策提供可靠的数字及文字依据和积累资料，研究改进工作，各级粮食部门应加强粮油运输统计工作。县（市）以上粮食部门应指定专人按规定上报以下统计报表：

一、粮油运输计划完成情况电讯旬（月）报（商业统144表粮运1表）；

二、粮油运输完成实绩月报表（商业统145表粮运2表）；

三、粮油装具库存季报表（商业统146表粮运3表）；

四、粮油运输事故季报表（商业统148表粮运5表）。

第六十四条 为保证粮油运输统计资料的完整、详尽，统计数字准确、及时、全面，各基层调运部门必须建立原始记录和健全有关帐册，并以此作为编制报表的依据。

一、各发运、接收、中转单位，必须建立“粮油调出（调入、中转）原始登记簿”和粮油运输完成情况以及粮油运输事故帐册，并随时登记，定期核对，检查是否有漏记错记。

二、应以“发货明细表”作为原始凭证，登统有关原始记录或帐册。“发货明细表”必须按商业部制定的格式印制，每份一式六联，并应按规定程序运转，不得任意更改。

三、凡粮油入库及不通过调拨结算的县（市）内运量，应开具“县内粮油移库送货单”进行登统。

四、运输统计报表必须根据有关原始记录或帐册的记载进行汇制。

第六十五条 县（市）以上调运部门要进行运输统计资料为内容的文字分析工作，并于每季结束后逐级上报统计分析。内容主要包括：超过或未完成运输计划的原因；各项经济指标与上年同期的比较及发生变化的原因；运输工具、品名、地区间变化以及合理运输、安全运输等情况。

下列经济指标供参照：

一、运输计划完成百分比：

季度实际发运数

季度运输计划＋临时运输计划

二、运量占收支量百分比：

本行政区内运量

本期区内收支量

三、吨收支量运杂费水平：

支量收支量（吨）

第六十六条　粮油运输统计人员应做到：

一、统计数字真实，情况可靠，统计报表应准确、及时、全面，不得虚报、瞒报、漏报。

二、严守国家机密，报表复制份数及报送单位，应有记载及签收手续。

三、执行统计报表规定，遵守统计时间（即统计划期），报出时间、指标解释等不得修改。

四、报表报出前，须经主管上级和主管人员审核、签字并加盖单位公章。

五、一切报表、单据都必须妥善保管，定期装订成册，按规定归档存查。

六、统计人员临时外出，应安排人员代管，不得借此不报或迟报报表。

统计人员如有调动，必须办理交接手续，并签署移交清册备查。

第十二章　附　　件

第六十七条　涉及其它部门和业务环节的事项，分别按下列有关规章制度办理：

一、有关与铁路、交通部门办理粮油运输、事故索赔等，按照国家规定的铁路、交通运输有关规章制度办理。

二、关于粮油质量检验，按照国家有关粮油质量、食品卫生指标以及检验方法标准办理。

三、省间粮油调拨作价和结算（包括跨界入库、跨界中转等），按照“国家粮食系统内部省、自治区、直辖市间粮油调拨作价办法和结算办法”办理。

四、有关运输事故损失的核销，按商业部“粮食企业会计制度”的有关规定办理。

五、铁路油脂散装运输，按《商业部自备油罐火车管理办法》办理。

六、国家粮食部门经营需要运输的议价粮食、饲料用粮油、工业用粮油，购销双方在合同中如有特殊条款，可不受本规则约束。

第六十八条　各级粮食部门干部、职工模范执行国家政策和本《规则》，成绩优良，符合国家规定奖励条件的，可以酌予奖励；违法失职，尚未构成犯罪的，应按国家规定予以惩处。奖惩的实施，企业人员按《企业职工奖惩条例》办理；行政人员和企业中由国家行政机关任命的工作人员按《国务院关于国家行政机关工作人员的奖惩暂行规定》办理。

第六十九条 本《规则》自一九九〇年一月一日起实行。商业部（82）商储（粮）字第16号通知颁发的《中华人民共和国商业部粮油调运管理规则》和《中华人民共和国粮油装具管理办法》同时废止。

各省、自治区、直辖市粮食（商业）厅（局）可根据本《规则》，结合实际情况制定本辖区内的实施细则，并报商业部备案。

第七十条 本《规则》由商业部负责解释。

商业部

一九八九年十一月六日

044

商业部关于组织地区之间议价粮食调剂有关问题的通知

〔88〕商粮字第 273 号

根据国务院《关于加强粮食管理，稳定粮食市场的决定》，为了保证人民生活和市场的正常需要，有秩序地组织地区之间议价粮食调剂，经国务院同意，现对有关问题通知如下：

一、为贯彻国务院的决定，商业部将会同有关省抓紧筹建国家领导下的粮食批发市场。在批发市场建立以前，各地要在保证完成国家粮食调拨计划的前提下，积极开展地区之间议价粮的调剂。粮食主产省和商业部也可以举办交易会进行调剂。

二、国家对省间“议转平”大米调拨实行指令性计划，各地必须保证完成。其余的大米可以在省级粮食部门之间直接成交，也可以在交易会上或批发市场上成交。

三、按照国家规定，在完成合同定购以后的议价小麦、玉米、大豆继续允许多渠道经营。属于地区之间调剂的部分，可以在经过工商行政管理部门批准的省或地（市）粮食经营单位之间直接成交，也可以在交易会或批发市场上成交。

小杂粮继续实行多渠道经营，自行成交。

四、各地已经建立的横向联系渠道，大米属于省级粮食部门之间的，小麦、玉米、大豆属于省或地（市）粮食经营单位之间的都可以继续保持，不要切断。上述地区、单位之间和大型制药厂、大型名酒厂，过去已经签订交易合同、符合经济流向的，可以继续履行。

五、省间议价粮调剂价格，要坚决执行国家规定，产区以对农民的议购价格为基础，加必要的费用和合理的利润，从严掌握；销区要规定合理的进销差率，不得超过。产区和销区都不得任意抬高价格。

六、省间议价粮的运输，大米（含稻谷）要按照商业部、铁道部、交通部《关于加强粮食运输管理的联合通知》的规定办理；东北三省和内蒙的大豆、玉米，由省级粮食部门审核后，加盖粮食运输专用章，向当地铁路、交通部门办理运输手续。小麦和其它地区的大豆、玉米，由省或地（市）粮食经营单位办理运输手续。小杂粮由经营单位办理运输手续。

七、省内议价粮的调剂，由各省、自治区、直辖市根据当地的实际情况，自行作出规定。

商业部

一九八八十一月十八日

045

国务院办公厅关于议价粮食收购和地区之间粮食调剂有关问题的通知

国办发明电〔1989〕20号

目前，一九八八年度粮食合同定购任务经各地努力，已基本完成。今后一段时间，要继续抓紧完成“议转平”和合同定购的扫尾工作，特别要抓紧议价粮食的收购，同时搞好地区之间的粮食调拨与调剂，安排好城市供应和灾区人民生活。为此，特作如下通知：

一、凡未完成粮食合同定购和“议转平”任务的地区，一定要抓紧收购，做好工作。已经完成合同定购和“议转平”任务的地区，要继续加强领导，采取措施，抓紧时机，搞好议价粮收购工作，完成商业部下达的议购建议数。农民手里有余粮，能够多议购一些粮食的，要争取多购。

二、在保证完成国家大米“议转平”调拨计划和国务院委托商业部代购的大米调拨的前提下，议价大米和东北三省及内蒙古的大豆，原则上应当在地区之间放开搞活，打破地区封锁，疏通流通渠道，保证粮食调剂顺利进行。具体办法由各生产省、自治区根据当地情况确定，并报商业部备案。

三、地区之间议价粮调剂价格，仍以对农民的议购价格为基础，加必要的费用和合理利润，从严掌握。产区和销区都不得任意抬高价格。省间“议转平”大米的调拨价，也按上述原则执行，具体价格由调拨双方协商确定。

四、商业部和有关粮食生产省，要积极筹建国家领导下的粮食批发交易市场，同时要继续采取交易会等形式，有组织有秩序地搞好地区之间议价粮食的调剂。

五、粮食运输，仍要坚持先计划内后计划外的原则，在保证完成国家调拨任务的前提下，统筹安排议价粮的运输。除其它品种已有规定外，大米和东北三省及内蒙古大豆的运输办法由商业部、铁道部、交通部拟定下达执行。

以上各项，请贯彻执行。

国务院办公厅

一九八九年三月三十一日

046

粮食系统内部省、自治区、直辖市间粮油调拨结算办法

〔63〕粮财字第54号

1963年3月9日颁　1963年4月1日实施

第一章　总　则

第一条　为了进一步加强粮食系统内部省、自治区、直辖市间粮油调拨结算工作，合理使用国家资金，更好地完成粮油调拨任务，保证供应，加强经济核算，特根据中国人民银行总行有关结算工作的规定和粮食系统的具体情况，制定本办法。

第二条　粮食系统内部省、自治区、直辖市间（以下简称省间）粮油调拨，均按本办法的规定办理结算。省、自治区、直辖市粮食厅、局（以下简称省、区、市粮食厅、局）所属单位间粮油调拨结算办法，由省、区、市粮食厅、局参照本办法的精神，结合当地具体情况，会同人民银行制定，并报粮食部、中国人民银行总行备查。

第三条　调拨双方在粮油调拨中，必须严格执行上级的调拨计划，认真做好发运和验收工作，及时办理作价结算，做到货款两清。对全国统一规定的粮油调拨作价办法和结算办法，调拨双方都必须共同遵守，认真贯彻执行。对调拨结算中发生的问题，应划清责任，实事求是地协商解决。

第二章　托收和承付

第四条　省间粮油调拨，一律以异地托收承付结算方式办理结算。具体的结算手续，托收承付结算凭证的格式和使用方法，按照中国人民银行（以下简称银行）的有关规定办理。

第五条　省间粮油调拨，以省、区、市粮食厅、局直属粮库、专（市）粮食局直属粮库、国家粮油储备库、省间调拨转运站、县粮食局为发货和收货结算单位（以下简称发货方和收货方）；县以下的单位，除已经粮食部批准和经调拨双方省、区、市粮食厅、局事先协商同意的以外，均不得直接对省外办理结算。

为了减少结算环节，加速资金周转，县粮食局在征得同级银行同意后，县以下各发货单位可代县粮食局办理托收货款手续。

第六条　发货方办理托收承付结算，必须以承运部门的货物运输通知单或提货单（以下简称运货通知单）及发货明细表为根据。

发货方填开发货明细表，必须在货物装妥后和车船开动前，按实际发运数量、一车、一船（大船按仓）填开一份，表内应填的各栏，必须认真填写清楚，不得空置不填或模糊不清。各联发货明细表，应按照粮食部规定的程序传递，不得自行变更。规定随货同行的有关各联，必须在粮油发运时交承运部门带给收货方。

第七条　发货方于粮油发运后，应及时填开托收承付结算凭证，连同承运部门的运货通知单及发货明细表第二联和垫付费用清单，一并送交开户银行办理托收。

第八条　收货方收到开户银行送来的托收承付结算凭证、运货通知单、发货明细表第二联和垫付费用清单后，不论货物已否到达，均应在规定限期三天以内承付货款，或按照本办法第九条的规定向银行提出全部拒付或部分拒付货款的理由，不得拖延。

运货通知单经收货方财会部门审查登记后，应立即送给储运部门办理提货或凭向承运部门查询货物到站（港）的情况。

第九条　收货方遇有发货方的托收承付结算凭证递送错误、重复托收货款、漏寄运货通知单的情况时，可以全部拒付货款。除此以外，其他任何情况都不得全部拒付货款。

收货方遇有发货方未按规定计算调拨价和有关费用，或发货明细表、垫付费用清单上的数字计算有错误等情况时，可按下列规定办理：

（一）如数字确实计算错误（例如数量乘单价不等于金额），或上级已经明确规定不应由收货方负担的款项，可以部分拒绝付款，按照应付的数额承付货款。为便于开户银行和发货方审查，收货方必须将更正的根据和理由在结算凭证内详细注明。

（二）收货方确定付款数额有困难的，应先按发货方原托收货款全部承付；同时提出更正意见与发货方协商解决，或待货物运到后，按实收情况再和发货方办理差额结算。

第三章　差额结算

第十条　收货方应付的货款与已承付的货款发生差额时，不论收货方应付给发货方或发货方应付给收货方，均应办理差额结算。货款的差额，按每张托收承付结算凭证计算。每张托收承付结算凭证满 30 元的，均于货物验收后 10 天内向发货方办理差价结算；不满 30 元的，可以几张托收承付结算凭证合并计算办理，但是当月收进的货物，最迟应在次月底前办理差额结算。

第十一条 调拨双方办理差额结算，以收货方签收的发货明细表第四联为依据。为便于调拨双方查核，每张发货明细表不论是否有差额，收货方均应根据签收的发货明细表第四联，按每张托收承付结算凭证汇总填制《差额结算清单》（格式附后）一式两份，其中一份由本单位留存，一份于货物验收后附发货明细表第四联按第十条规定的期限寄给发货方。

第十二条 收货方应补给发货方货款的差额，收货方应以汇兑方式将应补款项汇出，并在汇款凭证上注明《差额结算清单》字号，以便发货方查核。

发货方应退给收货方的货款，发货方应于接到《差额结算清单》和发货明细表第四联三天内以汇兑方式将应退货款汇出，并在汇款凭证上注明“差额结算清单”字号，以便收货方查核。

第十三条 收货方遇到货物先到，托收承付综算凭证后到，或者两者同时到达，并能在规定承付期限以内将货物验收完毕的，应按实收情况计算应付货款一次办清结算。不再另办差额结算，但仍应照填《差额结算清单》，并连同发货明细表第四联作为承付货款的附件，寄给发货方。

第四章　中转调拨结算

第十四条 省间粮油调拨，经发货省省境以外的中转地粮食部门中转的，应按照《粮食系统内部省、自治区、直辖市间粮油调拨作价办法》的规定，采取两次结算，即发货方向中转地粮食部门办理结算，中转地粮食部门再向收货方办理结算。

第十五条 中转地粮食部门对发货方托收的货款和垫付的费用应加强审核工作，经审查发货方未按《粮食系统内部省、自治区、直辖市间粮油调拨作价办法》的规定计算调拨价和划分费用负担的，应按本办法第九条的规定办理。

第五章　调运途中变更收货单位的结算

第十六条 省间粮油调拨，在运输途中，经粮食部批准临时变更收货省的，由粮食部电讯通知发货、计划收货、实际收货省粮食厅，并指定有关粮食部门负责办理变更手续：经收货省粮食厅批准临时变更省内收货单位的，由收货省粮食厅电讯通知发货省粮食厅、计划收货方、实际收货方，并指定有关粮食部门负责办理变更手续。经粮食部和收货省粮食厅指定负责办理变更手续的粮食部门，必须根据上级变点通知，在车船开动后，立即填写《调运途中变更收货单位通知书》（格式和使用说明见粮食部《粮油运输管理规则》），分别寄给实际收货方、计划收货方、发货方，以便联系办理结算。

第十七条 发货方根据上级的运输计划发运粮油后，向计划收货方托收的货款（包括垫付的运杂费用），计划收货方不论已否接到《调运途中变更收货单位通知书》，均应在限期内承付货款，不得因为调运途中变更收货方而拒付货款。

计划收货方在接到《调运途中变更收货单位通知书》后，应连同发货方寄来的运货通知单，发货明细表第二联及《垫付费用清单》送开户银行审查同意后，向实际收货方托收货款（《调运途中变更收货单位通知书》经银行查验后，由计划收货方取回）。实际收货方不论货物和《调运途中变更收货单位通知书》已否到达，均应在规定限期内承付货款，不得拒付。

第十八条 计划收货方应按照已付给发货方货款金额，根据银行贷款利率向实际收货方加收利息。计算利息的天数；从计划收货方承付货款之日起，至接到《调运途中变更收货单位通知书》之日止，再加上十天计算。

第十九条 实际收货方收到货物并办完入库手续后，尚未接到《调运途中变更收货单位通知书》和托收承付结算凭证时，应即查明情况，及时主动地与发货方、计划收货方联系，并向上级请示处理办法，不得拖延或隐瞒不报。

第二十条 实际收货方应付货款与已承付的货款发生差额时，应根据本办法第三章的规定，由实际收货方直接与发货方办理差额结算。

实际收货方应付的运杂费用与已承付的运杂费用发生差额时，由实际收货方与承运部门按有关规定办理清算。

第六章 垫付费用的结算

第二十一条 按照《粮食系统内部省、自治区、直辖市间粮、油调拨作价办法》的规定，应由收货方负担的一切费用，如须在货物起运时支付的，均由发货方垫付，并随同货款向收货方办理托收承付结算；如不能随同货款结算的，可随同下一批货款一并结算，如下一批没有货款可以一并结算的，可按照银行结算办法办理，但《垫付费用清单》必须注明原货款的托收承付结算凭证字号，以便收货方查核。

第二十二条 发货方代收货方垫付的一切费用，均不计算利息。收货方接到发货方的托收承付结算凭证后，应在规定期限三日内承付，或按照本办法第九条的规定向银行提出拒付的理由，不得拖延。

第二十三条 垫付费用的原始单据，均由发货方作为入帐凭证，另由发货方按实际垫付数填制《垫付费用清单》（格式附后），随同托收承付结算凭证寄给收货方作为结算付款的凭证。

第二十四条 省间粮油调拨应由收货方负担的一切费用，经调拨双方协商同意，可以试行调拨运费按定额包干的办法，即发货省到收货省的运杂费用，按省分地区、分品种制定固定调拨费用率，颁发所属试行，不再按实际垫付的费用办理结算，实际垫付的费用同按定额计算的费用差额，由发货方处理。

第七章　结算纪律

第二十五条　收货方未按照规定的付款期限承付货款和差额结算款，亦未向银行提出拒绝付款的正当理由，超过限期付款的，应按照超过的天数计算延付赔偿金，支付给发货方。

发货方未按照规定的付款期限将应退的差额结算款退给收货方，亦未向收货方提出正当理由，超过限期付款的，应按照超过的天数计算延付赔偿金，支付给收货方。

第二十六条　调拨的一方将不应拒付的货款全部或部分拒付时，或者将应该部分拒付的货款全部拒付时，对少付部分，应从拒付之日起计算延付赔偿金，支付给对方。

第二十七条　发货方未按照规定一车、一船（大船分仓）填开一张发货明细表或发货明细表有关各联没有随货同行，又未按照规定于粮油发运后立即电讯通知收货方的，收货方应按每一车、船实收数量计算，原发数量与实收数量发生的差额以及收货方接收粮油过磅所开支的费用，均由发货方负担。

第二十八条　省间粮油调拨，由于错运错收等情况，收货单位应主动上报，不得隐瞒不报。凡在粮油入库后10天以内主动报告上级处理的，不负担利息；超过10天报上级处理的，从到货之日起应负担利息。粮油入库后未报告上级处理，经有关单位查出的，从到货之日起，收货单位应支付给发货单位延期赔偿金。

第二十九条　省间粮油调拨，在运转途中变更收货单位，经指定负责办理变更手续的粮食部门，未按照第十六条的规定，于车船开动后，填寄《调运途中变更收货单位通知书》，造成发货方和计划收货方迟收货款的利息损失由负责办理变更手续的粮食部门负担。

第三十条　上述规定应负担的利息，以银行贷款利率计算，赔偿金按每日万分之五计算。

第三十一条　上述结算纪律，银行结算办法中有规定的，由银行进行监督；银行结算办法中没有规定的部分，由上级粮食部门进行监督。

第三十二条　省间粮油调拨作价办法和结算办法的规定，调拨双方理解不一致，均应积极主动协商解决，不得随意往返拒付，长期扯皮。经过协商仍不得解决时，应层报上级裁决。

第八章　其他规定

第三十三条　调拨双方对粮油调拨结算工作，应建立粮油调出、调入结算登记簿，并指定专人负责登记，认真掌握调拨结算的情况，做到结算快、手续清、不错不乱。

各省、区、市粮食厅、局对调拨结算资金的运用情况应经常进行检查和分析，并在季度和年度会计报告中加以说明。

第三十四条　本办法自一九六三年四月一日起执行。

附：清单（格式）（略）

八 粮食流通监督

047

关于印发《粮食流通监督检查暂行办法》的通知

国粮检〔2004〕230号

各省、自治区、直辖市及新疆生产建设兵团发展和改革委员会、粮食局、财政厅(局)、卫生厅（局）、工商行政管理局、质量技术监督局、各直属出入境检验检疫局：

为贯彻落实《粮食流通管理条例》（国务院令第407号）和《国务院关于进一步深化粮食流通体制改革的意见》（国发〔2004〕17号）精神，依法做好粮食流通监督检查工作，规范和指导粮食流通监督管理，维护粮食流通秩序，保护粮食生产者的积极性，维护经营者、消费者的合法权益，特制定《粮食流通监督检查暂行办法》，现印发给你们，请遵照执行。各地可根据上述办法，结合本地实际，制定具体的实施细则。

附件：粮食流通监督检查暂行办法

国家发展和改革委员会
国家粮食局
财政部
卫生部
国家工商行政管理总局
国家质量监督检验检疫总局
二○○四年十一月十六日

附件：

粮食流通监督检查暂行办法

国家发展和改革委员会　国家粮食局　财政部　卫生部
国家工商行政管理总局　国家质量监督检验检疫总局
2004年11月16日

第一章　总　则

第一条　为规范和指导粮食流通监督管理，维护粮食流通秩序，保护粮食生产者的积极性，维护经营者、消费者的合法权益，根据有关法律、《粮食流通管理条例》、以及有关行政法规，制定本办法。

第二条　本办法适用于在中华人民共和国境内对从事粮食的收购、销售、储存、运输、加工等经营活动（以下统称粮食经营活动）的监督检查。

第三条　粮食流通监督检查实行国家各有关部门分工负责制和中央与地方分级负责制。

国家粮食行政管理部门对有关粮食流通的法律、法规、政策及各项规章制度的执行情况进行监督，负责粮食流通监督检查的行政管理和行业指导。省级粮食行政管理部门负责辖区内粮食流通监督检查的行政管理和行业指导。地方各级粮食行政管理部门在本辖区内依法履行监督检查职责，执行上级粮食行政管理部门下达的粮食流通监督检查任务。

工商行政管理、质量监督、卫生、价格、财政等部门在各自的职责范围内负责与粮食流通监督检查有关的工作。

各级粮食流通监督检查有关部门要建立监督检查工作协调机制，加强工作配合和信息交流。

第四条　各级粮食行政管理部门要切实加强粮食流通监督检查制度的建设，充实加强监督检查人员队伍。

从事粮食流通监督检查工作的人员，应当具有法律和相关业务知识，并定期接受培训和考核。

第五条　粮食流通监督检查实行持证检查制度。粮食行政管理部门的监督检查人员在执行任务时要出示《粮食监督检查证》。《粮食监督检查证》由国家粮食行政管理部门统一监制，由省级以上粮食行政管理部门对监督检查人员进行培训，经考核合格后核发。其他部门在执行粮食监督检查任务时，也要出示有法定效力的监督检查证。

第六条 对粮食经营者违规行为的罚没收入应纳入预算管理并根据《罚没财物和追回赃款赃物管理办法》(〔86〕财预228号)、行政事业性收费和罚没收入"收支两条线"管理规定及财政国库管理制度改革的有关要求上缴国库。任何单位和个人不得挤占、截留、挪用。粮食流通监督检查所需经费按有关规定和程序申请、管理和使用。

第二章 监督检查的内容

第七条 粮食行政管理部门依照法律、行政法规规定的职责，对粮食经营活动进行监督检查。内容包括：

(一)粮食收购者是否具备粮食收购资格，在其从事的粮食收购活动中是否执行了国家有关法律、法规、规章及粮食收购政策。

(二)粮食经营者使用的粮食仓储设施、设备是否符合有关标准和技术规范。

(三)粮食经营者在粮食收购、储存活动中，是否按规定执行了国家粮食质量标准和国家有关粮食仓储的技术标准和规范，其收购、储存的原粮是否符合国家有关标准和规定。

(四)粮食经营者是否执行了国家粮食运输的技术标准和规范。

(五)粮食储存企业是否建立并执行了粮食销售出库质量检验制度。

(六)从事粮食收购、加工、销售的经营者是否执行了省级人民政府制定的最低和最高库存量的规定。

(七)粮食经营者是否执行了国家陈化粮销售处理有关规定。

(八)地方储备粮经营管理机构及地方储备粮承储企业是否执行地方储备粮管理有关政策和规定；地方储备粮的数量、质量、储存安全以及轮换计划执行情况，各项规章制度、标准与规范执行情况，以及地方储备粮承储企业的承储资格情况。

(九)从事军粮供应、退耕还林粮食供应、水库移民粮食供应、救灾粮供应等政策性用粮经营活动的粮食经营者是否执行了有关法律、法规、规章和政策。

(十)粮食经营者是否建立了粮食经营台账，是否执行了国家粮食流通统计制度。

(十一)粮食经营者是否依照粮食应急预案规定，承担了相应义务，执行了相关规定。

(十二)法律、法规、规章和政策规定需要进行监督检查的其他内容。

第八条 产品质量监督部门依照有关法律、行政法规的规定，对粮食加工活动中掺杂、掺假、以假充真、以次充好、以不合格产品冒充合格产品、无食品生产许可证进行加工销售等违法行为进行查处。并负责对粮食加工环节中的产品质量进行监督检查。

承担粮食质量监督检验的机构应依照《中华人民共和国产品质量法》等法律、行政法规的有关规定，依法设置并取得授权。承担粮食质量检验鉴定的机构应依照《中华人民共和国认证认可条例》的有关规定，在取得国家认证认可监督管理部门资质认定的基础上，由国家粮食行政管理部门指定。

第九条　工商行政管理部门依照有关法律、行政法规的规定，对粮食经营活动中的无照经营、超范围经营以及粮食销售活动中的囤积居奇、欺行霸市、强买强卖、掺杂使假、以次充好等扰乱市场秩序和违法违规交易行为进行查处。

第十条　卫生部门依照有关法律、行政法规的规定，负责粮食加工、销售单位的卫生许可及与许可相关的监督检查，对成品粮储存中造成腐败变质、被有毒有害物质污染、使用未经批准使用的食品添加剂或添加剂超过允许限量等危害群众健康的行为进行监督检查。

第十一条　价格主管部门依照有关法律、行政法规的规定，对粮食经营者未按照规定告知、公示粮食收购价格，或采取压级压价，哄抬价格、价格欺诈、垄断或者操纵价格，或不按照规定执行最低收购价，不执行价格干预措施和紧急措施等价格违法行为进行监督检查。

第十二条　上级监督检查部门依法对下级部门的监督检查行为进行监督。

第十三条　任何单位和个人有权对违反本办法规定的行为向有关部门检举。有关部门应当为检举人保密，并依法及时处理。

第三章　监督检查的工作程序

第十四条　粮食流通监督检查可以采取定期监督检查、专项监督检查、抽查和专案调查等方式进行。

第十五条　粮食流通监督检查按下列程序进行：

（一）确定监督检查的对象、内容和工作方案。

（二）组织实施监督检查。

（三）提出监督检查报告，内容应包括：被检查对象名称、检查日期、检查的原因、项目、发现的主要问题、处理意见等。

（四）发现违法行为，应立案，依照规定程序组织调查。

（五）对违反粮食流通法律、法规、规章和政策的粮食经营者依法提出处理意见、建议或处罚决定。需要移交的，依照职能分工移交有关司法机关、部门、单位处理。

（六）将监督检查结果、处理意见或建议通知被检查对象；需要进行处罚的，执行处罚决定；被检查对象对监督检查结果或处理意见有异议的，可依法申请行政复议或依法向人民法院提起诉讼，但行政处罚不停止执行，法律另有规定的除外。

（七）跟踪监督处理意见、建议、决定的执行情况。

（八）将监督检查报告及相关资料归档。

第十六条 粮食行政管理部门在监督检查过程中，可以行使以下职权：

（一）对粮食收购者的收购资格进行核查。

（二）进入粮食经营者经营场所检查粮食的库存量和收购、储存活动中的粮食质量以及原粮卫生。

（三）检查粮食仓储设施、设备是否符合国家有关标准和技术规范。

（四）查阅粮食经营者有关资料、凭证。

（五）向有关单位和人员调查了解相关情况。

（六）法律、法规规定的其他职权。

第十七条 粮食流通监督检查人员在履行监督检查职责时，应不少于两人，对发现的问题应当做出书面记录，并由监督检查人员和被检查对象签字或盖章。被检查对象拒绝签字或盖章的，监督检查人员应当将其拒绝签字或盖章的行为和理由记录备查；被检查对象不在场的，由见证人签字或盖章。

粮食流通监督检查人员在履行监督检查职责时应严格遵守国家有关法律法规，促进粮食经营者的正常经营活动。

第十八条 被检查对象对粮食流通监督检查人员依法履行职责，应当予以配合。任何单位和个人不得拒绝、阻挠、干涉粮食流通监督检查人员依法履行监督检查职责。

第四章 罚 则

第十九条 按规定应获得粮食行政管理部门许可而未获得许可或者未在工商行政管理部门登记擅自从事粮食收购活动的，由工商行政管理部门没收非法收购的粮食；情节严重的，并处非法收购粮食价值 1 倍以上 5 倍以下的罚款；构成犯罪的，依法追究刑事责任。

由粮食行政管理部门查出的，移交工商行政管理部门依照前款规定予以处罚。

第二十条 以欺骗、贿赂等不正当手段取得粮食收购资格许可的，由粮食行政管理部门取消粮食收购资格；工商行政管理部门依法吊销营业执照，没收违法所得；构成犯罪的，依法追究刑事责任。

粮食收购者有涂改、倒卖、出租、出借《粮食收购许可证》行为的，粮食行政管理部门应当依法给予行政处罚；构成犯罪的，依法追究刑事责任。

粮食行政管理部门工作人员办理粮食收购资格许可，索取或者收受他人财物或者谋取其他利益，依法给予行政处分；构成犯罪的，依法追究刑事责任。

第二十一条 对粮食流通中的价格违法行为，由价格主管部门依照有关法律、行政法规的规定给予处罚。

第二十二条 粮食收购者未执行国家粮食质量标准的，由粮食行政管理部门责令改正，予以警告；警告后仍不改正，并造成农民或其他粮食生产者的利益受到损害的，可以处10万元以下的罚款；违规数量较大的，可处10万元以上20万元以下罚款。情节严重的，由粮食行政管理部门取消粮食收购资格。

第二十三条 粮食收购者未及时向售粮者支付售粮款，经售粮者举报并查实的，由粮食行政管理部门责令改正，予以警告；欠付1个月以上2个月以下的，可以并处5万元以下的罚款；欠付2个月以上3个月以下的，可以并处5万元以上10万元以下的罚款；欠付3个月以上的，可以并处10万元以上20万元以下的罚款。情节严重的，并暂停或取消粮食收购资格。

第二十四条 粮食收购者违反规定代扣、代缴税、费和其他款项的，由粮食行政管理部门责令改正，予以警告，可以并处20万元以下的罚款。情节严重的，并由粮食行政管理部门暂停或取消粮食收购资格。

第二十五条 从事粮食收购、销售、储存、加工的经营者以及饲料、工业用粮企业有下列情形的，由粮食行政管理部门给予相应处罚：

（一）未建立粮食经营台账或粮食经营台账保留时间不足3年的，由粮食行政管理部门责令改正，予以警告，可以并处5万元以下的罚款。

（二）未依照规定报送粮食经营基本数据和有关情况的，由粮食行政管理部门责令改正，予以警告，可以并处2万元以下的罚款；蓄意虚报、瞒报、拒报粮食基本数据和有关情况、弄虚作假的，由粮食行政管理部门处2万元以上5万元以下的罚款。

上述行为情节严重的，对从事粮食收购的经营者暂停或者取消粮食收购资格。

第二十六条 接受委托从事政策性用粮购销活动的粮食经营者未执行国家有关政策的，由粮食行政管理部门责令改正，予以警告，可以处20万元以下的罚款；情节严重的，由粮食行政管理部门向委托单位建议取消该粮食经营者从事政策性用粮的委托业务，对从事粮食收购的经营者暂停或者取消粮食收购资格。

第二十七条 对超过正常储存年限的陈粮，出库前未按规定经有资质的粮食质量检验机构进行质量鉴定的，由粮食行政管理部门责令改正，给予警告；经警告仍不改正的，处出库粮食价值1倍以上2倍以下的罚款；发现出库未经检验的粮食中有陈化粮的，处出库粮食价值2倍以上3倍以下的罚款；明知是陈化粮仍未按陈化粮销售处理有关规定出库的，处出库粮食价值3倍以上5倍以下的罚款。对粮食经营者罚款的同时，工商行政管理部门可以吊销营业执照。

倒卖陈化粮或者不依照规定使用陈化粮的，由工商行政管理部门没收非法倒卖的粮食，并处非法倒卖粮食价值20%以下的罚款，有陈化粮购买资格的，由省级人民政府粮食行政管理部门取消陈化粮购买资格；情节严重的，由工商行政管理部门并处非法倒卖粮食价值1倍以上5倍以下的罚款，吊销营业执照；构成犯罪的，依法追究刑事责任。

第二十八条 粮食经营者违反省、自治区、直辖市人民政府规定的最低库存量的，由粮食行政管理部门责令改正，给予警告。情节严重的，处不足部分粮食价值1倍以上5倍以下的罚款，并可以取消粮食收购资格，工商行政管理部门可以吊销营业执照。

粮食经营者违反省、自治区、直辖市人民政府规定的最高粮食库存量的，由粮食行政管理部门责令改正，给予警告。情节严重的，处超出部分粮食价值1倍以上5倍以下的罚款，并可以取消粮食收购资格，工商行政管理部门可以吊销营业执照。

第二十九条 粮食经营者未依照《粮食流通管理条例》规定使用粮食仓储设施、运输工具的，由粮食行政管理部门或者卫生部门责令改正，给予警告；被污染的粮食不得非法加工、销售。非法销售、加工被污染粮食的，由有关部门依法查处。

第三十条 违反《粮食流通管理条例》第十七条、第十八条规定的，由产品质量监督部门、工商行政管理部门、卫生部门等依照有关法律、行政法规的规定予以处罚。

第三十一条 发现监督检查部门有违反粮食流通法律、法规、规章以及政策规定的，由本级人民政府或者上级主管部门责令改正，对有关责任人员依法给予行政处分；构成犯罪的，依法追究刑事责任。监督检查人员违反本办法规定，非法干预粮食经营者正常经营活动的，依法给予行政处分；构成犯罪的，依法追究刑事责任。

第三十二条 违反《粮食流通管理条例》规定，阻碍粮食自由流通的，依照《国务院关于禁止在市场经济活动中实行地区封锁的规定》予以处罚。

第三十三条 粮食经营者在粮食应急预案启动后不履行有关义务的，依照国家有关规定处理。

第五章 附 则

第三十四条 本办法中涉及“以上”的含本数、涉及“以下”的不含本数。涉及粮食价值的，已达成交易的按交易价计算，其他按库存成本价计算。

第三十五条 对大豆、油料和食用植物油的收购、销售、储存、运输、加工等经营活动的监督检查，适用本办法除第十九条、第二十条以外的规定。

第三十六条　粮食正常储存年限依照国家统一规定执行。

第三十七条　粮食进出口的监督检查，依照有关法律、行政法规的规定执行。

第三十八条　对中央储备粮的监督检查，依照《中央储备粮管理条例》的有关规定执行。

第三十九条　省、自治区、直辖市粮食流通监督检查有关部门可依照本办法，结合本地实际情况制定本办法的实施细则，并报上级主管部门备案。

第四十条　对监督检查中模范执行国家粮食法律、法规、政策，做出突出成绩的执法单位或个人给予表扬或表彰。

第四十一条　本办法由国家粮食行政管理部门会同国家工商行政管理、质检、卫生、价格、财政部门负责解释。

第四十二条　本办法自 2005 年 1 月 1 日起施行。

048

关于进一步加强粮食流通监督检查工作的通知

国粮检〔2006〕91号

各省、自治区、直辖市及新疆生产建设兵团粮食局：

近两年来，各级粮食行政管理部门主动适应粮食购销市场化形势，认真履行《粮食流通管理条例》赋予的职责，积极探索粮食流通监督检查工作的新思路、新方法，在各地政府的领导和有关部门的支持下，粮食流通监督检查体系、制度和队伍建设明显加强，依法管粮稳步推进。但从全国看，监督检查各方面工作进展还不平衡，25%的省、67%的地（市）、79%的县（市）粮食行政管理部门至今没有设置监督检查机构，人员、经费落实情况与所承担的职责和工作任务不相适应，有些地方还没有出台与《粮食流通管理条例》相配套的规章制度，对全社会粮食流通监管工作的力度还有待加强。为贯彻落实《国务院关于完善粮食流通体制改革政策措施的意见》（国发〔2006〕16号）精神，进一步加强粮食流通监督检查工作，现就有关事项通知如下：

一、进一步加快粮食流通监督检查工作体系建设

各级粮食行政管理部门，要按照国务院国发〔2006〕16号文件关于加强和充实粮食行政管理机构、人员的要求，抓住契机，进一步加大工作力度，主动向当地政府汇报，积极与编制管理等部门沟通、协商，争取得到他们的理解、支持，尽快核定并落实监督检查行政执法职责、机构和人员，尚未建立监督检查内设机构的省级粮食行政管理部门，争取2006年底前完成机构设置；地（市）、县（市）级粮食行政管理部门设置监督检查机构的工作也要抓紧落实到位。同时，要进一步加强对执法人员的培训，提高其整体素质。按照国务院要求，加强与财政部门沟通，将监督检查工作经费，列入当地财政预算，为依法行政、依法管粮提供保障。

二、落实好监督检查各项工作任务

在进一步加强粮食流通监督检查工作体系建设的同时，各地要按照2006年粮食流通监督检查工作要点，继续落实好年度监督检查各项工作任务。抓紧建立和完善各项配套规章、文件和制度，并依法实施对全社会粮食流通的监督检查。

为及时掌握各地监督检查工作开展情况，总结经验，指导和推动各地的监督

检查工作，我局决定对全国粮食流通监督检查的有关情况进行调查，并在全国征集粮食流通监督检查行政执法的典型案例。请各地粮食行政管理部门按附件 1 的要求认真做好调查表的填写和汇总，同时按附件 2 的要求对上报的典型案例进行筛选和整理，并于 2006 年 7 月 31 日之前，将以上两项工作的汇总材料报送我局监督检查司（E-mail：jiancha2@chinagrain. gov. cn）。

粮食流通监督检查关系到广大粮食生产者、经营者和消费者的利益，关系到国家粮食法律法规和政策的贯彻落实，关系到国家粮食安全。各级粮食行政管理部门要按照全面落实科学发展观和建设社会主义新农村的要求，进一步统一思想，提高认识，加强领导，落实责任，推动粮食流通监督检查工作向纵深开展，为维护粮食流通秩序，确保粮食流通体制改革不断推向深入做出贡献。

国家粮食局

二〇〇六年六月十九日

附件 1：粮食流通监督检查调查表填报说明（略）

附件 2：粮食流通监督检查行政执法典型案例征集说明（略）

049

关于印发2012年粮食流通监督检查工作要点的通知

国粮办检〔2012〕43号

各省、自治区、直辖市及新疆生产建设兵团粮食局：

《2012年粮食流通监督检查工作要点》已经国家粮食局领导批准，现印发给你们，请结合当地实际，认真抓好落实。

国家粮食局

二〇一二年二月二十四日

2012年粮食流通监督检查工作要点

国家粮食局

2012年2月24日

2012年是实施"十二五"规划承上启下的重要一年，粮食流通监督检查工作要以党的十七大、十七届三中、四中、五中、六中全会和中央经济工作会议、中央农村工作会议精神为指导，深入贯彻落实科学发展观，坚定不移地贯彻落实党中央、国务院关于粮食工作的战略决策，按照全国粮食局长会议的工作部署，围绕"稳市场保供给、强产业促发展"中心任务，坚持统筹兼顾，突出重点，稳中求进，开拓创新，推动监督检查工作取得新进展，为维护粮食流通秩序、确保国家粮食宏观调控政策落实到位和保障国家粮食安全作出新的贡献。

一、搞好粮油库存检查，夯实宏观调控的物质基础

组织开展粮食库存检查。按照国家发展改革委、国家粮食局、财政部和中国农业发展银行的通知要求，切实做好粮食库存检查。重点清查辖区所有中央储备粮、国家临储粮、地方储备粮，以及国有及国有控股粮食企业的商品库存；同时，对纳入粮食流通统计范围的重点非国有粮食经营企业及转化用粮企业的商品粮库存进行摸底调查，全面掌握粮食库存情况。通过检查，推动粮食库存管理水平进一步提高，夯实国家粮食宏观调控的物质基础。

为加大检查力度，国家粮食局委托6个省（区）的省级和市级粮食行政管理部门对中央储备粮数量、质量和储存安全一并进行检查。

继续做好食用植物油库存检查。巩固 2011 年全国油脂库存检查工作成果，摸清油脂库存底数，加大对重点地区、重点企业、重点环节的检查力度，进一步推动油脂库存管理规范化和检查工作常态化。

二、抓好政策性粮食购销活动监督检查，确保粮食购销政策落实到位

加强对国家粮食收购政策落实情况的监督检查。重点检查政策执行主体是否严格按照预案要求确定委托收储库点，委托收储库点在收购过程中是否严格执行质价政策，审核验收单位对入库粮食质量把关是否严格。严肃查处收购中压级压价、抬级抬价及“转圈粮”等违规行为，督促有关企业严把验收入库关。及时开展对中央储备粮补库、企业执行国家临时收储政策的检查，确保国家粮食收购政策执行不走样。

加强对政策性粮食销售出库的监督检查。加大最低收购价粮、临时储存粮等政策性粮食销售出库检查力度，确保竞价销售的粮食按照交易规则和政策要求及时出库。督促中央储备粮直属库及实际存储库点严格遵守销售出库规定。严肃查处销售出库中设置障碍阻挠拖延出库、额外收取费用等违规行为。加强退耕还林、水库移民、救灾粮等政策性粮食供应的监督检查，确保政策性粮食及时供应到位。

三、开展全社会粮食流通监督检查，切实维护粮食流通秩序

开展粮食收购资格定期核查和粮食收购市场的检查。加强对粮食收购资格的定期核查，严格粮食收购准入门槛。开展粮食收购活动检查，加大对粮食经纪人粮食收购活动的检查力度，维护粮食收购市场秩序。

开展粮食经营者报送粮食经营数据和履行最低库存量等义务情况的检查。督促各类粮食经营企业和转化用粮企业建立粮食经营台账，粮食经营台账保留期限不得少于 3 年。检查粮食经营者报送统计报表和有关资料的及时性，以及统计数据的真实性，加大对拒报统计报表和不真实提供统计数据等违法违规行为的查处力度。检查指导粮食经营者认真履行最低和最高库存量义务，保证粮食市场稳定。

加强对《国家粮食应急预案》制定和落实情况的监督检查。检查应急粮源的组织、加工网点、运输条件、供应网点，以及应急设施的建设和维护等有关要求的落实情况，做好应急各项准备工作，切实提高粮食安全应急保障能力。

配合有关部门开展成品粮油市场检查。配合有关部门加强对粮油加工、批发、零售等重点环节经营行为的监督检查，加强对大型粮油批发市场、超市和农贸市场的巡查，督促企业加强自律和承担社会责任。

开展粮食质量和原粮卫生检查。督促企业严格执行粮食质量管理制度和粮食

质量标准，建立健全粮食质量档案。

建立健全监督检查信息档案和诚信评价体系。省级粮食行政管理部门要督促各市、县全面启动信息档案建设工作，加快建立监管对象信息库。力争2012年底前，80%以上的县级粮食部门将辖区内的粮油经营企业，按照一户一档建立信息档案，有条件的地方要推进档案管理的电子化。在此基础上，探索建立企业诚信评价体系，实现分级分类监管。启动粮食监督检查信息管理系统建设的调研工作。

四、加大涉粮案件查处力度，提高办案质量和效率

认真受理举报。主动接受领导机关、有关部门、新闻媒体和社会各界对粮食工作的监督。采取设置专门电话和信箱等方式，畅通信息渠道，关注网络等媒体舆情，认真做好案件举报和意见投诉的受理工作，提高涉粮案件办理的严肃性、权威性和时效性。

规范案件查办程序。进一步完善案件查处工作机制，查办案件要有检查、有证据、有定性、有结论、有处理。建立案件回访、反馈、沟通联系制度，排除对立情绪，增强相互理解，实现查教查纠结合。坚持惩防并举，及时捕捉苗头性、倾向性问题，找准薄弱环节，研究提出加强管理、完善政策、改进工作的意见建议。

提高案件查处质量和效率。加大对群众反映强烈，领导和社会高度关注案件的查处力度，对涉及政策性粮食收购、销售出库和库存管理等方面的重大案件给予重点查处。对涉粮案件在查清事实的基础上，要严肃处理，及时通报。剖析典型案例，探索发案规律，总结办案经验，用于指导案件查处工作。加强案件督办、催办，将案件查处作为监督检查工作考核的重要内容，必要时对案件办理不及时、不认真的进行通报，提高办案效率和质量，做到案件及时查结，避免久拖不结。

五、加强体系建设，夯实监督检查工作基础

继续推进粮食流通监督检查体系建设。进一步落实监督检查工作职能，健全机构，落实编制、人员和经费。认真分析粮食监督检查体系建设的制约因素，有针对性地加强对重点市、县体系建设的督促指导。加强检查执法车辆及检查工具配备。

深入开展粮食流通监督检查示范单位创建活动。加大对示范单位的工作指导和年度考核，认真总结推广示范单位的经验、做法，带动和促进监督检查工作整体水平提高。组织做好第二批全国粮食流通监督检查示范单位申报、评审和确认工作。

加强监督检查队伍建设。制定有针对性的培训计划，采取多种方式，抓好执法资格培训和执法实务培训。进一步促进培训工作的制度化、系统化，不断提高执法人员的政治责任感，工作责任心和业务洞察力。坚持依法执法，文明执法，廉洁执法。树立粮食行政执法的权威，维护粮食监督检查队伍的良好形象。

建立粮食监督检查人才库。以历年参加全国粮油库存检查工作的业务骨干为基础，按统一的标准，分专业方向，采取基层推荐、主管部门审核的方式，建立国家和省两级监督检查人才库，并实行动态管理。

加强工作调研和信息交流。围绕粮食监督检查工作中的突出问题，组织开展调研，召开专题会议、现场交流会，增强监督检查工作的针对性和有效性。及时报送粮食流通监督检查工作信息，总结交流经验。

050

关于印发2011年粮食流通监督检查工作要点的通知

国粮办检〔2011〕12号

各省、自治区、直辖市及新疆生产建设兵团粮食局：

《2011年粮食流通监督检查工作要点》已经国家粮食局领导批准，现印发给你们，请结合当地实际，认真抓好落实。

国家粮食局

二〇一一年二月一日

2011年粮食流通监督检查工作要点

国家粮食局

2011年2月1日

2011年是实施“十二五”规划的开局之年。粮食流通监督检查工作要以党的十七大、十七届三中、四中、五中全会和中央经济工作会议、中央农村工作会议精神为指导，深入贯彻落实科学发展观，坚定不移地贯彻落实党中央、国务院关于粮食工作的决策部署，按照全国粮食局长会议确定的粮食流通监督检查工作任务，有计划地加强日常监管，有针对性地开展专项检查，推动监督检查工作取得新进展，为维护粮食流通秩序、确保国家粮食宏观调控政策落实到位和保障国家粮食安全作出新的贡献。

一、突出对政策性粮食购销活动的监督检查，确保政策落实到位

加强对国家粮食收购政策落实情况的监督检查。及时组织对粮食最低收购价、国家临时收储等政策落实情况的监督检查，确保政策落实到位。督促收储库点严格执行收购政策，既不得压级压价损害种粮农民利益，也不得抬级抬价扰乱收购秩序，防止出现“转圈粮”等违规问题的发生。

加强对政策性粮食销售出库的监督检查。加大最低收购价粮、临时储存粮等政策性粮食销售出库检查力度，确保竞价销售的粮食按照交易规则和政策要求及时出库。督促中央储备粮直属库及实际存储库点严格遵守政策性粮食销售出库的各项规定，不得以任何理由设置障碍阻挠、拖延出库，不得以任何名目额外收取

费用。有关地区要加强退耕还林、水库移民、救灾粮等政策性粮食供应的监督检查，确保政策性粮食及时供应到位。

二、搞好粮油库存检查，确保粮油库存真实可靠

组织开展全国食用植物油库存检查。按照国家发改委、国家粮食局、财政部、中国农业发展银行的联合部署，切实做好全国食用植物库存检查工作，重点查清中央储备油、国家临时存储油、地方储备油以及政策性食用植物油承储企业库存商品油的数量、质量、仓储管理情况以及相关统计管理、财务管理、补贴管理、轮换管理和库贷挂钩情况。对纳入粮食流通统计范围的其他商品油进行摸底调查。督促企业提高管理水平，确保各类食用植物油库存数量真实、质量良好、储存安全，推动食用植物油库存监管工作规范化、常态化、制度化。

继续做好粮食库存例行检查。结合各地春季粮食库存普查工作，继续做好年度例行粮食库存检查，不断创新检查方式，提高检查工作的针对性。通过检查，发现和解决粮食库存管理中存在的突出问题，不断夯实国家粮食宏观调控的物质基础。

三、深入开展全社会粮食流通监督检查，维护粮食流通秩序

切实加强全社会粮食流通监督检查力度。开展粮食收购资格定期核查，严格粮食收购准入门槛；开展粮食收购活动检查，规范粮食收购行为；开展粮食最高库存量检查，促进粮食市场和价格稳定；开展粮食流通统计制度执行情况检查，提高粮食统计数据质量；开展粮食应急预案落实情况监督检查，切实提高粮食应急保障能力。

加强对执行国家粮食质量管理政策和标准的检查。检查粮食经营企业执行粮食质量管理制度、出证索证及出入库检验制度情况，检查督促企业执行国家粮食质量管理政策和标准，认真搞好日常质量安全监测，按规定规范使用储粮药剂，完善粮食质量档案，落实粮食质量安全追溯制度和责任追究制度。

配合有关部门开展成品粮油市场检查。配合有关部门加强对粮油加工、批发、零售等重点环节经营行为的监督检查，加强对大型粮油批发市场、超市和农贸市场的巡查，督促企业加强自律和承担社会责任。

四、加大涉粮案件查处力度，提高办案质量和效率

认真受理举报。主动接受领导机关、有关部门、新闻媒体和社会各界对粮食工作的监督。采取设置专门电话和信箱等方式，畅通信息渠道，关注网络等媒体舆情，认真做好案件举报和意见投诉的受理工作，提高涉粮案件办理的严肃性、权威性和时效性。

规范案件查办程序。进一步完善案件查处工作机制，查办案件要有检查、有证据、有定性、有结论、有处理。建立案件回访、反馈、沟通联系、通报制度，排除对立情绪，增强相互理解，实现查教查纠结合。确保上级交办的案件及时查结及时上报，本机关自办的重大涉粮案件要及时逐级上报。

提高案件查处质量和效率。加强案件督办、催办，及时掌握案件查处进展情况，督促案件及时办结。强化责任意识，坚持客观公正，确保案件办理不偏、不错、不激、不过。剖析典型案例，探索发案规律，总结办案经验，用于指导案件查处工作。坚持惩防并举，及时捕捉苗头性、倾向性问题，找准薄弱环节，研究提出加强管理、完善政策、改进工作的意见建议。将查办案件作为监督检查工作考核的重要内容，必要时对案件办理不及时、不认真的进行通报。

五、加强体系建设，夯实监督检查工作基础

继续推进粮食流通监督检查体系建设。进一步落实监督检查工作职能，健全机构，落实编制、人员和经费，重点推动市、县两级粮食部门监督检查内设机构建设工作，充实一线执法力量。

深入开展粮食监督检查示范单位创建活动。及时总结、推广示范单位好的经验和做法，以典型引路，带动和促进监督检查工作整体水平的提高。以深入开展创先争优活动为契机，激励调动监督检查行政执法人员履职尽责创先进、立足岗位争优秀的内在动力，增强责任意识，提高业务本领。

加强工作调研和信息交流。围绕粮食监督检查工作中的突出问题，组织跨地区的交叉调研，召开专题会议、现场交流会，增强监督检查工作的针对性和有效性。加强粮食监督检查行政执法信息系统和粮食经营者信用监管体系建设，加强粮食流通监督检查行政执法统计及分析工作。及时报送粮食流通监督检查工作信息。

加强业务培训。制定培训计划，采取理论教学、工作研讨、和技术练兵等方式，组织开展粮油库存监督检查培训、粮食监督检查执法资格培训和执法实务培训，提高监督检查人员业务素质。

加强廉政建设。督促监督检查行政执法人员严格遵守党风廉政建设的规定，遵守行政执法规定和程序，筑牢思想防线，做到警钟长鸣。坚持依法执法，文明执法，廉洁执法。树立粮食行政执法的权威，维护粮食监督检查队伍的良好形象。

051

关于印发2010年粮食流通监督检查工作要点的通知

国粮办检〔2010〕29号

各省、自治区、直辖市及新疆生产建设兵团粮食局：

《2010年粮食流通监督检查工作要点》已经国家粮食局领导批准，现印发给你们，请结合当地实际，认真贯彻落实。

国家粮食局

二〇一〇年二月四日

2010年粮食流通监督检查工作要点

国家粮食局

2010年2月4日

2010年，粮食流通监督检查工作要以党的十七大、十七届三中、四中全会和中央经济工作会议、中央农村工作会议精神为指导，深入贯彻落实科学发展观，按照党中央、国务院关于粮食工作的决策部署，紧紧围绕粮食工作中心任务，扎实开展政策性粮食购销活动监督检查、粮油库存检查和面向全社会粮食流通的监督检查，加大涉粮案件查处力度，加强监督检查制度、体系和队伍建设，全面完成全国粮食局长会议确定的粮食流通监督检查工作任务，为维护粮食流通秩序和保障国家粮食安全作出新的贡献。

一、加强对政策性粮食购销活动的监督检查，确保政策落实到位

加强国家粮食收购政策落实情况监督检查。及时组织对粮食最低收购价政策，粮食临时收储政策，以及财政给予补贴的其他粮油收购、运输政策执行情况的监督检查，督促收储库点严格执行国家有关粮食政策和新的粮食标准，防止出现压级压价、抬级抬价和“转圈粮”等问题，确保中央惠农政策落实到位。

加强对粮食竞价销售及出库政策执行情况监督检查。加大对政策性粮食交易过程和合同履约情况的检查，督促买卖双方严格执行国家有关政策及标准。督促中央储备粮直属库及具体承储库点认真履行竞价销售出库合同，按规定及时组织粮食出库。对违反规定人为设置障碍拖延出库、阻挠购粮企业竞买粮食或干扰粮

食出库等行为进行严肃处理，确保国家政策性粮食竞价销售出库工作顺利进行。加强退耕还林、水库移民、救灾粮等政策性粮食供应的监督检查，确保政策性粮食及时供应用粮群众。

按照执法重心下移的原则，市、县两级粮食部门在政策性粮食购销活动监督检查中要承担好日常检查的具体工作，省级粮食部门要加强组织领导、督促检查。

二、搞好粮油库存检查，确保粮油库存真实可靠

组织粮食库存例行检查。结合储粮春季普查，认真组织全国粮食库存例行检查。检查要突出重点地区、重点环节、重点企业。通过检查，推动粮食库存管理水平进一步提高，夯实国家粮食宏观调控的物质基础。

开展食油专项检查。开展对中央政策性储备油、国家临时存储油和地方储备油库存的全面检查。重点检查各级储备油库存的数量、质量、储存安全及相关统计管理、财务管理和轮换管理情况。督促企业提高管理水平，确保各级储备油数量真实、质量良好、储存安全。

总结2009年全国粮食清仓查库的做法和经验，推进粮食库存检查工作的在地化、科学化、规范化。健全和完善规章制度，修订《粮食库存检查暂行办法》。推进粮食库存监管信息系统建设。

三、积极开展全社会粮食流通监督检查，维护粮食流通秩序

开展粮食收购资格定期核查和粮食收购市场的检查。加强对粮食收购资格的定期核查，组织开展对粮食收购市场的检查，规范、维护粮食收购市场秩序。

开展建立粮食经营台账和执行粮食流通统计制度情况检查。检查督促各类粮食经营企业和转化用粮企业建立粮食经营台账，按照粮食统计制度的要求及时准确报送统计报表和有关资料。

配合有关部门开展成品粮油市场检查。配合有关部门加强对粮油加工、批发、零售等重点环节经营行为的监督检查，加强对大型粮油批发市场、超市和农贸市场的巡查，督促企业加强自律和承担社会责任。

加强对《国家粮食应急预案》制定和贯彻落实情况的监督检查。检查应急粮源的组织、加工网点、运输条件、供应网点，以及应急设施的建设和维护等有关要求的落实情况，做好应急各项准备工作，切实提高各地粮食安全应急保障能力。

开展粮食经营者保持必要库存量的检查。检查指导粮食经营者认真履行最低和最高库存量义务，保证粮食市场稳定。

加强对执行国家粮食质量管理政策和标准的检查。检查粮食经营企业执行粮

食质量管理制度、出证索证及出入库检验制度情况，检查督促企业执行国家粮食质量管理政策和标准，认真搞好日常质量监测，按规定规范使用储粮药剂，完善粮食质量档案，落实粮食质量安全追溯制度和责任追究制度。

四、加大涉粮案件查处力度，提高办案质量和效率

认真受理举报。主动接受领导机关、有关部门、新闻媒体和社会各界对粮食工作的监督。采取设置专门电话和信箱等方式，畅通信息渠道，关注网络等媒体舆情，认真做好案件举报和意见投诉的受理工作，提高涉粮案件办理的严肃性、权威性和时效性。

规范案件查办程序。进一步完善案件查处工作机制，查办案件要有检查、有证据、有定性、有结论、有处理。建立案件回访、反馈、沟通联系制度，排除对立情绪，增强相互理解，实现查教查纠结合。

提高案件查处质量和效率。加强案件督办、催办，将案件查处作为监督检查工作考核的重要内容，必要时对案件办理不及时、不认真的进行通报，提高办案效率和质量，做到案件及时查结，避免久拖不结。

五、加强体系建设，夯实监督检查工作基础

继续推进粮食流通监督检查体系建设。按照《全面推进依法行政实施纲要》、国务院粮改文件的要求加强监督检查体系建设，健全机构，落实编制、人员和经费，充实一线执法力量。切实落实监督检查工作职能，加大力度，推动市、县两级粮食部门通过当地编办批复正式设立监督检查内设机构的工作。

加强工作指导和层级监督。加强调查研究、工作指导、交流学习和层级监督，带动和促进监督检查工作整体水平的提高。创建粮食监督检查规范执法示范单位，及时发现、总结、推广基层好的经验和做法。加强粮食监督检查行政执法信息系统和粮食经营者信用监管体系建设，对粮食经营者实施分类管理，增强监督检查工作的针对性，提高工作效率。组织跨地区的监督检查行政执法交叉调研，召开专题研讨会、现场交流会，编发信息简报。加强粮食流通监督检查行政执法统计及分析工作。

六、加强队伍建设，提高人员素质

加强业务培训。制定有针对性的培训计划，采取多种方式，抓好执法资格培训和执法实务培训。搞好粮油库存检查和储备油库存专项检查培训，充实粮食库存检查专家库。用理论教学、工作研讨、技术练兵和召开现场会相结合的方式加强培训，进一步促进培训工作的制度化、系统化，不断提高执法人员的政治责任感，工作责任心和业务洞察力。

加强廉政建设。督促监督检查行政执法人员自觉加强学习，提高政治、业务素质和工作能力。严格遵守党风廉政建设的规定，遵守行政执法规定和程序，筑牢思想防线，做到警钟长鸣。坚持依法执法，文明执法，廉洁执法。树立粮食行政执法的权威，维护粮食监督检查队伍的良好形象。

052

关于印发2009年粮食流通监督检查工作要点的通知

国粮办检〔2009〕20号

各省、自治区、直辖市及新疆生产建设兵团粮食局：

《2009年粮食流通监督检查工作要点》已经国家粮食局领导批准，现印发给你们，请结合当地实际，认真贯彻落实。

国家粮食局

二〇〇九年一月二十一日

2009年粮食流通监督检查工作要点

国家粮食局

2009年1月21日

2009年，粮食流通监督检查工作要以党的十七大和十七届三中全会精神为指导，全面贯彻落实科学发展观，按照全国粮食局长会议提出的粮食流通监督检查工作任务，紧密结合粮食流通新形势，认真做好国务院部署的全国粮食清仓查库工作，积极开展国家各项粮食政策落实情况专项检查，依法加强全社会粮食流通监督检查，严肃查处各类涉粮案件，继续加强粮食流通行政执法培训，深入推进监督检查专题调研，切实维护粮食流通秩序，保障国家粮食安全。

一、全力以赴搞好粮食清仓查库，确保粮食库存真实可靠

积极做好前期准备工作。按照《国务院办公厅关于开展全国粮食清仓查库工作的通知》（国办发〔2008〕118号）和《关于印发2009年全国粮食清仓查库工作实施方案的通知》（发改经贸〔2008〕3676号）要求，在部际联席会议和地方各级人民政府的领导下，积极做好全国粮食清仓查库准备工作。成立领导小组及其工作机构，加强组织协调，落实职责分工，细化工作要求，全面部署清查工作。结合实际制定本辖区具体实施方案。认真组织清仓查库培训工作，对辖区内参加省级复查、市级普查和督导企业进行自查的全体检查人员进行专业培训，确保清查工作顺利进行。

认真开展清查工作。组织专门力量督导企业自查。按照“有仓必到，有粮必

查，有账必核，查必彻底”的原则开展市（地）级普查。对本省（区、市）内重点地区、重点企业的粮食库存及清仓查库工作情况开展复查。普查、复查工作人员均按照“统一抽调、混合编组、集中培训、综合交叉、本地回避”的原则择优选调和安排。协助国务院抽查工作组开展粮食库存抽查。逐级汇总有关数据报表和检查工作报告。对检查结果层层把关，准确及时报送，确保清查结果真实可靠。

二、积极开展国家各项粮食政策落实情况专项检查，确保政策落实到位

加强国家粮食收购政策落实情况专项检查。加强最低收购价粮食的监督检查，检查最低收购价粮食是否质价相符、账实相符和储存是否安全，督促收储库点严格执行国家粮食收购政策，严防扰乱市场、克扣农民、“转圈粮”等违规行为。收购国家临时存储粮的玉米产区、南方稻谷产区、东北大豆产区的粮食部门要有针对性地加强对国家临时存储粮收购活动的监督检查，保障国家临时存储粮收购政策的贯彻落实，督促企业切实保证收购的国家临时存储粮为国内新产粮食。加强退耕还林、水库移民、救灾粮供应等政策性粮食的监督检查，做到供应及时，质量合格。对检查中发现的违法违规问题，按有关规定严肃处理，确保国家各项粮食政策贯彻落实到位。

加强国家临时存储粮食销售出库和跨省移库情况的监督检查。加大对政策性粮食交易过程和合同履约情况的检查，规范交易行为，严格交易管理，确保交易正常。督促有关承储企业认真履行竞价销售出库合同，严格按合同规定组织出库。对干扰客户正常交易和设置障碍阻滞粮食正常出库的承储企业，按有关规定严肃处理，追究企业负责人的责任，并对有关典型案件进行通报。

三、依法加强全社会粮食流通监督检查，维护粮食流通秩序

开展粮食收购资格核查。规范粮食收购许可制度，加强对已取得粮食收购资格的粮食经营者的指导、服务、监管与核查，确保取得资格的粮食经营者符合必须具备的条件。

开展建立粮食经营台账和执行粮食流通统计制度情况检查。检查督促各类粮食经营企业和转化用粮企业设置原始记录、建立粮食经营台账，及时准确报送统计报表和有关资料，保障粮食流通统计制度的贯彻落实。

协调、配合有关部门开展成品粮油市场检查。配合有关部门加强对粮油加工、批发、零售等重点环节经营行为的监督检查，加强对大型粮油批发市场、超市和农贸市场的巡查，督促企业加强自律和承担社会责任。

四、加大涉粮案件查处力度，提高办案质量和效率

认真受理群众举报。时时关注社会舆论，及时了解网络、报刊、电视等媒体的涉粮报道，认真受理人民群众以各种方式反映的涉粮问题，为提高涉粮案件办理的严肃性、权威性和时效性打好基础。

规范案件查办程序。查办案件要有检查、有证据、有定性、有结论、有处理。加强案件督办、催办，将案件查处作为监督检查工作考核的重要内容，必要时对案件办理不及时、不认真的进行通报，提高办案效率，做到案件及时查结，避免久拖不结。

加大案件查处力度。高度重视案件查处工作，及时分析总结案件查处中反映出来的问题和不同时段涉粮案件发生的规律，查找粮食流通管理的薄弱环节和漏洞，提出有针对性的完善政策措施和相关制度的建议，更好地发挥粮食监督检查的服务和保障作用。分析总结案件查处经验，不断提高案件查办质量和效率。

五、加强队伍建设，提高人员素质

认真开展深入学习实践科学发展观活动。坚持用马克思主义中国化最新理论成果武装监督检查队伍，不断增强监督检查人员政治意识、大局意识和责任意识，将学习实践科学发展观的成果转化为开展粮食监督检查的工作思路、方法和动力，提高行政执法能力和水平。

加强队伍培训。从增强责任意识、提高执法技能、注重工作成效三个方面增强粮食监督检查业务培训的针对性和实用性，进一步促进培训工作的制度化、系统化。用理论教学、工作研讨和召开现场会相结合的方式加强培训，不断提高执法人员的政治责任感，工作责任心和业务洞察力。

加强廉政建设。督促监督检查行政执法人员自觉加强学习，提高政治、业务素质和工作能力。严格遵守党风廉政建设的规定，遵守行政执法规定和程序。坚持依法执法，文明执法，廉洁执法。树立粮食行政执法的权威，维护粮食监督检查队伍的良好形象。

六、巩固监督检查体系建设成果，进一步夯实工作基础

加强监督检查专题调研和工作交流。根据产区、销区、产销平衡区的不同特点，结合近几年监督检查案件查处情况，疏理各项检查和案件查处规律。选择重点专项检查工作和影响大、发案多的案件类型进行专题调研，归纳总结专项检查和专案调查经验，创新监督检查方式方法，组织跨省、跨地区交流，提高粮食监督检查的工作质量和效率。

巩固工作机构和制度建设成果。进一步推动基层粮食监督检查机构建设，督

促尚未建立监督检查内设机构的市、县两级粮食部门尽快建立机构，为开展工作打好基础。认真执行《粮食流通管理条例》和《中央储备粮管理条例》，进一步完善各项粮食流通监督检查规章制度和工作程序。为粮食立法提供实践依据，配合做好粮食立法有关工作。

053

关于印发《2008年粮食流通监督检查工作要点》的通知

国粮办检〔2008〕56号

各省、自治区、直辖市及新疆生产建设兵团粮食局：

《2008年粮食流通监督检查工作要点》已经国家粮食局领导批准，现印发给你们，请结合当地实际，认真贯彻落实。

国家粮食局

二〇〇八年四月七日

2008年粮食流通监督检查工作要点

国家粮食局

2008年4月7日

2008年，粮食流通监督检查工作要以党的十七大精神为指导，全面贯彻落实科学发展观，认真贯彻中央经济工作会议、中央农村工作会议和全国人大第十一届第一次全体会议精神，落实全国粮食局长会议提出的粮食流通监督检查工作任务，服务粮食流通工作大局，围绕保障粮食供应、稳定粮食价格的调控目标，加强对粮食宏观调控政策和有关法律法规落实情况的监督检查，加强对粮油库存的检查，进一步推进对全社会粮食流通的监管，继续抓好监督检查体系建设、制度建设和队伍建设，提高监督检查效果和工作水平，切实维护粮食流通秩序，保障国家粮食安全，促进经济又好又快发展。

一、加大专项检查力度，确保粮食宏观调控政策落实

加强粮食收购政策落实情况的监督检查。及时组织粮食最低收购价政策执行情况专项检查，督促收储库点严格执行有关政策和新的小麦标准，防止出现压级压价和抬级抬价等问题，确保中央惠农政策落实到位。加强对粮食收购资格的定期审核，组织开展对粮食收购市场的检查，进一步规范粮食收购市场秩序。

开展对国家临时存储粮食销售出库和跨省移库情况的检查。加强对国家临时存储粮食销售出库和跨省移库计划执行情况的监管，督促承储库点按国家有关规定及时出库。对违反规定人为设置障碍拖延出库、阻挠购粮企业竞买粮食或干扰

粮食出库等行为进行严肃处理，对有关典型案件进行通报。

开展粮食经营者保持必要库存量的检查。积极推动粮食经营者最低最高库存量标准制定工作。检查指导粮食经营者认真履行最低和最高库存量义务。防止囤积居奇，稳定粮食市场和价格。

开展粮食流通统计制度执行情况检查。检查督促各类粮食经营企业和转化用粮企业及时准确报送统计报表和有关资料，落实粮食流通统计制度。

协调和配合有关部门开展成品粮油市场检查。配合有关部门加强对粮油加工、批发、零售等重点环节经营行为的监督检查，加强对大型粮油批发市场、超市和农贸市场的巡查，督促企业加强自律和承担社会责任。适时组织开展军粮、救灾粮等政策性粮食的专项检查，进一步提高政策性粮食供应和管理水平。

二、搞好粮食库存检查，确保粮食库存真实可靠

认真组织好粮食库存检查。按照《粮食库存检查暂行办法》的要求，结合春季储粮安全普查，认真组织好今年的粮食库存检查工作。督促粮食企业认真开展自查。认真组织库存检查的复查工作，复查覆盖面不低于自查企业数量的10%。发挥监督检查机构在粮食库存检查中的牵头作用，落实好检查工作具体任务。检查结果要严格把关，及时报送，确保真实可靠。

加强各级储备油专项检查。切实做好储备油检查的前期准备工作，做好调研，制定方案，抓好培训。今年下半年开展对中央和地方储备油库存的全面检查。督促企业提高管理水平，确保各级储备油数量真实、质量良好、储存安全。

建立健全粮食库存监督检查的长效机制。在做好粮油库存检查的同时，完善相关检查制度和措施，逐步建立经常性的随机抽查机制，进一步提高粮食库存检查的有效性。

三、加强粮食质量检查，健全粮食质量监督长效机制

做好库存粮食质量检查。巩固和扩大粮食质量安全专项整治行动的成果。认真开展地方储备粮质量状况检查。检查粮食经营企业执行粮食质量管理制度、出证索证及出入库检验制度情况，检查督促企业建立质量档案。

加大对政策性粮食质量的监督检查力度。强化采购、加工、包装、储存、运输、配送和销售全过程的质量监管，确保政策性粮食质量良好。

加强对粮食收购入库质量的检查。严格执行粮食最低收购价政策，加大检查力度，确保按质定等、依质论价，坚决查处压级压价、坑害粮农的行为。

建立健全粮食质量安全监管的长效机制。落实粮食质量安全追溯制度和责任追究制度，严格粮食销售出库的质量检验监管，加强对有毒有害粮食的监管，逐步健全覆盖粮食收购、储存、运输环节和政策性粮食购销活动全过程的质量安全监管体系。

四、加大涉粮案件查处力度，提高办案质量和效率

规范案件查处工作机制。高度重视涉粮案件查处工作，进一步完善案件查处工作机制，提高粮食行政执法的严肃性、权威性、威慑性。落实涉粮案件查处责任，做到案件线索不查实不放过，责任追究不到位不放过，整改措施不落实不放过，保证查办案件质量。

严格保证办案时限。增强办案时效意识，做到案件及时查结，杜绝久拖不结。上级转办的案件不得层层转办。

建立跟踪督办机制。建立案件查处结果通报制度，落实案件的处理结果，公开曝光重大涉粮案件。及时分析总结查处案件中反映出来的问题，查找粮食流通管理的薄弱环节和漏洞，提出有针对性的完善政策措施和相关制度的建议，更好发挥监督检查的作用。

五、继续抓好机构和制度建设，夯实监督检查工作基础

继续推进粮食流通监督检查机构建设。积极推动基层机构建设，做好督促和指导工作，努力实现2008年机构建设目标。设区市粮食局内设监督检查机构比例要达到85％以上，县级粮食局设立监督检查机构比例要达到75％以上。确有必要且条件具备的市、县粮食局要成立粮食行政执法队。

完善监督检查工作制度建设。认真执行并进一步完善已出台的各项粮食流通监督检查规章制度。修改完善《粮食行政执法文书》。开发《粮食监督检查信息管理系统》。推广应用粮食库存检查专用软件。

加大工作指导和层级监督力度。加强调查研究、工作指导、交流学习和层级监督，带动和促进本地监督检查工作整体水平的提高。找准工作定位，理清工作思路，抓住工作重点，突出当地特色，扩大监督检查行政执法的影响力。继续组织跨地区的监督检查行政执法交叉调研，召开专题研讨会、现场交流会，编发信息简报。加强对关系粮食流通监督检查工作重大问题的调查研究，推广交流典型经验。完善监督检查工作考核办法，加强工作考核。

六、抓好作风建设和业务培训，提高队伍政治和业务素质

加强监督检查队伍业务培训。制定有针对性的培训计划，采取多种方式，抓好执法资格培训和执法实务培训。继续搞好粮油库存检查培训，充实粮食库存检查专家库。

进一步加强作风建设。督促监督检查行政执法人员自觉加强学习，提高政治、业务素质和工作能力。严格遵守党风廉政建设的规定，遵守行政执法规定和程序。坚持依法执法，文明执法，廉洁执法。树立粮食行政执法的权威，维护粮食监督检查队伍的良好形象。

054

2007 年粮食流通监督检查工作要点

国粮办检〔2007〕64 号

2007 年，粮食流通监督检查工作要以邓小平理论和“三个代表”重要思想为指导，全面贯彻落实科学发展观和构建社会主义和谐社会的战略思想，认真贯彻党的十六届五中、六中全会，以及中央经济工作会议、中央农村工作会议、全国粮食局长会议精神，围绕粮食工作重点，切实做好监督检查工作。总体要求是：进一步加大对全社会粮食流通的监管力度，服务粮食工作大局；进一步加大中央和地方储备粮监管力度，全面落实“三严格、两确保”的目标；进一步加大体系建设力度，夯实监督检查工作基础；进一步加大制度建设力度，构建监督检查长效机制；进一步加大队伍作风建设力度，提高执法人员整体素质。

一、进一步加大对全社会粮食流通的监管力度，服务粮食工作大局

一是认真做好粮食库存检查工作。2007 年，国家粮食局将进一步加强与各有关部门和单位的沟通、协作，严格按照《粮食库存检查暂行办法》的有关规定，认真组织各地开展粮食库存检查和抽查工作，并不断总结经验、完善措施，提高检查质量。在做好全国粮食库存检查的同时，结合粮食库存实际情况，重点强化对各类政策性粮食库存的检查，适时开展储备粮轮换、代储管理等随机抽查，建立经常性的检查制度。各地粮食行政管理部门要根据《粮食库存检查暂行办法》的规定，认真做好粮食库存自查、复查工作，会同有关部门及时、准确报送检查数据。同时，要做好对地方储备粮库存的监管工作，继续改进和完善地方储备粮在数量、质量、轮换和管理等方面的措施，夯实粮食宏观调控的物质基础。

二是开展专项检查，促进粮食宏观调控目标的实现。各地要加强对国家粮食最低收购价政策执行情况的检查，支持和配合执行主体做好监管工作。继续对军粮、退耕还林粮、水库移民粮、救灾粮等各类政策性粮食购销活动进行监督检查，确保国家政策的落实。要加强对已经取得粮食收购资格的粮食经营者的指导、服务和监管，并定期进行核查。督促粮食经营者严格执行国家有关法律、法规、规章、政策、标准和技术规范，确保落到实处。加强对粮食流通统计制度执行情况的监督检查，督促各类粮食经营企业和转化用粮企业自觉执行粮食流通统

计制度，履行向当地粮食行政管理部门报送粮食购销存等基本数据和有关情况的义务。

三是进一步加强对粮食质量的监管。各地要切实履行好粮食质量的监管职责，重点加强对中央储备粮、地方储备粮、其他政策性用粮的质量监管。开展原粮卫生专项摸底调查，掌握不同性质库存粮食的卫生现状。各省（区、市）粮食行政管理部门要积极发挥粮油检测检验机构的作用，按照《粮食质量监管实施办法（试行）》和《粮食卫生标准》的要求，加强对粮食质量的监管，严防不符合卫生标准的粮食流入口粮市场。鉴于新的《谷物储存品质判定规则》（GB/T20569～20571—2006）国家标准已经从2006年12月1日发布实施，各地粮食行政管理部门和企业不得再按旧的标准鉴定陈化粮。各地要配合工商部门，对在新标准发布前已鉴定出的陈化粮继续加强监管，严防流入口粮市场。

四是认真查处涉粮案件。要高度重视对涉粮案件的查办工作。对群众反映强烈、领导关注的各类涉粮案件，特别是涉及政策性粮食购销及库存、严重侵害国家利益、扰乱正常粮食流通秩序的重大违法违规案件要重点查处；对情节恶劣、造成严重不良社会影响的重大案件，要按有关规定严肃处理并给予通报。进一步落实案件查处责任，明确管辖权限，提高办案效率，构建上下联动、分工负责的案件查处机制，努力将问题解决在基层，避免因执法不严、处理不当等原因造成重复举报、重复办案，同时做好案件处理的报送工作，对涉及其他部门管辖的案件，要及时沟通情况。要通过案件处理，及时发现监督检查工作的重点和难点问题，分析成因，总结规律，提出对策。

二、进一步加大中央储备粮监管力度，全面落实“三严格、两确保”的目标

一是加强沟通和协作，促进中央储备粮和谐共管。国家粮食局将与国家发改委、财政部、中国农业发展银行、中储粮总公司等有关部门和单位在中央储备粮质量监管、《粮食库存检查暂行办法》的培训和实施、粮食库存检查、《中央储备粮监管办法》的制定、中央储备粮网络监管体系建设等问题上，进一步加强信息交流，开展部门协作，切实履行中央储备粮的监管职责。同时，要积极探索做好适应中央储备粮垂直管理体系的监管工作机制。

二是加快中央储备粮监管体系建设。要加强调研工作，加快建设中央储备粮监管体系，前移监督检查关口，稳步推进对中央储备粮的动态监管，努力推动中央储备粮监管手段向科学化方向发展。在目前中央储备粮库存统计月报的基础上，增加与监督检查工作密切相关的信息指标，搭建监督检查工作平台，实时了解中央储备粮具体承储库点库存变化、轮换任务执行等方面情况，并逐步与有关部门和单位实现信息共享。

三、进一步加大体系建设力度，夯实监督检查工作基础

各地要按照国务院 16 号文件的要求，积极争取本级政府和有关部门对粮食流通监督检查行政执法工作的理解和支持。要落实专门的粮食流通监督检查行政执法机构，力争 2007 年底前，省级粮食行政管理部门尚未建立内设监督检查机构的，要千方百计，克服困难，全部建立起来；全国市级机构建设比例要达到 80%以上；县级机构建设比例要达到 70%以上。要配备必要的工作人员，人员不足的要根据工作需要，适当调整增加。各地不能因工作变动使行政执法人员减少，出现空缺要及时培训补齐。要将监督检查工作经费纳入本级财政年度预算，切实保障监督检查工作必要的经费支出。

四、进一步加大制度建设力度，构建监督检查长效机制

各地要继续抓好中央和地方出台的一系列粮食流通监督检查规章制度的贯彻落实，结合粮食流通监督检查工作面临的新情况、新任务，着力规范和完善有关制度。一是国家粮食局会同有关部门和单位研究起草《中央储备粮监管办法》，完善监管措施，推动中央储备粮监督检查工作向规范化、科学化方向发展。二是完善粮食行政执法文书，逐步建立统一的粮食流通监督检查行政执法文书格式。同时，还要建立粮食流通监督检查评议考核制度，研究制定相关评议考评办法。三是完善监督检查各项配套规章制度。已经制定规章制度的省（区、市），要在实践中进一步完善。尚未建立各项配套规章制度的，要抓紧制定、补齐。要继续加强监督检查的基础工作，按国粮检〔2006〕91 号文件要求做好每半年一次的监督检查调查统计工作，继续加强各地粮食流通监督检查信息交流和报送工作。

五、进一步加大监督检查工作队伍的作风建设力度，提高执法人员素质

各地要按照胡锦涛总书记在中纪委七次全会上的讲话精神，切实加强思想作风、学风、工作作风、领导作风、生活作风建设，在粮食流通监督检查队伍中大力倡导“勤奋好学、学以致用，心系群众、服务人民，真抓实干、务求实效，艰苦奋斗、勤俭节约，顾全大局、令行禁止，发扬民主、团结共事，秉公用权、廉洁从政，生活正派、情趣健康”八个方面的良好风气。要以强化培训为切入点，立足于综合素质的提高，采取多种方式，造就一支通晓法律和粮食业务知识的作风过硬的监督检查工作队伍。重点抓好四方面工作：一要抓好资格培训。包括粮食库存检查资格和行政执法资格培训。根据《粮食库存检查暂行办法》的规定，对参加库存检查的人员进行专业培训，严格考核，全面落实粮食库存检查持证上岗制度，遴选一批真正懂政策、业务精的专家，建立库存检查人才库，推动监督检查工作队伍向专业化方向发展；对尚未取得行政执法资格的从事粮食流通监督

检查工作的人员继续做好资格培训工作。二要搞好执法实务培训。在执法资格培训的基础上，将培训向深度和广度推进，开展案例培训、公共法律法规培训、标准案卷处理培训等，提高监督检查人员的执法水平。积极组织开展案例分析交流活动，解决行政执法理论和实践有机结合的问题。三要继续加强监督检查调研工作，推广交流先进典型经验，提高监督检查行政执法的实际工作能力。四要继续加大文明执法、依法管粮的职业教育。要珍惜来之不易的执法权，切实履行好《条例》赋予粮食行政管理部门的行政执法职责。对执法队伍，主要领导要亲自抓、亲自管，积极稳妥地推进各项监督检查工作。

国家粮食局

二〇〇七年四月十八日

055

关于印发《“十一五”粮食流通监督检查工作目标和2006年粮食流通监督检查工作要点》的通知

国粮办检〔2006〕3号

各省、自治区、直辖市及新疆生产建设兵团粮食局：

《“十一五”粮食流通监督检查工作目标和2006年粮食流通监督检查工作要点》已经国家粮食局领导批准，现印发给你们，请结合当地实际，认真贯彻落实。

国家粮食局

二〇〇六年一月四日

“十一五”粮食流通监督检查工作目标和2006年粮食流通监督检查工作要点

国家粮食局

2006年1月4日

2005年，各级粮食行政管理部门主动适应粮食购销市场化形势，深入贯彻以科学发展观统领粮食流通工作全局的指导思想，积极探索加强粮食流通监督检查工作的新思路、新方法，努力推进粮食流通监督检查工作法制化进程，全国粮食流通监督检查工作整体上取得了突破性进展。2006年是“十一五”开局之年，粮食流通监督检查工作要以邓小平理论和“三个代表”重要思想为指导，认真贯彻党的十六大和十六届五中全会、中央经济工作会议、中央农村工作会议精神，坚持科学发展观，切实落实两个条例，规范粮食流通秩序，全面推进依法管粮，为维护国家粮食安全、建设社会主义新农村、构建和谐社会做出贡献。

一、关于“十一五”期间粮食流通监督检查工作目标

为贯彻落实党的十六届五中全会提出的“十一五”时期经济社会发展的宏伟目标，根据我局“十一五”粮食工作的总体思路，“十一五”期间粮食流通监督检查工作目标是：

到2010年，形成一套比较完整的、适应社会主义市场经济要求的依法管粮

法规体系、质量标准体系和配套的工作制度体系。包括中央和地方储备粮监管、粮食库存监管、质量监管和收购市场监管等法规制度体系；层级监督、评议考核、行政执法责任制等监督检查工作制度。

——建成一个比较完善的，权责明确、行为规范、监督有效、保障有力的粮食流通监督检查行政执法工作体系。以县级粮食行政管理部门为工作重心，健全从国家粮食行政管理部门到省、市、县级粮食行政管理部门的完整的网络化行政执法工作体系；完善粮食质量检验检测体系；落实收支两条线的执法经费保障体系。

——培育一支有较高整体素质的专业监督检查执法队伍。建立系统化的、执法资格培训与业务素质培训相结合的行政执法人员培训考核体系。形成一支具有明确的依法行政意识、文明执法意识和服务意识，执法政策水平和专业水平较高的监督检查行政执法队伍。

——建立一套高效快捷的监督检查行政执法信息网络体系。逐级建立粮食经营者诚信档案系统，建立监督检查行政执法信息交流、信息发布和政策宣传网络。

——基本形成经营活跃、管理规范、流通有序、供求稳定、卫生安全的粮食流通秩序。建立公平公正、处罚与教育相结合的长效监督检查工作机制，使广大粮食经营者都能知法守法，营造依法管粮的良好社会氛围，有效保护粮食生产者积极性、维护粮食经营者和消费者的合法利益，确保国家粮食安全和粮食质量卫生安全。

二、关于 2006 年监督检查工作要点

为实现“十一五”总体目标，2006 年，各地粮食行政管理部门要继续发扬过去已经取得的工作成绩，充分运用好已经建立的监督检查工作体系，推动粮食流通监督检查工作全面、健康、协调发展。在工作部署上，要落实“五要”的要求，即：监督检查重点要为粮食工作大局服务，行政执法重心要向基层转移，工作体系建设要向市县延伸，队伍建设关键要提高整体素质，制度建设目标要突出依法管粮。

（一）监督检查重点要为粮食工作大局服务

2006 年，省级监督检查机构已经建立的地区，工作重点要从体系建设向加强日常监管转移，监督检查的出发点和落脚点都要强调为粮食工作大局服务。各级粮食行政管理部门要按照我局的统一要求并结合当地实际，切实做好各项监督检查工作。

——一要切实加强对粮食库存的监管，重点管好各级储备粮。按照国务院关于粮食清仓查库工作制度化的要求，2006 年，我局将指导各地粮食行政管理部

门继续搞好粮食库存检查工作，重点掌握国有粮食企业库存粮食的数量和储存安全情况。在各地粮食库存自查的基础上，我局和国务院有关部门、单位将继续联合组织库存抽查，摸清粮食库存家底。为进一步规范粮食库存检查工作，我局将会同有关部门抓紧制定《粮食企业库存检查办法》，按照两个条例的有关规定，充实检查内容，规范检查程序，完善检查手段，尽快实现粮食库存检查工作制度化和规范化。2006年我局将按照《中央储备粮管理条例》要求，加强对中央储备粮监管的基础工作，建立信息畅通、监管规范的工作机制。重点对中央储备粮代储企业承储的中央储备粮的情况进行监督检查，适时组织对中央储备粮油轮换情况、安全储粮情况、制度规范执行情况等的专项检查。各地粮食行政管理部门要按照地方储备粮管理的具体办法，加强对地方储备粮的监管。

——二要切实加强对政策性用粮的监管。各级粮食行政管理部门要对军粮供应、退耕还林粮食供应、水库移民粮食供应和救灾粮供应等政策性用粮经营活动落实监管责任，明确监管措施，逐步形成对各类政策性用粮的规范监管制度。

——三要切实加强对粮食质量的监管。进一步加强对中央储备粮、地方储备粮、其他政策性用粮的质量监督检查。依据2005年10月1日起实施的粮油卫生标准，开展原粮卫生专项摸底调查，切实掌握不同性质的库存粮食的卫生现状。积极组织对粮食储存品质判定规则和中央储备粮质量控制标准进行修订和完善。

——四要切实加强对违法违规案件的查处、整改工作。要重视深化粮食流通体制改革过程中，群众反映强烈、领导关注的各类涉粮案件的查处工作。特别是对在粮食收购中违反国家政策、损害农民利益的问题，中央和地方储备粮管理中的违规问题，要重点查处，并督促有关地方、单位切实加以整改。对重大的、影响面大的案件，各省级粮食局要反映迅速，依法及时组织查处，切实发挥好省级粮食行政管理部门在全国粮食流通监督检查工作中的中坚作用。

为做好以上工作，2006年我局将筹备与各省级粮食行政管理部门建立粮食流通监督检查行政执法体系计算机信息网络。指导各地建立粮食经营者信用档案等粮食流通信用体系，对粮食经营者进行规范监管。

（二）行政执法重心要向基层转移

按照国务院《全面推进依法行政实施纲要》关于“减少行政执法层次，适当下移执法重心，对与人民群众日常生活、生产直接相关的行政执法活动，主要由市、县两级行政执法机关实施”的要求，对粮食经营者的粮食收购资格情况、执行国家粮食流通法律法规和政策情况、使用的仓储设施设备情况、执行国家粮食流通统计制度情况等日常监督检查行政执法工作，大部分要落实到基层市、县粮食行政管理部门。省级以上粮食行政管理部门，要加强对基层粮食行政管理部门开展监督检查行政执法工作的指导，督促市、县粮食行政管理部门做好日常监管工作。为做好这方面的工作，2006年我局将跨省组织粮食流通监督检查行政执法交叉调研和行政执法案例调研，帮助各地相互借鉴工作经验，促进监督检查工作向纵深开展。

（三）工作体系建设要向市县延伸

在继续加强省级粮食行政管理部门粮食流通监督检查工作体系建设的同时，2006年要将体系框架建设的重点向市、县粮食行政管理部门延伸，为行政执法重心向基层转移提供组织保障。省级粮食行政管理部门要协助尚未建立监督检查专门机构的市、县粮食行政管理部门加大工作力度，积极争取当地党委、政府和有关部门的支持，落实粮食流通监督检查工作机构、职能、人员和经费。暂属事业编制的少数地方粮食局，要争取尽快取得行政执法主体地位；确有困难、暂时不能成立监督检查专门机构的市、县粮食行政管理部门的监督检查行政执法职能，要由上级粮食行政管理部门或当地政府指定的部门代行，避免出现监督检查行政执法“盲区”。各级粮食行政管理部门内部要相对集中行政处罚权，并落实到监督检查具体职能处室（科、股）。目前尚未内设监督检查专门机构的省级粮食行政管理部门，要力争在2006年底之前落实专门机构。确有困难暂时不能内设监督检查专门机构的，要在2006年一季度内，把粮食流通监督检查的职能落实到专门的内设机构和执法岗位，并且要逐级报备。

（四）队伍建设关键要提高整体素质

为适应当前粮食行政管理部门的行政执法工作刚刚起步的情况，需要不断探索和总结经验，要继续坚持积极稳妥，避免工作中不作为和乱作为两种倾向，确保监督检查工作“不缺位、不越位、不错位”，切忌违法执法。为此，必须进一步加强监督检查工作队伍的素质和作风建设。

要加强培训，提高监督检查行政执法人员的整体素质。在2005年主要进行执法资格培训的基础上，今后要将监督检查行政执法培训工作形成制度。2006年的培训重点是提高监督检查行政执法人员的依法管粮意识、业务素质和执法水平，要将课堂培训与执法工作现场培训相结合，要将理论知识学习与执法实践、案例分析相结合，通过多样化的培训和实践，使执法队伍的整体素质迈上一个新的台阶。

要大力倡导文明执法。杜绝盲目执法、野蛮执法、以罚代管等现象，努力构建公平、公正和处罚与教育相结合的长效监督检查工作机制。要继续通过报纸、杂志、网络等新闻媒体积极宣传国家粮食流通法律、法规、政策，提高粮食经营者守法经营的自觉意识和经营素质，在全社会范围内营造守法经营的良好氛围。

（五）制度建设目标要突出依法管粮

2006年，各级粮食行政管理部门要以国务院《全面推进依法行政实施纲要》为总纲，按照两个条例的具体要求，继续抓好粮食流通监督检查各项制度建设。各项规章制度要细化，要具备可操作性，突出依法管粮。要依法界定执法职责，逐步建立健全行政执法评议考核制度，加强组织领导，积极推行行政执法责任制。在建立各项制度的基础上，要注重抓好执法监督，督促落实各项制度。要加强对内设监督检查机构、执法组织和行政执法人员的执法监督，上级粮食行政管理部门要加强对下级粮食行政管理部门的执法监督，各级粮食行政管理部门的监督检查工作还要积极接受当地政府的执法监督。

056

关于认真做好2005年粮食流通监督检查工作的意见

国粮检〔2005〕15号

各省、自治区、直辖市及新疆生产建设兵团粮食局：

粮食流通监督检查工作是一项十分重要的工作，党中央、国务院多次强调要处理好放开粮食购销市场和加强粮食市场监管的关系。2004年，各地粮食行政管理部门面对粮食购销市场全面放开的新形势，按照党中央、国务院的要求，积极转变行政职能，努力完善监督检查工作体系，加快配套法规和制度建设，认真开展国有粮食购销企业粮食库存检查，密切配合有关部门加强对陈化粮处理工作的监管，并积极推进面向全社会粮食流通的监督检查工作，取得了明显成绩。2005年，各地要进一步深入贯彻以科学发展观统领经济工作全局的指导思想，认真按照《粮食流通管理条例》（简称《条例》）和《粮食流通监督检查暂行办法》（简称《办法》）的要求，全面完善粮食流通监督检查工作体系和工作制度，加强监督检查工作队伍建设和执法人员培训，努力建立责权明确、行为规范、监督有效、保障有力的粮食流通监督检查工作体制和运行机制，严格按照《条例》赋予的各项行政执法职能，积极开展面向全社会粮食流通的监督检查工作，切实做到监督检查各项工作不“缺位”、不“越位”、不“错位”。

一、抓紧完善粮食流通监督检查工作体系

《国务院关于进一步深化粮食流通体制改革的意见》（国发〔2004〕17号）要求稳定和加强粮食行政管理部门机构和人员，《条例》和《办法》对粮食行政管理部门粮食流通监督检查的机构、人员和经费问题提出了更为具体的要求。各地要按照国务院要求，抓住《条例》颁布和《办法》出台的契机，积极争取地方党委、政府和有关部门的理解和支持，围绕粮食流通监督检查工作体系建设，重点落实好三个方面的工作。一是加快建立、健全粮食流通监督检查体系。各省级粮食行政管理部门必须建立专门的监督检查处室，切实做到监督检查工作职能、机构、人员“三落实”。已经成立监督检查处室的，要尽快将工作机构向地（州、市）、县（市）两级延伸。地（州、市）、县（市）两级粮食行政管理部门要重点落实专职的执法人员队伍，为开展面向全社会的粮食流通监督检查工作奠定基础。二是妥善解决好基层粮食行政管理部门的行政执法主体地位问题。对机构改

革中已经撤并的县（市）粮食行政管理部门，要争取地方党委、政府的支持，尽快加以恢复，或明确执法部门及职能；暂属事业编制的少数地方粮食局，要争取尽快恢复行政执法主体地位，在恢复行政执法主体地位之前，要按照《行政处罚法》的规定请地方政府给予执法授权或委托，获得行政执法资格。三是积极争取地方财政部门的支持，严格按照“收支两条线”的有关规定，解决好粮食流通监督检查工作经费问题，粮食流通行政执法的罚没收入及时上缴同级财政。

二、健全粮食流通监督检查工作制度

去年，我局与有关部门依据《条例》的有关规定制定并出台了《粮食流通监督检查暂行办法》、《粮食收购资格审核管理暂行办法》、《国家粮食流通统计制度》、《中央储备粮代储资格认定办法》及《粮食质量监管实施办法（试行）》等一系列配套文件，粮食流通监督检查法规体系开始初步形成。各地要根据这些办法，尽快制定实施细则，抓紧完善地方储备粮管理、粮食库存管理、粮食收购管理、粮食质量检验、粮食流通统计等方面监督检查的规章制度，使粮食流通监督检查工作从一开始即纳入法制化、规范化的轨道，所制订的规章制度报国家粮食局备案。

三、加强监督检查工作队伍的培训和队伍的作风建设

粮食流通监督检查工作政策性强、涉及业务面广，做好这项工作需要建设一支政治素质高、业务能力强、作风正派、能够担当重任、经得起考验的行政执法队伍。各地要切实重视和加强粮食流通监督检查队伍建设，特别是基层粮食行政执法队伍建设。要注重人才的培养，通过培训、学习、调研等多种形式，努力提高执法人员依法行政的能力和水平。要在队伍中营造开拓进取、爱岗敬业、学习先进、弘扬正气的良好工作氛围，树立求真务实的工作作风。

当前要结合建立监督检查持证上岗制度，重点做好对粮食流通监督检查人员的培训和考核工作。2005 年上半年，我局将组织对省级粮食行政管理部门粮食流通监督检查人员和地（州、市）粮食行政管理部门粮食流通监督检查业务骨干进行培训，省级粮食行政管理部门粮食流通监督检查人员经培训、考核合格后，由我局统一颁发粮食监督检查证。请于 1 月 31 日前将本省（自治区、直辖市）参加今年第一期培训的省级粮食行政管理部门粮食流通监督检查人员名单（5～10 名）报我局监督检查司。参加全国培训后，各省、自治区、直辖市要立即行动起来，组织、落实好本辖区内的培训、考核和发证工作。

四、稳步推进面向全社会粮食流通的监督检查工作

各地粮食行政管理部门要按照《条例》和《办法》的规定，采取定期检查、

专项检查、重点抽查和专案调查等相结合的方式，在粮食部门的职责范围内，依法履行好对粮食经营者执行国家粮食法规、政策情况的监督检查、行政执法工作。今年内要重点做好粮食库存数量和质量检查、粮食收购资格检查、粮食流通统计制度执行情况检查、中央储备粮代储资格检查以及政策性粮食供应检查等方面的工作，下半年我局将组织对中央储备粮质量的抽查，并与各省级粮食局共同对各地政策性粮食供应情况和地方储备粮管理情况进行抽查。要进一步加强对陈粮销售和陈化粮处理的监管，做好群众反映问题的查处工作。对检查中发现的扰乱粮食流通秩序的违法、违规行为，要依法进行惩处。要注意处罚与教育相结合，通过宣传、教育不断提高粮食经营者守法经营的自觉性。

面向全社会的粮食流通监督检查是一项全新的工作，各地务必要积极稳妥，谨慎从事。要注意加强上下之间、部门之间的信息交流和协调配合，要及时发现和纠正执法检查中出现的问题。对由于执行法规、政策存在偏差所造成的问题，要及时与有关单位沟通，制定有效的防范措施，避免类似问题再次发生。对因法规、政策不健全或法规、政策本身存在某些缺陷引发的问题，要及时向我局、地方政府和有关部门反馈，为国家和各地制订、完善各项粮食法规、政策提出意见和建议。

五、加强对粮食流通监督检查的执法监督

粮食流通监督检查包括行政执法和执法监督两层含义，一方面要严格执法，维护粮食市场正常的流通秩序，另一方面要注重对粮食流通行政执法人员，特别是基层执法人员的业务指导和工作监督。省（自治区、直辖市）、地（州、市）两级粮食行政管理部门要按照分级负责制的原则，逐步建立、健全对下级粮食行政管理部门粮食流通行政执法的指导和监督机制，力争将各种问题解决在初期和基层，坚决杜绝盲目执法、野蛮执法的行为。

在建立粮食流通监督检查工作体系的基础上，我局将于今年年底对粮食流通监督检查工作先进集体和个人进行表彰，各地也要做好对先进集体和个人的表彰工作。

各地粮食行政管理部门，特别是基层粮食行政管理部门要尽职尽责，认真做好粮食流通行政执法工作，不断总结经验，积极探索粮食流通监督检查工作的基本规律，更好地为保障国家粮食安全服务。

九 粮食市场及市场体系

057

关于印发《全国粮食市场体系建设与发展“十二五”规划》的通知

国粮政〔2012〕13号

各省、自治区、直辖市、计划单列市及新疆生产建设兵团、黑龙江省农垦总局粮食局，中国储备粮管理总公司、中粮集团有限公司、中国华粮物流集团公司、中国中纺集团公司：

为贯彻落实《国家粮食安全中长期规划纲要（2008—2020年）》、《全国新增1000亿斤粮食生产能力规划（2009—2020年）》及《粮食行业“十二五”发展规划纲要》的有关精神，加强对全国粮食市场体系建设与发展的规划指导，我局制定了《全国粮食市场体系建设与发展“十二五”规划》，现印发给你们。请结合各地实际，认真组织实施。

国家粮食局

二〇一二年一月二十一日

全国粮食市场体系建设与发展“十二五”规划

国家粮食局

2012年1月21日

为加强对全国粮食市场体系建设与发展的指导，加快建设统一开放、竞争有序的粮食市场体系，充分发挥粮食市场在组织粮食流通、合理配置粮食资源、服务粮食宏观调控、保障粮食安全等方面的重要作用，根据《国家粮食安全中长期规划纲要（2008—2020年）》、《全国新增1000亿斤粮食生产能力规划（2009—2020年）》、《粮食行业“十二五”发展规划纲要》，制定本规划。

一、主要成就和存在的问题

“十一五”时期，全国各类粮食经营企业共收购粮食131569万吨，占同期全国粮食总产量的50%以上，全国统一的粮食竞价交易系统共交易政策性粮油

24562万吨。2010年，全国各类粮食批发市场的粮油成交量14000万吨，粮食期货合约交易量约6.7亿手，交易总金额近30.3万亿元。

国家有关部门积极投入资金用于支持骨干粮食批发市场开展信息系统和质量检验检测系统建设，提升市场的综合服务功能。各地加强对粮食市场体系建设的规划指导和政策资金扶持，加快推进粮食市场建设与发展。粮食物流等相关基础设施的投入使用，为粮食市场发展创造了良好条件。

国家颁布了粮食流通管理的相关法规和相关配套的管理制度，各地建立健全了粮食市场监管的组织机构，为加强市场监管提供了法律依据和制度保障，规范了粮食经营者和管理者行为，维护了正常的粮食市场秩序，切实保护了售粮农民利益。

到“十一五”末，全国具有粮食收购资格的经营者8.75万家，受企业委托或与企业合作的农村粮食经纪人36.2万人。各地放心粮油生产企业已建立各类销售网点17万多个，其中城镇网点11万多个、农村网点6万多个。全国各类粮食批发市场40余家，国家粮食交易中心22家，建立了全国统一的粮食竞价交易系统。有两家从事粮食交易的期货市场，品种涵盖小麦、早籼稻、玉米、大豆、豆粕、豆油、菜籽油等。我国涵盖粮食购销多个环节、多元市场主体、多种交易方式、多层次市场结构的粮食市场体系已基本形成，在配置粮食资源、服务宏观调控中发挥重要作用。

“十二五”时期，是加快现代粮食流通产业发展的重要战略机遇期，是构建国家粮食安全保障体系的攻坚期，粮食市场体系建设与发展面临着难得的机遇。同时，国际国内市场联系日趋紧密，国际市场粮食供求和价格变化对国内市场稳定影响加大。我国粮食市场体系建设中仍然存在着一些亟待解决的问题：粮食收购、零售、批发市场的经营者组织化程度较低，市场竞争力较弱，粮食市场的功能定位、综合服务水平和基础设施水平有待提高；粮食市场监测、预测、预警体系和信息发布机制还不健全，市场信息对粮食生产、流通的引导作用有待进一步加强；相关政策措施和发展环境有待进一步改善。

二、指导思想、基本原则和发展目标

（一）指导思想

以科学发展为主题，以加快转变经济发展方式为主线，按照《粮食行业“十二五”发展规划纲要》的总体要求，强化政策支持，加强规范管理，促进各类粮食市场健康有序、又好又快发展，保护粮食生产者、消费者和经营者利益，充分发挥市场配置粮食资源的基础性作用，服务国家粮食宏观调控，加快健全和完善现代粮食市场体系。

（二）基本原则

1. 统筹规划，分步实施。统筹规划粮食收购、零售、批发、期货市场的建设与发展。根据各类市场发展的实际需要，因地制宜，合理设置发展目标，有计划、分步骤地推进各类市场建设与发展。

2. 转变方式，持续发展。立足于对现有市场资源的重组整合，充分发挥国家粮食交易中心和区域性、专业性粮食批发市场的辐射带动作用。调整市场布局，优化结构，坚持走资源节约型的可持续发展道路。

3. 加强指导，突出重点。针对各类市场的不同特点和功能，加强对粮食市场建设与发展的分类指导。对在掌握粮源、组织流通、衔接产销、保障供应等方面发挥重要作用的市场，给予积极支持和重点投入，健全粮食市场功能，提高综合服务水平。

4. 完善制度，加强监管。认真贯彻《粮食流通管理条例》和《中央储备粮管理条例》，加快粮食市场管理规章制度建设。依法规范市场交易行为，维护粮食市场正常流通秩序，创造良好的市场发展和经营环境。

（三）发展目标

到 2015 年，形成以粮食收购市场和零售市场为基础、批发市场为骨干、粮食期货交易稳步发展，统一开放、竞争有序的现代粮食市场体系。

——粮食收购服务体系更加高效规范。国有粮食企业的市场竞争力稳步提升，多元收购主体继续健康发展，形成粮食收购主渠道与多渠道并举、覆盖面广、方便农民售粮的收购服务体系，收购服务水平不断提高，粮食收购市场秩序进一步规范。

——粮食零售供应网络更加健全。粮食零售供应网点在满足城乡居民多元消费需求和应急供应方面的作用得到充分发挥，形成网点方便、质量安全、诚信规范的零售供应网络。

——粮食批发市场体系更加完善。粮食批发市场的服务功能进一步提升，形成以国家粮食交易中心为龙头、区域性批发市场为骨干、城镇成品粮市场为基础，多层次的粮食批发市场体系。

——粮食期货交易的功能进一步发挥。粮食现货与期货市场的联动性稳步增强，粮食期货交易发现价格和规避风险的机制更加健全。

——粮食市场信息体系建设步伐明显加快。粮食市场信息的覆盖面更广、服务性更强、预测更加准确及时，市场信息的导向作用进一步增强。

三、主要任务

（一）构建高效粮食收购服务体系，规范粮食市场秩序

充分发挥国有粮食企业在粮食收购中的主渠道作用，服务农民售粮和国家粮

食宏观调控。引导各类具有资质的市场主体从事粮食收购活动，发挥粮食经纪人搞活粮食流通的积极作用。加强粮食收购市场服务与监管，严格执行收购市场准入制度，规范粮食收购行为，严厉打击损害售粮农民和其他粮食生产者利益等违法违规行为，监督粮食收购者履行法定义务和执行国家粮食收购法律、政策和标准。引导各类收购主体提高服务意识，鼓励开展“公司+农户”等形式的粮食订单收购。

（二）完善粮食零售供应网络，加强市场监督管理

大力发展以超市、便民连锁店为主要形式的城乡粮油供应网点，积极发挥城镇集贸市场在粮食供应中的作用，建立满足居民日常粮食消费需求的零售供应网络。大中城市要确定一批用得上、实力强、效率高的粮食应急供应网点，确保粮食应急供应。加快推进农村粮油超市、连锁店和农村集贸市场发展，方便农村居民生活。鼓励和支持粮食连锁经营、电子商务等现代流通方式向农村延伸。规范粮食零售市场管理，健全粮食零售经营者诚信档案制度，配合工商等监管部门严厉打击以次充好、短斤少两、质量不合格等坑害消费者行为，确保零售市场粮食质量安全。以深入开展“放心粮油”进农村、进社区活动为重点，进一步扩大“放心粮油”覆盖范围，切实提高城乡口粮质量安全水平。

（三）全面提升市场服务功能，健全现代粮食批发市场体系

根据粮食宏观调控的需要，继续选择部分大型区域性粮食批发市场，组建国家粮食交易中心。以国家粮食交易中心为依托，加快健全全国统一粮食竞价交易系统，扩大交易系统的市场联网范围，完善统一交易规则。积极推进中央储备粮及其他政策性粮油进入国家粮食交易中心交易。引导区域性、专业性粮食批发市场积极组织开展跨区域的大宗粮食品种的交易，充分发挥其在粮食产销衔接中的作用。加强产销区粮食市场信息对接，组织好粮食购销，在服务主产区农民增收、满足主销区粮食需求方面发挥积极作用。

加快大中城市成品粮批发市场建设，构建大中城市口粮供应保障系统，确保城市居民粮食消费需求。根据大中城市特别是特大型城市人口构成和粮食消费需求状况，重点选择120家左右的大中型成品粮批发市场，予以重点指导和政策扶持。成品粮批发市场要建立经营商户粮食经营诚信档案制度，强化入市粮食的质量与卫生检验检测，严格市场管理，健全市场信息监测系统和质量检测系统，确保口粮质量安全，保护消费者利益。

全面提升粮食批发市场功能，不断提高批发市场在提供粮食价格信息、资金结算、物流配送等方面的综合服务水平，加快粮食批发市场基础设施改造升级。创新市场交易方式，降低交易成本，增加交易透明度，不断增强市场服务能力。健全市场管理制度，提高粮食批发市场管理水平和从业人员素质，建设管理规范的粮食批发市场。

（四）完善粮食期货交易，发展粮食期货市场

稳步发展粮食期货交易，逐步增加粮食期货交易品种，引导粮食企业和农民专业合作组织利用期货市场规避风险。研究制定国有粮食企业进行套期保值的相关规定，增强现货市场与期货市场的联动性，健全粮食市场形成价格机制。

（五）加快粮食市场信息体系建设，发挥信息导向作用

适应粮食市场发展的需要，充分吸收和利用现代信息技术的成果，加快粮食市场信息体系建设和换代升级。建立健全粮油市场供需平衡分析体系，构建市场信息分析预测模型，提高市场信息工作水平。促进各类信息机构的交流与合作，健全粮油市场信息收集与发布体系，发挥好市场信息导向作用。

四、政策措施

（一）加强对粮食市场体系建设的规划和指导

国家粮食行政管理部门要继续加强对粮食市场体系建设的规划指导，抓好规划的实施工作。各级粮食行政管理部门要根据国家有关规划的要求，从本地实际情况出发，研究制定本地区粮食市场体系建设规划，并做好与相关规划的衔接工作。要按照转变经济发展方式的要求，结合当地粮食资源条件，加快推进市场结构优化和调整重组，防止重复建设、资源浪费和无序竞争。要加强对开展网上竞价交易业务的粮食批发市场建设的规划和管理。各地要充分重视粮食市场建设的重要性，把建设粮食市场体系作为发展现代粮食流通产业的一项重要工作，切实抓紧抓好。

（二）大力培育和发展多元市场主体

推动国有粮食企业改革和发展，建立现代企业制度。鼓励国有粮食企业实施跨行业、跨区域重组，培育若干个具有国际竞争力的国有粮食企业。积极培育和发展多种所有制粮食市场主体从事粮食经营活动，搞活粮食流通。积极发展农民专业合作组织，提高市场组织化程度。培育农村粮食经纪人队伍，推进粮食经纪人职业资格培训，提升从业人员素质。引导多元主体投资粮食市场建设。

（三）积极扶持粮食市场发展

粮食批发市场具有公益性质，要给予积极扶持。重点支持全国统一竞价交易系统和大中城市成品粮批发市场信息系统、质量检验检测系统建设。结合《粮食现代物流发展规划》，将部分区位优势明显、交易数量较大的粮食批发市场纳入国家粮食物流通道建设规划，争取资金支持，加强粮食批发市场的物流基础设施建设。积极推进中央政策性粮进入国家粮食交易中心公开进行交易、地方政策性粮进入规范的粮食批发市场进行交易。要积极争取发展改革、财政、国土资源、交通运输、铁道、商务、金融、税务、工商等部门的支持，对符合国家规划和地方规划要求的粮食市场给予重点扶持，在基础设施建设、进场交易、客户税费、

物流运输等方面给予优惠政策。

（四）完善粮食市场管理相关规章制度

认真贯彻《粮食流通管理条例》和《中央储备粮管理条例》，加快粮食市场管理规章制度建设，完善粮食收购市场准入和退出制度。加快健全粮食质量标准和检验检测体系，加强质量安全监督抽查，严把粮食质量安全关，严禁不符合质量和卫生标准的粮食流入口粮市场。抓紧制定《粮食批发市场管理办法》，规范粮食批发市场交易行为，加强对粮食批发市场监督管理。各级粮食行政管理部门要与有关部门密切配合，加强粮食市场监管，发挥各类粮食行业协会在引导市场行业自律、诚信建设等方面的积极作用，切实维护粮食流通市场秩序。

058

关于印发《全国粮食市场体系建设“十一五”规划》的通知

国粮政〔2007〕202号

各省、自治区、直辖市及新疆生产建设兵团粮食局：

为贯彻落实《中共中央国务院关于积极发展现代农业扎实推进社会主义新农村建设的若干意见》（中发〔2007〕1号）、《中共中央国务院关于促进中部地区崛起的若干意见》（中发〔2006〕10号）、《中华人民共和国国民经济和社会发展第十一个五年规划纲要》和《国务院关于完善粮食流通体制改革政策措施的意见》（国发〔2006〕16号）的有关精神，促进全国粮食市场体系健康有序发展，我局编制了《全国粮食市场体系建设“十一五”规划》，现印发给你们，请结合本地实际认真组织实施。

国家粮食局

二〇〇七年八月二十八日

全国粮食市场体系建设“十一五”规划

国家粮食局

2007年8月28日

为加强对全国粮食市场体系建设的指导，规范粮食流通市场秩序，合理配置粮食市场资源，充分发挥粮食市场在组织粮食流通、保障市场供应、稳定市场粮价、确保粮食安全方面的重要作用，加快建设统一开放、竞争有序的粮食市场体系，根据《中共中央、国务院关于积极发展现代农业扎实推进社会主义新农村建设的若干意见》（中发〔2007〕1号）、《中共中央、国务院关于促进中部地区崛起的若干意见》（中发〔2006〕10号）、《中华人民共和国国民经济和社会发展第十一个五年规划纲要》的有关精神和《国务院关于完善粮食流通体制改革政策措施的意见》（国发〔2006〕16号）有关要求，制定本规划。

一、我国粮食市场体系现状

（一）发展现状

经过十几年的发展，我国已初步形成涵盖粮食购销多个环节、多元市场主体、多种交易方式、多层次市场结构的粮食市场体系，在搞活粮食流通、保证市场供应、提高流通效率、调节粮食供求、配置粮食资源、保护种粮农民利益等方面发挥了积极作用。

1. 粮食市场体系初步形成。目前，全国已有取得粮食收购资格的粮食经营者8万多个；经营粮食零售业务的集贸市场遍布城乡各地，大部分城乡超市都经营粮油产品；粮食批发市场600余家，批发市场经营主体有国有、股份制、民营等，市场类型有大型的商流市场、区域性市场、大中城市成品粮市场、城镇摊位市场等，交易方式有协商交易、竞价交易、网上交易等；从事粮食交易的期货市场有两家，粮食期货品种主要有小麦、玉米、大豆等。

2. 粮食市场功能不断完善。各类粮食市场分工趋于明晰，市场定位逐步明确，作用日益显现。粮食收购市场在贯彻国家粮食收购政策、方便农民售粮、促进粮食生产发展和农民增收、提供商品粮源方面发挥了基础性作用。粮食零售市场在满足和方便人们日常生活需要，调剂粮食品种余缺方面发挥积极作用。粮食批发市场在组织大宗粮食品种交易，形成现货市场价格，传递市场供求和价格信息，服务国家宏观调控等方面发挥了重要作用。大型粮食商流市场主要承担了国家政策性粮食的竞价销售任务，促进了粮食产销衔接和粮食价格稳定；大中城市成品粮市场主要发挥了保证城市口粮供应的功能，其中销区成品粮市场组织的粮源已达到当地消费量50%以上。粮食期货市场稳步发展，在发现价格、规避风险等方面发挥着不可替代的作用。“十五”末期，全国各类粮食批发市场的粮油年成交量8000多万吨，成交金额约1230亿元；粮食期货合约交易近25800万手，交易总金额达53376亿元。

3. 粮食市场管理逐步加强。《农产品质量安全法》、《中央储备粮管理条例》、《粮食流通管理条例》以及《粮食流通监督检查暂行办法》、《粮食质量监管实施办法（试行）》等行政法规和规范性文件的颁布实施，粮食收购市场准入制度的建立，为规范粮食经营者和管理者行为，加强粮食市场管理提供了法律保障。粮食流通监督检查机制初步建立，市场监管力度逐步加大，维护了正常粮食市场秩序。

（二）面临的形势和问题

随着粮食购销市场化改革的不断深入，经营粮食的市场主体和粮食流通数量迅速增加，粮食产销格局出现新的变化，粮食宏观调控任务加重，对粮食市场体系建设提出了新的要求。一是粮食市场和价格放开后，市场配置粮食资源基础性作用的发挥，粮食市场主体的培育，市场价格的形成，流通效率的提高，都需要以统一开放、竞争有序的粮食市场体系为前提。二是粮食购销市场化改革后，粮食主产区和主销区之间的供求合作和产销衔接，已从传统的政府组织转变为主要通过市场来组织和运作；城镇居民口粮供应和企业生产用粮主要靠粮食市场来满足，这都需要以布局科学、结构合理的粮食市场体系为基础。三是国家对粮食流通的管理由行政手段转变为经济、法律和必要的行政手段，储备粮及其他政策性粮的购销、应急保障措施的有效实施、粮食市场价格的调控都需要以功能完善、运作规范的粮食市场体系为载体。四是加入世界贸易组织后，国内粮食市场与国际粮食市场联系日益紧密，利用好国际国内两个市场、两种资源，适时调控国内粮食市场，提高我国粮食产业竞争能力，需要以机制健全、运转高效的粮食市场体系为保障。目前，粮食市场的发展状况与其所担负的重要任务还不相适应，主要表现在：

1. 粮食市场主体发育不够充分。粮食生产者种植规模小，合作组织化程度低，参与市场竞争和抵御市场风险能力较差，作为市场主体还比较弱；部分国有粮食企业产权制度改革比较滞后，有的企业改革改制不规范，还没有建立起现代企业制度；其他所有制市场主体多数经营量小，特别是缺少一批大型的、有国际竞争能力的粮食企业集团；粮食市场行业中介组织发展尚不完善，服务功能和自律作用有待加强。

2. 各类粮食市场发展不够完善。粮食收购市场有序、公平竞争的机制还不健全。粮食批发市场在地区间发展不平衡，有的商流市场交易不活跃，成品粮市场在有的城镇发展缓慢。粮食零售供应网络不健全，质量安全保障体系不够完善，市场管理有待加强。粮食期货市场交易品种偏少，现货和期货市场联动性不够。市场服务功能不全，在引导粮食生产、形成市场价格、调节粮食供求等方面作用有待进一步发挥。

3. 市场发展环境不够理想。粮食市场建设缺乏科学规划和政策指导，市场重复建设和功能缺失并存。缺少粮食市场管理的专门法规规章，市场监管比较薄弱。一些市场基础设施条件差，政府资金投入不足，扶持市场发展的政策措施不到位。

4. 市场信息对粮食生产、流通的引导作用发挥不够充分。目前，我国还没有权威的粮食市场信息发布体系，信息监测和处理系统建设比较滞后，面对不断变化的国际国内粮食市场，建设面向全社会的公益型粮食市场信息服务系统迫在眉睫。

二、指导思想、原则和目标

（一）指导思想

以邓小平理论和“三个代表”重要思想为指导，全面贯彻落实科学发展观，按照建设社会主义新农村和构建社会主义和谐社会的要求，促进各类粮食市场健康有序、又好又快发展，保护粮食生产者、消费者和经营者利益，充分发挥市场对配置粮食资源的基础性作用，服务国家粮食宏观调控，确保国家粮食安全。

（二）基本原则

1. 政府引导，市场导向。按照宏观调控需要，遵循市场规律，对粮食市场建设进行科学规划，确保市场建设布局合理、有序。坚持市场导向，充分发挥市场机制在粮食市场建设和发展中的作用，提高资源配置效率。

2. 分类指导，重点扶持。针对各类市场的不同特点和功能，加强对粮食收购、零售、批发和期货市场的分类指导，促进协调发展。根据组织粮食流通、衔接产销关系、保证市场供应等方面需要，重点扶持大型商流粮食批发市场、大中城市成品粮批发市场的建设和发展。

3. 积极培育，加强监管。完善政策措施，积极培育粮食市场经营主体，鼓励多元粮食市场主体入市收购和交易。政府通过增加投入，引导和带动多元投资主体参与市场建设。加强粮食市场发展的管理和指导，规范市场交易行为，确保粮食质量和卫生安全，维护正常市场秩序。

4. 立足调整，优化布局。粮食市场建设和发展应主要立足现有资源进行重组整合，提升市场服务功能。对确需新建项目要进行充分论证和科学规划，避免资源浪费和重复建设。

（三）主要目标

到2010年，基本建成以粮食收购市场和零售市场为基础、批发市场为骨干、国家粮食交易中心为龙头、期货市场为先导，商流与物流、传统交易与电子商务、现货与期货有机结合，布局更合理、功能更完善、制度更健全、运行更规范，统一开放、竞争有序的粮食市场体系。

粮食收购市场建设，以满足农民售粮需要和规范收购秩序为重点，完善以国有粮食企业为主渠道、市场主体多元化的收购市场体系。

粮食零售市场建设，以规范市场交易和健全市场供应网络为重点，形成网点方便、质量安全、环境良好、诚信规范的零售市场体系。

粮食批发市场建设，以提升功能和合理布局为重点，形成以国家粮食交易中心为龙头、区域性批发市场和大中城市成品粮市场为骨干、城镇摊位市场为基础，多层次的粮食批发市场体系。

粮食期货市场建设，以完善品种体系、发展机构投资者和扩大交易规模为重点，促进现货与期货市场良性互动，为企业和农民提供发现价格、规避风险的服务。

三、主要任务

（一）坚持粮食收购主渠道与多渠道并举，规范收购秩序

为方便农民售粮、保护农民利益、促进粮食生产稳定发展，形成布局合理、渠道稳定、运行规范的粮食收购网络。充分利用国有粮食企业仓储设施等优势，

积极推进企业改革改制和重组，提高市场竞争力，继续发挥收购主渠道作用，鼓励更多的粮食经营龙头企业，通过“公司＋基地＋农户”形式直接收购粮食。鼓励各类具有资质的市场主体从事粮食收购活动，培育农村粮食经纪人，活跃粮食流通。规范粮食收购行为，引导各类收购主体为农民售粮提供优质服务，为市场提供放心粮食。

（二）健全粮食零售市场网络，加强市场管理

为满足城镇居民日常的粮食消费需求，城镇粮食零售市场要健全供应网络，大力发展超市、便民连锁店的粮食经营，积极发挥城镇集贸市场粮食供应的作用。大中城市要结合地方粮食应急保障系统建设要求，选择确定一批粮食应急供应点，确保粮食应急供应。

为满足农村不同消费群体的粮食需要和调剂粮食品种余缺，农村粮食零售市场要继续搞好集贸市场建设，因地制宜发展农村粮油连锁配送经营，建立超市和连锁店，积极探索将农村粮食收购、储存、加工和销售有机联系起来的经营模式。利用国家“万村千乡”市场工程对“农家店”的支持，促进农村粮油超市和连锁店发展，方便农村居民生活。

规范粮食零售市场管理，建立粮食零售经营者诚信档案制度，加强对入市粮食的质量和卫生安全检验，配合工商等监管部门严厉打击以次充好、短斤少两、质量不合格等坑害消费者行为。继续开展和规范放心粮油进农村、进社区活动，搞好放心粮油、放心粮店管理，实现行业自律，提高质量安全水平，争创中国名牌产品。

（三）完善多层次粮食批发市场体系，调整市场布局和结构

建设全国粮食竞价交易系统，构建体系完善、运转高效、成本节约的国家粮食宏观调控载体。为完善国家粮食宏观调控体系，“十一五”期间，结合大宗粮食品种和粮食流通区位特点，以粮食主产区和主销区为主，兼顾产销平衡地区，选择基础设施好、管理运行规范、交易量大、交通便利、辐射面广的大型区域性粮食批发市场，组建若干个国家粮食交易中心。以国家粮食交易中心为支撑、统一的远程交易网络为平台、规范的运行机制为核心，完善全国粮食竞价交易系统。国家粮食行政管理部门负责确定国家粮食交易中心，搭建统一的交易平台，并会同有关部门组织全国粮食竞价交易系统建设，制定统一规范的交易规则。国家粮食交易中心要服务和服从于国家粮食宏观调控需要，组织好储备粮及其他国家政策性粮食交易；要发挥衔接粮食产销和调控地方粮食市场作用，积极开展其他经营业务；要及时发布交易信息，方便客户交易，提高服务质量，增加交易的透明度。主产区的国家粮食交易中心要组织好粮食销售，通过信息和价格引导，为促进粮食生产稳定发展和农民增收服务。主销区的国家粮食交易中心要组织好粮源，为满足本地粮食需求服务。力争在“十一五”末期，政策性用粮主要通过

国家粮食交易中心进行交易。

加快发展大中城市成品粮批发市场，保障城市居民粮食消费稳定供应。“十一五”期间要加快大中城市成品粮批发市场建设，根据当地人口构成和粮食消费需求状况，在每个特大城市发展3～5个、每个大中城市发展1～2个规模较大、管理规范的成品粮批发市场，使这些成品粮批发市场成为当地粮食供应的重要渠道。重点选择100家左右的大型成品粮批发市场，作为调控城市口粮市场的依托载体，予以指导和扶持。成品粮批发市场要建立经营商户市场准入制度，开展“放心粮油”进市场活动，强化入市粮油的品质检验检测，严格市场管理，健全市场信息监测系统和质量检测系统，确保口粮安全，保护消费者利益。

加快提升粮食批发市场功能，不断提高服务水平。根据市场定位和业务发展需要，加快市场基础设施升级改造和粮食物流设施建设，不断创新交易方式，充分发挥其粮食集散、价格形成、信息提供、资金结算等功能。提高粮食批发市场管理水平，增强综合服务能力、市场吸引力和辐射能力。积极推动电子商务在粮食市场中的应用，探索电子商务在协商交易、竞价交易、成品粮批发中的实现形式，充分发挥其在降低交易成本，增加交易透明度，提高交易效率等方面的作用。

（四）发展粮食期货市场，完善和规范粮食期货交易

贯彻落实《期货交易管理条例》，引导符合条件的粮食市场主体参与粮食期货交易，开展粮食套期保值业务，充分发挥期货市场引导生产、发现价格、规避风险的作用，为粮食企业和农民提供服务。建立健全粮食企业参与期货交易相关制度，加强粮食企业进入期货市场监管。完善现货市场与期货市场之间的价格信息联动机制，发挥期货市场对现货市场价格形成的引导作用，健全粮食市场形成价格机制。

（五）建设粮食市场信息体系，发挥市场信息对粮食生产和流通的引导与促进作用

继续加强粮油市场监测体系建设，实时监测粮油市场价格和供求形势，提高对粮油市场变化的快速反应能力。逐步完善市场信息的采集、整理和发布机制，建立粮食市场信息会商发布制度和定期发布制度，形成权威的粮食市场供求和价格信息发布体系。发展粮食市场信息专业工作队伍，提高粮食市场信息采集、分析、预测水平，构建面向全社会的粮油市场信息服务体系，引导粮食生产者合理调整种植结构，增加种粮收益；粮食经营者准确把握供求动态，提高企业效益。

促进粮油批发市场提升信息服务功能，面向客户提供高质量市场信息服务。国家粮食行政管理部门所属粮油市场信息机构以及各地粮油信息机构，要积极开展粮油市场实时监测和分析预测工作，建立相应的工作体系和信息系统，在国家有关部门指导下，具体承担粮食市场信息发布任务。

四、主要政策措施

（一）加强对粮食市场体系建设的规划和指导

国家粮食行政管理部门要继续加强粮食市场体系建设的指导，认真抓好规划的实施工作。各地要充分重视粮食市场建设的重要性，把完善粮食市场体系作为深化粮食流通体制改革和加强粮食宏观调控的重要内容，作为粮食行业管理和指导的重要工作，切实抓好。各级粮食行政管理部门要加强对粮食市场体系建设的组织、指导、协调和服务。要根据国家有关规划的要求，从当地实际出发，研究制定本地区粮食市场体系建设规划，并做好与粮食物流体系建设规划的衔接工作。

对粮食批发市场建设，各地要按照规划要求，遵循市场经济规律和根据当地粮食资源条件，坚持“政府推动、依市建场、调整重组、完善提高”的原则，进行科学规划。对盲目建设、有场无市、经营困难的粮食批发市场，要采取兼并、重组、转向等方式进行整合；对功能发挥不充分，仍有较大发展空间的粮食批发市场，要给予扶持；对确需新建粮食批发市场的，要进行充分论证，防止重复建设、资源浪费和无序竞争。

（二）加大政策扶持力度

国家要加强对粮食市场交易系统、检验检测系统、信息系统、基础设施和物流设施建设等方面的政策扶持和资金支持，特别是重点支持全国统一的粮食竞价交易系统的建设。利用国家安排的市场建设资金，采取填平补齐的办法，抓紧建设全国统一的粮食竞价交易系统，构建全国政策性粮食竞价交易平台，为国家政策性粮食进入市场进行规范交易提供基础性条件，切实提高国家对粮食市场的宏观调控能力。进一步落实《粮食流通管理条例》有关政策性用粮的采购、销售和轮换。通过粮食批发市场公开进行的规定，督促中央和地方政策性用粮进入国家粮食交易中心公开进行。继续争取资金，加强粮食物流设施建设，提升粮食市场的物流功能，提高粮食快速中转能力，确保粮食顺畅流通。加强大中城市成品粮批发市场信息系统和质量检验检测系统建设，为成品粮批发市场建设和发展创造良好的外部条件，确保城市粮食消费安全可靠。

地方政府要对符合国家规划和地方规划要求的粮食市场给予重点扶持，在市场基础设施建设、进场交易客户税费、物流运输等方面给予优惠政策。各地粮食行政管理部门要积极争取发展改革、财政、金融、工商、税务、铁路、交通等部门的支持。

（三）大力培育多元市场主体

积极推进国有粮食企业产权制度改革，规范企业改革改制行为，建立现代企业制度，使国有粮食企业真正成为自主经营、自负盈亏的市场主体。积极培育和发展多种所有制粮食市场主体从事粮食收购和经营活动，扶持一批大型粮食流通和加工企业，搞活粮食流通。大力发展农民专业合作组织、农村经纪人队伍，提高粮食市场主体组织化程度，增强农民参与市场竞争能力。引导多元投资主体投资各类粮食交易市场。

（四）加强粮食市场监管

认真贯彻《粮食流通管理条例》和《中央储备粮管理条例》，加快粮食市场管理规章制度建设，研究制定《粮食批发市场管理办法》、《粮食竞价交易管理办法》有关规章制度，加强粮食市场监管，确保市场管理纳入法制化轨道。完善粮食收购市场准入和退出制度，加强对已经取得粮食收购资格的经营者指导、服务和监管，并定期进行审核。建立健全粮食质量标准和检验检测体系，加强粮食质量安全监督抽查，严把粮食质量安全关，严禁不符合质量和卫生标准的粮食流入口粮市场。各级粮食行政管理部门要与有关部门密切配合，形成管理合力，重视发挥各类粮食行业协会的自律作用，切实维护粮食流通市场秩序。

（五）不断提高粮食市场从业人员素质

加强粮食市场经营者的培训，以转变经营理念、推进自主创新等为重点，开展现代市场建设与运营管理知识的培训，不断提高其业务水平和管理能力。各类粮食市场要配备相应的粮油竞价交易员、粮油信息员、粮油质量检验员等技术人员。通过建立粮食市场从业人员职业资格证书制度，推行持证上岗，促进从业人员参加培训，提高业务素质和技能水平，以适应粮食市场建设发展的需要。

059

关于调整充实粮食市场监测点的通知

国粮办调〔2007〕58号

各省、自治区、直辖市粮食局：

2006年5月，国家粮食局在全国启动了粮食市场监测信息直报工作。在各地粮食局的大力支持下，此项工作开展总体较好，但也存在部分监测点布局不尽合理、有些监测点信息报送情况不够及时等问题。为进一步做好粮食市场监测工作，更好地满足粮食宏观调控和应急工作的需要，在各省（区、市）粮食局认真审核、推荐的基础上，我局决定对粮食市场监测点进行适当调整和充实。现将有关事项通知如下：

一、调整后的粮食市场监测点及其监测内容

此次调整后，作为向我局直接报送监测信息的粮食市场监测点共327个（详见附件）。其中：基层粮食局和粮食经营企业175个，主要监测粮油的收购、出库价格；粮油加工企业52个，主要监测原粮（油）的进厂价格和成品粮油的出厂价格；转化用粮企业（饲料和工业用粮企业）11个，主要监测粮食的进厂价格；车站、港口码头11个，主要监测粮食的车（船）板价格、到站（港）价格、到岸价格和离岸价格；粮食批发市场53个，主要监测粮油的批发价格；零售超市和集贸市场25个，主要监测成品粮油的零售价格。

二、认真做好市场监测人员的培训工作

开展人员培训是做好粮食市场监测工作的基础和前提，对于提高信息监测质量具有重要作用。各省（区、市）粮食局一定要高度重视人员培训工作，特别是要抓紧搞好新增粮食市场监测点有关人员的培训，保证监测工作需要。培训的主要内容：一是粮食流通基础知识和价格基本理论；二是我局印发的《粮食市场监测方案》，准确掌握各类价格的内涵和采集要求；三是粮食市场监测信息网上直报系统的使用方法。

三、加强指导，切实做好粮食市场监测及信息直报工作

从2007年4月16日开始，新增粮食市场监测点正式启动信息直报工作。请各省（区、市）粮食局督促各监测点按照本通知规定的监测内容和有关要求，在

每周一采集、整理当日有关粮食信息，务必于周二上午 12：00 以前通过我局政府网站上传数据。具体步骤：登录国家粮食局网站（http：//www.chinagrain.gov.cn），进入“粮食宏观调控监测预警系统”，选择报价子系统，输入用户名和密码，进入价格录入平台，填写相关信息，确认无误后选择上传数据。新增粮食市场监测点的用户名和密码另行通知。

请各省（区、市）粮食局进一步加强对粮食市场监测点的工作指导和督促检查，及时了解各监测点对市场监测工作的意见和要求，帮助解决工作中遇到的困难和问题，确保粮食市场监测工作的顺利进行。

附件：国家粮食局粮食市场监测点基本情况表（略）

国家粮食局办公室

二〇〇七年三月二十七日

060

关于进一步促进粮食批发市场发展的意见

国粮政〔2005〕192号

粮食批发市场是粮食市场体系的重要组成部分。经过十几年的发展，我国粮食批发市场已具有一定规模，在组织粮食流通、满足消费需求、调控粮食市场、合理配置粮食资源等方面发挥了重要作用。但是，粮食批发市场建设还面临一些突出问题，主要是：市场建设缺乏整体规划，存在盲目重复建设现象；一些市场定位不明确，服务功能不强，经营观念和方式不适应新形势发展的要求；扶持市场发展的政策措施不完善，市场管理的法规规章不健全等。根据《国务院关于进一步深化粮食流通体制改革的意见》（国发〔2004〕17号）关于“加强粮食批发市场建设，提升市场服务功能”的要求，为促进粮食批发市场健康有序发展，更好地发挥应有作用，提出以下指导意见。

一、合理定位，明确市场发展思路

（一）粮食批发市场的功能定位。在社会主义市场经济条件下，粮食批发市场承担着粮食现货集中批量交易服务的职能，具有集散、交易、信息、价格形成和结算等五个方面的基本功能，并为企业提供融资、运输、质量检测等综合服务，促进粮食高效、有序流通，引导粮食生产，满足消费需求。

（二）粮食批发市场建设和发展的基本思路。现阶段粮食批发市场的建设和发展，要按照建立社会主义市场经济体制的要求，适应粮食流通市场化、法制化、现代化以及国家粮食宏观调控的需要，统筹规划，合理布局，依市建场，规范经营，形成多元化、多层次、多形式、网络化的发展格局，逐步建成统一开放、竞争有序的粮食批发市场体系。

二、科学规划，促进市场合理布局

（三）粮食批发市场建设要坚持合理布局的原则。要遵循市场经济内在规律，打破行政区划界限，按照粮食商品合理流向、消费需求、区域交通条件等，统筹考虑市场的布局，形成全国性、区域性、城乡摊位式多层次有机结合和网络化的粮食批发市场体系。

（四）认真研究制定粮食批发市场发展规划。各级粮食行政管理部门要从实际需要出发，认真研究制定粮食批发市场建设规划。国家粮食行政管理部分负责制定全国粮食批发市场的总体发展规划，加强对全国粮食批发市场发展的指导、协调和服务。对辐射范围大、市场竞争力强的全国性粮食批发市场和重点区域性粮食批发市场，给予重点扶持，充分发挥其配置粮食资源、衔接粮食产销和国家粮食宏观调控中的重要载体作用。各省级粮食行政管理部门负责制定本地粮食批发市场规划，根据全国总体规划要求，确定一部分发展基础好、交易量大、运作规范的市场作为区域性骨干粮食批发市场，给予政策扶持，发挥其调节当地粮食供求、稳定市场的积极作用。在各大中城市以及销区中小城市，要特别注意和大力支持以成品粮交易为主的粮食批发市场的建设和发展。

（五）加强粮食批发市场的整合。要按照市场经济规律要求，对现有的各类粮食批发市场进行规范。对盲目建设、有场无市、经营困难的粮食批发市场，要采取兼并、关闭、转向等方式进行整合。要结合当地市场建设规划，统筹考虑粮食批发市场建设问题，可以通过土地置换调整粮食批发市场布局，但要充分利用粮食批发市场的辐射范围，以防止重复建设、资源浪费和无序竞争。要结合全国粮食现代物流建设规划，抓好粮食综合批发市场建设项目，在重要粮食销地和集散地利用现有粮食批发市场，不断完善基础设施。

三、因地制宜，探索多种发展模式

（六）因地制宜科学选择发展模式。目前，我国粮食批发市场主要有商流市场、摊位式物流市场、电子商务等多种发展模式，各类市场功能和经营方式各具特点，相互衔接，共同发展。各地粮食批发市场要在注重商流、物流、资金流、信息流进一步融合的基础上，因地制宜地选择发展模式。粮食商流市场要完成好各级政府委托的政策性用粮购销任务，做好粮食信息发布和粮食质量检验，继续发挥市场导向和国家宏观调控载体作用，同时积极探索和物流结合的路子。粮食物流市场要在保障当地粮食供求、满足不同层次消费者口粮需求等方面进一步发挥重要作用，规范市场交易行为，加强对成品粮的检验检测，确保口粮安全可靠，保护好消费者利益。要大力发展粮食电子商务市场，充分发挥其在实行网上买卖撮合，降低交易成本方面的示范作用。

（七）从本地实际需要出发突出经营特色和重点。产区的粮食批发市场要组织好粮食销售，促进本地粮食资源优势向经济优势转化，帮助农民增收，并通过信息和价格的引导，促进农民根据市场需求调整粮食生产结构。销区的粮食批发市场要组织好粮源，满足本地粮食需求。产区和销区的粮食批发市场要加强沟通和合作，在发展粮食产销衔接中发挥积极作用。

四、加快改革创新，提升市场服务功能

（八）不断完善和提升服务功能。粮食批发市场要进一步树立服务意识，完

善各项服务，不断提升功能和档次，扩大市场辐射范围，增强市场竞争能力。同时，要简化市场交易手续，加强市场管理，完善交易规则，创新交易方式，提高交易效率，切实保护交易双方的合法权益。要及时发布粮食价格信息，为客户提供质量检验检测、金融结算、仓储运输等方面优质、快捷的服务，增强市场的吸引力，吸引大宗粮食进场交易。

（九）拓展业务领域，实现功能创新。粮食批发市场要根据市场需要，进一步拓展业务领域，延长经营和服务链条。积极探索与产业化经营和期货交易相结合的道路，逐步向粮食生产和加工领域延伸，培育新的增长点，在市场竞争中求发展，提高市场经济效益，增强市场活力和辐射能力。

（十）积极探索适合自身改革的形式。实行企业化管理的粮食批发市场，要明晰产权，建立现代企业制度，鼓励和培育多种市场主体参与市场经营。在经营管理体制上，可以采取独资、股份制、股份合作制等多种形式，建立规范的公司治理结构。采取事业单位或其他形式的批发市场，要通过完善内部管理体制，引入科学管理和人才竞争机制，进一步提高经营管理水平。

五、加强指导，创造良好外部环境

（十一）提高认识，加强领导。在粮食流通市场化的新形势下，粮食批发市场在组织大宗粮食交易，促进粮食流通，合理配置粮食资源，满足各方面需求，特别是满足城市口粮消费需求，承担国家宏观调控任务等方面发挥着重要作用。各地要充分重视粮食批发市场建设的重要性，把促进粮食批发市场发展作为健全和完善粮食市场体系和粮食宏观调控体系的重要内容，作为粮食行业管理和指导的重要工作，切实抓好。国家粮食行政管理部门要加强对全国粮食批发市场建设的指导和监管，抓紧起草全国粮食批发市场建设规划，加快制定《粮食批发市场管理办法》。各地粮食行政管理部门也要承担起相应的责任。

（十二）要进一步完善国家粮食局重点联系批发市场制度。加强对重点联系批发市场竞价交易、大中城市成品粮市场交易的指导和监管工作，督促批发市场做好价格信息的网上报送工作，及时掌握市场粮食供求和价格变动情况，为国家粮食宏观调控服务。要继续加强对粮食批发市场分会工作的指导。

（十三）加大政策扶持力度，为粮食批发市场发展创造良好的政策环境。地方各级政府要根据地方实际情况，逐步完善相关政策措施，增强扶持粮食批发市场发展政策措施的可操作性，并认真落实。要把粮食批发市场建设纳入到地方基础设施建设中，对粮食批发市场质量检测和信息系统建设给予必要的资金支持。各级粮食行政管理部门要积极协调工商、金融、税务等部门，争取对进场交易客户给予优惠政策。各地要进一步落实《粮食流通管理条例》有关“政策性用粮的采购、销售和轮换原则上通过粮食批发市场公开进行”的规定，督促中央和地方政策性用粮进入粮食批发市场公开进行。

（十四）进一步加强行业自律。粮食行业协会批发市场分会要进一步增强服务意识和自律意识，加强对粮食批发市场的协调、服务和监督，在促进粮食批发市场健康发展、维护粮食市场秩序方面发挥好协调和指导作用。

061

关于加强粮食市场计量监督管理的通知

国质检量函〔2003〕939号

各省、自治区、直辖市质量技术监督局：

为贯彻国务院领导的指示精神，现就加强粮食市场计量监督管理通知如下：

一、各地质量技术监督局要主动与发改委（计委）、工商行政管理局、粮食局协商，将具有完好的计量检测设备、合格的计量操作人员、严格的计量管理制度等纳入粮食收购企业的审查范围。

二、各地质量技术监督局要加强粮食市场以及粮食生产加工企业在用计量器具的监督检查，重点检查所需计量器具的配备情况，配备的计量器具是否具有有效的检定证书，是否具有制造计量器具许可证标志、编号等。要通过建档、周期检定、不定期监督抽查等手段，确保在用计量器具的合格率。各地计量技术机构要加强现场服务工作，对粮食收购市场上使用的衡器、谷物水分测量仪等计量器具及时开展强制检定工作。

三、各地质量技术监督局要积极配合当地发改委（计委）、工商行政管理局、粮食局等部门开展的粮食收购市场的清理整顿和监督检查，我们的工作重点放在清理压级压价、短斤少两、水杂扣除不规范等现象；对生产、经销粮食类定量包装商品进行计量监督检查；加强对粮食生产加工企业监督管理，加大监督检查力度，严厉打击粮食加工中以次充好、滥用食品添加剂、制售假冒伪劣产品的违法行为；积极开展粮食收购中的公证检验，规范品级验证，保护粮农的合法利益。

各省级质量技术监督局在开展以上工作时，请及时将有关情况报总局。

062

关于进一步搞好粮食市场管理及有关问题的通知

工商市字〔1999〕第33号

各省、自治区、直辖市工商行政管理局、计委（计经委）、粮食厅（局）、农业（垦）厅（局）、铁路局、交通厅（局）：

《国务院关于印发当前推进粮食流通体制改革意见的通知》（国发〔1998〕35号）下发后，各地工商行政管理机关在各有关部门的积极配合下，加大了对粮食市场管理的力度，在维护粮食市场秩序特别是在管住、管好粮食收购市场方面做了大量工作，取得了明显成效，但也遇到一些新情况、新问题。为切实维护好粮食流通的正常秩序，保护合法的粮食流通，现就有关问题通知如下：

一、各地要全面、深刻、准确地领会党的十五届三中全会通过的《中共中央关于农业和农村工作若干重大问题的决定》和国务院关于粮食流通体制改革有关文件的精神，切实做好粮食管理工作，维护好粮食流通的正常秩序，严厉打击违法收购、贩运粮食的行为，保护合法的粮食运销，搞活粮食流通。

二、各级工商行政管理机关要在当地政府的统一领导下，在前一阶段取得成绩的基础上，再接再厉，进一步管好粮食流通市场。当前要重点加强对各类粮食加工企业特别是个体、私营粮食加工企业粮源的监督检查，要采取分片包干、责任到人的办法，进行严格监管。粮食加工企业只能从国有粮食收储企业购进粮食，必须建立台帐制度，购进原粮和销售成品粮要如实登记作帐，并接受工商行政管理机关的监督检查。凡不能出具国有粮食收储企业或县以上粮食交易市场销货发票的，一律视为非法粮源，按有关规定严厉处理。

三、各级工商行政管理机关要积极支持各类粮食加工、运输企业和个体工商户的合法经营活动，保护粮食的合法运销。要严格自律、秉公执法、依法行政，不得以任何借口在公路、港口、码头、车站设卡，不得变相收费。

四、凡属跨县（市）运销的小麦、玉米、稻谷及其成品粮严格按照国家发展计划委员会、国家税务总局、国家工商行政管理局和国家粮食储备局联合下发的《关于粮食销售发票使用和管理有关问题的通知》（计粮办〔1998〕2432号）的规定执行。对于糯稻（米）、紫稻（米）、黑稻（米）、甜玉米、爆裂玉米等产量小、有专门用途的特殊品种，经省级农业、农垦和粮食部门审核认定，其购销、运输可视同小杂粮办理。

五、中央和地方储备粮的调拨、集并、移库以及进出口、军供、救灾粮食的调运，必须持有国家粮食储备局或省（自治区、直辖市）地（市）粮食行政管理部门开具的注有调往目的地的调运凭证（正本）。新疆生产建设兵团、农垦及部队农场内部调拨自产的粮食，必须持有兵团或农垦及农场粮食主管部门开具的调拨凭证（正本）。

六、国有农业、农垦企业和新疆生产建设兵团、部队农场将自产的粮食跨县（市）运往销售地或县上粮食交易市场的，必须持有省（自治区、直辖市）农垦局（总公司）、管理局、兵团、部队农场粮食主管部门开具的准运证明。单位和个人在外地承租土地生产的粮食，原则上要交售给生产所在地的国有粮食收储企业，收储企业要按照当地政府制定的保护价敞开收购，不得限收拒收、压级压价；需要运回原所在地的粮食，需凭生产所在地的县级粮食行政管理部门开具的自产证明运输。以上证明必须如实注明运输目的地和粮食品种、数量。

七、铁路、交通部门要大力支持工商行政管理机关加强对粮食市场的管理，对不能出具带有随货同行联（承运联）的增值税专用发票、粮食销售统一发票或上述规定合法凭证的粮食，不得承运。对工商行政管理机关依照有关规定要求检查的粮食，粮食发运地和到达地的车站、港口、码头要协助办理，对非法贩运的粮食不得放行。各级粮食行政管理部门和国有粮食收储企业不得弄虚作假，为非法粮源的运销提供方便，一经查出，严厉追究有关单位和当事人的责任。

国家工商行政管理局
国家发展计划委员会
国家粮食储备局
农业部
铁道部
交通部
一九九九年二月十一日

063

关于进一步加强粮食市场管理做好粮食购销工作的通知

内贸国粮联字〔1997〕第55号

各省、自治区、直辖市及计划单列市粮食厅（局）、物价局、工商行政管理局：

全国粮食购销工作会议之后，各地认真贯彻落实国务院决定精神，充分发挥国有粮食部门的主渠道作用，严格按国家规定的保护价敞开收购农民的议购粮，取得了比较明显的效果，市场粮价均有不同程度的回升，其中小麦、玉米的市场价格已接近或超过定购价水平。但从最近检查了解的情况看，各地执行政策不平衡，仍有个别地方存在低价收购和销售粮食的现象，特别是有些省间毗邻地区协调不够，问题比较突出。问题虽然只发生在少数地区，但对国家粮食购销政策的落实和宏观调控总体目标的实现影响很大，必须引起高度重视，并采取有力措施予以纠正。为此，特作如下通知：

一、进一步提高认识，坚决做到统一行动。各地要继续认真学习领会国务院领导关于做好当前粮食购销工作的一系列重要指示精神，全面、准确、完整地理解和执行国家粮食购销政策。国务院确定的粮食购销政策，包括按保护价敞开收购议购粮，不得低价销售粮食等，其目的就是要防止粮价过度下跌，促使市场粮价回升到合理区间，保护好农民利益，遏制住粮食企业亏损。这是党中央、国务院作出的英明决策，是利国、利民、有利于粮食企业发展的大事。要实现这样的政策目标，关键是必须做到统一行动。各地区、各部门务必进一步提高认识，从国家宏观调控大局出发，坚定信心，采取果断措施，坚决做到统一政策、统一部署、统一行动。不仅国有粮食企业要不折不扣地执行国家粮食购销政策，以充分发挥粮食购销的主渠道作用和粮食价格形成的主导作用，其他粮食经营渠道和经营者也都要严格执行国家规定的各项政策，做到无一例外，行动一致。

二、落实粮食收购政策，维护粮食收购秩序。当前正值秋粮收购入库时期。各地粮食部门要在当地政府的领导和有关部门的支持下，继续严格执行按保护价敞开收购议购粮的政策，坚决做到不拒收、不限收、不停收、不打“白条”、不代扣各项提留款。国有粮食企业的各收购库点都要将政府规定的保护价张榜公布，并广泛宣传。要严格执行国务院办公厅国办发明电〔1997〕38号通知的有关规定，除承担国家粮食收购任务的国有粮食企业外，其他任何单位和个人，包括国有粮食部门中的加工厂、饲料厂、酿造厂等粮食加工、经营单位，都不得到农村直接收购粮食。各级工商行政管理和粮食主管部门要采取有力措施，加大管理力度，坚决落实政策，维护正常的粮食收购秩序。

三、加强粮食市场管理，禁止低价销售粮食。各省、自治区、直辖市要按照国办发明电〔1997〕38 号通知要求，合理安排本地区的粮食销售价格，并统一公布执行。国有粮食企业要统一按照本省（自治区、直辖市）人民政府规定的销售价格销售粮食，不得低价销售。各级工商行政管理、物价、粮食部门要密切配合，加大检查监督力度，坚决打击违反粮食价格政策的行为，确保国家粮食购销政策的顺利落实。国有粮食企业要带头执行国家粮食价格政策，坚决制止低价亏本销售粮食的逆向操作行为。如国有粮食企业违反政策低价销售粮食，要追究单位领导和上级主管部门的责任，并通报批评。

四、切实做好当前的秋粮收储工作。各级粮食部门要把秋粮收购作为当前的一项重要任务认真抓好。仓容和烘晒设施不足仍是影响秋粮收购的重要因素。各地要继续加大租用社会闲置仓储设施储粮的力度，并利用国家安排的简易粮库建设贴息贷款抓紧维修和改建一部分储粮设施，想方设法扩大仓容，保证秋粮收购收得进、储得下。东北地区要注意重点解决烘晒设施不足的矛盾，总结和发扬今年千方百计烘晒潮粮的经验，确保储粮安全。

五、妥善安排好城镇居民和灾区群众的生活。今年有的地方灾情较重。各地政府要组织民政、粮食等部门做好灾民口粮供应工作。粮食部门要密切注意灾区的缺粮情况，合理摆布粮源，保证受灾地区的群众能买得到粮食。对城镇居民，特别是低收入居民、大中专院校学生等特殊人口，要按政策规定确保口粮供应。

国内贸易部
国家粮食储备局
国家计划委员会
国家工商行政管理局
一九九七年十二月三十日

064

国务院办公厅关于加强粮食市场管理保持市场稳定的通知

国办发〔1994〕76 号

各省、自治区、直辖市人民政府，国务院各部委、各直属机构：

粮食是具有战略意义的特殊商品。粮食市场的稳定，事关全局。加强粮食市场管理是国家对粮食进行宏观调控的重要内容和必要措施，为了维护正常的粮食流通秩序，保持市场粮油价格的基本稳定，经国务院批准，特作如下通知：

一、各级政府要高度重视粮油收购，认真做好组织安排，保持良好的收购秩序。国有粮食企业要充分发挥主渠道作用，按照国家下达的粮食收购任务（全国500 亿公斤）和有关政策，积极收购。除承担国家粮食收购任务的单位和具备规定资格并经核准的粮食批发企业外，其他单位和个人，都不许到农村直接采购粮食。县和县以上政府要根据当地粮食生产季节等情况，提出具体收购方案，精心组织实施，确保完成国家收购任务。

二、销区粮食批发企业和用粮单位到产区采购粮食，必须到县以上粮食批发市场购买，严禁场外交易，杜绝偷漏税费，如有违反，要严肃处理。凡在批发市场场内成交的粮食，国家在调运、资金等方面给予优先安排。粮油集贸市场常年开放，零星交易仍按现行办法执行。

三、各级政府要组织工商管理、税务、粮食、物价等部门按照《国务院关于深化粮食购销体制改革的通知》（国发〔1994〕32 号）的有关规定，对粮食批发企业进行清理、整顿。对已登记注册的粮食批发企业，县以上工商行政管理部门要抓紧调查摸底，并按照国家规定的条件要求，征得当地粮食行政管理部门同意后，尽快办理重新登记手续（未完成重新登记前，县以上工商行政管理部门可发给临时证明）。坚决取缔无照经营，对囤积居奇，欺行霸市，哄抬粮价等扰乱粮食市场的行为，要严加惩处。

四、要安排衔接好产区和销区之间的粮食购销，认真执行粮食调运计划。国家粮食调拨实行归口管理，统一安排运输计划。属于省间和经交通部门、铁路限制口安排调运的粮食，运输计划由各省、自治区、直辖市粮食部门分别汇总报国家粮食储备局平衡后，由铁路、交通部门负责安排落实；属于省、自治区、直辖市区域内调运的粮食，运输计划经省级粮食部门平衡后，由铁路、交通部门安排落实。要坚持合理调运。进口粮要就近靠港，节约运力。粮食部门要严格执行下达的调运计划。对国家安排调运的储备粮，调出单位拖延不办的要取消其专储资格，今后不再安排专储任务。粮食调入单位要积极组织接卸抢运，不得压车压船。铁路、交通部门对粮食运输要优先核批计划，优先安排发运。国家经贸委要加强协调和检查督促，及时召开铁路、交通、粮食等有关部门参加的联席办公会，研究解决存在的问题。

五、要保证粮食调运和进口粮油所需资金。各级政府要积极组织银行、财政、粮食等部门，落实粮食调运和进口粮油资金；对过去所欠货款要抓紧清理，积极偿还，不得再发生新的拖欠。哪个地区因资金等问题不能及时调进粮食，影响粮食市场供应的，由哪里的政府负责。

六、抓紧粮食进口，确保进口计划的完成。国家统一下达的粮食进口计划(包括中央和地方)，已纳入全国粮食总量平衡，由中国粮油进出口总公司或委托中国良丰谷物进出口公司统一代理订货。其中中央进口部分，由国家粮食储备局按国家计委下达的计划，及时委托订货；地方进口部分，各地政府应尽快解决资金，由粮食部门提出货单，抓紧委托订货，以保证地方进口计划的完成，安排好当地市场，不按计划如数组织进口的，国务院将追究责任，严肃处理。

七、培育市场机制，加强粮食市场体系建设。县以上主产区和主销区要尽快建立和完善粮食批发市场，并在批发市场之间尽快实现计算机联网，逐步建立起统一、开放、竞争、有序的粮油批发市场体系。要采取措施，逐步使市场行为规范化、法制化，向现代化市场发展。物价、工商等部门要加强对批发市场和集贸市场粮油交易价格、交易行为的监督管理。受各级政府委托，国有粮食企业应在市场上适度吞吐调节，稳定粮油价格。各级粮食批发市场，要坚持以服务为宗旨，努力为粮食交易提供优质服务，扩大市场的辐射力和影响力，搞活流通，促进生产，满足消费。

国务院办公厅

一九九四年六月十六日

065

关于进一步促进粮食批发市场发展的意见

国粮政〔2005〕192号

粮食批发市场是粮食市场体系的重要组成部分。经过十几年的发展，我国粮食批发市场已具有一定规模，在组织粮食流通、满足消费需求、调控粮食市场、合理配置粮食资源等方面发挥了重要作用。但是，粮食批发市场建设还面临一些突出问题，主要是：市场建设缺乏整体规划，存在盲目重复建设现象；一些市场定位不明确，服务功能不强，经营观念和方式不适应新形势发展的要求；扶持市场发展的政策措施不完善，市场管理的法规规章不健全等。根据《国务院关于进一步深化粮食流通体制改革的意见》（国发〔2004〕17号）关于"加强粮食批发市场建设，提升市场服务功能"的要求，为促进粮食批发市场健康有序发展，更好地发挥应有作用，提出以下指导意见。

一、合理定位，明确市场发展思路

（一）粮食批发市场的功能定位。在社会主义市场经济条件下，粮食批发市场承担着粮食现货集中批量交易服务的职能，具有集散、交易、信息、价格形成和结算等五个方面的基本功能，并为企业提供融资、运输、质量检测等综合服务，促进粮食高效、有序流通，引导粮食生产，满足消费需求。

（二）粮食批发市场建设和发展的基本思路。现阶段粮食批发市场的建设和发展，要按照建立社会主义市场经济体制的要求，适应粮食流通市场化、法制化、现代化以及国家粮食宏观调控的需要，统筹规划，合理布局，依市建场，规范经营，形成多元化、多层次、多形式、网络化的发展格局，逐步建成统一开放、竞争有序的粮食批发市场体系。

二、科学规划，促进市场合理布局

（三）粮食批发市场建设要坚持合理布局的原则。要遵循市场经济内在规律，打破行政区划界限，按照粮食商品合理流向、消费需求、区域交通条件等，统筹考虑市场的布局，形成全国性、区域性、城乡摊位式多层次有机结合和网络化的粮食批发市场体系。

（四）认真研究制定粮食批发市场发展规划。各级粮食行政管理部门要从实际需要出发，认真研究制定粮食批发市场建设规划。国家粮食行政管理部分负责制定全国粮食批发市场的总体发展规划，加强对全国粮食批发市场发展的指导、协调和服务。对辐射范围大、市场竞争力强的全国性粮食批发市场和重点区域性粮食批发市场，给予重点扶持，充分发挥其配置粮食资源、衔接粮食产销和国家粮食宏观调控中的重要载体作用。各省级粮食行政管理部门负责制定本地粮食批发市场规划，根据全国总体规划要求，确定一部分发展基础好、交易量大、运作规范的市场作为区域性骨干粮食批发市场，给予政策扶持，发挥其调节当地粮食供求、稳定市场的积极作用。在各大中城市以及销区中小城市，要特别注意和大力支持以成品粮交易为主的粮食批发市场的建设和发展。

（五）加强粮食批发市场的整合。要按照市场经济规律要求，对现有的各类粮食批发市场进行规范。对盲目建设、有场无市、经营困难的粮食批发市场，要采取兼并、关闭、转向等方式进行整合。要结合当地市场建设规划，统筹考虑粮食批发市场建设问题，可以通过土地置换调整粮食批发市场布局，但要充分利用粮食批发市场的辐射范围，以防止重复建设、资源浪费和无序竞争。要结合全国粮食现代物流建设规划，抓好粮食综合批发市场建设项目，在重要粮食销地和集散地利用现有粮食批发市场，不断完善基础设施。

三、因地制宜，探索多种发展模式

（六）因地制宜科学选择发展模式。目前，我国粮食批发市场主要有商流市场、摊位式物流市场、电子商务等多种发展模式，各类市场功能和经营方式各具特点，相互衔接，共同发展。各地粮食批发市场要在注重商流、物流、资金流、信息流进一步融合的基础上，因地制宜地选择发展模式。粮食商流市场要完成好各级政府委托的政策性用粮购销任务，做好粮食信息发布和粮食质量检验，继续发挥市场导向和国家宏观调控载体作用，同时积极探索和物流结合的路子。粮食物流市场要在保障当地粮食供求、满足不同层次消费者口粮需求等方面进一步发挥重要作用，规范市场交易行为，加强对成品粮的检验检测，确保口粮安全可靠，保护好消费者利益。要大力发展粮食电子商务市场，充分发挥其在实行网上买卖撮合，降低交易成本方面的示范作用。

（七）从本地实际需要出发突出经营特色和重点。产区的粮食批发市场要组织好粮食销售，促进本地粮食资源优势向经济优势转化，帮助农民增收，并通过信息和价格的引导，促进农民根据市场需求调整粮食生产结构。销区的粮食批发市场要组织好粮源，满足本地粮食需求。产区和销区的粮食批发市场要加强沟通和合作，在发展粮食产销衔接中发挥积极作用。

四、加快改革创新，提升市场服务功能

（八）不断完善和提升服务功能。粮食批发市场要进一步树立服务意识，完

善各项服务，不断提升功能和档次，扩大市场辐射范围，增强市场竞争能力。同时，要简化市场交易手续，加强市场管理，完善交易规则，创新交易方式，提高交易效率，切实保护交易双方的合法权益。要及时发布粮食价格信息，为客户提供质量检验检测、金融结算、仓储运输等方面优质、快捷的服务，增强市场的吸引力，吸引大宗粮食进场交易。

（九）拓展业务领域，实现功能创新。粮食批发市场要根据市场需要，进一步拓展业务领域，延长经营和服务链条。积极探索与产业化经营和期货交易相结合的道路，逐步向粮食生产和加工领域延伸，培育新的增长点，在市场竞争中求发展，提高市场经济效益，增强市场活力和辐射能力。

（十）积极探索适合自身改革的形式。实行企业化管理的粮食批发市场，要明晰产权，建立现代企业制度，鼓励和培育多种市场主体参与市场经营。在经营管理体制上，可以采取独资、股份制、股份合作制等多种形式，建立规范的公司治理结构。采取事业单位或其他形式的批发市场，要通过完善内部管理体制，引入科学管理和人才竞争机制，进一步提高经营管理水平。

五、加强指导，创造良好外部环境

（十一）提高认识，加强领导。在粮食流通市场化的新形势下，粮食批发市场在组织大宗粮食交易，促进粮食流通，合理配置粮食资源，满足各方面需求，特别是满足城市口粮消费需求，承担国家宏观调控任务等方面发挥着重要作用。各地要充分重视粮食批发市场建设的重要性，把促进粮食批发市场发展作为健全和完善粮食市场体系和粮食宏观调控体系的重要内容，作为粮食行业管理和指导的重要工作，切实抓好。国家粮食行政管理部门要加强对全国粮食批发市场建设的指导和监管，抓紧起草全国粮食批发市场建设规划，加快制定《粮食批发市场管理办法》。各地粮食行政管理部门也要承担起相应的责任。

（十二）要进一步完善国家粮食局重点联系批发市场制度。加强对重点联系批发市场竞价交易、大中城市成品粮市场交易的指导和监管工作，督促批发市场做好价格信息的网上报送工作，及时掌握市场粮食供求和价格变动情况，为国家粮食宏观调控服务。要继续加强对粮食批发市场分会工作的指导。

（十三）加大政策扶持力度，为粮食批发市场发展创造良好的政策环境。地方各级政府要根据地方实际情况，逐步完善相关政策措施，增强扶持粮食批发市场发展政策措施的可操作性，并认真落实。要把粮食批发市场建设纳入到地方基础设施建设中，对粮食批发市场质量检测和信息系统建设给予必要的资金支持。各级粮食行政管理部门要积极协调工商、金融、税务等部门，争取对进场交易客户给予优惠政策。各地要进一步落实《粮食流通管理条例》有关“政策性用粮的采购、销售和轮换原则上通过粮食批发市场公开进行”的规定，督促中央和地方政策性用粮进入粮食批发市场公开进行。

（十四）进一步加强行业自律。粮食行业协会批发市场分会要进一步增强服务意识和自律意识，加强对粮食批发市场的协调、服务和监督，在促进粮食批发市场健康发展、维护粮食市场秩序方面发挥好协调和指导作用。

国家粮食局

二〇〇五年十二月二十六日

066

商业部关于加强粮油批发市场管理的通知

商贸粮字〔1991〕第35号

有计划、有步骤地建立粮油批发市场，是国务院确定的深化粮食流通体制改革的一项新的重要尝试。这项工作涉及面广，政策性强，会遇到很多困难。为了加强对粮油批发市场的领导和管理，积极而稳妥地推进粮油批发市场的发展，现作如下通知：

一、建立粮油批发市场，必须遵循《国务院关于加强粮食管理稳定粮食市场的决定》（国发〔1988〕67号）、《国务院关于加强粮食购销工作的决定》（国发〔1990〕44号）、《国务院批转商业部等八部门关于试办郑州粮食批发市场的报告的通知》（国发〔1990〕46号）的有关规定，搞好试点工作。各地对建立批发市场既要认真对待，积极支持，又要有所控制，搞好整体规划，防止一哄而起，做到条件成熟一个试办一个。建立省级粮油批发市场必须经商业部批准；建立地、县级粮油批发市场必须报请省（区、市）粮食局（厅）批准，并报商业部备案。

二、已经开业的郑州国家级粮食批发市场以及黑龙江、九江、芜湖省级粮油批发市场要积极探索，认真总结经验，不断完善制度、办法，加强相互间的协调和配合，提高市场的吸引力，增强服务功能。省粮食局（厅）要加强对批发市场的领导和管理，协助解决试办过程中出现的问题。各地粮食部门要支持批发市场的工作，鼓励本省会员企业参加批发市场的交易活动。

三、粮油批发市场是有组织、有领导的规范化粮油批发交易场所，是非盈利的服务性事业单位。它既不同于农贸市场，又不是期货市场，不能把粮油批发市场办成经营性的经济实体，也不能办成行政性的市场管理机构。各地粮油批发市场管理机构，要制定相应的交易管理规则和市场活动规范，使市场有秩序地开展交易活动，并逐步将不规则的场外成交纳入场内成交。

四、要认真搞好粮油批发市场的理论探索和方案论证工作，以搞活市场、提供服务为宗旨，探索批发市场灵活多样的运行方式，因地制宜，不拘一格，不盲目照抄、照搬。批发市场开业前必须搞好宣传和人员培训，制定相应的配套措施，做好各项准备工作。各地粮油批发市场的筹建工作，必须在省（区、市）人民政府的领导下进行，协调好粮食、财政、工商、物价、税务、交通运输等有关部门的关系、密切配合，共同把粮油批发市场办好。

五、建立粮油批发市场要坚持自费改革的原则，因陋就简，量力而行，讲求实效。不要盲目扩编增人、超标准建设交易场所。

商业部

一九九一年二月六日

067

国务院关于加强粮食管理稳定粮食市场的决定

国发〔1988〕67号

粮食问题关系国民经济的全局，粮食价格是农产品价格的核心，对整个市场、物价影响极大。为了稳定市场，确保明年物价上涨幅度明显低于今年，做好粮食工作至关重要。粮食稳不住，副食品也就稳不住，物价也就稳不住。今年我国自然灾害频繁，尤其是一些主要商品粮产区受灾较重，预计粮食将减产。这对今年的市场供应和明年的粮食安排将会带来很大的困难。目前国家还有一定数量的粮食库存，农民手中也有不少存粮，只要我们做好工作，调度得当，困难是可以克服的。为了加强粮食管理，稳定粮食市场，特作如下决定：

一、国家粮食储备和周转库存，粮权属于中央，必须服从统一调度，决不允许以任何借口有粮不调。必须以严格的纪律保证国家粮食调拨计划的完成，对不按计划如数调出粮食的，要追究省长的责任。根据目前国家粮食周转库存和储备情况，除当地正常周转需要外，对中央需要调动的粮食，责成商业部统一安排调拨。议价粮食库存用于省间调剂的，必要时也要由商业部统一组织调剂。对各地多购少销包干结余的粮食，要加强管理，如需动用，须报经国务院批准。

二、从今年秋季开始，大米由粮食部门统一收购，其他部门、单位和个人不得经营。国家对省间“议转平”大米调拨实行指令性计划，并规定合理的价格，调出地区必须保证完成。对北京、天津、上海、广东、福建省（市）需要调入的议价大米，由商业部统一组织地区之间调剂和协调；其余省间议价大米的调剂，由主产省组织批发市场和交易会进行，调入地区不得自行派采购员到产地抢购。

三、逐步建立粮食批发市场，有秩序地组织市场调节。要建立在国家领导下的小麦、玉米、大豆批发市场，组织产销直接见面。省间调剂必须进场成交，价格由供求双方议定。在粮食批发交易市场建立以前，可采取交易会等形式组织地区之间的调剂。对小杂粮，继续有领导、有组织的实行多渠道经营。对经营粮食的商业企业或个人，必须严格管理，对投机倒把者应严厉打击，决不让其兴风作浪。集贸市场要继续搞好，以县为单位，在完成粮食合同定购任务以后，农民可以进入集贸市场出售余粮。

四、加强粮价管理。合同定购的粮食，必须严格按照国家规定价格收购，不准擅自提价和增加价外补贴。议购的粮食，应略低于市价。各级政府要组织粮食、物价、工商行政管理等有关部门加强对粮食市场的管理，稳定市场粮价，防止议购价格过度上涨。在粮价暴涨时，要用行政手段进行干预。粮食部门对稳定粮价负有重要责任，要坚决执行国家价格政策。非粮食部门经营议价粮，必须严格执行国家规定的质量标准，不准以高于粮食部门的价格收购。省际之间议价粮的调剂价格，应以对农民的议购价格为基础，加必要的费用和合理利润，从严掌握。

五、铁道、交通部门对国家调拨的粮食，要优先安排运输。对省间调拨的大米，由商业部向铁道、交通部门报送月度运输计划，在统一平衡后下达。对小麦、玉米、大豆等的运输，要凭商业部认可的批发市场交易合同承运，否则不予安排。具体办法，由铁道部、交通部、商业部拟定下达执行。

六、压缩平价粮销售，逐步做到平价粮食收支平衡。在保证人民生活基本需要和社会安定的前提下，要本着先农村后城市，先中小城市后大城市，先压对群众生活影响较小的项目后其它项目的原则，逐步进行。为了保持市场稳定，粮食压销的步子不宜太大。农村救灾用粮、水库移民口粮，以及直接影响市场零售物价的用粮，明年先不动，大城市的行业用粮可不动。具体实施方案另行下达。鉴于大米可供调剂数量有限，必须节制消费。对农村的返销粮尽可能不供大米，必要时适当降低城镇居民口粮中大米的供应比例，配给一定比例的杂粮。要坚持计划用粮，节约用粮。对精米、精面的加工要加以限制。

七、目前社会积存着的大量粮票，对市场是一个潜在的冲击力量，必须加强管理，避免引起波动。要明确宣布，供应城市居民定量口粮不涨价，粮票不作废。为防止抢购粮食，必要时可实行居民凭购粮证和粮票限购当月粮，粮食部门要保证供应。已经实行限购当月粮的地方，要继续实行，不再改变。对收入低，吃粮多的居民和临时居住人口用粮票买粮，可适当照顾。要继续提倡城市居民节约储粮，粮店要积极开展为居民代储节余粮票（指标）的业务。

八、进口粮食是平衡国家粮食收支的重要部分，对宽松市场环境有重要补充作用。今年地方进口粮食的计划，有关省、自治区、直辖市必须保证如数完成，不准在国内抢购。对今年不按计划进口粮食的地区，要扣减地方留成外汇，由粮油进出口总公司组织进口，进口粮食的亏损由地方财政负担。鉴于这两年地方进口的粮食没有按计划落实，责成国家计委、商业部、经贸部、外汇管理局等有关部门核定明年地方进口粮食的数量和上缴外汇的数额，由粮油进出口总公司统一组织进口。

今年灾情比较严重，各地对粮食问题不可掉以轻心。要采取坚决有力的措施，制止采购员满天飞和抬价抢购，以稳定市场和粮价。各级政府在顾大局，守纪律，服从中央对粮食的统一高度和安排。要过细地做好工作，瞻前顾后，妥善安排，保障人民生活安定，保证改革和建设的顺利进行。

国务院

一九八八年九月二十七日

068

中共中央关于限期建立国家粮食市场的指示

中共中央

1954年5月27日

各中央局、分局并转各省（市）委：

自中央发出建立国家控制的区乡集镇粮食交易市场的指示后，各地已先后举办了一批。初步的经验证明，只要举办，就比不办好，即使初办时不很成功，但只要抓紧领导，改进工作方法，就可慢慢走向成功。目前举办国家市场的工作尚未引起各级党委普遍注意，大多停留在以县为单位进行试办阶段，不再前进，既已举办起来的，领导不及时不具体，遇到困难，就丧失信心，转回来起用一些错误的强制办法去解决粮食供应问题。这种缺点是必须纠正的。为此请各地注意：

（一）要限期在六月份内，将应建立的初级市场普遍建立起来，不必过久地搞试点工作，以致失掉时效。

（二）国家领导的初级粮食交易市场农民直接进行交易，在开始时期，关于粮食交换限额、价格、手续等方面必须有所限制，但又不可限制的太严太死，否则不易打开僵局面。

（三）国营粮食机构和合作社粮食部，必须大力配合粮食初级市场的工作，除了派遣干部协助外，粮食市场因品种调换发生困难时，也应帮助解决。

（四）必须仔细地进行组织工作，耐心地贯彻思想教育工作，决不可因工作开始不见起色，即采取简单急躁强迫的办法，去命令余粮户拿粮食到市场去交易，或迫使余粮户对缺粮户分片包干供应，造成群众间的对立，将事情越弄越坏。

十 粮食收购

069

中华人民共和国国务院令

第 244 号

《粮食收购条例》，已经 1998 年 6 月 1 日国务院第 4 次常务会议通过，现予发布施行。

总理　朱镕基

一九九八年六月六日

粮食收购条例

第一条　为了加强粮食收购管理，维护粮食市场秩序，保障粮食供应，保护农民和其他粮食生产者的合法权益，制定本条例。

第二条　本条例适用于小麦、玉米、稻谷以及国务院或者省、自治区、直辖市人民政府确定的其他粮食品种的收购活动。

第三条　收购粮食必须严格执行国家的粮食收购政策。

国家为掌握必要的商品粮源，实行粮食定购制度。定购粮的收购由省、自治区、直辖市人民政府组织实施。

农民完成国家粮食定购任务并留足自用和自储粮食后出售的余粮，由国有粮食收储企业敞开收购。

第四条　收购粮食必须严格执行国家的价格政策。

国家对粮食收购实行保护价制度，以保障农民和其他粮食生产者出售粮食，能够补偿生产成本，并得到适当的收益。保护价的原则由国务院确定，保护价的具体水平由省、自治区、直辖市人民政府制定，报国务院备案。

定购粮食的收购价格，由省、自治区、直辖市人民政府依据下列原则确定：

（一）市场粮价高于保护价时，参照市场粮价确定；

（二）市场粮价低于保护价时，按照不低于保护价确定。

农民和其他粮食生产者完成国家粮食定购任务并留足自用和自储粮食后出售的余粮，按照市场价格收购；但是，市场价格低于保护价时，应当按照保护价收购。

第五条　只有经县级人民政府粮食行政管理部门依照本条例第六条规定条件批准的国有粮食收储企业，方可按照国家有关规定从事粮食收购活动。未经批准，任何单位和个人不得直接向农民和其他粮食生产者收购粮食。

国有农业企业、国有农垦企业可以收购本企业直属单位生产的粮食。

粮食加工企业和饲料、饲养、医药等用粮单位可以委托当地国有粮食收储企业收购原料用粮；但是，只限自用，不得倒卖。上述粮食加工企业和用粮单位以及其他粮食经营企业和用粮单位都可以到国有粮食收储企业和县以上粮食交易市场购买。

粮食收购以县级行政区域为单位，国有粮食收储企业只能在本县级行政区域内收购粮食，不得到外地向农民和其他粮食生产者直接收购粮食。

第六条　国有粮食收储企业除应当符合法律、行政法规规定的企业设立的一般条件外，还应当具备下列条件：

（一）有相应规模的粮食仓储设施；

（二）有相应的粮食检验、保管专业人员；

（三）在中国农业发展银行开立基本帐户，并接受其信贷管理。

第七条　国有粮食收储企业的粮食收购资金应当在中国农业发展银行开设基本结算帐户和相应的存款专户，并实行专户专存，专款专用，不得多头开户，不得以任何形式挤占、挪用。

第八条　中国农业发展银行的分支机构，应当严格按照收购贷款与粮食库存值增减挂钩的原则，并根据粮食收购进度向国有粮食收储企业及时、足额供应粮食收购资金，不得以任何形式挤占、截留、挪用或者违反规定迟延供应粮食收购资金。

第九条　财政部门应当按照国家有关规定，从粮食风险基金中及时、足额拨补资金，用于下列补贴：

（一）省级储备粮食的利息、费用补贴；

（二）粮食收储企业因敞开收购农民的余粮，致使经营周转粮食库存增加、流转费用提高，又不能通过顺价出售予以弥补的超正常库存粮食的利息、费用补贴。

第十条　国有粮食收储企业收购粮食，应当张榜公布粮食各品种、各等级的收购价格和质量标准。

国有粮食收储企业收购粮食，应当按质论价，不得压级价或者抬级抬价，不得拒收、限收。对不符合质量标准的粮食，除发霉变质或者掺杂掺假的粮食外，应当按照规定扣除水份、自然杂质，按质论价，予以收购。

国有粮食收储企业与农民或者其他粮食生产者对粮食质量有争议的，由质量技术监督部门认定。

第十一条 国有粮食收储企业收购粮食，应当即时向售粮者本人支付售粮款，不得拖欠。

国有粮食收储企业除按照国家有关规定代扣、代缴农业税外，不得接受任何组织或者个人的委托，代扣、代缴任何税、费。乡（镇）、村干部也不得在粮食收购现场坐收统筹款、提留款及其他任何税、费。

任何组织或者个人都不得委托国有粮食收储企业代扣、代缴除农业税外的其他任何税、费。

第十二条 国有粮食收储企业销售粮食，必须顺价销售，不得低价亏本销售。

第十三条 未经批准，擅自从事粮食收购活动的，由工商行政管理机关没收非法收购的粮食，并处非法收购粮食价值1倍以上5倍以下的罚款，依法吊销营业执照；构成犯罪的，依法追究刑事责任。

第十四条 国有粮食收储企业挤占、挪用粮食收购资金的，由粮食行政管理部门责令改正，限期追回挤占、挪用资金，有违法所得的，没收违法所得，造成亏损的，自行承担责任；并依照法定程序撤销企业负责人的职务，对其他直接责任人员依法给予纪律处分；构成犯罪的，依法追究刑事责任。

第十五条 中国农业发展银行的分支机构挤占、截留、挪用或者违反规定迟延供应粮食收购资金的，由其上级机构责令改正，并由人民银行按照规定给予罚息等处罚；对直接负责的主管人员和其他直接责任人员依法给予纪律处分；构成犯罪的，依法追究刑事责任。

第十六条 财政部门未按照国家关于粮食风险基金管理的规定及时、足额拨补资金的，由本级人民政府责令改正；拒不改正的，对直接负责的主管人员和其他直接责任人员依法给予行政处分。

第十七条 国家工作人员利用职权挪用粮食收购资金的，依法撤销行政职务直至开除公职；构成犯罪的，依法追究刑事责任。

第十八条 国有粮食收储企业不执行国家粮食收购价格的规定，或者未按照规定张榜公布粮食收购价格或者收购粮食压级压价、抬级抬价的，由价格主管部门依照价格法的有关规定给予行政处罚；对直接负责的主管人员和其他直接责任人员，依法给予纪律处分。

第十九条 国有粮食收储企业违反规定拒收、限收粮食的，由粮食行政管理部门责令改正；拒不改正的，依照法定程序撤销负责人的职务，对其他直接责任人员依法给予纪律处分。

第二十条 国有粮食收储企业收购粮食，未即时向售粮者本人支付售粮款的，由粮食行政管理部门责令改正；情节严重的，依照法定程序撤销企业负责人的职务，对其他直接责任人员依法给予纪律处分。

第二十一条　国有粮食收储企业代扣、代缴除农业税外的其他税、费的，由粮食行政管理部门责令改正，可以处1万元以上5万元以下的罚款。

强令国有粮食收储企业代扣、代缴除农业税外的其他税、费的，乡（镇）、村干部在粮食收购场从收统筹、提留款及其他税、费的，必须向售粮者退回代扣、代缴的税、费或者坐收的统筹款、提留款，并对直接负责的主管人员和其他直接责任人员依法给予行政处分、纪律处分。

第二十二条　国有粮食收储企业低价亏本销售粮食的，由粮食行政管理部门责令改正，并可以依法撤销企业负责人的职务，对其他直接责任人员依法给予纪律处分。

第二十三条　本条例自发布之日起施行。

070

关于严格执行粮食最低收购价和临时存储粮油收购政策有关问题的通知

发改电〔2010〕273 号

各省、自治区、直辖市发展改革委、财政厅、农业厅、粮食局、物价局、农发行分行，中储粮分公司：

我国粮食生产连续六年丰收，今年夏粮再获好收成，国内供需平衡有余，库存充裕，市场供应和价格基本稳定。但是，近来一些地区出现灾害性天气，导致粮价上涨预期增强，一些企业盲目“跟风”抬级抬价在短时间内大量收购粮食，致使出现农民惜售、企业惜卖、市场供求一时骤紧的局面。这种做法扰乱了粮食市场秩序，给正常经营的企业带来困难，也不利于管理好通胀预期。为保证粮油市场健康平稳运行，现就有关要求通知如下：

一、严格执行质价政策

各地要按照国家最低收购价执行预案和临时存储政策的有关规定，指导和督促有关企业严格执行粮油收购质价政策，既不能压级压价损害农民利益，也不能抬级抬价扰乱市场秩序。有政策性收购任务地区的省级价格、粮食、农业部门和农发行分行、中储粮分公司要加强对市场价格的监测，定期进行会商，准确判断市场价格水平。当市场价格高于国家规定的最低收购价和临时存储价格时，有关企业要立即停止政策性收购，严禁通过各种方式抬价或变相抬级抬价收购。中储粮有关分公司及有关部门对委托收储企业挂牌收购政策性粮油的要严格审查，及时坚决制止和纠正企业违规收购行为。

为稳定市场预期，当市场价格明显高于最低收购价较多时，中央和地方储备粮可暂缓轮入，并按管理权限报批后适当延长轮换空库期。

二、加强收储业务管理

中储粮各有关分公司要严格落实政策性粮油管理的有关规定，督促有关企业健全粮油收购的各项手续，及时填写收购码单等原始凭证，如实报送收购数量、等级、价格等情况。要加强对委托收储库点、延伸库点的收购数量、质量、价格的验收和监管，规范企业收储行为。中储粮有关分公司及有关部门要加强政策性粮油收储资格的审查和复查，对收购进度和市场价格要跟踪监测分析，发现异常情况要逐笔进行核查。要加强对政策性库存粮食交易、出入库的管理和跟踪检查，严禁将已销售的库存陈粮转为政策性粮食收购入库，杜绝“转圈粮”的发生。

三、加强收购资金供应管理

各级农发行要切实做好收购资金供应管理工作，按照政策性收购的有关要求，严格审核发放政策性粮油收购贷款，及时足额保证资金供应。同时，要加大对粮油收购资金使用情况的核查力度，认真核对收购凭证，根据实际入库进度审核支付贷款，对违反收购质价政策的要坚决停贷。对企业开展自营收购的，要在有效落实风险防范措施的前提下，积极给予信贷支持。

四、加大监督检查和处罚力度

各地粮食、价格主管部门要采取抽查、巡查、交叉检查等方式，进一步加强政策性粮油收购政策执行情况的监督检查，切实落实监督检查责任。要按照《价格法》、《粮食流通管理条例》、国家最低收购价和临时存储收购政策等有关规定，严厉查处压级压价、抬级抬价、虚报进度、“转圈粮”、套取补贴等违法违规行为。违法违规行为一经发现，要责成有关部门和单位立即取消企业的政策性粮油收储资格，三年内不得从事政策性收购，已经收购入库的要退出政策性库存统计，扣回费用利息补贴，同时追究有关单位和企业主要负责人的责任。对从事粮食收购活动的其他经营者也要加大监督检查力度，严格规范其经营行为，维护正常的粮食流通秩序。

各地各有关部门和单位要按照本通知要求，加大工作力度，切实抓好各项措施的落实，并及时协调解决收购中出现的新情况和新问题，确保粮油收购工作顺利进行。有关情况要及时报告国家有关部门。

国家发展和改革委员会
财政部
农业部
国家粮食局
中国农业发展银行
中国储备粮管理总公司
二〇一〇年七月二十二日

071

关于抓紧开展粮食收购资格审核工作的紧急通知

国家粮食局

2004年8月26日

各省、自治区、直辖市及新疆生产建设兵团粮食局：

实行粮食收购许可制度是维护粮食市场秩序，保护农民和消费者利益的关键环节，也是国家掌握粮食生产、购销情况的必要手段。目前早籼稻收购正在进行，中晚稻收购在即，为了做好粮食收购工作，保护广大农民种粮积极性，规范粮食收购市场秩序，认真贯彻落实《国务院关于进一步深化粮食流通体制改革的意见》（国发〔2004〕17号）、《粮食流通管理条例》的有关规定，需要尽快建立粮食收购许可制度，依法做好粮食收购资格审核的管理工作。现将有关问题紧急通知如下。

一、抓紧制定粮食收购资格审核具体办法，开始受理审批工作。要建立健全粮食收购市场准入制度，既要鼓励多元化市场主体参与粮食经营，又要严格资质标准。各地粮食行政管理部门要按照《行政许可法》、《粮食流通管理条例》、国家有关规定和省级人民政府批准公布的规定，制定粮食收购资格审核具体办法，明确粮食收购审核的程序，建立健全相关规章制度，尽快规定、印制本地有关粮食收购资格的申请、受理等材料的格式文本，及早向社会公布。

二、依法规范审核工作，提高办事效率。粮食行政管理部门要按照公开、公平、公正、便民和高效的原则，受理粮食收购许可申请，送达行政许可决定。有条件的粮食行政管理部门可以开展办理粮食收购许可“一站式”窗口服务。进行粮食收购资格审核不得向申请者收取任何费用。

三、加强粮食收购资格审批后的监督检查，维护正常粮食流通秩序。粮食收购是整个粮食流通的关键环节，放开粮食收购市场后最容易出现问题。各地粮食行政管理部门不仅要搞好粮食收购资格审核，而且要加强对粮食收购活动的监督检查，与工商、质检、税务等有关部门共同加强粮食收购中持证经营、照章纳税、质量监督等各项工作，依法查处违法违规行为，做到粮食收购市场“放而不乱、活而有序”。

近期，国家粮食局将会同有关部门对粮食收购资格审核工作开展督查。各地粮食行政管理部门在粮食收购资格审核工作中遇到新情况、新问题，请及时向国家粮食局报告。

072

关于印发《粮食收购审核管理暂行办法》的通知

国粮政〔2004〕121号

各省、自治区、直辖市及新疆生产建设兵团粮食局、工商行政管理局：

为贯彻落实《粮食流通管理条例》和《国务院关于进一步深化粮食流通体制改革的意见》（国发〔2004〕17号），依法做好粮食收购资格审核的管理工作，规范粮食收购市场秩序，特制定《粮食收购资格审核管理暂行办法》，现印发给你们，请遵照执行。各地可根据上述办法，结合本地实际，制定具体操作办法。

国家粮食局

国家工商行政管理总局

二〇〇四年七月九日

粮食收购资格审核管理暂行办法

国家粮食局　国家工商行政管理总局

2004年7月9日

第一章　总　　则

第一条　为加强对粮食收购资格审核的管理和监督检查，保护粮食生产者和收购者的合法权益，规范粮食收购市场秩序，根据《粮食流通管理条例》等有关法律、行政法规，制定本办法。

第二条　从事向粮食生产者收购粮食以及与粮食收购资格审核管理监督相关的行为，适用本办法。

第三条　粮食收购资格审核和监督检查不得向申请者和被监督检查者收取任何费用。

第四条　直接向粮食生产者收购粮食必须经县级以上粮食行政管理部门（以下称审核机关）审核资格，取得粮食收购资格，并向工商行政管理部门（以下称登记机关）登记。

第五条　审核粮食收购资格应遵循公开、公正、公平、便民、高效的原则。

第六条　国家粮食行政管理部门负责全国粮食收购资格审核的管理和监督检

查工作。地方粮食行政管理部门负责本辖区内的粮食收购资格审核的管理和监督检查工作。

第二章　资格条件

第七条　申请从事粮食收购的法人和其他经济组织，必须具备以下条件：

（一）具备经营资金筹措能力；

（二）拥有或通过租借具有必要的粮食仓储设施；

（三）具备相应的粮食质量检验、保管能力。

省级粮食行政管理部门按照既要鼓励多种所有制市场主体从事粮食经营活动，搞活粮食流通，又要维护正常的粮食流通秩序，加强和改善宏观调控；既要有利于全国统一开放、竞争有序的粮食市场体系的形成，又要符合本地实际情况；既要符合我国有关法律法规，又要遵循世界贸易组织有关规则的原则，并应与毗邻地区协调、衔接，提出粮食收购资格的具体条件，报省级人民政府批准、公布。

第八条　凡常年收购粮食并以营利为目的，或年收购量达到 50 吨以上的个体工商户，必须取得粮食收购资格。年收购量低于 50 吨的个体工商户从事粮食收购活动，无须申请粮食收购资格。

个体工商户申请粮食收购资格的条件是须具备筹措经营资金 3 万元以上的能力。

第三章　资格申请与审核

第九条　尚未登记的新设法人、其他经济组织和个体工商户，申请粮食收购资格，应向与其设立时应到的登记机关同级的粮食收购资格审核机关提出申请，审核合格后进行工商登记。

已在工商行政管理部门登记的，申请粮食收购资格，应向与其设立时所到的登记机关同级的粮食收购资格审核机关提出申请，审核合格后到登记机关进行变更登记。

中央直属企业所属企业收购粮食，应到其登记机关同级的粮食收购资格审核机关申请资格。

第十条　粮食收购资格审核机关应在其办公地或其他公开场所公布申请粮食收购所需的全部申请材料，明示申请和审核程序及期限等有关信息，提供有关申请材料的填写示范文本。

粮食收购资格审核机关不得要求申请者提供与收购资格审核无关的材料，对申请者提供的涉及商业秘密的材料，审核机关应依法保密。

申请者对粮食收购资格审核机关公示的有关粮食收购资格审核的事项、依据、条件、程序、期限以及需要提交的全部材料的目录和资格审核示范文本内容有疑义的，有权要求审核机关予以说明、解释。审核机关对申请人提出的问题，应当提供准确、可靠的信息。

第十一条　粮食收购资格申请者可以亲自到审核机关办理，也可以委托有关组织和个人进行；可以将有关材料直接送达，也可以通过信函、电报、电传、传真方式提出申请。

有条件的地方，可以采取电子政务方式进行粮食收购资格的申请和审核。

第十二条　申请粮食收购资格时，须向审核机关提交下列书面材料：

（一）法定代表人（负责人）身份证复印件；

（二）营业执照或工商行政管理机关核发的《企业名称预先核准通知书》（仅限新设企业）复印件；

（三）资信证明；

（四）经营场所产权证明或有效租赁合同；

（五）有关检验、化验仪器和设施证明材料。

原来从事粮食收购业务的经营者须同时提交上一年度粮食购销情况年报表。

第十三条　对属于本机关受理范围内的审核事项，审核机关应及时对申请者提交的材料目录及材料格式进行形式审查。

对于申请材料齐全，符合法定形式，审核机关能当场作出受理决定的，应当场作出决定；不能当场作出受理决定的，必须在自接到申请后的五个工作日内作出是否受理的决定。逾期不作出决定的，视为受理。

对申请者提交的材料存在错误、不齐全或不符合法定形式的，可以当场修改的，应允许申请者当场进行修改和完善；不能当场修改完善的，应一次告知申请者需要修改完善的内容。

无论受理与否，审核机关都必须向申请者出具加盖本机关印章和注明日期的书面凭证。

第十四条　自受理申请之日起，审核机关应根据本办法第七条、第八条规定的条件对申请者报送的材料进行审查。

如有必要，审核机关可以对申请者的经营场所、仓储设施、检验仪器和设施进行实地核查；也可以对申请者提供的有关专业人员进行询问。

第十五条　审核机关自受理之日起，须在十五日内向申请者作出答复。符合规定条件者，应发给《粮食收购许可证》；认为申请者条件不符的，应向申请者作出书面说明，并告知申请者依法享有申请行政复议或者提起行政诉讼的权利。

逾期不向申请者提供书面通知的，视为授予资格。

审核机关应定期将审核结果在指定的媒体或场合公示。

第十六条　审核机关工作人员办理粮食收购资格审核时，不得索取或者收受他人财物，不得牟取其他利益。

第十七条 《粮食收购许可证》的格式文本由国家粮食行政管理部门统一规定，由省级粮食行政管理部门印制。

粮食收购资格由国家粮食行政管理部门受理的，有关粮食收购资格的申请、受理等材料的格式文本由国家粮食行政管理部门规定、印制。

粮食收购资格由地方粮食行政管理部门受理的，有关粮食收购资格的申请、受理等材料的格式文本由省级粮食行政管理部门统一规定、印制。

第十八条 粮食收购资格在全国范围内有效。

粮食收购者从事跨地区粮食收购的，只需持有效粮食收购资格证明副本和营业执照副本到收购地县级粮食行政管理部门和工商行政管理部门备案，即可从事粮食收购活动。收购地粮食行政管理部门不得再审核资格，不得有任何歧视行为。

第十九条 本办法实施前批准的粮食收购者，可继续从事粮食收购活动；但应在本办法实施后的三个月内重新向审核机关申请粮食收购资格，经审核未取得粮食收购资格的，不得再继续从事粮食收购活动。

第四章　监督检查

第二十条 粮食行政管理部门应当根据国家要求，对粮食收购资格进行核查。

第二十一条 上级粮食行政管理部门应加强对下级粮食行政管理部门实施粮食收购资格审核的监督检查，及时纠正粮食收购资格审核中的违法行为。

地方各级粮食行政管理部门应在每季度结束后十日内将本辖区内的上一季度的粮食收购资格审核情况报上一级粮食行政管理部门备案。

第二十二条 粮食行政管理部门依照法律、行政法规规定的职责对下列内容进行监督检查：

（一）粮食收购者是否具备粮食收购资格；

（二）粮食收购者《粮食收购许可证》所登记的内容有无重大变化；

（三）粮食收购者有无涂改、倒卖、出租、出借的《粮食收购许可证》的行为；

（四）粮食收购者是否遵守国家有关法律、法规和粮食收购政策。

第二十三条 粮食行政管理部门可以通过要求粮食收购者报送书面资料的方式，也可以采取实地检查等方式对在本辖区内从事粮食收购活动的经营者进行监督检查，查处粮食收购者在收购活动中的违法行为。

第二十四条 粮食行政管理部门依法对粮食收购者从事粮食收购活动进行监督检查时，应当将监督检查的情况和处理结果予以记录，由监督检查人员签字后归档。

粮食行政管理部门应定期公布监督检查情况。

第二十五条　粮食行政管理部门实施监督检查，不得妨碍粮食收购者正常的经营活动，不得索取或者收取被检查人的财物，不得牟取其他利益。

第二十六条　粮食收购者必须积极配合粮食行政管理部门的监督检查，并有权拒绝监督检查过程中的任何违法与非法要求。

第二十七条　粮食收购者在其资格授予机关辖区外从事粮食收购活动的，应接受其收购活动所在地的粮食行政管理部门的监督检查。

收购活动所在地的粮食行政管理部门应当将监督检查情况、处理结果抄告该收购者的资格审核机关。

粮食收购者违法经营，按规定需要取消粮食收购资格的，应由其资格审核机关作出决定。

第二十八条　粮食收购者有下列行为之一的，情节严重的，由审核机关暂停或取消其收购资格：

（一）粮食收购者未执行国家粮食质量标准的；

（二）粮食收购者有关情况发生重大变化，不符合本办法第七条、第八条规定条件的；

（三）粮食收购者被售粮者举报未及时支付售粮款的；

（四）粮食收购者违反《粮食流通管理条例》规定代扣、代缴税、费和其他款项的；

（五）粮食收购者未按规定报送有关粮食收购数据的；

（六）接受委托的粮食经营者从事政策性用粮的购销活动未执行国家政策的。

第二十九条　对粮食行政管理部门的处理决定不服的，可依法向同级人民政府或上一级粮食行政管理部门申请行政复议或提起行政诉讼。

第三十条　各级粮食行政管理部门应及时将监督检查总结报告报送上一级粮食行政管理部门。

第三十一条　各级粮食行政管理部门、工商行政管理部门应当建立粮食收购监督检查通报机制。

粮食行政管理部门应及时把取消粮食收购资格的法人、其他经济组织或个体工商户告知同级工商行政管理部门，由工商行政管理部门进行变更或注销登记。

第三十二条　任何单位和个人发现粮食收购者违法从事粮食收购活动，有权向收购活动所在地粮食行政管理部门、工商行政管理部门等有关部门举报。有关部门应当及时核实、处理。

对举报人要求保密的，有关部门必须为举报人保密，维护其合法权益。

第五章　附　　则

第三十三条　省级粮食行政管理部门可根据本地情况制定具体实施细则，报省级人民政府批准。经省级人民政府批准的实施细则，由省级粮食行政管理部门报国家粮食行政管理部门备案。

第三十四条　本办法中“以上”、“……内”包含本数。

第三十五条　本办法由国家粮食行政管理部门、国家工商行政管理部门负责解释。

第三十六条　本办法自公布之日起施行。

073

印发关于发展粮食订单收购　推进粮食产业化经营的意见的通知

各省、自治区、直辖市及新疆生产建设兵团粮食局：

近年来，各地粮食部门在认真贯彻落实党中央、国务院关于粮食流通体制改革政策措施的过程中，积极配合农业产业结构的战略性调整，发展粮食订单收购，推进粮食产业化经营，取得了明显成效。为引导各地粮食订单收购的健康发展，现将我局起草的《关于发展粮食订单收购　推进粮食产业化经营的意见》印发给你们，请结合本地情况，认真研究落实。

国家粮食局

二〇〇一年八月一日

关于发展粮食订单收购　推进粮食产业化经营的意见

国家粮食局

2001 年 8 月 1 日

近年来，各地粮食部门认真贯彻落实党中央、国务院关于粮食流通体制改革的政策措施，适应农业和粮食种植结构的战略性调整，积极发展粮食订单收购，对保护农民利益、促进产销衔接和搞活粮食流通发挥了积极作用。同时，也为进一步深化粮食流通体制改革、转换国有粮食企业经营方式进行了有益的探索。为引导粮食订单收购健康发展，推动粮食产业化经营，现提出以下指导意见：

一、充分认识发展粮食订单收购的意义和作用

粮食订单收购是指粮食生产、收购双方通过签订产销合同，明确各自权利、义务，并按合同要求完成粮食生产、收购经营活动，实现粮食产销衔接的一种经营形式。从粮食订单收购开展较早地方的实践看，订单收购有利于引导粮食生产者按照市场需求组织生产，促进农业和粮食种植结构的调整，发展市场需求的优质粮食生产；有利于实行优质优价，增加种粮农民的收入；有利于国有粮食购销企业掌握稳定的商品粮源、发挥粮食购销主渠道作用，在粮食购销市场化改革

中，增强市场竞争能力，提高经济效益；有利于促进粮食产销衔接，实现粮食供求总量和结构的基本平衡。因此，各地粮食部门应进一步提高认识，充分发挥设施、技术和销售渠道等优势，大力提倡和参与粮食订单收购，在引导生产、服务消费、实现产销衔接和搞活粮食流通中发挥积极作用。

粮食主产区的国有粮食购销企业要正确认识和处理敞开收购与订单收购的关系。对列入保护价范围的粮食，国有粮食购销企业必须不折不扣地贯彻落实按保护价敞开收购的政策，以利于保护农民种粮积极性、稳定粮食生产和国家掌握稳定粮源。订单收购是按市场需求组织粮食生产和流通的新形式，是对敞开收购的有益补充。国有粮食购销企业，应在保证敞开收购的前提下，适应农业和粮食种植结构调整后粮食产品结构出现的新变化，变被动等待为主动入市，积极开展粮食订单收购，依托龙头企业，走产业化发展之路。同时，要利用订单收购的示范效应，引导农民正确调整粮食种植结构，组织生产市场需要的粮食产品，提高种粮收益。

二、培育和扶植发展粮食订单收购的龙头企业

龙头企业具有开发新产品、拓展新市场的能力，是发展粮食订单收购的“领头羊”。各地应积极探索以粮食购销企业为龙头，建立商品粮生产基地；以粮食加工企业为龙头，建立加工原料生产基地的模式，培育、扶植一批规模较大、经济效益较好、带动能力较强和产品具有市场竞争优势的龙头企业。

（一）积极推动国有粮食企业参与粮食产业化经营。要按照现代企业制度的要求，以购销企业为主体，调整国有粮食企业的布局和结构，使优质资产向购销企业倾斜，增强企业实力，成为粮食产业化经营的主体。要采取切实可行的措施，改变目前国有粮食购销企业小而散的状况，加快购销企业改制步伐，实行组织形式的创新。有条件的地方，可以县（市、区）为单位，以经济利益关系为纽带，组建粮食购销公司，形成整体合力，为实现规模经营创造条件。鼓励、支持粮食加工企业及其他用粮企业，按照效益、合理的原则，通过兼并、收购等形式，壮大企业规模，增强企业实力，发展成为龙头企业。要加快转换国有粮食企业经营机制，实行政企分开、自主经营、自负盈亏。积极引导国有粮食企业健全内部管理制度，实现科学管理，规范运作，使其成为适应社会主义市场经济要求的法人实体。

（二）鼓励多种所有制粮食企业积极参与、发展订单收购，形成粮食订单收购的多元化经营格局。要为不同所有制粮食企业公平竞争创造良好的外部环境，凡经过批准可以从事和参与粮食收购、批发和加工业务的企业，都可以从事粮食订单收购活动。粮食加工企业可采取吸收社会资本参股、合资合作的形式组建股份制粮食产品转化和深加工龙头企业。

（三）引导粮食购销企业和加工企业实现经济联合、优势互补。要充分利用粮食购销企业、加工企业各自的优势，积极探索粮食购销与加工企业之间的联合经营形式，实现资源共享、优势互补，提高粮食经营效益。各地应选择一批有基础、有前途的粮食购销企业与加工企业进行联营协作的探索，逐步培育成粮食产业化龙头企业。

（四）支持龙头企业开发市场，实施名品战略。粮食订单收购的目的，是让更好的粮食产品满足人们日益增长的多样化的消费需求。订单收购，为优质粮生产和进入市场提供了条件，但优质粮能不能受到消费者的欢迎，最终要经过市场的检验。要引导龙头企业始终盯住市场，善于研究消费者的需求，充分利用优质粮内在品质，针对不同的消费群体，开发高质量、专用途的粮食产品。要增加优质粮食产品培育、开发、加工的科技投入，优化产品质量。要加强市场营销，把深受消费者喜爱的质优价廉的粮食名牌产品推向市场，提高产品知名度，创造优质名品。

（五）加大对龙头企业的扶持。鼓励和支持有实力的龙头企业直接与农户签订订单收购粮食，允许龙头企业依法跨地区进行粮食购销和运输。各地要协调有关商业银行安排一部分粮油技改贷款，改造设备，提高装备水平，增加科技含量，推动龙头企业技术进步和产业升级。

三、加强对订单收购的引导和服务

各地粮食行政管理部门在订单收购中要切实转变观念，遵循“政府引导市场、市场引导企业（农户）”的原则，加强引导和服务，发挥桥梁纽带作用，为发展粮食订单收购创造好的条件。

（一）引导订单双方树立“以销定产”的市场经营意识。要坚持以市场需求为导向，给粮食生产者正确的市场信息，选择适应市场的粮食品种，调整粮食品种结构和区域布局，减少生产的盲目性，发展适销对路的名、特、优、新、绿粮食品种，并逐步实行规模种植，实现农业增效、农民增收。

（二）建立、健全粮食订单收购的信息服务体系。要充分发挥各方面的资源优势，加快建立覆盖面广、时效性强的粮食信息网络。有条件的地方，可以尝试建立粮食品种质量测报制度，开展优质、专用种子的咨询服务。要多渠道收集国内外粮食市场信息，快速加以整理、分析，科学地预测粮食市场供求总量和结构状况，及时、准确地服务于粮食订单收购的各环节、各主体。

（三）建立、健全粮食质量检验检测体系。要按照科学、合理、易于操作的原则，参与开发适应市场需求的粮食快速检验检测设备，完善检验检测手段，培训一批熟练掌握粮食质量标准、操作能力强的检验检测操作人员，为粮食订单收购提供方便、快捷的服务。

四、采取积极措施，提高订单履约率

（一）合理确定订单收购粮食的价格。粮食订单收购要坚持依质论价和优质优价。各地要引导订单收购企业在做好成本分析和市场供求价格行情预测的基础上，积极借鉴目前“二次结算”、“随行就市”和“优质优价”等定价形式的成功经验，兼顾粮食生产者和企业的利益，合理确定订单价格，降低市场价格波动带来的风险。

（二）规范合同格式和内容。为使订单收购规范化，要推行和采取格式化书面合同，明确订单双方的权利和义务，特别是价格、违约责任、争议解决办法和质量标准等容易引起纠纷的内容要规范细致。有条件的地方，合同中可以增加诸如订金等形式的担保手段，建立制约机制，提高订单合同的履约率。

（三）积极探索建立粮食订单收购的利益保障和风险规避机制。国有粮食购销企业、加工企业及其他用粮企业要树立“农商联手、购销双赢”的经营思想，以订单为载体，以利益为纽带，与粮食生产者进行资产连接，形成风险共担、利益共享的联合经营体。在企业与农户之间建立长期、稳定订单关系的地方，可尝试由企业和粮食生产者按自愿原则，共同出资，成立粮食订单收购风险基金。当出现生产、市场风险时，可动用基金补偿利益受损方，减少风险造成的损失。同时，各地还应积极探索风险基金保值增值的途径，增强合同双方获得收益和规避风险的能力。

（四）加强法治和商业信用建设。订单收购实质是一种合同或契约行为，合同能否得到及时、完全履行，购销双方的法律意识和商业道德水平至关重要。各地粮食部门首先应从自身做起，做好表率，积极进行《合同法》等相关法律的学习，增强法治经济观念和现代商业信用意识，严格按合同办事，让利于民，取信于民。同时，还应积极配合有关部门，加强对粮食生产者法律和信用知识的宣传与教育，提高生产者的法律素质，增强生产者的商业信用意识。

五、加强对生产环节的引导和支持，提高粮食订单收购的产业化程度

目前，粮食部门发展订单收购还处于探索阶段，粮食生产的产业化程度较低，对优质种子的培育和筛选、粮食生产的规划、田间技术指导和管理投入较少，规避生产风险影响的能力较弱。为此，各地粮食部门既要突破传统观念，积极发展粮食订单收购，又要尊重农民意愿，引导农民适应粮食产业化经营的需要，根据市场供求信息安排种植和积极参与优质种子培育和筛选，并对农民统一供种和进行播种技术指导；引导农民加强粮食生产的基地建设，搞好生产规划，对订单粮食实行连片种植，规模化经营。要根据优质粮食生产的特点，指导农民科学施肥、灌溉和防治病虫害等。要指导和帮助农民搞好订单粮食的收割、运输

和储存等。通过延长订单收购链条，密切各环节之间的联系，真正营造市场牵龙头、龙头带基地、基地连农户的贸工农一体化格局，形成并完善行政引导、企业运作、科技先行、基地为依托的紧密型粮食产业化经营模式。

发展订单收购、推进粮食产业化经营是一项复杂的系统工程。各地粮食行政管理部门要从大局出发，做好与农业、银行、工商、财政、质检和科研等部门的协调工作，按照本意见提出的要求，因地制宜，制定发展粮食订单收购的具体方案，并抓好组织和落实。要及时发现问题，解决问题，认真总结经验，分步骤、有重点地发展订单收购，大力推进产业化进程，努力开拓粮食流通工作的新局面。

074

关于进一步敞开收购农民余粮规范粮食市场秩序的紧急通知

计综合〔2001〕22号

各省、自治区、直辖市及计划单列市计委、工商行政管理局、粮食局、物价局、农业发展银行分行：

目前，正值秋粮收购旺季，各地积极贯彻落实中央经济工作会议的精神，认真做好粮食收购和粮食市场管理工作，总体情况是好的。春节将至，备耕在即，农民急需生产、生活资金，为了保护农民利益，努力增加农民收入，必须严格执行敞开收购农民余粮的政策，进一步规范粮食收购市场管理，做好粮食收购工作。现将有关事项通知如下：

一、严格规范入市收购企业的审批制度，严厉打击不法粮商直接到农村收购粮食，扰乱粮食收购市场秩序的行为

必须重申，对列入保护价收购范围的粮食，只能由国有粮食购销企业和经省级工商行政管理部门审核批准的用粮企业、粮食经营企业，按照国家粮食收购政策的要求，直接到农村收购；经省级政府认定，确属交通不便的边远地区的粮食经营企业，可经地（市）或县级工商行政管理部门审核批准后，直接到农村收购粮食。对退出保护价收购范围的粮食，经地（市）或者县级工商行政管理部门审核批准的用粮企业、粮食经营企业，可以直接到农村收购。除上述范围的企业以外，其他任何企业和个人一律不得直接到农村收购粮食。各级工商行政管理机关必须严格执行国家粮食政策，严格按程序审核入市收购资格，并会同粮食行政管理部门，立即对已经取得入市收购资格的企业，进行一次全面清理。各地工商行政管理部门要加强对粮食收购市场的监管，严禁无照经营和违规经营，严厉打击扰乱市场、损害农民利益的不法行为，维护粮食收购市场的正常秩序。对违反国家粮食收购政策，擅自从事粮食收购活动的，工商行政管理部门要依法没收非法收购的粮食，并处以非法收购粮食价值1倍以上、5倍以下的罚款；构成犯罪的，要依法追究刑事责任。

二、国有粮食购销企业要认真贯彻执行按保护价敞开收购农民余粮的政策，切实把农民手中余粮收上来

各地粮食部门和国有粮食购销企业要坚决采取有效措施，严格按照粮食收购保护价格，必须常年常时挂牌敞开收购农民的余粮。要严格按照国家粮食质量标准收购粮食，增加验质定等的透明度。不准拒收、限收和压级压价收购，损害农民的利益。国有粮食购销企业要进一步改进工作作风，采取增设收购网点等措施，方便农民售粮。针对今年部分地区因灾粮食质量较差的情况，各地粮食部门和国有粮食购销企业要组织和引导农民对粮食进行筛选、整理，提级进等，保证入库粮食质量。

三、继续加大监督检查力度，认真做好粮食收购市场管理和粮食收购工作

规范粮食收购市场秩序是实行粮食省长负责制的重要内容，各地要认真贯彻党的十五届五中全会精神，按照中央经济工作会议和中央农村工作会议的部署，深入基层，把做好粮食收购和粮食收购市场管理工作放在重要位置，加大监督检查的力度，要一级抓一级，层层负责，逐级落实。工商行政管理部门要继续加强对粮食收购市场的监管，对扰乱粮食收购市场秩序的，要按照有关规定严肃处理；情节严重的，要严厉追究有关单位负责人和当事人的责任。在当地政府的统一领导下，各级粮食行政管理部门要会同工商行政管理和物价部门，严格监督检查国有粮食购销企业执行国家粮食收购政策的情况，对违反国家粮食收购政策，压级压价，损害农民利益的，要坚决查处。

请各地接到本通知后，立即转发到县级有关部门和基层粮食购销企业。

国家发展计划委员会
国家工商行政管理局
国家粮食局
中国农业发展银行
二〇〇一年一月九日

075

国家计委关于 1999 年粮食收购价格政策的通知

计价格〔1999〕568 号

各省、自治区、直辖市人民政府，国务院有关部门：

为指导各地合理安排 1999 年粮食定购价和保护价，做好粮食收购工作，引导农民优化粮食生产结构，经国务院同意，现将 1999 年粮食收购价格政策有关问题通知如下：

一、安排 1999 年粮食收购价格政策的基本原则。研究确定 1999 年粮食定购价和保护价的原则是：

（1）有利于农民获得合理收益，保护农民生产积极性；

（2）有利于国有粮食购销企业实现顺价销售，减轻财政负担，促进粮食流通；

（3）有利于农民面向市场调整和优化粮食种植结构，减少市场销售不畅的粮食品种的生产，促进优质品种的培育和推广。

二、合理确定粮食定购价和保护价水平。在保留粮食定购制度和定购价格形式的前提下，各地可以调整定购粮收购价格。在当前市场粮价较低的情况下，可以将定购价调低到保护价水平。

要降低市场销售不畅的粮食品种的定购价和保护价。1999 年黑龙江省、吉林省、辽宁省和内蒙古自治区东部以及河北省、山西省北部春小麦和南方早籼稻、江南小麦的定购价和保护价，要适应市场供求状况，较大幅度地降低收购价格。这几个品种中的劣质产品的定购价和保护价，可以按照低于生产成本的原则确定，以拉开品质差价。

三、拉开粮食品种差价。要利用价格杠杆，鼓励质量好、市场销价高的优质品种的推广，优化种植结构。质量技术监督部门要会同粮食、农业等部门抓紧制定粮食的质量标准，并尽快公布实施。在制定定购价和保护价时，各地要根据市场需求和粮食的内在质量，进一步拉开优质品种与一般品种之间的差价，促进优质品种的发展。

各省级物价部门要加强对优质粮食品种收购价格的指导。优质品种的具体购销价格，由国有粮食购销企业根据市场情况，按照购得进、销得出的原则自行确定。

大型农业产业化龙头企业和饲料生产企业，经主管部门批准与农民直接签订自用粮收购合同的，其优质粮食品种的收购价格由签订合同的双方按照优质优价的原则协商确定；一般品种的收购价格不得低于政府规定的保护价。

四、进一步拉开粮食等级差价。国有粮食购销企业要增强质量意识和市场意识，改变现行分等收购、混等销售的作法，逐步实现分等收购、分等储存、分等销售，真正实现优质优价。各地物价部门要进一步拉开粮食的等级差价，促使农民去除杂质、提高质量。对等外粮，国有粮食购销企业可按市场供求形成的价格进行收购。各地要在粮食收购中普遍推行使用科学仪器验等验级，防止压级压价。

五、合理安排粮食收购的季节差价。各地要根据当地实际情况，对于推迟交售可以降低水分、提高内在质量的粮食品种，合理安排季节差价，把节省的利息和储存费用的大部分通过拉开季节差价的形式让利给农民，以减轻财政负担，降低流通成本，增加农民种粮收入。针对东北地区玉米上市初期水分大的特点，要进一步拉开收购前中后期的季节差价，鼓励农民降低玉米水分，交售安全水分的粮食。

六、做好粮食价格政策平衡衔接工作。要建立毗邻产区粮食价格衔接制度。每年在确定夏粮和秋粮定购价和保护价之前，相邻产区各省级人民政府要及时沟通情况，交流信息，加强协调。在确定定购价和保护价时，要注意拉开省际之间以及省内各产销区之间的地区差价，以利于不同地区的粮食购销企业平等竞争，促进粮食有序流通。我委将加强对各地粮食价格衔接工作的指导。

各地要根据上述精神，结合当地实际情况，尽快研究制定1999年粮食定购价和保护价，做好粮食收购工作，引导农民合理安排农业生产，促进粮食生产从数量型向数量效益型的转变。

国家发展计划委员会

一九九九年五月二十六日

076

国务院关于按保护价敞开收购议购粮的通知

国发〔1997〕27号

各省、自治区、直辖市人民政府，国务院各部委、各直属机构：

为了切实保证农民增产增收、保护农民生产积极性，国务院决定，在农业丰收情况下，要按保护价敞开收购议购粮。各地区、各部门必须统一思想，明确政策，统一行动，贯彻落实，为保持农业发展的良好势头和国民经济持续、快速、健康发展，打下稳固的基础。现将有关问题通知如下：

一、各地区要及时制定并公布当地议购粮保护价政策。各省、自治区、直辖市人民政府要把贯彻落实这项基本政策作为“米袋子”省长负责制的一项重要内容，加强组织领导，统一部署，迅速行动。定购粮食价格，按上年的定购价执行，一律不得降低。在定购粮收购任务完成以后，要按保护价敞开收购议购粮。议购粮收购保护价按定购基准价执行；对质量较差、不适销对路的早籼稻和春小麦的某些品种，其保护价可以比基准价略低，但下浮幅度一般不得超过5%，具体价格水平由省级人民政府确定。

二、粮食部门必须坚决执行按保护价敞开收购议购粮的政策。国有粮食企业要在各级政府的领导和支持下，充分发挥粮食购销主渠道作用和市场粮价形成的主导作用。对农民留足口粮、种子粮、饲料粮和必要的储备粮以外的余粮，要坚决做到按保护价敞开收购，不拒收、不限收、不停收、不打白条，并不得代扣各项提留款。要在粮食收购站（库）张榜公布定购价和保护价，挂牌收购。要坚持按质论价，不得压级压价。要提供优质服务，千方百计方便农民交售余粮。各级政府要加强监督检查，对国有粮食企业不按保护价收购，或拒收、限收、停收的，要严肃查处，并追究领导责任。同时，要鼓励和教育农民多储粮，不卖“过头粮”。对违反政策用低价收购农民的粮食、再按保护价卖给国有粮食企业以套取价差的单位和个人，要坚决查处。

三、有关部门必须确保粮食收购资金供应。要继续贯彻执行政府领导下的分级分部门筹措收购资金责任制。各级财政、粮食部门要按各自的责任，及时落实应到位的资金。农业发展银行要加强资金调度，保证粮食收购资金的供应。对各地财政部门、国有粮食企业确实不能到位的资金，在按规定签订垫付协议后，由农业发展银行按库贷挂钩原则，及时发放垫付贷款。垫付贷款确实不能按期归还的，经开户行审查同意后，可以展期。国有粮食企业要积极做好粮食销售和资金回笼工作，认真清理各种不合理的占用资金，集中用于收购粮食。农业发展银行和各级粮食部门要根据秋粮生产情况，对秋粮收购资金早调查、早测算、早筹措，保证全年粮食收购资金足额、及时供应，防止出现打白条。同时，要加强粮食收购资金的管理和监督，凡是违反有关规定挤占挪用、扣留粮食收购资金的单位和个人，要严肃查处，并追究责任。

四、务必落实财政补贴。对国有粮食企业收购的定购粮和按保护价收购的议购粮，其超正常周转库存部分由财政给予利息、费用补贴。（一）补贴范围：1996粮食年度国有粮食企业期末粮食周转库存超过合理周转库存的粮食；1997粮食年度新收购的定购粮、以保护价收购的议购粮超过正常销售后的库存粮食。（二）补贴标准：利息补贴按不同品种和收购价格、同期农副产品收购贷款利率计算；费用补贴按原粮每公斤每年0.06元计算。（三）补贴期限：利息和费用补贴期限暂定为一年，按季拨补，年终清算。（四）补贴资金来源：中央和地方共同建立的粮食风险基金。凡1997年地方资金配备比例未达到国务院规定1∶1.5的省、自治区、直辖市，要严格按规定的比例配足地方自筹资金；以后年度也要按这个比例安排地方配套资金。如达到规定比例后，粮食风险基金仍有缺口的，其缺口部分由中央和地方财政按1∶1.5的比例共同增加资金弥补。具体办法另行制定。

五、积极建立粮食产、销区比较稳定的购销关系。为了缓解粮食主产区的库存压力，各省、自治区、直辖市政府要积极组织辖区内产销区的定购粮和议购粮调拨，并在省际间逐步建立长期稳定的粮食购销关系。1997年主销区要按照国家有关部门确定的本年度调粮计划，积极从主产区调入一部分定购价粮食。定购价粮食按调出方定购价加合理收购费用结算货款，调拨费用由调入地区负担。调入地区由此增加的超储粮食的利息、费用开支，由调入地区的粮食风险基金补贴。粮食调入调出地区政府要从全局出发，搞好省际间调销的协调工作。各级经贸委（经委）会同铁道、交通部门要优先安排运力，保证粮食运输需要。

六、加快粮食仓储设施建设，扩大仓储能力。去年12月以来，国家已先后四批下达了共15亿元的简易粮库贴息贷款，近期将再安排一部分简易粮库贴息贷款，这些贷款主要用于维修、改建现有粮食仓储设施和能储存粮食的社会仓储设施。东北地区要重点用于购建烘干设施。为使这些贷款尽快落实到基层企业，国务院有关部门要组织力量到重点地区协助地方尽快落实项目，地方政府和有关企业要组织好施工建设，力争尽快投入使用，发挥效益。同时，地方政府也要增加对粮食仓储设施建设的资金投入，采取内部挖潜改造、大力利用社会闲置仓库和空余厂房等多种办法，扩大仓储能力。

七、合理安排粮食销售价格，切实加强粮食企业的经营管理。实行按保护价敞开收购议购粮的政策措施后，市场粮食购销价格会逐步回升到合理区间，国有粮食企业的粮食销售价格应当按照保本微利的原则顺加作价，但零售价格最高不得超过上年各地按规定的作价办法制定的价格水平。国有粮食企业要进一步深化改革，加快企业经营机制的转换，大力分流富余人员，开展多种经营，改善服务质量，提高经营水平。要健全企业内部财务管理制度，加强成本核算，减少周转环节，降低费用，通过增强企业实力，提高市场竞争能力，更好地发挥粮食流通主渠道作用。

八、合理调整粮食的种植结构，搞好粮食转化加工。各级政府要引导粮食种植结构的合理调整，鼓励多种品质好、市场有销路的粮食。为促进粮食转化，农业发展银行和有关商业银行要积极支持符合国家产业政策、有市场的饲料、食品等粮食加工企业的生产经营，努力满足其合理贷款需要。

国务院

一九九七年八月六日

077

国务院关于做好当前粮食收购和储存工作的通知

国发〔1996〕44号

各省、自治区、直辖市人民政府，国务院各部委、各直属机构：

近年来，党中央、国务院采取了一系列政策措施，加强农业的基础地位，农业生产连续三年获得较好收成，粮食供给形势明显好转。在好的形势下，对粮食问题必须有正确认识。当前我国不存在粮食多了的问题，从宏观和长远角度看，在相当长的时间内，我国的粮食供求平衡状况将会始终偏紧，对此，我们务必保持清醒的头脑。同时，还要充分重视当前粮食工作中存在的一些困难和问题，这突出表现在：粮食系统销售下降，导致经营性亏损猛增，粮食财务挂帐日趋增多，给各级财政、银行造成很大负担；省际间调销不畅，有的粮食企业停止议价粮收购，部分地区出现粮食市场价低于定购价的趋势；粮食收购资金被挤占挪用的现象相当严重，调销资金回笼缓慢，影响收购资金周转。这些情况表明，如不尽快深化改革，改善管理，将会影响到国民经济的健康发展。为了确保粮食丰产丰收，保护农民的生产积极性，要切实做好当前粮食经营管理和收购、储存工作，同时，抓住机遇，深化粮食流通体制改革。现将有关问题通知如下：

一、切实加强粮食企业经营管理，迅速扭转企业经营亏损。粮食部门要根据转变经济体制和经济增长方式的要求，更新观念，加快企业经营机制的转换，加强企业内部管理，全力抓好扭亏增盈工作，商业性亏损不得再到银行挂帐。粮食企业要向便民连锁店的方向发展，开展以粮为主的多种经营，减少周转环节，搞活流通，搞好服务。要健全企业内部财务管理制度，加强成本核算，杜绝不合理的费用开支，坚决把过高的流通费用降下来。各级政府要建立粮食企业扭亏增盈目标责任制，层层落实，定期考核。要按照《国务院批转中国人民银行等六部门关于加强粮棉油政策性收购资金管理意见的通知》（国发〔1995〕12号）精神，加快粮食政策性财务挂帐的消化工作，不得出现新的政策性亏损挂帐。

二、稳定市场粮价，抓好粮食收购工作。搞好当前粮食收购工作，关系到明年农业发展特别是粮食生产和市场稳定，也是落实粮食省长负责制的重要内容。各级政府和有关部门必须把粮食收购作为重要和紧迫的工作来抓。当前首先要稳定粮食市场价格，防止粮价过度下滑。办法就是继续做好议价粮的收购，实行挂牌收购，敞开收购，不得压级、压价，不得拒收、限收。同时要抓紧完成已经下达的国家专项储备粮的收购任务。对议购粮要按市场价收购，市场粮价低于定购粮价时，要按当地政府规定的保护价格收购，保护价格要参照定购价格制定，购销差价由中央和地方财政共同建立的粮食风险基金中补贴。专储粮要按略低于市场价格收购，市场价低于定购价时，按定购粮价格收购。一定要把农民交售的粮食都收上来，同时，要做好收购的服务工作，方便群众交售粮食，以保护农民利益。

三、利用当前有利时机，结合粮食体制改革，抓紧充实中央和地方两级粮食储备。建立健全中央和地方两级粮食储备，既是中央和地方政府的重要职能，也是社会主义市场经济条件下做好粮食总量平衡的重要手段。今年全国粮食增产，为保护农民生产积极性、增强国家宏观调控能力，国务院决定再安排收购一部分国家专项储备粮，增加的国家储备粮要与地方储备粮、地方周转粮分库储存。各地区必须按照“米袋子”省长负责制的要求，建立和充实必要的地方粮食储备，尽快达到产区保持3个月销量、销区保持6个月销量的水平。各地区地方粮食储备的具体数量要按照国家粮食储备局、国家计委、财政部提出的安排意见执行。地方政府要督促粮食和财政部门认真做好地方粮食储备工作。

四、搞好粮食省际间调销的协调工作。为了缓解当前部分粮食产区库存压力，为新粮收购腾仓倒库，粮食产区要采取多种措施，扩大销售渠道，积极促销。东北三省和内蒙古自治区在新粮上市以后，可同时开放县以上粮食市场。粮食销区要采取措施，促进粮食部门、粮食企业和饲料生产企业到主产区县以上粮食市场购买粮食，补充库存。国务院决定，今冬明春从东北地区再调出30亿斤专储玉米，运往京、津、沪三市和其他消费量大的地区。同时安排东北地区50亿斤议价玉米进行省际间调剂，具体由国家粮食储备局会同有关部门组织落实。国家经贸委要会同铁道部、交通部优先安排运力，组织好粮食运输。产区销区要从全局出发，互相配合，组织好粮食的接运。

五、保证粮食收购资金供应，严禁挤占挪用。为了保证粮食收购和调销的正常进行，要认真落实政府统一领导下的分级、分部门收购资金筹措责任制。各级政府要组织协调有关部门按规定渠道筹措收购资金，绝不允许给农民“打白条”。同时，要严格禁止挤占和挪用粮食收购资金。地方政府要加强对粮食收购资金落实情况的监督检查，粮食部门和粮食企业要积极筹措资金，压缩其他开支，集中用于粮食收购；要限期清理收回各种不合理占用资金，并采取有效措施杜绝新的挤占挪用；要加快粮食调销货款的回笼，及时归还银行贷款。粮食企业要逐步消化已发生的经营性亏损，对今年第四季度以后新发生的亏损，银行不得相应增加贷款。财政部门的粮食政策性财务挂帐消化款和用于粮食的各项政策性补贴资金，要足额及时到位。银行要加强资金调度，做好补充收购资金的供应，监督资金使用，不得挤占收购资金。对企业和财政因先支后收、筹措资金临时不到位而暂时需要由银行垫付资金的，要按银行规定签订垫付协议，地方政府和银行要督促有关单位按期归还。凡是违反有关规定挤占挪用粮食收购资金的单位和个人，一定要严肃查处，绝不放任姑息。

六、多渠道解决粮食仓容问题。要动员各方面的力量，切实解决好储粮问题。粮食部门应主要利用现有设施，进一步挖潜，同时要充分利用社会仓储设施安排储粮，增加储存能力。对粮食部门租用社会仓储设施，各有关部门要密切配合，大力支持。租用社会仓库一定要达到安全储粮的标准，确保粮食能够运得进、保管好、调得出。为增加粮食仓储设施，要充分利用停工闲置的厂房、仓库，进行改造后储粮。国家专储粮和仓储设施要合理布局，逐步向销区转移。

七、进一步深化粮食流通体制改革。当前粮食工作中出现的一些新问题，主要是粮食流通体制不顺、经营机制不合理的反映。现在粮食市场供应充裕，国家宏观经济环境显著改善，应当抓住有利时机，进一步深化粮食流通体制改革。要按照政企分开、储备和经营分开、中央与地方责任分开、新老挂帐分开和完善粮食价格机制的原则，建立适应社会主义市场经济体制要求、适合我国国情的粮食流通体制。国务院有关部门要按照国务院的部署，通力合作，精心组织，在深入调查研究的基础上制定切实可行的粮食流通体制改革方案，报国务院批准后实施。当前要把做好粮食收储工作和粮食流通体制改革紧密结合起来，秋收后增加的国家专储粮要按新的办法运行。

国务院

一九九六年十一月十日

078

国务院关于完善粮食合同定购制度的通知

国务院

1986 年 10 月 14 日

目前，粮食作物的秋冬季播种即将开始，为安排好粮食生产，保证明年粮食产量稳定增长和国家必需的商品粮来源，有必要进一步完善粮食合同定购制度。为此，特作如下通知。

一、稳定粮食合同定购任务。一九八七年全年粮食合同定购任务，仍维持一九八六年的一千二百一十五亿斤水平。个别地区定购任务突出不合理的，各省、自治区、直辖市可在不减少国务院核定的定购任务前提下适当调整。为了以丰补欠，保证合同定购任务的完成，中央对各省、自治区、直辖市定购任务仍按九折包干，即 90%的部分按“倒三七”比例价结算，其余 10%按“议转平”价结算。

二、充实合同定购的经济内容。一九八七年中央专项安排一些化肥、柴油与粮食合同定购挂钩，每百斤贸易粮拨付优质标准化肥六斤、柴油三斤（上调中央的合同定购粮食，每百斤贸易粮仍拨给优质标准化肥十斤）。各地也要尽可能挤出一部分化肥和柴油用于粮食定购，同中央拨付的部分合在一起确定挂钩标准，向农民宣布。中央专拨同粮食合同定购挂钩的化肥和柴油，一律按平价保证供应，不准挪作他用，由各地有关部门印制票证发给农民购买。票证当年有效，允许群众之间相互调剂。国家对合同定购的粮食发放预购定金，由粮食部门按合同定购粮食价款的 20%发放，在农民交粮时扣还，利息由中央财政负担。具体办法，由中国农业银行与中国人民银行、财政部、商业部拟定下达。预购定金主要用于商品粮集中产区和粮食专业户，不缺少资金的，也可以不发放。

三、从一九八七粮食年度开始，国家对农民完成合同定购任务外的粮食，实行随行就市，议价收购，让农民从多卖议价粮中增加收入。国家弥补平价粮食收支差额所需要的粮食，用“议转平”的办法解决。“议转平”的粮食品种，限于大米、小麦、玉米和主产区调出的大豆。“议转平”的具体办法，由商业部、财政部另行下达。

四、一九八六粮食年度国家委托代购计划，从秋粮收购开始，除小麦外，可通过议价收购方式完成。向农民议购的价格，每斤贸易粮可在原超购价基础上加三分钱；市价低于这个水平的，应随行就市议购。各级粮食部门要严格手续制度，严禁弄虚作假套取国家差价款。违反规定的，要严肃处理。

五、在完善粮食合同定购制度的同时，采取有效措施压缩平价粮食销售，扩大议价销售和市场调节范围，争取在三、四年内逐步做到合同定购与平价销售所需要的粮食基本平衡。

以上完善粮食合同定购制度的内容，各地要及早向农民宣布，讲清粮食合同定购任务既是经济合同，又是国家任务，是农民应尽的义务，必须保证完成。

十一 粮食购销

079

国务院关于深化粮食购销体制改革的通知

国发〔1994〕32号

各省、自治区、直辖市人民政府，国务院各部委、各直属机构：

粮食是关系国计民生的特殊重要商品。做好粮食购销工作，对于促进我国粮食稳步增长，保持粮食市场稳定，安排好人民生活，保证各项改革顺利进行关系重大。为加强国家对粮食的宏观调控，深化粮食购销体制改革，稳定粮食市场，特作如下通知：

一、切实做好粮食收购工作，确保国家掌握必要的粮源

国家掌握必要的粮源是稳定粮食市场、安定大局的重要物质基础。根据近年来我国粮食市场供求情况，粮食部门必须收购社会商品粮的70～80%，即900亿公斤左右（贸易粮）。其中：（一）500亿公斤为国家下达的任务（含农业税征实），也是农民应尽的义务。各级政府要落实到生产单位和农户，确保完成。收购价格由国家根据粮食市场的供求情况和按照既能调动农民种粮的积极性、缩小工农产品的剪刀差，城镇居民又能承受的原则，合理确定；允许各省、自治区、直辖市适度浮动，形成合理的地区差价、品种差价、季节差价和质量差价。（二）其余400亿公斤由各省、自治区、直辖市政府按照价格随行就市的原则组织收购。各级政府和粮食部门要加强对粮食市场的管理和调控，运用经济手段，确保粮食市场价格的基本稳定。

油脂的购销数量及其政策，由各省、自治区、直辖市人民政府，本着粮食部门要掌握主要油源、确保市场供应的原则，自行决定。

二、保护城镇人民口粮供应，安排好人民生活

各级政府要安排好城镇居民和农村缺粮农民所需口粮的供应。特别要保证军粮和工矿区职工、大专院校学生、低收入居民的口粮，以及灾区、常年缺粮的贫困区、水库移民区群众的口粮供应。销售价格的确定应以进货价为基础，加上必要的费用和合理利润。各地政府要确保普通粮食品种的供应和销售价格的基本

稳定。

三、平抑粮价，稳定市场

建立健全灵活的粮食吞吐调节机制，适时平抑粮价，稳定粮食市场，促进生产，保证供应，是粮食部门的重要任务。要建立市场信息网络，密切注视市场动向，及时采取措施稳定市场，防止乱涨价。当市场粮价低于国家规定的收购价时，各地政府要组织粮食部门按规定的收购价及时收购粮食，防止谷贱伤农，以保证生产者的利益。当市场价格过高时，要及时组织抛售，以平抑价格，保证消费者的利益。在需要抛售时，首先动用地方储备粮，必要时再动用国家储备粮。抛售方法：一是通过国有粮店公开挂牌销售；二是通过粮油批发市场抛售，平抑粮油批发价格。抛售粮油发生的价差和运费，按照财政隶属关系分别从中央和地方的粮食风险基金中解决，具体办法另定。

四、组织好产区和销区的购销衔接，疏通粮食流通渠道

做好产区和销区粮食购销衔接工作，对安排好当地粮食的总量平衡，稳定粮食生产，保证粮食供应，具有重要作用。一是逐步建立产区和销区之间长期稳定的购销关系。今后，每年由国内贸易部、国家粮食储备局组织粮食企业在国家和省的区域性粮食批发市场进行交易，签订购销合同，调剂产销余缺。对北京、天津、上海、广东、福建、海南等粮食主销区，在铁路运输等方面，给予重点帮助。为保证购销合同兑现，要按合同成交额交付一定比例的保证金。二是销区粮食批发企业出省采购粮食，必须到产区县以上粮食批发市场购买。实行产销企业直接见面，以现货交易为主，也可协商签订购销合同。销区不得直接到产区农村抬价抢购粮食。银行和铁路、交通部门对正常的粮食贸易，要在资金、运输等方面给予优先安排。

五、加强粮食市场管理，掌握批发，放活零售

加强市场管理。为维护粮食市场秩序，各级政府要组织工商、粮食、物价、公安、税务部门加强对粮食市场的监督管理和执法检查，坚决取缔无执照经营。对欺行霸市、哄抬粮价等扰乱粮食市场的行为要严加惩处。要加快制定粮食市场法规，逐步使市场行为规范化、法制化、现代化。

要掌握粮食批发。今年要对粮食批发企业进行清理、整顿，对不符合条件的不予重新登记。粮食批发企业应具备以下基本条件：有一定的资信和自有资金；有必要的经营设施，包括固定场地、仓容和检验手段等；有一定的库存量，并承担社会责任。具体办法由工商、粮食、税务、物价等部门制定。在粮食收购季节，对多渠道的粮食批发企业还应在铁路、交通运输上加强管理，在宏观上进行

调控，做到放而有管、多而不乱。

要加强市场体系建设。总的原则是积极发展粮油初级市场，巩固发展批发市场，逐步建立健全统一、开放、竞争、有序的粮油市场体系。要以农村乡镇集散地为中心，以粮站、粮库为依托，发展农村粮油初级市场，允许农民之间、农民与城镇居民之间在市场上进行粮食零星交易。在粮食主产区建立和完善省、市（地区）、县的区域性粮食批发市场。在铁路中转站、水运码头等粮食集散地，发展一批现货批发市场，以方便粮食由主产区向销区流动。

六、积极筹措资金，确保收购不打“白条”

各级政府要粮食收购旺季到来之前，要组织有关部门积极筹措资金，实行分级分部门责任制，保证不给农民打“白条”。财政部门要把应拨的资金及时足额拨补到位，不得以任何借口缓拨、欠拨。粮食部门要做好粮油的调销工作，积极催收货款，确保销售货款及时回笼；要认真清理、压缩不合理资金占用，不得发生新的挪用。今年6月底前，粮油收购所需银行贷款，由具备条件的粮食企业到农业银行、工商银行办理。7月1日开始，统一到农业发展银行办理，或由农业发展银行委托农业银行办理，实行规定的优惠利率。各有关银行要集中资金保证粮油收购。销区采购粮食，是当地粮食总量平衡的重要组成部分，对省间调剂、调运所需资金必须保证供应。对粮油加工、批发、采购、储备、进出口、多种经营等所需资金，也由农业发展银行和其它商业银行提供。

七、建立健全粮食储备调节体系，增强国家宏观调控能力

完善国家粮食储备调节制度，健全国家粮食宏观调控体系，是粮食购销体制改革的重点。为加强国家对粮食储备的管理和调度，对少数重点的大型粮油仓库和港口转运站，进行逐步转为国家粮食储备局的直属库（站）的试点。要有计划地由主产区向主销区和多灾地区转移一部分国家储备粮。要将分散储存的国家储备粮适当向国家储备库和交通便利的大型库集并。要充分利用国际、国内两个市场，适时进行品种调剂串换，增值搞活。

各地要掌握必需的周转粮和储备粮。周转粮的规模同确保当地的供应相适应，防止脱销。

从1994年度起建立国家油脂储备制度，包括甲字油及506油，要逐步达到5亿公斤的储备规模。

要加强对储备粮油的管理。国家储备粮油权属中央，未经国务院批准，各级政府、任何单位和个人都不准动用。要尽快建立定人定岗、定期清查、离任交接等制度，全面核查库存，切实做到帐实相符。要加强对储备粮油的监督检查，发现问题，要及时处理。在一、两年内，实现国家储备库计算机管理，逐步联网，

提高粮油储备管理的现代化水平。

八、建立两条线运行机制，深化粮食企业改革

在粮食行政管理部门的统一领导下，粮食经营实行政策性业务和商业性经营两条线运行机制，业务、机构、人员彻底分开。这项工作在今年内完成，以后逐步完善。具体办法，由国内贸易部会同有关部门制定。

各级粮食行政管理部门及其领导下的粮管所（站）、粮库是政策性机构，承担掌握粮源、吞吐调节、稳定市场、救灾等政策性经营任务，所需费用按财政隶属关系分别由中央和地方财政补贴。国家专项储备粮油的保管费用和贷款利息，由财政部根据国家粮食储备局提供的数据，通过省级财政部门拨给省级粮食部门，以利于共同管理，加强监督。对储备粮油的轮换，要给予一定的费用补贴，以保持储备粮油的推陈储新。对粮食企业的财务挂帐，由财政部商有关部门按照《中共中央、国务院关于当前农业和农村经济发展的若干政策措施》（中发〔1993〕11号）的要求，尽快制定具体办法，抓紧清理，落实措施。

大中城市和县的粮食行政管理部门要引导国有粮食企业，改变目前收购、储运、加工、销售各自为政、小而散的状况，使其有机地结合起来，实行工商、批零、购销的联合，充分发挥群体优势，提高规模效益。要加强经营管理，减少环节，降低费用，提高经济效益。要加强对粮油加工的行业管理，掌握住加工环节。国有粮食加工企业应主要承担城镇和农村缺粮农民的口粮加工任务。中外合资的粮油加工企业要执行国家产业政策，避免重复引进和重复建设。仓储企业要发挥仓储设施的优势，实行栈租制。农村粮站要继续推广“两代一换”（代农储存、代农加工、品种兑换）的经验，办成农村粮油服务中心，并要试办与农民联合的粮油合作组织，更好地为农业生产和农民生活服务。

国有粮食零售企业是商业性经营单位，主要承担粮食的零售业务，实行独立核算，自主经营、自负盈亏，照章纳税。对零售网点实行合理的批零差，要合理调整经营布局和经营结构，保留骨干，方便群众。

国有粮食企业在经营好本业的基础上，要大力开展多种经营。要探索新的经营方式，试办快餐店、连锁店，发展粮食的小包装和高档次品种，建立配送中心，利用各大商场销售粮油及制成品。

九、进一步加强领导和管理，充分发挥粮食部门的主渠道作用

为了适应发展社会主义市场经济的新形势，各级政府必须进一步加强对粮食工作的领导，决不能撒手不管，放任自流。要贯彻中央统一领导、地方分级负责的粮食管理原则。中央主要负责全国粮食的总量平衡，实施对全国粮油价格和市场的宏观调控、行业管理，并管好国家的粮油储备，根据市场需要组织好主要粮

油品种的进出口。实行省、自治区、直辖市政府领导负责制，负责本地区粮食总量平衡，稳定粮田面积，稳定粮食产量，稳定粮食库存，灵活运用地方粮食储备运行调节，保证粮食供应和粮价稳定。

国务院重申，各级政府必须有相应部门承担粮食行政管理职能，要精简机构，政企分开，提高效率。要充实和完善粮油收购、储存、批发、加工和零售网络的服务体系建设。基层粮食企业的财产属国家所有，农村粮管所（站、店、库、厂）的隶属关系要保持稳定，要采取切实措施防止国有资产的流失，使之更好地发挥主渠道作用。

国务院

一九九四年五月九日

080

国务院关于加强粮食购销工作的决定

国发〔1990〕44 号

粮食问题关系国民经济全局，做好粮食工作，把农民需要出售的余粮收购起来，对保护和调动农民的粮食生产积极性，支持农业生产的发展至关重要。国家掌握足够的粮食，保证各方面的需要，是保持社会政治安定，促进国民经济稳定协调发展的重要保证。为了进一步加强粮食购销工作，特作如下决定：

一、必须正确认识粮食形势。去年以来，各地贯彻落实中共中央、国务院关于夺取农业丰收的决定，采取有效措施，发展粮食生产，粮食产量达到历史最高水平。国家粮食收购增加，销售减少，库存增加，市场粮价稳中有降，城乡人民生活特别是灾区人民生活得到了保障，粮食形势比较好。同时，必须看到，由于人口的增加，全国人均粮食占有量比一九八四年有所减少，粮食总需求大于总供给的状况并未根本改变。当前在一些主产区出现了农民卖粮难，粮食部门储粮难，产区和销区之间调销不畅的现象，如果不采取有效措施加以解决，势必挫伤农民发展粮食生产的积极性。因此，各级政府必须对粮食形势保持清醒的认识，认真吸取一九八四年以后粮食生产出现徘徊的教训，振奋精神，克服困难，兢兢业业，切实把粮食工作做好。

二、务必抓好粮食收购。今年夏粮和早稻丰收，秋粮生产形势较好，各地一定要不失时机地把收购工作抓紧抓好，保证质量，完成和超额完成粮食定购任务。在以县为单位完成定购任务之后，要积极组织议价粮食收购，充分满足农民出售余粮的要求，不能限收拒收。为了保护农民的粮食生产积极性，鼓励各地多购一些粮食，今年夏粮主产区议购的小麦，除本省“议转平”、议销和合理周转库存以外的多余部分，按照国家确定的计划和结算价格，转作平价专项储备。这部分专项储备小麦，统购价与结算价之间的差价，由中央财政给予贴息；粮权属于中央，必须服从统一调度，未经国务院批准，任何地区和部门不准动用。早稻和秋粮收购，将根据年景情况，按照上述原则确定。

三、切实保证粮食收购资金。银行、财政、粮食部门要在各级政府的领导下，密切配合，通力协作，各负其责，不能因资金供应不足向售粮农民“打白条”，确保粮食收购的顺利进行。银行部门要认真做好粮食收购资金的供应工作，充分保证粮食定购和议价收购所需资金。财政部门要及时拨补粮食补贴款。粮食部门要积极挖掘内部潜力，搞好调销回笼，加强资金管理。各级清理“三角债”

办公室要把清理粮食部门的“三角债”作为重要内容，认真清理，抓出成效。银行部门对粮食价款异地结算，要全面恢复托收承付。粮食部门平价和议价粮食的贷款，要执行同一的优惠利率。储存期在一年以内，正常的粮食经营贷款，利率不向上浮动；贷款到期不能偿还时，可以转期，并免予加息、罚息。为了加强资金周转，减少资金占压，粮食贷款要勤贷勤还，按期归还，并以县为单位，建立粮食结算中心。

四、进一步压缩平价粮食销售。根据目前政治经济和市场粮食情况，今年下半年，各地可以相机出台一些压销措施。压销方案，由省、自治区、直辖市政府结合实际情况周密制定，报经国务院批准后执行。压销措施出台前，要做好宣传解释和市场供应工作，防止发生抢购等问题。同时，必须加强对粮食销售的管理。要认真贯彻落实国家下达的“农转非”人口计划，严格控制非农业人口的增长。要定期整顿粮食销售，堵塞漏洞，健全制度，减少不合理销量。要通过各种宣传工具，采取多种有效形式，大力宣传计划用粮、节约用粮，树立浪费粮食可耻、节约粮食光荣的风尚。要表扬节约粮食的先进事迹，严肃批评浪费粮食的不良现象，形成社会舆论，努力减少粮食消费以及各经营部门、经营环节上的损失浪费。

五、加强粮食调动工作。粮食调出地区和调入地区，都必须认真执行粮食调拨计划。重申省间“议转平”大米计划是指令性计划，必须保证完成。价格由双方协商，合理确定。决不能因为粮食一时松或紧，而拒绝执行调拨计划。当前特别是调入地区一定要按计划接收粮食，有条件的要尽量多接收一些，以支持调出地区。商业部和各地粮食部门要加强督促检查，对调运计划完成好的给予表扬，完成不好的予以通报批评。凡是不按计划接收粮食的调入地区，属于平价粮的，要相应减少调入计划；属于“议转平”调拨的，要承担利息。在粮食调拨中，要严格执行调拨经营费的规定，认真执行国家粮食质量标准，及时结算货款。铁道、交通部门要切实安排好粮食运输，保证粮食调拨和运输计划的完成。

六、加强粮油市场管理。各地政府要组织有关部门加强对粮食市场的管理，逐步建立粮食批发市场，开展有组织的余缺调剂，搞活粮食流通。大米要允许省际间地、市、县自行调剂。国营粮食商业要充分发挥主渠道和“蓄水池”作用，积极开展粮食议购议销业务，通过召开粮食调剂会等形式，安排好市场各项用粮，保证各方面的正常需要。集贸粮食市场，要坚持常年开放，进一步搞活；禁止私人从事粮食批发业务。要加强对粮食市场价格的管理，保持粮价的基本稳定。既要防止粮价暴涨，又要防止谷贱伤农。每年新粮上市前，国家物价局要会同商业部对主要粮食品种制定下达议购指导价格，由各省、自治区、直辖市参照中央议购指导价格，制定本地区议购粮食的最低保护价和最高限价。对粮食议价经营企业要实行经营利润率等控制，全年统算。工商行政、公安和粮食部门要密切配合，加强对粮食票证的管理，禁止以粮票换取其他产品，严厉打击倒买倒卖粮票和伪造粮票的违法犯罪行为。

七、建立和健全粮食储备制度。我国地域辽阔，局部地区自然灾害难以避免，年度、地区之间的粮食情况不平衡，必须建立足够的粮食储备，防备灾荒，调剂余缺，增强宏观调控力量。一定要在丰收的年份、丰收的地区多收购一些粮食，储备起来。中央将逐年增加国家粮食储备和市场调节粮，各省、自治区、直辖市也要逐步建立地方粮食储备。提倡农村集体经济条件比较好的地方和农户储备一些粮食。经过若干年的努力，逐步建立起一套粮食储备体系。“手中有粮，心里不慌”。各级财政、银行部门对粮食储备要在资金上给以支持，可以由银行贷款，财政贴息。有条件的地方，也可以逐步建立粮食储备基金。

八、抓紧食油购销工作。在完成今年夏季油菜籽收购任务以后，各地要积极做好秋油的收购工作，按定购价格敞开收购。平价和议价食油的贷款利率，按照对粮食贷款的规定执行。各主产区多购有余的食油，经商业部批准，可转一部分作为国家商品储备，由商业部管理和调度。这部分商品储备食油，按定购价结算，由中央财政拨付超购加价款，并对统购价的贷款部分，给以贴息。各地要逐步建立食油商品储备，增强调控能力。食油平价销售也要有计划地进行压缩。

九、加快粮食仓库建设。为了缓解粮油仓储能力不足的矛盾，决定在“八五”期间，国家每年新增加一些粮食库容。所需资金，通过多种渠道、多种形式筹集。国家计委和地方各级计委要在基本建设计划中，专门安排建设粮库和油罐的投资；中央财政和地方各级财政部门要专拨一部分资金，列入预算；商业部掌握的建设资金，也要重点用于粮油储备库、罐的建设。国家储备和周转粮库及油罐建设，由中央和地方各投资一半。简易粮食仓库和油罐的建设资金，由人民银行开办专项贷款，周转使用，中央财政和地方财政给予贴息。各地每年要从财政安排的粮食简易建筑费中提取60%，粮食超储费用中提取30%，议价粮油经营利润中提取一部分，从建仓节省的露天保管费以及企业的更新改造资金、生产发展基金中集中一部分，归还银行贷款。各地财政部门安排的粮食简易建筑费预算至少要保持一九八〇年的水平，财政状况较好的地方，应适当增加。每年的建库计划、资金来源和还款计划，由国家计委、财政部、人民银行、商业部制定下达。在新建粮食仓库的同时，各地要十分重视现有粮食仓库、粮店等经营设施的维修和改造，维修费用不得挪作它用，并适当集中一部分，重点使用。

十、逐步解决粮食财务挂帐。各级政府要把粮食补贴切实纳入财政预算。财政部门要按计划拨补粮食各项政策性补贴，保证及时到位。对目前的财务挂帐，各地要认真清理，并制定归还措施和计划，通过多种途径逐步消化解决。在计划规定的归还期内，银行对粮食财务挂帐所占用的贷款，除挤占挪用的以外，不加息、罚息。粮食部门要加强管理，改善经营，通过开展“双增双节”，努力增收节支，提高经济效益，减轻国家负担。要按照国务院的规定，继续推行粮食政策性亏损定额补贴办法，完善各项经营承包管理责任制，增强企业活力。

十一、加强对粮食工作的领导。粮食问题涉及面广，目前在粮食购销、财务、管理等方面的矛盾比较多，粮食生产还没有上新的台阶，食油还没有恢复到历史最好水平。各级政府一定要切实加强对粮食工作的领导，定期讨论粮食工作中重大问题，及时解决存在问题。国家计委要会同经贸、商业、财政等部门统一安排粮食进出口，搞好综合平衡。粮食机构只能加强，不能削弱。要认真总结近几年粮食工作的经验，不断推进治理整顿和深化改革。各级政府要全面安排部署，协调各方面关系，促进粮油稳定增产，保障有效供给，为社会的稳定和国民经济持续协调的发展做出贡献。

国务院

一九九〇年七月二十四日

081

中华人民共和国国务院令

第249号

《粮食购销违法行为处罚办法》，已经1998年7月31日国务院第6次常务会议通过，现予发布施行。

总理 朱镕基

一九九八年八月五日

粮食购销违法行为处罚办法

第一条 为了规范粮食购销活动，惩处粮食购销活动中的违法行为，维护粮食市场秩序，制定本办法。

第二条 国有粮食收储企业、中国农业发展银行及其分支机构（以下统称农业发展银行）、粮食行政管理部门和其他有关行政机关，以及与粮食购销活动有关的其他组织和个人，必须遵守国家有关粮食购销的规定。

前款所列组织和个人违反国家有关粮食购销的规定，《粮食收购条例》对其处罚有规定的，从其规定；《粮食收购条例》对其处罚未作规定的，依照本办法的规定处罚。

第三条 国有粮食收储企业必须在会计凭证、会计账簿、会计报表以及其他与财务收支有关的资料中，如实记载粮食购销成本、收购量、库存量，以及粮食购销的盈利和亏损，并严格按照国家有关规定申请粮食收购资金贷款（包括收购、储备、调销贷款，下同）和国家拨补的粮食利息、费用补贴。

国有粮食收储企业虚报、伪报粮食收购价格、收购量、库存量或者虚报、伪报盈利、亏损，骗取粮食收购资金贷款或者粮食利息、费用补贴的，由直接主管该国有粮食收储企业的粮食行政管理部门对企业主要负责人给予撤销职务直至开除的纪律处分，对其他直接责任人员给予警告直至开除的纪律处分，并责令退回骗取的粮食收购资金贷款或者粮食利息、费用补贴；构成贷款诈骗罪或者其他罪的，依法追究刑事责任。

第四条 国有粮食收储企业必须严格遵守国家关于粮食收购资金封闭运行的规定，只能在农业发展银行开设基本账户和相应的存款专户；粮食销售后，应当及时、足额将销粮款存入基本账户，归还粮食收购资金贷款本息，不得挪作他用。

国有粮食收储企业违反规定在农业发展银行以外的金融机构开设账户的，由直接主管该国有粮食收储企业的粮食行政管理部门根据情节轻重，对直接负责的主管人员和其他直接责任人员给予撤销职务直至开除的纪律处分，并由中国人民银行责令有关金融机构撤销所开设的账户。

国有粮食收储企业销售粮食后，不及时、足额将销粮款存入在农业发展银行开设的基本账户的，由农业发展银行责令改正，可以在其足额将销粮款存入基本账户前停止贷款，并按照国家有关规定处以罚息。

国有粮食收储企业将销粮款挪作他用的，由直接主管该国有粮食收储企业的粮食行政管理部门责令限期追回，有违法所得的，没收违法所得，上交国库；对企业主要负责人根据情节轻重，给予撤销职务直至开除的纪律处分，对其他直接责任人员给予警告直至开除的纪律处分；构成挪用公款罪或者其他罪的，依法追究刑事责任。

第五条　国有粮食收储企业必须严格遵守国家有关粮食储备的规定，不得擅自动用中央储备粮，不得擅自将库存议价粮、定购粮、地方储备粮转为中央储备粮。

国有粮食收储企业擅自动用中央储备粮，或者擅自将库存议价粮、定购粮、地方储备粮转为中央储备粮，致使国家利益遭受损失的，由直接主管该国有粮食收储企业的粮食行政管理部门责令改正，有违法所得的，没收违法所得，上交国库；对企业主要负责人根据情节轻重，给予撤销职务直至开除的纪律处分，对其他直接责任人员给予警告直至开除的纪律处分；构成挪用公款罪、徇私舞弊造成亏损罪或者其他罪的，依法追究刑事责任。

第六条　国有粮食收储企业必须按照国家有关粮食收购的规定，实行户交户结，即时向售粮者本人支付售粮款，不得户交村结，不得以实物或者其他方式抵充售粮款。

国有粮食收储企业向农民收购粮食，采取户交村结等方式不即时向售粮者本人足额支付售粮款，或者以实物及其他方式抵充售粮款的，由直接主管该国有粮食收储企业的粮食行政管理部门责令改正；对企业主要负责人根据情节轻重，给予撤销职务直至开除的纪律处分；对其他直接责任人员给予警告直至开除的纪律处分。

第七条　农业发展银行应当严格遵守粮食收购资金封闭运行的规定，不得将粮食收购资金贷款发放给国有粮食收储企业以外的任何单位和个人。

违反前款规定，将粮食收购资金贷款发放给国有粮食收储企业以外的单位或者个人的，由其上级机构责令收回发放的贷款，由中国人民银行按照国家有关规定给予罚息等处罚，并由该农业发展银行的上级机构对直接负责的主管人员和其他直接责任人员给予撤销职务直至开除的纪律处分；构成违法发放贷款罪、挪用公款罪或者其他罪的，依法追究刑事责任。

第八条 农业发展银行对其发放的粮食收购资金贷款的运行应当实施严格监管。

农业发展银行对其发放的粮食收购资金贷款疏于监管或者发现问题不及时采取措施，致使粮食收购资金贷款、粮食销售款未及时存入国有粮食收储企业基本账户，或者致使存入的资金被挪作他用的，由其上级机构责令改正，并对直接负责的主管人员或者其他直接责任人员给予撤销职务直至开除的纪律处分。

第九条 农业发展银行以外的其他金融机构，不得为国有粮食收储企业开设账户。

违反前款规定，为国有粮食收储企业开设账户的，由中国人民银行责令改正，有违法所得的，没收违法所得，并处违法所得1倍以上3倍以下罚款；没有违法所得的，处5万元以上30万元以下罚款，并对直接负责的主管人员和其他直接责任人员给予警告直至开除的纪律处分。

第十条 各级粮食行政管理部门不得挤占、挪用、截留粮食收购资金贷款或者国家拨补的粮食利息、费用补贴。

粮食行政管理部门挤占、挪用、截留粮食收购资金贷款或者粮食利息、费用补贴的，由农业发展银行或者财政部门责令限期追回挤占、挪用、截留的粮食收购资金贷款或者粮食利息、费用补贴；有违法所得的，由上级粮食行政管理部门没收违法所得，上交国库；对直接负责的主管人员和其他直接责任人员依法给予行政处分；构成挪用公款罪或者其他罪的，依法追究刑事责任。

第十一条 地方各级人民政府及其有关行政主管部门不得违反国家规定，向国有粮食收储企业收取或者变相收取任何税、费。

违反前款规定，向国有粮食收储企业收取或者变相收取税、费的，对直接负责的主管人员和其他直接责任人员依法给予行政处分，并由审计机关责令限期退回已收取的税、费。

第十二条 地方各级人民政府及其有关行政主管部门不得挤占、挪用、截留粮食收购资金贷款或者国家拨补的粮食利息、费用补贴，不得干预粮食收购资金贷款或者国家拨补的粮食利息、费用补贴的正常使用，不得指令国有粮食收储企业从事违反国家有关粮食购销规定的活动。

违反前款规定，挤占、挪用、截留粮食收购资金贷款或者粮食利息、费用补贴，干预粮食收购资金贷款或者粮食利息、费用补贴正常使用，或者指令国有粮食收储企业从事违反国家有关粮食购销规定活动的，由上级人民政府责令改正，对直接负责的主管人员和其他直接责任人员依法给予行政处分；构成滥用职权罪或者其他罪的，依法追究刑事责任。

第十三条 乡（镇）、村干部不得要求国有粮食收储企业以户交村结的方式收购粮食，也不得要求农民按户交村结的方式交售粮食，变相坐收统筹款、提留款和除农业税外的其他任何税、费。

违反前款规定，变相坐收统筹款、提留款和除农业税外的其他任何税、费的，由上级人民政府责令向售粮者本人退回收取的统筹款、提留款和其他税、费；对直接负责的乡（镇）干部，依法给予行政处分或者纪律处分，直至开除公职；对直接负责的村干部，由村民会议依法予以罢免。上级机关指令乡（镇）、村干部变相坐收统筹款、提留款和除农业税外的其他任何税、费的，同时追究该上级机关直接负责的主管人员及其他直接责任人员的责任，依法给予行政处分。

第十四条 中央储备粮粮权属于国务院，未经国务院批准，地方各级人民政府及其有关部门不得动用。

违反前款规定，擅自决定动用中央储备粮的，对直接负责的主管人员和其他直接责任人员依法给予行政处分；构成滥用职权罪或者其他罪的，依法追究刑事责任。

第十五条 中央储备粮的购销价格由国家发展计划委员会会同财政部、国家粮食储备局确定；地方储备粮的购销价格由省、自治区、直辖市人民政府确定。

违反前款规定，擅自变动储备粮购销价格的，依照价格法的有关规定给予处罚；构成滥用职权罪或者其他罪的，依法追究刑事责任。

第十六条 本办法自发布之日起施行。

附：

刑法有关条款

第一百六十八条 国有公司、企业直接负责的主管人员，徇私舞弊，造成国有公司、企业破产或者严重亏损，致使国家利益遭受重大损失的，处3年以下有期徒刑或者拘役。

第一百八十五条 银行或者其他金融机构的工作人员利用职务上的便利，挪用本单位或者客户资金的，依照本法第二百七十二条的规定定罪处罚。

国有金融机构工作人员和国有金融机构委派到非国有金融机构从事公务的人员有前款行为的，依照本法第三百八十四条的规定定罪处罚。

第一百八十六条 银行或者其他金融机构的工作人员违反法律、行政法规规定，向关系人发放信用贷款或者发放担保贷款的条件优于其他借款人同类贷款的条件，造成较大损失的，处5年以下有期徒刑或者拘役，并处1万元以上10万元以下罚金；造成重大损失的，处5年以上有期徒刑，并处2万元以上20万元以下罚金。

银行或者其他金融机构的工作人员违反法律、行政法规规定，向关系人以外的其他人发放贷款，造成重大损失的，处5年以下有期徒刑或者拘役，并处1万元以上10万元以下罚金；造成特别重大损失的，处5年以上有期徒刑，并处2万元以上20万元以下罚金。

单位犯前两款罪的，对单位判处罚金，并对其直接负责的主管人员和其他直接责任人员，依照前两款的规定处罚。

关系人的范围，依照《中华人民共和国商业银行法》和有关金融法规确定。

第一百九十三条 有下列情形之一，以非法占有为目的，诈骗银行或者其他金融机构的贷款，数额较大的，处5年以下有期徒刑或者拘役，并处2万元以上20万元以下罚金；数额巨大或者有其他严重情节的，处5年以上10年以下有期徒刑，并处5万元以上50万元以下罚金；数额特别巨大或者有其他特别严重情节的，处10年以上有期徒刑或者无期徒刑，并处5万元以上50万元以下罚金或者没收财产：

（一）编造引进资金、项目等虚假理由的；

（二）使用虚假的经济合同的；

（三）使用虚假的证明文件的；

（四）使用虚假的产权证明作担保或者超出抵押物价值重复担保的；

（五）以其他方法诈骗贷款的。

第二百七十二条 公司、企业或者其他单位的工作人员，利用职务上的便利，挪用本单位资金归个人使用或者借贷给他人，数额较大、超过3个月未还的，或者虽未超过3个月，但数额较大、进行营利活动的，或者进行非法活动的，处3年以下有期徒刑或者拘役；挪用本单位资金数额巨大的，或者数额较大不退还的，处3年以上10年以下有期徒刑。

国有公司、企业或者其他国有单位中从事公务的人员和国有公司、企业或者其他国有单位委派到非国有公司、企业以及其他单位从事公务的人员有前款行为的，依照本法第三百八十四条的规定定罪处罚。

第三百八十四条 国家工作人员利用职务上的便利，挪用公款归个人使用，进行非法活动的，或者挪用公款数额较大、进行营利活动的，或者挪用公款数额较大、超过3个月未还的，是挪用公款罪，处5年以下有期徒刑或者拘役；情节严重的，处5年以上有期徒刑。挪用公款数额巨大不退还的，处10年以上有期徒刑或者无期徒刑。

挪用用于救灾、抢险、防汛、优抚、扶贫、移民、救济款物归个人使用的，从重处罚。

第三百九十七条 国家机关工作人员滥用职权或者玩忽职守，致使公共财产、国家和人民利益遭受重大损失的，处 3 年以下有期徒刑或者拘役；情节特别严重的，处 3 年以上 7 年以下有期徒刑。本法另有规定的，依照规定。

国家机关工作人员徇私舞弊，犯前款罪的，处 5 年以下有期徒刑或者拘役；情节特别严重的，处 5 年以上 10 年以下有期徒刑。本法另有规定的，依照规定。

082

国务院关于实行“粮食征购、销售、调拨包干一定三年”的粮食管理办法①

国务院

1982 年 1 月 12 日

为了适应国民经济发展的新形势，有利于继续稳定农民负担，促进农业生产的发展，有利于各级政府管好用好粮食，搞好粮食供求平衡，保证各方面对粮食的需要；有利于发挥中央、地方和粮食部门的积极性，在坚持统购统销的前提下，搞好粮食分配，搞活粮食经营，提高企业管理水平，取得更好的经济效果，从一九八二年粮食年度起，国家对各省、市、自治区实行“粮食征购、销售、调拨包干一定三年”的粮食管理办法。

一、参照最近几年的实绩，结合今后粮食生产发展和征购、销售变化等因素，协商确定各项包干数字。粮食征购包干数，包括征购基数和超购任务；销售包干数，包括非农业和农业销售，以及原由中央开支的专项用粮；调入包干数，包括正常的调入和原由中央开支的专项用粮，调出包干数为扣除专项用粮后的调出数，并确定主要粮食品种的调入、调出数量。粮食征购、销售、调拨包干数字确定以后，从一九八二年度到一九八四年度一定三年。

军粮、棉糖奖售粮，仍由中央开支。全国通用粮票的领取和上缴，仍执行顶抵粮食调拨指标的办法。

国家粮食储备，由中央管理。各省、市、自治区的粮食周转库存，要根据合理需要，逐步核定分品种的定额，实行定额管理。超过定额部分，由中央直接掌握，定额以内的由地方用作周转。在周转库存定额未核定以前，暂以一九八二年三月末的周转库存数作为定额。

二、为了适应农业集体经济实行生产责任制的新情况，国家对生产队可以实行粮食征超购任务包干，一定三年。各省、市、自治区向下落实征超购包干数时，应在中央确定的征超购包干数的基础上，加一定比例的机动数，用于丰歉调剂。落实到生产队、组、户的粮食征超购任务，要定主要品种。生产队、组、户在完成征超购任务以后，有权自行处理多余的粮食。

农村实行生产责任制和放宽经济政策以后，许多原来缺粮的，已有条件自己

①已经失效。失效日期：2001 年 1 月 16 日。

解决吃粮问题。因此，在正常年景，基本上不再供应粮食。对于按照国家计划种植棉花、糖料、蔬菜和经营渔、盐、林、牧业，并按计划向国家交售产品而常年缺粮的生产队，可以实行粮食销售指标包干，一定三年。

三、国家确定各省、市、自治区的粮食征购、销售、调拨包干数字，一般不作调整。在包干期内，各省、市、自治区多购少销的粮食，归地方掌握，储备起来，准备以丰补歉，不能因为粮食多了一点，就随便开支粮食；如遇自然灾害或其他原因而发生新的粮食亏空，由地方自行解决。大灾之年，确需中央调剂解决的粮食，以后要归还。

各省、市、自治区在包干范围以内，可以根据实际情况，安排年度的粮食征购和销售，把本地区的粮食经营管好搞活。调拨包干数，可以在丰歉年度之间有所调剂，但三年统算，调出总数必须如数完成，调入总数不得突破。

四、在完成国家粮食征超购任务以后，积极开展粮食议购议销，调剂余缺，活跃市场，平抑粮价，并把议购作为国家掌握粮源的一条补充渠道。议购价格应继续执行随行就市，略低于市价，并有合理的季节差价，保持粮价稳定的原则。各省、市、自治区每年议转平调出或顶抵调入的粮食品种、数量、价格，由粮食部和地方协商确定。

五、粮食包干以后，实行中央和省（市、自治区）两级管理粮食的办法。即：国家储备、中央直接掌握的周转库存、省间调拨、归中央支配的议价转平价粮、军粮、棉糖奖售粮、进口和出口，由中央统一管理；粮食征购、销售、定额周转库存、议价粮库存，代队储备，由省、市、自治区统一管理。

六、粮食包干以后，中共中央、国务院制定的有关粮食方针和政策，如粮食征购基数、超购加价范围和幅度、棉糖奖售、农村人口转为市镇定量人口、市镇粮食定量供应、粮价管理等政策，各省、市、自治区必须认真贯彻执行。同时，可以根据实际情况，因地制宜地制定具体的措施。

七、根据粮食包干办法和现行“分灶吃饭”的财政体制，粮食财务仍分别由粮食部和省（市、自治区）两级管理。同时作如下改进：

（一）超购粮食的加价款支出，仍列中央预算。属于包干数以内征超购的粮食，扣除国家核定的征购基数以后，应付的超购加价款，由中央财政负担。各省、市、自治区超额完成征购包干数，其超过部分，粮食归中央支配的，由粮食部拨给加价款；粮食归地方支配的，其加价款由地方负担。没有完成粮食征购包干数的，由粮食部如数扣拨加价款。

中央核定各省、市、自治区的粮食征购基数，未经国务院批准，各地不得自行调减。为了加强征购基数的管理，从一九八二年度开始，对粮食征购基数，参照近两年的实际完成情况，确定一个应当完成的比例，包给地方，一定三年，作为中央同省、市、自治区计算越购加价款的依据。各省、市、自治区征购基数完成情况好而少开支的超购加价款，作为地方收入；完成情况差而多开支的超购加价款，由地方负担。

（二）议价粮转平价粮的价差补贴，粮食由中央支配的，由中央财政拨款；省、市、自治区自行确定用于平衡本地区粮食收支的，其差价款由地方财政负担。

（三）国家储备粮食的费用开支，原列地方财政预算的部分，划转为中央财政预算，由粮食部按定额计算拨款。中央直接掌握的粮食周转库存的费用开支，也按此办理。

（四）国家储备粮食的资金和粮食企业现有的自有流动资金，均属中央财政拨款，由粮食部统一管理，统一调配。中央预算安排的各种专项拨款，由粮食部统一安排使用。

八、各省、市，自治区对地、县和农村生产队如何实行粮食包干，纳入地方预算的各项粮食财务收支如何管理，由省、市，自治区人民政府自行规定。

有关粮食包干和财务分级管理的实施细则，由粮食部具体规定。

083

国务院批转商业部关于控制粮食销售的意见的通知

国务院同意商业部《关于控制粮食销售的意见》，现转发给你们，请在贯彻中央〔1977〕46号文件过程中，加以研究执行。

控制粮食销售，压缩不合理的粮食销量，不仅是实现国内粮食收支平衡并有结余方针的一个极其重要方面，而且是关系到稳定农民粮食负担，加强工农联盟的一个大问题。去年以来，各地在控制粮食销售方面做了不少工作，城镇粮食销量的增长幅度比前两年有所下降，但由于自然灾害的影响和工作上的原因，全国粮食总销量继续上升。这同当前农业生产水平和负担能力是不相适应的。对这种状况要经常保持清醒的认识，千万不能麻痹大意。一定要十分重视控制粮食销售问题，切实加强领导，摆上议事日程。要像抓征购那样把统销工作抓紧，对控制粮食销售的各项措施要狠抓落实。第二、第三季度是粮食销量较多的季节，一定要过细地做工作，在安排好城乡人民生活的前提下，把不合理的销量减下来。不要造成开头放松了，多销了，既成事实，后来再抓已经晚了。一定要把粮食工作抓紧、抓细、抓好，为实现毛主席提出的立足国内，自力更生，不吃进口粮，收支平衡并有结余的方针而努力。

国务院

一九七八年三月二十二日

关于控制粮食销售的意见

商业部

一九七七年，党中央发了四十六号文件，各级党委十分重视，认真贯彻执行，进一步加强对粮食工作的领导，开展了整顿统销工作，加强了劳动管理和户口管理，城镇粮食销量猛增的情况有了改变。但是，由于工作进展不平衡，城乡粮食供应中问题还很多，加以自然灾害的影响，粮食总销量仍在上升，预计一九七七年度将达到一千零几十亿斤，这种情况必须引起足够的注意。

为了贯彻落实中央四十六号文件精神，实现毛主席提出的立足国内，自力更生，不吃进口粮，收支平衡并有结余的方针，必须以揭批“四人帮”为纲，在大力发展农业生产、抓紧粮食征购的同时，在安排好人民生活的原则下，严格控制粮食销售，坚决把不合理的销量压下来。

一、清理和压缩计划外用工①

根据国家计委统计局一九七七年七月三十日普查，全国全民所有制单位实际用工七千八百八十万人，城镇集体所有制单位实际用工一千九百五十一万人。两项合计，共九千八百三十一万人。在全民所有制单位实际用工中，没有统计为职工人数的计划外用工有一千六百零三万人，其中一千零二十八万人来自农村。这同当前农业可能提供的商品粮是不相适应的。中央〔1977〕46号文件明确提出："对计划外用工，要进行清理，坚决压缩。"去年全国计划会议也提出："今后城镇用工，基本上不从农村招收。已经使用的计划外用工要进行清理，属于农村户口的要坚决动员他们回到农业第一线去。"我们要认真贯彻这一精神，在今年内，将计划外占用的来自农村的一千万人，要积极动员一部分回乡参加农业生产，加强农业第一线。建议各省、市、自治区党委切实加强对这项工作的领导，组织有关部门成立专门班子，根据本地区的实际情况，制定规划，狠抓落实。计划外用工清退以后，他们的工作，应当依靠提高广大职工的生产积极性，提高劳动生产率来解决。

所有地方、部门和企业，都必须严格执行国家下达的劳动计划，不准突破，不准擅自招收计划外人员。各省、市、自治区要在下达增加职工计划的同时，相应下达粮食供应通知书，并逐级落实到基层单位。凡是没有省、市、自治区增加职工计划和粮食供应通知书的，国家一律不供应粮食。

二、压缩补助粮开支

城镇人口的口粮定量，总的说不算低，而定量外的补助粮开支却很大，全国一年约十六亿斤。有些地方补助项目繁多，标准偏高，管理不严，浪费不少。必须加强管理，严格控制补助粮的范围和标准。对城镇的各项补助粮，从一九七八年四月一日起，按非农业人口平均计算，每人每月原则上不超过半斤，现在不足半斤的，不要提高。具体的补助项目、标准和管理办法，由各省、市、自治区规定。

三、整顿城镇粮食统销②

目前城镇粮食销量大，漏洞多，必须进一步整顿，压缩不合理的销量。要继

①该条中有关清理和压缩计划外用工的精神现在仍然适用，但该条中所列举的清理一九七八年计划外用工的具体内容，已自行失效。

②本条中一些规定已被国发〔1984〕72号文件《国务院关于做好夏季粮油征购和销售工作的通知》和国发〔1985〕35号文件《国务院关于下达调整生猪和农村粮油价格方案的通知》中的有关规定所代替。

续深入开展核实人口、工种、定量的工作，严格执行粮食定量供应制度，做到一人一份粮，干什么工种吃什么定量。由于机械化程度提高，劳动强度减轻的工种，要适当调低粮食定量标准。一九七八年内，要在工矿企业单位全面推广旅大市依靠企业党委、依靠职工群众管理粮食定量的经验。要定期清查工商行业和集体伙食单位的库存粮食、粮票，超过正常周转的部分，一律上缴或顶抵供应指标。市场上出售的粮食制成品，不得扩大免收粮票的品种；已经收粮票的，要按实际用粮数量收足粮票。凡是没有搞议价粮收购的地方，不搞议价粮供应；搞议价粮收购和供应的地方，要量入为出，不得动用国家库存。要积极开展工业用粮的节约代用。今后工业用粮要争取做到稳定在现有的水平上，需要增加的部分，要靠开展节约代用和降低粮食消耗来解决。

要加强粮票管理。除全国通用粮票和省、市、自治区地方流通粮票以外，省以下各级都不得印制发行粮票；已经发行的，要在一九七八年年底以前停止发行，逐步用省发行的粮票兑换回来，同时要做好宣传解释工作，防止突击抢购粮食。少数大城市需要保留的流通期限在一年之内的粮票，经省革委会批准可继续使用，并报商业部备案。要坚决打击贪污盗窃、投机倒把、伪造粮票等犯罪活动。

部队所需要的粮食，要保证供应，同时也要进行整顿。部队自己生产的粮食，要加强管理，节约用粮，防止浪费。

四、控制农村粮食销量

近几年来，农村粮食销量增加过多，必须认真做好工作，严格加以控制。要及时收购，同时安排，切实解决在同一生产队又购又销的问题。要搞好农村社队的粮食分配，余粮队和自足队，不能因为粮食分配不合理，出现缺粮户，要求国家供应粮食；缺粮队也不能因为粮食分配不合理，要求国家多销粮食。受灾地区，要发扬自力更生，奋发图强的精神，依靠集体，生产自救。因灾缺粮，应先使用集体储备粮。生产队解决不了的，再由国家供应。国家供应灾区的粮食，要真正用于缺粮户，不能平均分配，不能挪作他用，更不准干部多吃多占。经济作物集中产区，凡是有条件的都要努力做到粮食和经济作物双丰收、双贡献。蔬菜队，要认真解决方向道路问题，坚持为革命种菜，按计划种菜，保证城市蔬菜供应。对于那些吃菜农粮，搞歪门邪道的，要坚决纠正。新建蔬菜专业队，必须经省、市、自治区批准。迁入蔬菜队的人口，必须严格按照国务院批转的公安部《关于处理户口迁移的规定》办理。对蔬菜队的粮食供应，要根据蔬菜交售任务完成的情况，有所区别。收购农副产品的奖售粮，不得扩大范围，提高标准，并且要加强管理，严格供应和领取的手续制度，杜绝虚报冒领。对来自农村的社办企事业人员、县办工业的亦工亦农人员、以及县级有关部门用国家事业费支付报酬而在人民公社一级设置的各种人员，国家不供应也不补助粮食。

注解：因灾缺粮的解决方法的规定改按国发〔1982〕137号文件《国务院关于认真做好粮食工作的通知》执行。该《通知》规定："对因灾缺粮的，可以实行借销，丰收了再还。"关于奖售粮的规定，改按国发〔1984〕96号文件《国务院批转国家体改委、商业部、农牧渔业部关于进一步做好农村商品流通工作的报告的通知》执行。新的规定，"对统购、派购品种、奖售政策继续执行，具体办法可以适当调整；对非统购、派购品种，一律取消奖售。"农副产品计划管理的品种目录由国务院确定，省、自治区、直辖市如需要调整，应报国务院批准。

084

中央人民政府政务院关于实行粮食的计划收购和计划供应的命令①

（1953年11月19日政务院第194次政务会议通过）

为了保证人民生活和国家建设所需要的粮食，稳定粮价，消灭粮食投机，进一步巩固工农联盟，特根据共同纲领第二十八条“凡属有关国家经济命脉和足以操纵国民生计的事业，均应由国家统一经营”的规定，决定在全国范围内有计划、有步骤地实行粮食的计划收购（简称统购）和计划供应（简称统销），并规定办法如下：

一、生产粮食的农民应按国家规定的收购粮种、收购价格和计划收购的分配数量将余粮售给国家。农民在缴纳公粮和计划收购粮以外的余粮，可以自由存储和自由使用，可以继续售给国家粮食部门或合作社，或在国家设立的粮食市场进行交易，并可在农村间进行少量的互通有无的交易。

二、开始实行粮食计划供应时，可先规定一些简便易行的办法，逐步研究改进，使之趋于完善：（甲）在城市，对机关、团体、学校、企业等的人员，可通过其组织，进行供应；对一般市民，可发给购粮证，凭证购买，或暂凭户口簿购买。（乙）在集镇、经济作物区、灾区及一般农村，则应采取由上级政府颁发控制数字并由群众实行民主评议相结合的办法，使真正的缺粮户能够买到所需要的粮食，而又能适当控制粮食的销量，防止投机和囤积。（丙）对于熟食业、食品工业等所需粮食，旅店、火车、轮船等供应旅客膳食用粮，及其他工业用粮，应参照过去一定时期的平均需用量，定额给予供应，不许私自采购。

三、计划收购和计划供应的控制数字，应根据国家及人民需要和农村粮食情况作适当的规定：（甲）大行政区控制数字由政务院财政经济委员会根据国家计划委员会编制的全国控制数字规定。（乙）省、专、县三级控制数字，由其上一级政府规定。（丙）区、乡（村）两级控制数字由县人民政府规定。乡（村）一级控制数字应向群众公开宣布，并领导和组织群众进行民主评议。

计划收购的粮食种类、规格，由省（市）人民政府拟定计划草案报大行政区批准，转报政务院财政经济委员会备案。

四、今年秋粮计划收购的价格，基本上按照现行的收购牌价；计划供应的价

①该命令及其附件中有关粮食统销部分的基本原则仍然有效。粮食统购部分按一九八五年《国务院关于下达调整生猪和农村粮油价格方案的通知》（国发〔1985〕35号）的规定，改为合同定购。

格，目前基本上按照现行的零售牌价。现行收购牌价及零售牌价有畸高畸低而且显著突出者，应按照如下的分工和程序，作适当调整：（甲）政务院财政经济委员会负责审查、调整中央所掌握城市的粮食价格，并制定调整粮食价格的原则。（乙）各大行政区行政委员会、内蒙古自治区人民政府、各省（市）人民政府、各专员公署（行署）和各县人民政府，负责依据政务院财政经济委员会所制定的原则，各自审查其所掌握城镇的粮食价格，拟定调整方案，大行政区报政务院财政经济委员会批准，省（市）报大行政区行政委员会批准，专、县报省人民政府批准，并均层报政务院财政经济委员会备案。

五、一切有关粮食经营和粮食加工的国营、地方国营、公私合营、合作社经营的粮店和工厂，统一归当地粮食部门领导。

六、所有私营粮商一律不许私自经营粮食，但得在国家严格监督和管理下，由国家粮食部门委托代理销售粮食。各种小杂粮（当地非主食杂粮），原则上亦应由国家统一经营，在国家尚未实行统一经营以前，得在国家严格监督和管理下，暂准私营粮商经营。

七、所有私营粮食加工厂及营业性的土碾、土磨，一律不得自购原料、自销成品，只能由国家粮食部门委托加工或在国家监督和管理下，代消费户按照国家规定的加工标准从事加工。

八、城市居民购得国家计划供应的粮食，如有剩余或不足，或由于消费习惯关系，须作粮种间的调换时，可到指定的国家商店、合作社卖出，或到国家设立的粮食市场进行相互间的调剂。

九、为了加强市场管理，取缔投机，各级政府应组织有关部门进行经常的检查和监督。对于违犯国家法令的投机分子，必须严予惩处；对进行投机和勾结、包庇投机分子的国家工作人员，应加重惩处；对破坏计划收购和计划供应的反革命分子，应依照中华人民共和国惩治反革命条例治罪。

十、各大行政区行政委员会、内蒙古自治区人民政府、各省（市）人民政府应即根据以上各项规定，参照各地的具体情况制定实施办法。各大行政区和内蒙古自治区的实施办法报政务院财政经济委员会批准；各省（市）的实施办法，报由各大行政区行政委员会批准，并报政务院财政经济委员会备案。

以上各项，应即遵照执行！

附：

粮食市场管理暂行办法

第一条 依据中央人民政府政务院关于实行粮食的计划收购和计划供应的命令，为加强粮食市场管理，特制定本办法。

第二条 所有私营粮商，在粮食实行统购统销后，一律不准私自经营粮食，但在国家严格监督和管理下，得由国家粮食部门委托代理销售粮食的业务。跨行跨业兼营粮食的私商，除少数大城市经国家特许代销者外，一律禁止兼营粮食。

第三条 所有私营粮食加工厂及营业性的土碾、土磨，得由国家粮食部门视需要与可能委托加工，或在国家监督和管理下代消费户按国家规定的加工标准从事加工，一律不得自购原料、自销成品。

第四条 由国家粮食部门委托代销粮食和办理粮食加工的私营店厂，必须严格遵守政府法令，不准有掺杂、掺假、使潮、降低品质、短秤、抬价等损害国家、人民利益的不法行为。

第五条 城市中的熟食业、食品工业等所需粮食，旅店、火车、轮船等供应旅客膳食用粮，及其他工业用粮，一律由国家粮食部门有计划地予以供应，不准私自采购或转售粮食。集镇中的旅店、熟食业、复制业等所需粮食，得视当地具体情况，由国家粮食部门予以调剂供应，或准其到指定的国家粮食市场进行采购。

第六条 城市和集镇中的粮食交易场所，得视需要，改为国家粮食市场，在当地政府统一领导下，以工商行政部门为主会同粮食部门共同管理之。凡进行粮食交易者，均须入场交易，严禁场外成交。

第七条 城市居民购得国家计划供应的粮食，如有剩余或不足，或因消费习惯关系，须作粮种间的调换时，可到指定的国家粮店、合作社卖出，或到国家粮食市场进行相互间的调剂。

第八条 农民向国家缴纳公粮和计划收购粮以外之余粮，可以自由存储，自由使用，可以售给国家粮食部门和合作社，或到国家粮食市场进行交易，并可在农村间进行少量的互通有无的交易，但严禁投机倒把、扰乱市场。

第九条 为切实贯彻国家对粮食的统购统销政策，各级人民政府应组织有关部门切实进行经常的检查和监督，并应发动群众性的监督和检举；对投机取巧、扰乱市场、造谣破坏，违反本办法规定者，必须严予议处。

第十条 各大行政区行政委员会、内蒙古自治区人民政府、各省（市）人民政府得根据本办法规定的原则，结合当地实际情况，制订补充办法或施行细则，大行政区及内蒙古自治区报政务院财政经济委员会批准，省（市）报大行政区行政委员会批准，转报政务院财政经济委员会备案。

第十一条　本办法自发布之日起施行。

政务院

一九五三年十一月二十三日

十二 粮食供应

085

国务院关于市镇粮食定量供应暂行办法的命令

市镇粮食定量供应暂行办法，已于一九五五年八月五日经国务院全体会议第十七次会议通过，现予发布，希认真贯彻执行，并须注意下列事项：

一、市镇粮食定量供应暂行办法，在各省、自治区、直辖市的辖区内，可以分批施行，也可以同时施行。其具体施行日期，由省、自治区、直辖市人民委员会根据工作条件，在一九五五年九月一日至十一月三十日的期间内自行决定。

二、市镇居民按照本办法第十六条的规定应持粮票购买的挂面、切面、米粉、年糕等粮食复制品，在市镇粮食定量供应暂行办法实施的同时即凭粮票购买；其他米饭、面食等熟食品何时实行凭粮票购买办法，另以命令发布。

三、农村居民来往于实行粮食定量供应的市镇购买熟食品时，可暂时不凭地方粮票或全国通用粮票，何时开始实行凭粮票购买办法，另以命令发布。

四、乘坐火车轮船的旅客，在车船中用餐，可不凭粮票购买。

国务院

一九五五年八月二十五日

市镇粮食定量供应暂行办法[①]

第一章 总 则

第一条 为贯彻粮食计划供应政策，健全市镇粮食供应制度，提倡粮食节约，保证粮食的合理分配，以利于国家经济建设的进行，特制定市镇粮食定量供应暂行办法。

第二条 市镇（包括县城、工矿区），除未实行粮食统购统销地区外，均实行本办法。

①2001 年 10 月 6 日发布的《国务院关于废止 2000 年年底以前发布的部分行政法规的决定》将本文废止。

不在市镇以内的机关、企业、学校、基本建设工地等，经省、自治区人民委员会决定，亦适用本办法。

第三条　凡实行本办法的市镇，对非农业人口一律实施居民口粮分等定量、工商行业用粮按户定量、牲畜饲料用粮分类定量的供应制度。

第四条　居民口粮、工商行业用粮和牲畜饲料用粮，均按核定的供应数量发给供应凭证。供应凭证分为市镇居民粮食供应证、工商行业用粮供应证、市镇饲料供应证、市镇居民粮食供应转移证、全国通用粮票、地方粮票、地方料票七种。其印制、使用办法由粮食部另定。

第二章　居民口粮

第五条　省、自治区、直辖市人民委员会应根据市镇居民的劳动差别、年龄大小及不同地区的粮食消费习惯，按下列各项规定，分别确定市镇居民的具体供应等别和每月口粮定量标准，在省、自治区、直辖市所属区域内执行（成品粮，单位市斤）：

甲、以大米为主食的地区：

1. 特殊重体力劳动者：四十五至五十五斤，其平均数不得超过五十斤；

2. 重体力劳动者：三十五至四十四斤，其平均数不得超过四十斤；

3. 轻体力劳动者：二十六至三十四斤，其平均数不得超过三十二斤；

4. 机关、团体工作人员、公私营企业职员、店员和其他脑力劳动者：二十四至二十九斤，其平均数不得超过二十八斤；

5. 大、中学生：二十六至三十三斤，其平均数不得超过三十二斤；

6. 一般居民和十周岁以上儿童：二十二至二十六斤，其平均数不得超过二十五斤；

7. 六周岁以上不满十周岁的儿童：十六斤至二十一斤，其平均数不得超过二十斤；

8. 三周岁以上不满六周岁的儿童：十一斤至十五斤，其平均数不得超过十三斤；

9. 不满三周岁的儿童：五斤至十斤，其平均数不得超过七斤。

乙、以杂粮、面粉为主食的地区：

1. 特殊重体力劳动者：五十至六十斤，其平均数不得超过五十五斤；

2. 重体力劳动者：四十至四十九斤，其平均数不得超过四十四斤；

3. 轻体力劳动者：二十九至三十九斤，其平均数不得超过三十五斤；

4. 机关、团体工作人员、公私营企业职员、店员和其他脑力劳动者：二十七至三十二斤，其平均数不得超过三十一斤；

5. 大、中学生：二十九至三十六斤，其平均数不得超过三十五斤；

6. 一般居民和十周岁以上儿童：二十四至二十八斤半，其平均数不得超过二十七斤半；

7. 六周岁以上不满十周岁的儿童：十八斤至二十三斤，其平均数不得超过二十二斤；

8. 三周岁以上不满六周岁的儿童：十二斤至十七斤，其平均数不得超过十四斤；

9. 不满三周岁的儿童：六斤至十一斤，其平均数不得超过八斤。

第六条 市镇居民以户为单位，在家居住人口由居民委员会、居民小组或其他组织按人评定供应等别，机关、团体、企业、学校职工和大、中学生由所属单位按人评定供应等别，一并归户编造名册，连同户口证件，送当地人民委员会或其指定机关核发市镇居民粮食供应证。

机关、团体、企业、学校职工和大、中学生家庭不在本市镇的，由所属单位办理粮食供应手续。

不在市镇以内的机关、企业、学校、基本建设工地等人员，由各该单位核实人数，按人评定供应等别，编造名册，送所在地省、自治区人民委员会指定的机关审核，发给市镇居民粮食供应证。

第七条 市镇居民在外用膳或出外旅行的，可自带粮食或凭市镇居民粮食供应证在定量供应数量内领取地方粮票或全国通用粮票。

第八条 市镇居民婚嫁、出生、死亡、分居、并居的，均应在办理户口手续后，凭户口证件办理粮食供应的增、减、转移手续。

第九条 市镇居民迁居的，应凭城镇居民粮食供应证向原发证机关领取粮食供应转移证，凭证至迁入地区办理粮食供应手续。迁出时如有存粮，可以携带或卖给国家粮店，领取地方粮票或全国通用粮票。

未实行粮食统购统销地区的居民迁居至已实行粮食定量供应的市镇的，可凭原居住地人民委员会或其指定机关所发证件及迁入地的户口证件，按本办法第六条的规定办理粮食供应手续。

第十条 对少数民族节日需要的特殊用粮，在节约的原则下，根据其民族习惯，由省、自治区、直辖市人民委员会规定办法，给予照顾。

归国华侨和未实行粮食统购统销地区的居民，临时过往于已实行粮食定量供应的市镇的，由原居住地或到达地人民委员会或侨务机关出具证件购买粮食。如由国家机关招待的，由招待单位编造预算购买粮食。

第十一条 各国驻华使、领馆，外国代表团人员，外国来宾、专家、顾问、教授和其家属等，按实际需要数量，凭外事机关或主管机关证件供应粮食。

一般外国侨民，由外事机关出具证明，按本办法第六条的规定，由当地人民委员会或其指定机关核发市镇居民粮食供应证。

进港外轮，凭主管机关证件，供应粮食。

第十二条 市镇居民依照定量标准所购的口粮，如有节余，可以转让、赠送及相互调剂，也可卖给国家粮店，但不得以粮食进行投机。

第十三条 农村居民来往城镇的可自带粮食，也可按农村粮食统购统销暂行办法的规定换取地方粮票或全国通用粮票。

市镇居民由国家供应口粮的，不得再在农村粮食统购统销时重复计算口粮。

第三章 工商行业用粮和粮食制成品①

第十四条 工业、手工业需要用粮食作原料或辅助材料的，由各生产单位依据消耗定额编制用粮计划，送当地人民委员会或其指定机关核发工商行业用粮供应证。

酿酒所需粮食，由各省、自治区、直辖市专卖事业公司编制用粮计划，送省、自治区、直辖市人民委员会或其指定机关核发工商行业用粮供应证。

第十五条 市镇熟食业、复制业、糕点业、副食品业等行业所需粮食，由各业户编制用粮计划，送当地人民委员会或其指定机关核发工商行业用粮供应证。

第十六条 市镇熟食业出售的米饭、面食和复制业出售的挂面、切面、米粉、年糕等，居民和流动人口应凭地方粮票或全国通用粮票食用或购买。熟食业、复制业户应凭收回的粮票向国家指定的粮店购买同等数量的粮食。糕点、馄饨、汤圆等食品均不凭粮票食用或购买。

粮食制成品，须凭粮票购买的具体品种，由各省、自治区、直辖市人民委员会依据当地情况规定。

第四章 饲料用粮

第十七条 各省、自治区、直辖市人民委员会应按下列各项规定，结合当地情况，分别确定各类牲畜饲料用粮的定量标准，在省、自治区、直辖市所属区域内执行：

一、马、骡——每日每头原粮四至七市斤；

二、驴、骆驼——每日每头原粮二至四市斤；

三、奶牛——每日每头原粮四至六市斤；

四、猪——在不超过附近农村饲料标准范围内酌量规定。

供给饲料包括麦麸、细糠及豆饼在内，其折合率由省、自治区、直辖市人民

①本章中规定的工商行业用粮，根据国务院国发〔1985〕35号文件《国务院关于下达调整生猪和农村粮油价格方案的通知》规定，改为议价供应。有的内容根据实际情况已作了调整，如原规定糕点、馄饨、汤圆等食品均不凭粮票食用或购买，但事实上在1960年前后糕点和有些地方的馄饨、汤圆就已经凭粮票供应了。

委员会根据具体情况规定。

第十八条 市镇机关、团体、企业、学校和一般居民饲养的从事生产、运输的牲畜所需饲料，由各饲养户按规定的定量标准编制计划，送当地人民委员会或其指定机关核发市镇饲料供应证。

供科学研究试验或供展览、表演、配种用的动物所需饲料，由各饲养户编造计划，送当地人民委员会或其指定机关核发市镇饲料供应证。

牲畜和动物的头数、种类有增减变化时，饲养户应向原发证机关申报并办理增、减或转移供应手续。

第十九条 牲畜和动物外出或外运时，应由饲养户凭城镇饲料供应证在定量供应数量内领取地方料票，凭票于沿途大车店、骡马店或国家粮店购买饲料。大车店、骡马店应凭收回的地方料票向国家指定的粮店购买同等数量的饲料。

第二十条 机关、团体、企业、学校雇用农村牲畜运输的，可根据缺料情况向当地人民委员会或其指定机关提出申请，酌情供应。

第五章 附 则

第二十一条 各省、自治区、直辖市人民委员会应根据本办法制定实施细则，发布施行，并报国务院备案。

第二十二条 居住在市镇内从事农业生产的缺粮户和所饲养的牲畜，其口粮和饲料的供应按农村粮食统购统销暂行办法规定办理。

第二十三条 军事系统的粮食供应办法另定。

第二十四条 本办法由国务院发布施行，其修改同。

086

粮食部关于《市镇粮食定量供应凭证印制使用暂行办法》的命令

〔55〕办字第129号

市镇粮食定量供应凭证印制使用暂行办法，已由本部报经中华人民共和国国务院于一九五五年八月五日国务院全体会议第十七次会议批准，现予以发布，希贯彻执行。

粮食部

一九五五年九月五日

市镇粮食定量供应凭证印制使用暂行办法

粮食部

1955年9月5日

第一条 根据市镇粮食定量供应暂行办法第四条的规定制定本办法。

第二条 市镇粮食供应凭证的种类和使用范围规定如下：

（一）市镇居民粮食供应证，是市镇居民（指非农业人口，下同）购粮时使用的凭证，只限在指定的粮店使用；

（二）工商行业用粮供应证，是以粮食作为原料或辅助材料的工业、手工业、酿造业、熟食业、复制业、糕点业、副食品业等业户购粮时使用的凭证，只限在指定的粮店使用；

（三）市镇饲料供应证，是饲养牲畜和其他动物的饲养户在购买饲料时使用的凭证，只限在指定的粮店使用；

（四）市镇居民粮食供应转移证，是市镇居民迁居时转移粮食供应关系的凭证；

（五）全国通用粮票，是城乡居民外出至他省、自治区、直辖市时，购买粮食或粮食制成品的凭证，在全国市镇和农村通用；

（六）地方粮票，是城乡居民在省、自治区、直辖市所属区域内购买粮食或粮食制成品的凭证；

（七）地方料票，是市镇牲畜和其他动物外出和外运时，饲养户购买饲料使用的凭证，在省、自治区、直辖市所属区域内通用。

地方粮票及地方料票须在毗邻省、自治区、直辖市的地区相互通用时，可由有关省、自治区、直辖市人民委员会协商，规定使用和结算办法。

第三条 全国通用粮票的票面额分为四市两（四分之一市斤）、半市斤、一市斤、三市斤、五市斤五种。

地方粮票、地方料票的票面额由各省、自治区、直辖市规定。

全国通用粮票、地方粮票的票面额都以成品粮为单位；地方料票的票面额以原粮为单位。

第四条 市镇粮食供应凭证的印发职责规定如下：

（一）全国通用粮票由粮食部统一印发；

（二）市镇居民粮食供应证、工商行业用粮供应证、市镇饲料供应证、市镇居民粮食供应转移证、地方粮票、地方料票由各省、自治区、直辖市粮食厅、局印发。

第五条 全国通用粮票的使用期限和收回、换领、缴销手续，由粮食部规定；市镇居民粮食供应证、工商行业用粮供应证、市镇饲料供应证、地方粮票、地方料票的使用期限和收回、换领、缴销手续，由各省、自治区、直辖市粮食厅、局规定。

第六条 市镇居民粮食供应证、工商行业用粮供应证、市镇饲料供应证都酌收工本费。工本费数额由省、自治区、直辖市粮食厅、局规定。

第七条 市镇居民粮食供应证、工商行业用粮供应证、市镇饲料供应证一律不许转让；如有遗失，须报由原发证机关审查属实后，方予补发。

第八条 全国通用粮票、地方粮票、地方料票一律禁止买卖；如有遗失，不再补发。

第九条 市镇粮食供应凭证，禁止私自涂改、伪造。

第十条 省、自治区、直辖市粮食厅、局得根据本办法拟定实施细则，报省、自治区、直辖市人民委员会批准施行，并报粮食部备查。

十三　陈化粮处理

087

关于印发《陈化粮处理若干规定》的通知

计综合〔2006〕1345号

各省、自治区、直辖市计委、财政厅（局）、工商局、粮食局、农业发展银行分行，中国储备粮管理总公司：

根据《国务院关于进一步深化粮食流通体制改革的意见》（国发〔2001〕28号）的有关规定，国家计委、财政部、国家工商总局、国家粮食局、中国农业发展银行制定了《陈化粮处理若干规定》，已经报请国务院原则同意，现印发给你们，请认真贯彻执行。

国家工商行政管理总局
国家发展计划委员会
财政部　国家粮食局
二〇〇二年八月八日

陈化粮处理若干规定

国家工商行政管理总局　国家发展计划委员会　财政部　国家粮食局
2002年8月8日

第一条　为加强对陈化粮处理的监管，制止陈化粮倒卖，必须对陈化粮销售、加工实行封闭运行的机制，建立陈化粮从销售到使用各个环节的监管责任制，明确各部门的职责，强化监管措施，加大监管和打击陈化粮倒卖的力度。

第二条　凡与陈化粮销售处理活动有关的单位和个人必须遵守本规定。

第三条　本规定所称陈化粮，是指经全国清仓查库统一组织鉴定后确认的2001年3月底的库存陈化粮。

第四条　陈化粮的用途，按照国务院有关文件规定执行，目前主要集中用于生产酒精、饲料等。如用作其他用途，需报经国务院批准。

第五条　陈化粮的销售处理工作实行严格管理。年度销售处理计划由国家计委会同有关部门提出意见，国务院批准后执行。年度内分批计划由国家计委、国家粮食局、财政部、中国农业发展银行共同下达。各省（区、市）及中储粮总公司必须严格按计划执行，并及时将销售（成交）情况报国家有关部门。未经许可，不得擅自销售处理陈化粮，也不准超计划销售处理。国家有关部门在安排分批销售计划时，必须根据宏观调控需要和粮食市场情况，控制好时间和节奏，原则上按季度下达销售计划。如遇异常情况，可暂停陈化粮销售处理，各相关部门和中储粮总公司必须做到令行禁止。

第六条 陈化粮处理实行定向销售，并严格审定陈化粮的购买资格。由各省级粮食行政管理部门会同同级工商部门组织陈化粮定向销售，并选择一些规模较大、生产运营正常、信誉较好的酒精和饲料企业授予陈化粮购买资格认定书（注明生产规模、年消化粮食能力、生产运营状况，以及购买陈化粮的记录栏），同时通知企业所在地的国家税务部门。企业资格认定书可参与本省（区、市）或跨地区陈化粮购买。省级粮食行政管理部门和工商部门负责对企业的日常监管，被认定企业要与省级粮食行政管理都门签订责任书，承诺遵守陈化粮处理的各项规定，保证做到所购陈化粮只限于本企业生产自用，不转让、倒卖。如出现企业倒卖陈化粮的情况，立即取消企业今后购买陈化粮资格，按规定进行严肃处理，直至追究法律责任，属于认定资格有误的，要追究认定部门的责任。

第七条 强化预收保证金制度，严禁企业超量购买陈化粮。对企业购买陈化粮收取定额保证金，原则小麦、玉米每吨收取 80 元，水稻每吨收取 160 元。陈化粮销售所在地的省级粮食行政管理部门要在农发行设立陈化粮结算专户，购粮企业的保证金和购粮款打入专户，由省级粮食行政管理部门负责购销双方的结算业务。农发行要按现行仓单管理办法，监督确保销粮企业按合同规定的仓号出库。购粮企业在所购陈化粮运出企业后，要及时向所在地粮食行政管理部门和工商部门报告，经粮食行政管理部门和工商部门到现场验收无误后，由工商部门开具证明，销货地省级粮食行政管理部门根据有效运输凭证、入库单据和工商部门开具证明，将保证金返还购粮企业。为控制企业超量购买陈化粮，企业每次陈化粮购买量不能超过企业半年粮食消化量，全年购买量不得超过全年粮食消化量。组织陈化粮销售的粮食行政管理部门要在购粮企业资格认定书上注明企业每次实际购粮数量，并盖章确认。

第八条 加强对履行陈化粮购销合同的监督。陈化粮购销双方必须在省级粮食行政管理部门和工商部门的监督下签订购销合同，省级工商部门要会同有关部门加强对合同的监管，陈化粮购销合同一律不得转让，凡倒卖、转让陈化粮购销合同的，视同倒卖陈化粮。对倒卖陈化粮的行为，由工商行政管理部门没收非法物品、处以非法物品等值 20%以下的罚款。省级粮食行政管理部门和工商部门要监督陈化粮购销合同执行的过程。合同中标明的货物到达地必须与货物实际达到地相一致，凡陈化粮发货后，未能在一个月运抵合同注明到货地的（突发事件除外），一律按倒卖陈化粮处理。销粮企业所在地粮食行政管理部门要及时将陈化粮出库情况通知购粮企业所在地的工商和粮食行政管理部门。企业所购陈化粮需要进行异地加工的，必须提前将加工地点同时报发货地的粮食行政管理部门、加工地和购粮企业所在地的工商部门备案，由这些地方有关部门加强监管。

第九条　加强对陈化粮购买企业销售发票的监管。销售陈化粮的企业必须在销售发票上注明是“陈化粮”，销粮企业所在地省级粮食行政管理部门和工商部门对此进行抽查，凡未注明“陈化粮”的，要追究销粮企业主要负责人的责任。注明“陈化粮”的发票，购粮企业必须取得所在地粮食行政管理部门和工商部门共同出具的确认企业购进的陈化粮已用于本企业生产的证明，方可抵扣增值税进项税额，税务部门要加强对此项工作的监督检查。

第十条　陈化粮定价原则与价差亏损处理。陈化粮销售处理的定价原则，由省级粮食行政主管部门会同财政等部门制定，并体现以质论价、有利于销售和尽可能减少亏损的要求。陈化粮的价差亏损，中央储备和地方储备粮分别由中央财政和地方财政负担；粮食购销企业周转库存粮原则上由粮食风险基金弥补。对因陈化粮较多难以弥补的，形成的价差亏损先实行挂帐，利息从粮食风险基金列支，本金今后逐步归还，本金的资金来源：一是粮食风险基金包干后有节余的，用风险基金归还；二是风险基金不够的，由地方和中央财政按风险基金筹资比例，另行筹资弥补。

第十一条　按照粮权归属建立陈化粮销售处理责任追究制，按照国务院关于地方政府对粮食生产和流通全面负责的体制，地方陈化粮的销售处理纳入省长负责制的工作范围，由省级人民政府负责，各省级政府指定专人负责陈化粮销售处理工作。各有关部门要按上述确定的职责范围切实负起责任，形成监管合力，监管不力的，由监察部门追究有关领导人和责任人的责任，中央储备粮陈化粮处理参照上述原则，由中储总公司负全责，具体处理办法由中储粮总公司提出，报经国家有关部门批准后执行。

第十二条　加强全社会对陈化粮销售和使用的监督，各级工商部门要设立举报电话，并向社会公布。省（区、市）要建立举报人奖励制度，对举报人提供的情况，经查实后，从罚没收入中拿出一部分对举报人予以奖励。

第十三条　本规定自发布之日起施行，由国家粮食局会同有关部门负责解释。

088

关于进一步加强陈化粮监管等工作的通知

国粮电〔2004〕19号

近日，为进一步加强对陈化粮销售和使用的监管，维护市场流通秩序，严防陈化粮和不符合国家标准的成品粮流入口粮市场，确保广大消费者利益和人民群众的身体健康，国家粮食局、国家工商总局、国家质检总局和卫生部四部门联合下发《关于进一步加强陈化粮监管等工作的通知》（国粮电〔2004〕19号）。通知指出：

一、严格粮食销售出库质量检验制度，加强对陈化粮粮源的管理

根据《粮食流通管理条例》有关规定，粮食储存企业对超过正常储存年限的陈粮，在出库前必须经过有资质的粮食质量检验机构进行质量鉴定。质量鉴定工作由省级质量技术监督部门统一负责，粮食部门积极配合。对鉴定为陈化粮的，由当地质量技术监督部门和粮食部门负责实行封存，定向加工处理，严防流入口粮市场。未经国家有关部门批准，企业不得擅自销售处理陈化粮。

二、依法行政，严格审定企业购买陈化粮的资格

各省级粮食行政管理部门和工商部门必须严格按照《陈化粮处理若干规定》（计综合〔2002〕1345号）的要求，认真负责地做好购粮企业的资格审核工作。取得资格认定书的企业购买的陈化粮只限于本企业生产自用，不得转手倒卖；严禁未取得资格认定书的企业购买陈化粮或采取借用其他企业的资格认定书等方式购买陈化粮。对于不符合条件的企业坚决不能授予购买资格。对于取得陈化粮购买资格的企业倒卖陈化粮的，要立即取消其购买资格，并按有关规定严肃处理，直至追究法律责任。对于认定资格有误的，要追究认定部门和有关人员的责任。

三、加强对陈化粮销售处理的全程监管

陈化粮的销售处理要严格执行国家有关政策和规定，必须坚持公开、公平、公正的原则。要建立陈化粮销售处理责任追究制，加强对陈化粮销售、出库、运输、加工和使用等各环节的跟踪监管，从源头抓起，明确职责，监管措施和责任落实到人。粮食部门负责陈化粮销售组织和出库环节的监管，确保按规定程序销售和出库。工商部门会同粮食部门负责对陈化粮销售、运输、使用环节的监管，

确保陈化粮运到销售合同标明的目的地并按规定用途使用。质检部门负责粮食加工环节的监管，严禁使用陈化水稻加工生产大米及其制品，不符合国家质量标准的产品不得出厂和销售。各部门要按照职能分工切实负起责任，加大对陈化粮销售、出库、运输、加工和使用等各环节的监督检查力度，形成监管合力，严厉打击和查处以次充好、掺杂使假等违法行为。严防陈化粮流入口粮市场。

四、加强对粮食食品卫生的监督检查

目前正值暑期，气温高，湿度大，成品粮保管的难度加大，容易发生霉坏变质。卫生部门要加强对大米等粮油食品卫生的监督检查，特别是要加强对黄曲霉毒素等危害人民健康的卫生指标的监测，严禁卫生指标不合格的粮油食品投放市场，确保广大群众吃上放心食品。

加强陈化粮销售处理的监管，严防陈化粮和不符合国家标准的成品粮流入口粮市场，事关人民身体健康和粮食市场稳定，各地一定要认真贯彻“三个代表”重要思想，进一步提高认识，加强领导，有关部门要精心组织，周密部署，分工协作，落实责任，派出监督检查小组对粮食市场进行全面检查，切实维护好正常的粮食流通秩序，保护好广大消费者利益。

国家粮食局
国家工商行政管理总局
国家质量监督检验检疫总局
卫生部
二〇〇四年七月二十一日

089

关于进一步做好陈化粮销售处理和监管工作的通知

国粮电〔2004〕23号

各省、自治区、直辖市及新疆生产建设兵团发展改革委、粮食局、工商局，中储粮总公司：

近期，国家和地方有关部门严肃查处了一些陈化粮违法违规案件。这些案件的发生，暴露出一些地方在陈化粮监管上还存在漏洞，有些地方对陈化粮销售处理有关政策的理解和把握还不够准确、全面。加强对陈化粮监管的工作任务仍然很重。为进一步采取有效措施，加强对陈化粮销售和使用的监管，严防陈化粮流入口粮市场，维护市场流通秩序，现就有关事项通知如下：

一、严格粮食销售出库质量检验制度，严把出库粮食的质量关，从源头上杜绝陈化粮流入口粮市场

各级粮食行政管理部门要督促国有粮食购销企业严格执行《粮食流通管理条例》的有关规定，对超过正常储存年限的陈粮，在销售出库前必须经过有资质的粮食质量检验机构进行质量鉴定。对鉴定为陈化粮的，由当地质量技术监督部门和粮食部门负责实行封存，严防流入口粮市场。未经国家有关部门批准，企业不得擅自销售处理陈化粮。要进一步强化对退耕还林用粮、救灾粮等政策性粮食供应的质量管理，需供应陈粮的必须按要求进行理化指标检测，不能仅凭感官和经验进行判断，禁止将不符合质量标准的粮食供应市场。对于超期储存的陈粮出库不按规定进行质量鉴定的，由粮食行政管理部门责令改正；造成不良后果的，依照《粮食流通管理条例》的有关规定严肃处理。

二、严格审定企业陈化粮购买资格，对已不具备陈化粮购买资格条件的，要及时取消其陈化粮购买资格

各省级粮食行政管理部门和工商部门必须严格按照《陈化粮处理若干规定》（计综合〔2002〕1345号）的要求，认真负责地做好购粮企业的资格审核工作，严格按照规定程序办事。要适当提高陈化粮购买企业的资格条件，并建立陈化粮购买资格年检制度。今后陈化粮购买资格只授予资信状况较好的大、中型酒精、饲料生产企业，对于小型酒精、饲料企业，在年检时不再授予陈化粮购买资格。对企业申请陈化粮购买资格时出具的有关材料和证明，要进行认真细致的核查，

如有疑问，应责成企业所在地粮食和工商行政管理部门进行实地核查。对于不符合条件的企业，坚决不能授予陈化粮购买资格。对于认定资格有误的，要追究认定部门和有关人员的责任。同时，要加强对已取得陈化粮购买资格企业的跟踪检查，及时了解掌握其经营范围、生产能力和生产经营变化情况，以及陈化粮购买和使用情况等。对于已不能正常生产经营的企业，要及时取消其陈化粮购买资格。对于取得陈化粮购买资格的企业倒卖陈化粮的，要立即取消其购买资格，并按有关规定严肃处理，直至追究法律责任。

三、进一步规范陈化粮的销售组织工作，严禁未取得资格认定书的企业购买陈化粮

省级粮食部门要会同有关部门做好陈化粮销售的组织工作，规范交易行为。陈化粮销售一般应通过省级以上粮食批发市场进行，并坚持公开、公正、公平的原则，坚决防止暗箱操作、幕后操纵等现象的发生。对销售数量较大的仓单，可以进行适当分割，以方便用粮企业购买，禁止企业合伙竞买。要特别加强对入市企业陈化粮购买资格的审查，严禁未取得资格认定书的企业购买陈化粮。批发市场必须保留好陈化粮销售的有关资料，并积极配合有关部门对陈化粮倒卖案件的查处工作。组织陈化粮销售的省级粮食行政管理部门要在购粮企业资格认定书上注明企业每次实际购粮数量，并盖章确认，防止企业超量购买陈化粮。交易工作结束后，卖方省级粮食和工商部门要及时将陈化粮的购买情况通知购粮企业所在地的工商、粮食部门加强监管，违者要严肃追究责任。企业购买陈化粮后只能用作本企业的生产原料，严禁转手倒卖，也不得将陈化稻谷加工成的大米直接作为饲料粮销售，违者视同倒卖陈化粮处理。

四、加强对陈化粮销售处理的全程监管，确保陈化粮按规定用途使用，严防陈化粮流入口粮市场

陈化粮销售后，特别要加强对出库、运输、加工和使用等各环节的跟踪监管。要进一步强化措施，明确责任，并将监管措施和责任落实到人。粮食部门负责陈化粮出库环节的监管，确保按规定程序出库。工商部门会同粮食部门负责对陈化粮销售、运输、使用环节的监管，确保陈化粮运到销售合同标明的目的地并按规定用途使用。陈化粮出库后，出库企业要立即将有关出库情况向当地粮食和工商部门报告，当地粮食和工商部门要及时通知购粮企业所在地的工商、粮食部门。购粮企业所购陈化粮运到企业后，要及时向所在地工商部门报告。企业所购陈化粮需要进行中转或在车站、码头暂存的，购粮企业必须同时报发货地和中转地的工商管理部门备案。发货地工商部门也应及时通知中转地的工商部门。陈化粮自中转地启运后，购粮企业应立即向中转地的工商部门报告，中转地工商部门要及时通知购粮企业所在地的工商部门。对违反上述要求的企业和部门，要追究有关企业和部门负责人的责任。

五、进一步加大对倒卖陈化粮等违法行为的查处力度

各级工商、粮食部门要按照《粮食流通管理条例》的有关规定，严格执法，严厉打击倒卖陈化粮等违法行为。对于倒卖陈化粮或者不按照规定使用陈化粮的企业，由工商行政管理部门没收非法倒卖的粮食，并处非法倒卖粮食价值20%以下的罚款。有陈化粮购买资格的，由省级粮食行政管理部门取消陈化粮购买资格；情节严重的，由工商行政管理部门并处非法倒卖粮食价值1倍以上5倍以下的罚款，吊销营业执照；构成犯罪的，依法追究刑事责任。对于国有粮食购销企业参与倒卖陈化粮的，一经发现，必须严肃处理，并要追究企业负责人的责任，决不姑息。

六、加强对陈化粮相关知识的宣传，正确引导社会舆论

陈化粮作为粮食储存环节的质量控制标准，是一个具有特定内涵的专业术语。根据国家有关部门制定的粮食储存品质判定规则，按照储存品质的优劣，将粮食分为宜存、不宜存、陈化三类，用以指导粮食储存企业对库存粮食适时轮换，推陈储新。陈化粮是指储存品质明显下降，一般不宜直接作为口粮食用的粮食。判定粮食是否陈化主要依据脂肪酸值、品尝评分值以及色泽、气味三项指标，而不是依据黄曲霉毒素等食品卫生指标判定的。粮食是否陈化必须经过有资质的质检机构进行严格的质量鉴定后才能确定。陈粮不等于陈化粮，也不等于有毒有害的粮食。粮食能否用作口粮和饲料，是以卫生标准来判定的。各级发展改革、粮食和工商行政管理部门要采取多种形式加强宣传，使粮食企业、经营者和消费者准确理解和掌握陈化粮的有关知识，防止以讹传讹，造成社会恐慌，影响社会稳定。

做好陈化粮销售处理和监管工作，严防陈化粮流入口粮市场，关系到人民群众的切身利益和粮食市场稳定。各地一定要进一步提高认识，加强领导，完善措施，落实责任。要大力弘扬求真务实的作风，切实抓好各项政策法规和规章制度的落实，坚决杜绝陈化粮流入口粮市场，切实维护好粮食流通市场秩序。

国家发展和改革委员会

国家粮食局

国家工商行政管理总局

二〇〇四年八月二十四日

090

关于陈化粮销售处理有关问题的通知

国粮调〔2006〕2号

各省、自治区、直辖市发展改革委、粮食局、财政厅（局）、工商局、农发行分行：

根据国务院领导同志在《国家发展改革委关于陈化粮销售处理有关问题的请示》（发改经贸〔2005〕992号）上的批示精神，经研究，现将陈化粮销售处理的有关问题通知如下：

一、此次下达陈化粮销售处理计划共72.05亿斤（贸易粮，下同）。其中：2001年清仓查库时鉴定的陈化粮销售处理计划52.05亿斤，新鉴定的陈化粮销售处理计划20亿斤（具体各省数量见附件）。这批陈化粮销售处理的截止时间为2006年年底。各有关省（区、市）的陈化粮销售出库后，要按现行统计制度规定，在相应的报表中按实际数量作"销售"统计，并及时核减库存。

二、此次销售计划下达后，2001年清仓查库时鉴定的库存陈化粮已全部安排销售处理。考虑到吉林、黑龙江两省新鉴定的陈化粮数量较大，为避免对市场粮价造成冲击，国家有关部门将根据市场情况和需要，对吉林、黑龙江两省新鉴定的陈化粮统一下达销售计划，由省级有关部门按照计划和规定用途定向安排销售处理。对于其他省（区、市）新鉴定的陈化粮，按照粮食"省长负责制"的原则，由省（区、市）有关部门报省级人民政府同意后，在按照国家有关政策规定严格监管的前提下，由省级有关部门统一安排销售处理，并将销售处理情况及时报国家有关部门备案。陈化粮要定向销售给已取得陈化粮购买资格的大、中型酒精、饲料生产企业，其销售价格采取公开拍卖或邀标的方式确定，具体办法由省级人民政府确定。

三、各省（区、市）粮食局和工商局要切实做好陈化粮购买企业的资格审核工作。资格审核工作要严格按照原国家计委等5部门下发的《陈化粮处理若干规定》（计综合〔2002〕1345号）和国家发展改革委等3部门下发的《关于进一步做好陈化粮销售处理和监管工作的通知》（国粮电〔2004〕23号）的有关规定执行，陈化粮购买资格只授予资信状况较好的大、中型酒精、饲料生产企业。对于已不能正常生产经营的企业，要及时取消其陈化粮购买资格；对于凡参与倒卖陈化粮的陈化粮购买企业，要立即取消其购买资格，并按有关规定严肃处理。严禁无陈化粮购买资格的企业参与购买陈化粮。

四、各省（区、市）粮食局要会同有关部门做好陈化粮销售的组织工作，规范交易行为，并在购粮企业资格认定书上注明企业每次实际购粮数量，盖章确认，防止企业超量购买陈化粮。交易工作结束后，省（区、市）粮食局和工商局要及时将陈化粮的购买情况通知购粮企业所在地的粮食、工商部门，请他们加强监管。企业购买陈化粮后只能用作本企业的生产原料，严禁转手倒卖，也不得将陈化稻谷加工成的大米直接作为饲料粮销售，违者视同倒卖陈化粮处理。

五、陈化粮销售收入要金额收回，用于归还农发行贷款。对于销售处理2001年清仓查库鉴定的陈化粮所发生的价差亏损，继续按照《陈化粮处理若干规定》（计综合〔2002〕1345号）进行处理。对于新鉴定的陈化粮，按照国务院国发〔2004〕17号文件规定的销售库存老粮的有关政策执行，即属于以往按保护价（含定购价）收购的库存老粮的，销售时发生的价差亏损，原则上由粮食风险基金弥补。对部分粮食主产省确因库存粮食数量较多、价差亏损较大，难以用粮食风险基金弥补的，经省级人民政府批准后，价差亏损实行挂账，利息从粮食风险基金中列支，本金逐步归还。属于地方储备粮的陈化粮，销售时发生的价差亏损由地方财政负担，不允许挂账。对于市场化改革后收购的粮食，不得发生陈化，如因保管和经营不善等因素造成粮食陈化的，其价差亏损由企业自行负担。另外，如果国有粮食企业自行销售陈化粮，或销售的陈化粮没有经过省级有关部门对鉴定结果进行确认的，其价差亏损由企业自行负担，不得纳入挂账范围。

六、各级工商、粮食部门要按照《粮食流通管理条例》的有关规定，严格执法，严厉打击倒卖陈化粮等违法行为，严防陈化粮流入口粮市场。要进一步明确责任，粮食部门应对出库的陈化粮提前三天书面告知当地工商局，陈化粮的具体出库时间、运输方式、车次、陈化粮数量，由出库地工商局通知陈化粮运输目的地工商局进行跟踪监管。要加强对陈化粮加工和使用等各环节的监管，并将监管措施和责任落实到人。要进一步严格陈化粮出库、中转、发运等报告制度，有关粮食企业和购粮企业必须将相关情况及时向工商和粮食部门报告。对违反上述要求的企业和部门，要追究有关企业和部门负责人的责任。对于倒卖陈化粮或者不按照规定使用陈化粮的企业，要坚决按照有关规定进行处罚，情节严重的，由工商部门吊销营业执照。对于国有粮食购销企业参与倒卖陈化粮的，一经发现，严肃处理，并要追究企业负责人的责任，决不姑息。

七、各省（区、市）粮食局要加强对陈化粮销售的组织领导，要注意掌握好市场时机，防止打压市场粮价。各地应根据市场需求情况，分期分批安排这批陈化粮的销售，特别是在新粮上市前和上市期间，要严格控制陈化粮的销售，避免大量集中销售出库打压市场粮价。一旦出现市场粮价大幅下滑的情况，要立即暂停销售陈化粮。

陈化粮销售处理工作政策性强，涉及面广，责任重大。各地要进一步提高认识，加强领导，严格按照本通知及原国家计委等 5 部门下发的《陈化粮处理若干规定》、国家发展改革委等 3 部门下发的《关于进一步做好陈化粮销售处理和监管工作的通知》（国粮电〔2004〕23 号）和国家发展改革委等 7 部门下发的《粮食质量监管实施办法（试行）》（国粮发〔2004〕266 号）的要求，采取有效措施，切实加强对陈化粮销售和使用的监管，严防陈化粮流入口粮市场，维护好粮食流通市场秩序，保证陈化粮销售处理工作的顺利进行。

附件：陈化粮销售处理计划表（略）

国家发展和改革委员会
国家粮食局
财政部
国家工商行政管理总局
中国农业发展银行
二〇〇六年一月三日

091

关于进一步加强陈化粮监管工作的紧急通知

工商市字〔2006〕215号

各省、自治区、直辖市工商行政管理局、粮食局：

目前，陈化粮集中销售处理工作基本接近尾声。为保证广大人民群众身体健康和生命安全，维护粮食市场流通秩序，工商行政管理、粮食行政管理部门要继续认真贯彻《粮食流通管理条例》、《陈化粮处理若干规定》（计综合〔2002〕1345号）、《关于陈化粮销售处理有关问题的通知》（国粮调〔2006〕2号）的有关规定，进一步明确工商行政管理、粮食行政管理部门陈化粮监管的职责，认真落实责任制和责任追究制，严防陈化粮流入口粮市场。现就有关事项通知如下：

一、进一步提高陈化粮监管工作重要性的认识

加强陈化粮监管，确保广大人民群众口粮安全，维护粮食市场秩序是工商行政管理、粮食行政管理部门的重要职责。各级工商行政管理、粮食行政管理部门要进一步提高认识，从践行“三个代表”重要思想和构建和谐社会的高度，切实增强陈化粮监管工作的紧迫感和责任感，进一步强化工作的积极性和主动性，切实加强陈化粮监管工作，确保广大人民群众身体健康和生命安全。

二、要进一步严格审定并认真清理陈化粮购买资格

各省级粮食行政管理部门要会同工商行政管理部门对现有陈化粮购买企业的资格进行全面、认真清理。严格限定陈化粮购买企业为规模较大、生产经营正常、具备陈化粮的仓储和加工能力、信誉较好的酒精和饲料生产企业。授予陈化粮购买资格时，必须经省级工商行政管理部门签署意见。

对于小型酒精、饲料生产企业（酒精生产企业年消耗粮食5000吨以下、年产量1000吨以下；饲料生产企业年消耗粮食10000吨以下、年产量20000吨以下）、近几年从未参与陈化粮购买的企业、粮食加工企业中有陈化粮购买资格的、酒类生产企业中有陈化粮购买资格的，年审时不再受理其购买资格申请。对于已不能正常生产经营的企业，要及时取消其陈化粮购买资格。对于参与倒卖陈化粮或出租、出借陈化粮购买资格的企业，要立即取消其陈化粮购买资格。严禁无陈化粮购买资格的企业参与购买陈化粮。

三、进一步规范陈化粮购买程序

具有陈化粮购买资格的企业，在购买陈化粮前，需到当地省级工商行政管理部门备案，由省级工商行政管理部门会同粮食行政管理部门出具购买企业的生产经营、信誉状况和建议购买数量等意见函。组织陈化粮销售的省级粮食行政管理、工商行政管理部门和承担陈化粮销售的单位必须查验购买企业的该意见函，对于无该意见函的企业，不允许参与购买陈化粮。

对于小型酒精和饲料生产企业、近几年从未参与陈化粮购买的企业、粮食加工企业中有陈化粮购买资格的、酒类生产企业中有陈化粮购买资格的企业，在取消其陈化粮购买资格前也不得出具购买意见函。

四、严禁超量购买陈化粮

陈化粮购买企业每次购买陈化粮的数量不得超过半年的粮食消化量，全年购买的数量不得超过全年粮食消化量。购买企业所在地省级工商行政管理部门会同粮食行政管理部门在出具建议购买意见函中必须认真考察购买企业的生产状况，严格控制其购买数量。组织陈化粮销售的单位要在购粮企业资格认定书上注明企业每次实际购粮数量，并盖章确认，严禁企业超量购买。发现超量购买的，要追究组织陈化粮销售单位主要负责人的责任。

陈化粮购买企业依法购买的陈化粮，因不可抗力，无法履行合同或已经购买的陈化粮无法自行消化的，经省级工商行政管理、粮食行政管理部门批准后，可定向销售给具有陈化粮购买资格的酒精、饲料生产企业。工商行政管理、粮食行政管理部门按照各自职能，加强对销售、运输、加工和使用环节的监管。

五、严禁陈化粮异地加工

陈化粮异地加工是当前出现倒卖陈化粮行为的重要原因之一。为了防止倒卖陈化粮行为发生，购买企业必须将购买的陈化粮运回企业注册地加工，严禁异地加工。如果购买企业的生产加工车间与企业注册地不在同一行政辖区，属分支机构的，可以在该分支机构加工，但必须在参加竞价销售会前向购买地省级工商行政管理局提出备案申请，提供该分支机构营业执照，并在签订陈化粮销售合同时标明。

六、加强对陈化粮购买企业销售发票的监管

销售陈化粮的企业必须在销售发票上注明“陈化粮”字样，凡未注明“陈化粮”的，要追究陈化粮销售企业主要负责人的责任。

七、加强陈化粮销售合同监管

进一步细化陈化粮销售合同的内容，合同中必须标明陈化粮的品种、数量、库点、货位、仓号、垛号。

陈化粮购销双方必须在省级粮食行政管理、工商行政管理部门的监督下签订购销合同。粮食行政管理部门应将出库陈化粮情况提前三天书面告知当地工商行政管理部门。要进一步严格陈化粮出库、中转、发运等报告制度，有关粮食企业和购买陈化粮企业必须将相关情况及时书面向陈化粮卖方和买方所在地省级工商行政管理部门和粮食行政管理部门报告。对违反上述要求的企业和部门，要追究有关企业和部门负责人的责任。

八、要加强对陈化粮销售环节的监管

陈化粮销售企业不得以非陈化粮冒充陈化粮进行销售，骗取陈化粮价差亏损补贴；也不得以陈化粮冒充非陈化粮销售；更不得未经批准擅自销售处理陈化粮。粮食行政管理部门要加强陈化粮出库环节的监管，严格按照陈化粮销售合同中标明的内容出库，违反规定的，要追究陈化粮销售企业的主要负责人的责任。

九、加强对陈化粮中转、入库环节的监管

陈化粮购买企业所购陈化粮需要进行中转或在车站、码头暂存的，陈化粮购买企业必须在出库前三天同时报发货地和中转地的省级工商行政管理部门备案。发货地省级工商行政管理部门应及时书面通知中转地的省级工商行政管理部门。陈化粮自中转地启运后，陈化粮购买企业应立即向中转地的省级工商行政管理部门书面报告，中转地省级工商行政管理部门要及时书面通知陈化粮购买企业所在地的省级工商行政管理部门。出库地粮食行政管理、工商行政管理和销粮企业，对未在出库地省级工商行政管理部门办理中转备案，擅自改变运输路线和收货地的，不得办理出库手续。违反规定的，要追究主要负责人的责任。

陈化粮购买企业须在陈化粮入库前三天书面报告当地工商行政管理部门，工商行政管理部门会同粮食行政管理部门验收无误后，方可进行加工。工商行政管理、粮食行政管理部门共同出具企业购进陈化粮验收入库的证明，寄送给陈化粮销售处理的省级工商行政管理、粮食行政管理部门。

陈化粮运到销售合同标明的目的地后，购买企业不得以租用、借用国有粮食购销企业的仓储设施等名义将陈化粮在国有粮食购销企业仓储设施内存放。国有粮食购销企业不得将仓储设施出租、借用给陈化粮购买企业，违反规定的，要追究国有粮食购销企业主要负责人的责任。

十、加强陈化粮加工和用途的监管

陈化粮购买企业购买陈化粮后只能用作本企业生产酒精、饲料的原料，严禁转手倒卖，不得将陈化稻谷加工成大米直接作为饲料粮销售，违者视同倒卖陈化粮处理。

十一、进一步加大对倒卖陈化粮等违法行为的查处力度

各级工商行政管理、粮食行政管理部门要按照《粮食流通管理条例》的有关规定，严厉打击倒卖陈化粮等违法行为。对于倒卖陈化粮或者不按照规定使用陈化粮的企业，由工商行政管理部门没收非法倒卖的粮食，并处非法倒卖粮食价值20％以下的罚款。有陈化粮购买资格的，由省级粮食行政管理部门取消陈化粮购买资格；情节严重的，由工商行政管理部门并处非法倒卖粮食价值1倍以上5倍以下的罚款，并吊销企业营业执照；构成犯罪的，依法追究刑事责任。

工商行政管理、粮食行政管理、国有粮食购销企业的工作人员凡参与倒卖陈化粮的，以权谋私、徇私舞弊、玩忽职守、包庇放纵、失职渎职、监管不力、弄虚作假的，要追究有关责任人的责任。情节严重、触犯刑律的，移送司法机关处理。

工商行政管理部门要严肃依法查处下列陈化粮违法违规行为：一是直接倒卖陈化粮的行为；二是借用他人营业执照和陈化粮购买资格认定书购买陈化粮的行为；三是倒卖陈化粮合同的行为；四是未经批准，擅自改变陈化粮加工地、收货地、中转地、储存地的行为；五是将陈化粮加工后流向口粮市场，或者回流到国有粮食购销企业的行为；六是擅自将陈化粮出口的违法行为。

出租、出借陈化粮购买资格认定书、营业执照的，工商行政管理部门按照《中华人民共和国公司登记管理条例》、《城乡个体工商户管理暂行条例实施细则》、《中华人民共和国合伙企业登记管理办法》和《个人独资企业登记管理办法》的有关规定依法处理。借用他人陈化粮购买资格认定书、营业执照购买陈化粮的，属于无照经营行为，工商行政管理部门按照《无照经营查处取缔办法》的有关规定依法进行处理。各级工商行政管理部门查处倒卖陈化粮的案件，必须按程序及时上报国家工商行政管理总局市场规范管理司。

做好陈化粮销售处理和监管工作，严防陈化粮流入口粮市场，关系到人民群众的切身利益和粮食市场稳定。各地一定要加强领导，完善措施，强化责任，严厉查处陈化粮销售处理中的违法违规行为，坚决杜绝陈化粮流入口粮市场，切实维护好粮食流通市场秩序。

附件：

一、购买陈化粮意见函（略）

二、陈化粮验收入库证明（略）

国家工商行政管理总局

国家粮食局

二〇〇六年十一月十四日

092

关于认真做好陈化粮购买资格审核工作的紧急通知

工商市字〔2007〕69号

近来，个别地方工商行政管理机关未能认真履行职能，审核不细，把关不严，出现了为粮食加工企业、酒类生产企业违规出具《购买陈化粮意见函》的事件，严重违反了国家陈化粮销售处理的有关规定。加强陈化粮监管，确保广大人民群众口粮安全，维护粮食市场秩序是工商行政管理机关的重要职责。各级工商行政管理机关要严格履行职责，认真按照国家工商行政管理总局、国家粮食局联合印发的《关于进一步加强陈化粮监管工作的紧急通知》（工商市字〔2006〕215号，以下简称《215号通知》）的有关规定，认真做好陈化粮监管工作，切实维护人民群众粮食消费安全，维护和谐的市场秩序。现就有关事项紧急通知如下：

一、严格审定并认真清理陈化粮购买资格

严格审定陈化粮购买资格是切实防止倒卖陈化粮、将陈化粮加工成大米流入口粮市场的重要环节。各级工商行政管理机关要积极配合粮食行政管理部门对现有陈化粮购买企业的资格进行全面、认真清理，严格审定陈化粮购买资格。各地应结合2007年度企业年检，认真开展陈化粮购买资格清理工作，严格限定陈化粮购买企业为规模较大、生产经营正常、具备陈化粮的仓储和加工能力、信誉较好的酒精和饲料生产企业。粮食行政管理部门征求工商行政管理部门意见时，下列情况，工商行政管理部门不得出具取得陈化粮购买资格认定书的意见。

（1）不符合生产规模、不具备仓储设施的；

（2）取得陈化粮购买资格认定书，但近三年从未购买过陈化粮的；

（3）粮食加工企业取得陈化粮购买资格认定书的；

（4）酒类生产企业取得陈化粮购买资格认定书的；

（5）出租或出借陈化粮购买资格认定书的；

（6）有倒卖陈化粮行为的。

尚未开展资格清理工作的工商行政管理机关要严格按照《215号通知》的要求，认真开展此项工作。4月30日前，各省级工商行政管理局要将清理后的陈化粮购买企业名单报送国家工商总局市场规范管理司。此后，陈化粮购买企业有变化的，必须及时报送国家工商总局市场规范管理司。

二、进一步严格购买陈化粮程序

各级工商行政管理机关要切实履行职责，配合粮食行政管理部门实地考察，认真审核陈化粮购买企业的生产经营状况、信誉状况。省级工商行政管理局应在认真审核考察意见和陈化粮购买企业资格后，由市场处负责人审核，报分管局长同意后，加盖省级工商行政管理局公章。对于不符合生产规模和不具备仓储设施的、有陈化粮购买资格但近三年从未购买过陈化粮的、粮食加工企业取得陈化粮购买资格认定书的、酒类生产企业取得陈化粮购买资格认定书的、出租或出借陈化粮购买资格认定书的、有倒卖陈化粮行为的，一律不得出具《购买陈化粮意见函》。

严禁超量购买陈化粮。陈化粮购买企业每次购买陈化粮的数量不得超过半年的粮食使用量，全年购买的数量不得超过全年粮食使用量。对于 2006 年已经购买过陈化粮的企业，要会同粮食行政管理部门对其使用情况认真考察。出具建议购买数量时，必须认真考察其库存陈化粮的使用情况，对购买陈化粮后没有或仅少量加工的、库存陈化粮足够其半年使用量的企业，不得出具《购买陈化粮意见函》。对于尚有库存陈化粮但不够半年使用量的，在出具《购买陈化粮意见函》时，要相应地减少其购买数量。

在组织陈化粮竞价销售前，当地工商行政管理部门必须认真查验购买企业的《购买陈化粮意见函》，对于无《购买陈化粮意见函》、或发现有不应取得但取得《陈化粮购买意见函》的企业，一律不允许参加购买陈化粮。如有疑问，应及时向有关工商行政管理局核实，或向国家工商行政管理总局市场规范管理司反映。

三、进一步健全信息通报和报送机制

陈化粮购买、使用及中转地的工商行政管理机关应进一步健全完善信息通报机制。各地工商行政管理机关要进一步密切合作，及时通报相关信息，建立健全陈化粮监管信息通报机制和案件查办协作机制；陈化粮监管工作中遇到的问题要及时向国家工商行政管理总局反映，有关情况要及时报告。各级工商行政管理机关查处倒卖陈化粮的案件，必须按程序及时上报国家工商行政管理总局市场规范管理司。

四、认真落实陈化粮监管责任制和责任追究制，切实规范执法行为

在陈化粮监管工作中，各级工商行政管理机关必须本着依法行政，从严执纪的原则，严格落实责任制和责任追究制，坚决杜绝监管不到位、不作为甚至失职渎职的行为发生。凡是发现违规出具《陈化粮购买意见函》、对《陈化粮购买意见函》审核不严的，要予以通报批评；凡发现工商行政管理人员徇私舞弊、弄虚

作假、失职渎职、监管不力的，要追究有关责任人的责任。情节严重、触犯刑律的，要移送司法机关处理。

组织陈化粮竞价销售地的省级工商行政管理局应将本次所有参加购买陈化粮的企业资料登记造册。在每次竞价销售结束后 15 日内，要将竞价销售监管情况书面报送国家工商行政管理总局市场规范管理司。国家工商行政管理总局将派出工作组对陈化粮销售处理监管情况进行专项检查。

做好陈化粮销售处理和监管工作，严防陈化粮流入口粮市场，关系到人民群众的切身利益和粮食市场稳定。各地一定要高度重视，强化责任，完善措施，切实加强陈化粮监管工作，严肃查处陈化粮销售处理中的违法违规行为，严厉打击倒卖陈化粮、或将陈化粮加工成大米流入口粮市场的行为，坚决防止陈化粮流入口粮市场，确保广大人民群众身体健康和生命安全，切实维护粮食流通市场秩序。

联系电话：(010) 88650604、88650625
传　　真：(010) 68028456
电子邮箱：scs5604@163.com

国家工商行政管理总局

二〇〇七年三月二十七日

十四 粮食库存与出库管理

093

关于进一步加强粮食库存管理的若干意见

国粮检〔2010〕20 号

各省、自治区、直辖市及新疆生产建设兵团粮食局，中国储备粮管理总公司、中粮集团有限公司、中国华粮物流有限公司：

为认真贯彻落实国务院领导同志在全国粮食清仓查库工作总结电视电话会议上的讲话精神，进一步加强粮食库存管理，按照全国粮食局长会议作出的具体部署，提出以下实施意见：

一、认真学习贯彻国务院粮食清仓查库总结电视电话会议精神，切实提高对加强粮食库存管理重要性的认识

各级粮食行政管理部门和有关企业要认真学习和深刻领会李克强副总理在全国粮食清仓查库工作总结电视电话会议上的讲话精神，进一步提高对加强粮食库存管理重要性的认识，充分认识到粮食库存关系到粮食安全，关系到国家经济社会发展大局，关系到民心和社会稳定。要以对国家和人民高度负责的态度，增强全局观念和责任意识，认真总结全国粮食清仓查库取得的经验，积极推广好的粮食库存管理做法，全面做好粮食库存管理工作。

当前，全国国有粮食企业库存管理情况总体是好的，但也发现了一些不容忽视的问题。主要是，库存分布不够合理，部分政策性粮食质量较差，一些地方基层粮食企业收储功能弱化，少数企业粮食库存统计、会计处理不规范，仓储管理制度不落实，储备粮轮换管理不规范，甚至违规经营，政策执行和监督检查不够到位，体制机制也存在需要完善的地方。各级粮食行政管理部门要充分认识这些问题的危害性，深刻分析存在问题的原因，切实整改，加强企业内部管理，严肃外部监督，落实管理责任，强化监督检查措施，健全和完善规章制度，把新时期粮食库存管理提高到一个新的水平。

二、进一步健全粮食库存管理制度，夯实粮食库存管理基础工作

（一）加强粮食库存统计、会计和保管账管理，确保账账、账实相符。各地

要切实做好全社会粮食流通统计，进一步完善统计管理制度，优化统计组织体系，督促企业加强和改进粮食统计工作，不断提高统计数据的及时性、准确性、完整性和一致性。为支持地方政府切实落实粮食省长负责制，强化地方粮食市场调控能力，中储粮各分公司要将相关统计报表抄送省级粮食行政管理部门，其他中央直属企业也要按照属地原则向所在地粮食行政管理部门报送统计报表。要重点规范企业储备粮轮换、商品粮购销及国家临时存储粮购销、移库等重点业务的统计和会计处理，统一账务处理口径。对企业已销售出库的粮食要及时进行账务处理，核减库存统计账，未回笼的销售货款计入相应结算账户，不得以货款未回笼等理由出现任何形式的虚增库存。严禁通过虚购虚销方式掩盖亏库和套取费用补贴。要强化粮食库存保管账管理，账目格式和账务处理要符合《国家粮食局关于印发〈库存粮油货位卡〉等粮油仓储管理常用表格表样的通知》（国粮展〔2010〕11号）的规定，所有出入库的粮食均应及时、准确记载入账，并做到出入库业务日清月结，档案凭证齐全完整，损失损耗及时核销。为确保粮食库存数量真实，要建立购销双方统计账务处理核对制度，在企业内部要定期核对粮食库存实物保管账、统计账和会计账，分析存在差异的原因，力求做到账账相符、账实相符，确保账务处理能够真实反映粮食库存实际状况。

（二）完善制度，强化粮食库存质量管理。各级粮食行政管理部门要根据《中华人民共和国食品安全法》和《粮食流通管理条例》的有关规定，完善粮食质量管理的相关制度。认真落实粮食质量安全地方责任制，加强对辖区内粮食收购、储存、销售等环节的质量监督检查和原粮卫生监测。健全粮油质量安全检测体系，充实专业人员，增加仪器设备投入，提升检验能力。建立粮食质量安全信息报告和通报制度，健全粮食出入库检验制度和出证、索证制度，完善突发事件应急处理机制和责任追究制度。各地要采取交叉检查和分级抽查等多种方式，督促企业严格执行国家粮食质量管理政策和标准，认真搞好日常质量检测，规范使用储粮药剂，完善粮食质量档案，构建完善的粮食质量安全信用管理体系。

（三）加强粮食仓储管理，规范企业仓储行为。各地要认真贯彻新颁布的《粮食仓储管理办法》，抓紧制定辖区内粮油仓储单位备案办法。粮油仓储单位实行备案以后，要落实办法规定的分类储存、货位卡管理等制度。深入开展粮食仓储企业规范化管理活动，指导企业严格执行储粮技术规范，完善企业仓储管理制度，落实各项责任制，加强对企业的储粮安全和安全生产的监督、检查、指导和管理工作。有条件的企业要建立企业技术标准，逐步实现粮食仓储的全程规范化操作。加强对仓储设施的日常维护和管理，确保储粮设施设备配置齐全、功能完整、运行正常。强化对露天储粮的管理措施，强化安全储粮和安全生产的责任和管理措施，创造良好的储粮条件。采取推广典型经验、技术交流、企业与研究机构合作等多种方式，积极推动储粮新技术的推广应用，努力降低储粮成本，提高企业综合效益。

（四）进一步加强中央和地方储备粮承储资格管理。中央储备粮必须存储在国家有关部门明文上收的中央储备粮直属库的自有仓房或具有中央储备粮代储资格的仓房内，严禁无资格仓房和露天存储。各省（区、市）粮食局要加强对代储资格企业的管理。中国储备粮管理总公司要加强对承储中央储备粮资格企业的管理，确保资格企业符合规定条件。建立和完善中央储备粮承储库点备案和定点变更报告制度，规范承储库点调整的程序和手续。要进一步强化地方储备粮承储资格管理，参照中央储备粮代储资格的管理模式，建立健全地方储备粮承储资格认定制度，努力改善地方储备粮承储条件。

（五）加强最低收购价和国家临时收储粮收储资格审批和定点管理工作。中国储备粮管理总公司要严格按照政策规定，合理布设收储库点。所设库点的仓房条件必须符合《粮油储藏技术规范》要求、具有较高管理水平和良好信誉。具体库点由中储粮分公司提出，商省级粮食行政管理部门和农发行省级分行后，报国家有关部门和省级人民政府备案，并及时向社会公布，接受社会监督，一经确定不得擅自变更。

（六）加强中央储备粮轮换管理，严格规范企业轮换行为。中国储备粮管理总公司下达分批、分省、分品种轮换计划时，要严格按照《中央储备粮管理条例》、《中央储备粮油轮换管理办法（试行）》的有关规定，不得突破国家有关部门下达的计划。有关分公司要统筹兼顾粮食的质量、储存年限和分布情况，合理安排计划任务。下达到承储企业的轮换计划，要明确轮换粮食的数量、品种、仓号及轮换起止期限等具体要求，增强轮换操作的透明度和约束力。承储企业不得未轮报轮，或因市场变化等原因应轮不轮，导致出现粮食重度不宜存现象。进一步完善中央储备粮轮换机制，大力推动中央储备粮轮换通过批发市场公开操作。当年新粮上市之前，承储企业可以从批发市场采购上年收购的最低收购价和国家临时收储粮作为中央储备粮轮换粮源。新粮上市之后，禁止购买这些粮食作为中央储备粮轮换粮源，防止出现“转圈粮”。

（七）加强粮食补贴拨付的管理，确保企业安全保粮的基本投入。进一步规范中央事权政策性粮食费用补贴拨补管理，明确界定政策性粮食委托收购、委托储存、委托轮换及移库集并等具体业务中，委托方和受托方承担的权责义务，规范相关合同的范式和内容，统一对同一地区、同一品种、储存条件基本相同的承储企业的费用补贴标准。禁止以租仓等名义变相降低费用标准，确保费用补贴及时、足额拨付至承储企业，以保障企业储粮的基本投入。各地要合理确定地方储备粮保管和轮换费用补贴标准，足额拨付地方储备粮利息费用补贴。

（八）加强粮食收购资金使用管理，切实做到“库贷相符”。近年来，一些地方个别民营企业以和国有粮食企业联营为名，将国有粮食企业承贷的收购资金挪用于非粮产业，导致国有粮食企业库存出现虚数的现象，要引起各级粮食行政管理部门的高度重视。各地要严格按照“钱随粮走、库贷挂钩、购贷销还、专款专用、封闭运行”的原则，严格控制粮食收购贷款使用范围，防止出现以联营方式擅自转移贷款使用主体、变更贷款用途以及收购资金体外循环等方面的违规问题，要督促企业及时清理不合理往来账款，及时回笼粮食销售货款，切实做到“库贷相符”，库存真实。

（九）加强业务人员培训，提高粮食库存管理人员素质。各地粮食行政管理部门要采取切实措施，稳定和充实粮食库存管理专业人员队伍。通过在职培训、经验交流、技术练兵、比对考核等多种方式，加强新技术、新知识、新设备和粮食库存管理法规政策、标准规范的培训，全面提高管理人员的业务素质。对仓储、统计、财务、质检等关键岗位的专业人员，要实行持证上岗制度。

三、严格粮食库存检查行政执法，着力构建监督检查长效机制

（一）进一步加强粮食监督检查体系建设。各地要积极争取地方政府和有关部门支持，健全市、县两级粮食行政管理部门监督检查机构，落实编制、人员和经费，充实一线执法力量。要精心选拔熟悉政策、精通业务、经验丰富、作风正派的人员，充实监督检查队伍，通过完善管理制度，规范执法行为，努力建设管理有序、运转顺畅、行为规范的粮食库存监管工作体系。

（二）改进和完善粮食库存监督检查方式。认真总结清仓查库“在地检查”经验，积极探索政策性粮食库存“在地监管”模式，建立健全粮食库存管理制衡与约束机制。大力推进粮食库存监管信息系统建设，及时掌握企业粮食库存的动态变化情况，前移监督检查关口。严格依照国家有关法规政策的规定组织检查工作，规范监管程序。采取例行检查与专项检查、交叉互查、突击检查、暗访相结合的方式，对不同性质的企业和粮食库存实行分类监管，增强监管工作的时效性和针对性，切实做到各类检查工作事前有计划、事后有报告、查处有依据、整改见实效。积极尝试相关监管部门参加的联席会议制度，适时通报信息，共同研究解决问题，组织联合执法，形成监管合力。结合日常检查工作，向企业提供政策和业务指导，帮助管理人员查找漏洞、规范业务操作，建立问题防范机制，使监督检查真正成为推动企业改进管理的重要手段。

（三）强化粮食库存监管执法监督措施，严肃行政执法工作纪律。粮食监督检查要主动接受纪检监察部门和人大代表、政协委员监督，主动接受社会和新闻媒体监督，采取设置专门电话、信箱和及时接待群众来访等方式，认真做好案件举报和意见投诉受理工作。通过媒体适时向社会发布监管工作信息，加大粮食库存管理法规政策的宣传力度，增加粮食库存管理工作的透明度，为加强监管营造良好的社会氛围。

（四）严查涉粮案件。加强与纪检监察等有关部门的沟通与配合，严厉查处群众反映强烈、社会负面影响严重的案件，加大对违法违规行为的惩治力度，提高案件办理质量和行政执法工作的威慑力。对各类实名举报，要加强与举报人的沟通联系，采取妥善措施保护实名举报人。要进一步规范案件查办工作，完善受理登记、查办、督办、移交转办、结果通报、查办时限等方面的管理制度。

（五）建立健全粮食库存管理和监督检查责任制。认真贯彻粮食省长负责制要求，逐级签订粮食库存管理责任状，明确管理职责，细化考核要求。组织各类粮食库存检查和案件核查，要将检查责任落实到人，因故意或过失造成重大问题未及时发现、重大隐患未及时处理、检查结果与实际情况不符或监管工作不到位导致辖区内出现重大问题的，追究相关负责人责任。要建立企业内部管理岗位待遇与管理责任挂钩的机制，切实强化管理人员的责任意识。

国家粮食局

二〇一〇年二月十一日

094

关于印发《国家政策性粮食出库管理暂行办法》的通知

发改经贸〔2012〕1520号

各省、自治区、直辖市发展改革委、粮食局、物价局，中国储备粮管理总公司：

为加强国家政策性粮食出库管理，确保国家政策性粮食按质、按量、及时出库投放市场，充分发挥国家政策性粮食在国家宏观调控中的作用，特制定《国家政策性粮食出库管理暂行办法》，现予印发，请按照执行。

附件：《国家政策性粮食出库管理暂行办法》

国家发展和改革委员会

国家粮食局

二〇一二年五月二十八日

附件：

国家政策性粮食出库管理暂行办法

国家发展和改革委员会　国家粮食局

2012年5月28日

第一章　总　　则

第一条　为加强国家政策性粮食出库管理，确保按质、按量、及时出库投放市场，有效发挥国家政策性粮食在国家宏观调控中的作用，根据《粮食流通管理条例》、《中央储备粮管理条例》和国家有关政策规定，制定本办法。

第二条　通过受国家委托的粮食批发市场，以竞价形式销售的国家政策性粮食出库管理适用本办法。

第三条　本办法所称国家政策性粮食（含食用植物油，下同），包括实行最低收购价和国家临时收储政策收购的粮食、中央储备粮、国家临时储备和临时存储进口粮。

第四条　本办法所称国家政策性粮食承储库（以下简称承储库），包括中国储备粮管理总公司（以下简称中储粮总公司）直属企业（以下简称直属库）、受直属库委托承储国家政策性粮食的非直属企业（以下简称非直属库）。

非直属库按照隶属关系分为中央企业粮库、地方国有粮库和非国有粮库。

第二章 职责分工

第五条 国家粮食行政管理部门负责组织指导地方人民政府粮食行政管理部门对国家政策性粮食出库进行监督检查。

县级以上地方人民政府粮食行政管理部门负责对本地区国家政策性粮食出库进行监督检查，依法查处出库中的违法违规行为，督促承储库履行出库义务，并及时协调处理直属库移交的本地区非直属库出库纠纷。

第六条 国务院发展改革部门会同有关部门研究制定国家政策性粮食出库管理政策制度，并协调处理重大疑难问题。

第七条 中储粮总公司负责组织实施国家政策性粮食出库工作，及时处理中储粮总公司分支机构转来的直属库出库纠纷，确保国家政策性粮食按质、按量、及时出库。

中储粮总公司分支机构代表中储粮总公司具体组织所辖地区国家政策性粮食出库工作，及时处理粮食批发市场转来的本辖区直属库出库纠纷。

直属库具体承担出库工作，指导督促其委托的非直属库开展出库工作，及时处理粮食批发市场转来的其委托的非直属库出库纠纷。

中储粮总公司主要负责人与分支机构主要负责人、分支机构主要负责人与直属库主要负责人应当分别签订出库工作责任状，逐级落实出库责任。责任状具体内容由中储粮总公司统一规定。

第八条 直属库委托非直属库承担国家政策性粮食收储任务，应当与其签订《国家政策性粮食仓储合同》，明确出库义务和责任。《国家政策性粮食仓储合同》样本的具体内容由中储粮总公司统一规定，报国家粮食行政管理部门备案。

第九条 粮食批发市场按照国家有关规定向买方和承储库收取履约保证金，及时协调处理出库纠纷，并向省级粮食行政管理部门报告出库纠纷的处理结果。

第三章 出　　库

第十条 国家粮食行政管理部门安排国家政策性粮食销售分地区计划、中储粮总公司提报政策性粮食销售库点，应当符合推陈储新、合理均衡原则，避免出现国家政策性粮食存储时间过短、规定时间内应该出库粮食数量超过承储库实际出库能力等情况。

第十一条 粮食批发市场根据买方付款进度向买方出具《出库通知单》，并通知中储粮分支机构安排承储库发货。买方持《出库通知单》到承储库组织现场验收并监装。直属库按照《出库通知单》和买方与中储粮分支机构签订的购销合同约定，根据《关于执行粮油质量国家标准有关问题的规定》（国粮发〔2010〕

178号），对销售出库粮食进行水分、杂质等增扣量，并组织装车、检斤等出库工作。

第十二条　承储库应当履行以下出库义务：

（一）配合买方查验货物，买方自购销合同生效之日起，可到承储库挂拍仓房查验货物，承储库经与粮食批发市场核实购销合同后，应当予以配合。

（二）严格按照购销合同规定的品种、数量、质量、交货时间出库。除不可抗力原因并经粮食批发市场会同中储粮总公司分支机构核实外，不得以任何借口拖延、阻挠出库。

（三）公示并严格执行国家规定的出库费用标准，不得自立收费项目、自定收费标准，也不得向买方收取其他任何费用。

（四）接受粮食行政管理部门的监督检查，按要求报告出库进度及出库过程中的问题。

第十三条　建立国家政策性粮食出库监管员制度。非直属库由直属库指定出库监管员，直属库由中储粮总公司分支机构指定出库监管员。出库监管员为直属库或中储粮总公司分支机构正式员工，其姓名、电话等联系方式应当在购销合同上注明，并在有关粮食批发市场网站上公布。

出库监管员代表派出单位，对国家政策性粮食出库进行全程跟踪，负责统计进度、督促出库、协调处理纠纷等。

第四章　纠纷处理

第十四条　国家政策性粮食出库纠纷，由粮食批发市场根据交易细则自收到投诉之日起在10个工作日内先行协调处理。买方和承储库拒不执行交易细则，拒不按照国家规定进行增扣量，故意拖延导致出库纠纷的，由粮食批发市场扣除其履约保证金，暂停或取消其交易资格，并列入粮食批发市场诚信黑名单。

协调处理后仍难以出库的，粮食批发市场应当转交负责该库的出库监管员处理，并交付下列意见和检验结果等资料：

（一）会同中储粮总公司分支机构核实是否因不可抗力影响出库的书面意见。

（二）买方提出竞买粮食质量异议的，由有资质的第三方粮食质量检验机构在买卖双方同时在场的情况下，在承储库挂拍仓房内按规定抽取样品检验后作出的检验结果。

（三）对买卖双方责任的判定意见。

第十五条　出库监管员接到粮食批发市场转来的出库纠纷，应当于当日建立投诉档案，协调纠纷双方意见，并通知承储库企业集团总部（或主管部门）协助督促出库。

出库监管员接到未经粮食批发市场协调处理的出库纠纷投诉的，应当告知先由粮食批发市场协调处理。

第十六条 出库监管员协调、督促出库无效的，自建立投诉档案之日起3个工作日内采取以下措施，并将有关处理结果报告上级单位，同时抄送相关粮食批发市场：

（一）除存在不可抗力因素外，对拖延或阻挠出库、索取不合理费用等行为，根据《国家政策性粮食仓储合同》约定采取扣除保证金、取消委托等措施处理。

（二）因粮食质量低于购销合同约定标准导致出库纠纷的，买方愿意接收粮食的，由直属库先行支付质量差价；买方不愿意接收粮食的，终止合同执行，并由直属库先行支付违约金。先行支付的质量差价和违约金，由责任方承担。

采取前款措施后仍难以出库的，属于直属库的出库纠纷，报中储粮总公司处理；属于非直属库的出库纠纷，以书面形式报同级粮食行政管理部门处理，同时交付购销合同复印件、出库进度表、粮食批发市场的判定意见和派出单位处理意见等资料。

第十七条 中储粮总公司接到出库监管员派出单位转来的直属库出库纠纷后，应当在接到出库纠纷之日起5个工作日内处理完毕，并将处理结果报告国家粮食行政管理部门。

第十八条 地方人民政府粮食行政管理部门接到出库监管员派出单位转来的非直属库出库纠纷后，应当自接到出库纠纷之日起5个工作日内处理完毕，并将处理结果报告上级粮食行政管理部门。

地方人民政府粮食行政管理部门认为粮食批发市场或出库监管员派出单位不作为或处置不当的，应当首先履行查处违规案件、督促出库的职责，再依法追究相关单位和人员的责任。

第十九条 中储粮总公司分支机构、省级粮食行政管理部门应当对本辖区内出库纠纷定期清理、督办，并每月将有关案件处理情况分别向中储粮总公司和国家粮食行政管理部门报告。

第五章 罚 则

第二十条 承储库违反本办法第十二条规定的，由粮食行政管理部门责令改正，予以警告，可以处20万元以下的罚款；情节严重的，暂停或者取消粮食收购资格；其他法律法规另有规定的，从其规定。

因保管不善，导致粮食质量低于购销合同约定标准影响出库的，承储库应当承担经济损失。承储库是直属库的，由国家粮食行政管理部门责成中储粮总公司对其限期整改。承储库是非直属库的，由直属库根据《国家政策性粮食仓储合同》约定取消委托。中储粮总公司分支机构负责将上述非直属库剩余库存移库。承储库是具备中央储备粮代储资格非直属库的，由国家粮食行政管理部门取消其代储资格。

第二十一条　买方存在本办法第十四条第一款规定情形的，由粮食行政管理部门责令改正，予以警告，可以处 20 万元以下的罚款；情节严重的，由粮食行政管理部门暂停或者取消粮食收购资格。

第二十二条　直属库、中央企业粮库和地方国有粮库违反本办法第十二条规定的，按照人事管理权限，由企业集团总部（或主管部门）对其主要负责人、直接责任人给予降级、撤职、开除等处分，并进行通报。

第二十三条　出库监管员不履行职责、协调督促不力，或推诿、拖延处理出库纠纷案件的，由上级单位对派出单位主要负责人通报批评并责令改正；情节严重的，依法给予降级、撤职、开除等处分，并对出库监管员给予相应处分。

第二十四条　粮食批发市场违反本办法规定，未履行及时协调处理出库纠纷职责的，由省级粮食行政管理部门责令改正，并追究直接责任人和主要负责人责任；情节严重的，由国家粮食行政管理部门取消其组织国家政策性粮食竞价交易资格。

第二十五条　县级以上地方人民政府粮食行政管理部门未按《粮食流通管理条例》及本办法规定查处出库纠纷中违规行为的，由上一级主管部门责令改正；情节严重的，建议同级人民政府对其主要负责人给予降级、撤职、开除等处分。

第六章　附　则

第二十六条　定向销售或其他形式销售的国家政策性粮食出库管理，参照本办法有关规定执行。

第二十七条　本办法自发布之日起施行。其它有关竞价销售国家政策性粮食出库的规定、办法、交易规则等，与本办法不一致的，以本办法为准。

095

关于严肃纪律切实做好政策性粮食出库工作的通知

国粮电〔2010〕19号

中国储备粮管理总公司，各省、自治区、直辖市发展改革委、粮食局、财政厅(局)、物价局，农发行各省、自治区、直辖市分行：

近一段时间，有些地方和企业反映部分最低收购价和国家临时存储粮食承储企业在销售出库过程中存在一些问题，如设置障碍阻挠出库、超过规定标准乱收费以及粮食质量不符要求等，这对保证市场供应和价格基本稳定带来了不利影响。为切实做好政策性粮食销售出库工作，增强宏观调控效果和国家政策的权威性、严肃性，现就有关问题通知如下：

一、严格遵守政策性粮食销售出库的各项规定。中储粮总公司及其有关分公司要督促承储企业认真履行销售合同，严格按照合同规定的品种、数量、质量及时组织出库，除不可抗力原因并经有关部门确认外，不得以任何理由阻挠、拖延出库。政策性粮食承储企业要严格执行国家规定的出库费用标准，对出库粮食水分、杂质、不完善粒等高于或低于国家标准的，要严格按照原国家发展计划委员会、国家粮食局、国家质量监督检验检疫总局《关于执行粮油质量标准有关问题的规定》(国粮发〔2001〕146号）执行。除此之外，严禁以任何名目向买方额外收取或索要其他费用，变相抬高出库价格，增加买方负担。中储粮有关分公司和直属企业要及时跟踪掌握出库进展情况，按旬统计各承储企业实际出库数量，及时报送中储粮总公司，并分别抄送相关地方省级和市、县级粮食行政管理部门及农发行分支机构。中储粮分公司及其直属库对经采取有关措施仍不能按期出库的情况，要及时分别向当地省级和市、县级粮食行政管理部门、农发行分支机构反映，并报告中储粮总公司。中储粮总公司要按月将出库情况报告国家有关部门。

二、严格落实政策性粮食出库责任制。各有关部门和单位要建立严格的工作责任制，把有关责任落实到人，确保出库顺利。对出现违法、违规和违纪问题的，要实行严格的问责制。中储粮总公司作为粮食最低收购价政策和临时收储政策的执行责任主体，对政策性粮食的销售出库负总责；中储粮分公司对政策性粮食的销售出库负全责，实行分公司总经理负责制；直属库对政策性粮食的销售出库负直接责任，具体负责粮食出库、商务处理等工作；实际储存库点按照销售合同和交易细则的规定，具体承担出库工作并负相应责任。有关粮食批发市场按照政策性粮食交易细则的规定，承担政策性粮食进场资格审核、交易、结算、商务纠纷调解等责任。地方粮食行政管理部门和农发行分支机构按照在地原则，对政策性粮食的销售出库负监督检查责任，督促承储库及时出库，对违法违规行为依法依规严格行政处罚，积极支持和配合中储粮分公司和直属库做好出库有关工作。

中储粮分公司在竞拍前负责对拟拍粮食的库点进行严格把关，确保竞拍的粮食具备出库条件。中储粮直属库应派专人巡查督促粮食出库，协调解决粮食出库中出现的问题，对故意阻挠出库、索取不合理费用等行为，要采取相关措施及时制止。执行仍有困难的，书面报告中储粮分公司、省级和市、县级粮食行政管理部门及农发行分支机构及时查处。承储库点属于中储粮总公司以外其他中央企业的，还需上报其上级单位查处。责任各方都要切实负起责任，合力做好销售出库工作，对工作不力，出现问题的，要严肃追究责任。

三、严格执行政策性粮食出库质量标准。中储粮有关分公司在提交拍卖标的时，要提报标的粮食所在货位混合扦样等级和收购等级，以及水分、杂质、不完善粒等指标。如买方对出库粮食数量、质量有异议，按照政策性粮食交易细则的有关规定处理。对因数量、质量等与挂牌标的不符造成损失的，由承储企业承担经济损失（具体由负责监管的中储粮直属企业按照代保管合同的有关规定处理），并追究承担对政策性粮食数量、质量等进行审核验收的中储粮分公司（或直属库）和有关人员的责任。

对 2010 年收购入库的最低收购价小麦，中储粮总公司和有关分公司要按照预案规定抓紧审核验收，并建立质量档案，作为以后安排拍卖标的的质量依据。在拍卖时如发现粮食实际质量与标的质量严重不符的，要查明原因。属于审核验收环节的问题，要追究审核验收单位和个人的责任。对验收中发现小麦质量指标与收购码单等原始凭证标注的质量指标明显不符的，要全部退出政策性库存统计，扣回全部费用利息补贴，由承贷企业追回粮款归还农发行贷款；当地有关部门负责收回企业不当得利，并上交中央财政。中储粮有关分公司要严格组织验收，对政策性粮食库存验收结果负责，并将各承储库点质量验收结果于 2010 年 10 月底前汇总报中储粮总公司、有关省级粮食行政管理部门和农发行分行。中储粮总公司要及时将情况报告国家有关部门。

四、加大监管和处罚力度。中储粮总公司及其有关分公司和地方粮食行政管理部门、农发行分支机构要加强对政策性粮食竞价销售出库工作的监管和检查，加大处罚力度。各级价格主管部门要严肃查处压级压价、抬级抬价、超过规定标准乱收费，以及不按规定实行增扣量、增扣价等价格违法行为。承担交易组织任务的批发市场要切实负责对交易过程和合同履约情况的监督。对违法违规行为发现一起，查处一起，绝不姑息。对中储粮直属库等中央企业、地方国有粮食企业、民营企业干扰客户正常交易、设置出库障碍、向买方额外收取或索要费用，以及出库粮食质量与拍卖标的质量（货位混合扦样的等级、质量）严重不符等违法违规行为，一经查实，有关部门和单位根据各自职责，立即停止向其拨付费用利息补贴，取消其政策性粮食收储资格，三年内不得从事政策性粮食收购、储存等业务，限期收回政策性粮食贷款，并公开予以通报。对购买企业拒不执行质量增减价增减量政策规定（国粮发〔2001〕146号文件），提出超出交易细则的无理要求，按违约处理，由批发市场扣除其履约保证金，暂停其交易资格。对违法违规企业，粮食行政管理部门要依据《粮食流通管理条例》进行严厉处罚。情节严重的，按照人事管理权限，责成有关部门和单位对违法违规企业负责人和直接责任人员给予就地免职、撤职直至开除的行政处分，构成犯罪的依法追究刑事责任。对中储粮直属库以外其他承储企业出库中违法违规，承担直接监管责任的中储粮直属库监管不到位的，也要追究中储粮直属库和相关人员的责任。对违法违规事实清楚、拒不出库的承储企业，中储粮分公司要安排人员实施强制出库，发生费用从出库费用中列支。地方粮食、价格主管部门、农业发展银行和中储粮分公司要向社会公布举报电话，积极接受并认真对待有关举报、投诉，并根据举报线索深入跟踪检查，及时查处各类违法违规案件，做到举报、投诉查处有结果，件件有回音。国家有关部门和单位将定期进行会商，分析了解进展情况。

各地各有关部门和单位要按照本通知要求，加大工作力度，完善相关措施，始终保持高压态势，从根本上解决出库难问题，确保国家粮食购销政策和各项宏观调控措施的贯彻落实。重大问题要及时向国家有关部门报告。

国家发展和改革委员会
国家粮食局
财政部
中国农业发展银行
二〇一〇年九月三日

096

国家粮食储备局直属库管理办法（试行）

国粮储〔1996〕155号

第一章　总　　则

第一条　为加强对国家粮食储备局直属库的管理，制定本办法。

第二条　国家粮食储备局直属库是指由国家粮食储备局直接管理的粮油储备库（以下简称直属库）。

第三条　国家粮食储备局直接管理直属库的基本目的是为逐步建立精干、高效、债权统一的中央粮食调节管理系统和国家粮油垂直管理体制，保证国家储备粮油购得进、管得好、调得动、用得上，更顺畅有效地为实施国家宏观调控服务。

第四条　直属库是承担国家粮食储备任务的政策性业务单位，实行企业化管理。

第五条　直属库按照国家有关法规、政策和业务制度，对国家储备粮油进行购、销、调、存和推陈储新。在确保完成国家政策性任务的前提下，积极开展多种经营。

第六条　直属库要加强内部管理，建立健全各种规章制度，确保经营及各项工作顺利开展，不断提高经济效益。

第二章　管理体制

第七条　国家粮食储备局对直属库的管理实行人、财、物统一直接管理的体制。

第八条　直属库领导干部的任免，以及机构设置、人员编制、劳动工资计划等由国家粮食储备局按规定程序办理。

第九条　直属库国家储备粮油的收购、调入、调出、销售、储存、推陈储新实行计划单列管理。

第十条　国家粮食储备局对直属库的产权具有主体地位，并会同国家国有资产管理局对其国有资产保值增值实施监督管理。

第十一条　直属库执行国家统一的财会制度。年终按规定编报财会决算，由国家粮食储备局统一审核汇总后报财政部批复。直属库的国家专项储备粮油费用、利息补贴和基建贷款利息补贴由国家粮食储备局和财政部共同直拨给直属库。

第十二条 直属库在当地农业发展银行（或代理行）开立基本帐户。国家下达给直属库政策性的粮油收购、调拨和进出口业务核算等所需资金，由开户的农业发展银行直接发放、收回贷款。商业性经营业务所需的信贷资金向开户的中国农业银行等商业性银行申请解决。

第十三条 直属库仓库维修改造和基本建设项目等由国家粮食储备局下达。

第三章 储备粮油管理

第十四条 直属库要认真执行国家储备粮油管理的有关法规、制度，管好国家储备粮油，确保数量完整、真实，质量合格。

第十五条 直属库要认真执行《国家粮油仓库管理办法》和《粮油储藏技术规范（试行）》，对库存粮油按时检查，详实记录，随时掌握粮油安全情况，发现问题，及时处理，确保国家储备粮油的安全储藏。

第十六条 直属库要认真执行并及时完成国家粮食储备局下达的储备粮油购、销、调、存、推陈储新计划。

第十七条 直属库要按照统计工作的有关规定及时、真实、准确地向国家粮食储备局报送国家储备粮油与商品粮油业务报表和实物台帐。国家储备粮油报表要专门填报，不得与商品粮油及其它性质的粮油混统混报。

第十八条 直属库要配备专职的统计人员。统计人员及库主管领导要对业务报表数据及有关的上报材料负责。

第四章 多种经营管理

第十九条 直属库要在认真完成政策性业务的前提下，积极开展商业性经营业务，实行财务分帐，分别核算。

第二十条 直属库要严格执行国家的粮油价格政策，积极为稳定粮油市场服务。

第二十一条 直属库要首先完成国家储备粮油任务，在确保安全储粮的前提下，可根据自身的特点和优势，努力提高储运设施的利用率，积极开展代储、代运或委托加工等业务。还可根据市场需要，拓宽经营范围，积极开展多种经营，不断提高经济效益和社会效益，增强竞争和自我发展的能力。

第二十二条 直属库要加强对从事多种经营的下属单位及人员的管理，堵塞漏洞，降低经营成本。各经营单位的业务结算，必须通过直属库进行。

第五章　劳动人事管理

第二十三条　直属库人员编制数，在国家编制部门或主管部门首次审批后，通过劳动工资计划进行管理；直属库内设机构本着精简、效能的原则设置。

第二十四条　直属库的库级领导职数根据工作需要确定。

第二十五条　直属库的库级领导班子成员由国家粮食储备局直接管理。凡涉及库级领导班子成员的各项人事管理，均要报储备局审批。如调整工资、调动、考核、奖惩、评聘专业技术职务、退休等。储备局对直属库的行政领导实行委任制或聘任制。

第二十六条　直属库的中层干部由库按照任用干部的标准和规定的任免程序自行办理，报国家粮食储备局备案；其他人员由库自行管理。

第二十七条　直属库年度增人必须在当年增人计划指标以内。包括调进、招聘、招临时工、接收转业退伍军人及应届大中专毕业生等。不得超计划配置人员。

第二十八条　直属库工资、保险、福利的日常管理，委托所在省、市、自治区或地区管理、执行地方依国家劳动人事政策制定的各项有关政策规定。

直属库暂保持现行的工资制度不变，如要改变，须报国家粮食储备局审批。

第二十九条　国家粮食储备局下达给直属库的工资总额计划在执行中不得突破。若地方出台符合国家政策的津贴补贴办法，直属库需套用时，必须向国家粮食储备局提出申请，按程序经批准方可执行。

第三十条　根据工资管理体制，直属库的工资基金使用计划，按有关规定，委托所在省、自治区、直辖市或地区人事部门负责审批。

第三十一条　直属库专业技术职务原则上由库按照岗位设置方案自行管理；直属库要规范专业技术职务管理，搞好岗位设置，并报国家粮食储备局备案。按照岗位设置方案，在劳动工资计划以内，由库在具有专业技术职务任职资格的人员中自行聘任。库班子成员专业技术职务聘任报国家粮食储备局审批。

第三十二条　直属库要加强人员培训，提高职工队伍素质，实现储备粮油经营管理专业化。

第三十三条　直属库要引入激励机制，建立奖惩制度。对工作表现出色，有突出贡献，创造明显经济效益的人员给予奖励，对违法违纪，造成重大经济损失或玩忽职守造成重大责任事故的人员给予惩罚。

第三十四条　直属库年度人事统计报表，年度劳动工资计划报表和工资季度、年度统计报表等由库编制，报国家粮食储备局。

第六章　内部管理

第三十五条　直属库要加强企业管理，科学合理地调整企业组织结构和经营结构，深化劳动、人事、用工和分配制度等方面的改革，提高经营管理水平。

第三十六条　直属库实行库主任负责制。建立健全以岗位责任制为中心的各项经济责任制和各项规章制度，使管理工作标准化、制度化，做到有章可循，照章办事；充分调动职工的劳动积极性，出色完成上级交给的各项任务。

第三十七条　直属库要完善职工代表大会制度，加强民主管理。

第三十八条　直属库要不断提高自身素质，逐步建立计算机管理系统，努力提高现代化管理水平。

第三十九条　直属库要接受审计部门和上级主管单位的审计，库主任在离任前，必须按程序进行审计；直属库要建立内部审计制度，完善监督机制。

第四十条　直属库要重视保密工作，坚决执行《中华人民共和国保密法》和国家粮食储备局、国家保密局联合下发的《粮食工作中国家秘密及其密级具体范围的规定》。

第四十一条　直属库要建立安全生产责任制，防止人员伤亡、设施毁坏、物资被盗，粮油、现金、票证丢失和火灾等事件的发生。建立严格的门卫执勤制度，谢绝非工作或业务需要的参观。

对发生的重大事故，要及时报告。

第四十二条　直属库要加强档案管理工作，对重要文件、契据、图表等的归档，要按照档案法的规定做好保存。

第七章　廉政建设

第四十三条　直属库要加强廉政建设，库领导班子要带头廉洁自律，自觉执行中央和地方在加强党风廉政建设方面作出的各项规定，同腐败现象作斗争。

第四十四条　直属库领导干部不准个人私自经商办企业；不准从事有偿的中介活动；不准利用职权为配偶、子女和其他亲友经商、办企业提供优惠条件。

第四十五条　直属库领导干部不准违反规定多占住房；不准用公款购买、建造超标准住宅。

第四十六条　直属库不准在政策性亏损、拖欠职工工资期间购买小汽车；不准购买进口豪华小汽车。

第四十七条　直属库领导干部不准在公务活动中接受礼金和各种有价证券；不准用公款参与高消费的娱乐活动。

第八章　附　　则

第四十八条　本办法由国家粮食储备局制订并负责解释，未尽事宜结合实施过程中的情况，逐步修改、补充、完善。

第四十九条　直属库财务管理、流动资金管理、固定资产管理办法另行制定。

第五十条　本办法自颁布之日起试行。

国家粮食储备局

一九九六年七月十二日

十五 清仓查库

097

国务院办公厅关于开展全国粮食清仓查库工作的通知

国办发〔2008〕118号

各省、自治区、直辖市人民政府，国务院各部委、各直属机构：

粮食是关系国计民生的重要商品，准确掌握粮食库存是国家实行宏观调控的重要依据，确保粮食库存账实相符和真实可靠，对稳定粮食市场，保障粮食安全，保持社会稳定具有重要意义。为了全面准确地掌握粮食库存的真实情况，更好地落实宏观调控任务，国务院决定在全国开展粮食清仓查库工作。经国务院同意，现将有关事项通知如下：

一、清查范围和内容

重点检查所有中央储备粮、国家临时存储粮（含最低收购价粮、中央临时储备和临时储存进口粮以及国家临时储存粮，下同）、地方储备粮的数量、品种和质量情况，国有及国有控股（以下简称国有）粮食企业储存商品粮的数量、品种、质量和粮权归属情况。其中，对库存粮食质量，重点检查中央储备粮、国家临时存储粮和地方储备粮的质量合格率与品质宜存率。严格核查国有企业粮食库存账实相符、账账相符的情况，重点核查农业发展银行粮食贷款与粮食库存的对应情况、企业会计账和统计账的相符情况。严格检查政策性粮食存储企业的补贴资金下拨和使用情况。全面核查纳入粮食流通统计范围的重点非国有粮食经营企业及转化用粮企业执行统计制度的情况，并选择部分在当地市场具有一定代表性的企业，进行粮食库存情况的典型调查。

二、清查时点、方式和人员

（一）清查时点。以2009年3月末粮食库存统计结报日为检查时点。

（二）清查方式。清查分为企业自查、市（地）级人民政府全面普查、省级人民政府重点复查和国务院有关部门随机抽查四个阶段。企业自查是整个清查工作的基础环节，县级人民政府要精心组织部署，督促本行政区域内纳入检查范围的所有企业按照全国粮食库存清查的统一要求，切实做好自查工作。市（地）级人民政府要按照“有仓必到、有粮必查、有账必核、查必彻底”的原则，对本行政区域粮食库存情况进行全面普查。省级人民政府要采取随机抽样、突击检查和暗查等多种方式对重点地区、重点企业和重点环节进行严格复查。国务院有关部门要在省级复查的基础上，采取随机选点的方式进行抽查。

（三）检查人员。普查、复查要采取综合交叉的检查方式，按照“统一抽调、混合编组、集中培训、综合交叉、本地回避”的原则择优选调和安排检查人员。参加普查的人员不得参与对本县（市、区）的普查工作，参加复查的人员不得参与对本市（地）的复查工作。

三、进度安排

（一）准备阶段。2009 年 3 月底前，国务院有关部门及县级以上地方各级人民政府按照职责分工，细化并下发粮食库存清查实施方案，并完成清查动员、人员培训和相关资料、查库器具准备等工作。

（二）自查阶段。2009 年 4 月 5 日前，县级人民政府要督促和指导本行政区域内纳入清查范围的企业完成自查工作。

（三）普查阶段。2009 年 4 月 20 日前，市（地）级人民政府组织对本行政区域内粮食库存情况进行全面普查，确保不留死角。

（四）复查阶段。2009 年 4 月底前，由省级人民政府进行重点复查，复查比例为本行政区域内纳入检查范围粮食库存总量的 20%～30%。质量复查的抽样代表数量为被复查企业所储中央储备粮、国家临时存储粮和地方储备粮库存量的 25%左右。复查样品实行跨省（区、市）交叉检验。

（五）抽查阶段。2009 年 5 月上中旬，国务院有关部门对重点省（区、市）粮食库存情况进行随机抽查，抽查企业个数每省（区、市）不少于 10 个。质量抽查的抽样代表数量为被抽查企业所储中央储备粮、国家临时存储粮和地方储备粮库存量的 25%左右。抽查样品实行集中统一检验。

（六）汇总整改阶段。2009 年 5 月下旬，省级人民政府向发展改革委提交本地区粮食清仓查库工作报告和结果汇总报表，并对清查发现的问题进行整改。2009 年 6 月底前，国务院有关部门向国务院报送全国粮食清仓查库工作总结报告。

四、工作要求

（一）加强领导。为加强对全国粮食清仓查库工作的领导，成立由发展改革委牵头，监察部、财政部、农业部、审计署、质检总局、统计局、粮食局、农业发展银行、中储粮总公司参加的全国粮食清仓查库工作部际联席会议，负责制订全国粮食清仓查库工作实施方案并组织实施，协调解决有关问题，重大情况及时报告国务院。部际联席会议有关具体工作由粮食局承担。县级以上地方各级人民政府要成立由政府分管领导同志牵头的粮食清仓查库工作机构，结合本地实际，制订具体实施方案，并加强组织协调和监督检查，确保清查工作的进度和质量。中储粮总公司各分支机构参加省级粮食清仓查库工作机构。

（二）明确责任。县级以上地方各级人民政府要对本地区粮食库存清查结果的真实性、准确性负全责。要建立和完善明确的工作责任制和责任追究制，企业法人代表、地方有关部门主要负责人和县级以上地方各级人民政府主要负责人都要逐级在清仓查库工作报告及相关报表上签字。各环节检查的原始记录必须保证完整、准确、真实，并妥善保存、留底备查，不得擅自篡改、损毁。对故意掩盖真实情况、弄虚作假、妨碍清仓查库工作的，要追究当事人和有关领导的责任。

（三）严明纪律。各地区、各有关部门要选派政治素质高、业务能力强的人员参加检查工作，加强业务培训和廉洁自律教育，严明纪律，严格要求。参加检查的人员要坚持原则，不得参加可能影响清仓查库工作的活动，不得吃请、受礼，对违反廉政工作纪律的要严肃查处。

（四）公开透明。要增强粮食库存清查工作的透明度。各地区可邀请人大代表、政协委员对清查工作的全过程进行监督。要加强宣传报道，向社会公布粮食库存检查的政策、内容、程序、方法和工作要求。各级监察、审计部门要设立举报电话，接受群众监督，及时查处各类违规违法行为并选择典型案件公开曝光。

（五）落实经费。各地区要本着勤俭节约、提高效率的原则，安排落实粮食库存清查工作经费。此次清仓查库工作新发生的必要开支，由省级财政核实后专项列支，中央财政给予适当补助。任何地方和部门不得将清查费用转嫁给被查企业和单位。

各地区、各有关部门要从促进经济社会又好又快发展和维护社会和谐稳定的大局出发，充分认识做好全国粮食清仓查库工作的重要意义，本着对国家和人民群众高度负责的态度，精心组织，稳妥实施，确保粮食清仓查库工作不走过场、清查结果真实可靠。

国务院办公厅
二〇〇八年十月二十四日

098

国务院办公厅关于开展全国粮食清仓查库工作的通知

国办发〔2001〕7号

各省、自治区、直辖市人民政府，国务院各部委、各直属机构：

粮食是关系国计民生的重要商品。为了真正摸清全国粮食库存情况，为国家调控粮食提供准确、可靠的依据，保证国家库存粮食在需要时调得动、用得上，确保国家粮食安全，党中央、国务院决定在全国开展粮食清仓查库工作。为此，国务院成立了全国粮食清仓查库工作领导小组，领导并组织实施全国粮食清仓查库工作，协调解决全国粮食清仓查库中的重大事项和问题。根据全国粮食清仓查库工作领导小组的部署，领导小组办公室最近在吉林省公主岭市、河北省新乐市和湖南省长沙县组织了清仓查库试点，取得了一定经验，为全面开展这项工作进行了必要准备。经国务院同意，现将有关事项通知如下：

一、清仓查库的主要任务和要求

这次全国粮食清仓查库工作的主要任务是，查清国有粮食部门所有粮库、粮管所（站）、转运站、外租仓现存粮食（包括中央储备粮、地方储备粮和商品周转粮等）的入库时间、数量、品种、质量情况，核清陈化粮、超期储存粮的数量，以及中央储备粮承储库点分布情况、粮食购销企业的人员状况。

做好全国粮食清仓查库工作，要坚持自上而下、上下结合、交叉互查、重点复查、明确责任的原则，先试点后铺开，分阶段实施，关键是确保不走过场。各地区、各有关部门一定要统一认识、认真负责、精心组织、扎实工作，做到有仓必到，有粮必查，查必彻底。对粮食库存较大的省区，由全国粮食清仓查库工作领导小组派员指导。

二、提高认识，切实加强清仓查库的组织领导

各地区、各有关部门要认真学习、深刻领会江泽民同志关于确保国家粮食安全的重要指示精神，提高对这次全国粮食清仓查库工作重要性的认识。按照党的十五届五中全会、中央经济工作会议精神和《中共中央、国务院关于转发〈国家发展计划委员会关于当前农村经济发展中的几个主要问题和对策措施的意见〉的通知》（中发〔2000〕15号）的要求，本着对党、对国家、对人民高度负责的态

度，精心组织、一丝不苟，扎扎实实做好粮食清仓查库的各项工作。各地粮食清仓查库工作要坚持省长负责制和各级行政领导层层负责的责任制。各省（自治区、直辖市）、市（地）、县（市）政府要尽快成立粮食清仓查库工作领导小组及其办事机构，把粮食清仓查库工作作为一件大事来抓，高度重视，加强领导，落实责任。各地区要根据全国粮食清仓查库工作领导小组的统一部署，结合当地实际情况，抓紧制定切实可行的具体清仓查库方案，保证质量，保证进度。

搞好这次清仓查库的关键是确保不走过场。清查的各项工作都要围绕查清粮食的数量和质量这个主要目标进行。要坚持实事求是，鼓励各地、各储粮单位反映真实情况。要明确规定清查人和主管领导的责任，从基层保管员、企业法人到各级部门主要负责人，从县（市）长到省级政府主要领导同志，都要逐级在清仓查库报告及报表上审核签字，今后发现问题的要追究责任。国家计委、财政部、粮食局、农业发展银行要进一步完善库贷挂钩和超储补贴等相关政策，粮食销售出库后必须及时进行帐务处理，核减当月统计帐。未回笼的销售结算应收款记入相应往来帐户，严禁在库存统计上出现虚帐。各地对清仓查库工作中发现的问题要如实反映，在清查工作结束后要本着实事求是的原则妥善处理。对故意掩盖真实情况、弄虚作假、妨碍清查工作的，要追究当事人和有关领导的责任。对各地区、各部门参加这次清仓查库的工作人员要严格要求，明确纪律，加强业务培训和廉洁自律教育。参加清仓查库的人员要坚持原则，不准参加可能影响正常清仓查库工作的活动，不得吃请、受礼，对违反纪律的要严肃查处。

这次清仓查库工作任务重，涉及部门多，各地区、各有关部门必须密切配合，协同工作。要充分发挥财政、统计、审计、监察、物价、质量技术监督、粮食、农业发展银行等部门的直属专门队伍的作用，密切配合，协同行动，共同完成清查任务。

三、扎扎实实，落实清仓查库的工作安排

（一）动员培训和试点阶段。

在清仓查库工作全面启动前，由全国粮食清仓查库工作领导小组办公室统一对各省级清仓查库工作领导小组办公室人员进行动员和培训。培训的主要内容是库存统计帐核查方法、库存实物清查方法及填表方法等。各省级政府负责对下逐级动员培训和各项清查准备工作。

2001 年 2 月，国有粮食企业储粮在 500 万吨以上的省（自治区），要各选一个县（市）先行清查试点。清查试点工作由全国清仓查库工作领导小组办公室组织，省政府负责具体安排。

（二）清仓查库全面实施阶段。

2001 年 4 月 1 日至 5 月初，全国统一开展粮食清仓查库，统计时点为 2001

年3月31日24时。第一步，由省级清仓查库工作领导小组组织开展市（地）之间交叉清查，按照通知要求对全部库存粮食逐仓、逐货位进行实物清查，并与统计帐核对。实物的清查以测量计算方法为主，测量计算与过秤检斤相结合，既要做到准确，又要提高效率。测量、检斤用计量器具应提前经过质量技术监督部门的检定，以确保准确性。第二步，在交叉清查的基础上，由省级清仓查库工作领导小组组织联合清查工作组，按随机抽样的原则进行复查，复查比例为粮食库点的2%～3%左右。各级领导小组办公室要直接组织人员，针对重点地区、重点库、重点环节进行抽查或复查。届时，全国粮食清仓查库工作领导小组办公室将组织重点抽查。

在实物清查的同时，要对粮食陈化情况进行鉴定。为保证鉴定结果的真实性，由国家质量技术监督局安排跨省抽样鉴定，并加强监督管理。

中国储备粮管理总公司的直属库、中谷粮油集团所属粮库库存粮食的清仓查库工作，由所在地省级清仓查库工作领导小组负责组织清查。中国储备粮管理总公司各分公司要在所在地省级清仓查库工作领导小组的统一领导下，与有关部门共同做好中央储备粮（含原甲字、“506”粮）的清仓查库工作。

（三）汇总上报阶段。

2001年5月中旬，各省级政府在全面清查粮食库存情况的基础上，认真审核编制清查汇总报表，对清仓查库工作进行详细总结。各省（自治区、直辖市）粮食清仓查库工作领导小组于2001年5月底以前（东北地区6月10日前），向全国粮食清仓查库工作领导小组办公室提交清查工作总结报告，并分别附本地区清查汇总报表和中国储备粮管理总公司、中谷粮油集团在当地粮库的清查汇总报表。2001年6月中下旬全国粮食清仓查库工作领导小组办公室完成全国清查汇总报表和清查工作总结报告，6月底前向领导小组汇报。

各地区、各有关部门要针对清仓查库中发现的问题，认真研究整改措施，进一步完善粮库的各项规章制度，加强统计、会计和库存管理。要改进统计手段，逐步建立国有粮库的计算机联网，重点做好国家粮食储备库的联网工作。

国务院办公厅

二〇〇一年一月二十六日

附件：

全国粮食清仓查库工作领导小组组成人员

组　长：温家宝　国务院副总理

副组长：王春正　国家计委副主任

成　员：马　凯　国务院副秘书长

万宝瑞　农业部副部长
楼继伟　财政部副部长
陈昌智　监察部副部长
刘鹤章　审计署副审计长
朱之鑫　国家统计局局长
李传卿　国家质量技术监督局局长
聂振邦　国家粮食局局长
何林祥　中国农业发展银行行长
高铁生　中国储备粮管理总公司总经理

领导小组的日常工作由办公室负责。办公室主任由王春正兼任，副主任由朱之鑫、聂振邦、朱志刚（财政部副部长）、范小建（农业部副部长）担任。

099

关于印发2009年全国粮食清仓查库工作实施方案的通知

发改经贸〔2008〕3676号

各省、自治区、直辖市人民政府：

为贯彻落实《国务院办公厅关于开展全国粮食清仓查库工作的通知》（国办发〔2008〕118号）精神，做好2009年全国粮食清仓查库工作，特制定《2009年全国粮食清仓查库工作实施方案》，经全国粮食清仓查库工作部际联席会议审议通过，现印发给你们，请按照执行。

附件：2009年全国粮食清仓查库工作实施方案

国家发展和改革委员会　监察部　财政部　农业部
审计署　质检总局　国家统计局　国家粮食局
农业发展银行　中储粮总公司
二〇〇八年十二月三十一日

附件：

2009年全国粮食清仓查库工作实施方案

国家发展和改革委员会　监察部　财政部　农业部　审计署　质检总局
国家统计局　国家粮食局　农业发展银行　中储粮总公司
2008年12月31日

根据《国务院办公厅关于开展全国粮食清仓查库工作的通知》（国办发〔2008〕118号）精神，为了全面查清国家库存粮食的数量和质量，准确掌握粮食库存的真实情况，确保国家粮食安全，按照全国粮食清仓查库部际联席会议研究确定的原则，提出2009年全国粮食清仓查库工作实施方案如下：

一、清仓查库的范围和内容

本次清仓查库的范围包括所有中央储备粮、国家临时存储粮（含最低收购价粮、临时储存进口粮以及国家临时储存粮，下同）、地方储备粮，国有及国有控股（以下简称“国有”）粮食企业储存的商品粮。以上所称粮食包括大豆，不含食用植物油。具体内容如下：

（一）库存粮食数量检查

重点查清中央储备粮、国家临时存储粮、地方储备粮和国有粮食企业（包括中储粮总公司、中粮集团有限公司、中国华粮物流集团公司等中央直属企业）储存商品粮的数量、品种情况。对国有粮食企业代收、代储的商品粮，要查清粮权归属情况。

（二）库存粮食账务检查

重点检查粮食库存实物与保管账、统计账、会计账、银行资金账的账实相符、账账相符情况，账务处理的合规情况，以及不同性质和品种的粮食按规定进行分账管理、分仓储存情况。对利用农发行粮食收购资金贷款收购的粮食，要重点检查粮食库存与贷款是否对应，资金占用是否合理。

（三）库存粮食质量检查

重点检查中央储备粮、国家临时存储粮和地方储备粮的质量合格率和品质宜存率。其中，地方储备成品粮只检查质量合格率。

（四）中央和地方储备粮轮换管理情况检查

重点检查 2008 年度中央储备粮和地方储备粮轮换计划执行情况，包括轮换计划下达是否规范，轮换的品种、数量、时间与计划是否一致，轮入粮食的生产年限和质量是否符合政策规定，是否存在擅自串换品种、变更轮换库点和数量以及未轮报轮、转圈轮换、超轮空期轮换等问题。

（五）成品粮库存情况检查

重点检查地方储备成品粮的数量和质量情况。

（六）政策性粮食财政补贴资金拨补情况检查

重点检查 2007 年和 2008 年中央储备粮和地方储备粮保管费和轮换费是否及时足额拨补到代储企业，最低收购价粮食收购和保管费用是否及时足额拨补到委托收购库点。

（七）重点非国有粮食经营及转化用粮企业执行统计制度情况检查

重点检查纳入粮食流通统计范围的重点非国有粮食经营企业和转化用粮企业执行统计制度情况。每个市（地）选择 3～5 家在当地市场具有一定代表性的企业，进行粮食库存情况的典型调查。

二、清仓查库的组织领导

（一）全国清仓查库的组织领导

为加强对全国粮食清仓查库工作的组织领导，成立由国家发展改革委牵头，监察部、财政部、农业部、审计署、国家质检总局、国家统计局、国家粮食局、中国农业发展银行、中储粮总公司参加的全国粮食清仓查库部际联席会议（以下简称“部际联席会议”），负责制定全国粮食清仓查库工作实施方案并组织实施，协调解决有关问题，重大事项向国务院报告。部际联席会议在国家粮食局设立办公室，负责组织落实清仓查库的各项具体工作。办公室下设综合协调组、技术专家组、案件核查组、新闻宣传组、工作保障组等专项工作组。

部际联席会议的主要任务：一是统一部署并组织实施全国粮食清仓查库工作。二是制定全国粮食清仓查库工作实施方案并指导各地政府组织实施。三是协调解决清仓查库中的重大事项和问题。四是组织各地师资和抽查人员业务培训。五是组织国务院部门联合抽查工作组（以下简称“国务院抽查工作组”）对重点省份粮食库存及检查工作情况进行抽查。六是汇总全国粮食清仓查库结果，向国务院报送全国粮食清仓查库工作报告。七是受理举报，核查重大案件。

（二）各地清仓查库的组织领导

各省（区、市）人民政府要按照国办发〔2008〕118号文件和本实施方案的要求，负责组织对本辖区内所有纳入检查范围的粮食库存进行检查，新疆生产建设兵团所属企业粮食库存的检查由新疆维吾尔自治区人民政府统一组织。县级以上地方人民政府都要成立由政府分管领导担任组长，同级发展改革、监察、财政、农业、审计、质检、统计、粮食、农发行等部门和单位为成员的粮食清仓查库工作领导小组及其办事机构。各部门和单位要科学组织协调，落实职责分工，细化工作要求，加强监督检查，确保清仓查库工作的质量和进度。中储粮分支机构参加省级粮食清仓查库工作领导小组，积极配合做好粮食清仓查库工作。

省级粮食清仓查库工作领导小组（以下简称“省级领导小组”）的主要任务：一是按照国务院的统一部署，组织领导本辖区清仓查库工作，协调解决重大事项和问题。二是根据本实施方案的要求，结合实际制定本辖区清仓查库具体方案并组织实施。三是组织本辖区参加企业自查、市（地）级普查及省级复查的工作人员进行清仓查库业务培训。四是派出复查工作组，对重点地区、重点企业的粮食库存及清仓查库工作开展情况进行复查。五是协助国务院抽查工作组开展粮食库存抽查。六是向部际联席会议办公室报送清仓查库工作情况和结果。七是汇集本辖区至具体承储库点的2009年3月末粮食库存统计报表，按市、县行政区域分解并下达到市（地）。八是受理、核查举报，并配合国务院抽查工作组对重大案件进行核查。九是协助其他省做好异地储粮检查工作。

市（地）级粮食清仓查库工作领导小组（以下简称“市级领导小组”）的主要任务：一是按照国务院和省级人民政府的统一部署，组织领导本地区清仓查库工作。二是制定本地区粮食库存普查工作方案，并组织实施。三是将本地区具体承储库点的2009年3月末粮食库存统计报表下达到县。四是汇总本地区的粮食库存普查结果，并向省级领导小组办公室提交报告。五是协助国务院和省级工作组开展复查、抽查工作。六是受理、核查举报，并配合国务院和省级工作组对重大案件的核查。

县级粮食清仓查库工作领导小组（以下简称“县级领导小组”）的主要任务：一是按照省（区、市）、市（地）人民政府的统一部署，组织领导本辖区清仓查库工作。二是组织和督导辖区内纳入清仓查库范围的全部企业开展粮食库存自查。三是审核、汇总企业自查结果，向市级领导小组办公室提交工作报告。四是协助各级工作组开展粮食库存普查、复查、抽查和案件核查等工作。

（三）直属企业清仓查库的组织

按照在地原则，由地方各级清仓查库领导小组统一组织对辖区内中央和地方直属企业不同性质粮食库存进行检查。从中央企业直属库抽调的人员，不得参与对本库及其所监管粮食的检查；从省直和市直企业抽调的人员，不得参与对本企业及其所监管粮食的检查。

（四）清仓查库信息资料的整合

中储粮分支机构负责向省级领导小组办公室提供辖区内2009年3月末分市、县，分实际承储库点的中央储备粮、国家临时存储粮和直属企业库存商品粮统计报表，各类政策性粮食管理的文件制度和规范，以及轮换、销售计划等资料。省级粮食行政管理部门负责向省级领导小组办公室提供2009年3月末地方储备粮和商品粮具体到实际承储库点的统计报表，以及地方储备粮轮换、销售计划等资料。各级农业发展银行分支机构向同级粮食清仓查库工作领导小组办公室提供2009年3月末具体到承贷企业的银行贷款明细和台账资料（分品种、分性质）。

省级领导小组办公室对上述资料进行整合、分解，在市级普查开始前下达至各市级领导小组办公室。各级清仓查库领导小组办公室要对分库点资料进行分析，发现库存异常变化的地区和库点，应列为重点检查对象。省级领导小组办公室应将整合后的分库点统计报表资料，及时抄报部际联席会议办公室。

三、检查时点和方式

（一）检查时点

以2009年3月末粮食库存统计结报日为检查时点。

（二）检查方式

本次清仓查库按县级人民政府组织和督导企业自查，市（地）级人民政府全面普查，省级人民政府重点复查和国务院抽查工作组随机抽查的方式组织实施。

县级人民政府组织和督导企业自查是整个清仓查库的基础环节，对提高清仓查库的效率具有重要作用。县级人民政府要精心组织部署，按照全国清仓查库的统一要求，督促本地纳入检查范围的所有企业，切实做好自查工作。企业在完成自查的同时，要为下一步市（地）级普查、省级复查和国家抽查做好充分准备。

市（地）级普查是确保清仓查库工作质量的关键环节。市（地）级人民政府要切实按照“有仓必到，有粮必查，有账必核，查必彻底”的原则，对本地区纳入检查范围的粮食企业库存情况逐一进行全面普查，确保检查结果真实、准确。

省级复查由省级人民政府采取随机抽样、突击检查和暗查等多种方式，对市（地）级普查和县级自查的工作质量进行复核。省级复查要突出对重点地区、重点企业和重点环节的深入检查，并对市级普查和县级自查工作质量情况和检查结果作出评估。

普查、复查均采取省内综合交叉的检查方式，对参与检查的人员按照“统一抽调、混合编组、集中培训、综合交叉、本地回避”的原则在辖区内择优选调和安排。从县（市、区）抽调参加市（地）级普查的人员不得参与对本县（市、区）的普查工作，从市（地）抽调参加省级复查的人员不得参与对本市（地）的复查工作。

国务院抽查工作组抽查，在省级复查的基础上采取不事先打招呼、随机选点的方式进行。

自查、普查、复查和抽查的具体检查方法，按照《2009 年全国粮食清仓查库检查方法》执行，由部际联席会议办公室另文下发。

四、清仓查库进度安排

（一）准备阶段

1. 成立机构。2009 年 1 月 20 日前，各省（区、市）人民政府要成立粮食清仓查库工作领导小组及办事机构，并将机构设置和人员名单等情况报送部际联席会议办公室备案。2009 年 3 月底前，各市、县人民政府均要相应成立粮食清仓查库工作领导小组及办事机构，并将机构设置和人员名单等情况报送上一级粮食清仓查库工作机构备案。

2. 制定和下发清仓查库实施方案。各地要根据国办发〔2008〕118 号文件精神和本实施方案要求，结合本地实际，逐级细化制定和下发本辖区内清仓查库的具体实施方案，并报上一级清仓查库领导机构备案。省级实施方案要在 2009 年 2 月底前报部际联席会议办公室备案。

3. 动员和培训。2009 年 2 月中旬前，部际联席会议办公室完成对各省业务骨干和师资的培训。2009 年 3 月中旬前，省级领导小组办公室完成辖区内参加省级复查、市级普查和督导企业进行自查的全体检查人员的培训任务。培训内容以本实施方案、《2009年全国粮食清仓查库检查方法》为主。2009年3月下旬，各级人民政府要完成清仓查库工作的动员和部署。

4. 其它准备。各级领导小组办公室和被查企业，应按照本实施方案和上级领导小组办公室制定的具体方案要求，备齐相关文件、账务和报表资料，提前准备工作底稿，对不规则货位进行形态整理，备齐经质量技术监督部门严格校正的称重、计量和质量扦样等检查工具。考虑到个别存粮数量较少、粮堆形状难以规范的货位需要采用称重法检查粮食数量，各地应提前配置少量移动式散粮自动秤（建议单机检斤能力不低于15吨/小时，配备数量一般不少于两台）。

（二）自查阶段

4月5日前，县级人民政府要督促和指导本地纳入检查范围的所有企业认真自查，完成情况汇总，并上报市级领导小组办公室。确因统计、账务等资料汇总分解任务重的，自查阶段可延至4月10日完成。被查企业要根据自查情况认真填写各类工作底稿和汇总表格，准备与检查当日粮食库存实际情况一致的货位平面图、货位明细表，以及分仓保管账、保管总账、统计报表、会计报表、辅助账表、原始凭证等账务资料，合同、运单、发票等反映粮食出入库业务的凭证，粮食测温、测湿、熏蒸等作业记录，为后续普查、复查、抽查做好准备。

（三）普查阶段

4月20日前，由市（地）级人民政府按综合交叉的原则组织对本行政区域内粮食库存情况进行全面普查，确保不留死角。普查范围应严格与3月末国有粮食库存统计月报口径一致。重点非国有粮食经营企业及转化用粮企业执行粮食流通统计制度情况检查及粮食库存典型调查，结合各市普查工作一并开展。典型调查可选择在当地市场具有一定代表性的3～5家库存规模较大的企业。普查期间要保留完整的工作底稿、原始记录等资料。普查结果应汇总上报省级领导小组办公室。

（四）复查阶段

4月底前，由省级人民政府组织对辖区内重点地区、重点企业和重点环节进行复查，复查比例为辖区内纳入检查范围粮食库存总量的20%～30%。质量复查的抽样代表数量为被复查企业所承储中央储备粮、国家临时存储粮和地方储备粮库存量的25%左右，对上述三种性质粮食的抽样比例要大致均衡并考虑地区布局。复查样品实行跨省交叉检验，质量承检机构在5月25日前将所有样品的检验报告交送检省省级领导小组办公室。

（五）抽查阶段

5月10日开始，国务院抽查工作组对重点省（区、市）粮食库存情况进行随机抽查，每个省（区、市）抽查的企业不少于10个。质量抽查的抽样代表数量为被抽查企业所承储中央储备粮、国家临时存储粮和地方储备粮库存量的25%左右，抽查样品实行集中统一检验。

（六）检查结果汇总上报和整改阶段

各地要在全面检查粮食库存的基础上，对清仓查库工作进行认真总结，逐级汇总检查结果，编制相关报表和检查工作报告。

各级粮食清仓查库工作领导小组要对库存检查结果层层把关，数据汇总中发现有错统、漏统、重复统计、虚报库存数量等问题，要及时纠正，对检查认定的账实差数要做出详细的书面说明。对检查中发现的问题，要在认真核实的基础上提出整改措施，由主管部门下发整改通知书，并督促企业限时报送整改结果，有关资料存档备案，并在检查报告中如实反映，视问题成因和严重程度进行问责。

5 月 30 日前，省级人民政府向部际联席会议办公室提交清仓查库工作总结报告及相关汇总报表。省级总结报告包括市（地）级普查工作汇总情况和省级复查工作情况。6 月 15 日前，省、市、县级清仓查库领导小组办公室应办理完毕所接收的与粮食库存数量和质量相关的举报案件，并向上一级领导小组办公室提交核查报告。6 月底前，部际联席会议办公室完成全国粮食清仓查库结果汇总，并向国务院报告。

五、清仓查库工作要求

（一）逐级落实责任

本次清仓查库工作是国务院组织开展的全国性粮食库存专项检查，时间紧，任务重，涉及部门多，各有关职能部门和单位必须在同级人民政府的统一领导和部署下，密切配合，协同工作。切实做到思想认识到位，组织机构到位，检查人员到位，措施落实到位。

地方各级人民政府要对本地区清仓查库结果的准确性负全责。要建立和完善明确的工作责任制和责任追究制，企业法人代表、地方有关部门主要负责人和县级以上地方人民政府主要负责人，都要逐级在清仓查库工作报告及相关报表上签字。各级清仓查库工作组负责人都要在检查报告上签字，对检查结果的真实性负责。要严格工作底稿制度，各环节检查的原始记录必须保证完整、准确、真实，并妥善保存、留底备查，不得擅自篡改、损毁。发现有工作走过场，弄虚作假，妨碍清仓查库工作，造成检查结果失实的，要追究当事人和有关领导的责任。

（二）保证质量和进度

地方各级人民政府和有关部门要根据国务院的统一部署，依据本实施方案和《2009 年全国粮食清仓查库检查方法》的有关规定，结合当地实际，周密制定具体工作方案，细化工作内容和步骤，加强组织领导，严格执行检查方法，明确时限要求，确保所有检查工作在规定时间内保质保量完成。

（三）真实反映粮食库存状况

各类企业要积极配合清仓查库工作，实事求是地反映粮食库存的真实情况。对已销售出库的粮食要及时进行账务处理，核减当月统计账，未回笼的销售货款计入相应结算账户，不得以任何理由虚增库存。严禁以虚购虚销方式掩盖亏库。

（四）增强清仓查库透明度和公信力

各级领导小组要强化对清仓查库过程的监督，增强工作的透明度和社会公信力。各地可邀请人大代表、政协委员对清仓查库全过程进行监督。要加强宣传报道和舆论引导，向社会公布粮食库存检查的政策、内容、程序、方法和工作要求，组织新闻媒体进行正面宣传，防止负面炒作，正确引导市场预期，稳定市场，安定民心。各级监察、审计部门要设立举报电话，接受群众监督，严肃查处违规违法案件并选择典型案件公开曝光。

（五）严明纪律清正廉洁

各地区、各部门要选派政治素质高、业务能力强的人员参加清仓查库工作。要对检查人员加强业务培训和廉政教育，严明工作纪律。检查人员要坚持原则，自觉遵守工作纪律和廉洁自律有关规定，不准参加可能影响清仓查库工作的活动，不得吃请、受礼，对违反纪律的要严肃查处。

（六）加强保密工作

国家粮食库存的数量和布局属于国家秘密事项，对检查过程中涉及的中央政策性粮食库存及省级粮食库存的数量、布局要严格保密。各地要按照国家保密规定，制定清仓查库保密措施，配备必要硬件设施，明确保密责任，特别是在数据传输、新闻宣传等环节要严格执行保密纪律，防止发生泄密事件。

六、清仓查库的经费保障

各地应本着勤俭节约、提高效率的原则，安排落实本次清仓查库工作经费。粮食行政管理部门要严格控制经费开支，对清仓查库工作新发生的必要开支进行严格审核，并向同级财政部门如实申报。本次清仓查库工作新发生的必要开支，由省级财政核实后专项列支，中央财政适当补助。任何地方和部门不得将清仓查库费用转嫁给被查企业。有关清仓查库经费的安排、拨付和管理等事项，由财政部另行规定。

七、清仓查库文件资料的保存

全国粮食清仓查库工作中形成的大量文件资料，是清仓查库工作的真实记录，对于今后工作查考、经验借鉴具有十分重要的意义。各级粮食清仓查库工作领导机构和检查小组要指定专人负责，做好每个阶段清仓查库相关文件材料的收集和整理工作，保证文件材料齐全完整。检查结束后，要将全部资料移交同级粮食行政管理部门。

需要整理归档的资料包括：清仓查库有关文件、通知、工作方案、领导讲话、会议记录；自查、普查、复查、抽查工作原始记录、工作底稿、汇总表格；各级粮食清仓查库工作报告；检查期间收到的举报材料、原始记录及相关处理材料；其他库存检查相关资料、文件、报表、凭证。资料形式包括纸质文件、电子文档、照片、音像材料等。资料归档按照国家档案管理的有关要求办理。

十六 粮油储备

100

中华人民共和国国家发展和改革委员会令

第 5 号

为了规范粮油仓储单位的粮油仓储活动，维护粮食流通秩序，保障国家粮食安全，根据《粮食流通管理条例》、《中央储备粮管理条例》和相关法律法规，特制定《粮油仓储管理办法》，经国家发展和改革委员会主任办公会议讨论通过，现予公布，自公布之日起施行。原商业部 1987 年 6 月 22 日颁布的《国家粮油仓库管理办法》（（87）商储（粮）字第 12 号）同时废止。

主任　张　平

二〇〇九年十二月二十九日

粮油仓储管理办法

第一章　总　　则

第一条　为了规范粮油仓储单位的粮油仓储活动，维护粮食流通秩序，保障国家粮食安全，根据《粮食流通管理条例》、《中央储备粮管理条例》和相关法律法规，制定本办法。

第二条　中华人民共和国境内的粮油仓储单位从事粮油仓储活动，适用本办法。

第三条　粮油仓储单位必须遵守国家法律、法规和相关管理规定，执行国家和地方粮食流通政策和粮食应急预案，贯彻国家和地方制定的仓储管理制度和标准，接受粮食行政管理部门的业务指导，配合粮食行政管理部门依法开展监督检查。

第四条　粮油仓储单位应当建立健全粮油仓储管理制度，积极应用先进适用的粮油储藏技术，延缓粮油品质劣变，降低粮油损失损耗，防止粮油污染，确保库存粮油数量真实、质量良好、储存安全。

第五条　国家粮食行政管理部门负责全国粮油仓储监督管理工作，制定管理制度和标准，组织储粮安全检查工作。

县级以上地方人民政府粮食行政管理部门负责本行政区域的粮油仓储监督管理工作。

第二章　粮油仓储单位备案管理

第六条　粮油仓储单位应当自设立或者开始从事粮油仓储活动之日起 30 个工作日内，向所在地粮食行政管理部门备案。备案应当包括单位名称、地址、法定代表人、主要仓储业务类型、仓（罐）容规模等内容。具体备案管理办法由省、自治区、直辖市人民政府粮食行政管理部门制定。

第七条　粮油仓储单位应当具备以下条件：

（一）拥有固定经营场地，并符合本办法有关污染源、危险源安全距离的规定；

（二）拥有与从事粮油仓储活动相适应的设施设备，并符合粮油储藏技术规范的要求；

（三）拥有相应的专业技术管理人员。

第八条　未经国家粮食行政管理部门批准，粮油仓储单位名称中不得使用“国家储备粮”和“中央储备粮”字样。

第三章　粮油出入库管理

第九条　粮油仓储单位应当按照国家粮油质量标准对入库粮油进行检验，建立粮油质量档案。成品粮油质量档案还应包括生产企业出具的质量检验报告、生产日期、保质期限等内容。

第十条　粮油仓储单位应当及时对入库粮油进行整理，使其达到储存安全的要求，并按照不同品种、性质、生产年份、等级、安全水分、食用和非食用等进行分类存放。粮油入库（仓）应当准确计量，并制作计量凭证。

第十一条　粮油仓储单位应当按货位及时制作“库存粮油货位卡”，准确记录粮油的品种、数量、产地、生产年份、粮权所有人、粮食商品属性、等级、水分、杂质等信息，并将卡片置于货位的明显位置。

第十二条　粮油仓储单位应当在粮油出库前按规定检验出库粮油质量。粮油出库应当准确计量，并制作计量凭证，做好出库记录。

第十三条　出库粮油包装物和运输工具不得对粮油造成污染。未经处理的严重虫粮、危险虫粮不得出库。可能存在发热危险的粮油不得长途运输。

第十四条　粮油仓储单位应当及时清除仓房、工作塔等仓储设施内的粉尘，按规定配置防粉尘设备，防止发生粉尘爆炸事故。禁止人员进入正在作业的烘干塔、立筒仓、浅圆仓等设施。

第四章 粮油储存管理

第十五条 粮油仓储单位负责人对全部库存粮油的数量真实、质量良好、储存安全负责。

粮油保管员、粮油质量检验员应当掌握必要的专业知识和职业技能，具备相应的职业资格。

第十六条 粮油储存区应当保持清洁，并与办公区、生活区进行有效隔离。在粮油储存区内开展的活动和存放的物品不得对粮油造成污染或者对粮油储存安全构成威胁。

第十七条 粮油仓储单位应当对仓房（油罐）编排号码，配备必要的仓储设备，建立健全设备使用、保养、维修、报废等制度。

第十八条 粮油仓储单位应当按照仓房（油罐）的设计容量和要求储存粮油，执行《粮油储藏技术规范》等技术标准，建立粮油仓储管理过程记录文件。

第十九条 粮油仓储单位仓储能力不足时，应当通过代储、租赁等方式，合理利用其他单位的现有粮油仓储设施，扩大仓储能力。粮油仓储单位应当与承储或者出租的单位签订规范的代储或者租赁合同，明确双方的权利义务。

现有仓储设施不足，确有必要露天储存粮油的，应当具备以下条件：

（一）打囤做垛应当确保结构安全，规格一致；

（二）囤垛应当满足防水、防潮、防火、防风、防虫鼠雀害的要求，并采取测温、通风等必要的仓储措施；

（三）用于堆放粮油的地坪和打囤做垛的器材不得对粮油造成污染。

第二十条 在常规储存条件下，粮油正常储存年限一般为小麦 5 年，稻谷和玉米 3 年，食用油脂和豆类 2 年。

第二十一条 粮油仓储单位应当按照本办法有关粮油储存损耗处置方法的规定处置粮油储存损耗。国家对政策性粮油储存损耗的处置方法另有规定的，从其规定。

第二十二条 储存粮油出库数量多于入库数量的溢余，不得冲抵其他货位或批次粮油的损耗和损失。

第二十三条 粮油仓储单位应当设立粮油保管账、统计账、会计账，真实、完整地反映库存粮油和资金占用情况，并按有关规定妥善保管。库存粮油情况发生变化的，粮油仓储单位应当在 5 个工作日内更新库存粮油货位卡和有关帐目，确保账账相符、账实相符。

第二十四条 粮油仓储单位应当建立安全生产检查制度，定期对生产状况进行检查评估，及时消除安全隐患。

第二十五条 储粮化学药剂应当存放在专用的药品库内，实行双人双锁管理，并对药剂和包装物领用及回收进行登记。

进行熏蒸作业的，应当制订熏蒸方案，并报当地粮食行政管理部门备案。熏蒸作业中，粮油仓储单位应当在作业场地周围设立警示牌和警戒线，禁止无关人员进入熏蒸作业区。

第二十六条　库存粮油发生降等、损失、超耗等储存事故的，粮油仓储单位应当及时进行处置，避免损失扩大。属于较大、重大或者特大储存事故的，应当立即向所在地粮食行政管理部门报告。属于特大储存事故的，所在地粮食行政管理部门应当在接到事故报告24小时内，上报国家粮食行政管理部门。

粮油储存事故按照以下标准划分：

（一）一次事故造成10吨以下粮食或2吨以下油脂损失的为一般储存事故；

（二）一次事故造成10吨以上100吨以下粮食或2吨以上20吨以下油脂损失的为较大储存事故；

（三）一次事故造成100吨以上1000吨以下粮食或20吨以上200吨以下油脂损失的为重大储存事故；

（四）一次事故造成1000吨以上粮食或200吨以上油脂损失的为特别重大储存事故。

第二十七条　发生安全生产事故的，粮油仓储单位应当依法及时进行处理，并立即向所在地粮食行政管理部门报告。

第五章　法律责任

第二十八条　粮油仓储单位违反本办法第六条规定，未在规定时间向粮食行政管理部门备案，或者备案内容弄虚作假的，由负责备案管理的粮食行政管理部门责令改正，给予警告；拒不改正的，处1万元以下罚款。

第二十九条　粮油仓储单位不具备本办法第七条规定条件的，由负责备案管理的粮食行政管理部门责令改正，给予警告；拒不改正的，处1万元以上3万元以下罚款。

第三十条　粮油仓储单位的名称不符合本办法第八条规定的，由负责备案管理的粮食行政管理部门责令改正，给予警告。

第三十一条　粮油仓储单位违反本办法有关粮油出入库、储存等管理规定的，由所在地粮食行政管理部门责令改正，给予警告；情节严重的，可以并处3万元以下罚款；造成粮油储存事故或者安全生产事故的，按照有关法律法规和国家有关规定给予处罚。

第六章 附 则

第三十二条 本办法所称粮油，包括各类粮食、植物油料和油脂。

本办法所称粮油仓储单位，是指仓容规模500吨以上或者罐容规模100吨以上，专门从事粮油仓储活动，或者在粮油收购、销售、运输、加工、进出口等经营活动过程中从事粮油仓储活动的法人和其他组织。

仓容规模500吨以下或者罐容规模100吨以下从事粮油仓储活动的经营者，其管理办法由省、自治区、直辖市人民政府粮食行政管理部门参照本办法制定。

第三十三条 本办法相关条款所称的“以上”包括本数，“以下”不包括本数。

第三十四条 本办法自公布之日起施行。原商业部1987年6月22日颁布的《国家粮油仓库管理办法》（（87）商储（粮）字第12号）同时废止。

附件一：

关于污染源、危险源安全距离的规定

粮油仓储单位的固定经营场地至污染源、危险源的距离应当满足以下要求：

一、距有害元素的矿山、炼焦、炼油、煤气、化工（包括有毒化合物的生产）、塑料、橡胶制品及加工、人造纤维、油漆、农药、化肥等排放有毒气体的生产单位，不小于1000米；

二、距屠宰场、集中垃圾堆场、污水处理站等单位，不小于500米；

三、距砖瓦厂、混凝土及石膏制品厂等粉尘污染源，不小于100米。

附件二：

关于粮油储存损耗处置办法的规定

一、粮油储存损耗包括自然损耗和水分杂质减量：

（一）自然损耗是指粮油在储存过程中，因正常生命活动消耗的干物质、计量的合理误差、检验化验耗用的样品、轻微的虫鼠雀害以及搬倒中零星抛撒等导致的损耗。

（二）水分杂质减量是指粮油在入库和储存过程中，由于水分自然蒸发，以及通风、烘晒、除杂整理等作业导致的水分降低或杂质减少等损耗。

二、粮油储存损耗应当以一个货位或批次为单位分别计算，不得混淆。

三、自然损耗应当在一个货位或批次粮油出清后核销。其中，原粮的自然损耗按以下定额处置，在定额以内的据实核销，超过定额的按超耗处理并分析超耗的原因：

（一）储存半年以内的，不超过 0.1%；

（二）储存半年以上一年以内的，不超过 0.15%；

（三）储存一年以上的，不超过 0.2%。

四、水分杂质减量应当实核实销：

（一）入仓前以及入仓期间发生的水分杂质减量应当在形成货位后核销；

（二）储存期间的水分杂质减量应当在一个货位或批次粮油出清后核销。

101

关于印发《农户科学储粮专项管理办法》的通知

国粮展〔2011〕184号

各省、自治区、直辖市发展改革委、粮食局、财政厅：

为推进农户科学储粮专项建设工程顺利实施，改善农民储粮条件，减少粮食产后损失，促进农民增产增收，保障国家粮食安全，国家发展改革委、国家粮食局和财政部联合制定了《农户科学储粮专项管理办法》，现印发给你们，请遵照执行。

“十二五”农户科学储粮专项规划建设任务完成后，请各省级粮食行政管理部门认真总结经验，查找问题和不足，提出改进措施和建议，以及建立农户粮仓配置长效机制的意见报国家粮食局。

国家发展和改革委员会　国家粮食局　财政部

二〇一一年十一月二十三日

农户科学储粮专项管理办法

第一章　总　　则

第一条　为加强农户科学储粮专项管理，规范项目建设行为，更好地实施农户科学储粮专项，保障国家粮食安全，促进农民增收和社会主义新农村建设，根据《国务院关于当前稳定农业发展促进农民增收的意见》（国发〔2009〕25号）精神，依据《“十二五”农户科学储粮专项建设规划》（发改经贸〔2011〕587号）要求，在总结专项建设经验的基础上，特制定本办法。

第二条　专项遵循农户自愿申请、共同出资的原则，采取中央投资补助、地方财政资金补助和农户自筹相结合的投资方式，严格控制单仓造价。

加快建立技术服务体系，逐步建立政府支持农户科学储粮的长效机制，将储粮装具推向市场。

第三条　专项建设的农户标准化小型粮仓原则上每户一套。对部分粮食主产区种粮大户提出的建仓需求，可结合实际开展新型储粮设施建设试点，重点建设一批示范性的小型钢板筒仓。

第四条　国家粮食局根据《“十二五”农户科学储粮专项建设规划》和各省级粮食行政管理部门报送的年度实施方案，编制和报送年度投资计划和财政资金预算。省级粮食行政管理部门根据下达的年度投资计划和财政预算安排，会同省级发展改革、财政等部门落实地方财政资金，并负责组织实施专项建设。

第二章　建设内容与资金筹措

第五条　专项的主要建设内容包括：为符合项目选点要求的农户配置新型储粮装具（彩钢板组合仓、钢骨架矩形仓等，以下简称“粮仓”）；为规模化生产的农户和农场建设大容量储粮装具（以下简称“大农户储粮装具”）；建立农户科学储粮技术服务体系。

第六条　专项投资中，中央投资补助比例按30％左右掌握，省级财政资金补助原则上不低于30％，其余40％左右由农户自筹资金解决。有条件的地（市）、县政府可以自愿安排部分地（市）、县级财政资金补助。大农户储粮装具投资构成比例根据实际情况另行确定。

第三章　实施条件

第七条　专项建设在自愿的基础上优先安排在前期准备工作扎实、积极性高的产粮大县，兼顾有需求的老、少、边、穷等县。项目县的选择要根据本省建设规划，分片集中安排。安排项目的乡镇政府和行政村应具有较好的组织协调能力。

第八条　东北地区（含内蒙古东部）参与项目的农户，其常年储粮数量应在5000公斤以上，其他地区应在1000公斤以上。自愿提出申请参加项目的农户要与县级粮食行政管理部门签订协议，并承诺所购粮仓不得转让或者变卖。

第四章　管理职责与程序

第九条　国家粮食局负责项目监督检查和项目实施后效果评估。

第十条　省级粮食行政管理部门负责制定本省项目建设年度实施方案，协调落实地方财政资金补助；负责项目的组织实施、监督检查和竣工验收；负责建立农户科学储粮技术服务体系。

地（市）级粮食行政管理部门受省级粮食行政管理部门委托，协助做好项目落实、监督检查和验收等工作。

县级粮食行政管理部门负责提报项目农户的粮仓需求类型；负责与农户签订项目补助协议，落实农户配套资金；负责粮仓建设进度和质量监督工作；负责农户科学储粮技术培训；负责填报农户档案资料等。

第十一条　省级粮食行政管理部门于每年7月底前将下一年度建设计划、实施方案以及地方财政资金补助安排意见（或承诺函）以正式文件报送国家粮食局。每年年底前书面报告专项建设工作总结。

第十二条　粮仓供货商或施工企业需通过省级粮食行政管理部门统一组织的

公开招投标方式选定。供货商或施工企业的选择要满足本省项目布点和实施的实际需要，尽量方便运输，方便农民提货，节省成本费用。对质量优、成本低、服务好、诚实守信的中标企业，在完成中标合同后可按规定优先选用。中标供货商或施工企业名单由省级粮食行政管理部门于签约后1个月内书面报送国家粮食局备案。

第五章　设计施工与技术服务

第十三条　专项拟建粮仓应符合《农户小型粮仓建设标准》（LS/T 8005—2009）的各项要求，并采用经国家粮食局审查鉴定的标准化设计图纸。专项所建粮仓要按照要求进行统一标识（详见附件1）。

第十四条　各省（区、市）需要对已通过鉴定的标准化仓型进行修改、完善的，应向国家粮食局提出申请进行审查鉴定。拟采用粮仓的仓型确定后，由省级粮食行政管理部门将有关规格型号、性能指标和核定造价（概算）等报国家粮食局备案。各地必须按照确定的标准图纸组织招标建设。

第十五条　国家粮食局指定相关科研机构作为全国农户科学储粮专项总体技术支持单位，协助粮食行政管理部门制定粮仓标准和技术规范，设计通用图集，审核仓型及造价，对专项建设进行技术指导、监督检查和验收抽查。同时，根据农户需求情况对粮仓及技术装备进行改进、完善、配套和创新，不断适应农户需要。

各省级粮食行政管理部门可依托总体技术支持单位，或在总体技术支持单位协调下选定一家粮食科研设计单位作为本省（区、市）专项建设技术支持单位，负责本省（区、市）专项的技术服务等工作，与粮食仓储企业等建立省、地（市）、县三级农户科学储粮技术服务体系。省级粮食行政管理部门要与专项技术支持单位签订技术服务合同。

各省级粮食行政管理部门需选定一家监理单位，负责粮仓制造和安装等质量监理。

第十六条　年度下达的单仓造价为最高控制价，通过招标如有节余，应全部用于增加农户规模，不得减少地方财政资金补助比例。国家粮食局可根据原材料、劳动力及运输成本变化情况，适时对单仓造价进行审核。

第十七条　供货或施工单位应严格按照签订的施工或供货合同和标准化设计图纸组织施工、生产和供货，并配合做好售后服务和技术指导。供货或施工单位应对所供粮仓统一编号，按农户登记，以备检查；并按照专项统一标识要求，对所供粮仓刷涂（张贴）永久性统一标识。

第六章　资金管理

第十八条　农户科学储粮专项资金按项目专账管理，专项资金拨付按财政国库管理制度有关规定执行。地方财政补助资金未能按时到位且影响专项整体实施的，取消该省（区、市）当年的建设计划。农户自筹资金的管理可根据实际情况自行确定。

第十九条　为保证专项实施，可按国家有关规定，适当安排部分装具设计、监理、技术服务等项目实施所需的相关费用，所安排的费用由地方财政资金解决。

第二十条　各级粮食行政管理部门应严格按照财政资金管理的有关规定使用项目资金，专账管理、专款专用。对截留、挪用项目资金的省份，一经发现，除按国家有关规定追究责任外，将不再安排农户科学储粮专项建设计划。

第七章　监督检查

第二十一条　国家粮食局纪检监察部门对项目的实施情况进行监督检查。各省（区、市）粮食系统纪检监察部门要及时了解项目实施情况，配合做好监管工作。

第二十二条　专项实行受益公示制。项目县应对受益农户和补助金额等在乡镇或村范围内张榜公示，接受群众监督。

第二十三条　项目县应按要求对粮仓进行登记、编号，建立农户储粮新建粮仓档案。档案使用国家粮食局统一编制的软件填写、汇总、上报。档案内容包括：农户姓名、身份证号码、地址、联系方式、粮仓型号、购置数量、补贴金额、合同编号等。

第二十四条　县级粮食行政管理部门应做到逐户现场检查，监督工程建设质量和技术服务工作；省级粮食行政管理部门应会同地（市）粮食行政管理部门进行抽查。

第二十五条　项目进度实行季度报告制度。各省级粮食行政管理部门应于每季末5日前将项目执行和完成情况报送国家粮食局（详见附件2）。主要内容包括：资金到位和拨付情况、粮仓供货或施工单位招标情况、制造和安装进度、技术服务开展情况等。国家粮食局根据项目进展情况组织专家组进行现场检查。

第二十六条　项目的设计、施工、设备购置、技术服务等都要依法订立合同。各类合同需明确质量要求、履约担保和违约处罚条款，以及双方的权利和义务。

第二十七条　对未按期完成施工、供货任务，或施工、设备质量存在较大问题的中标企业，除按合同依法追究责任外，取消其三年内参与农户科学储粮专项及粮食仓储物流设施建设的投标资格并予以公告。

第八章　验收与总结

第二十八条　专项具备验收的基本条件为：粮仓性能指标符合《农户小型粮仓建设标准》，粮仓全部逐户到位并投入使用，能够满足农户安全储粮需要，项目资金按要求办理结算和竣工决算，建立完整的专项粮仓电子档案。

第二十九条　专项验收按以下程序和要求办理：

（一）县级验收

县级验收由县级粮食行政管理部门组织，必须做到逐户现场验收。原则上，应于年底前完成专项建设任务，并于来年第一季度末完成县级验收，同时向省级粮食行政管理部门提报验收申请报告及农户科学储粮专项验收报批表。验收申请报告主要包括项目实施情况、验收结果、资金使用情况等内容，并提报农户电子档案（详见附件3）。对于验收不合格的粮仓，应责成有关单位在10日内完成整改。

（二）省级验收

省级验收由省级粮食行政管理部门组织地（市）级粮食部门，采取随机抽查方式对全部项目县实行现场验收，抽查数量原则上为实施项目农户总数的1%～5%。省级验收后要形成书面验收结论。

省级验收主要包括专项计划完成情况、成本控制与资金管理、技术服务体系建立情况、粮食减损效果、经济效益分析等内容。省级验收完成后，以省为单位向国家粮食局报送验收总结报告。

项目县未按要求完成农户科学储粮专项粮仓档案管理软件信息录入工作的，不得通过省级验收。

（三）国家粮食局抽查验收

国家粮食局在专项建设期内随时督查，并在省级验收完成后组织抽查验收。

第三十条　各级验收后要形成专项工作总结，对专项建设做出效果评估，并提出意见和建议，同时按有关规定进行资产处理。

第三十一条　对按时完成专项建设任务且效果显著的省级、地（市）级和县级粮食局，由国家粮食局给予表彰。对不能按要求完成建设任务的，由国家粮食局按有关规定向国家发展改革委提出建议，要求调整投资计划和收回中央投资补助，并不再安排下一年度投资计划。

第九章　附　则

第三十二条　各省级粮食行政管理部门可结合本地实际情况，根据本办法规定制定本省（区、市）专项管理实施细则，并报国家粮食局备案。

第三十三条　本办法自颁布之日起实施，原《农户科学储粮专项管理办法（暂行）》同时废止。

附件：

1. 农户科学储粮专项统一标识（略）
2. 农户科学储粮专项建设进度季报表（略）
3. 农户科学储粮专项验收报批表（略）

102

“十二五”农户科学储粮专项建设规划

发改经贸〔2011〕587号

前　言

我国农户储粮数量巨大，损失严重。制定实施《“十二五”农户科学储粮专项建设规划》，开发“无形粮田”，是深入贯彻落实科学发展观和党的十七届五中全会精神的重大举措，对于保障国家粮食安全、促进农民减损增收、推进社会主义新农村建设具有重大的现实意义和深远的历史意义，同时对扩大内需、保证民生、实现和谐发展必将产生积极影响。根据《国家粮食安全中长期规划纲要（2008—2020年）》（国发〔2008〕24号）、《全国新增1000亿斤粮食生产能力建设规划（2009—2020年）》（国办发〔2009〕47号）、《国务院关于当前稳定农业发展促进农民增收的意见》（国发〔2009〕25号）等文件要求和国务院领导关于做好农户科学储粮工作的批示精神、国家发展改革委第30次委主任办公会议纪要精神，在2007年试点、2009年扩大试点和2010年正式实施农户科学储粮专项的基础上，围绕建立推广农户科学储粮长效机制，国家发展改革委、国家粮食局联合编制了“十二五”农户科学储粮专项建设规划。规划期为2011—2015年。

一、现状和问题

（一）我国农户储粮现状

近年来，我国农户家庭储存的粮食每年约5000亿斤，约占当年全国粮食总产量的50%。根据国家粮食局调查数据，2007年、2008年、2009年全国农户储粮数量分别为4915亿斤、5076亿斤、5357亿斤。以2009年为例，当年粮食总产量10616亿斤，年末农户储粮库存5357亿斤，约占当年粮食总产量的50.5%。据国家统计局统计，目前全国共有乡村户数约2.5亿户，其中种粮和存粮农户约占85%，即2.1亿户。13个主产区共有1.57亿农户，占全国农户63%；2009年年末农户储粮3890亿斤，约占全国同期农户储粮总量的73%，粮农户均储粮约2760斤；其中东北地区等粮食主产区粮农户均存粮数量更大，如黑龙江、吉林等省户均存粮近1万斤。2009年末全国各省农户储粮数量分布情况见图1。

由于农户储粮装具简陋，保管技术水平低，受鼠害、虫害和霉变等因素的影响造成粮食大量损失，主产区农户储粮损失情况尤为突出。据国家粮食局抽样调查，全国农户储粮损失率平均为8%左右，每年损失粮食约400亿斤，相当于6160万亩良田粮食产量。农户储粮主要粮种中，玉米损失率最高，平均约为11%；稻谷平均损失率约6.5%，小麦平均损失率约4.7%。造成损失的主要原因：因鼠害的损失约占总损失量的49%，因霉变的损失约占总损失量的30%，因虫害的损失约占总损失量的21%。分地区看，农户储粮损失最严重的为东北地区，平均约为10.2%；其次为西北地区，约8.8%，长江中下游地区约7.4%，黄淮海地区约5%。而且，由于农户储粮条件差，科学储粮技术推广不够，造成粮食品质下降严重，甚至发生农药、化肥等对储粮的污染，对我国粮食质量安全和食品安全带来很大隐患。

2009年末全国分省农户储粮数量分布图（略）。

专栏1：部分省份农户储粮霉变案例
2005年秋河南省玉米收获期间，全省农户收储玉米发生大范围霉变，霉变粒超过国家卫生标准的样品占到33%；黄曲霉素B1超标10%，最高的超标1倍；呕吐霉素超标的占80%，最高的超标7倍；玉米霉烯酮超标的占82%，最高的超标9倍。主要原因：一是受阴雨影响；二是因农户储粮条件较差，农户储粮方式落后。 2008年4月，东北部分地区农民储存玉米霉变严重，吉林、辽宁、黑龙江三省玉米霉变粒超标数量达25亿斤以上，霉变粒最高比例达30%以上，引起国务院领导同志高度重视。主要原因：一是极端灾害天气影响；二是农户储粮方式落后。农户缺乏储粮设施和知识，没有采取庭院江水措施，习惯于将玉米直接堆放在地上以“地趴”方式储存，一旦遇到连续雨雪和气温快速回升，极易生霉和坏粮。 上述玉米霉变现象每年在东北、中南地区均不同程度发生。

（二）前期工作基础和存在问题

为减少农村粮食产后损失，近年来，国家粮食局采取了一系列措施，积极研发和示范推广农户科学储粮技术，“十一五”期间启动了农户科学储粮专项，国家发展改革委安排中央补助投资7.06亿元，加上地方政府配套和农民自筹，总投资23.7亿元，共为全国25个省（区、市）的近200万个农户配置了新型储粮装具。专项实施取得了显著的成绩，明确了技术路线，规范了仓型标准，探索了资金筹措方式，积累了管理经验，得到了地方政府和农户的一致认可和欢迎。

一是确定了农户科学储粮技术路线和仓型标准。在科技部“粮食丰产科技工程”中专项组织农户科学储粮攻关课题，开发了适用不同地区不同粮种的16种农户储粮仓型，在11个粮食主产区建立了示范区。2007年国家发改委安排600万元补助投资在辽宁、山东、四川三省进行适合于玉米、小麦、稻谷不同粮种的农户科学储粮专项试点，确定了专项实施的主要仓型，颁布实施了《农户小型粮仓建设标准》，编制了《农户小型粮仓通用图集》，并依托有关科研设计院所对专项实施过程中遇到的问题提供了技术支持。

二是进行了大规模的农户新型储粮装具建设推广。2009 年进一步扩大农户科学储粮试点，在粮食主产区和西部产粮区 14 个省区为 57.2 万农户建设了标准化新型农户粮仓。减损效果显著，深受农民和各级政府的欢迎。在此基础上，2010 年 23 个省区正式实施农户科学储粮专项，为农户配置科学储粮装具 138 万套，将于 2011 年夏粮收获前全部投入使用。

三是形成了比较完善且行之有效的农户科学储粮专项建设管理模式。总结前期工作经验，国家粮食局制定了《农户科学储粮专项管理办法（暂行）》，明确了专项投资管理模式。一是多方筹集资金。专项投资按照中央补助投资 30％、地方配套 30％～50％、农户自筹 20％～40％的方式筹集。二是农户自愿参加。参与项目的农户自愿提出申请，入选农户在当地进行公示，并与县级粮食行政主管部门签订协议。三是统一管理办法和建设标准。分别依托国家级和省级技术支持单位，做好仓型筛选、完善和技术服务工作。四是全部公开招标。装具加工单位全部通过公开招投标方式选定。五是严格资金管理。财政资金实行专款专账、专户专人管理，根据工程进度及时核拨，确保专款专用、使用合理合规。六是保证粮仓质量。储粮装具严格按照建设标准加工生产，出厂前和发仓时都要通过质量检验。

“十一五”期间，专项实施已经配置的 200 万套储粮装具可存储粮食约 79 亿斤，按平均减损 6.5％测算，每年减少储粮损失 5.1 亿斤，可为农户增收 4.8 亿元，东北地区农户购置装具投入资金两年即可通过减损收回成本，其他地区农户三年可收回成本，减损增收效果十分显著，取得了良好的社会和经济效益，深受农民和各级政府的欢迎。农民普遍反映，新型粮仓改变了传统储粮方式，推广了科学储粮技术，减少了农户储粮损失，称该项目是“促进农民增收致富的惠民工程”。

目前还存在的主要问题：一是部分地区地方政府对农户科学储粮重视不够，地方财政配套资金落实难度大，致使个别粮食主产区实施专项积极性不高。二是仓型上还需进一步完善，以满足不同农户需要。三是农户科学储粮专项的宣传力度和对农户的技术指导还不够。四是资金管理和拨付程序等需进一步完善。以上问题将在以后的项目实施中予以解决。

专栏 2：“十一五”农户科学储粮专项实施效果评价
通过项目实施，不仅实现了农民减损增收，同时还调动了地方和农户的投资积极性，有效推动了农村市场消费。

一是确定了适合我国不同地域的农户储粮新仓型。在华北平原、长江中下游平原粮食主产区，研究开发了彩钢板组合仓、镀锌钢板等主要仓型；在东北平原，开发出了钢网式矩形仓和圆形仓等主要仓型；在新疆地区开发了木骨架金属网仓等主要仓型。

二是粮仓使用情况良好，减损效果明显。通过抽样检查和问卷调查发现，农户粮仓的使用情况良好，在粮食收获季节，几乎所有的粮仓都装满了粮食，使用新型粮仓后农户储粮损失几乎为零，减损效果明显。通过前期项目的实施，已经建设完成的近200万农户每年可减少储粮损失22.5吨，相当于增加了49万亩的“无形良田”，增加了粮食的有效供给，每年可为农户增加直接经济效益4.8亿元。

三是取得了项目组织和建设经验，完善了农户储粮管理体系。通过项目实施，项目实施单位积累了丰富的农户粮仓建设经验和组织管理经验，颁布实施了《农户科学储粮专项管理办法（暂行）》，使专项建设统一规范。组织开发的农户科学储粮的电子档案系统实现了农户信息的快速和及时查询。

四是建立了农户储粮的技术服务体系。在项目的带动下，已经建立起了以国家级粮食科研院为主的农户科学储粮技术研发基地和一个省粮食科研机构为支撑的技术服务平台，初步构建起了我国农户储粮技术服务体系。

五是培育了一批新兴农户粮仓的专业生产企业。通过项目的实施，已经培育了一批具有规模化生产能力的新兴农户粮仓加工骨干企业，为本规则的实施以及农户科学储粮长效机制的建立奠定了基础。

六是转变了农民传统的储粮观念，确保了农户储粮数量和质量安全。通过项目的实施和示范农户的带动作用，农户已经逐步意识到虫、霉、鼠不仅会对粮食造成数量上的损失，而且会对粮食的质量安全产生严重影响，农民传统的储粮观念正在发生变化，科学储粮意识已经大大增强。

（三）“十二五”实施专项的必要性

在我国粮食消费刚性增长、粮食生产持续稳定增产难度日益加大的情况下，通过科学储粮减少产后损失，开发“无形良田”，将对全国粮食增产保障供给产生积极作用，是建设资源节约型、环境友好型社会的具体体现。为此，国务院领导高度重视农户储粮工作，多次做出重要批示。虽然“十一五”期间国家投入补助投资在部分省区启动了农户科学储粮专项，但全国粮农覆盖率不足1%，农户储粮条件改善任务仍然十分艰巨。“十二五”时期将是推进农户储粮工作的攻坚阶段，按照《国务院关于当前稳定农业发展促进农民增收的意见》（国发〔2009〕25号）中关于“从今年起，安排中央补助投资建设资金，实施农户科学储粮专项，为主产区农户改善储粮条件，减少粮食产后损失”的要求，必须进一步加大投资引导和扶持力度，扩大专项实施规模，切实改善储粮条件，减少粮食产后损失，保障国家粮食安全。

二、目标和基本原则

(一) 目标

在“十一五”期间为近200万农户配置标准化储粮装具的基础上，经与各省(区、市)充分沟通，综合考虑各地区提出的“十二五”建设需求、粮食生产状况、地方政府资金配套能力、农户积极性和现有工作基础，以及中央补助投资安排规模的可行性，计划在2011—2015年，再为全国粮食主产区和主要产粮区的800万农户配置标准化储粮装具，使项目实施地区的农户储粮损失率降低到2%以内。同时，在粮食主产区开展种粮大户新型储粮设施建设试点，重点建设一批示范性的小型钢板筒仓。并逐步建立国家和省级政府支持农户科学储粮的长效机制，采取政府补贴、市场化购置的方式，为农户配置科学储粮装具。

(二) 基本原则

1. 统筹规划，突出重点

根据各地区粮食生产状况，建设项目主要安排在粮食主产区和主要产粮县，优先考虑在粮食主产区、地方政府和农户积极性高的地区实施。结合《全国新增1000亿斤粮食生产能力建设规划》确定的800个粮食主产县，在粮食主产省区安排农户总数量的约58%，其他地区约42%。项目县和农户要相对集中。

2. 多方筹资，量力而行

项目采取中央投资补助、地方财政配套和农户自筹相结合的投资方式，中央投资补助比例按30%左右掌握，省级财政配套不低于30%，其余40%左右由农户自筹解决。原则上地方配套应由省级财政列入年度预算，各地根据财政预算，量力而行，合理安排每年建设规模。

3. 政府引导，农民自愿

农户科学储粮专项建设是一项公益性事业，既需要国家在政策、资金和服务等方面给予扶持，又要尊重农民意愿，项目农户要自愿提出申请，有明确参与项目建设的意愿并符合相关条件。积极引导和鼓励农民、企业及其它社会组织参与项目建设。

4. 控制成本，提高效益

项目采用标准化仓型和设计图纸，通过公开招投标，严格控制单仓造价和建设标准，加强技术服务和质量监督，保证给农民的装具经济实惠，坚固耐用，质量一流。

三、建设任务与投资测算

(一) 建设任务

专项主要结合《全国新增1000亿斤粮食生产能力建设规划》确定的粮食主

产省区和粮食主产县，在粮食产量大、增产任务重、地方政府和农户积极性高的地区实施。建设内容主要包括：一是在全国为符合项目选点要求的800万农户配置标准化储粮装具；二是试点建设适合规模化生产的农户和农场的小型钢板仓（储粮100吨～300吨）和相应配套设施；三是对农户进行科学储粮技术指导。

1. 建设800万户标准化储粮装具

规划期内共为全国26个省（自治区、直辖市）符合条件的800万农户建设各类标准化小粮仓（装具），原则上每户一套。北京、上海、江苏、海南、西藏5省明确"十二五"期间不实施专项。其中，粮食主产区规划建设465万户，约占规划总数量的58%，农户覆盖率3%；产销平衡区规划建设260万户，约占规划总数量的33%，农户覆盖率5%；粮食主销区规划建设75万户，占规划总数量的9%，农户覆盖率2%。分地区规划建设规模见表1。针对各省（自治区、直辖市）的储粮粮种、储粮习惯以及储粮生态条件等具体情况，根据前期项目取得的成功经验，在规划建设中继续采用彩钢板组合仓、钢骨架矩形仓、钢网式干燥仓、木骨架金属网仓、热浸镀锌钢板仓等仓型的基础上，适当增加新仓型、新材料的推广应用。其中彩钢板组合仓和热浸镀锌钢板仓约590万套，可储粮约125亿斤；东北地区钢骨架矩形仓、钢网式干燥仓约200万套，可储粮约206亿斤；新疆木骨架金属网仓10万套，可储粮约2.4亿斤。

表1　　按粮食产区规划建设规模表

序号	地区		农户总数（万户）	规划农户数量（万户）
合计			25435	800
1	粮食主产区	小计	15735	465
		东北地区	1947	200
		其他地区	13788	265
2	产销平衡区		5699	260
3	粮食主销区		4002	75

表 2　　规划采用仓型及其适用粮种

采用仓型	单仓仓容（立方米）	单仓造价（元）	储藏粮种
彩钢板组合仓	1.5	430	安全水分稻谷、小麦、玉米等原粮
钢骨架矩形仓	10.8	3000	冬季储存水分低于25%的玉米棒
	12.3	3200	
	22.1	3900	
钢网式干燥仓	12.1	3300	
木骨架金属网仓	1.5	800	安全水分的小麦

2. 推广适宜规模化生产农户的储粮设施

针对粮食主产区和粮食主产县种粮大户的需求，开发储粮规模超过 100 吨的农户储粮粮仓，研究与之相适应的粮食干燥、清理设备，试点建设适合规模化生产的农户和农场的小型钢板仓。重点在吉林、湖北等地的农场和种粮大户建设 1000 套。

3. 逐步建立农户科学储粮技术服务体系

各级粮食行政管理部门要认真做好农户科学储粮的宣传推广工作，结合为 800 万农户配置储粮装具，引导企业加大为农服务力度，加强对农户储粮装具使用技术指导，加强农户科学储粮知识的培训，加大绿色环保储粮新技术、新装具的研发推广，推广干燥、清理、烘干、防虫、防霉等技术应用。建立以国家级专业科研机构为依托，以省级科研机构为支撑，以基层粮库（站）为基础的农户储粮技术服务体系。

专栏 3：农户科学储粮技术服务体系建设

农户科学储粮技术服务体系主要包括三个层面：

一是国家粮食局委托成都粮食储藏研究所作为全国农户储粮专项技术单位，提供全面技术支撑：对新研发或完善的仓型进行鉴定并确定专项采用仓型，研发需要的新仓型和新技术，完善仓型图纸，核算单仓造价，控制单仓成本；对专项实施过程中遇到的技术问题提供解决方案；对农户进行技术指导。

二是各省级粮食局委托省级粮食科研院在总体技术支撑单位的协调下，对本省区项目建设提供技术支持和技术服务（如辽宁、吉林、黑龙江、湖南、山东、新疆、内蒙古等）：根据本地区实际修改完善仓型图纸，知道基层粮库（站）技术人员进行粮仓安装和使用培训，对本省区专项实施过程中遇到的问题提出解决办法，并对农户进行技术指导和服务。

三是项目实施县依靠基层粮库（站）技术人员对农户提供技术指导和技术服务：对农户进行粮仓安装和使用培训，对农户储粮过程中遇到的技术问题进行解答，对农户进行安全储粮知识培训，指导农户进行科学储粮。

（二）投资测算

农户科学储粮建设采取中央投资补助、地方财政配套和农户自筹相结合的方式。按照国家扩大内需的要求，通过中央投资引导，拉动各方面的投资和消费需求，中央投资补助比例按 30%左右掌握，省级财政配套不低于 30%，其余 40%左右由农户自筹解决。

本规划期内总投资约 98.4 亿元。其中：（1）支持 800 万户购置储粮装具，总投资约 93.4 亿元。（2）支持大农户建设储粮设施，总投资约 2 亿元。（3）技术服务体系建设和农户技术培训费用，约 3 亿元。具体见表 3。

表 3 专项建设投资测算表

序号	采用仓型	单仓仓容（立方米）	单仓造价（元）	规划农户数量（万户）	总投资（亿元）
	合计			800	98.4
1	标准化储粮装具	/	/	800	93.4
1.1	钢骨架矩形仓	/	/	160	54
		10.8	3000	70	21
		12.3	3200	30	9.6
		22.1	3900	60	23.4
1.2	钢网式干燥仓	12.1	3300	40	13.2
1.3	彩钢板组合仓	1.5	430	570	24.5
1.4	木骨架金属网仓	1.5	800	10	0.8
1.5	热浸镀锌钢板仓	2	450	20	0.9
2	大农户储粮设施（100 吨～300 吨）			0.1	2
3	农户科学储粮技术服务体系				3

“十二五”期间国家继续支持农户科学储粮项目建设，中央投资补助具体额度在编制年度计划方案时统筹考虑。

四、效益和风险

（一）经济和社会效益

该专项工程主要为配置装具，建设周期短、见效快，实施期间即可产生经济效益，而且一次性投入，效益可长达 15 年。预计项目实施期末，在 800 万个项目点农户中可将储粮损失率减少到 2%以内，每年可减少储粮损失约 21 亿斤，产生的经济效益约 20 亿元（粮食价格按照 0.95 元/斤计算）；所有装具有效使用寿命期内（15 年）可减少储粮损失近 315 亿斤，产生的经济效益约 300 亿元。从农户自筹资金购置装具的投资回收期看，基本可在 2～3 年内收回成本。

实施农户科学储粮专项工程，不仅能够促进农民减损增收、从源头上保证粮食品质、显著改善农户居住环境，而且是实现国家新增 1000 亿斤粮食生产能力规划最直接、最现实、最节省、最快捷的途径，是粮食流通节能减排、节省资源的重要措施。据测算，专项实施完成后，每年可以减少化肥使用量 7.5 万吨、减少农药使用量约 1.4 万吨，东北地区还将大大减少高水分粮食烘干数量，节省大量的煤、电资源，减少温室气体排放和污染物排放。

专栏 4：减损增效案例

以辽宁省为例，农户科学储粮专项 5 年内计划建设钢骨架矩形仓 70 万套，每套装具价格约 3000 元，总投资约 21 亿元，使用寿命 15 年，可装玉米约 84 亿斤（每套装玉米约 6 吨）。采用新型储粮装具后储粮损失率可减少 7%左右，全部装具每年可减少储粮损失 6 亿斤。以玉米价格 0.95 元/斤计算，则装具有效使用寿命期内（15 年）可产生的经济效益约 85 亿元。

另外采用新型储粮装具后，能显著提高农户储粮品质。用新型储粮装具储藏的玉米比传统方式每公斤可多售 0.1 元，由此每年可产生直接经济效益 4.2 亿元。同时，新型粮仓的自然通风降水功能减少了烘干费用，每年可节省烘干用标准煤 2.6 亿斤，节省烘干费用 6426 万元。

专栏 5：800 万户农户减损产生的经济效益分析

规划项目实施完成后为 800 万农户配置安全储粮装具，总仓容可达到 333 亿斤，东北地区每年可减少农户储粮损失 7%，其他地区每年减少农户储粮损失 5%以上，全部装具投入使用后每年共可减少粮食损失 21 亿斤。粮食价格按照每斤 0.95 元计算，每年可为农户增加直接经济效益 20 亿元，装具有效使用寿命期内（15 年）可增加直接经济效益约 300 亿元。

投资回收期举例：

1. 钢骨架矩形仓：按仓容 5 吨，每年储粮减损 7%，每吨玉米价格按 1800 元计算，每年可减少损失 630 元；该仓造价按 3000 元计算，6 年内可收回全部投资，其中农户自筹部分（按 40%）可在 2 年内收回投资。

2. 彩钢板组合仓：按仓容 1 吨，每年储粮损失 5%，每吨小麦价格按 1900 元计算，每年可减少损失 95 元；该仓造价按 450 元计算，5 年内可收回全部投资，其中农户自筹部分（按 40%）可在 2 年内收回投资。

（二）风险及应对措施

由于农户科学储粮专项涉及千家万户，各地农户储粮习惯和方式具有较大差异，情况复杂，实施难度大。特别是投资方式采取中央补助、地方配套和农户自筹等共同出资的方式，资金筹措和管理难度大，加上粮食生产和流通形势的发展变化，项目实施中可能会存在一些风险和不确定性。主要有以下几个方面：

1. 资金落实方面

地方配套和自筹资金不能完全落实，建设规模和投资存在一定的不确定性。特别是西部经济欠发达地区省级财政配套能力弱，落实地方配套资金难度较大，农户自筹资金也有难度。应对措施：可加大农户科学储粮宣传力度，充分调动农户积极性，并与省级财政部门积极沟通，争取将省级配套资金比例提高，并列入年度财政预算。

2. 装具生产和价格方面

由于专项所需新型农户储粮装具数量巨大，目前规模化生产装具的制造企业数量较少，初期可能会存在生产供货能力不足的问题；项目实施过程中原材料价格的不确定性，可能会使专项具体实施中存在一定风险；不同地区和农户对储粮装具的仓型、规格等需求的多样化，现有仓型可能不能完全满足实际需要。应对措施：针对部分省区供货能力不足问题，可培育、建立稳定的装具加工生产基地，并形成批量化的生产能力；可采取原材料提前招标锁定价格等方式规避原材料涨价带来的风险；加大仓型的完善和研究开发力度。

3. 组织管理方面

由于专项点多面广，且涉及广大农户，实施难度较大。从确定试点农户和到与农户签订补助协议、落实自筹资金，从粮仓招标、制作、运输、安装到对示范农户进行科学储粮培训，工作量十分巨大，操作过程耗时耗力。另外，随着订单农业等粮食产业化生产的发展以及“粮食银行”等业务开展，农户储粮方式和数量将会出现变化，这也将给专项的实施带来一定影响。针对上述问题，应逐级分解任务、明确责任，及早落实项目县、乡（镇）和村（组）和项目农户，在下一个年度计划任务下达前完成项目农户的确定工作，为项目顺利实施打好基础。

五、保障措施

（一）加强领导，明确责任

各级政府及发改、粮食部门要提高对农户科学储粮专项建设重要性的认识，真正把专项建设作为促进农民增收和为农民办实事的重要举措来抓，采取切实有效措施，健全管理机构，强化组织保障。按照《农户科学储粮专项管理办法》的规定，逐级落实责任。

（二）规范招标，强化监督

项目实施过程中，要严格按照有关规定进行项目公开招标或政府采购，公开招标结果和采购价格、数量等做到公开透明，接受全社会的监督。粮食行政管理部门要会同发展改革、财政、纪检监察等部门做好专项建设的监督检查工作。项目实行受益公示制，项目县应对项目点农户装具型号、中标价格、补贴金额等以及自愿参加的农户张榜公示，接受群众监督。建立农户科学储粮专项档案信息系统，对项目实施情况进行有效统计和跟踪。

（三）严格标准，保证质量

各省必须按照《农户小型粮仓通用图集》组织招标、生产和供货，质量产品应符合《农户小型粮仓建设标准》规定的技术要求。省级粮食行政管理部门根据本省实际情况进一步完善仓型，提高科技含量，保证质量，方便使用。原则上小型粮仓使用年限应达到15年或者20年以上；同时符合食品卫生安全、环保、节能等方面要求。在满足农户需求、保证粮仓质量的前提下，尽量降低单仓造价，用同样的资金配置更多的粮仓。

（四）专项引导，培育市场

通过“十二五”专项大范围的示范和带动作用，争取到“十二五”末，将逐渐形成有稳定的农户需求和质量可靠的制作企业供应市场，积极争取有关部门将标准化农户科学储粮装具纳入农机具补贴范围，政府对指定的装具在销售环节给予一定的财政补贴，逐步推进农户科学储粮装具购置市场化和政府支持长效化。

附表1：

2009年农户数量和存粮情况表（单位：亿斤/万户/斤）

省份	农户数量	粮食产量	农户年末存粮	户均存粮
全国	25435	10574	5357	2106
一、主产区	15735	7983	3890	2472
河北	1462	581	358	2449
内蒙古	357	426	246	6891
辽宁	701	372	263	3752
吉林	395	568	310	7848
黑龙江	494	845	472	9555
江苏	1488	635	254	1707
安徽	1365	605	261	1912
江西	820	392	204	2488

续 表

省份	农户数量	粮食产量	农户年末存粮	户均存粮
山东	2079	852	482	2318
河南	2033	1073	307	1510
湖北	1038	445	285	2746
湖南	1517	561	163	1074
四川	1986	628	285	1435
二、产销平衡区	5699	1943	1145	2009
山西	650	206	107	1646
广西	991	279	102	1029
重庆	718	231	159	2214
贵州	814	232	219	2690
云南	900	304	234	2600
西藏	43	19	16	3721
陕西	704	222	85	1207
甘肃	466	178	87	1867
青海	80	20	16	2000
宁夏	100	66	27	2700
新疆	233	186	93	3991
三、主销区	4002	649	322	805
北京	177	25	18	1017
天津	125	30	20	1600
上海	102	23	16	1569
浙江	1227	155	84	685
福建	681	130	52	764
广东	1574	249	126	801
海南	116	37	6	517

103

国务院关于建立国家专项粮食储备制度的决定

国发〔1990〕55号

一九九〇年以来，各地认真贯彻执行党中央、国务院关于加强农业的一系列指示，粮食生产形势很好，夏粮和早稻产量都超过去年，秋粮也丰收在望。为了解决主产区农民卖粮难问题，保护农民种粮积极性，当前必须加强粮食收购，把农民需要出售的余粮收购起来，以促进粮食生产持续稳定发展；建立国家专项粮食储备，增强宏观调控能力，搞好丰歉调剂，保证粮食市场供应和粮价的基本稳定。为此，特作如下决定：

一、各级政府和有关部门要认真贯彻落实国务院关于加强粮食购销工作的决定，把粮食收购当做一件大事来抓。国家粮食定购任务必须保证完成，同时，要敞开收购议价粮，满足农民出售余粮的要求。各地要采取措施，让农民留足口粮、种籽和饲料，不要购过头粮，以保证农民生产和生活的需要。要切实组织好收购资金，及时保证资金供应，决不允许截留挪用。

二、各地向农民收购议价粮，不得低于国家规定的保护价格，避免谷贱伤农。各省、自治区、直辖市要向农民宣布分品种的保护价格，出安民告示，农民早出售或晚出售，国家都按不低于宣布的保护价格收购，以稳定农民情绪，避免卖粮一拥而上。必须强调，这是一项重要政策，各地必须坚决执行。

三、建立国家专项粮食储备制度，重点照顾粮食调出省和地区。国务院确定，本年度专项粮食储备计划为××亿公斤。这部分粮食的统购价与结算价之间的差价贷款，由中央财政贴息。具体计划和办法，由商业部、财政部制定下达。各地转作专项储备的粮食，必须是当年从农民手里收购的新粮，坚决禁止从库存陈粮中划转。

各省、自治区、直辖市人民政府也要根据实际情况，建立本地区的粮食储备，并将计划报国家专项粮食储备领导小组和商业部。

四、认真解决好粮食储存问题。各地要通过建、修、租、买等多种途径解决粮食仓容不足的困难。当前要大力抓好粮食仓库建设。凡是粮食仓库被占用的地方，要迅速整理收回，用于存粮。粮食部门临时租用仓库和场地，有关部门要予以支持。建仓和露天储存所需的物资器材，物资、商业部门要保证供应。各地露天存放的粮食，一定要严格责任制，加强检查，防止发生坏粮事故。

五、加强专项粮食储备工作的领导和管理。国务院决定成立国家专项粮食储备领导小组，负责领导和统筹解决国家专项粮食储备的有关问题。由国务委员陈俊生同志任组长，刘仲藜、郭振乾、白美清同志任副组长，国家计委陈光健、财政部张佑才、农业部陈耀邦、商业部何济海、经贸部谷永江、工商银行刘廷焕、农业银行林中杰、物价局马凯同志为领导小组成员。日常工作由白美清同志负责，领导小组办公室设在商业部。

六、国务院决定成立国家粮食储备局，负责国家粮食储备的管理工作。国家粮食储备局是国务院直属机构，由商业部代管。

七、国家专项储备粮食，粮权在国务院，各地必须服从统一调度，未经批准，任何地区和部门不得擅自动用。要建立专项统计、定期报告制度，以便及时掌握情况，解决存在的问题。

国务院

一九九〇年九月十六日

十七 中央储备粮

104

中华人民共和国国务院令

第 388 号

《中央储备粮管理条例》已经 2003 年 8 月 6 日国务院第 17 次常务会议通过，现予公布，自公布之日起施行。

总理　温家宝

二〇〇三年八月十五日

中央储备粮管理条例

第一章　总　　则

第一条　为了加强对中央储备粮的管理，保证中央储备粮数量真实、质量良好和储存安全，保护农民利益，维护粮食市场稳定，有效发挥中央储备粮在国家宏观调控中的作用，制定本条例。

第二条　本条例所称中央储备粮，是指中央政府储备的用于调节全国粮食供求总量，稳定粮食市场，以及应对重大自然灾害或者其他突发事件等情况的粮食和食用油。

第三条　从事和参与中央储备粮经营管理、监督活动的单位和个人，必须遵守本条例。

第四条　国家实行中央储备粮垂直管理体制，地方各级人民政府及有关部门应当对中央储备粮的垂直管理给予支持和协助。

第五条　中央储备粮的管理应当严格制度、严格管理、严格责任，确保中央储备粮数量真实、质量良好和储存安全，确保中央储备粮储得进、管得好、调得动、用得上并节约成本、费用。

未经国务院批准，任何单位和个人不得擅自动用中央储备粮。

第六条　国务院发展改革部门及国家粮食行政管理部门会同国务院财政部门负责拟订中央储备粮规模总量、总体布局和动用的宏观调控意见，对中央储备粮管理进行指导和协调；国家粮食行政管理部门负责中央储备粮的行政管理，对中央储备粮的数量、质量和储存安全实施监督检查。

第七条 国务院财政部门负责安排中央储备粮的贷款利息、管理费用等财政补贴，并保证及时、足额拨付；负责对中央储备粮有关财务执行情况实施监督检查。

第八条 中国储备粮管理总公司具体负责中央储备粮的经营管理，并对中央储备粮的数量、质量和储存安全负责。

中国储备粮管理总公司依照国家有关中央储备粮管理的行政法规、规章、国家标准和技术规范，建立、健全中央储备粮各项业务管理制度，并报国家粮食行政管理部门备案。

第九条 中国农业发展银行负责按照国家有关规定，及时、足额安排中央储备粮所需贷款，并对发放的中央储备粮贷款实施信贷监管。

第十条 任何单位和个人不得以任何方式骗取、挤占、截留、挪用中央储备粮贷款或者贷款利息、管理费用等财政补贴。

第十一条 任何单位和个人不得破坏中央储备粮的仓储设施，不得偷盗、哄抢或者损毁中央储备粮。

中央储备粮储存地的地方人民政府对破坏中央储备粮仓储设施，偷盗、哄抢或者损毁中央储备粮的违法行为，应当及时组织有关部门予以制止、查处。

第十二条 任何单位和个人对中央储备粮经营管理中的违法行为，均有权向国家粮食行政管理部门等有关部门举报。国家粮食行政管理部门等有关部门接到举报后，应当及时查处；举报事项的处理属于其他部门职责范围的，应当及时移送其他部门处理。

第二章 中央储备粮的计划

第十三条 中央储备粮的储存规模、品种和总体布局方案，由国务院发展改革部门及国家粮食行政管理部门会同国务院财政部门，根据国家宏观调控需要和财政承受能力提出，报国务院批准。

第十四条 中央储备粮的收购、销售计划，由国家粮食行政管理部门根据国务院批准的中央储备粮储存规模、品种和总体布局方案提出建议，经国务院发展改革部门、国务院财政部门审核同意后，由国务院发展改革部门及国家粮食行政管理部门会同国务院财政部门和中国农业发展银行共同下达中国储备粮管理总公司。

第十五条 中国储备粮管理总公司根据中央储备粮的收购、销售计划，具体组织实施中央储备粮的收购、销售。

第十六条 中央储备粮实行均衡轮换制度，每年轮换的数量一般为中央储备粮储存总量的20%至30%。

中国储备粮管理总公司应当根据中央储备粮的品质情况和入库年限，提出中央储备粮年度轮换的数量、品种和分地区计划，报国家粮食行政管理部门、国务院财政部门和中国农业发展银行批准。中国储备粮管理总公司在年度轮换计划内根据粮食市场供求状况，具体组织实施中央储备粮的轮换。

第十七条　中国储备粮管理总公司应当将中央储备粮收购、销售、年度轮换计划的具体执行情况，及时报国务院发展改革部门、国家粮食行政管理部门和国务院财政部门备案，并抄送中国农业发展银行。

第三章　中央储备粮的储存

第十八条　中国储备粮管理总公司直属企业为专户储存中央储备粮的企业。

中央储备粮也可以依照本条例的规定由具备条件的其他企业代储。

第十九条　代储中央储备粮的企业，应当具备下列条件：

（一）仓库容量达到国家规定的规模，仓库条件符合国家标准和技术规范的要求；

（二）具有与粮食储存功能、仓型、进出粮方式、粮食品种、储粮周期等相适应的仓储设备；

（三）具有符合国家标准的中央储备粮质量等级检测仪器和场所，具备检测中央储备粮储存期间仓库内温度、水分、害虫密度的条件；

（四）具有经过专业培训，并取得有关主管部门颁发的资格证书的粮食保管、检验、防治等管理技术人员；

（五）经营管理和信誉良好，并无严重违法经营记录。

选择代储中央储备粮的企业，应当遵循有利于中央储备粮的合理布局，有利于中央储备粮的集中管理和监督，有利于降低中央储备粮成本、费用的原则。

第二十条　具备本条例第十九条规定代储条件的企业，经国家粮食行政管理部门审核同意，取得代储中央储备粮的资格。

企业代储中央储备粮的资格认定办法，由国家粮食行政管理部门会同国务院财政部门，并征求中国农业发展银行和中国储备粮管理总公司的意见制定。

第二十一条　中国储备粮管理总公司负责从取得代储中央储备粮资格的企业中，根据中央储备粮的总体布局方案择优选定中央储备粮代储企业，报国家粮食行政管理部门、国务院财政部门和中国农业发展银行备案，并抄送当地粮食行政管理部门。

中国储备粮管理总公司应当与中央储备粮代储企业签订合同，明确双方的权利、义务和违约责任等事项。

中央储备粮代储企业不得将中央储备粮轮换业务与其他业务混合经营。

第二十二条　中国储备粮管理总公司直属企业、中央储备粮代储企业（以下统称承储企业）储存中央储备粮，应当严格执行国家有关中央储备粮管理的行政法规、规章、国家标准和技术规范，以及中国储备粮管理总公司依照有关行政法规、规章、国家标准和技术规范制定的各项业务管理制度。

第二十三条 承储企业必须保证入库的中央储备粮达到收购、轮换计划规定的质量等级，并符合国家规定的质量标准。

第二十四条 承储企业应当对中央储备粮实行专仓储存、专人保管、专账记载，保证中央储备粮账账相符、账实相符、质量良好、储存安全。

第二十五条 承储企业不得虚报、瞒报中央储备粮的数量，不得在中央储备粮中掺杂掺假、以次充好，不得擅自串换中央储备粮的品种、变更中央储备粮的储存地点，不得因延误轮换或者管理不善造成中央储备粮陈化、霉变。

第二十六条 承储企业不得以低价购进高价入账、高价售出低价入账、以旧粮顶替新粮、虚增入库成本等手段套取差价，骗取中央储备粮贷款和贷款利息、管理费用等财政补贴。

第二十七条 承储企业应当建立、健全中央储备粮的防火、防盗、防洪等安全管理制度，并配备必要的安全防护设施。

地方各级人民政府应当支持本行政区域内的承储企业做好中央储备粮的安全管理工作。

第二十八条 承储企业应当对中央储备粮的储存管理状况进行经常性检查；发现中央储备粮数量、质量和储存安全等方面的问题，应当及时处理；不能处理的，承储企业的主要负责人必须及时报告中国储备粮管理总公司或者其分支机构。

第二十九条 承储企业应当在轮换计划规定的时间内完成中央储备粮的轮换。

中央储备粮的轮换应当遵循有利于保证中央储备粮的数量、质量和储存安全，保持粮食市场稳定，防止造成市场粮价剧烈波动，节约成本、提高效率的原则。

中央储备粮轮换的具体管理办法，由国务院发展改革部门及国家粮食行政管理部门会同国务院财政部门，并征求中国农业发展银行和中国储备粮管理总公司的意见制定。

第三十条 中央储备粮的收购、销售、轮换原则上应当通过规范的粮食批发市场公开进行，也可以通过国家规定的其他方式进行。

第三十一条 承储企业不得以中央储备粮对外进行担保或者对外清偿债务。

承储企业依法被撤销、解散或者破产的，其储存的中央储备粮由中国储备粮管理总公司负责调出另储。

第三十二条 中央储备粮的管理费用补贴实行定额包干，由国务院财政部门拨付给中国储备粮管理总公司；中国储备粮管理总公司按照国务院财政部门的有关规定，通过中国农业发展银行补贴专户，及时、足额拨付到承储企业。中国储备粮管理总公司在中央储备粮管理费用补贴包干总额内，可以根据不同储存条件和实际费用水平，适当调整不同地区、不同品种、不同承储企业的管理费用补贴标准；但同一地区、同一品种、储存条件基本相同的承储企业的管理费用补贴标准原则上应当一致。

中央储备粮的贷款利息实行据实补贴，由国务院财政部门拨付。

第三十三条　中央储备粮贷款实行贷款与粮食库存值增减挂钩和专户管理、专款专用。

承储企业应当在中国农业发展银行开立基本账户，并接受中国农业发展银行的信贷监管。

中国储备粮管理总公司应当创造条件，逐步实行中央储备粮贷款统借统还。

第三十四条　中央储备粮的入库成本由国务院财政部门负责核定。中央储备粮的入库成本一经核定，中国储备粮管理总公司及其分支机构和承储企业必须遵照执行。

任何单位和个人不得擅自更改中央储备粮入库成本。

第三十五条　国家建立中央储备粮损失、损耗处理制度，及时处理所发生的损失、损耗。具体办法由国务院财政部门会同国家粮食行政管理部门，并征求中国储备粮管理总公司和中国农业发展银行的意见制定。

第三十六条　中国储备粮管理总公司应当定期统计、分析中央储备粮的储存管理情况，并将统计、分析情况报送国务院发展改革部门、国家粮食行政管理部门、国务院财政部门及中国农业发展银行。

第四章　中央储备粮的动用

第三十七条　国务院发展改革部门及国家粮食行政管理部门，应当完善中央储备粮的动用预警机制，加强对需要动用中央储备粮情况的监测，适时提出动用中央储备粮的建议。

第三十八条　出现下列情况之一的，可以动用中央储备粮：

（一）全国或者部分地区粮食明显供不应求或者市场价格异常波动；

（二）发生重大自然灾害或者其他突发事件需要动用中央储备粮；

（三）国务院认为需要动用中央储备粮的其他情形。

第三十九条　动用中央储备粮，由国务院发展改革部门及国家粮食行政管理部门会同国务院财政部门提出动用方案，报国务院批准。动用方案应当包括动用中央储备粮的品种、数量、质量、价格、使用安排、运输保障等内容。

第四十条　国务院发展改革部门及国家粮食行政管理部门，根据国务院批准的中央储备粮动用方案下达动用命令，由中国储备粮管理总公司具体组织实施。

紧急情况下，国务院直接决定动用中央储备粮并下达动用命令。

国务院有关部门和有关地方人民政府对中央储备粮动用命令的实施，应当给予支持、配合。

第四十一条 任何单位和个人不得拒绝执行或者擅自改变中央储备粮动用命令。

第五章 监督检查

第四十二条 国家粮食行政管理部门、国务院财政部门按照各自职责，依法对中国储备粮管理总公司及其分支机构、承储企业执行本条例及有关粮食法规的情况，进行监督检查。在监督检查过程中，可以行使下列职权：

（一）进入承储企业检查中央储备粮的数量、质量和储存安全；

（二）向有关单位和人员了解中央储备粮收购、销售、轮换计划及动用命令的执行情况；

（三）调阅中央储备粮经营管理的有关资料、凭证；

（四）对违法行为，依法予以处理。

第四十三条 国家粮食行政管理部门、国务院财政部门在监督检查中，发现中央储备粮数量、质量、储存安全等方面存在问题，应当责成中国储备粮管理总公司及其分支机构、承储企业立即予以纠正或者处理；发现中央储备粮代储企业不再具备代储条件，国家粮食行政管理部门应当取消其代储资格；发现中国储备粮管理总公司直属企业存在不适于储存中央储备粮的情况，国家粮食行政管理部门应当责成中国储备粮管理总公司对有关直属企业限期整改。

第四十四条 国家粮食行政管理部门、国务院财政部门的监督检查人员应当将监督检查情况作出书面记录，并由监督检查人员和被检查单位的负责人签字。被检查单位的负责人拒绝签字的，监督检查人员应当将有关情况记录在案。

第四十五条 审计机关依照审计法规定的职权和程序，对有关中央储备粮的财务收支情况实施审计监督；发现问题，应当及时予以处理。

第四十六条 中国储备粮管理总公司及其分支机构、承储企业，对国家粮食行政管理部门、国务院财政部门、审计机关的监督检查人员依法履行职责，应当予以配合。

任何单位和个人不得拒绝、阻挠、干涉国家粮食行政管理部门、国务院财政部门、审计机关的监督检查人员依法履行监督检查职责。

第四十七条 中国储备粮管理总公司及其分支机构应当加强对中央储备粮的经营管理和检查，对中央储备粮的数量、质量存在的问题，应当及时予以纠正；对危及中央储备粮储存安全的重大问题，应当立即采取有效措施予以处理，并报告国家粮食行政管理部门、国务院财政部门及中国农业发展银行。

第四十八条　中国农业发展银行应当按照资金封闭管理的规定，加强对中央储备粮贷款的信贷监管。中国储备粮管理总公司及其分支机构、承储企业对中国农业发展银行依法进行的信贷监管，应当予以配合，并及时提供有关资料和情况。

第六章　法律责任

第四十九条　国家机关工作人员违反本条例规定，有下列行为之一的，给予警告直至撤职的行政处分；情节严重的，给予降级直至开除的行政处分；构成犯罪的，依法追究刑事责任：

（一）不及时下达中央储备粮收购、销售及年度轮换计划的；

（二）给予不具备代储条件的企业代储中央储备粮资格，或者发现中央储备粮代储企业不再具备代储条件不及时取消其代储资格的；

（三）发现中国储备粮管理总公司直属企业存在不适于储存中央储备粮的情况不责成中国储备粮管理总公司对其限期整改的；

（四）接到举报、发现违法行为不及时查处的。

第五十条　中国储备粮管理总公司及其分支机构违反本条例规定，有下列行为之一的，由国家粮食行政管理部门责令改正；对直接负责的主管人员和其他直接责任人员，责成中国储备粮管理总公司给予警告直至撤职的纪律处分；情节严重的，对直接负责的主管人员和其他直接责任人员给予降级直至开除的纪律处分；构成犯罪的，依法追究刑事责任：

（一）拒不组织实施或者擅自改变中央储备粮收购、销售、年度轮换计划及动用命令的；

（二）选择未取得代储中央储备粮资格的企业代储中央储备粮的；

（三）发现中央储备粮的数量、质量存在问题不及时纠正，或者发现危及中央储备粮储存安全的重大问题，不立即采取有效措施处理并按照规定报告的；

（四）拒绝、阻挠、干涉国家粮食行政管理部门、国务院财政部门、审计机关的监督检查人员依法履行监督检查职责的。

第五十一条　承储企业违反本条例规定，有下列行为之一的，由国家粮食行政管理部门责成中国储备粮管理总公司对其限期改正；情节严重的，对中央储备粮代储企业，还应当取消其代储资格；对直接负责的主管人员和其他直接责任人员给予警告直至开除的纪律处分；构成犯罪的，依法追究刑事责任：

（一）入库的中央储备粮不符合质量等级和国家标准要求的；

（二）对中央储备粮未实行专仓储存、专人保管、专账记载，中央储备粮账账不符、账实不符的；

（三）发现中央储备粮的数量、质量和储存安全等方面的问题不及时处理，或者处理不了不及时报告的；

（四）拒绝、阻挠、干涉国家粮食行政管理部门、国务院财政部门、审计机关的监督检查人员或者中国储备粮管理总公司的检查人员依法履行职责的。

第五十二条　承储企业违反本条例规定，有下列行为之一的，由国家粮食行政管理部门责成中国储备粮管理总公司对其限期改正；有违法所得的，没收违法所得；对直接负责的主管人员给予降级直至开除的纪律处分；对其他直接责任人员给予警告直至开除的纪律处分；构成犯罪的，依法追究刑事责任；对中央储备粮代储企业，取消其代储资格：

（一）虚报、瞒报中央储备粮数量的；

（二）在中央储备粮中掺杂掺假、以次充好的；

（三）擅自串换中央储备粮的品种、变更中央储备粮储存地点的；

（四）造成中央储备粮陈化、霉变的；

（五）拒不执行或者擅自改变中央储备粮收购、销售、轮换计划和动用命令的；

（六）擅自动用中央储备粮的；

（七）以中央储备粮对外进行担保或者清偿债务的。

第五十三条　承储企业违反本条例规定，以低价购进高价入账、高价售出低价入账、以旧粮顶替新粮、虚增入库成本等手段套取差价，骗取中央储备粮贷款和贷款利息、管理费用等财政补贴的，由国家粮食行政管理部门、国务院财政部门按照各自职责责成中国储备粮管理总公司对其限期改正，并责令退回骗取的中央储备粮贷款和贷款利息、管理费用等财政补贴；有违法所得的，没收违法所得；对直接负责的主管人员给予降级直至开除的纪律处分；对其他直接责任人员给予警告直至开除的纪律处分；构成犯罪的，依法追究刑事责任；对中央储备粮代储企业，取消其代储资格。

第五十四条　中央储备粮代储企业将中央储备粮轮换业务与其他业务混合经营的，由国家粮食行政管理部门责成中国储备粮管理总公司对其限期改正；对直接负责的主管人员给予警告直至降级的纪律处分；造成中央储备粮损失的，对直接负责的主管人员给予撤职直至开除的纪律处分，并取消其代储资格。

第五十五条　违反本条例规定，挤占、截留、挪用中央储备粮贷款或者贷款利息、管理费用等财政补贴，或者擅自更改中央储备粮入库成本的，由国务院财政部门、中国农业发展银行按照各自职责责令改正或者给予信贷制裁；有违法所得的，没收违法所得；对直接负责的主管人员和其他直接责任人员依法给予撤职直至开除的纪律处分；构成犯罪的，依法追究刑事责任。

第五十六条　国家机关和中国农业发展银行的工作人员违反本条例规定，滥用职权、徇私舞弊或者玩忽职守，构成犯罪的，依法追究刑事责任；尚不构成犯罪的，依法给予降级直至开除的行政处分或者纪律处分。

第五十七条　违反本条例规定，破坏中央储备粮仓储设施，偷盗、哄抢、损毁中央储备粮，构成犯罪的，依法追究刑事责任；尚不构成犯罪的，依照《中华人民共和国治安管理处罚条例》的规定予以处罚；造成财产损失的，依法承担民事赔偿责任。

第五十八条　本条例规定的对国家机关工作人员的行政处分，依照《国家公务员暂行条例》的规定执行；对中国储备粮管理总公司及其分支机构、承储企业、中国农业发展银行工作人员的纪律处分，依照《企业职工奖惩条例》的规定执行，国家另有规定的，依照有关规定执行。

第七章　附　　则

第五十九条　地方储备粮的管理办法，由省、自治区、直辖市参照本条例制定。

第六十条　本条例自公布之日起施行。

105

国务院关于组建中国储备粮管理总公司有关问题的批复

国函〔2000〕2号

国家发展计划委员会：

你委《关于报送中国储备粮管理总公司组建方案的请示》（计人事〔1999〕2102号）收悉。现就组建中国储备粮管理总公司有关问题批复如下：

一、原则同意《中国储备粮管理总公司组建方案》和《中国储备粮管理总公司章程》。

二、中国储备粮管理总公司（简称中粮储公司，下同）是在原国家粮食储备局部分职能机构和所属部分企事业单位基础上组建的大型国有企业，有关单位要根据国家有关规定，划转资产和财务关系。

中粮储公司受国务院的委托，具体负责中央储备粮（含中央储备油，下同）的经营管理，并承担原国家粮食储备局离退休人员管理的具体事务。在国家宏观调控和监督管理下，中粮储公司依法开展业务活动，实行自主经营、自负盈亏。中粮储公司组建后，要依照《中华人民共和国公司法》进行规范，加快建立现代企业制度。

中粮储公司的注册资本由财政部核定。

三、中粮储公司由中央管理，组建后要按规定与国家发展计划委员会及国家粮食局脱钩，其领导人员职务管理、党的关系、资产管理和财务关系交接及划转等项工作，按有关文件规定办理。中粮储公司实行总经理负责制，国务院向中粮储公司派出稽察特派员，按照《国务院稽察特派员条例》的规定，对其实施监督。待《国有独资企业监事会条例》颁发后，按规定派出监事会。中粮储公司接受国务院有关部门的行业管理，并可直接与其联系相关业务。根据国务院有关规定，国家发展计划委员会、国家粮食局对中粮储公司实行业务指导。

四、同意中粮储公司根据中央储备粮经营管理的需要，设立北京管理公司等13个分公司及乌鲁木齐办事处。分公司根据中粮储公司的授权，负责管理辖区内的中央储备粮和中央直属粮食储备库。今后根据工作需要，报经国家发展计划委员会、国家粮食局同意，可对分公司作必要调整。

五、同意中粮储公司划转上收一定规模的中央直属粮食储备库，中粮储公司统一管理其领导班子、财务和国有资产；第一批划转上收中央直属粮食储备库的规模为100～150亿公斤仓容。

六、同意中粮储公司进行国家授权投资机构的试点，对所属企业的国有资产行使出资人权利，对其国有资产经营进行管理和监督，并相应承担保值增值的责任。中央投资的新建粮库，未划转为直属库的，由地方租用，中粮储公司受国务院委托，对属于中央的资产进行监督，并享有资产受益权。在国家未对国有企业征收国有资产收益之前，中粮储公司的国有资产收益由中粮储公司用于中央储备粮库建设和技术改造。

七、中粮储公司负责中央储备粮储存安全。中粮储公司要根据粮食的入库年限和品质情况，提出年度推陈储新计划，经有关部门批准后组织实施。中央储备粮每年轮换的数量一般为储备库存总量的20～30％。

八、同意中粮储公司享受《国务院批转国家计委、国家经贸委、国家体改委关于深化大型企业集团试点工作意见的通知》（国发〔1997〕15号）规定的各项政策，享受国务院确定的国有大中型重点联系企业的有关政策。中粮储公司组建后，国家对中央储备粮经营管理的现行优惠政策保持不变。赋予中粮储公司外事审批权。赋予中粮储公司中央储备粮油进出口经营权问题，另行研究。

九、同意中粮储公司在国家计划中实行计划单列，财务关系在国家财政中单列，并按资金来源渠道及类别，接受有关部门的监督。

十、中央储备粮的保管费用补贴实行定额包干，由财政部拨给中粮储公司，中粮储公司通过中国农业发展银行的补贴专户按季拨付给分公司，由分公司及时足额拨给承储企业。中粮储公司在中央储备粮保管费用包干总额内，可以根据不同储存条件和实际费用水平，适当调整不同地区、不同品种、不同库点的保管费用补贴标准。对中央储备粮的轮换费用和新、陈粮食品质差价，以及损失损耗处理办法，由有关部门会同财政部另行核定。中央储备粮的利息补贴，由财政部与中国农业发展银行直接进行清算。中粮储公司及所属分支机构的经费，在保管费用补贴中列支，具体标准由财政部核定。

组建中粮储公司是深化粮食流通体制改革、完善中央储备粮经营管理体制的重大举措，国务院有关部门及各省、自治区、直辖市人民政府要给予大力支持。国家发展计划委员会、国家粮食局要对中粮储公司组建工作加强指导，并及时总结运行中的经验，逐步进行规范和完善。对组建中涉及的有关政策和所需特殊政策问题，由你委会同有关方面进行协调，必要时报国务院决定。

《中粮储公司组建方案》和《中粮储公司章程》由你委根据本批复精神，作必要修改后印发。

国务院

二〇〇〇年一月七日

106

中央储备粮油轮换管理办法（试行）

国粮调〔2001〕209号

为保证中央储备粮油质量和储存安全，做到储备粮油轮换的制度化、规范化，实现储备粮油管理的良性循环，达到管住管好、保质保值、结构优化、布局合理的目的，根据国家有关法律、法规和国家粮油政策以及国务院有关文件规定，制定本办法。

一、轮换粮油品质的控制

中央储备粮油的轮换，是指在储备规模不变的情况下，为保持中央储备粮油品质符合国标规定，经营管理中央储备粮油的单位根据中央储备粮油的品质检查认定结果，按照国家计划，以新粮油替换库存粮油。品质认定以粮油储存品质控制指标作为依据，以储存年限作为参考。

（一）品质检测

中央储备粮油必须达到国标规定的各项指标。粮食质量符合国标规定的中等（含）以上标准，食油质量符合国标规定的二级（含）以上标准。中央储备粮油轮换前必须经过检测，品质检测按照国家粮食局、原国家质量技术监督局《关于印发〈粮油储存品质判定规则〉的通知》（国粮发〔2000〕143号）的有关规定执行。

（二）储存年限（以生产时间计算）

长江以南地区：稻谷2～3年；小麦3～4年；玉米1～2年；豆类1～2年。

长江以北地区：稻谷2～3年；小麦3～5年；玉米2～3年；豆类1～2年。

食用油1～2年。

对储存条件差的取低值，储存条件好的取高值。地下库粮油的储存时间，可根据质量情况酌情延长。

（三）定期检查

中央储备粮油质量管理工作，在国家粮食局的监督指导下，按照《粮油质量管理办法》的规定，由中国储备粮管理总公司（以下简称中储粮总公司）负责。中央储备粮油执行定期质量检查制度和质量报表制度。质量检查由中储粮总公司负责组织，每年检查两次，检查结果由中储粮总公司以统一的质量报表汇总后，于每年5月末、11月末报国家粮食局、财政部等有关部门。国家粮食局、财政部可根据情况对储备粮油质量组织抽查。

（四）品质认定

每次质量检查后，根据《粮油储存品质判定规则》的规定，对储备粮油品质做出评价，将质量检查结果分为宜存粮油、不宜存粮油和陈化粮油三个类别。

二、中央储备粮油轮换审批权限、程序和责任

（一）中央储备粮油轮换实行计划管理。中央储备粮油的轮换以质量检查结果为依据，对不宜存的粮油，必须进行轮换；对宜存粮油中接近品质控制指标或超过储存规定年限的，也要按照先入先出、均衡轮换、降低费用的原则进行轮换。按照每年轮换一定比例（总量的20～30%）的储备粮油库存总量的原则和库存粮油质量情况，中储粮总公司在每年11月底前提出下年度轮换计划（分省、分品种）报国家粮食局、财政部、中国农业发展银行，国家粮食局等有关部门综合平衡后在12月底前将轮换计划下达给中储粮总公司。中储粮总公司负责每半年将轮换计划执行情况报国家粮食局等有关部门。

（二）中储粮总公司负责中央储备粮油轮换计划的组织实施。根据年度轮换计划，中储粮总公司安排下达分批、分省、分品种计划，并报送国家粮食局、财政部和中国农业发展银行备案。

（三）中储粮总公司对中央储备粮油质量负责。因未及时申报轮换（串换）计划，或者下达的轮换（串换）计划没有落实而导致粮油陈化的，造成的损失由中储粮总公司承担，并追究有关人员责任。国家粮食局、财政部适时组织对轮换情况进行检查。

（四）中央储备粮油的轮空期最长不超过4个月，如遇特殊情况，在粮油轮出后，4个月还不能轮入的，须向国家粮食局、财政部报告，否则按照擅自动用中央储备粮油处理。

（五）中储粮总公司在实际轮换中，应严格执行国家计划和有关规定，如确需调整计划，须报国家粮食局、财政部、中国农业发展银行审批，国家粮食局等有关部门应在15个工作日内批复。需审批的事项包括：

1. 不同品种粮油的串换；

2. 根据市场情况及轮换需要，对确需超过4个月轮空期的；

3. 变更国家下达的轮换计划；

4. 中储粮总公司认为有利于提高储备粮质量，但又超越国家计划和有关规定的轮换事项。

（六）未经批准自行决定轮换（串换）的，视同擅自动用中央储备粮油处理。

（七）国家粮食局、财政部、中国农业发展银行要按其职能及时审批并下达轮换计划，及时拨补轮换费用和提供轮换资金，保证轮换工作的顺利进行。

三、中央储备粮油轮换的主要形式

（一）结合粮油进出口实现中央储备粮油的轮换。国家根据宏观调控和国际市场行情等因素安排粮油进出口计划。在执行落实粮油进出口计划时，应尽可能按推陈储新的原则进行，以促进中央储备粮油的轮换。

（二）同品种等量轮换。在国家未安排储备粮油收购和销售计划，或安排的储备粮油购销计划不能满足轮换需要的情况下，可以进行同品种等量轮换，即在储备规模、品种不变的前提下，采取先销后购或先购后销的方式，实现储备粮油的轮换。

（三）不同品种的等量串换。应按照有利于优化结构、保值增值的原则进行。

四、轮换的有关财务和统计处理

（一）中储粮总公司在按规定的补贴费用标准包干后，对中央储备粮油的轮换自负盈亏（不含进出口轮换）。轮换发生的盈利，应主要用于改善粮食的保管及用作今后轮换的风险准备；轮换产生的亏损由企业自行承担消化。

（二）中央储备粮轮换费用含在财政部对中储粮总公司的包干费用中，财政部按季预拨，在规定的轮空期间，储备粮油的费用补贴照常拨付。财政部对轮换费用实行总额控制，年终清算。中储粮总公司在财政部规定的金额及使用范围内，制定不同品种、不同地区轮换费用补贴标准，并根据轮换需要，分批拨付轮换费用，轮换费用标准及轮换费用拨付情况需报财政部备案。年终财政部按实际轮换数量和轮换费用标准对总公司进行清算，核销当年轮换费用支出。未轮换的，资金结转下年使用。财政部会同有关部门根据总公司报送的轮换情况进行检查，对虚报轮换，套取补贴的给予相应的处罚。实行包干后，中储粮总公司对保管费、轮换费、公司经费必须分开管理，单独记账，不能混用混管。

（三）除结合进出口轮换外，中央储备粮油轮换采取成本不变、实物兑换，即轮入的粮油按照轮出粮油的入库成本记账。

（四）结合进出口实现中央储备粮油轮换，实行单独的财务处理政策。具体财务处理方式，原则上采取成本不变，实物兑换。另外也可采取进口轮入和轮出分别核算的方式，即对轮入的进口粮油由财政部根据购进价及有关费用重新核定入库成本，对轮出的粮油实行竞卖等方式公开销售，相应结转轮出粮油的原库存成本。根据进出口的需要，由财政部会同有关部门另行确定财务处理方式及进出口轮换盈亏负担办法。

（五）中央储备粮油的损失损耗处理问题按国家有关规定执行。

（六）中央储备粮油的轮换，要按中央储备粮油统计制度的有关规定在统计报告中单独反映，中储粮总公司负责设立储备粮油轮换台账，准确、动态反映储备粮油轮出、轮入的数量及轮空期。如不能按要求提供有关数据，财政部将停止拨付轮换费用，中储粮总公司承担相应的责任。

五、轮换资金管理

（一）中央储备粮油进出口、轮换所需资金，由中国农业发展银行开户行根据中储粮总公司或分公司下达的分批、分库点轮换计划和国家规定的价格政策，按照“库贷挂钩、封闭管理”的原则，发放贷款。轮换贷款发放和管理的具体事宜由中国农业发展银行商中储粮总公司另行规定。

（二）中储粮总公司使用国家拨入的专项资金进行轮换，应严格按财政部财建〔2000〕939号文件规定，确保资金的保值增值，不得将轮换风险转嫁到国拨专项资金。

中储粮总公司可根据本办法制定实施细则，并报国家粮食局、财政部、中国农业发展银行备案。

本办法自2002年1月1日起试行，由国家粮食局、财政部、中国农业发展银行负责解释。

国家粮食局
财政部
中国农业发展银行
二〇〇一年十二月

107

中华人民共和国国家发展和改革委员会 令
中　华　人　民　共　和　国　财　政　部

第 20 号

为加强中央储备粮管理，规范中央储备粮代储行为，根据《中央储备粮管理条例》和国务院关于中央储备粮管理的有关规定，特制定《中央储备粮代储资格认定办法》，现予以发布，自 2004 年 12 月 1 日起施行。

国家发展和改革委员会主任　马　凯

财政部部长　金人庆

二〇〇四年十月八日

中央储备粮代储资格认定办法

第一章　总　　则

第一条　为加强中央储备粮（含中央储备油和特种储备粮，下同）管理，规范中央储备粮代储行为，根据《中央储备粮管理条例》和国务院关于中央储备粮管理的有关规定，制定本办法。

第二条　在中华人民共和国境内从事与中央储备粮代储资格管理有关的行为，适用本办法。

本办法所称中央储备粮代储活动是指除中国储备粮管理总公司直属企业专门储存中央储备粮行为以外的其他储存行为。

第三条　申请承担中央储备粮代储业务的企业，按照本办法取得中央储备粮代储资格后，方可从事中央储备粮代储业务。但国务院另有规定或在情况紧急等特殊条件下，需要代储中央储备粮的除外。中央储备粮代储资格分中央储备粮粮食类代储资格和中央储备粮油脂类代储资格。

第四条　国家粮食行政管理部门负责全国中央储备粮代储资格的审核认定管理工作，省、自治区、直辖市人民政府粮食行政管理部门（以下简称省级粮食行政管理部门）负责中央储备粮代储资格的受理报批工作。省级粮食行政管理部门不得再委托其他组织实施中央储备粮代储资格的受理报批工作。中国储备粮管理总公司负责从取得代储资格的企业中择优选定中央储备粮代储企业。

地方各级粮食行政管理部门及中国储备粮管理总公司应积极协助国家粮食行政管理部门对代储企业进行监督检查。

第五条　中央储备粮代储资格的审核工作必须坚持公开、公正、公平、高效的原则。

第二章　资格条件

第六条　申请中央储备粮代储资格的企业应具备以下基本条件：

（一）具有独立法人资格；

（二）同一库区具有有效仓容2.5万吨（含2.5万吨）以上质量良好的仓房及其配套设施或者具有容量3000吨以上（含3000吨）质量良好的油罐、油库。仓房条件应符合国家粮油储藏技术规范对粮仓的要求。仓房位置及环境条件应符合国家粮食仓库建设标准。仓房应配备必要的防火、防盗、防洪设施；

（三）具有与粮食储存功能、仓型、进出粮方式、粮食品种、储粮周期等相适应的仓储设备条件。基本设备应符合国家粮油储藏技术规范对粮仓设备的要求，一般应具有粮油装卸、输送、清理、计量、储藏、防治、消防等设备；

（四）具有一定数量的专职粮食保管、防治、检验等管理技术人员，且经过专业培训，持有相应的从业资格证书；

（五）具有符合国家标准的检测粮油质量等级和储存品质必需的基本仪器设备和场所；具备检测粮油储存期间粮食温度、水分、害虫密度等条件，一般要具有粮情测控系统、机械通风系统和适合当地气候环境条件的其他保粮手段；

（六）有铁路专用线（专用码头）或公路，交通便利；

（七）经营管理和资信良好，两年内没有违反国家粮食政策法规的记录，没有发生储粮安全及其他安全生产事故；

（八）在提出申请的前两个年度内没有因经营或管理不善连续发生严重亏损。

被取消资格不满3年或者有伪造、涂改、转让资格证书行为的，不授予资格。

第七条　对于承担中央特种储备粮和按照中央储备粮布局要求确需定点的地方，审核机关可将第六条中有效仓容容量的要求降低到1万吨（含1万吨）进行资格审核认定。对于边防、海岛及其它特殊地区企业的核准条件，由国家粮食行政管理部门根据需要确定。

第三章　资格申请和审核

第八条　申请中央储备粮代储资格的企业，需向所在地省级粮食行政管理部门提出书面申请。申请材料包括：

（一）中央储备粮代储资格认定申请审核表；

（二）营业执照复印件；

（三）企业法定代表人以及粮食保管、防治、检验等技术人员基本情况和从业资格证明；

（四）当地粮食行政管理部门对其仓房条件、检测条件、粮仓设备条件等情况的认定资料；

（五）经审计部门或中介机构审核的企业资产负债表和损益表。

第九条 中央储备粮代储资格申请审核工作每年定期进行，具体时间由国家粮食行政管理部门公布。

省级粮食行政管理部门在收到申请企业书面申请材料后5个工作日内作出是否受理的意见，对于不予受理的，应向申请单位说明理由。

申请材料不齐全或者不符合法定形式的，应当在收到书面申请材料后5个工作日内一次告知申请企业需要补正的全部内容，逾期不告知的，自收到申请材料之日起即为受理。

能当场作出受理意见的，应当场书面告知申请单位。

第十条 省级粮食行政管理部门在同意受理之日起15个工作日内，根据规定的资格条件，对上报材料的真实性、完整性提出书面意见。书面意见按要求报国家粮食行政管理部门审核。

第十一条 国家粮食行政管理部门在20个工作日内完成审核，对审核合格的企业发文公布并颁发中央储备粮代储资格证书。对于不符合资格条件的企业，作出不予认定的书面决定并说明理由。

第十二条 中央储备粮代储资格证书有效期为5年，有效期满届满前30个工作日内须按本办法规定的程序提出延续申请。

取得资格但3年内未承储中央储备粮的企业，再承担中央储备粮代储业务时，须按本办法规定程序重新进行资格认定。

第十三条 中央储备粮代储资格证书由国家粮食行政管理部门统一印制，任何单位和个人不得伪造、涂改或转让。

第四章 监督检查与管理

第十四条 国家粮食行政管理部门依法对取得代储资格的企业和中国储备粮管理总公司选定承储中央储备粮代储企业的情况随时进行监督检查。

第十五条 中国储备粮管理总公司根据中央储备粮规模和总体布局方案，从取得中央储备粮代储资格的企业中，择优选定承储中央储备粮的代储企业。

第十六条 中国储备粮管理总公司确定代储企业后15个工作日内将有关情况报国家粮食行政管理部门、国务院财政部门和中国农业发展银行备案，并抄送代储企业所在地省级粮食行政管理部门和中国农业发展银行省级分行。

第十七条　中国储备粮管理总公司安排给代储企业储存的中央储备粮指标数量不能超过获得资格的仓容容量。

第十八条　中国储备粮管理总公司应定期检查承储中央储备粮的代储企业的储存行为，并及时向国家粮食行政管理部门报告。

第十九条　省级粮食行政管理部门应掌握取得中央储备粮代储资格企业的资格变化情况，并及时向国家粮食行政管理部门报告。

第五章　罚　　则

第二十条　代储企业有下列行为之一的，由国家粮食行政管理部门责成中国储备粮管理总公司对其限期改正：

（一）中央储备粮储存安全存在隐患；

（二）未按中央储备粮管理机构的有关规定填报统计报表；

（三）储存中央储备粮不符合质量等级和国家标准要求。

第二十一条　代储企业有下列行为之一的，由国家粮食行政管理部门责成中国储备粮管理总公司对其限期改正，并报告国家粮食行政管理部门，记入中央储备粮代储企业管理档案。情节严重或限期改正后仍不合格的，由国家粮食行政管理部门取消其代储资格，并由中国储备粮管理总公司负责调出其承储的中央储备粮：

（一）违反本办法第二十条规定，情节严重的；

（二）发现中央储备粮的数量、质量和储藏安全等方面的问题不及时处理，发生重大问题不及时报告的；

（三）拒绝、阻挠、干涉国家粮食行政管理部门、国务院财政部门、审计机关的监督检查人员依法履行职责的；

（四）对中央储备粮未实行专仓储存、专人保管、专账记载，中央储备粮账账不符、账实不符；

（五）代储企业提供虚假材料骗取中央储备粮代储资格；

（六）违反本办法第十三条规定，有伪造、涂改、转让资格认定证书行为的；

（七）代储企业发生变化，不能继续满足本办法规定条件。

第二十二条　代储企业有下列行为之一的，由国家粮食行政管理部门取消其代储资格，并由中国储备粮管理总公司负责调出其承储的中央储备粮：

（一）因工作失职或管理不善发生粮食霉变、陈化、油脂酸败、盗窃、火灾等事故，造成经济损失1万元（含1万元）以上；

（二）在中央储备粮中掺杂掺假、以次充好；

（三）挤占挪用中央储备粮贷款、套取中央储备粮差价、虚报冒领中央储备粮费用补贴的行为；

（四）擅自动用中央储备粮，虚报、瞒报中央储备粮数量；

（五）以中央储备粮对外进行担保或者清偿债务；

（六）擅自串换中央储备粮品种、变更中央储备粮储存地点或者转手委托其他单位代储；

（七）拒不执行或者擅自改变中央储备粮收购、储存、销售、轮换计划和动用命令。

第二十三条　国家粮食行政管理部门和省级粮食行政管理部门从事资格审查和管理的工作人员违反本办法规定，给予不具备代储条件的企业中央储备粮代储资格，或者发现中央储备粮代储企业不再具备代储条件而不及时取消其代储资格，以及其他行为给中央储备粮代储资格管理工作造成损失的，依据《中央储备粮管理条例》和国家有关法律法规给予警告直至撤职的行政处分；情节严重的，给予降级直至开除的行政处分；构成犯罪的，依法追究刑事责任。

第二十四条　中国储备粮管理总公司及其分支机构违反本办法规定，选择未取得中央储备粮代储资格的企业承储中央储备粮，或者其他行为给中央储备粮代储资格管理工作造成损失的，由国家粮食行政管理部门责令改正；对直接负责的主管人员和其他直接责任人员，责成中国储备粮管理总公司给予警告直至撤职的纪律处分；情节严重的，对直接负责的主管人员和其他直接责任人员给予降级直至开除的纪律处分；构成犯罪的，依法追究刑事责任。

第二十五条　代储企业违反本办法规定造成损失的，对直接负责的主管人员给予警告直至开除的纪律处分；构成犯罪的，依法追究刑事责任。

第二十六条　属于价格违法行为的，由价格主管部门依照有关规定予以处罚。

第六章　附　　则

第二十七条　本办法实施前已经承储中央储备粮的企业，必须在本办法实施后六个月内向审核机关申请中央储备粮代储资格。未获得资格的，不得再承储中央储备粮。

第二十八条　地方储备粮的承储（代储）资格认定办法，由省级粮食行政管理部门会同有关部门参照本办法制定，并抄送国家粮食行政管理部门备案。

第二十九条　本办法自2004年12月1日起施行。原国家粮食储备局发布的《中央储备粮承储资格审核办法》（试行）（国粮仓储〔1999〕261号）同时废止。

第三十条　本办法由国家发展改革委、财政部、国家粮食局负责解释。

108

国家粮食局通告

国粮通〔2004〕3 号

《中央储备粮代储资格认定办法实施细则》已经国家粮食局局长办公会讨论通过，现予发布，自 2004 年 12 月 1 日起施行。特此通告。

国家粮食局

二〇〇四年十一月二十三日

中央储备粮代储资格认定办法实施细则

国家粮食局

2004 年 11 月 23 日

为规范中央储备粮代储资格的认定行为，依据《中央储备粮管理条例》和《中央储备粮代储资格认定办法》（以下简称《办法》），制定本细则。

第一章 中央储备粮代储资格的申请

第一条 中央储备粮代储资格的申请实行属地化管理。拟取得中央储备粮代储资格的企业应向所在地省级粮食行政管理部门提出申请。粮食类、油脂类代储资格须分别申请。

国务院国有资产监督管理委员会和新疆生产建设兵团管理的企业分别向国务院国有资产监督管理委员会管理的企业集团和新疆生产建设兵团粮食管理部门提出申请。

第二条 中央储备粮代储资格申请表格从国家粮食局政府网站（www.chinagrain.gov.cn）下载。

第三条 申请企业必须保证申请资料的真实完整。申请资料应包括纸质文本和电子文本，两者的内容和格式应一致。纸质文本应使用 A4 纸打印（总平面示意图除外）。电子文本应使用中央储备粮代储资格认定申请系统制作。其中纸制文本一式四份，电子文本一份。

第四条 申请企业应配备专职的粮食保管、防治和检验人员，其数量应达到以下规定：

粮食类：2.5 至 5 万吨（含 2.5 万吨，不含 5 万吨，下同）仓容，检验人员不少于2人，保管（含防治）人员不少于4人；5至10万吨仓容，检验人员不少于3人，保管（含防治）人员不少于7人；10万吨以上仓容，检验人员不少于4人，保管（含防治）人员不少于10人。

油脂类：0.3万吨至5万吨（含0.3万吨，不含5万吨，下同）容量，检验人员不少于2人，保管人员不少于2人；5万吨以上容量，检验人员不少于3人，保管人员不少于3人。

第五条 同一企业不同库区仓房可以一并申请，同时必须在申请资料中详细说明库区间的距离和相关情况。

第六条 申请企业提供的数据应与国家粮食局年度仓储设施统计数据一致。如数据不一致或没有上报仓储设施统计数据的需说明理由。

第七条 申请企业的仓房条件、检测条件、粮仓设备条件由县级及县级以上粮食行政管理部门根据国家有关规定核定。核定单位对核定结果负责。

第二章 中央储备粮代储资格的受理核报

第八条 省级粮食行政管理部门和相关单位应建立健全规范的中央储备粮代储资格受理工作制度和工作程序，并向社会公布负责中央储备粮代储资格受理工作的机构和联系方式。

第九条 省级粮食行政管理部门和相关单位对申请企业提交的资料审查后提出书面意见上报国家粮食局。

省级粮食行政管理部门和相关单位上报的资料应包括：

一、企业的全部申请资料，其中纸质文本一式三份，电子文本一份；

二、申请企业汇总表；

三、省级粮食行政管理部门和相关单位建议授予或不授予的意见以及受理情况的说明；

四、其他应说明的情况。

第十条 在《办法》施行之后，由于出现《办法》第三条规定的特殊条件，需要代储中央储备粮而又未取得中央储备粮代储资格的企业，应在粮食入库后立即向国家粮食局备案。

第十一条 已经取得中央储备粮代储资格的企业，有效期届满，如需延续中央储备粮代储资格，应在有效期届满前30个工作日提出延续申请。

第十二条 提出延续申请的企业应向国家粮食局提出，并同时提交以下文件：

一、延续申请的报告；

二、中央储备粮存储记录；

三、企业仓储设施变化情况；

四、企业人员变化情况；

五、其他应说明的情况。

第三章　中央储备粮代储资格的审核

第十三条　中央储备粮代储资格认定受理工作于每年五月和十月的第三个星期一开始后的10个工作日内进行。

第十四条　中央储备粮代储资格的审核实行专家评审制度。由专家评审委员会对企业的申请资料进行评审并提出是否授予中央储备粮代储资格的建议后，报国家粮食局批准。

第十五条　国家粮食局建立由粮食储藏、粮食检验、粮库建设、仓储管理和财务管理等方面的专业人员组成的专家库。组成评审委员会的专家从专家库内抽取，评审委员会由不少于5人的单数组成。

第十六条　国家粮食局接到上报资料后的20个工作日内完成审核工作。因特殊原因不能按时完成的，经批准可适当延长审核时间，但最长不能超过30个工作日，并告知申请企业。

第十七条　中央储备粮代储资格认定审核实行公示制度。国家粮食局将审核结果在国家粮食局政府网上公示，公示期限为7个工作日。

第十八条　各级粮食行政管理部门及相关单位、申请企业和其他有关单位有义务对公示期间反映的问题进行核实和澄清。

第十九条　经审核取得中央储备粮代储资格的企业由国家粮食局发文认定，并颁发中央储备粮代储资格证书，相关信息同时在国家粮食局政府网和其他指定媒体公布。

第二十条　经审核对决定不授予中央储备粮代储资格的企业，由国家粮食局正式函告申请企业并抄送省级粮食行政管理部门和相关单位。

第二十一条　未取得中央储备粮代储资格且对审核过程或结果有异议的企业，可依法提起行政诉讼或申请行政复议。

第四章　中央储备粮代储资格的管理

第二十二条　取得中央储备粮代储资格的企业应在企业明显位置悬挂中央储备粮代储资格证书。当存储中央储备粮后，应在存储中央储备粮仓房的明显位置挂牌明示。挂牌的具体办法由中国储备粮管理总公司制定。

第二十三条　中国储备粮管理总公司应对承储中央储备粮的代储企业储存行为进行定期检查，并向国家粮食局和有关部门通报检查结果。省级粮食行政管理部门和相关单位应及时掌握取得中央储备粮代储资格企业资格条件的变动情况，并及时向国家粮食局报告。

第二十四条　取得中央储备粮代储资格的企业资格条件发生重大变化，已不符合《办法》有关规定时，该企业应及时向省级粮食行政管理部门或相关单位以及国家粮食局报告。

第二十五条 被取消中央储备粮代储资格企业的中央储备粮代储资格证书由省级粮食行政管理部门或相关单位统一销毁。

第二十六条 取得中央储备粮代储资格的企业遗失中央储备粮代储资格证书后应及时向省级粮食行政管理部门报告，并在指定的媒体上登载遗失声明，同时向国家粮食局提出补办证书的申请。

第五章 附 则

第二十七条 本细则自 2004 年 12 月 1 日起施行。

第二十八条 以下附件为本细则的组成部分：

一、《中央储备粮代储资格申请表（粮食类）》

二、《中央储备粮代储资格申请表（油脂类）》

三、《中央储备粮代储资格认定省级管理表》

第二十九条 本细则由国家粮食局负责解释。

十八　郑州粮食批发市场

109

国务院批转商业部等八部门关于试办郑州粮食批发市场报告的通知

国发〔1990〕46号

国务院同意商业部等八部门《关于试办郑州粮食批发市场的报告》，现转发给你们，请认真研究执行。

试办郑州粮食批发市场，是深化粮食流通体制改革的重要尝试，涉及面广，政策性强。商业部和河南省人民政府要通力协作，加强领导，及时研究解决试办过程中出现的问题，并负责制订、实施郑州粮食批发市场交易管理规则；有关地方政府和国务院有关部门要积极给予支持，密切配合，共同办好郑州粮食批发市场。

国务院

一九九〇年七月二十七日

关于试办郑州粮食批发市场的报告

商业部　农业部　财政部　国家体制改革委员会　国务院发展研究中心

国家工商行政管理局　国家物价局　国家税务局

1990年7月4日

根据国务院《关于加强粮食管理稳定粮食市场的决定》中关于“逐步建立粮食批发市场，有秩序地组织市场调节”，“省间调剂必须进场成交，价格由供求双方议定”的要求，我们同国内一些专家就在河南省郑州市试办粮食批发市场问题进行了座谈，征求了有关部门的意见，并在全国夏粮会议上作了专门讨论。现将情况和意见报告如下：

目前，国家合同定购以外的商品粮，每年约六百亿公斤左右（贸易粮）。但是，议价粮食的购销既无有组织、有限制、规范化的批发市场，又缺乏计划指导和宏观调控，粮食市场时常处于混乱状态。囤积居奇、封锁垄断、哄抬价格和转手倒卖的情况较为严重。治乱的办法是把议价粮食纳入规范化的批发市场，整顿粮食交易，规范企业行为，建立市场秩序，做到“管而不死，活而不乱”。因此，通过试点，尽快建立我国的粮食批发市场已显得十分迫切和必要。在郑州试办小麦粮食批发市场，就是要有计划有步骤地把省间议价小麦纳入批发市场进行交易。第一步是河南调出省外的议价小麦全部进场交易，江苏、安徽、湖北调出省外的议价小麦部分进场交易。第二步是所有省间调剂的议价小麦全部进场交易。试验期暂定为三年。试办郑州粮食批发市场的具体意见如下：

一、郑州粮食批发市场的市场管理机构是非盈利性的服务性事业单位，列入河南省事业编制。市场机构服务费收入归省财政。市场建设要因陋就简。开办费和市场的日常收支差额由河南省人民政府负担，试办初期商业部给予一定补助。

二、进入郑州粮食批发市场交易的小麦价格（包括收购价、批发价、零售价），由商业部和国家物价局根据粮食供求状况、国家有关政策规定，制定上限价格和下限价格。具体交易价格通过市场公开竞争形成。郑州批发市场可以通过价幅和购额限制、配额指导、吞吐小麦等调节价格，当市场小麦价格超过上限或低于下限时，其成交无效。

三、进入郑州粮食批发市场成交的小麦，由市场管理机构签发准运证，交通运输部门要给予支持。对有准运证的小麦出境，各级地方政府一律不得封锁。

四、进入郑州粮食批发市场的粮食批发企业，禁止在郑州进行场外批发交易。违者按郑州粮食批发市场管理办法予以处罚。

五、在郑州粮食批发市场现货批发的基础上，根据市场交易章程，允许远期合同在场内转让，但必须同现货交易严格区分。

六、对进入郑州粮食批发市场购粮的各省、自治区、直辖市，商业部要有配额指导，以免影响全国市场安排。

七、进入郑州粮食批发市场的粮食批发企业，须由县级以上粮食行政部门同意、工商行政管理机关核准登记，并经商业部批准。今后向农民收购粮食，只允许经过批准登记的粮食批发企业，在本省、自治区、直辖市区域内，按照当地人民政府的有关规定进行。种子粮的收购仍按国务院现行有关规定办理。

八、建立一定数量的中央市场调节粮（小麦），用于郑州粮食批发市场抛售。粮源可由商业部委托中国粮食贸易公司收购一部分议价粮。同时，逐步修建一些必要的仓储运输设施。

110

中国郑州粮食批发市场交易规则[①]

第一章　总　　则

第一条　为了保证中国郑州粮食批发市场（以下简称“市场”）粮油现货交易活动正常进行，保障交易当事人的合法权益，根据国家有关法律、法规、政策，制定本规则。

第二条　市场由国务院批准设立，依照国家有关法律、法规、政策和本规则组织、监理粮油现货交易活动，并提供场所、设施、结算、信息、培训等相关服务。

第三条　市场按照公开、公平、公正的原则组织交易。

第四条　市场坚持非营利性原则，市场及其工作人员不从事本市场的交易活动。

第五条　市场开展场内交易和计算机网络交易。

第六条　市场及其工作人员和交易当事人必须遵守本规则。

第二章　会　　员

第七条　市场实行交易会员制。

第八条　会员必须具备下列条件：

（一）在中华人民共和国境内注册登记、符合国家有关政策规定，从事粮油商品生产、经营、加工等业务的企业法人；

（二）注册资本金在100万元人民币以上；

（三）具有完善的组织机构，健全的财务制度，良好的商业信誉，无违法记录；

（四）承认并遵守本规则及市场有关管理制度。

第九条　凡符合第八条规定条件的企业均可向市场提出申请，并提交工商行政管理部门颁发的企业法人营业执照（副本）、注册资本审验证明书、年度审计报告和市场要求提供的其他文件，经市场批准后，取得会员资格。

第十条　会员的权利：

①根据国家粮食储备局、河南省人民政府国粮〔1999〕60号文件，国家粮食储备局、河南省人民政府于一九九九年三月四日同意发布施行《中国郑州粮食批发市场交易规则》。

（一）直接参与市场组织的交易活动；

（二）接受非会员委托进行交易；

（三）享受市场提供的各项服务；

（四）对市场工作进行监督、提出批评或建议；

（五）可按规定程序退会。

第十一条 会员的义务：

（一）严格履行合同；

（二）接受市场的监督和管理，遵守各项规章制度；

（三）向市场缴纳会员资格金。

第十二条 会员单位可委派一至三名交易代表参与交易活动。

第十三条 交易代表应具备以下条件：

（一）年满十八周岁、具有完全行为能力的中华人民共和国公民；具有大专以上学历，经市场专业培训并获得培训合格证书；

（二）品行良好。

第十四条 凡符合第十三条规定条件者，出具有关证明或证书，并出具所代表的会员单位签章和法定代表人签字的授权书；经市场审核批准，发给交易代表证书。

第十五条 交易代表全权代表其所代表的会员单位在市场进行交易活动。交易代表在市场签定的合同具有法律效力。

第十六条 会员单位变更交易代表，应及时书面报告市场。市场在接到变更通知后，原交易代表的授权即行终止；新授权的交易代表，经市场审核批准后开始履行交易代表职责。

第三章 交 易

第十七条 市场开展粮油（及其加工品、副产品）现货商品及其他农副产品的交易。

第十八条 交易时间为每周一至周五，法定节假日除外。具体交易时间由市场确定。

第十九条 市场的交易分为场内交易和计算机网络交易。场内交易是在市场交易厅内进行的交易，包括协商交易、竞价交易、组合交易和约定交易等；网络交易是通过计算机网络交易系统进行的交易，包括选择交易、协商交易、竞价交易、现货仓单交易、现货选择权交易等。

第二十条 市场的交易活动必须按照市场确定的交易方式进行。

第二十一条 市场的交易价格由供求关系决定，不得有不正当的价格行为。

第二十二条 市场交易的报价货币为人民币，计量单位为吨，报价单位为元/吨。

第二十三条　买卖双方成交后签订由市场制订的统一格式的合同。

第二十四条　按照本规则达成的合同具有法律效力。签订合同的双方须承担合同规定的权利和义务。市场有权对履约情况进行监督。

第二十五条　现货合同可按市场规定程序公开转让。合同转让一旦达成，履行合同的权利和义务随之转移。

第二十六条　市场的成交价格、成交数量等信息由市场统一发布。

第四章　业务委托

第二十七条　会员的自营业务必须与代理业务分开，并实行代理业务优先的原则。

第二十八条　客户有权自主委托会员在市场进行交易。

第二十九条　会员从事代理业务，须按照公平合理的原则与客户签订代理协议，对所代理的客户负责并承担相应的经济责任。会员从事代理交易业务时，成为合同的一方享有合同规定的权利并承担相应的义务和责任。

第三十条　会员可向客户收取代理佣金，其数额或比例由双方协商确定。

第三十一条　市场有权对会员的代理业务进行监督检查。

第五章　保证金

第三十二条　市场实行交易保证金制度。

第三十三条　合同达成后，交易双方向市场缴纳保证金，其数额为合同成交额的 3～15％。履约风险加大时，市场有权要求买卖双方或其中一方追加保证金。

第三十四条　合同履行完毕后，市场将保证金退还买卖双方。

第六章　结　　算

第三十五条　会员在市场寄存一定数额的结算准备金后方可进行交易，利息归会员所有。结算准备金用于划转保证金、货款和手续费等。

第三十六条　通过市场成交的现货交易合同，由市场结算。特殊情况下，由双方申请、并经市场同意也可以自行结算。

第三十七条　市场结算须按下列程序办理：

（一）在合同签订后，买方须在 7 日内将全额货款汇入市场结算帐户；货物分批发运的，也可按运输计划数量在运输计划批准后 7 日内将货款分批汇入市场结算帐户；

（二）市场收到买方货款后通知卖方发货；

（三）卖方发货后，市场凭有关凭证从买方货款中划拨 80％给卖方，余款在合同完全履行、商务纠纷处理完毕后结清；

（四）买方货款在市场结算帐户的利息归买方所有。

第三十八条 买方未按第三十七条规定的时间和数额将货款汇入市场的，或卖方未按合同规定时间和数量发货的，按违约处理，市场不再承担结算责任，并通知对方。

第三十九条 合同达成后，买卖双方各按成交金额的1～1.5‰向市场缴纳交易手续费。

第七章 交 割

第四十条 市场成交的现货合同实行实物交割制。

第四十一条 粮油品种、质量、包装物等按照国家标准或约定样品执行。

第四十二条 实物交割中出现的商务纠纷，首先由双方根据合同规定的条款、按照国家现行的有关规定协商解决，可申请市场调解。经市场调解达成一致意见的，双方签订调解协议书；达不成一致意见的，可通过法律程序解决。

第八章 违约与违规处理

第四十三条 由于市场工作人员失职、渎职原因给会员造成的损失，由市场负责赔偿。

第四十四条 交易者不履行合同规定条款的，视为违约。违约责任确定后，市场有权将违约方保证金直接划给对方，以违约方全部保证金为限。

第四十五条 由于不可抗力原因造成未能履行合同规定义务的，不追究违约责任。

第四十六条 会员单位或交易代表违反本规则或有关规定的行为属于违规。市场将视违规情节轻重，给予警告、严重警告、罚款、暂停交易、中止或取消会员资格等处罚，并向会员通报。

第九章 附 则

第四十七条 市场管理委员会可依据本规则制定有关业务细则。

第四十八条 本规则自批准之日起生效。在此之前公布的有关规定与本规则不一致的，以本规则为准。

111

郑州粮食批发市场交易管理暂行规则

〔90〕商贸粮联字第209号

第一章　总　　则

第一条　为了发展社会主义有计划商品经济，把计划经济和市场调节有机结合起来，根据国务院批准试办郑州粮食批发市场的文件精神，制定本规则。

第二条　郑州粮食批发市场（以下简称郑州市场）是商业部和河南省人民政府合办、面向全国的省际间议价粮食交易的重要场所。

第三条　郑州市场的交易实行公开、平等、公正的原则，是竞争性、规范化的市场。

第四条　郑州市场是非营利的服务性事业单位。

第五条　郑州市场的交易以粮食现货批发交易为主，开办远期批发交易，组织部分合同在场内有规则地转让。

第六条　郑州市场的工作人员和交易人员必须遵守国家法律、政府法令和政策，必须遵守本规则。

第二章　领导机构

第七条　郑州市场的领导机关是商业部和河南省人民政府。

第八条　商业部会同财政部、农业部、铁道部、国家经济体制改革委员会、国务院发展研究中心、国家工商行政管理局、国家物价局、国家税务局成立协调领导小组，协调处理郑州市场运行中所涉及的部门、地区之间的关系和问题。协调领导小组在商业部中国粮食贸易公司设置办公室，处理日常工作。

第九条　商业部对郑州市场行使下列职权：

（一）审批交易会员；

（二）审定交易品种、交易方式；

（三）会同国家物价局确定交易的年度指导价格；

（四）通过省（自治区、直辖市）粮食主管部门核定会员企业年度指导性购买配额；

（五）派出驻场特派员，对郑州市场进行监督指导。

第十条　商业部、河南省人民政府组织河南省粮食、工商、物价、金融、财政、计划、税务、铁路、交通等部门同商业部粮食综合司、粮食管理司、粮食储运司、财会物价司、基储司、商业信息中心和中国粮食贸易公司联合成立郑州市场管理委员会，行使政府对市场的监督和管理职能。负责协调处理郑州市场重要的交易和管理问题。市场管理委员会在河南省粮食局设置办公室，处理日常工作。

第三章　工作机构

第十一条　郑州市场实行主任负责制，主任和副主任由河南省人民政府按干部管理权限任命。

第十二条　郑州市场设置下列职能工作机构：

（一）综合部：负责协调市场的日常行政工作；

（二）交易一部：负责现货和远期合同成交；

（三）交易二部：负责合同转让；

（四）信息部：负责统计、分析和发布市场信息，以及市场信息系统的建设和管理工作；

（五）结算部：负责审查会员资信，收取交易保证金和手续费，协助买卖双方结算；

（六）交割部：负责签发准运手续，监督实物交割，协调处理货物交割过程中的商务事故；

（七）公关部：负责宣传、联络、教育和培训工作；

（八）监察部：负责监督、调解和处罚。

第十三条　郑州市场主任根据需要可以组织成立临时工作小组。

第四章　会　　员

第十四条　郑州市场实行会员制。

第十五条　符合条件的粮食商业批发企业、粮食生产企业和以粮食为原料的加工企业，均可申请为会员。

第十六条　会员必须具备下列资格：

（一）具有独立法人资格、自主经营或购销粮食的经济实体；

（二）拥有资本金三十万元以上；

（三）年度能提供或购买议价粮食（小麦或面粉折小麦）二百五十万公斤以上；

（四）有两年以上经营或购、销议价粮食业务的经历，并能守法经营；

（五）拥有或租用与其粮食经营业务相适应的设施；

（六）商业信誉好，有县、市以上工商、银行、税务和审计部门的证明。

第十七条　凡具备第十六条规定资格的企业，均可向省、自治区、直辖市粮食主管部门提出申请，经省、自治区、直辖市粮食主管部门初审后，报送郑州市场管理委员会复审，经商业部批准后，到市场登记、注册，取得会员资格。

第十八条　郑州市场的交易会员分为下列两种：

（一）粮食经营企业会员可以从事自营买卖和代理买卖；

（二）粮食生产企业会员只能销售自产粮食，不能购进；粮食加工企业会员只准购进所需原料，加工成品出售，不准转销原料粮。

第十九条　会员有下列权利：

（一）直接进场交易；

（二）享受市场提供的信息服务；

（三）对市场各项交易规则、制度有权提出修改、补充意见；

（四）对市场交易活动和管理服务工作有监督、建议、批评权。

第二十条　会员有下列义务：

（一）严格履行交易合约；

（二）接受市场的监督和管理，遵守市场各项规章制度；

（三）向市场交纳一次性资格保证金一万元人民币。

第二十一条　会员可委派一至三名出市代表进场交易。出市代表的条件是：

（一）必须是会员单位正式职员，具有一定的粮食业务知识；

（二）必须经过指定单位举办的批发市场专业知识培训，取得合格证书；

（三）没有任何经济犯罪和刑事犯罪记录。

第二十二条　凡符合第二十一条规定条件者，须持所在企业法人代表委托书，经郑州市场管理委员会审查批准，发给出市代表证书，方可进场交易。

第二十三条　出市代表证书不得买卖、转借、涂改、伪造。

第二十四条　出市代表全权负责所代表企业在场内的交易活动，所签合同具有法律效力。

第二十五条　会员变更法人代表时，在变更后一个月内向郑州市场管理委员会备案。变更或增加出市代表，须提前十五天向郑州市场管理委员会备案。原出市代表在了结各项手续后退场。

第五章　会员协会

第二十六条　郑州市场的会员成立会员协会。会员协会是自我教育、自我管理、反映会员意见、维护会员权益的组织。

第二十七条　协会理事由会员代表大会选举产生。理事会由十五名协会理事和公共理事组成。理事会选举产生会长一名，副会长若干名。

第二十八条 会员协会具体章程由会员协会根据第二十六条、第二十七条规定另行制定。

第六章 交易规则

第二十九条 郑州市场的开市品种为小麦（含面粉），新增品种由商业部审批。

第三十条 郑州市场的交易采取三种形式：

（一）现货交易，即六个月以内交割的交易；

（二）远期合同，即六个月以上不超过十二个月交割的交易；

（三）合同转让，即在场内的合同转让。

第三十一条 郑州市场设置相应的交易厅及其交易设施。会员在郑州市场的交易活动一律在交易厅内进行，禁止厅外成交。

第三十二条 郑州市场的现货、远期合同和合同转让交易，市场确认后具有法律效力。交易达成后买卖双方必须严格履约，在经法定程序变更以前，卖方不得拒售，买方不得拒收。

第三十三条 郑州市场的成交方式为拍卖和协商买卖两种：

（一）拍卖，即由卖方提前向市场提交拍卖品种、数量、质量、样品、交货地点、交货时间、运输方式、包装价格等资料和实物，由市场统一组织拍卖；

（二）协商买卖，即由买卖双方在场内协商定价，签订合同，经市场登记确认，合同生效。

第三十四条 郑州市场的成交合同有下列两种：

（一）标准化合同；

（二）非标准化合同。

合同样式由市场统一制定。

第三十五条 合同的转让，必须在交割期两个月以前由郑州市场公开组织进行。合同转让交易一旦达成，履行合同的权利和义务随之转移。

第三十六条 粮食品种质量、粮食包装物按国家标准或专业标准（部颁标准）执行。

第三十七条 郑州市场实行国家指导性年度购买配额制。年度配额在五千万公斤以上的省、自治区、直辖市购买粮食，一个月的购买量不得超过年度配额总量的三分之一。

第三十八条 出市代表和工作人员进场须着专用交易工作服装。

第七章 价 格

第三十九条 郑州市场的法定报价货币为人民币，粮食计量单位为公斤，报价单位为元、角、分、厘/公斤，叫价幅度为1厘/公斤。

第四十条　现货和远期合同成交的价格不得突破国家指导价格的上限和下限。

第四十一条　郑州市场每一个开市日的成交价格，不得高于或低于前一个开市日平均价的一定幅度，突破价幅限制时，市场停市。市场每一个开市日价幅的制定、调整和公布由郑州市场管理委员会负责。

第四十二条　郑州市场的成交价格、成交数量等信息征得有关主管部门同意后，由市场统一发布。

第八章　结　　算

第四十三条　在郑州市场成交的合同，实行市场监督下的买卖双方自行结算制度。在条件允许的情况下，买卖双方可委托市场代办结算。

第四十四条　郑州市场实行基础保证金、追加保证金制度：

（一）基础保证金，即买卖双方在每成交一笔交易后，按成交金额的百分之五向市场交纳；

（二）追加保证金，即当粮食市场价格发生大幅度波动，基础保证金已不能有效保证履约时，市场可根据价格升降情况向买卖双方或某一方收取追加保证金。

第四十五条　基础保证金和追加保证金用于保证合同的履行，合同履行无误后，市场将保证金的本息归还交纳者。

第四十六条　买卖双方在合同成立后，各按成交金额的千分之一至一点五，向市场交纳交易手续费。不同时期的手续费具体执行数额由市场管理委员会根据市场情况和批发市场提供的服务情况确定。

第九章　交　　割

第四十七条　郑州市场成交的合同实行实物交割。货物在合同所确定的火车站车板或港口船舱交货。

第四十八条　在合同规定的交割期前两个月，由卖方持市场管理机构签发的准运证向当地粮食调运主管部门申报运输计划，安排运输。郑州市场暂时代办向河南省外发运粮食的运输计划。

第四十九条　买卖双方必须严格按照成交样品的等级、规格、质量交收货物，否则按违约处理。

第五十条　货物交割中的商务事故按照商业部《粮油调运管理规则》的有关规定处理。

第十章 代 理

第五十一条 做为会员的粮食商业批发企业有权从事代理业务。

第五十二条 会员所进行的代理业务必须向市场申明，交验代理协议。自营和代理业务的帐务必须分开。

第五十三条 市场只对会员负责，代理者必须对被代理者全面负责。

第五十四条 被代理者可以自由选择代理者，代理的条件由代理者和被代理者本着公正、合理的原则协商确定，签订代理协议。

第五十五条 代理者可以向被代理者收取代理拥金，佣金限额（含向市场交纳的手续费）最高不得超过成交金额的千分之四。

第五十六条 市场有权对代理业务进行检查监督。

第十一章 监督、调解、处罚

第五十七条 郑州市场必须积极、严谨、高效为会员服务，凡是由于市场工作人员失职、渎职给会员造成的损失，完全由市场予以赔偿。

第五十八条 郑州市场的工作人员必须主持公道、清正廉明，对于徇私舞弊、违法乱纪者，按照对干部、职工的管理权限，由有关部门予以处理。

第五十九条 交易者不严格履行合同所定各项内容的，均为违约。发生违约，首先由买卖双方协商解决，当双方不能达成一致意见时，由市场依法予以调解。调解不服者，按法定程序由有关执法部门处理。

第六十条 合同的变更和解除由买卖双方依法协商处理，变更和解除情况报市场备案。

第六十一条 市场建立会员交易档案，定期审查、公布会员的履约情况，鼓励会员信守合同，严格履约。

第六十二条 出市代表必须持证进场交易，必须遵守市场的各项交易规则，接受市场监督。

第六十三条 出市代表必须遵守下列规则：

（一）不准扰乱和影响场内正常的交易秩序；

（二）不准操纵、垄断市场；

（三）不准私下秘密交易；

（四）不准冒名顶替；

（五）不准伪造、转借、涂改、买卖各种交易凭证和文件。

第六十四条 凡违反第六十三条的条款之一者，除需提交有关执法部门处理的以外，市场有权视情节轻重，给予处罚。

第六十五条 郑州市场对会员和出市代表的资格实行年审制，并记录备案。

第十二章　附　　则

第六十六条　郑州市场管理委员会可根据本规则制定实施细则。

第六十七条　本规则的解释权归商业部和河南省人民政府。

第六十八条　本规则自发布之日起施行。

商业部
河南省人民政府
一九九〇年九月二十八日

112

郑州粮食批发市场《交易管理暂行实施细则》

〔90〕商贸粮联字第209号

第一章　总　　则

第一条　根据《郑州粮食批发市场交易管理暂行规则》的有关规定，制定本细则。

第二条　本细则适用于郑州粮食批发市场（以下简称郑州市场）会员在本市场的一切交易活动。

第三条　郑州市场的会员和工作人员必须遵守本细则。

第二章　交易地点、时间

第四条　市场暂设于河南省郑州市嵩山南路22号。

第五条　开市日为每周的星期一、三、五。开盘时间为9:00—11:00；15:00—17:00。国家法定节假日（元旦、春节、国际劳动节、国庆节）除外。

第三章　交易品种和质量标准

第六条　郑州市场的开市品种为各类、各等级小麦和面粉。带有传播性病毒的粮食不准在市场交易。种籽粮不在郑州市场交易。

第七条　上市粮食的品质等级按现行国家标准的规定执行，没有国标的按部颁标准执行，没有国标、部标的按卖方地方标准执行。

标准等级以外的粮食由买卖双方协商确定。

第四章　交易方式

第八条　郑州市场的交易方式为拍卖和协商买卖两种，交易者均可利用。在每场交易中先拍卖，后协商买卖。两种交易方式均须在市场交易厅内进行。

第九条　由卖方提前二至五天向市场交易部提交：

1. 拍卖委托书。内容包括：（1）拍卖总量；（2）拍卖起点数量和品种、质量；（3）交货时间；（4）交货地点；（5）运输方式；（6）自营或是代理；（7）结算方式；（8）包装及包装价格；（9）拍卖起点价格。起点价格必须参照近日限制价幅填报，若起点价格超出拍卖日限价幅时，市场不予拍卖。

2. 拍卖样品。按现行粮食检验取样规定提交样品 2 公斤，做为审核质量等级的参考依据。

第十条　市场在受理卖方拍卖委托后，通知卖方出市代表该批粮食的拍卖时间。卖方出市代表届时必须到场参加拍卖。

第十一条　拍卖顺序按交割月份由近及远依次排列。同一月份的拍卖按提交委托书的先后依次进行。

第十二条　市场提前一天在市场内公布下一拍卖日的拍卖顺序、时间、数量、质量、交割期等相关资料。

第十三条　卖方在开市 30 分钟前，可以调整拍卖起点价格和起点数量，但调整不得超过两次。

第十四条　每场拍卖前，在交易厅内展示样品，用醒目字牌标明卖方的代号和样品的产地、品种、等级、数量、交货时间、交货地点、交货方式、结算方式、包装及包装价格等相关资料。

第十五条　凡是有购买权的会员，其出市代表均可着交易市场专用服装、持证进场交易。

第十六条　拍卖由交易主持人主持，由记录员、卖方出市代表和市场监督人员予以协助。

1. 主持人负责叫价和成交拍板。

2. 记录员记录成交双方代号、成交价格、品种、数量、时间等内容。

3. 卖方出市代表临场协助拍卖，必要时做出选择决定。

第十七条　拍卖时，由主持人根据卖方所报起点价格，由低到高叫价，价格的上升幅度最低为 1 厘/公斤。

第十八条　叫价后，有意购买者高举左手示意。如有两位以上买主举手示意购买，价格继续上叫，直至叫到只有一人举手示意购买时，由购买者报出自己的代号和购买数量，停留 30 秒钟，主持人拍板宣布成交。

第十九条　当叫至某价位，有两位以上买方举手，而叫至下一个价位，无人举手示意购买时，由卖方出市代表按买方所报数量多少为序，依次成交。

第二十条　买方的购买数量必须在卖方拍卖起点数量之上（包括起点数量）。

第二十一条　买方的购买数量少于拍卖总量，但多于或等于起点数量时，在举手示意购买的同时，喊出购买数量。

第二十二条　拍卖成交后，由传递员携带拍卖记录、带领买卖双方到签约间，在签约监督员的监督下，当即签订合同。

第二十三条　协商买卖是买卖双方在交易厅内本着自愿、平等的原则，通过协商达成的交易。

第二十四条　协商买卖在市场统一组织安排和参与下进行。

第二十五条 买卖双方协商议定的价格，不得超过当日价幅限制。

第二十六条 买卖双方协商达成交易后，到签约间，在签约监督员的监督下，当即签订合同。

第五章 价格和价幅

第二十七条 郑州市场的拍卖价格为发货站车板、港口船舱交货价格，协商买卖的价格形式由买卖双方议定。

第二十八条 每一开市日的价格限制幅度由市场管理委员会根据国家有关政策和市场供求情况以及前一开市日的价格水平确定，提前一天公布。

第六章 购买配额

第二十九条 郑州市场实行购买配额限制。各省、自治区、直辖市会员企业在本市场的购买总量不超过商业部所核定的指导性购买配额总量限制。

年度配额在1000万公斤以下的会员允许在一个月内购完；年度配额在3000万公斤以下的会员月购买量不得超过年配额的1/2；年度配额在3000万公斤以上的会员月购买量不得超过年度配额的1/3。

第七章 合　　同

第三十条 合同期限为一至十二个月。六个月（含六个月）以内的合同为现货合同。六个月以上、十二个月（含十二个月）以内的合同为远期合同。

第三十一条 合同单位数量为50吨，成交量必须是50吨的整倍数。

第三十二条 交割月份的每日均为交割日。

第三十三条 合同式样由市场统一规定、统一印制。

第三十四条 市场认可合同的主要依据是：

1.《中华人民共和国经济合同法》；

2.《农副产品购销合同条例》；

3.《郑州粮食批发市场交易管理暂行规则》和本细则的规定。

第八章 保证金和手续费

第三十五条 资格保证金：会员企业在郑州市场注册登记时，交纳一次性资格保证金一万元人民币。自动退出市场、终止会员资格时，资格保证金本息如数退还。

第三十六条 基础保证金：合同签订后，买卖双方必须在五日内到市场结算部交纳基础保证金。否则，市场取消合同认可。

基础保证金的收取数额为成交金额的5%。

第三十七条 追加保证金：自合同生效之日起到交割日止，如果市场价格发生较大幅度波动，基础保证金不能有效保证履约时，市场有权向买卖双方或某一方收取追加保证金。买卖双方或某一方在收到交纳追加保证金的通知后，必须在2日内如数汇出应交数额。否则，按违约处理。

第三十八条　在合同签订后五日内买卖双方各按成交金额的1～1.5‰向市场结算部交纳手续费。不同时期手续费的具体执行数额由市场管理委员会根据市场情况和批发市场所提供的服务情况确定。

第九章　代　　理

第三十九条　粮食经营企业会员可以从事代理业务。但不得代理非粮食经营、生产和加工企业。会员单位的任何个人和出市代表均不得以个人名义从事代理业务。

第四十条　被代理者自由选择代理者。代理的条件本着公正合理的原则，由双方协商确定，签订代理协议。代理者必须对被代理者负责。

第四十一条　代理者可以向被代理者收取代理佣金，其数额包括向市场交纳的手续费在内，不得超过成交金额的4‰。

第四十二条　代理者可以向被代理者收取保证金。

第四十三条　代理者的代理业务和自营业务必须分开，内部帐务分设。

第四十四条　代理买卖必须在场内成交，不得在场外成交。

第四十五条　代理者不得蒙骗、敲诈被代理者，否则，被代理者有权向市场监察部申诉，市场负责调查和处罚。

第四十六条　市场有权对代理业务进行检查监督。

第十章　合同转让

第四十七条　如果买卖双方或某一方由于生产经营和市场上发生重大变化致使履约发生困难时，可以由市场统一组织转让合同，但合同转让不得以投机谋利为目的。

第四十八条　合同转让必须在合同生效以后至开始交割的六十天以前进行。

第四十九条　合同转让可以转让货物数量的全部或部分。

第五十条　合同的转让方向市场交易部提交合同转让书，市场在场内张榜公布，招揽受让方。受让方必须是市场的会员。

第五十一条　会员有意受让合同时，向市场交易部提出，由市场安排专门时间进行。合同的转让方和受让方协商转让条件，签订转让协议，经市场确认后生效。

第五十二条　合同转让不得损害原合同对方利益。合同转让不得变更合同所确定的商品数量、质量和价格。交货地点、时间、装具等其它条款的变更必须征得原合同对方的同意。合同转让不能成交时，转让方必须履行合同。

第五十三条 经市场同意，可以有偿转让合同。

第五十四条 合同一经转让，履约责任和义务随之转移，市场向转让方清退保证金本息，核收受让方的保证金和相应的手续费。

第十一章 交 割

第五十五条 郑州市场成交的合同实行实物交割。由卖方负责运输事宜，在合同规定的火车站车板或港口船舱交货。

第五十六条 市场管理机构对合同认可后签发准运证。卖方持准运证及时向当地粮食调运主管部门申报运输计划，安排运输。

凡是由郑州铁路局向河南省外发运的货物，均可委托市场代办铁路运输计划。

第五十七条 卖方应及时申报运输计划，积极组织运输，在交割期内完成货物交割。如因不及时申报运输计划而延误交割者，以违约论处。

第五十八条 买卖双方必须严格按照成交数量和样品的等级、规格、质量交收货物，否则按违约处理。

第五十九条 货物交割中的商务事故按照商业部《粮油调运管理规则》的有关规定处理。

第六十条 在交割过程中买卖双方所产生的异议，由买卖双方协商解决；不能达成一致意见时，由市场调解，调解不服者，按法定程序办理。

第十二章 结 算

第六十一条 在郑州市场成交的合同，实行市场监督下的买卖双方自行结算制度。市场积极创造条件，开展代理结算业务。

第六十二条 买卖双方自行结算有三种形式：

货到付款。卖方按合同规定将货物运抵买方车站、码头后五日内，买方付款。

发货付款。卖方按合同规定如期办理货物装运手续后，凭货物装运货票和发货明细表通知买方，买方在接到通知后五天内付款。

先款后货。卖方在接到买方货款后，在合同期内将货物发运完毕。

第六十三条 市场代办结算的形式为：卖方货物发运完毕，携带有关单证直接对市场进行结算，市场付给货款；买方接到货物结算单及有关单证后，直接将货款付给市场。

第六十四条 在结算过程中出现的异议，由双方协商解决。如果不能达成一致意见，双方或一方可以向市场提出《结算纠纷报告书》，由市场予以协调。

第六十五条 买卖双方货款结算完毕后，通知市场清退保证金本息，市场在接到通知后 2 日内将应退资金一次清还。

第十三章 信 息

第六十六条 郑州市场通过报纸、广播、电视、刊物等方式定期或不定期发布市场成交情况和其它有关信息。

第六十七条 郑州市场发布的成交价格为各个品种、等级粮食的拍卖或协商成交价格的加权平均价格。

第十四章 监督、调解、处罚

第六十八条 凡是买卖双方不严格履行合同所定各项内容的，均为违约。发生违约，首先由买卖双方协商解决，当双方不能达成一致意见时，由市场依法予以调解。调解不服者，按法定程序由有关执法部门处理。

第六十九条 市场对违约的调解，以国家有关法律、政府法令和政策为依据，市场在调解中可视违约情节轻重和造成损失的大小，将违约方的部分或全部基础保证金和追加保证金划拨给受损害方，必要时还可扣划违约方的资格保证金，扣划后由违约方按资格保证金的规定数额补齐。违约情节特别严重的，市场可以提出建议，经批准机关同意，中止或取消出市代表资格和会员资格。

第七十条 合同的变更和解除由买卖双方依法协商处理，变更和解除的情况报市场备案。

第七十一条 出市代表必须遵守市场和各项交易规则，接受市场监督和管理。

第七十二条 下列行为属于违纪行为：

1. 扰乱秩序，言行粗暴；
2. 造谣煽动，混淆视听；
3. 坑蒙哄骗，敲诈勒索；
4. 垄断市场，操纵价格；
5. 伪造文件，买卖票证；
6. 拖欠款项，拒交罚金；
7. 行贿受贿，私下交易；
8. 接受不具有资格企业的委托；
9. 出市代表以会员企业名义为私人做交易；
10. 阻碍市场必要的有关调查；
11. 其他违纪行为。

第七十三条 凡违反第六十条规定的，除需提交有关执法部门处理的以外，郑州市场有权视情节轻重和造成损失的大小，给予下列处罚：

一、造成轻微损失者，予以批评教育。

二、造成明显损失者，予以警告，并处以1000元罚款。

三、造成严重损失者，建议中止或取消当事人的出市代表资格，并处以2000元罚款。

四、造成特别严重损失者，建议中止或取消会员资格，并处以10000元以上的罚款。

以上中止或取消出市代表和会员资格，须经批准机关审查同意。

第七十四条 市场对违纪会员视情节轻重确定处罚，如需交纳罚款必须在5日内向市场监察部交纳。逾期不交者，加倍处罚。会员对市场的处罚如有异议，可向市场管理委员会或其它有关部门提出申诉。在未改变处罚决定前，必须执行市场的处罚决定。

第十五章 附 则

第七十五条 本细则解释权归郑州粮食批发市场管理委员会。

第七十六条 郑州市场根据本细则制定场内交易运作规范。

第七十七条 本细则自发布之日起施行。

商业部

河南省人民政府

一九九〇年九月二十八日

113

中国郑州粮食批发市场中央储备粮竞价销售办法

中国郑州粮食批发市场

1999 年 11 月 8 日

第一章　总　　则

第一条　受中央储备粮竞价交易领导小组的委托，中国郑州粮食批发市场（以下简称"郑州市场"）承担中央储备粮竞价销售交易业务的组织任务。根据《中国郑州粮食批发市场交易规则》，结合中央储备粮竞价销售的实际情况，制定本办法。

第二条　本办法适用于在郑州市场场内进行的中央储备粮竞价销售交易活动。交易当事人及郑州市场工作人员必须遵守本办法。

第二章　交易准备

第三条　参加交易的双方交易代表须交验本人身份证和法定代表人签字、单位盖章的"交易授权书"。买方单位须预缴交易保证金 5 万元、手续费 1 万元（交易开市前必须到帐），取得竞买资格。

第四条　郑州市场确认交易资格后，向交易代表发放交易代表证和交易号牌。

第五条　未取得交易资格的单位，可委托具有交易资格的单位进行代理交易。双方应按照《中国郑州粮食批发市场交易规则》的规定签订代理交易协议。

第六条　郑州市场在交易大厅公告竞价交易信息、展示样品及对应的质量检测报告。交易代表应及时到公告栏了解竞价交易有关事项，到样品陈列处验看样品。

第三章　交易地点和时间

第七条　交易地点在中国郑州粮食批发市场现货交易大厅。

第八条　交易时间为每交易日上午 9:00—11:30，下午 14:00—16:30。

第九条　入场时间为上午 8:45，下午 13:45。

第十条　交易时间如有临时变更，郑州市场提前公告。

第四章　交易秩序

第十一条　交易代表凭交易代表证按时入场。

第十二条　交易代表应服装整洁，举止文明，自觉维护场内秩序，服从工作人员的指导。在交易大厅里不得有抽烟、打电话等影响正常交易的行为。

第十三条 禁止恶意串通交易，损害他人利益。

第十四条 对严重危害交易秩序的，工作人员将责令其离场。

第五章 竞价交易

第十五条 竞价交易按卖方提交委托书的顺序依次进行。

第十六条 开市后，交易主持人逐笔组织交易。每笔交易从起点价格开始报价，然后按每吨 10 元的价位递升报价；所报价格为卖方交货仓库所在地车（船）板交货价（不含包装）。

第十七条 买方如接受交易主持人报出的价格，举号牌应价，并按交易主持人要求报出数量。所报数量必须等于或大于起点数量。

第十八条 买方一经应价，不得撤回。

第十九条 买方单位的牌号和应价数量，由记录员输入计算机，并在电子大屏上显示。

第二十条 买方在新价位应价后，在前一价位的应价自动失效。

第二十一条 应价数量之和超过该笔竞价总数量时，交易主持人向上调整价位；应价数量之和不超过该笔竞价总数量时，即按该价位成交；剩余部分返回到前一个价位，按买方所报数量大小顺序成交，同数量的平分成交。

第二十二条 交易主持人报出新价位后无人应价的，退回到前一价位，按数量大小顺序成交，同数量的平分成交。

第二十三条 在起点价位上无人应价时，即行撤消该笔交易。

第二十四条 交易主持人落槌宣布成交。从计算机上打印出交易合同，买卖双方当场签字。

第六章 交割与结算

第二十五条 成交后十个工作日内，买卖双方各按成交金额的 5%补足保证金。

第二十六条 买卖双方应严格履行合同规定的责任和义务，享受合同规定的权利。

第二十七条 买方在成交后两个月内，将全额货款一次或分批汇入郑州市场结算帐户，并通知卖方货物抵达站（港）点。郑州市场收到货款后及时通知卖方发货。卖方收到市场通知后开始发货，并在一个月内发运完毕。在合同规定的交货期内，因买方原因致使货物未全部运走的，延期部分由买方按照中央储备粮费用标准向承储单位支付保管费用和利息。

第二十八条 卖方发货后，郑州市场凭有关凭证从买方货款中划拨 80%给卖方，余额在合同完全履行或商务纠纷处理完毕后结清。

第二十九条　买方将货款汇入郑州市场后，如对卖方货物质量有异议，应即通知卖方和郑州市场，由郑州市场组织抽样、检验。在此期间，卖方应暂停发货。

第三十条　货物到达买方指定地点后，买方应及时组织接货和验收。验收时，数量以合同规定的数量为依据；质量以卖方提供的质量检测报告为依据。验收无误的，签署验收报告并送达郑州市场；如对数量、质量有异议，应在货到 3 日内告知卖方和发货仓库以及郑州市场；出现商务纠纷时，按照国家粮食储备局国粮储〔1997〕255 号文件《国家粮食储备局粮食运输管理规则（试行）》和国家粮食储备局、国家技术监督局国粮办联〔1997〕150 号文件《关于执行粮油质量标准有关问题的规定》，由双方协商处理，也可由双方书面申请郑州市场调解。经协商或调解达成一致意见的，签订协商（调解）协议书；达不成一致意见的，可通过法律程序解决。

第三十一条　郑州市场凭验收报告或商务处理协议书结清剩余货款。为加快结算进度，自货物发出之日起（以有关凭证为准）20 日内，如果买方未提出异议，也未向郑州市场提交验收报告，则视为合同完全履行，郑州市场负责结清剩余货款。

第三十二条　买方到交货仓库提货的，交货仓库应予配合，并将从仓库到车（船）板的费用按规定标准退给买方。

第三十三条　买卖双方各按合同金额的 1‰向郑州市场缴纳手续费。手续费金额超过 1 万元的，应在追加保证金时补足。

第三十四条　买方交易保证金可以充抵货款，卖方交易保证金在履约完毕后退回；未成交的，预缴保证金和手续费在交易结束后退回。

第七章　违约处罚

第三十五条　未按时补足保证金的，郑州市场将其预缴的五万元保证金划拨给对方，合同终止。

第三十六条　买方未在规定时间内将全额货款汇入郑州市场的，郑州市场按相应的比例将其保证金划给卖方。

第三十七条　卖方未在合同规定交货期内将货物发运完毕的（因买方原因造成的除外），郑州市场按相应的比例将其保证金划给买方。

第八章　附　则

第三十八条　如遇特殊情况，由中央储备粮竞价交易领导小组决定。

第三十九条　本办法的解释权属中国郑州粮食批发市场。

114

最低收购价小麦竞价销售交易细则

郑州粮食批发市场

第一章 总　则

第一条　经国家有关部门批准，郑州粮食批发市场（以下简称郑州市场）承担本次最低收购价小麦竞价交易的组织任务。为保证竞价交易活动顺利进行，特制定本交易细则。

本细则适用于在郑州市场进行的 2008 和 2009 年国家最低收购价小麦的竞价销售交易活动。

第二条　最低收购价小麦竞价销售活动采取现场和网上同时竞价的方式进行。受国家有关部门委托，由中国储备粮管理总公司作为卖方，代行签订交易合同。交货仓库为卖方确定的各承储库（实际存储库点），承储库作为卖方的代表，具体负责粮食出库、商务处理等工作，并承担相应责任。参加竞价交易的买方为自愿报名参加的国内具有粮食经营资格的企业，最低收购价小麦收购库点不允许购买本库的小麦。除购买粮食用于中央储备粮轮换用途外，中储粮公司直属企业不得参与竞买。在新粮上市前，可购买上年生产的粮食；新粮上市以后，只能购买当年产新粮。

第三条　郑州市场按照“公开、公平、公正”的原则组织竞价销售。郑州市场及其工作人员和交易当事人必须遵守本细则。

第二章 交易准备

第四条　参加交易的买方代表须交验企业营业执照副本及复印件（营业执照名称需和公章完全一致），法人代表签字并加盖单位公章的《交易授权书》。参加现场交易的需携带公章以及本人身份证，在报到时进行资格确认；参加网上交易的，须在交易前将上述资料交至郑州市场。

第五条　买卖双方须向郑州市场预交交易保证金 5 元/吨和履约保证金 50 元/吨，在交易会前一个工作日必须到达郑州市场指定帐户。

帐户名称：郑州粮食批发市场有限公司

开户行：河南省农发行营业部

帐号：20341999900100000091021

第六条　郑州市场审验交易代表的各项资料后，确认交易资格。参加现场竞价交易的，由郑州市场在交易开始前一个工作日发给交易代表证及交易单位代码和交易密码等相关资料。参加网上交易的，在交易开始前一个工作日，郑州市场将交易密钥、代码和交易密码发给具有交易资格的买受人。以上代码和密码为买受人的资格凭证，属买受人的商业机密，需妥善保管；如丢失或泄露，责任自负。

第七条　中国储备粮管理总公司提供卖方承储库名单、所卖粮食的存粮地点、品种、数量、质量等级。

第八条　郑州市场于每次竞价交易会前通过媒体发布《最低收购价小麦竞价销售交易公告》（以下简称《公告》）。

第九条　郑州市场于每次竞价交易会的前二天在郑州粮食批发市场（www. czgm. com）和中华粮网（www. cngrain. com）公示《交易授权书》、《最低收购价小麦竞价销售交易细则》、《最低收购价小麦竞价交易合同》（样本）等信息，并于交易日前对交易代表集中进行竞价交易操作培训和说明。

第三章　交易地点和时间

第十条　交易开始时间为公告交易日上午 8:30、下午 2:00（或 1:30）。

第十一条　因公共网络资源出现故障造成交易中断的，郑州市场有权推迟或暂停交易。买受人因其终端设备等原因不能正常交易的，不影响整体网上竞价交易的正常进行。

第十二条　交易地点：郑州市郑东新区商务内环路 26 号未来国际 2 号楼二楼郑州粮食批发市场交易大厅。

第十三条　交易时间、地点如临时有变更，郑州市场将提前通告。

第四章　交易秩序

第十四条　参加现场交易的交易代表凭入场券按时入场，参加网上交易的交易代表按时登陆中华粮网网上竞价销售系统。

第十五条　进场人员应服装整洁，举止文明，自觉维护场内秩序，服从工作人员的指导。交易大厅内禁止吸烟、打电话和大声喧哗。

第十六条　交易活动必须按照郑州市场确定的交易方式、交易程序进行。

第十七条　禁止恶意串通交易价格等损害他人利益的一切行为。对严重扰乱交易秩序的人员，工作人员有权责令其离场。

第五章　交易程序

第十八条　竞价交易所报价格为卖方仓内交货价，不含包装，包装物费用按二十九条规定执行。买方和卖方经协商同意在仓库院内车板交货的，板前费用的具体标准由买卖双方根据当地市场费用水平确定，原则上不超过 30 元/吨。

第十九条 竞价交易按委托标的序号顺序，依次按交易节（五个标的为一个交易节）进行。

第二十条 开市后，交易代表利用计算机按交易节逐节进行交易。每笔交易从标底价开始报价，并按每吨10元的价位递升报价。

第二十一条 在标底价位上无人应价时，即撤销该笔交易。

第二十二条 买方如接受计算机报出的价格，应点击计算机应价，竞价数量已超过预交履约保证金所能购买的数量的不可再参加竞价。

第二十三条 买方一经应价，不得撤回。

第二十四条 买方在新价应价后，在前一价位的应价自动失效。计算机报出新价位后无人应价时，退回到前一价位成交。

第二十五条 合同自成交之日起生效。交易结束后，参加现场交易的买卖双方必须在规定时间内到指定地点签订《最低收购价小麦竞价交易购销合同》。参加网上交易的通过邮寄方式签订《最低收购价小麦竞价交易购销合同》。

第六章　交割和结算

第二十六条 买卖双方应严格履行合同规定的责任和义务，享受合同规定的权利。

第二十七条 每笔合同的履约时间为自合同生效第十日起，交货期为2个月（实际存储库点出库数量在2000吨以上的，交货时间原则上可延长为2个半月）。

第二十八条 买方必须于合同生效之日起1个月内将全额货款一次或分批汇入本细则第五条规定的农发行账户。市场收到货款后，及时开具《出库通知单》通知中储粮相关分公司安排承储库发货。市场不得强行要求买方一次性汇入全部货款，如经举报核实，中央财政将通过结算扣缴相应的货款利息。

第二十九条 具体发运方式由买方与卖方承储库协商，出运费由买方据实结算（出运费标准应与当时市场平均价格基本相符）。买方需要包装物时，包装物由买方自理或者委托卖方承储库代办，其价格由买卖双方协商议定。不能协商一致的，每吨粮食所用编织袋、标旧麻袋和新麻袋的价格不得超过20元、30元和45元。

第三十条 买方将货款汇至郑州市场帐户后，可到卖方承储库查验货物，卖方承储库应予以配合。

第三十一条 买方提货时及时派人到卖方承储库组织现场验收并监装。粮食质量以公示的质量等级为准。数量以合同为依据，以承储库计量衡器为基准。卖方承储库根据国家有关政策规定开具正式发票。双方验收无误且开具收取销售发票无争议的，当场签署《验收确认单》并以快递方式及时送达郑州市场；如对数量、质量有异议，应停止接货并与卖方承储库协商解决，协商不成的，3日内书面申请郑州市场调解。由郑州市场组织有国家认可资质的粮食质检部门检斤、验质，所发生的费用由过错方承担。

第三十二条 因买方原因在合同规定的交货期内货物未全部运出的，视同交割完毕，交易市场与卖方结清货款。延期发运部分由买方按照最低收购价小麦临时存储保管费用标准向卖方承储库支付保管费用。也可由买方与卖方承储库另行签订委托储存协议。

买方如有异议，在规定的合同到期日后5日内必须向郑州市场书面提出。如买方未提出异议，在规定的合同到期日10日后仍未收到《验收确认单》，视为合同交割完毕，郑州市场与卖方结清货款。

第三十三条 卖方出库的小麦为2008或2009年产小麦（具体交易品种以交易合同为准）。对水分、杂质等与质量等级指标有差异的，按照原国家发展计划委员会、国家粮食局、国家质量监督检验检疫总局《关于执行粮油质量标准有关问题的规定》（国粮发〔2001〕146号）及国家发改委等6部门《关于印发2006年小麦最低收购价执行预案的通知》（发改经贸〔2006〕872号）等有关规定执行，或由买方与卖方承储库协商解决。

第三十四条 买卖双方出现商务纠纷，由双方协商解决。协商不成3日内书面申请郑州市场调解。经协商或调解达成一致意见的，签订协商（调解）协议书。达不成一致意见的，提交通过中国国际经济贸易仲裁委员会粮食行业争议仲裁中心仲裁解决。

第三十五条 交易市场按成交金额的0.8‰（万分之八）分别向买卖双方收取交易手续费。交易手续费从预交的交易保证金中扣除，余款退还给买卖双方。宣传广告费用从交易市场收取的交易手续费中列支。

第三十六条 买方预交的履约保证金，在全额划转时转做货款。没有成交的，在交易会结束后，凭郑州市场开出的履约保证金和交易保证金收据，经郑州市场核实后，2个工作日内退回预交的履约保证金和交易保证金。对于部分成交的，未成交部分对应的交易保证金和履约保证金，按上述规定退回。

第三十七条 中储粮分公司要在每批粮食成交后的5个工作日内，向交易市场提供成交粮食的入库成本。粮食销售的竞价成交价扣除交易市场向卖方收取的交易手续费后，仍高于或等于粮食入库成本的，交易市场在《验收确认单》签署5个工作日内，按粮食入库成本，将货款资金拨付至出卖人承储库在农发行开立的有关账户，归还贷款；粮食销售的竞价成交价等于或低于粮食入库成本的，按粮食销售的竞价成交价将货款资金全额拨付至出卖人承储库在农发行开立的有关账户，并须在每周二（节假日顺延）将前一周货款资金不足粮食入库成本部分和卖方相应手续费的具体情况以传真（并加盖公章）形式通知中储粮总公司，由中储粮总公司筹集资金，在3个工作日内拨付给交易市场，交易市场收到资金后，于3个工作日内拨付至出卖人承储库在农发行开立的有关账户。盈亏情况由交易市场按月报中储粮总公司（当月结余款同时全额划转至中储粮总公司），由中储粮总公司和中央财政结算盈亏。如有净盈余，按规定上缴中央财政；如有净亏损，在还贷次月将亏损情况报财政部。如中储粮总公司未按期归还贷款，上缴盈余，因此产生的利息由中储粮总公司自行负担。

第七章　违约处罚

第三十八条　交易成交后，参加交易的买方代表不签订合同的视为买方违约，合同终止，郑州市场负责将买方预交的履约保证金 50 元/吨和交易保证金 5 元/吨分别划拨给卖方和郑州市场。

第三十九条　交易成交后，参加交易的卖方代表不签订合同的视为卖方违约，合同终止，郑州市场负责将卖方预交的相应履约保证金和交易保证金分别划拨给买方和郑州市场。

第四十条　买方不能在规定的期限内将货款汇至郑州市场指定帐户的，视为买方违约，合同终止，交易市场负责将买方预交的履约保证金 50 元/吨和交易保证金 5 元/吨分别划拨给卖方和郑州市场。

第四十一条　卖方承储库未按合同规定的时间、质量、品种、数量交货，视为卖方违约，合同终止，郑州市场负责为双方结清已履约部分货款，并从卖方货款中扣除相应的履约保证金划拨给买方；超过合同规定的交货时间货物仍未运出的，中央财政将停止拨付利息费用补贴；此后发生的各项费用由承储库点自行承担。对于不配合或故意拖延出库的卖方承储库，经举报核实后，取消其今后承储最低收购价粮食的资格，并予以通报。

第四十二条　郑州市场未在规定时间内向卖方拨付货款的，由郑州市场按银行利率向卖方支付未发货款的贷款利息。

第八章　附　则

第四十三条　郑州市场负责监督合同的执行，协调处理商务等问题。如遇未尽事宜，由郑州市场与国家有关部门协商处理。

第四十四条　本交易细则自发布之日起执行。

第四十五条　本交易细则由郑州粮食批发市场负责解释。

附件：

交易、交割和结算流程

第一步：客户报名、取得交易资格

新客户携带营业执照副本复印件（加盖公章）、法人签字的《交易授权书》（加盖公章）和交易代表身份证复印件到窗口②报名成为会员。

现场交易的会员，在窗口②报名，或通过电话报名；网上远程交易的会员，需提前交易会一天自行在本公司网站进行报名。

提醒：交易前务请认真阅读领会交易细则，熟悉操作方法。

第二步：交易

1. 缴纳保证金。托市小麦按 55 元/吨、进口小麦按 105 元/吨在窗口⑨办理缴款手续，或银行汇款（但须保证交易前到帐）。

2. 交易。会员凭密钥、帐号、密码下单交易。

3. 签订成交合同。成交后请及时到交易厅对面合同打印处或窗口①签订合同。也可在此领取以往的盖章手续完备的合同。

第三步：交割

1. 买方须在交易细则规定期间内，一次或分批支付货款，并及时将汇款单复印件传真至郑州市场。

2. 买方填写《交割申请单》，到窗口④办理手续；不来现场的可通过传真办理。

3. 交割人员在证明收到货款后，为买方开具《出库通知单》，并通知卖方发货。

4. 买方凭《出库通知单》到实际承储库提货，验质验量无误后，买卖双方签署《验收确认单》交郑州市场。

5. 如买卖双方出现商务纠纷，可协商处理或书面申请郑州市场协调解决。

6. 郑州市场凭《验收确认单》或《商务处理协议书》及时清算货款。

结算说明：

1. 资金相关业务请到窗口⑥、⑦、⑧咨询。窗口⑨办理银联刷卡业务。

2. 如您需要退款，当天刷卡的可以退至原卡，交易会当天缴纳现金的，可以退还现金，其他情况的需填写《退款申请》。

3. 客户可在交易会报名日和交易会当日缴纳现金，其他时间不接受现金、存折缴款。

联系我们：

报道组：（0371）68107608 15838336278

交易组：（0371）68107697 13683800499

合同处：（0371）68107636 13838582132

交割组：（0371）68107710 13949004245

商务纠纷：（0371）68107616 13607642326

结算组：（0371）68107658（0371）68107626

（0371）68107689 15837180596 13838023663

技术组：（0371）68085820 68085935

业务传真：（0371）68107628

十九 粮食物流

115

国家发展改革委关于印发粮食现代物流发展规划的通知

发改经贸〔2007〕2136号

各省、自治区、直辖市及计划单列市、新疆生产建设兵团、黑龙江农垦总局发展改革委、中粮集团有限公司、中国储备粮管理总公司、中国华粮物流集团公司：

根据《国民经济和社会发展第十一个五年规划纲要》和《国务院关于完善粮食流通体制改革政策措施的意见》，为指导今后十年我国粮食物流的发展，我委组织编制了《粮食现代物流发展规划》（以下简称《规划》），现印发你们，请认真贯彻执行。

近年来，我国粮食的仓储、运输、装卸等条件不断改善，但粮食流通成本高、效率低、损耗大的问题仍很突出。发展我国粮食现代物流，对于提高粮食流通效率，增加农民收入，保障国家粮食安全具有重要意义。各地区要结合本地的实际情况，以科学发展观为指导，以市场为导向，改革体制、整合资源、统筹规划、突出重点、完善政策、加大投入，加快推广散粮运输方式，建设散粮物流节点，形成全国主要散粮物流通道，尽快建立全国散粮物流体系，实现粮食的散储、散运、散装、散卸。

附件：粮食现代物流发展规划

国家发展和改革委员会

二〇〇七年八月二十八日

附件：

粮食现代物流发展规划

国家发展和改革委员会

2007 年 8 月 28 日

前　言

粮食现代物流发展规划根据《国民经济和社会发展第十一个五年规划纲要》和《国务院关于完善粮食流通体制改革政策措施的意见》编制，是指导今后十年我国粮食物流发展的专项规划。

本规划分析了我国粮食物流发展现状与面临的挑战，提出了我国粮食现代物流发展的指导思想、基本原则、发展目标、主要任务、建设项目和实施的配套措施。

规划提出，要以科学发展观为指导，加快推广散粮运输方式，形成全国主要跨省散粮物流通道，提高粮食物流组织化程度，实现主要跨省粮食物流通道“四散化”和整个流通环节的供应链管理，形成便捷、高效、节约的现代化粮食物流体系，增强国家粮食宏观调控能力，保障国家粮食安全。

本规划由国家发展和改革委员会会同国家粮食局，在广泛征求国务院有关部门、地方发展改革和粮食部门及大型粮食企业、科研机构、专家学者的意见基础上编制而成。

粮食是关系国计民生的重要商品。保障粮食安全关系发展改革稳定大局。发展粮食现代物流，实现粮食散储、散运、散装、散卸（即“四散化”）的变革，提高粮食流通自动化、系统化和设施现代化水平，对提高粮食流通效率，降低粮食流通成本，保障国家粮食安全具有重要意义。

根据《中华人民共和国国民经济和社会发展第十一个五年规划纲要》和《国务院关于完善粮食流通体制改革政策措施的意见》，为指导全国粮食现代物流发展，特制订本规划。

本规划的规划期为 2006—2015 年。规划实施具体分为两个阶段：从 2006 年到 2010 年为第一阶段；2011 年到 2015 年为第二阶段。

一、现状与挑战

近年来，我国粮食的仓储、运输、装卸、包装条件不断改善。2003 年，利用世界银行贷款和国内配套资金在东北地区、长江沿线和西南地区建设的粮食收纳库、中转库、港口库和散粮运输系统基本建成并投入运营，标志着我国粮食现代物流体系建设的起步。1998 年至 2003 年，国家投资建成 1114 个、总仓容 5260 万吨的国家粮食储备库，粮食仓储条件大为改善，技术水平明显提高。2006 年底全国粮食总库存 2 亿吨，完好仓容的利用率为 87%。

目前我国粮食主要流向是东北的玉米、稻谷和大豆流向华东、华南和华北地区，黄淮海的小麦流向华东、华南和西南地区，长江中下游的稻谷流向华东、华南地区。2005 年东北地区流出粮食（含出口）约 5710 万吨（1140 亿斤），黄淮海地区流出小麦 1700 万吨（340 亿斤），长江中下游地区流出稻谷 1700 万吨（340 亿斤）。粮食运输主要以铁路、水路为主，分别占跨省运量的 48%（不含铁海联运）和 42%，公路运输占 10%。东北地区已基本形成以大连北良港为龙头的散粮运输框架。从产区到大连、营口等港口的散粮年运输量达到近 2000 万吨，约占东北港口粮食外运量的 80%。

从总的看，我国粮食现代物流发展还比较落后，物流成本高、效率低、损耗大的问题仍很突出。一是仓储设施不能适应散粮接卸的需要。目前现有完好仓容中只有约 11%是适合粮食散装散卸的立筒仓、浅圆仓，其余 89%的平房仓不适应散粮接收发的需要。关内主产区交通枢纽地区和南方部分主销区，散粮中转库容不足。二是运输方式落后。目前全国 85%的粮食采用传统的包粮运输方式。粮食收购环节基本采用麻袋、塑料编织袋包装，在储存环节拆包散储，到中转和运输环节又转为包装形态。散粮火车仅限于东北地区内部开行，散粮汽车运输处于起步阶段，内河散粮船舶运输尚未起步。整个流通环节需要经过多次灌包、拆包，包装资材耗费大、抛洒损失多、掺混杂质情况严重。三是装卸自动化水平低。绝大部分粮食的装卸仍采用传统肩挑背扛的人工搬倒装卸方式。目前，全国只有约 1.2%的粮库配备铁路散粮卸车设施，严重影响了铁路散粮车在全国范围使用。四是组织化程度低。物流资源分散，粮食经营企业数量多、规模小、产销脱节，难以形成规模效益。目前，东北地区粮食发运人多、户年均发运量低，不能满足运输部门整列、整船发运的要求，影响运输效率的提高。

今后十年是我国粮食现代物流发展的关键时期。发展粮食现代物流对于降低流通成本、提高运输效率、增加农民收入、保障粮食安全具有十分重要的意义。

（一）发展粮食现代物流是提高粮食流通效率的重要途径。目前我国粮食从产区到销区的物流成本占粮食销售价格的 20～30%，比发达国家高出 1 倍左右；东北地区的粮食运往南方销区一般需要 20 天到 30 天，为发达国家同等运距所需时间的 2 倍以上。由于运输装卸方式落后，每年损失粮食 800 万吨（160 亿斤）左右。实现由麻袋包装、人工搬运向粮食“四散化”的转变，是世界粮食物流领域的一场革命。美国、加拿大自上世纪 30 年代开始，历经三、四十年的努力，发展以圆筒仓自动装卸、散粮汽车、散粮火车、散粮专用船舶为标志的散粮运输系统。到上个世纪 80 年代，各主要发达国家已全部实现粮食“四散化”运输。

我国东北地区发展粮食“四散化”的实践也充分证明了实现“四散化”运输变革的优越性。推进粮食“四散化”运输的变革，有利于提高我国粮食流通效率、减少粮食流通损耗、增加粮食有效供给。

（二）发展粮食现代物流是增加农民收入的迫切需要。我国粮食生产规模小、成本高、机械化程度低、劳动生产率低，面临进口粮食竞争的压力越来越大。加快发展粮食现代物流，可以大幅度降低国内粮食的流通费用，提高农民的出售价格，增强我国粮食的国际竞争力，对保护农民利益、增加农民收入，都具有十分重要的意义。

（三）发展粮食现代物流是国家粮食安全的重要保障。预计 2010 年全国粮食总流通量将增加到 2.6 亿吨，2015 年增加到 2.8 亿吨。其中跨省粮食流通量将由 2005 年的 1.2 亿吨，增加到 1.3 亿吨和 1.4 亿吨；进出口量分别达到 4000 万吨和 4500 万吨。建立高效、畅通、节约的粮食现代物流体系，可以进一步加强粮食产销区的衔接，保障国家粮食安全。

二、指导思想、基本原则和发展目标

（一）指导思想

粮食现代物流的指导思想是：以科学发展观为指导，以市场为导向，以企业为主体，以现代科技为支撑，通过深化改革、创新体制、整合资源、统筹规划、突出重点、合理布局，建立粮食现代物流体系，实现粮食流通现代化，以降低粮食流通成本，提高粮食流通效率，提高应对粮食市场波动的调控能力，保障国家粮食安全。

（二）基本原则

推进粮食现代物流发展要遵循以下基本原则：

1. 统一规划，合理布局。按照粮食现代物流发展规划，合理布局粮食现代物流设施项目，引导企业投资方向，避免盲目扩张和低水平重复建设。

2. 市场运作，政府扶持。建设资金主要由企业自行筹措，投资风险由企业自行承担。中央及地方政府对全国性、区域性粮食现代物流重点项目进行政策和投资上的扶持。

3. 打破分割，整合资源。打破行业和地区分割，充分利用现有粮食物流设施，整合各类粮食物流资源，提高资源利用效率。

4. 统筹协调，因地制宜。加强地区之间、行业之间和企业之间的统筹协调。实施铁路转运站及专用线改造，注重粮食集并和分拨网络建设。根据区域特点因地制宜选择运输方式。

5. 突出重点，分步实施。要根据全国粮食生产和消费的布局，突出重点，逐步推进。首先解决“北粮南运”的突出问题，对跨省粮食主要物流通道和重要物流节点的散粮设施项目进行重点建设。

（三）发展目标

2015 年，初步建成全国主要散粮物流通道和散粮物流节点，形成物流网络，基本实现主要跨省粮食物流通道的散储、散运、散装、散卸和整个流通环节的供应链管理，形成现代化的粮食物流体系，增强国家对粮食市场的应急调控能力。

第一阶段（2006 年到 2010 年），重点发展跨省原粮流通“四散化”。全国原粮流通量中散粮流通份额由现在的 15%提高到 35%，其中国内跨省流通量（不包括进出口）中散粮流通份额由现在的 20%提高到 50%。

第二阶段（2010 年到 2015 年），建设跨省粮食“四散化”运输体系和应急调控体系。全国原粮流通量中散粮流通份额达到 55%，其中国内跨省流通量中散粮流通份额达到 80%，主要跨省散粮物流通道基本实现散粮运输。

三、主要任务

（一）推广散粮运输方式

依托现有散粮设施，完善重要通道和节点的散粮配套设施，打破制约散粮运输发展的“瓶颈”，推动形成多种运输方式高效衔接，贯穿收纳、集并、中转、运输、储存、发放各个环节一体化的散粮运输系统。在东北和黄淮海等产区加快发展散粮汽车运输，推动收纳库到中转库和收纳库、中转库到粮食加工企业的“包粮改散粮”运输。开通从东北地区到关内华北、华东、华中地区的散粮火车定点定向班列，打通“北粮南运”的散粮铁路运输通道。积极推动东北地区发展铁海联运，实现粮食运输的铁、水合理分流。逐步建立沿海与内河的散粮中转运输系统，鼓励长江、珠江中下游地区发展内河散粮船舶运输，在全国范围内推动散粮集装箱的公铁联运发展，发展“门对门”的散粮配送服务。

（二）建设主要散粮物流节点

在主要粮食集散地和交通枢纽，建成一批适应散装散卸的全国主要粮食物流节点，完善集疏运网络，实现铁路、水路和公路的有效衔接、跨省和省内长短途运输方式的合理转换，提高粮食快速中转能力。散粮物流节点按城市划分为内陆城市散粮物流节点和沿海港口城市散粮物流节点。内陆城市物流节点的标准为年跨省粮食中转量 200 万吨以上（包括中转库、储备库、内河港口库和粮食码头、加工配送中心、批发市场等设施的跨省粮食中转量），沿海城市散粮物流节点的标准是该城市港口中转库及码头年中转量在 200 万吨以上。（见专栏一）

专栏一　散粮物流节点布局
根据散粮物流节点的标准，具体布局是：(1) 内陆城市散粮物流节点为北京、石家庄、邯郸、大同、郑州、商丘、信阳、驻马店、南阳、周口、济南、德州、潍坊、菏泽、枣庄、聊城、济宁、合肥、阜阳（皖北）、芜湖、南京、徐州、泰州、南通、苏州、杭州、衢州、泉州、漳州、南昌、九江、武汉、荆州、襄樊、长沙、岳阳、衡阳、东莞、佛山、肇庆、南宁、柳州、贵港、成都、重庆等。(2) 沿海城市散粮物流节点为大连、营口、锦州、秦皇岛、天津、青岛、连云港、上海、宁波—舟山、嘉兴（乍埔）、温州、福州、厦门、深圳、广州、防城港、北海等。

（三）形成主要跨省散粮物流通道

根据全国粮食的流向和流量，加强流出地区散粮发运能力和流入地区散粮接卸能力建设，形成全国六大主要跨省散粮物流通道，分别是东北主产区玉米、大豆和稻谷流出通道，黄淮海主产区小麦流出通道，长江中下游稻谷流出和玉米流入通道，华东沿海主销区粮食流入通道，华南主销区粮食流入通道，以及京津主销区粮食流入通道。实现东北、黄淮海和长江中下游地区散粮流出通道与华东沿海和华南等地区散粮流入通道的对接。（见专栏二）

专栏二　六大通道粮食流量预测　　单位：万吨

通道名称	2003—2005 年平均流量	2010 年预测流量	2015 年预测流量
全国	15051	17000	18500
东北流出通道	5270	4600	4900
黄淮海流出通道	1856	2400	2800
长江中下游流出通道	1895	2100	2500
华东沿海流入通道	4523	5300	6000
华南沿海流入通道	2862	3800	4440
京津流入通道	1041	1370	1700

注：全国流通量包括主要通道及非主要通道流量，流出与流入只算一次，包括进出口量。

（四）提高粮食物流组织化程度

加强粮食产销地区合作。按照销地的粮食调运需求，加强产地的粮源组织和铁路专列、海运班轮的发运工作，建立稳定的粮食运输通道，实现产销区的有效对接。鼓励大型粮食经营和加工企业通过兼并、重组和股份制改造，形成一批跨行业、跨地区，集粮食收购、储存、中转、加工、贸易等业务于一体的大型粮食物流企业。积极发展第三方粮食物流。提高粮食市场信息服务水平。发展粮食网上交易。建立全国粮食电子交易平台和全国粮食物流配货、交易管理信息平台，实现粮食物流信息资源共享。

（五）加强技术设备研发和标准化工作

通过自主开发和引进吸收国外先进技术，加快研制粮食物流关键设备和相关的技术开发，尽快研制通用的散粮火车、散粮集装箱和散粮汽车。推广散粮运输技术设备，提高粮食物流的技术装备水平。制定和推广粮食物流标准，实现粮食仓储设施、运输工具、装卸机械、信息编码、品质检测的标准化。

（六）建立粮食应急调控体系

在建立全国粮食现代物流体系的基础上，通过中央和地方国有粮食企业直接投资方式，控制一些重要物流节点，建立全国粮食应急调控体系。

四、建设项目

为实现粮食现代物流的发展目标和任务，要重点加强主要物流通道和节点的散粮设施建设。规划期内的主要建设内容包括：

（一）建设和改造部分散粮中转库

在主要散粮物流节点，新建部分散粮中转设施。在关内内陆主要散粮物流节点，建设和改造一批适应散装散卸的立筒仓、浅圆仓和粮食集装箱中转站等散粮中转设施，建设仓容500万吨，增加铁路散粮发运和接卸能力。具体建设标准为：

（1）粮食中转库、储备库的年中转量在30万吨以上；

（2）内河港口库、码头的年中转量在50万吨以上。

在浙江、福建、广东等南方主销区的沿海港口城市物流节点，建设一批散粮中转库及配套设施，建设仓容500万吨，提高华东、华南沿海地区港口的散粮接卸能力。具体建设标准为港口年粮食中转量在200万吨以上。（见专栏三）

专栏三　散粮中转库规划表　（单位：万吨）

通道名称	内陆粮食物流节点		沿海港口中转库	
	中转能力缺口	规划建设库容	中转能力缺口	规划建设库容
合计	5049	500	6741	500
东北流出通道	0	0	550	40
黄淮海流出通道	1350	150	0	0
长江中下游流出通道	1900	150	0	0
华东沿海流入通道	1004	100	3420	260
华南沿海流入通道	325	50	2721	200
京津流入通道	470	50	50	0

续　表

注：中转能力缺口等于2015年流量预测减去现有中转能力。现有中转能力是按2005年底现有立筒仓、浅园仓仓容量折算所得。其中港口中转能力按年中转10次计算，内陆中转能力按年中转6次计算。规划建设库容留有余地，主要考虑要改造部分平房仓。

（二）增加散粮接收发放设施

在主要散粮物流节点，依托大型粮库、大型粮油加工企业、码头和批发市场建设与散粮车辆配套的卸粮坑，提升输送系统，提高散粮接卸能力。为物流节点上的大型平房仓等配备吸粮机、散粮倒运车、出仓机、装车机等散粮接收发放设备，提高散粮发运及接卸能力。加强东北地区和黄淮海主产区散粮收纳设施建设，提高散粮收纳、集并能力。

（三）增加散粮运输工具

按照各通道的粮食流量、品种、作业需求，增加适用的散粮运输工具。鼓励大型粮食物流企业增加散粮火车皮、散粮汽车和内河散粮船舶及散粮集装箱。

（四）建设粮食物流信息平台和检验检测设施

鼓励基础条件较好的信息服务企业，建立粮食电子交易和物流公共服务平台。在粮食物流的各主要环节，建设相应的粮食检验检测设施。

五、政策措施

（一）改革体制

改革粮食仓储、运输管理体制，创新粮食物流机制，打破行业垄断和地区分割，整合现有粮食物流资源，推进仓储、码头设施社会化和运输服务市场化。继续推进国有粮食企业的改组改造，加快产权制度改革，建立现代企业制度。鼓励企业间的并购、重组，整合国债粮库建设项目、世行粮食流通项目、机械化粮库项目以及各种所有制企业的设施，鼓励港口、运输企业以资本运作等合资、合作的方式参与粮食码头的建设、经营和粮食运输。

（二）完善政策

合理调整粮食铁水运输比价关系，鼓励铁、水合理分流运输。采取税收优惠、价格支持等政策措施，在全国范围内推行散粮集装箱和散粮专用火车运输。对符合规划要求的散粮物流设施建设项目用地，依法优先审批。跨省（区、市）粮食物流项目要纳入国家和省级重点项目管理。抓紧起草粮食现代物流的有关法律法规。

（三）加大投入

粮食物流设施项目主要依靠企业投资建设。中央和地方政府要安排必要的投资，以资本金注入、投资补助、贴息等方式，对重要的粮食物流设施项目予以扶持。中央对粮食物流设施项目的投资主要用于服务于国家粮食宏观调控的重要物流通道和物流节点上的散粮中转库和信息检测等项目建设。

（四）培养人才

鼓励大专院校、研究机构和企业合作，培养粮食现代物流管理和技术人才，满足粮食物流现代化的需要。

116

关于印发《粮食现代物流项目管理暂行办法》的通知

发改经贸〔2008〕413号

各省、自治区、直辖市及计划单列市、新疆生产建设兵团发展改革委，黑龙江省农垦总局，中国储备粮管理总公司、中国华粮物流集团公司、中粮集团有限公司：

为加强粮食现代物流项目管理，提高投资效益，根据《粮食现代物流发展规划》和《中央预算内投资补助和贴息项目管理暂行办法》，我委制定了《粮食现代物流项目管理暂行办法》，现印发给你们，请按照执行。

附件：粮食现代物流项目管理暂行办法

国家发展和改革委员会

二〇〇八年二月四日

附件：

粮食现代物流项目管理暂行办法

国家发展和改革委员会

2008 年 2 月 4 日

第一章　总　则

第一条　为加强粮食现代物流项目管理，提高投资效益，根据《粮食现代物流发展规划》和《中央预算内投资补助和贴息项目管理暂行办法》的有关规定，制定本办法。

第二条　粮食现代物流项目范围

（一）散粮中转库；

（二）散粮接收、发放设施；

（三）散粮运输工具；

（四）企业粮食物流信息系统和检验检测系统。

第二章　项目条件

第三条　申请国家投资支持的粮食现代物流项目，必须是《粮食现代物流发展规划》确定的六大跨省（区、市）散粮物流通道内的项目，即东北流出通道（辽宁、吉林、黑龙江及内蒙古）、黄淮海流出通道（河北、河南、安徽、山东）、长江中下游通道（湖南、湖北、江西、安徽、四川、重庆、江苏）、华东沿海流入通道（江苏、上海、浙江、福建）、华南沿海流入通道（广东、广西、海南）以及京津流入通道（北京、天津、河北、山西）；同时也必须是所在省（自治区、直辖市）粮食物流发展规划确定的重点建设项目。

第四条　散粮中转库包括内陆散粮中转库、内河港口散粮中转库、南方销区沿海港口散粮中转库。具体条件是：

（一）内陆散粮中转库：粮食年中转量超过 30 万吨，具备开行火车班列运输的基本运量，具有铁路散粮接收、发放能力。

（二）内河港口散粮中转库：粮食年中转量超过 50 万吨，具有码头散粮接收、发放能力。

（三）南方销区沿海港口散粮中转库：粮食年中转量超过 200 万吨，达到班轮运输的基本运量，具有码头散粮接收、发放能力。

第五条　散粮接收、发放设施。在主要散粮物流节点，依托大型粮库、大型粮油加工企业、粮食码头和批发市场建设与散粮车辆配套的铁路专用线、散粮中转码头、卸粮坑、吸粮机、散粮倒运车、出仓机、装车机等散粮接收、发放设施。其中：粮食储备库仓容 5 万吨以上，粮食加工企业年加工能力 30 万吨以上，粮食批发市场年交易量 50 万吨以上。

第六条　散粮运输工具。按照跨省（区）主要通道的粮食流量、品种、作业需求，支持大型粮食物流企业增加散粮运输工具。大型粮食物流企业应具备的条件是：粮食年转运量 100 万吨以上（购置散粮火车皮和内河散粮船舶）、年集运量 30 万吨以上（购置散粮汽车）、年转运量 30 万吨以上（购置散粮集装箱）。

第七条　企业粮食物流信息系统和检验检测系统。根据发展粮食现代物流要求，支持大型粮食物流企业建设信息系统和粮食质量检验检测系统。

第八条　项目的其他条件

（一）符合当地城市发展总体规划和相关交通规划，具有优越的区位优势和良好的交通运输条件，能够实现各种运输方式之间的有效衔接，具备开通固定班轮、班列条件。

（二）项目核准、规划、土地、环境保护等方面手续齐全；涉及散粮码头、铁路专用线建设和改造的，应按国家有关规定办理港口岸线使用和铁路专用线审批手续。

（三）建设资金基本落实，具备开工条件或者已经开工建设且散粮物流设施完成了部分工程量。

（四）有利于整合现有资源，确保建成后发挥投资效益。

第九条　项目单位具备的基本条件

（一）具有一定的经营规模和稳定的粮源，具有粮食物流经营的经验和较高的经营管理水平。

（二）近三年经济效益较好，具备较强的资金筹措和经济实力。

（三）近三年没有工商、税务等方面的违规行为。

第三章　扶持方式

第十条　国家主要采取投资补助和贷款贴息方式对符合条件的粮食物流项目予以扶持。

第十一条　对符合条件的散粮中转库、散粮接收、发放设施以及信息、检验检测项目给予投资补助；对散粮运输工具项目给予贷款贴息支持，贴息年限为两年。投资补助及贷款贴息一般不超过散粮相关设施投资的30%，且补助和贴息资金总额不超过3000万元。对粮食市场调控有重大影响的国有企业申报的粮食现代物流项目，国家确需安排3000万元以上投资的，采取资本金注入方式。

第十二条　国家安排投资补助或贷款贴息的粮食物流项目，地方各级政府要安排相应配套资金，并在土地、税费、信贷等方面给予支持。

第四章　项目申报和资金下达

第十三条　申请国家扶持的粮食现代物流项目，须由项目所在省（自治区、直辖市）发展改革委和计划单列市发展改革委向国家发展改革委申报，同时抄报国家粮食局。计划单列企业集团可直接向国家发展改革委申报，同时抄报国家粮食局。申报项目须符合所在省（自治区、直辖市）粮食物流发展总体规划。

第十四条　根据投资体制改革的有关规定，申报粮食现代物流项目只需上报资金申请报告。资金申请报告应包括以下内容：

（一）项目单位基本情况。包括主管部门、企业性质、现有设施、运营管理模式、组织机构、近三年经营情况及财务状况等。

（二）项目基本情况。包括项目建设性质、建设规模和内容、主要功能、建设进展情况、交通情况、各项建设条件落实情况以及工期安排等。

（三）项目市场分析。包括对项目所在地粮食仓储、中转的现状及项目未来十年散粮中转量预测分析；上、下游对接环节粮食流量、流向分析，上、下游对接服务企业的协作意向等。

（四）项目设计方案。包括拟建散粮仓储、装卸设施及运输工艺主要技术参数和工艺流程图、项目总平面图（要详细标明已有设施和拟建设施等）。

（五）项目投资估算、融资方案及财务评价。包括分项详细投资估算表或投资概算表，融资方案中资金来源的详细说明，财务评价中的主要静态和动态经济指标。

（六）项目风险分析及控制风险措施。包括项目融资风险、建设风险和运营管理风险及相应的控制风险措施等。

（七）项目招标内容，包括土建工程、机电设备、散粮运输工具和接收发放设备的拟招标规模（数量）和投资额度。

第十五条 资金申请报告包括以下附件：

（一）地方投资主管部门有关项目批复、核准或备案文件。

（二）城市规划部门出具的建设项目规划许可意见。

（三）项目现占地土地证，新征土地需由国土资源部门出具用地预审意见。

（四）环保部门出具的环境影响评价文件的审批意见。

（五）有关部门出具的港口岸线使用、铁路专用线审批文件（涉及散粮码头、铁路专用线建设和改造的）。

（六）与运输部门和运输企业就散粮运输的合作意见。

（七）计划单列企业集团申报的项目，须由所在省（自治区、直辖市）发展改革部门出具是否同意建设的意见。

（八）项目建设资金（包括企业自有资金、地方政府配套资金及银行贷款等）落实的证明材料，其中申请贴息的项目须出具项目单位与有关金融机构签订的贷款合同和资金进帐单复印件。

（九）项目实施进度的证明，如工程造价、审计等中介机构出具的资金到位和支出情况评审报告，工程进度全景照片及各在建子项工程照片等。

（十）项目单位对资金申请报告内容和附属文件真实性负责的声明。

第十六条 省（自治区、直辖市）和计划单列市发展改革委、计划单列企业集团在上报资金申请报告及相关附件时，需按照国家发展改革委编制的“中央投资项目编报系统软件”（从 http：//www. ndrc. gov. cn/xzzq/rjxz 下载）编报投资计划草案，利用“数据导出”形成 . imo 格式发送电子邮件。同时，填报《粮食现代物流项目基本情况调查表》（见附表）。

第十七条 国家发展改革委会同国家粮食局组织有关专家，根据全国《粮食现代物流发展规划》和项目所在省（自治区、直辖市）编制的本地区粮食物流发展规划以及本办法规定的项目条件，对申报的项目资金申请报告进行审查，提出扶持项目名单。

第十八条 国家发展改革委对同意安排投资的项目，批复其资金申请报告并下达投资计划。安排给单个项目的资金均为一次性安排。

第五章 组织实施

第十九条 建立项目法人责任制。项目法人负责项目申报、资金筹措、建设管理等具体工作。超出概算的投资由项目法人负责解决。

第二十条　建立项目招标采购制度。国家扶持的粮食现代物流项目的土建施工和设备采购，必须采用公开招标的方式，择优选定施工单位和供货单位。项目设计单位、监理单位也通过公开招标予以确定。

第二十一条　加强资金管理。各项目单位要严格按照国家现行固定资产投资管理制度，严格使用和管理国家安排的专项资金，不得转移、侵占或挪用资金。

第二十二条　加强项目管理。各项目单位要严格按照批准的建设内容进行建设，不得擅自改变主要建设内容和建设标准。不能按计划完成建设目标的，项目所在省（自治区、直辖市）和计划单列市发展改革委、计划单列企业集团要及时向国家发展改革委报告有关情况，说明原因并提出调整建议。国家发展改革委将视具体情况进行相应调整。

第二十三条　建立项目定期检查制度。省（自治区、直辖市）和计划单列市发展改革委、计划单列企业集团要加强对项目建设的监督、指导，定期到现场检查项目进展和资金使用情况，及时协调解决建设中存在的重大问题。国家发展改革委将会同国家粮食局对项目进行稽察和监督检查。

第二十四条　实行竣工验收制度。粮食现代物流项目建设完成后，由所在省（自治区、直辖市）和计划单列市发展改革委、计划单列企业集团组织有关方面进行竣工验收，对验收合格的项目要及时报国家发展改革委和国家粮食局备案。

第二十五条　建立项目责任制度。对以虚假材料骗取国家投资，或转移、侵占、挪用国家投资，或无正当理由未及时建设实施或竣工完成的，国家发展改革委将按照《中央预算内投资补助和贴息项目管理暂行办法》第五章的有关规定给予相应处罚。

附表：粮食现代物流项目基本情况调查表（略）

117

关于进一步做好粮食现代物流项目建设工作的通知

国粮办展〔2009〕7号

各省、自治区、直辖市及新疆生产建设兵团粮食局，中国储备粮管理总公司、中粮集团有限公司、中国华粮物流集团公司：

根据全国《粮食现代物流发展规划》和《粮食现代物流项目管理暂行办法》（发改经贸〔2008〕413号）要求，总结近两年粮食现代物流建设和管理经验，为进一步做好粮食现代物流项目建设工作，现将有关事宜通知如下：

一、充分认识粮食现代物流项目建设的重要性和紧迫感

我国粮食现代物流发展还比较落后，流通成本高、效率低、损耗大的问题仍然很突出，发展粮食现代物流对于降低流通成本、提高运输效率、增加农民收入、保障粮食安全至关重要。《中共中央国务院关于切实加强农业基础建设进一步促进农业发展农民增收的若干意见》（中发〔2008〕1号）、《国家粮食安全中长期规划纲要（2008—2020年）》（国发〔2008〕24号）、《中共中央关于推进农村改革发展若干重要问题的决定》都对加强粮食现代物流建设提出了明确要求。

总体来看，《粮食现代物流发展规划》的发布实施和中央补助投资的安排，有力地推进了各地粮食现代物流项目建设工作。一些主要粮食物流通道和节点正相继建设一批粮食现代物流项目。但是，从近年各地建设情况看，项目建设中还存在一些突出问题：一是一些省（区、市）缺乏统筹规划和协调，指导力度不够，存在一定的盲目建设、重复建设或管理缺位问题；二是项目功能定位不清，粮食现代物流的特性不突出；三是粮食物流配套设施和技术研发推广进展缓慢。特别是在当前扩大内需、保证增长等新形势下，对加快推进粮食现代物流项目建设的要求更加紧迫。各级粮食行政管理部门和中央大型粮食企业要提高认识，加强领导，把粮食现代物流项目建设作为今后相当长时期粮食流通工作的一项重要任务抓紧抓好。

二、准确界定粮食现代物流项目

（一）主要建设内容

粮食现代物流项目的建设内容主要包括：散粮中转库（包括浅圆仓、立筒仓、机械化平房仓等中转仓型），散粮接收、发放设施（包括粮食专用码头、铁

路专用线、接收、发放设备等)，散粮运输工具（包括散粮火车、散粮汽车、散粮船舶、散粮集装箱等)，企业粮食物流信息系统和检验检测系统等。

（二）基本区域范围

国家重点扶持《粮食现代物流发展规划》确定的六大跨省散粮物流通道内的项目，即东北流出通道（辽宁、吉林、黑龙江及内蒙古)、黄淮海流出通道（河北、河南、安徽、山东)、长江中下游流出通道（湖南、湖北、江西、安徽、四川、重庆、江苏)、华东沿海流入通道（江苏、上海、浙江、福建)、华南沿海流入通道（广东、广西、海南）以及京津流入通道（北京、天津、河北、山西)。同时对未纳入六大通道的西部省区重要粮食物流节点予以扶持。

（三）建设规模条件

1. 散粮中转库。包括内陆散粮中转库、内河港口散粮中转库、南方销区沿海港口散粮中转库。具体条件是：内陆散粮中转库粮食年中转量 30 万吨及以上，具备开行火车班列运输的基本运量，具有铁路散粮接收、发放能力。内河港口散粮中转库粮食年中转量 50 万吨及以上，具有码头散粮接收、发放能力。南方销区沿海港口散粮中转库粮食年中转量 200 万吨及以上，达到班轮运输的基本运量，具有码头散粮接收、发放能力。

2. 散粮接收、发放设施。在主要散粮物流节点，依托大型粮库、大型粮油加工企业、粮食码头和批发市场建设与散粮车辆配套的铁路专用线、散粮中转码头、卸粮坑、吸粮机、散粮倒运车、出仓机、装车机等散粮接收、发放设施。其中：粮食储备库仓容 5 万吨及以上，粮食加工企业年加工能力 30 万吨及以上，粮食批发市场年交易量 50 万吨及以上。

3. 散粮运输工具。按照跨省主要通道的粮食流量、品种、作业需求，支持大型粮食物流企业增加散粮运输工具。大型粮食物流企业应具备的条件是：粮食年转运量 100 万吨及以上（购置散粮火车皮和内河散粮船舶)、年集运量 30 万吨及以上（购置散粮汽车)、年转运量 30 万吨及以上（购置散粮集装箱)。

4. 企业粮食物流信息系统和检验检测系统。根据发展粮食现代物流要求，支持大型粮食物流企业建设信息系统和粮食质量检验检测系统。

三、申报国家投资补助项目的程序和管理要求

申报国家投资补助的项目，除具备上述规定的范围和规模外，还应具备以下基本条件：

一是要符合当地城市发展总体规划和交通规划，具有优越的区位优势和良好的交通运输条件，能够实现各种运输方式之间的有效衔接，具备开通固定班轮、班列条件。二是项目已经批准立项或核准，规划、土地、环境保护等方面手续齐全；涉及散粮码头、铁路专用线建设和改造的，应按国家有关规定办理港口岸线

使用和铁路专用线审批手续。三是建设资金基本落实，已经开工建设且散粮物流设施完成了部分工程量，或者已具备开工条件且年度内可开工建设。

申请国家扶持的粮食现代物流项目，宜由项目所在省（区、市）发展改革委、粮食局联合上报国家发展改革委和国家粮食局，计划单列企业集团可直接上报国家发展改革委和国家粮食局；项目竣工验收后要及时报国家发展改革委和国家粮食局备案。国家发展改革委会同国家粮食局负责审查粮食现代物流项目资金申请报告，并对项目进行稽察和监督检查。

各地粮食行政管理部门要充分发挥行业管理职能，建立和完善项目储备并及时更新项目信息（中央补助项目和已开工建设或已批准立项的项目），认真填写《粮食现代物流项目基本情况调查表》（见附件2），并于每年5月底前报送国家粮食局流通与科技发展司。同时，要加强与发展改革部门的沟通协调，共同做好项目的筛选、申报、监督检查和验收等管理工作。企业是粮食现代物流项目建设的责任主体，负责项目申报、资金筹措、建设管理等具体工作。

对于同一项目，原则上只安排一次中央补助投资；对于后期又扩建的项目，可再次申请中央补助投资，补助投资原则上不超过项目总投资的30%。

四、粮食现代物流项目建设应注意的问题

（一）统筹规划，合理确定项目布局。按照粮食现代物流发展规划，在认真分析本地区粮食流量、流向，确定发展粮食现代物流的主要线路和节点的基础上，加强地区之间、企业之间建设项目的统筹协调，合理布局粮食现代物流设施项目，按照市场运作、政府扶持、效益优先的原则，引导企业投资方向，避免盲目扩张和低水平重复建设。同时，对于具体项目，粮食仓储、中转、加工、贸易、信息服务等各功能子项要合理分区，安排好各子项的建设次序，做好相互间的有效衔接。

（二）因地制宜，合理确定建设规模和内容。粮食现代物流项目建设中，要根据区域特点因地制宜确定建设规模和内容，节约投资和项目用地，不宜贪大求全，既要满足当前的物流需要，又要充分考虑未来国民经济的发展，留有适当的发展空间。同时，能够在原有物流设施资源基础上进行适当改造的项目不宜再大规模重建。

（三）规范要求，做好资金申请报告的编报工作。申报国家补助投资的项目必须按照有关要求编制资金申请报告，同时填报《粮食现代物流项目基本情况调查表》。但目前许多粮食物流项目的资金申请报告存在编制不规范的问题，影响了项目的申报质量和审批效率。为此，各地粮食行政管理部门和中央大型粮食企业要加强指导，规范粮食现代物流项目资金申报告的编报工作（有关格式和要求见附件1）。

附件：

1. 粮食现代物流项目资金申请报告格式和要求（略）

2. 粮食现代物流项目基本情况调查表（略）

国家粮食局办公室

二〇〇九年一月九日

118

关于印发《国家级粮食现代物流示范单位管理暂行办法》的通知

国粮办展〔2012〕132号

各省、自治区、直辖市粮食局，中国储备粮管理总公司、中粮集团有限公司、中国华粮物流集团公司、中国中纺集团公司：

为加快粮食现代物流发展，推动国家级粮食现代物流示范单位规范化建设，加强对示范单位管理，我局研究制定了《国家级粮食现代物流示范单位管理暂行办法》，经国家粮食局领导批准，现印发你们，请结合实际认真贯彻落实。

国家粮食局

二〇一二年六月一日

国家级粮食现代物流示范单位管理暂行办法

国家粮食局

2012年6月1日

第一章　总　　则

第一条　为推动国家级粮食现代物流示范单位（以下简称示范单位）规范化建设，加强对示范单位管理，加快推进粮食现代物流发展，特制定本办法。

第二条　示范单位是指按照《粮食现代物流发展规划》和《粮食现代物流项目管理暂行办法》建设，并经过国家粮食局组织考察和认定，在全国粮食现代物流建设和发展中具有不可替代的优势与特色，被业内和社会公众认可处于领先或特殊地位的粮食现代物流先进单位或集体，包括通道类、技术类和其他类3类。

第三条　开展示范单位考查活动的目的是以粮食现代物流为标准，以先进典型的示范作用为导向，推动粮食现代物流体系建设。考查示范单位旨在充分利用和发挥其资源及市场优势，引导和规范管理，降低粮食流通成本，提高粮食流通效率，更好服务于国家粮食宏观调控，保障国家粮食安全。

第四条　示范单位由国家粮食局授牌并发文公告，接受社会监督。

第二章　示范单位条件

第五条　示范单位原则上在《粮食现代物流发展规划》中内陆、沿海城市散粮物流节点范围内，或在全国六大主要跨省散粮物流通道和西部通道上。流通效益明显，在设施条件、中转方式、运营模式等方面具有显著特色和优势。

第六条　示范单位粮食有效中转仓容量不小于5万吨，年中转量一般连续两年均在50万吨以上，粮源集并或粮食辐射半径原则上在100公里范围内，铁路运输的专用线有效长度需满足整列装车发运的要求或达到1050米。

第七条　通道类示范单位在本通道内流量大、衔接辐射作用强，并能积极引领全国各个通道和物流节点的发展，全国六大主要跨省散粮物流通道和西部通道中每个通道确定3～5个示范单位。

第八条　通道类示范单位需具备粮食流通功能，具有现代的机械化作业条件，具备散储、散运、散装、散卸“四散化”作业条件，粮食物流服务对相应通道有辐射带动作用。

第九条　技术类示范单位包括铁海联运、铁路内河联运、公铁联运、公路（散粮汽车）运输、信息化5类。

第十条　铁海联运、铁路内河联运、公铁联运类示范单位需具备必要的码头岸线、泊位能力和接收发放能力。采用集装箱运输的，具有集装箱接收发放设施，具有稳定的集装箱运输线路，铁海联运年粮食中转量200万吨以上，铁路内河联运年粮食中转量100万吨以上，公铁联运年粮食中转量50万吨以上。

第十一条　公路（散粮汽车）运输类示范单位需具有散粮汽车接收发放设施；散粮专用汽车不少于50辆，平均单车吨位不小于30吨。

第十二条　信息化类示范单位必须具备信息服务功能，能自动监测粮食从检验入库、粮食保管、粮情监控、质量跟踪、销售出库等环节信息，实现仓库信息化、自动化管理。

第十三条　其他类示范单位包括维稳保供、产学研结合、综合三类。根据粮食现代物流建设和发展需要，还可适当增加新类型的示范单位。

第十四条　维稳保供类示范单位一般在西部或某些特殊敏感地方，对于该地区乃至全国维护稳定和保障供给具有重要意义，该类项目的中转仓容和年粮食中转量等要求条件可适当放宽。

第十五条　产学研结合类示范单位企业能够与大专院校、研究机构开展合作，推动粮食现代物流科技教学、研发，以及科技成果示范和推广应用，提高粮食现代物流科技水平，培养粮食现代物流管理和技术人才。

第十六条　综合类示范单位一般位于粮食流通通道的主要节点上，具有储备、中转、加工等多种功能，具备“四散化”作业条件，具备信息服务功能。

第三章　示范单位考查流程

第十七条　示范单位由省级粮食行政管理部门推荐，国家粮食局考查确立；

中国储备粮管理总公司、中粮集团有限公司、中国华粮物流集团公司、中国中纺集团公司负责本企业及分支机构的推荐工作，提出初审意见并提交国家粮食局。

第十八条 省级粮食行政管理部门提交的推荐材料，需详细说明所推荐企业的设施条件、流量流向、流通效益等，重点指出企业的主要优势、特点及示范点，并附现场考察的书面材料。

第十九条 国家粮食局负责示范单位考查确认工作，国家粮食局流通与科技发展司负责开展考查活动，统一组织专家对被推荐的企业资格进行现场考核，形成意见后公示，并由国家粮食局审定、授牌。

第四章 其 他

第二十条 推荐材料必须真实可靠，一旦发现弄虚作假立即取消申请资格。授牌后如发现有虚假欺瞒行为，给予撤销称号和摘牌处理，并在业内予以通报。

第二十一条 示范单位业绩平平，经营状况不良，不能起到示范带头作用，撤销称号和摘牌。

第二十二条 示范单位如有明显违规违纪行为，撤销称号和摘牌。

第二十三条 本办法由国家粮食局负责解释和修改。

119

国家发展改革委关于粮食等农产品铁路建设基金政策有关问题的通知

发改价格〔2007〕2552号

铁道部：

为降低东北粮食外运成本，并鼓励海运分流，经报请国务院批准，决定自10月10日起，适当调整经山海关入关铁路运输粮食铁路建设基金核收办法。现将有关问题通知如下：

一、对东北地区经山海关入关铁路运输粮食收取的铁路建设基金，改为统一按每吨18元的标准核收，收取范围不变。

二、除对经山海关入关铁路运输的粮食收取铁路建设基金外，继续对粮食、棉花、农用化肥等免收铁路建设基金。

以上，请你部组织落实，并继续加强对东北地区粮食外运运力的安排。

国家发展和改革委员会

二〇〇七年九月三十日

120

关于中国华粮物流集团公司有关税收政策的通知

财税〔2006〕157号

各省、自治区、直辖市、计划单列市财政厅（局）、国家税务局、地方税务局，新疆生产建设兵团财务局：

经国务院批准，现将中国华粮物流集团公司（以下简称华粮物流公司）有关税收政策通知如下：

一、对华粮物流公司及其直属企业销售的粮食免征增值税，具体按《财政部 国家税务总局关于粮食企业增值税免征问题的通知》（财税字〔1999〕198号）的有关规定执行。

二、对世行贷款粮食流通项目（以下简称世行项目）及在其基础上改建、扩建和配套增建的项目，对其建设期内涉及的建筑业劳务收入免征营业税，具体实施办法比照《财政部 国家税务总局关于世行贷款粮食流通项目建筑安装工程和服务收入免征营业税的通知》（财税字〔1998〕87号）的有关规定执行。

三、对华粮物流公司及其直属企业经营政策性业务取得的财政补贴收入免征营业税、企业所得税。

四、对华粮物流公司及其全资企业实行汇总（合并）缴纳企业所得税。

五、对华粮物流公司及其直属企业经营政策性业务自用的房产、土地，免征房产税、城镇土地使用税。

六、对华粮物流公司及其直属企业资金账簿免征印花税；对其经营政策性业务过程中书立的购销合同免征印花税；对合同其他各方当事人应缴纳的印花税照章征收。

七、对华粮物流公司上收世行项目单位的土地、房屋权属，不征收契税，具体按《财政部 国家税务总局关于企业改制重组若干契税政策的通知》（财税〔2003〕184号）及《财政部 国家税务总局关于延长企业改制重组若干契税政策执行期限的通知》（财税〔2006〕41号）的有关规定执行。划拨土地改出让的，不属于上述免税范围。

八、对世行项目及在其基础上改建、扩建和配套增建的项目进口自用设备的关税和进口环节增值税按国家现行有关税收规定执行。

九、华粮物流公司及其直属企业经营的政策性业务包括政府储备粮（油）、北粮南运和粮食进出口及接卸。

十、享受上述税收政策的华粮物流公司直属企业的名单按附件执行。今后，直属企业名单若有变化，财政部、国家税务总局将及时进行调整。

十一、本通知自 2006 年 8 月 1 日起至 2008 年 12 月 31 日止执行。

附件：中国华粮物流集团公司直属企业名单

财政部　国家税务总局

二〇〇六年十二月十四日

附件：

中国华粮物流集团公司直属企业名单

一、港口库及粮食码头（8 个）

中国华粮物流集团北良有限公司
中国华粮物流集团张家港港口库
中国华粮物流集团南通港口库
中国华粮物流集团防城港港口库
中国华粮物流集团九江国家粮食储备库
中国华粮物流集团芜湖港口库
中国华粮物流集团青山港口库
中国华粮物流集团城陵矶港口库

二、粮食中转库（64 个）

辽宁省

中国华粮物流集团西丰粮食中转库
中国华粮物流集团凡河中心粮库
中国华粮物流集团曲家中心粮库
中国华粮物流集团开原国家粮食储备库
中国华粮物流集团前进国家粮食储备库
中国华粮物流集团马仲河粮食中转库
中国华粮物流集团灯塔国家粮食储备库

沈阳市

中国华粮物流集团沈阳第四粮食中转库
中国华粮物流集团沈阳第七粮食中转库
中国华粮物流集团辽中粮食中转库

中国华粮物流集团沈阳第三粮食中转库
中国华粮物流集团新民粮食中转库
中国华粮物流集团康平粮食中转储备库
中国华粮物流集团法库国家粮食储备库

吉林省

中国华粮物流集团德惠粮库
中国华粮物流集团松原国家粮食储备库
中国华粮物流集团通榆国家粮食储备库
中国华粮物流集团洮南国家粮食储备库
中国华粮物流集团曙光国家粮食储备库
中国华粮物流集团榆树粮库
中国华粮物流集团农安国家粮食储备库
中国华粮物流集团三岔河国家粮食储备库
中国华粮物流集团烟筒山粮库
中国华粮物流集团东丰国家粮食储备库
中国华粮物流集团镇赉国家粮食中转库
中国华粮物流集团金山国家粮食储备库
中国华粮物流集团双辽粮库
中国华粮物流集团前郭粮库
中国华粮物流集团五棵树国家粮食储备库
中国华粮物流集团钾皮厂粮库
中国华粮物流集团哈拉海粮库
中国华粮物流集团白平国家粮食储备库
中国华粮物流集团大布苏粮库
中国华粮物流集团朝阳国家粮食储备库

黑龙江省

中国华粮物流集团绥化粮库
中国华粮物流集团佳木斯粮食中转库
中国华粮物流集团迎春粮库
中国华粮物流集团兴隆粮库
中国华粮物流集团密山粮库
中国华粮物流集团龙镇国家粮食储备库
中国华粮物流集团嫩江国家粮食储备库
中国华粮物流集团兰棱粮库
中国华粮物流集团克东国家粮食储备库

中国华粮物流集团访河国家粮食储备库
中国华粮物流集团克山粮库
中国华粮物流集团五常粮库
中国华粮物流集团宋站粮库
中国华粮物流集团海伦粮库
中国华粮物流集团桦南粮库
中国华粮物流集团富锦粮库

哈尔滨市

中国华粮物流集团康金粮库

内蒙古自治区

中国华粮物流集团扎兰屯国家粮食储备库
中国华粮物流集团乌兰浩特国家粮食储备库
中国华粮物流集团赤峰粮食中转库
中国华粮物流集团舍伯吐国家粮食储备库
中国华粮物流集团开鲁国家粮食储备库
中国华粮物流集团乌兰花国家粮食储备库
中国华粮物流集团通辽粮库

广西自治区

中国华粮物流集团柳州粮食中转库
中国华粮物流集团南宁国家粮食储备库
中国华粮物流集团桂林粮食中转库

中谷集团

中国华粮物流集团大安粮食中转库
中国华粮物流集团蔡家粮食中转库北京市
中国华粮物流集团北京粮食销区中心供应库

三、铁路车皮（1个）

中国华粮物流集团北良铁路公司

四、散粮船舶和集装箱（1个）

中国华粮物流集团新良海运有限公司

五、维修中心（1个）

中国华粮物流集团沈阳粮食机械设备维修培训中心

121

国务院关于组建中国华粮物流集团公司有关问题的批复

国函〔2005〕101号

发展改革委、财政部：

你们《关于分步组建华粮（集团）有限责任公司有关问题的请示》（发改经贸〔2005〕1058号）收悉。现就组建中国华粮物流集团公司有关问题批复如下：

一、原则同意《中国华粮物流集团公司组建方案》和《中国华粮物流集团公司章程》。

二、中国华粮物流集团公司（以下简称华粮物流公司）是在世界银行贷款粮食流通项目（以下简称世行项目）单位中央投资所形成的资产权益基础上，依照《中华人民共和国全民所有制工业企业法》由国务院出资组建的国有企业。主要成员包括中央投资为主的港口库、中转库、铁路车皮、船舶、集装箱以及维修中心等75个世行项目单位。

三、华粮物流公司主要从事粮食收购、加工、销售、储存和中转等业务。公司注册资本47.55亿元，不进行资产评估和审计验资；实有中央资本数额，待公司成立后由财政部核定。

四、华粮物流公司领导班子和领导人员暂由发展改革委、财政部会同国资委、粮食局管理。国务院授权发展改革委、财政部对华粮物流公司国有资产增值保值实施监督。公司实行总经理负责制，总经理为公司的法定代表人。

五、华粮物流公司对所属世行项目单位的中央投资形成的国有资产行使出资人权利，对其国有资产经营进行管理和监督，并相应承担保值增值的责任，及时归还世行项目贷款。

六、华粮物流公司根据经营管理的需要，可在部分粮食主产区和主销区设立分公司。分公司根据华粮物流公司的授权，负责监督管理辖区内世行项目单位资产，组织协调运营，依法保护中央和地方政府及世行项目单位的资产权益。今后根据工作需要，报经发展改革委、财政部、粮食局、中国农业发展银行同意，可对分支机构作必要调整。

七、华粮物流公司在国家计划中实行计划单列，财务关系在国家财政中单列，并按资金来源渠道及类别，接受有关部门的监督。

八、国务院及有关部门对华粮物流公司所属企业实行的原有优惠政策保持不变。

九、同意参照中国储备粮管理总公司、中国储备棉管理总公司，给予华粮物流公司有关税费优惠政策，具体办法由财政部、税务总局另行规定。

十、华粮物流公司成立后，要依照《中华人民共和国公司法》，切实保护有关地方和世行项目单位的资产权益，及时做好股份制改造工作，拟定股份制改造方案和公司章程，上报国务院审批。华粮物流公司完成股份制改造并正常运行后，按照《关于印发国务院各部门所属企业移交国资委或国资委所出资企业管理的意见的通知》（国资改革〔2003〕144 号）精神，由国资委按照规定程序考察并办理相关手续。

组建华粮物流公司是深化粮食流通体制改革，推进粮食“四散化”（散装、散运、散储、散卸）的重要举措。华粮物流公司作为国家实施粮食宏观调控的重要载体，承担为国家宏观调控、国家粮食安全和社会服务的职责。发展改革委、财政部要会同有关部门加强与有关省（区、市）人民政府的沟通与协商，做好相关工作的衔接；同时，要对华粮物流公司加强指导，及时总结运行中的经验，逐步进行规范和完善。

《中国华粮物流集团公司组建方案》和《中国华粮物流集团公司章程》由你们根据本批复精神，作必要修改后印发。

国务院

二〇〇五年十二月十七日

122

国家粮食储备局粮食运输管理规则（试行）

国粮储〔1997〕255 号

1997 年 12 月 4 日颁布　1998 年 1 月 1 日实施

第一章　总　　则

第一条　为加强粮食运输管理，合理组织与协调粮食运输，明确粮食运输工作程序和粮食发运、接收、中转各方的责任、权利和义务；规范粮食运输行为，特制定本规则。

第二条　粮食运输必须认真贯彻及时、合理、安全、均衡的原则。国家调拨粮食坚持运输符合中等以上质量标准、符合食品卫生标准的粮食。确保及时、合理地编制运输计划，采取妥善有效的安全措施，建立良好的运输秩序，均衡地组织运输，防止浪费国家运输能力，减少粮食运输损失。

第三条　粮食运输由各级粮食主管部门分级归口管理。

国家粮食主管部门负责组织、协调省（区、市）间的粮食运输，编制年度、季度和月度重点粮食运输计划，分月平衡、核定通过铁路运输困难区段和重点限制口的运量及沿海重点港口的运量。监督、检查省间粮食运输计划的执行情况和汇总全国粮食运输统计。

省级粮食主管部门负责管理、组织本省（区、市）内的粮食运输。按规定时限向有关承运部门提送年、季和月度运输计划，监督、检查运输计划执行情况，协调解决存在的问题，汇总报告粮食运输统计报表。

第四条　各级粮食部门，要切实加强对调运干部、职工的职业道德教育和业务培训，树立敬业精神，提高业务素质。执行粮食运输任务的单位和人员，要发扬团结协作、顾全大局和实事求是的优良传统，认真贯彻执行本《规则》的有关规定。调出（调剂出）、调入（调剂入）双方必须认真执行上级下达的计划和严肃履行合同或协议，严禁弄虚作假。

第五条　国家储备粮、省间调剂粮以及各级粮食部门管理和经营的其它粮食需要运输时，均执行本《规则》。非粮食部门经营的粮食，也可参照执行本《规则》的有关规定。

第二章　运输计划及合理运输

第六条　各级粮食部门管理和经营的粮食需要运输时，均应按规定程序和时限，向粮食主管部门申报，纳入运输计划。各级粮食部门必须按照先中央计划、后地方计划，先重点计划、后一般计划的原则，统筹兼顾安排运输。

第七条　编制粮食运输计划的依据

一、国家调拨粮食（包括国家储备粮、国家确定的出口粮、救灾粮）的运输计划，依据国家粮食主管部门的调拨计划编制。

二、省间调剂粮的运输计划，根据各省（区、市）相互商定，并经国家粮食主管部门平衡确定的计划编制。

以上计划均为确保国家粮食总量平衡需要，各执行单位必须采取有效措施，切实保证完成。

三、其它粮食的运输计划，依据发、收双方签定的合同（协议）编制，经承运部门承认后也需严肃对待，认真完成。

第八条　粮食运输要认真贯彻合理运输的原则，编制运输计划应选择合理运输路线，廉价运输工具，统筹安排发运、接收站点，求得最佳运输方案。各级粮食部门对粮食运输应按照《省间粮食运输合理流向》（国粮储联〔1996〕158号）的规定，编制与审定运输计划。

第九条　粮食运输计划分为年度计划、季度计划和月度计划。

一、年度运输计划。包括：运输方式，粮食品名，性质，发到省（区、市），发到铁路局和沿海主要发到港的运量等项目。

国家调拨粮及调剂粮的省间年度运输计划，由国家粮食主管部门根据年度调拨计划及年度调剂计划编制，于年度开始前下达各调出（调剂出）、调入（调剂入）省（区、市）。

地方调拨粮及调剂粮的年度运输计划，由省（区、市）内各级粮食主管部门负责编制。

二、季度运输计划。包括：运输方式，粮食品名，性质，发到省（区、市），发到铁路局、铁路分局和沿海发到港的运量等项目。

国家调拨粮及调剂粮的省间季度运输计划，由国家粮食主管部门编制，并于季度开始前下达各省（区、市）。

地方调拨粮及调剂粮的季度运输计划，由省（区、市）内各级粮食主管部门负责编制。

三、月度运输计划。包括：运输方式，发到省（区、市），发到铁路局、铁路分局、站和沿海的港口，发、收粮单位、性质、原粮或成品粮的实际粮食品名和运量等项目。

省间粮食运输的月度运输计划，由调出（调剂出）、调入（调剂入）省（区、市）的省级粮食主管部门根据季度运输计划分月对口编制。调入（调剂入）方须在计划执行月前三十天将到达站（港）、收粮单位、开户银行、帐号等电传给调出（调剂出）方，由调出（调剂出）省（区、市）负责编制运输计划，并按铁路、交通部门规定的时限，向有关承运单位提送要车（船）计划表。调出（调剂出）省（区、市），须在计划执行月前二十二天将月度运输计划汇总报国家粮食主管部门备案，其中通过铁路重点限制口和运输困难区段或需要铁道部、交通部作重点布置的运输任务，应单独编制重点粮食运输计划查定表一并上报。同时，将月度运输计划抄送调入（调剂入）省（区、市）。

省（区、市）内的粮食月度运输计划编制程序由省级粮食主管部门自定。

第十条 为明确区分省间粮食运输的性质，编制粮食运输计划须执行下列规定：

一、所有省间粮食运输计划，均由发运省（区、市）粮食主管部门负责审查、核定，并在运输计划查定表和要车（船）计划表上加盖“省（区、市）粮油运输专用章”。属于国家调拨和省间调剂的粮食，还要在运输计划查定表和要车（船）计划表上，加盖“国家计划粮油”印章。国家粮食主管部门和铁路、交通部门据此列入运输计划和受理运输。

二、国家粮食主管部门根据省级粮食主管部门提报的月度粮食运输计划汇总、平衡后，分别编制需要铁道部、交通部审批或需要作重点布置的月度粮食运输计划查定表，加盖国家粮食主管部门的粮油运输专用章，提送铁道部、交通部。

三、粮食运输计划所用印章要规范化，须按统一的形状、规格和名称刻制，并加强印章的管理和使用。主要印章有：

1. 国家粮食主管部门、省级粮食主管部门的“粮油运输专用章”为直径4.0厘米的正圆形。

2. “国家计划粮油”印章为长5.0厘米、宽2.0厘米的长方形。

第十一条 国家粮食储备局直属库（站），国家级或区域性粮食批发市场的粮食运输计划，经批准的可单独报国家粮食主管部门编列或提送有关承运部门，其余的由省级粮食主管部门汇总后报国家粮食主管部门编列或提送有关承运部门。

第十二条 粮食运输计划的编制方法，可以集体汇编，也可以逐级上报计划项目，由上级主管部门负责编制。编制运输计划的手段，应逐步向应用计算机的方向发展。

第十三条 粮食运输计划经上级主管部门审定并经有关承运部门承认后，各级粮食部门必须采取有效措施确保完成。铁路月度省间粮食运输计划经有关铁路部门正式承认后，调出（调剂出）省（区、市）须于计划执行月前三天，将最后核定的省间运输国家调拨粮和调剂粮运输计划，电告国家粮食主管部门并抄送有关调入（调剂入）省（区、市）。

第十四条　月度粮食运输计划在执行过程中，因特殊情况需变更时，变更粮食品名、数量及运输方式的应报下达计划的上级主管部门批准；如仅变更发、到站（港）的，可由发运单位与接收单位直接联系办理，并由发运单位按承运部门的规定办理手续。变更计划产生的费用，由提出变更的单位承担。

第三章　包装物及铺垫物

第十五条　包装物：包括麻袋、面粉袋和塑料编织袋。铺垫物：包括麻袋片、塑料编织片，属于粮食运输包装的组成部分。散装运粮专用车的挡粮板、流粮口的锁及修车用的材料系必备用品。粮食发运、接收和中转单位，对包装物、铺垫物和必备用品均应设专人加强管理，建立、健全管理制度，做到帐卡、帐实相符，并及时整理、修补，加速周转。

第十六条　粮食包装运输，必须使用符合国家标准的麻袋、面粉袋和塑料编织袋。

一、新麻袋，必须符合国家标准 GB 8115—87《粮食包装——麻袋》中 1 号、2 号袋的有关规定。低于 2 号袋标准的麻袋不准运粮使用。

二、面粉袋，必须符合国家标准 GB 8665—88《粮食包装——面粉袋》中的有关规定。

三、编织袋，必须符合国家标准 GB 8946—88《塑料编织袋》中的有关规定。

四、麻袋缝口和面粉袋封口，必须符合国家标准 GB 8115—87《粮食包装——麻袋》和国家标准 GB 8665—88《粮食包装——面粉袋》中有关缝口的规定。即麻袋活扣缝包：袋口折卷两叠，缝 9～11 针，做到针距均匀，两角做成马耳；麻袋死扣缝包：袋口折卷两叠，缝 20～24 针。经包口绳，须用有足够拉力的麻绳。为提高包装缝口效率和质量，防止撒漏粮食，应大力推行机械缝口。塑料编织袋必须用机械缝口。

五、麻袋、面粉袋和塑料编织袋的卫生要求，均应符合国家卫生标准对食品包装物的规定。

第十七条　铺垫物的规格：

一、垫火车底的：麻袋片长宽不小于 7×3 米；塑料编织片长宽不小于 17×3 米。

二、围火车帮的：麻袋片长宽不小于 5.85×3.4 米；塑料编织片长宽不小于 15×3.5 米。

三、汽车、船舶使用的铺垫物，其规格由发运单位根据实际情况自定。

第十八条　粮食运输所需包装物由发运方负责购置，价格（包括口绳）由发、收双方省级粮食主管部门本着公平、合理的原则商定。国家储备粮省间移库所用包装物的价格，须经国家粮食主管部门核准。由接收单位提供包装物时，应在运输计划执行月前将包装物送到发运单位；并向发运单位支付必需费用，具体数额由双方主管部门商定。如使用标旧袋，需经双方协商同意。在麻袋紧缺的情况下，经发运、接收双方同意可使用塑料编织袋。

第十九条 粮食运输所用铺垫物，原则上实行作价结算的办法，发运单位按不赔不赚的原则作价，与接收单位结算。确需回送的，粮食发运单位可收取一定的使用费和押金。回送期限、使用费和押金数额，由发运单位和接收单位商定。

发运单位使用粮食部门自备篷布，可参照上述规定办理。车、船加固用绳或绳网等费用，发运单位可按实际购入价格与接收单位结算。

第四章　粮食发运

第二十条 发运单位必须严格执行上级下达的、经承运部门承认的月度粮食运输计划，并按计划确定的粮食品名、数量和接收站（港）、收粮单位，均衡地组织发运。对重点任务应优先完成。

第二十一条 发运单位应于运输计划执行月前主动与承运部门核对计划，备足有效粮源和包装物，落实运输工具、装卸劳力、机械设备和车、船铺垫、加固用物品等，切实做好发运前的各项准备工作。向承运部门提出分旬（或五日、日）要车、船计划。运单要逐项填写，做到字迹清晰，不错填、不漏填。

第二十二条 粮食发运前，必须按照国家粮食质量标准和检验方法标准的有关规定进行验质。执行国家储备粮移库任务，必须发运符合国家标准中等以上质量的粮食。铁路运输和公路运输按每车，水路运输按每船（大船按舱）填开“粮油质量检验结果证书”（以下简称“检验证书”）（见附件一）。不准把虫粮、高水分粮、已经霉变等不符合质量标准的粮食装车（船）发运。

第二十三条 发运包装粮食必须预先灌包检斤，要按规定切实装足净重量，点清件数，备好货位。散运粮食须事先称重，不准估计数量。检斤必须使用经计量部门检定合格的标准衡器，并按规定经常校验。

第二十四条 包装运输粮食，必须认真执行定量包标准。主要粮食品种，用符合国际的麻袋、面粉袋装运的定量包标准是：

主要粮食定量包标准　　（单位：公斤）

粮食品名	大米	稻谷	小麦	玉米	大豆	面粉
每包净重量	90	70	90	80/85	90	25

注：玉米定量包辽宁、吉林、黑龙江省和内蒙古自治区为80公斤，其它省（区、市）为85公斤。

定量包的重量是指粮食的净重量，不含包装物重量。包装物，即皮重，应按所用包装物的实际重量计算，不准估计。

一车一船（大船按舱）必须装载同一品名、同一等级、同一质量的定量包。如因特殊情况必须拼装时，要采取相应隔离措施，做出明显标识，并在“发货明细表”和运单上注明，同时电告接收单位。

第二十五条　积极开展粮食散装运输。散运粮食应在发运单位能够散装，接收单位能够散卸并同意接收的情况下方可进行。

第二十六条　发运单位必须设专职或兼职的监装人员。发运粮食时，监装人员必须到现场监装。监装人员的职责是：

一、装车、船前，认真检查车、船状况和待运粮食货位情况，应坚持“五不装”：

（一）车体、船舱不完好，无铺垫物或无防雨设备，可能造成粮食撒漏或湿损的不装。

（二）装过有毒物品、农药、玻璃纤维和其它有害物质或装过化肥、活牲畜和其它污秽物，未经洗刷、消毒的车、船，篷布、铺垫物有异味，可能使粮食受到污染的不装。

（三）车、船内未经清扫或虽已扫过，但仍不干净的不装。

（四）所备货位未经点件检斤，或没有“检验证书”的不装。

（五）包装物被漏或缝口不符合规定的不装。

二、装车、船作业时，应坚持“工前三铺垫”、“工后五清扫”：

（一）作业前，应在车边、船边、装卸机械下边铺好铺垫物。

（二）作业完毕，将撒漏在车厢边、码头边、搬运路线上、货场、仓库的地脚粮全部清扫干净。

三、装车、船时应准确点件，并向站、港货运人员交清，双方签字。整车、整船装运粮食，必须按车、船标记载重吨位装足，货位备载不足的必须补足，不准亏吨，也不得超过车、船允许增载量装载，以确保运输安全。

四、装粮车、船必须铺垫（铁路K17型粮食散运专用车除外），铺垫物只限麻袋片和塑料编织片，不准用谷壳、篾片、苇席或其它物品铺垫。

（一）包装粮食装铁路棚车、敞车时要铺垫车底，如用装过煤炭或其它易污染包装物的铁路敞车，清扫后仍要五面铺垫（即车底及四边）。

（二）散装粮食，车、船均要五面铺垫，用四边铺垫物把顶部包严，加固后再盖上篷布。

五、装车、船的其它注意事项：

（一）作业过程中必须轻拿轻放，严禁野蛮装卸。

（二）用输送机装粮包时高度要适宜，并由专人堆码，不得抛、摔粮包。

（三）用吊杆吊装粮包，要使用网兜，不准吊麻袋“马耳”。

（四）粮包要包口朝里，堆码整齐，不准乱扔。装车、船作业中遇有破、漏包，必须调换或修补后，方可装上车、船。提倡继续推行“两靠两不靠”装车法。

（五）包装粮食装铁路敞车，车顶部必须起脊，并用绳网加固；铁路敞车散运粮食，要用缝好包口的定量包不少于120包压顶起脊，苫盖好篷布并捆绑牢固。为防止两季期间雨湿霉坏粮食，运距在500公里以远的，每车必须苫盖三块质量完好的篷布。

包装粮食装铁路棚车，粮包要与车门保持一定的距离，关严门窗并施封。

（六）装船后要将舱盖关闭严密并施封。

六、粮食发运完毕，须在“发运粮食原始登记簿”（见记录表式一）据实登统。

第二十七条 发货明细表（见附件二）是粮食运输办理交接、结算手续的重要原始凭证。装车、船后，按所装粮食品名、数量、质量、价格以及包装物、铺垫物等项目，铁路运输、公路运输按每车、水路运输按每船（大船按舱）填开发货明细表（一式六联），要逐项填写，字迹清晰并认真审核，切实做到单货相符，不准错填、漏填，并加注所运粮食的任务性质。发货明细表的三、四、五联应和“检验证书”、运单一起随货同行，如因故未能随货同行时，应用快邮补寄，并在发货后24小时内拍发电报或电传通知接收单位。

第二十八条 发运单位在取得接收单位同意后，可以按发运粮食的实际价值参加货物运输保险或铁路保价运输。保险费用由粮食接收单位负担。

第五章 粮食接收

第二十九条 接收单位须在月度粮食运输计划执行前，与有关站、港货运部门核对计划，提前做好场地、仓库、机械、器材、车辆、劳力等接收准备工作。

第三十条 接收单位对已超过承运部门规定的运到期限，而粮食仍未运到时，应向到站、港提出查询，并按铁路、交通部门的《货规》有关规定，向到站、港核收逾期罚款。经查询仍无着落，应按规定向到站、港索取货运记录并及时提出索赔。由于超过运到期限或中途换装等承运部门的责任，致使粮食霉坏变质或受到其它损失时，也应向到站、港索取货运记录，并按规定时限索赔结案。

第三十一条 接收单位因场地、仓库或其它客观原因，不能按原定运输计划的到站、港接收，而必须变更到站、港或接收单位时，按本《规则》第十四条规定办理。

第三十二条 接收单位须设专职或兼职的监卸人员。粮食运达后监卸人员必须到现场监卸。监卸人员的职责是：

一、运粮车、船到达后应认真检查车、船的门、窗、舱盖施封，车、船篷布苫盖情况，有无漏雨、水湿、被盗、污染等异状，与站、港货运部门办好交接手续。如发现有事故迹象，应根据实际情况向到站、港索取货运记录或普通记录。

二、卸车、船前要清扫场地，站台、码头、专用线、通道及装卸机械等处铺垫严密，防止损失粮食，不准用粮车篷布和铺垫物铺垫场地。

三、卸车、船时，应按一车、一船（大船按舱）分卸，分别堆放，并按承运部门规定的时限卸完，做到随到随卸，不压车、船，不压站、港，必须将车、船所装粮食卸清、扫净。

四、卸车、船后应与发运单位的发货明细表和运单上记载的品名、件数、重量等认真核对，查清有无多包、短件、包装破损、撒漏、亏量等情况。同时，应检查包装物质量、缝口是否符合标准以及铺垫物数量。

五、发现粮食遭受污染、水湿、霉坏变质、严重撒漏及虫粮等情况，应将好、坏粮食分别堆放，严禁好坏混杂。同时，必须及时采取有效措施进行整理，积极抢救，防止扩大损失。

六、粮食接收完毕，须在“接收粮食原始登记簿”（见记录表式二）据实登统。

第三十三条　接收单位应在月度粮食运输计划确定的到站、港或专用线、专用码头卸车、船后立即进行点件检斤，如确因条件限制不能就地检斤，而需转运到同一城镇的库、厂、站再检斤时，应按本《规则》第五十三条规定办理。计量用衡器必须经计量部门检定合格，并在卸车、船作业前校验准确。

第三十四条　接收单位对装定量包的包装运输粮食，可采取抽查检斤的方法计重：

一、以一张发货明细表为一个抽检计算单位。抽检定量包不得使用地中衡等大型衡器。

二、挑选不破不漏、缝口良好的作为抽检样包。抽检率：火车、轮船为5%；帆船、汽车为15%。

三、一个计算单位内，破、漏包超过10%的即视为非定量包，须全部检斤，扣除运输定额损耗后计算亏量。

四、抽检的样包，每包重量平均差异超过0.5公斤的，该计算单位即视为非定量包，须全部检斤。每包平均差异未超过运输定额损耗的，即可作为推算该计算单位重量的依据。抽检的样包，每包平均差异虽超过运输定额损耗，但未超过0.5公斤的，应再重新选样包检斤，抽检率为：铁路、轮船10%，帆船、汽车20%。两次抽检结果不一致时，按两次的平均数计算该计算单位的重量。

五、无论抽查检斤或全部检斤，都必须作出真实、完整的原始记录，连同过秤码单、现场作业记录一并留存备查，不保留原货。属情况严重、现场条件允许的，可保留原货备查。

第三十五条 接收单位对散装运输的粮食，必须全部检斤，作好真实、完整的原始记录，连同过秤码单、现场作业记录等单证，一并保存备查，不保留原货。

第三十六条 发生票货分离、票货不符、短件亏量、包装破损、严重撒漏、被盗、水湿霉坏、有毒物污染、装载不良等事故造成粮食损失，以及包装物不符合国家标准，粮食质量、等级、食品卫生指标与原发不符合或未接到“检验证书”等情况，接收单位应会同到站（港）货运人员判明原因，并按下列规定处理：

一、责任属于承运部门的，应按《货规》规定，向到站（港）索取货运记录，及时提出索赔要求，办理索赔手续，并在规定期限内追赔结案。

二、责任属于发运单位的，应取得到站（港）的普通记录或其它旁证材料，并在卸车、船次日起三天内，将事故损失情况，用电报或电传通知发运单位。发运单位要在接到通知次日起三天内将处理意见答复接收单位。如派人前往查明处理，则应在接到通知次日起五天内直赴接收单位。如超过上述时限，发运单位既不答复，又不派人处理，即视为无异议，由接收单位据实处理。

三、凡属不在到达站（港）受理索赔范围的集体或个体的车、船方的责任，由接收单位取得到站（港）开具的并经承运人签署的证明材料，及时与发运单位联系，由发运单位向承运人追赔结案。

第三十七条 卸车、船时产生的地脚粮，接收单位应及时整理，质量完好的过秤计数，并入原批。

第三十八条 接收单位对错发或无计划发来的粮食，为保护粮食不受损失，应先卸下妥善保管，并积极联系，查明处理，不得原车、船退回或隐瞒不报。

第六章 粮食中转

第三十九条 省间粮食运输需在途中转换运输方式，承运部门不办理联运的，由粮食部门在转换运输方式地点设机构办理中转业务，可以采取下列几种方式：

一、发运单位在中转站（港）所在地设机构办理中转业务。

二、接收单位在中转站（港）所在地设机构办理中转业务。

三、中转站（港）所在地粮食部门负责办理中转业务。

无论采取何种中转形式，都应核定合理的中转费用标准，以利中转任务的顺利完成。

第四十条 省间粮食运输转换运输方式地点在发运省（区、市）行政辖区以内的，即为发运方的最后发粮点，在接收省（区、市）行政辖区以内的，即为接收方的最初收粮点。由于交通运输条件和粮食合理流向要求，需在发运或接收省

（区、市）行政辖区以外的第三方行政辖区内中转，而中转地粮食部门又不能办理中转业务，可由发运方或接收方自设机构办理中转。由接收方设立机构中转，该中转地即为最初收粮点；由发运方设立机构中转，该中转地即为最后发粮点。

第四十一条 粮食中转单位同时兼有发运和接收的职能，无论采取何种中转形式，中转单位除应按本《规则》第四、第五章中有关条款的规定做好工作外，还应执行下列规定：

一、中转单位须设专职检验人员，严格把好中转粮食质量关。对中转粮食质量要逐批按国家标准进行检验，发现不符合标准的粮食，要及时与原发运单位联系处理，不得坏来坏转，扩大损失。

二、中转单位须对转出粮食数量负责，设专人监卸、监装，认真检查来粮包装、缝口质量和定量包是否足量，发现包装破损时，应及时修补、整理，破损严重的要更换包装物，不准破收破转。产生的地脚粮要另备包装物灌成标准定量包随原批转出，并在麻袋缝口处做出明显标识。

三、对暂存待转的粮食必须妥善保管，对不安全因素，及时采取防范措施，防止发生雨湿、被盗等事故。

四、卸车、船后或发运完毕，监卸（装）人员必须在“发运、接收粮食原始登记簿”上据实登统，并定期与发运、接收单位核对接转数量。

第四十二条 中转单位或其他任何单位、个人都不准截留、挪用或顶换中转的粮食。

第七章 责任划分

第四十三条 粮食运输全过程，包括以下三个阶段：

一、粮食待运阶段：发运单位的粮食在进入最后发粮点的车站站台、港口货运码头或发运单位的专用线、专用码头，堆码成货位到装上车、船，但车、船尚未开动为第一阶段，即粮食待运阶段。

二、粮食运输途中：车、船从发运单位最后发粮点开动后，到达接收单位最初收粮点的车站、港口或接收单位的专用线、专用码头，但承运部门尚未与接收单位办理交接手续为第二阶段，即粮食运输途中。

三、粮食运达后：接收单位在到站、港或专用线、专用码头，已与承运部门办清交接手续，卸下车、船经检斤验质，堆码成货位为第三阶段，即粮食运达后。

第四十四条 “最后发粮点”和“最初收粮点”的定义：

一、最后发粮点：是指月度运输计划确定的，粮食装上车、船，不再转换运输工具，即可直达接收单位最初收粮点的发运车站、港口。

二、最初收粮点：是指月度运输计划确定的，最初接收发运单位粮食的到达车站、港口。

第四十五条 粮食在运输过程中，发运、接收、中转各方的责任划分原则是：待运阶段发生的费用及粮食损失，由发运单位承担或负责查明处理。运输途中发生的粮食损失，由接收单位会同承运部门和保险公司等有关部门查明原因：确认属于承运部门责任的，由接收单位分别按铁路、交通部门的《货规》有关规定，向到站、港办理索赔；确认属于发运单位责任的，执行本《规则》第三十六条第二款的规定。确应由发运单位承担的经济责任，接收单位在卸货后一个月内检齐有关凭证或双方协议，向发运单位办理差额结算，发运单位不得拒付；属于其它方面责任的，由接收单位向应该承担责任部门索赔。粮食运达后发生的费用和粮食损失，由接收单位承担或负责查明处理。

第四十六条 属于发运单位责任，并应承担经济损失的，包括以下方面：

一、月度粮食运输计划确定后，由于发运单位的原因，在执行中未经上级批准，擅自停运造成计划落空，应承担由此产生的直接经济损失。

二、未征得接收单位同意，无计划发运或整车、整船超计划发运，造成接收单位压车、压船，延误卸车、船时间，甚至造成粮食霉坏等事故的，应承担卸车、船延误罚款和事故的直接经济损失。

三、未按规定设专职或兼职监装人员，实际装运的粮食数量（包括包数和吨数）与运单、发货明细表记载的不一致，或未按车、船标记载重量装足，造成亏量事故。

四、发运的粮食质量不符合国家规定的（或双方合同确定的）质量标准，包括：移库的国家储备粮不符合国标中等以上或发运虫粮、霉坏变质粮、高水分粮、杂质严重超标粮等，应承担由此产生的直接经济损失，如熏蒸费、搬运费、整理费及必要的粮食减量等。

注：“虫粮”指原粮每公斤样品中含有活虫两头以上（含两头）。“霉坏变质粮”指运输粮食中发现变绿、变黑、结块、有严重霉味等。

五、未按规定填开单证或单货分离的，应承认接收单位检斤验质结果并承担损失责任。

（一）发运时未填开“检验证书”，或填写的质量等级、卫生指标与所装粮食不符，或“检验证书”既未随货同行又未按规定补寄并电告接收单位的。

（二）发运时未填开“发货明细表”，或填写的内容与所装粮食不符，或“发货明细表”既未随货同行，也未及时补寄并电告接收单位的。

六、未按规定使用符合国家标准的包装物，包装破损，包装缝口不符合规定，如缝口针数不足，针距不匀等，造成粮食撒漏损失，应承担亏量损失及整理地脚粮、搬运费等直接费用开支。

七、未按规定使用经计量部门检验合格、校验准确的衡器。发运包装运输粮食，未按规定装定量包，或定量包不准，致使接收单位普遍检斤的；散装运输粮食，未在装车前检斤的，应承担普遍检斤所开支的各项费用和粮食亏量责任。

八、装车、船未按有关规定执行，凡有下列情况的，均应承担相应损失责任：

（一）使用不适合装运粮食的车、船；篷布破漏或有异味，致使粮食受到损失的。

（二）装铁路敞车，包装粮食顶部未起脊；散装粮食未用规定数量的定量包压顶起脊；篷布未盖严或捆绑不牢固，造成粮食损失的。

（三）装铁路棚车或船舶，车门、窗未关严施封，船舱盖未盖严施封，造成事故的。

（四）装车、船未按规定铺垫，或虽已铺垫但铺垫物严重破损或铺垫不严，造成包装物污染和粮食损失的。

（五）装车、船作业过程不执行操作规定，野蛮抛摔或机械操作不当，造成粮包破损、粮食撒漏损失，以及造成卸车、船作业困难而增加的非正常作业费和卸车、船延误罚款等。

（六）同一车、船（大船按舱）混装不同粮食品名、不同等级、不同包装物及不同定量包粮食，未做出明显标识，又未通知接收单位，应承担由此产生的挑选、整理、过秤等费用。

九、在专用线、专用码头，由发运单位自装车、船，运达后，经到站、港与接收单位共同确认车、船无异状，卸车、船后发现粮食短件、亏吨或粮食质量问题等事故的。

十、接到接收单位事故通知电报，未按规定时限答复或不派人前往处理的，应承认接收单位据实处理的结果，并承担相应的经济损失。

十一、发运散装粮食，未事先取得接收单位同意，应承担由此造成的事故损失和过秤费等直接费用。

十二、发运单位经铁路运输粮食，自行派人押运，应承担全部费用。

第四十七条　属于接收单位责任，并应承担经济损失的，包括以下方面：

一、月度粮食运输计划确定后，在执行中由于接收单位的原因变更或要求发运单位停运，造成计划落空，应承担由此产生的直接经济损失责任。

二、粮食运达后，未按规定与承运部门办清交接手续，或未在规定时限内办理提货手续和卸货，应承担由此产生的车、船、站、港占压费用和其它损失责任。

三、未按规定设专职或兼职监卸人员，粮食卸车、船后未及时点件、检斤和验质，或未保留原始作业记录、样品、过秤码单等必需资料；或未按规定通车、逐船分卸分存，以致批次混杂，造成粮食、包装物、铺垫物数量和质量不清的，应承认发运单位的原发数量和质量。

四、卸车、船过程野蛮作业或机械操作不当，造成粮包破损和粮食抛撒损失的，应承认原发粮食数量和包装物质量。

五、粮食在运输途中发生运输事故，按规定应由接收单位会同有关承运、保险部门调查责任并负责处理。有下列情况之一，接收单位应承担损失责任：

（一）发生运输事故，责任虽属承运部门，但接收单位未与到站、港货运人员共同检查车、船状况，又未按规定及时索取货运记录，或未在规定的索赔期内提出索赔的。

（二）发生运输事故，责任虽属发运单位，但接收单位未及时索取到站、港的普通记录或其它作为旁证的证明材料，又未按规定通知发运单位的。

（三）发生运输事故，未按规定把好、坏粮食分别堆放，未及时采取有效措施积极抢救整理，以致扩大了损失的。

（四）未按规定及时整理地脚粮的。

六、接收单位认为运达的粮食数量或质量与原发情况不符，并已通知发运单位，但经发运单位来人复验，其结果与原发情况相符，或接收单位有关单证不实、不全，除应承认原发数量或质量外，还应承担由此产生的费用开支，包括：过秤、搬运、来人的差旅费、电讯费用及罚款等。如有故意弄虚作假，编造假记录、假“检验证书”、假样品以及其它假证明等情况时，要追究当事人及直接领导人的责任。

七、接收单位应承担粮食运输定额损耗和装卸定额损耗。

八、接收单位应承担包装运输粮食抽查检斤费用和散装运输粮食全部检斤费用。

第四十八条 属于中转单位责任并承担经济损失责任的，除本《规则》第四十六条和第四十七条所列各款外，还包括：

一、有下列情况之一，中转单位应承担经济损失责任：

（一）未按规定妥善保管暂存待转的粮食而发生事故造成的损失。

（二）未按规定办清粮食交接手续，核实粮食数量，未据实登统而发生批次混乱，造成差错的。

二、有下列情况之一，中转单位应承担扩大损失责任：

（一）未按规定随时修补或更换破损包装物，整理撒漏粮食，而破收破转，致扩大损失的。

（二）未按规定抢救整理受损粮食，而坏收坏转，致扩大损失的。

三、截留、挪用或顶换中转粮食，应按原发数量、质量补足并承担由此造成的直接经济损失。

第四十九条 省间粮食运输发生商务争议，原则上由发运、接收双方的省级粮食主管部门协商解决。经过协商解决不了的，属于粮食质量问题的，由国家粮食主管部门标准质量管理机构协调、仲裁或共同委托与当事双方无利害关系的另一检验机构检验仲裁。属于粮食数量、包装物和其它问题由国家粮食主管部门储运管理机构协调、仲裁。

省内粮食运输发生商务争议，由省级粮食主管部门协调、仲裁。

第八章 运输定额损耗

第五十条 粮食运输的定额损耗，即合理损耗，是指粮食从发运单位的最后发粮点到接收单位的最初收粮点之间运输过程中，由于零星抛撒、扦样消耗、灰尘等细小杂质的消失等因素，产生的必然减量。

第五十一条 粮食运输定额损耗

一、粮食运输定额损耗率

<table>
<tr><td rowspan="2">运距
包装或散装
运输方式</td><td colspan="4">50 公里以下（%）</td><td colspan="4">51～1000 公里（%）</td><td colspan="4">1001 公里以上（%）</td></tr>
<tr><td colspan="2">包装</td><td colspan="2">散装</td><td colspan="2">包装</td><td colspan="2">散装</td><td colspan="2">包装</td><td colspan="2">散装</td></tr>
<tr><td>铁路</td><td colspan="2">0.1</td><td colspan="2">0.1</td><td colspan="2">0.25</td><td colspan="2">0.29</td><td colspan="2">0.3</td><td colspan="2">0.34</td></tr>
<tr><td>水路</td><td colspan="2">0.1</td><td colspan="2">0.1</td><td colspan="2">0.1</td><td colspan="2">0.1</td><td colspan="2">0.1</td><td colspan="2">0.1</td></tr>
<tr><td rowspan="3">公路</td><td colspan="6">20 公里以下（%）</td><td colspan="6">21 公里以上（%）</td></tr>
<tr><td colspan="3">包装</td><td colspan="3">散装</td><td colspan="3">包装</td><td colspan="3">散装</td></tr>
<tr><td colspan="3">0.1</td><td colspan="3">0.1</td><td colspan="3">0.25</td><td colspan="3">0.29</td></tr>
</table>

注：面粉运输定额损耗率：各种运输方式，不分运程远近，一律为 0.1%。

二、粮食运输定额损耗的计算公式：

运输定额损耗＝发运数量×运输定额损耗率

第五十二条 计算粮食运输损耗数量，必须以每一张发货明细表为一个计算单位，超过粮食运输定额损耗的减量，应视为粮食运输事故——亏量。接收单位实际收到的粮食数量，如多于发运单位在发货明细表上填写的发运数量，其多余部分为粮食运输溢余。亏量与溢余不得互抵。

第五十三条 接收单位应在最初收粮点卸车、船后立即进行点件、检斤。粮食卸车、船后检斤以前每增加一次装卸作业，相应增加计算一次装卸损耗，其定额损耗率为 0.03%。如卸车、船后，确因条件限制不能就地检斤时，可以先点件，转运到与该站、港在同一城镇的粮库、站或加工厂检斤，需增加计算短途运输损耗，其定额损耗率，按公路 20 公里以下、水路 50 公里以下标准计算（此规定也适用于大型库、站在专用线、专用码头点件，再运到仓房检斤的)。

第五十四条 接收粮食经检斤，实际损耗量未超过定额损耗的，接收单位应按原发数量与发运单位结算。发生溢余时，接收单位应按实收粮食数量与发运单位据实结算。

第九章 运输事故处理

第五十五条 各级粮食主管部门要本着“完成粮食运输任务，确保粮食运输安全”的宗旨，与铁路、交通、公安以及保险部门密切配合，通力合作，采取有效防范措施，防止发生运输事故。粮食部门内部要建立、健全岗位责任制，明确职责范围，教育干部、职工严格执行各业务环节操作规程，作业记录完整、准确，加强监督检查，切实做好粮食安全运输工作。

第五十六条 粮食运输事故的种类：

一、按事故性质分为十三种：

(1) 错填单位 (2) 单货分离 (3) 被盗 (4) 短件 (5) 亏量 (6) 包装破损严重撒漏 (7) 有害、有毒物污染 (8) 水湿 (9) 霉坏 (10) 火烧 (11) 翻车、沉船 (12) 人员伤亡 (13) 其它

二、按损失程度分为三种：

(一) 重大事故：一次损失粮食（指绝对损失）5000 公斤以上（含 5000 公斤)、人员死亡或整车、整船丢失的。

(二) 大事故：一次损失粮食 1500 公斤以上（含 1500 公斤）未满 5000 公斤的及人员重伤的。

(三) 一般事故：一次损失粮食 1500 公斤以下的。

第五十七条 发生粮食运输事故，发运、接收、中转单位发现或接到有关部门通知后，应积极组织抢救，防止扩大损失，并按下列规定逐级上报：

一、发生重大事故，发运、接收、中转单位应在 24 小时内，将发生事故的地点、时间和损失概况电告省级粮食主管部门及有关部门，同时电告国家粮食主管部门。

二、发生大事故，应在 48 小时内，电告省级粮食主管部门。

三、发生一般事故，应及时作好准确、完整的事故记录，以利于最后处理。

第五十八条 粮食运输事故的处理责任，根据省间粮食运输交接责任划分的规定，在发运单位最后发粮点车、船开动前发生的事故，由发运单位负责调查处理。车、船开动后运输途中发生的事故，原则上由粮食接收单位负责配合有关部门调查处理。发运、接收单位双方有责任密切配合查处有关事故。因发运单位未按规定执行而造成运输中发生的事故，发运单位也要承担调查处理责任。粮食运达后发生的事故，由接收单位负责调查处理。

第五十九条　对人员死亡和其它恶性事故，发运、接收、中转单位要及时会同地方政府及公安、承运部门积极查明处理。事后要专题书面报告省级粮食主管部门，同时抄报国家粮食主管部门。

第十章　运输统计

第六十条　为了解与掌握粮食运输计划完成情况，及时反映存在问题，给各级领导机关提供预测和决策的可靠数据，系统地积累资料，以利于研究改进粮食运输工作，各级粮食主管部门都应重视与认真做好粮食运输统计工作，并按规定时限及时提报报表，数据必须全面、准确，如实反映动态。

第六十一条　县以上粮食主管部门，应设专职或兼职的粮食运输统计人员，负责粮食运输统计工作。

粮食运输统计确定两种报表：

一、“粮食运输完成情况电讯旬（月）报表”，为电讯报表（见统计表式一）。

二、“粮食运输完成实绩月报表”，为书面报表（见统计表式二）。

第六十二条　为及时、全面、准确地反映粮食运输动态，各发运、接收、中转单位均应建立完整的粮食运输统计原始记录，并以此作为汇制报表的依据。

一、各发运、接收、中转单位，必须建立“发运、接收粮食原始登记簿”和“粮食运输计划完成情况登记簿（发运、接收）”帐册（见记录表式三），并随时登记，定期核对、检查是否有漏记错记。

二、应以发货明细表作为原始凭证，登统有关原始记录和帐册。“发货明细表”必须按规定的格式印制，并应按规定程序运转，不得任意更改。

三、运输统计报表必须根据有关原始记录或帐册的记载进行汇制。

第六十三条　县以上粮食主管部门要做好以运输统计资料为内容的文字分析工作，并于每季结束后，逐级上报统计文字分析。主要内容包括：超过或未完成运输计划的原因，运输方式、品名、地区变化以及合理运输、安全运输等情况。

第六十四条　对紧急调运任务，根据需要，临时规定完成情况报告办法。

第十一章　附　　则

第六十五条　涉及其它部门和粮食系统内部其它业务环节的事项，分别按有关规章制度的规定办理：

一、与铁路、交通部门办理粮食运输手续、收费标准、商务处理、事故索赔等事宜，按照国家制定的铁路、交通运输有关规章办理。

二、有关粮食质量检验和食品卫生检验，按照国家制定的粮食质量标准和食品卫生标准以及检验方法标准和国家粮食储备局《粮食质量管理办法（试行）》（国粮办〔1996〕202号）和《关于执行粮食油质量标准有关问题的规定》（国粮办联〔1997〕150号）以及相关规定办理。

三、有关粮食运输的计重及衡器使用，按照国家计量法有关规定办理。

四、国家储备粮及其它国家调拨粮食的作价和结算，按照国家粮食主管部门的有关规定办理。

五、有关粮食运输常规损耗及事故损失的核销，按照国家粮食主管部门的有关规定办理。

六、除国家调拨粮以外，各级粮食部门经营的其它粮食运输，购销双方在合同（协议）中如有特殊条款，可不受本《规则》约束。

第六十六条 根据本《规则》，各级粮食部门可与铁路、交通部门或收发双方签定具体的粮食运输协议。

第六十七条 各级粮食部门干部、职工模范地执行国家粮食政策和本《规则》，成绩突出符合国家规定奖励条件的应予奖励；违章失职尚未构成犯罪的，按照《中华人民共和国行政处罚法》予以行政惩处；渎职犯罪，已构成追究法律责任的，应报请检察、司法部门依法治罪。

第六十八条 省级粮食主管部门可依据本《规则》结合本行政辖区实际情况，制定相应的实施细则，并报国家粮食主管部门备案。

第六十九条 本《规则》自1998年1月1日起试行。原商业部（89）商储（粮）字第62号通知颁发的《中华人民共和国商业部粮油调运管理规则》同时废止。

第七十条 本《规则》由国家粮食主管部门负责解释。

123

商业部进口粮食接运管理办法

〔1989〕商储粮字第62号

第一章　总　　则

第一条　为了加强对进口粮食接运工作的管理，按照国家计划切实完成好进口粮食接运任务，特制定本办法。

第二条　各口岸和内地的国家粮食部门接卸、疏运、接收进口粮食，均执行本办法。

第三条　凡承担进口粮食接运任务的主要口岸，都应设立进口粮食接运站（以下简称接运站），负责办理商业部安排的进口粮食接运任务。

接运站实行独立核算、自负盈亏。

第四条　接运进口粮食要认真贯彻执行国家法律、政策、规定。接运站要牢固树立为收粮单位服务的思想，加强全局观点。要在当地口岸管理委员会的统一协调下，加强与口岸有关部门和内地收粮单位的联系，团结协作，密切配合。收粮单位要积极配合接运站努力做好接运工作。

接运工作要做到：快卸、快装、快运；卸好、装好、运好；不压船、不压港、不压车、不压货；保证安全、质量。

接运站要经常向商业部和所在地口岸管理委员会、市粮食局以及省（自治区）粮食局反映问题，汇报工作。

第二章　接运计划

第五条　进口粮食接运计划包括：年度计划、季度计划、月计划、旬计划和单船发运计划。

商业部根据国家粮食调拨计划和外贸粮源以及地方进口、外贸用粮、联合国援助粮等情况，按照“先计划内后计划外，先中央后地方，先重点后一般”的原则，结合港口接卸转运能力、粮食合理运输流向等，统筹安排各港口的粮食接运计划。

凡经商业部确定下达的接运计划，各接运站和收粮省、自治区、直辖市粮食局要认真执行，按时完成。因特殊情况需要调整分配计划时，属于省、自治区、直辖市之间的，由商业部予以调整，并及时通知有关单位；属于收粮省、自治区、直辖市内收粮站点的变更，由省、自治区、直辖市粮食局统一与接运站联系办理；属于接运站需要变更调整收粮省、自治区、直辖市内的收粮站点时，须征得收粮省、自治区、直辖市粮食局同意。

第六条 年、季度接运计划

年度计划。商业部根据国家确定的年度进口粮食计划，编制分港口的接运计划，报国务院口岸领导小组平衡、审定后，由商业部下达给各接运站和口岸所在省、自治区、直辖市粮食局。

季度计划。商业部于季度开始前三十五天，将本季度口岸接运粮食的数量、品种及流向下达给接运站和收粮省、自治区、直辖市粮食局。

第七条 月计划

商业部于执行月前二十三天，根据季度调拨计划和外贸月度粮船到港预计，结合当时粮食供需情况和合理运输流向，确定分品种、分流向的月度接运计划，并通知收粮省、自治区、直辖市粮食局及口岸所在省、自治区、直辖市粮食局和接运站。收粮省、自治区、直辖市粮食局于执行月前二十一天将收粮站（港）、收粮单位、开户银行帐号，用电讯通知接运站。接运站负责编制运输计划，按照铁路、交通部门的规定及时报送要车（船）托运计划表，同时抄报商业部一份。

各收粮单位要根据月度计划准备好仓容，特别是收购入库期间，要把国内粮食调运和接运进口粮统筹安排，遇有矛盾时要优先接收进口粮。

第八条 旬计划

商业部根据月度接运计划和外贸旬度粮船到港预计，结合船况和港口接卸条件等，力求均衡安排粮船到港，并于每旬开始前五天，将本旬粮船接运计划（包括：船名、船舶编号、国籍、租别、预计到港日期、吃水深度、有无吊杆、装运品种、数量、分配流向）用电讯通知接运站和收粮省、自治区、直辖市粮食局。接运站凭此计划安排劳力、装具，并按铁路、交通部门的规定及时提出旬装车（船）计划。

第九条 单船发运计划

每船抵港开卸前，接运站要按商业部下达的单船分配计划，在当地口岸管理委员会协调下，主动与外贸、港务、铁路、动植物检疫、食品卫生检疫、商品检验、边防等部门取得联系，积极参加船前会，研究制定卸船发运中的各项具体措施，编制单船发运计划，以便按时组织发运。

第十条 每条船的接卸发运，要根据疏港、加快车（船）周转的要求和收粮单位的卸粮条件，分别轻重缓急，做到均衡发运。在发运过程中，属于凑车、编组、装足车（船）载重量的，对于大宗品种可由接运站在商业部分配给该省、自治区、直辖市的船与船之间的发运数中做适当调剂，对于小品种粮食的调剂须事先征得收粮省、自治区、直辖市粮食局同意。

第三章　接收和发运

第十一条　接运站到粮油、外运、中远公司提交的国外品质证书和提单后，向口岸食品卫生检疫所、动植物检疫所和商检局申请办理检疫和检验。

经检验，进口粮食中发现带有检疫对象的病、虫、杂草籽或有害有毒物质超过"国家食品卫生标准"时，接运站要主动配合动植物检疫所、食品卫生检疫所按照本办法第五章及有关规定办理，并向商业部报告。

第十二条　船靠码头后，接运站按外贸部门提供的提单所载重量接收进口粮食。经验质检斤，发现有短重、品质不符、水湿、霉变以及病虫害等情况时，接运站应积极会同有关部门在对外合同规定的日期内提出索赔单证，并请当地粮油食品进出口分公司负责及时地上报中国粮油食品进出口总公司向国外索赔。接运站要把每月提赔和赔回的船名、项目及金额等情况开列清单书面向商业部汇报一次，以便加强与粮油总公司联系，做好对外索赔工作。

第十三条　接运站对职工要加强勤俭节约、爱惜粮食的教育，健全各项管理制度，确保接运质量。

（一）粮船抵港后，接运站应与口岸检验、检疫、装卸等部门共同把好质量关。要设专人登轮监卸，检查粮质如发现有水湿、霉坏粮，要及时通知港务部门优先靠岸卸货，坏粮、好粮分卸、分存。坏粮不准发运，并及时处理，以减少损失。

（二）粮船卸粮过程中，接运站必须协同港务部门做到：严格计量；下雨、下雪、大风停止卸船；船舱、甲板、码头、机械、车顶的粮食扫清。

（三）卸船过程中，接运站要督促港务部门苫好接粮布，堵好码头水眼，防止粮食抛洒落海。地脚粮要随地整理，经化验鉴定，仍能食用的应随车发运；不能食用的，应依质论价交当地粮食部门处理。处理单据要妥善保存备查。

（四）凡在港口堆存待运的粮食，接运站要督促、协助港口装卸部门做好堆存保管工作，防止雨湿、霉变等事故的发生，确保粮食安全。

第十四条　口岸发往内地的进口粮食，接运站要设专人负责监装，在装车（船）时必须做到：

（一）接运站要会同铁路、交通部门认真挑选装运进口粮食的车（船）。凡车（船）体容易撒漏粮食的不装；漏雨的不装；装过毒品、农药、化学物品的不装；有异味或残存物会造成粮食污染的不装；车（船）体未经清扫的不装。

（二）发运粮食必须铺垫（专用车、船除外）。敞车散装所用的铺垫物必须缝好、铺严，缝线对准车门，苫布要盖严扎牢。棚车散装要把挡粮板、麻袋帘放牢扎好。包装发运所用的麻袋和麻袋缝口必须符合国家标准，装车时要起脊，包口朝里。

（三）发运的粮食必须做到件数、重量准确，做到运单数量与实装数量相符。发货明细表的三、四、五联应随货同行，如因特殊情况未能随货同行时，要用快邮补寄，并在发货当日将单车（船）发出件数、重量、车（船）号等用电讯通知收粮单位。

（四）为了节约运力和运费，装车（船）时力求装足车（船）标志装载吨位或允许增载的限量。

第十五条 收粮单位必须设立专职或兼职的监卸人员，会同站（港）货运人员严格检查车（船）状况。要按接运计划准备好仓容和机具，组织好接卸劳力，做到快接、快卸，随到随卸，保证节假日和夜间也能进行作业。卸粮前要扫清或铺垫好卸粮地面，减少地脚粮；不准用运粮苫布、铺垫物铺地卸粮。卸粮时，要将车（船）所装粮食卸净扫清，并在车站、码头或仓库点件检斤。

第十六条 接运站接转进口粮食要做到进一船清一船。

接运站在检查和考核进口粮食调拨计划完成情况时，对损耗和溢余数量，以船为单位按分配数量的比例，分别增加或减少各收粮省、自治区、直辖市的指标。即：

检查调拨计划完成数＝实际发运数＋本船按比例应摊损耗

或

－本船按比例应摊溢余

第四章　责任划分

第十七条 接运站和收粮单位在处理商务问题时，应本着实事求是的精神协商解决。

第十八条 口岸发往内地的散装粮食，以口岸商检部门出证确认的重量为准，在装车（船）以前所发生的一切损耗（包括短重和残损）由接运站负担；在装车（船）以后发生的运输损耗由收粮单位负担。

对于包装发运的粮食，定额运输损耗由收粮单位负担。如确系错装、漏装、计量差错的，收粮单位要会同接运站查明原因，按国家铁路货规和水运规则以及本办法第四章的有关规定办理。

发生事故属于承运部门责任的，由收粮单位按规定向承运部门索赔；属于集体或个体运输车（船）方的责任，到达站（港）又不负责受理索赔的，由收粮单位直接向责任方索赔；遇有特殊情况，由收粮单位取得到达站（港）开具的有关证明文件，交由接运站协助办理索赔。

包装粮食运输定额损耗率（不含面粉）：

铁路：50 公里以下为 0.1％

51～1000 公里为 0.25％

1001 公里以上为 0.3％

水路：不分运程远近，一律为0.1%

公路：20公里以下为0.1%

20公里以上为0.25%

面粉运输定额损耗率：不分铁路、水路和公路运输，不分运程远近，一律为0.1%。

第十九条 属于接运站责任并应承担的经济损失包括：

（一）未按单船计划发运和擅自停运所造成的直接经济损失。

（二）由于没有接到口岸检验部门的通知发运了污染或含有活虫的粮食，在接到口岸检验部门的检验结果后，未在次日内通知收粮单位，所造成的粮食损失和费用开支。

（三）由于使用非标准包装，缝口不牢，棚车装运没有施封，专用粮车流粮口没有锁好（不属于承运部门责任）造成的粮食损失和费用开支。

（四）由于在同一车、船（大船为舱）内混装不同品名、不同定量包的粮食和不同标准的包装物，未作出明显标志，或虽已作出明显标志，但未通知收粮单位，所造成的粮食损失和挑选、整理及全部过秤费用。

（五）由于不认真执行监装规定，使用不适合装粮食的车（船）或没有按装载规定做到堆码整齐或装车（船）时“倒勾”，造成乱装乱堆，以及苫盖不良或未经收粮单位同意，自行发运散装粮食等造成的粮食损失和费用开支。

（六）由于错填运输单证或有关单证未随货同行，又没有及时拍发电报，从而造成错运、错转、延误交接所造成的损失。

（七）发生货损、货差以及其它事故（不属于承运部门责任），接到收粮单位来电后，次日起三天内既未答复，又未在五天内派人直赴收粮单位复验所应负担的损失。

第二十条 属于收粮单位的责任并应承担的经济损失包括：

（一）接到铁路、交通部门的提货通知或车（船）送到专用线、专用码头未按规定期限办理提货手续或未及时卸货，所造成的损失。

（二）由于不认真执行监卸规定，没有会同站（港）货运人员认真检查车（船）体和施封、苫盖状况，没有按规定核对单证，由此所发生的交接不清，件数、重量与原发不符以及破损、污染等事故损失。

（三）发现运到的粮食品名、件数、重量以及包装物等级与原发不符或其它事故造成的下列损失：

1. 责任虽属承运部门，但没有及时索取货运记录，按规定提出索赔或虽已取得货运记录，也提出了赔偿要求，但没有做到在规定期限内追赔结案的。

2. 责任虽属接运站，但没有及时向承运部门索取普通记录或其它证明文件；没有在卸车（船）次日起三天内将事故损失情况用电讯通知接运站来人复验；单证记录不实或不完备；经接运站来人复验，结果与原发相符时，收粮单位要承担所发生的损失，包括过秤费、搬运费、来人差旅费、电讯费等开支。

（四）车（船）自口岸开出后，收粮单位自行变更到达站（港）所造成的损失。

（五）无正当理由而随意拒付货款所造成的费用开支及利息。

（六）拒绝按计划接收进口粮食或口岸卸船时仍不提收粮站（港），自卸船之日起十天后在港堆存而产生的堆存费。

第五章　病虫害的处理

第二十一条　船到锚地经检验发现带有检疫对象病、虫、杂草籽或有害、有毒物质超过“国家食品卫生标准”时，接运站必须及时会同有关单位积极进行协商处理。如准许发运到收粮单位进行处理，要事先通知收粮单位做好准备，并在运单上予以注明。收粮单位要按照检验、检疫部门的规定进行处理。

为了保证我国农业生产的安全，进口的各种粮食严禁作种籽用。

第二十二条　病害粮的处理

（一）带有矮腥黑穗病的小麦，要集中在规定的城市进行灭菌后加工处理。对麦麸、下脚料必须经过高温处理，包装物也要进行药物灭菌。

（二）带有麦角病的小麦，可先筛去部分麦角后再与好麦搭配加工处理，搭配后的麦角含量不得超过万分之一。下脚料中的麸皮要经过酿造发酵或高温（80℃）处理，杂质要就地烧毁埋掉，严禁作农田肥料。

（三）带有枯萎病的玉米，要集中在城镇加工后供应使用。

第二十三条　虫粮的处理

（一）发现带有我国检疫对象害虫的粮食，原则上在船上熏蒸。在检验时未发现害虫，而在起卸过程中发现有害虫时，卸货不到二分之一的，停止卸货，在船上熏蒸；卸货超过二分之一的，应安排在港口仓库熏蒸，港口确无熏蒸条件的，可由商业部、农业部协商，安排到收粮单位进行灭虫处理。对发现害虫前口岸发出的粮食，接运站也应通知收粮方就地封存，采取杀虫措施。收粮单位要在收到虫害粮后立即采取措施进行熏蒸，防止害虫蔓延，并将处理结果尽快逐级上报商业部。

（二）带有非检疫对象害虫的粮食，由收粮单位进行灭虫处理。

第二十四条　对带有毒草籽、有害草籽、毒菌和感染毒物的粮食要采取以下措施认真进行处理。

（一）含有“曼陀罗”毒草籽的粮食，收粮单位必须整筛除净，经整筛后每千克粮食含有的“曼陀罗”籽，最高不得超过40毫克（相当于五粒），超过限量的一律不许出库，不许加工使用，不许供应市场。

（二）含有黄曲霉毒素、假高粱、毒草籽、有害草籽或其它感染毒物（包括毒物、细菌、放射性物质等）的粮食，由接运站通知收粮单位，按照口岸检验、检疫部门检验证明和规定的要求认真地进行处理。

第六章　装具器材管理

第二十五条　接转进口粮食所用的麻袋、铺垫物（麻袋片、聚炳烯片），运粮专用车皮的挡粮板，流粮口的锁及修车用的木材、铁皮等装具器材，不得任意挪作它用，接运站和收粮单位都要设专人管理，建立健全规章制度，做到帐卡、帐物相符。对装具器材要及时整理、修补、加速周转。

第二十六条　发运进口粮食所用的麻袋，装车用的铺垫物（麻袋片、聚炳烯片）由接运站购置，所用麻袋必须符合国家标准（GB 8115—87）中 1 号袋的规定（进口袋粮，原包中转的除外）。

为了加速周转和便于结算，包装器材的使用和作价可采取下列方法：

（一）发运进口粮食所用的麻袋，接运站应本着不赔不赚的原则，按成本随粮作价发给收粮单位。

（二）由接运站配备发运进口粮食所用的铺垫物，每使用一次向收粮单位收取一定的使用费和押金（押金待铺垫物回送到接运站后退回，收粮单位不得在粮食价款中扣除）。押金和使用费的收取标准，由接运站与收粮省（自治区、直辖市）粮食局商定，并报商业部备案。

第二十七条　随粮进口的包装物，接运站不向收粮单位另收价款。

第七章　费用和作价结算

第二十八条　接运站发往收粮单位的进口粮食在车（船）开动以前的一切费用由接运站负担（不包括由于收粮单位不及时接收，在港积压所发生的堆存费），从车（船）开动后到收粮单位收清为止的一切费用，由收粮单位负担。

第二十九条　经口岸检验部门出证，因粮食短重、残损和品质、病虫害不符合对外合同规定的标准，各接运站应积极与有关部门联系进行索赔。凡索回的赔款，以船为单位，按下述规定办理：

（一）短重和残损赔款由接运站作收益处理。

（二）品质和病虫害粮食的赔款，接运站扣除在港口因此而增加的费用开支后，其余按接收此类粮食的比例全部分摊给有关收粮单位。

第三十条　接运站接转进口粮食，在口岸应负担的费用，要严格按照有关部门的规定执行。同业务有关的各项费用开支，需经业务部门签字，财会部门审核，方可付款结算。

凡涉及有关增加收粮单位收费标准等问题，须报经商业部批准。

第三十一条 接收进口粮食，接运站一律按商业部、经贸部统一规定的价格与外贸部门作价结算。

凡两港分卸的粮船，第一港的接运站按商检部门核定的实收数量向外贸部门结算付款。第二港的接运站按提单数量减去第一港的卸货数量向外贸部门结算付款。粮食盈亏由第二港的接运站计算后，按两港接粮比例分摊。

接运站发运进口粮食，按与外贸部门结算的价格加商业部核定的中转费用，向收粮单位作价结算。转运包装粮，外贸部门按净重向接运站结算的接运站也按净重向收粮单位作价结算。如外贸部门按毛重向接运站结算的，则接运站也按毛重向收粮单位作价结算。

第三十二条 在船靠码头卸货后，接运站根据外贸部门开具的发票，审核后付款。接运站在粮食发运后，应及时填开委托收款凭证，连同承运部门的发货通知单，发货明细表第二联和垫付费用清单，送交开户银行办理托收，收粮单位按银行结算的规定办理。

第三十三条 代外贸部门接收转运的粮食，接运站不付货款，发运时也不负责与收粮单位结算货款。中转费用收取标准，由接运站同外贸部门商定。如果接运站同意代外贸部门办理结算货款的，按外贸部门与有关收粮单位的协议办理。

第三十四条 各收粮单位必须按照接粮计划提前作好资金准备，严格执行结算纪律。要按规定及时结算、支付货款（包括费用），不得随意退单、拒付、拖欠、挂帐，违者将予以必要的制裁。上级粮食部门要加强这方面的监督、检查工作。

第八章 报　表

第三十五条 接运站要认真做好统计工作，报表数字要准确、及时、全面，如实反映情况，文字分析要简炼。

第三十六条 为了掌握进口粮食接运情况，及时反映接运进度，制定以下三种报表：

（一）“进口粮船到港动态旬报表”（附表一）。

（二）“进口粮食发运实绩旬报表”（附表二）。以上两种报表每旬逢二日用电讯报商业部一次（必要时每天或五天报一次）。

（三）“单船接运情况表”（附表三）。在各有关项目填写完后报商业部。

第九章 附　则

第三十七条 接运进口粮食工作中有关铁路、交通部门的托运手续、收费标准、商务处理等事宜，按照铁路、交通运输规章制度办理。

第三十八条 接运站可根据本办法与口岸有关单位及有关收粮省、自治区、直辖市粮食局签订接运进口粮食的具体协议，并报商业部备案。

第三十九条　各级粮食部门干部、职工模范执行国家政策和本办法，成绩优良，符合国家规定奖励条件的，可酌予奖励；违法失职，尚未构成犯罪的，应按国家规定予以惩处。奖惩的实施，企业人员按《企业职工奖惩条例》办理；行政人员和企业中由国家行政机关任命的工作人员按《国务院关于国家行政机关工作人员的奖惩暂行规定》办理。

第四十条　本办法自一九九〇年一月一日起施行。原粮食部（79）粮储字第107号文件颁发的《接运进口粮食管理试行办法》同时废止。

第四十一条　本办法由商业部负责解释。

附表（略）

商业部

一九八九年十一月六日

二十 粮食流通统计

124

关于进一步做好全社会粮食流通统计工作的通知

发改经贸〔2005〕376 号

各省、自治区、直辖市发展改革委、财政厅、粮食局、工商局、统计局：

按照《国务院关于进一步深化粮食流通体制改革的意见》（国发〔2004〕17 号）以及《粮食流通管理条例》（国务院令 407 号）的有关规定，经报请国务院同意，现将做好全社会粮食流通统计工作有关问题通知如下：

一、充分认识开展社会粮食流通统计调查工作的重要意义。在粮食流通体制改革市场化进程全面推进，多元化粮食经营主体迅猛增加，粮食流通形势发生深刻变化的新形势下，建立覆盖全社会的粮食行业统计制度，开展全社会粮食流通统计调查工作，是国家加强和改善粮食宏观调控，粮食行政管理部门转变政府职能，发挥行业指导作用的必然要求，是落实国务院粮改政策，贯彻《粮食流通管理条例》，依法开展粮食统计工作的具体体现，是搞好粮食供需平衡，保证粮食市场稳定和国家粮食安全的重要手段。各地粮食行政管理部门要切实贯彻《粮食流通管理条例》和《国家粮食流通统计制度》，全面了解和掌握社会粮食供需平衡发展状况和变化趋势，准确、及时和科学地搜集不同类型的粮食企业、种粮农户以及城乡居民户的粮食购进、销售、储存等流通统计数据和有关情况，建立粮食市场价格监测预警体系，确保社会粮食流通统计工作的开展和各项调查数据的质量，为国家粮食宏观调控提供可靠的决策依据。

二、稳定和加强粮食统计机构和人员。按照国务院〔2004〕17 号文件关于“稳定和加强粮食行政管理部门机构和人员，切实履行对全社会粮食流通监管的职责”精神，各地粮食行政管理部门要对稳定和加强粮食统计队伍给予高度重视，从工作需要出发，根据执行新制定的《国家粮食流通统计制度》将粮食统计的范围扩大到全行业，统计工作量成倍增加的实际情况，积极争取有关部门的支持，合理调整内设机构和配备较高素质的统计人员，以保证社会粮食流通统计工作的正常开展。

三、按照事权财权划分原则，安排落实社会粮食统计调查经费。根据国发〔2004〕17 号文件“建立中长期粮食供求总量平衡机制和市场监测预警机制”的要求，开展全社会粮食统计调查、加强粮食安全预警监测将成为各级粮食部门的一项经常性工作。为保持全社会粮食统计工作的连续性和稳定性，保证调查数据的质量，根据事权财权划分的原则，社会粮食统计经费分别由中央和地方各级财政予以支持，专项用于社会粮食统计调查工作。

各级粮食行政管理部门要根据统计工作的实际需要，实事求是地对辖区内所需经费情况做出合理的测算，厉行节约，严格按规定用途开支。财政部门对社会粮食统计调查经费预算要认真审核，了解掌握粮食部门统计工作的具体情况，及时将审批通过的社会粮食统计调查经费列入当地财政预算。财政、粮食部门对统计经费要严格管理，确保社会粮食统计调查经费专款专用。

四、加强粮食统计制度的宣传，为全社会粮食统计工作的开展创造一个良好的社会环境。粮食购销市场全面放开后，按照《粮食流通管理条例》的规定，做好全社会粮食流通统计工作，是各级粮食行政管理部门的一项新职能。前一阶段，部分地区粮食部门会同发展改革、工商、统计等部门，采取多种形式，积极向社会各界宣传解释《粮食流通管理条例》和《国家粮食流通统计制度》，取得了一定的成效。为使全社会进一步了解新形势下的国家粮食流通政策和粮食流通统计制度，使粮食经营企业和用粮企业自觉执行粮食流通统计制度的有关规定，现就各地下一步宣传活动提出如下要求：

（一）组织开展社会粮食统计宣传月活动。经研究，决定将今年4月份定为“社会粮食统计宣传月”。各地粮食行政管理部门要通过广播、电视、报刊和网络等媒体大力宣传《统计法》、《粮食流通管理条例》、《国家粮食流通统计制度》，以及国家关于粮食统计的监督检查等内容。各地可将与粮食统计有关的法律、法规、制度印制成册，向粮食经营企业和转化用粮企业和个人发放。

（二）组织粮食企业参加粮食统计知识的培训。各级粮食、工商等部门要召集本辖区内粮食经营、转化规模较大的企业负责人及有关人员，举办粮食统计知识培训班。培训内容主要包括，一是向企业宣传解释粮食统计的政策法规，进一步增强他们的法制意识，提高报送统计数据的自觉性；二是向企业系统讲解粮食部门制定的统计报表、填制方法和报送办法，提高统计报表的数据质量；三是向企业提供现代技术服务，利用先进的粮食统计软件支持系统，提高企业统计报表报送的时效性和计算机应用水平。

各地粮食行政管理部门要高度重视社会粮食统计工作，主动争取有关部门的支持和配合，各地发展改革委、财政厅、粮食局和工商局要加强合作，密切沟通，协助配合粮食部门保证社会粮食统计工作的顺利完成。

国家发展和改革委员会
财政部
国家粮食局
国家工商行政管理总局
国家统计局
二〇〇五年三月

125

国家粮食局关于印发 2007—2008 年度《国家粮食流通统计制度》的通知

国粮调〔2006〕204 号

各省、自治区、直辖市及新疆生产建设兵团粮食局，中国储备粮管理总公司：

为贯彻落实《国务院关于完善粮食流通体制改革措施的意见》（国发〔2006〕16 号）文件，切实做好全社会粮食流通统计工作，按照《统计法》和《粮食流通管理条例》的有关规定，我局根据新形势的需要和各地及有关部门提出的意见，对原国家粮食流通统计制度进行了修改，形成了 2007—2008 年度《国家粮食流通统计制度》，并报经国家统计局审核批准（国统制〔2006〕70 号），有效期限为 2 年。现将新制度印发给你们，请遵照执行。

2007—2008 年度《国家粮食流通统计制度》本着更加科学、适用、可行的原则作了部分修订，修订的主要内容如下：

一、对统计指标体系进行了完善

1. 删除了一些已过时的指标。包括："保护价粮"、"退耕还林用粮"等指标。

2. 对一些不重要的指标作了适当合并。如将"大豆榨油减量"、"食品、副食及酿造业用粮"等指标并入"工业用粮"，将转化用粮企业发生的粮食"销售"、"出口"等并入"其他支出"。

3. 根据需要增加了部分指标。如"重度不宜存"、"粮油工业利税总额"、"粮食行业专业技术人员"等。此外，还对一些统计指标重新作了解释说明。

二、调整了部分报表的报送频率

1. 将重点粮食批发市场粮食交易报表、粮食库存分年限报表和商品油脂收支平衡报表由月报改为季报。

2. 取消连锁超市粮食购进、销售和库存统计报表。

3. 新增了"粮食流通基础设施投资情况统计表"（国粮 13 表）、"粮油加工业主要产品生产量汇总表"（国粮 14-3 表）。

三、地方粮食部门和中储粮系统建立统计报表抄送制度，实现信息共享

为加强信息沟通，更好地满足地方各级政府和中储粮系统对统计信息的需求，本制度明确规定，"地方各级粮食行政管理部门和当地中国储备粮管理总公司分支机构要加强粮食收购、销售和库存等信息沟通，建立粮食统计信息抄送制度，实现信息共享"。

新制定的国家粮食流通统计制度自 2007 年 1 月 1 日开始执行，届时原制度予以废止。请各省（区、市）粮食局依照 2007—2008 年度《国家粮食流通统计

制度》，及时制定地方粮食流通统计制度，进一步做好全社会粮食流通统计工作。

附件：2007—2008 年度国家粮食流通统计制度

国家粮食局

二〇〇六年十一月二十九日

附件：

国家粮食流通统计制度
（2007—2008 年度）

第一章　总　　则

第一条　为了科学有效地组织粮食（含油脂，下同）统计工作，保障粮食统计资料的客观性、准确性、科学性和及时性，发挥粮食统计在政府粮食宏观调控、粮食流通行政管理和行业指导中的重要作用，根据《中华人民共和国统计法》、《粮食流通管理条例》等法律法规，特制定本制度。

第二条　粮食统计工作的基本任务是对粮食经济现象进行统计调查、统计分析，提供统计资料，实行统计监督。

第三条　凡在中华人民共和国境内从事粮食的收购、销售、储存、加工、进出口的粮食经营企业，以及养殖企业和以粮食为生产原料的饲料企业、工业企业（以下统称粮食经营企业和转化用粮企业），必须遵守本制度，向当地粮食行政管理部门报送粮食统计资料，不准虚报、瞒报、拒报、漏报、迟报，不得伪造、篡改。

第四条　各级粮食行政管理部门要适应粮食流通新形势的要求，加强对粮食统计指标体系的科学研究，不断改进统计调查方法，加快统计信息化建设，逐步实现统计调查科学化、统计基础规范化、统计技术现代化、统计服务优质化。

第五条　各级粮食行政管理部门应有一位局领导主管统计工作，组织、管理和监督粮食统计机构和统计人员及其他有关人员完成统计任务，解决统计工作中的实际问题。

各省、自治区、直辖市粮食行政管理部门的粮食统计机构或指定的综合宏观调控机构负责粮食统计制度的贯彻、落实及协调工作。

第六条　各省、自治区、直辖市粮食行政管理部门应严格执行本制度，并结合本地实际，制定基层统计报表，发给粮食经营企业和转化用粮企业填报。

第二章 统计机构和统计人员

第七条 各级粮食行政管理部门必须根据《中华人民共和国统计法》、《国务院关于完善粮食流通体制改革政策措施的意见》（国发〔2006〕16号）和《国家发展改革委、财政部、国家粮食局、国家工商行政管理总局、国家统计局关于进一步做好全社会粮食流通统计工作的通知》（发改经贸〔2005〕376号）要求，完善粮食统计机构，配备适应任务需要的高素质的专职统计人员，并指定统计负责人，落实统计工作经费。所有粮食经营企业和转化用粮企业都要配备统计人员，并指定统计负责人。

第八条 各级粮食行政管理部门要加强统计人员的政治思想教育和专业知识培训。新任的统计人员必须经过严格培训，持证上岗，要通过教育和培训使他们逐步掌握统计基础理论和有关业务知识，熟悉统计业务。要保证统计人员从事统计工作的时间，让统计人员参加有关会议，阅读有关文件，了解国家粮食方针政策和企业经营活动的情况。

第九条 各级粮食行政管理部门要逐步建立健全统计人员和统计负责人的逐级备案制度。统计人员的调动，应当征求本部门、本单位统计负责人的意见，其中具有中级以上统计专业职务人员的调动，应当征得上级粮食行政管理部门的同意。统计负责人的调动，应当征求上级粮食行政管理部门和所在地人民政府统计机构的意见。

第十条 各级粮食行政管理部门统计负责人、统计机构和统计人员的主要职责是：

（一）组织、协调本部门各职能机构的粮食统计工作，完成国家统计调查、行业统计调查和地方统计调查任务，制定和实施本部门的粮食统计调查计划，搜集、整理、分析、提供统计资料；

（二）贯彻实施《统计法》和《国家粮食流通统计制度》，对管辖区域内粮食经营企业和转化用粮企业实行统计监督；

（三）管理本部门的粮食统计调查表和基本统计资料，根据形势需要不断完善粮食统计制度；

（四）组织指导本部门统计人员的业务培训，加强统计队伍建设。

第十一条 粮食经营企业和转化用粮企业统计负责人、统计人员的主要职责是：

（一）组织、协调本单位的粮食统计工作，完成国家统计调查、行业统计调查和地方统计调查任务，搜集、整理、分析、提供统计资料；

（二）严格执行《统计法》和《国家粮食流通统计制度》，并对本单位及下属单位实行统计监督；

（三）管理本单位的粮食统计调查表和基本统计资料，建立健全粮食统计台账制度。

第十二条　统计机构和统计人员的主要职权：

（一）有权要求有关单位和人员，按照国家粮食流通统计制度规定，如实提供统计资料。

（二）有权检查有关单位各业务环节的统计原始记录和统计数字的质量，并要求改正不真实的统计资料。

（三）有权揭发和检举统计调查中的违法行为。对任何违反《统计法》和《粮食流通管理条例》、损害国家利益的行为，有权制止、纠正或移交有关执法部门处理。

第三章　统计业务工作

第十三条　所有粮食经营企业和转化用粮企业都应当根据有关原始记录和凭证建立粮食统计台账，对粮食购进、销售和库存等数据要如实加以记录。粮食统计台账的保留期限不得少于3年。各省、自治区、直辖市粮食行政管理部门应针对调查对象的不同情况，规范统计台账的具体内容和要求。

第十四条　粮食经营企业和转化用粮企业应按要求填写粮食基础统计报表，并及时报送当地粮食行政管理部门。粮食经营企业和转化用粮企业应保证原始记录和凭证、统计台账和统计报表中各项数据的一致性。

第十五条　本制度规定的各种统计报表，由各级粮食行政管理部门负责归口综合汇总，逐级上报。各项统计报表，统计人员必须签名，统计负责人审核并签字，经单位负责人同意、加盖填报单位公章后方可上报。

统计资料必须妥善保存，由本单位统计机构或者统计负责人统一管理。统计机构调整或统计负责人调动，必须办理统计资料的交接手续，保证统计资料连续、完整。

第十六条　各项统计数字，在上报以前要经过严格审核。月报报出后发现差错，一般在发现月份调整。年度终了前，要对全年各月数字再进行一次全面审核，与年报表衔接。如差错较大，调整后发生红字或影响历史资料对比的，报经上级主管部门同意后，订正原月报数字。

第十七条　县级以上粮食行政管理部门的统计机构在向主管部门报送资料的同时，应将基本统计资料报送同级政府统计机构。

第十八条　各级粮食行政管理部门要认真做好统计资料的积累和整理上报工作，省级粮食行政管理部门应逐步建立省级粮食统计数据库，并组织开发管理应用软件，提高信息化水平。

第十九条　各级粮食行政管理部门要在统计调查和汇总的基础上，运用科学的方法，对统计资料进行全面、系统地研究分析，反映粮食经济活动的内在联系、矛盾及其变化规律，发现问题，分析原因，提出解决问题的建议。

第二十条 各级粮食行政管理部门要做好社会粮食供需平衡调查工作，通过抽样调查和典型调查等方法，全面掌握社会粮食的供给、消费和库存等情况，扩大统计信息源和服务面。

各级粮食行政管理部门应针对粮食流通中出现的新情况、新问题、新变化和新特点，有选择地开展一些专项调查，以达到了解情况、积累资料和培训队伍的目的。

第二十一条 各级粮食行政管理部门要逐步建立和完善粮食信息监测预警系统，加大对粮食供求和价格的监测、预测和预警工作，增强统计工作的主动性，不断提高统计服务水平。

第四章 统计纪律

第二十二条 各级粮食行政管理部门和统计人员对本制度规定的各种统计报表的统计范围、数字口径、指标解释、计算方法、商品目录、报送时间等，都必须严格遵照执行。

第二十三条 各级粮食行政管理部门、粮食经营企业和转化用粮企业的统计机构和统计人员对有关粮食统计数据必须实事求是地准确填报。各单位统计负责人必须对本单位上报的统计报表认真审核，严格把关；对本单位统计机构和统计人员依照本制度提供的报表资料如有疑问，可以通知统计人员复查，不得擅自修改，不得强令、授意统计人员篡改、编造统计数据。

第二十四条 各级粮食行政管理部门在统计工作中必须保守国家秘密，自觉遵守保密制度。统计机构和统计人员对统计调查中知悉的统计调查对象的商业秘密和属于企业、私人、家庭的单项调查资料，负有保密义务。涉及国家秘密的统计报表要按规定方式报送。

对外提供与公布统计数字，要执行《统计法》和国家有关保密规定。各级粮食行政管理部门公布粮食统计资料必须经本部门统计负责人核定。

第五章 统计监督检查

第二十五条 为保障《统计法》和《粮食流通管理条例》的贯彻实施，维护和提高统计数据质量，各级粮食行政管理部门每年要在适当时间组织开展统计监督检查。

第二十六条 统计监督检查事项主要包括：

（一）是否存在虚报、瞒报、拒报、漏报、迟报、伪造、篡改统计资料的行为；

（二）是否设置原始记录，建立统计台账；

（三）是否依法设立统计机构或配备统计人员；

（四）统计人员是否持证上岗，其调动是否符合有关规定；

（五）有无侵犯统计机构和统计人员职权的行为；

（六）统计资料的管理和公布是否符合有关规定，有无泄露国家秘密、调查对象的商业秘密和企业、私人、家庭单项调查资料的行为；

（七）是否按规定的调查方案进行调查，有无改变调查内容、调查对象和调查时间等问题，是否在统计调查表的右上角标明法定标识；

（八）法律、法规和规章规定的其他事项。

第二十七条 实施统计监督检查，应提前通知被检查对象，告知检查机关的名称，检查的依据、范围、内容、方式和时间，对被检查单位的具体要求等。

对有统计违法嫌疑的单位实施检查，检查通知可于检查机关认为适当的时间下达。

第二十八条 检查人员进行统计监督检查时，应先向被检查对象出示《粮食流通监督检查证》或法律、法规规定的其他执法证件。未出示合法执法证件的，有关单位和个人有权拒绝接受检查。

第二十九条 实施统计监督检查时，检查人员有权：

（一）查阅、审核、复制被检查单位的原始记录、统计台账、统计报表以及与统计有关的其他资料；

（二）在证据可能灭失或者以后难以取得的情况下，经检查机关负责人批准，可以先行登记保存，并应在七日内做出处理决定；

（三）向有关单位和个人进行调查询问，要求如实提供情况；

（四）经检查机关负责人批准，可以就需要检查的事项向被检查单位发出《统计检查查询书》。

第三十条 检查人员应及时向检查机关提交检查报告，对检查中发现的问题提出处理意见或建议。

第三十一条 各级粮食行政管理部门对在统计监督检查中发现的统计违法行为，应根据《统计法》和《粮食流通管理条例》的有关规定进行查处。

（一）粮食行政管理部门、粮食经营企业和转化用粮企业领导人自行修改统计资料、编造虚假数据或者强令、授意统计机构、统计人员篡改统计资料或者编造虚假数据的，依法给予行政处分；统计人员参与篡改统计资料、编造虚假数据的，依法给予行政处分；

（二）粮食行政管理部门及其人员通过篡改统计资料、编造虚假数据等手段骗取荣誉称号、物质奖励或者晋升职务的，由做出有关决定的粮食行政管理部门或者其上级机关、监察机关取消其荣誉称号、追缴物质奖励和撤销晋升的职务；

（三）粮食经营企业和转化用粮企业未建立粮食经营台账或粮食经营台账保留时间不足 3 年的，由粮食行政管理部门责令改正，予以警告，可以并处 5 万元以下的罚款；

（四）粮食经营企业和转化用粮企业未按本制度规定报送粮食基本数据，初次发生的，由粮食行政管理部门责令改正，予以警告；在一年内再次发生的，由粮食行政管理部门责令改正，予以警告，可以并处2万元以下的罚款；蓄意虚报、瞒报、拒报、迟报粮食基本数据和有关情况的，由粮食行政管理部门责令改正，予以警告，可以并处2万元以上5万元以下的罚款；

上述行为情节严重的，对从事粮食收购的经营者暂停或者取消粮食收购资格。

（五）统计机构、统计人员利用统计调查窃取国家秘密或者违反《统计法》有关保密规定的，依照有关法律规定处罚。泄露企业、私人、家庭的单项调查资料或者统计调查对象的商业秘密，造成损害的，依法承担民事责任，并对负有责任的主管人员和其他直接责任人员依法给予行政处分。

第三十二条 个人和组织发现粮食行政管理部门、粮食经营企业和转化用粮企业违反《统计法》和《粮食流通管理条例》的规定，虚报、瞒报、伪造、篡改粮食统计资料，有权向粮食行政管理部门举报，粮食行政管理部门应当及时核实、处理。

第六章 附 则

第三十三条 中央储备粮、中国储备粮管理总公司负责管理的最低收购价粮等政策性粮食及其直属企业商品粮由公司总部负责汇总并向国家粮食局报送。其他中央企业按照属地原则，向企业所在地粮食行政管理部门报送统计报表。

第三十四条 中央和地方储备粮承储企业在储备粮轮换过程中，购进的用于轮入的粮食，以及轮出的粮食，均须纳入企业商品粮统计。

第三十五条 中国储备粮管理总公司按照《中央储备粮管理条例》的有关规定负责制定《中央储备粮油统计制度》，并组织实施。《中央储备粮油统计制度》须报国家粮食局审核，再报国家统计局批准执行。

第三十六条 地方各级粮食行政管理部门和当地中国储备粮管理总公司分支机构要加强粮食收购、销售和库存等信息沟通，建立粮食统计信息抄送制度，实现信息共享。

第三十七条 本制度执行日历年度，自国家统计局批准之日起施行。

第三十八条 本制度由国家粮食局负责解释。

126

关于切实加强粮食统计工作的通知

国粮调〔2004〕19号

各省、自治区、直辖市及新疆生产建设兵团发展改革委（计委）、粮食局、统计局，中国储备粮管理总公司：

在完善社会主义市场经济体制的过程中，随着粮食供求形势的变化和流通体制市场化改革的不断深入，国家对粮食统计工作提出了更高的要求。为贯彻落实国务院领导同志的指示精神，进一步做好新形势下的粮食统计工作，为国家粮食宏观调控提供准确、全面的决策依据，现就加强粮食统计工作的有关事项通知如下：

一、各级发展改革、粮食、统计部门都要高度重视粮食统计工作，加强对粮食统计工作的领导

粮食统计工作是做好粮食供需平衡、保证国家粮食安全的一项基础性工作，在深化粮食流通体制改革过程中，此项工作只能加强，不能削弱。各级发展改革、粮食、统计部门一定要本着对党和人民高度负责的态度，充分认识粮食统计工作的重要性。各级发展改革部门要高度重视、认真研究粮食产消平衡等重大问题，积极支持和配合粮食、统计部门做好粮食统计工作。各级粮食部门要认真贯彻落实《统计法》、《统计法实施细则》和《全国粮食油脂统计制度》的各项规定，确保统计数据真实、准确，努力提高统计服务水平。各级统计部门要加强对粮食统计的业务指导，本着相互配合、资源共享的原则积极支持粮食部门开展粮食统计工作。

二、稳定粮食统计队伍，改善统计工作环境

（一）省、市两级粮食行政管理部门要在粮食宏观调控管理机构中设置专职统计人员，县级粮食行政管理部门和粮食企业要在有关机构中设置专职或兼职统计人员，并指定统计负责人。统计人员和统计负责人应具备一定的统计理论知识，精通粮食统计业务，具有较强的法制观念和工作责任心。

（二）各级粮食行政管理部门和粮食企业要加强对统计人员的专业培训，组织专业学习。统计人员在上岗前必须参加有关部门组织的上岗培训，并取得上岗资格证书。有关单位应根据需要设置统计专业职务岗位，做好统计人员专业技术职务的考试、评定和聘任工作。对在统计工作中做出突出成绩和贡献的统计人员或者集体，由本单位或报上级单位给予表彰或奖励。

（三）各级粮食行政管理部门应逐步建立健全统计人员和统计负责人的逐级备案制度。统计人员的调动，应当征求本部门、本单位统计负责人的意见，其中具有中级以上统计专业职务的人员调动，应当征得上级粮食行政管理部门的同意。统计负责人的调动，应当征求上级粮食行政管理部门和所在地人民政府统计机构的意见。

（四）各级粮食行政管理部门和粮食企业要为统计人员开展工作提供必要的条件。一是要在统计信息化建设方面加大投入，全面推进省、市、县三级粮食行政管理部门统计信息网络建设和应用系统开发，提高统计工作的效率和水平。二是要吸收和组织统计人员参与本部门、本单位有关政策、计划的讨论，参加相关问题的会议，发挥统计服务和监督作用。三是要解决经批准的统计调查和日常统计工作所需的经费。

三、在做好粮食常规统计工作的同时，探索建立覆盖全社会的粮食统计体系，加快粮食安全监测预警体系的建设

（一）做好粮食定期统计工作。各地粮食部门要严格执行国家粮食统计制度，做好各项粮食流通统计报表，特别是要遵照国务院领导的指示精神，充分认识粮食统计旬报工作的重要性和必要性，确保上报数据真实、准确、全面、及时。

（二）做好社会粮食供需平衡调查工作，研究建立覆盖全社会的粮食统计体系。各地粮食部门要切实履行好行业统计工作的职责，按照《国家粮食局关于开展2003年社会粮食供需平衡统计调查的通知》（国粮调〔2003〕204号）的要求，积极做好粮食加工、转化和经营企业的购销存以及社会粮食需求的抽样调查工作。不断积累经验，研究建立覆盖全社会的粮食统计体系。各级发展改革部门对社会粮食供需平衡调查工作要大力支持，密切配合。各级统计部门要积极参与，给予业务指导，协助粮食部门搞好调查工作。

（三）做好粮食供求监测工作，积极探索建立粮食安全预警体系。各地发展改革和粮食部门要有效监测和控制因自然灾害或突发事件等特殊情况而引起的粮食市场异常波动，确保粮食市场供应，保持粮食市场价格基本稳定。为此，各地应尽快建立和完善粮食信息监测预警系统，汇总和分析粮食市场日常监测数据，掌握市场动态，跟踪研究情况，分析判断长远发展趋势，提出综合对策。

粮食统计工作任务艰巨，责任重大。广大粮食统计人员要把实事求是作为工作准则，恪守职业道德，认真履行各项统计职责，不断提高统计数据的准确性、科学性、及时性，切实做好粮食统计工作。

国家发展和改革委员会
国家粮食局
国家统计局
二〇〇四年二月十三日

后 记

这里记录一些必要的补充说明和感谢、感慨、感悟。

丛书从立意、策划、课题立项，再到资料收集、整理、校对直至呈现在大家面前用了整整两年时间，数量也从开始设计的一册增加到五册、十册、十五册，一直到成书的二十册。在整个成书过程中，经过反复考虑，最终将中国现代流通体系所涵盖的内容压缩到二十册。期间有五本书的内容全部进行了替换，约三分之一的文献在完全整理好后又被舍弃。

该丛书的完成首先要感谢北京物资学院各届、各位领导的支持。2003 年从日本回国时，何去何从犹豫了好长时间，最终选择了北京物资学院。北京现代物流研究基地成立于 2004 年 9 月 24 日，是北京市哲学社会科学规划办公室和北京市教育委员会依托北京物资学院成立的大型综合物流研究中心，是一个集物流理论研究、物流学术交流、物流咨询服务、物流人才培训等多种功能于一体的开放性学术平台。本丛书能够顺利的编辑出版得益于物流研究基地所提供的良好学术研究环境。同时对学校的诸位同事、朋友以及那些充满着求知欲、洋溢着青春活力的大学生们表示感谢。

感谢“北京大学现代日本研究班”的所有老师。1990 年，原国家教育委员会与日本国际交流基金合作，在北京大学成立了“北京大学现代日本研究班”，当时中方派出了胡代光、朱绍文、厉以宁、董文俊、田万仓、贾蕙萱、色文、陈为民、梁小民、王建华、刘德有等著名学者组成的教授阵营；日方派遣了庆应义塾大学加藤宽、丸尾直美、竹中平藏教授，政策研究大学院大学（原埼玉大学政策研究科）伊藤大一、吉村融教授，以及笠原清志、松本繁一、高木诚一郎、小林和子等教授，通产省杉山弘（原通产省事务次官）、总务厅堀江正弘、田中一昭等数名政府高级官员。此后，堀江正弘先生升任总务审议官（副部级），竹中平藏教授相继升任经济财政政策担当大臣、金融担当大臣、总务大臣。该班现更名为“北京大学现代日本研究中心”继续存在，我作为第一期学员曾在这里学习一年。

在日本期间，曾在庆应义塾大学 SFC 研究所做访问研究三年，该校浓厚的学术氛围、丰富的课程设置、严谨的研究方法使我收获很多。

感谢在留学期间的指导教师日本庆应大学的丸尾直美教授、香川敏幸教授，早稻田大学的江夏健一教授，拓殖大学的河原祐介教授、折桥靖介教授。

北京物资学院商学院孙静老师自始至终参与了丛书编写的全过程，为此付出了艰辛的劳动；硕士研究生董萌萌、王静同学在 2010 年 10 月以来利用了几乎全部的课余时间，为本书的资料查找、收集与整理做了大量的工作，还有许多研究生也参与了该项工作。

丛书的完成还要感谢北京市哲学社会科学办公室（以下简称“市哲社办”）、北京市教育委员会（以下简称“市教委”）的关心与指导，特别是市哲社办王祥武主任、李建平副主任、刘娟处长、尹岩处长、肖士兵副处长、王鹏调研员，市教委付志峰副主任、张青处长、赵胤惠副处长、车庆珍老师在立项、框架设计和后期编辑过程中分别给予了指导与帮助，在此一并表示感谢。

感谢已年过八旬的爱国侨领韩庆愈先生，感谢新华社原驻东京记者张可喜先生。

最后，特别要感谢（日本）政策研究大学院大学堀江正弘教授与夫人堀江淑子女士。在长达 21 年的交往中，不论是在学业或是生活上都得到了教授一家多方面的帮助和关照。

丛书的策划、编辑、校对得到了中国物资出版社的大力支持，谨表谢忱。特别要感谢相关编辑人员，他们为丛书的出版倾注了大量的心力，正因为有了他们的辛勤工作，此书才得以更完美地与读者见面。

在丛书的编辑过程即将结束之际，我想起了曾经在阳安铁路柳家沟隧道、梅七铁路崔家沟隧道、大秦铁路大岭沟隧道一起工作过的工友与朋友，想起了在东京念书期间曾居住在太田寮、后乐寮、台场国际交流村的寮友与学友。

万事开头难，实际上结尾也不易。每次本丛书在付梓之际，总会有这样或那样的问题出现，出版一次次被延后、问题一次次被解决、丛书一次次被完善，现在，终于问世与大家见面了，颇感欣慰。

孙前进

2011 年 9 月于北京通州大运河畔